Veit Thomas

# Würde und Verhältnismäßigkeit

D1673476

Freie Universität Berlin
Hans-Jonas-Zentrum e.V.
Univ.-Prof. Dr. D. Böhler
Habelschwerdter Allee 30
D-14195 Berlin

# ETHIK UND WIRTSCHAFT IM DIALOG

im Auftrag des
Hans Jonas-Zentrums e. V.

herausgegeben von

Thomas Bausch
Dietrich Böhler
Horst Gronke
Hans H. Hinterhuber
Wolfgang Kuhlmann
Manfred Nitsch
Thomas Rusche
Michael Stitzel

EWD BAND 13

LIT

# Veit Thomas

# Würde und Verhältnismässigkeit

## Grundbegriffe der Zivilisierung wirtschaftspolitischen Handelns

EWD Band 13

LIT

**Bibliografische Information der Deutschen Nationalbibliothek**
Die Deutsche Nationalbibliothek verzeichnet diese Publikation in der
Deutschen Nationalbibliografie; detaillierte bibliografische Daten sind
im Internet über http://dnb.d-nb.de abrufbar.

ISBN 978-3-8258-9783-3

© LIT VERLAG Dr. W. Hopf  Berlin  2007
Chausseestr. 128 – 129
D-10115 Berlin

**Auslieferung:**
LIT Verlag Fresnostr. 2, D-48159 Münster
Tel. +49 (0) 2 51/620 32 - 22, Fax +49 (0) 2 51/922 60 99, e-Mail: lit@lit-verlag.de

Für

Hans Joachim und Edelgard


und einem neuen Zeitalter für

Maryse

# Danksagung

Für die vielfältigen Fachgespräche und Ratschläge möchte ich mich ganz herzlich bei Herrn Prof. Schmied-Kowarzik (Kassel), Herrn Prof. Honneth und Herrn Prof. Lutz-Bachmann (Frankfurt), Herrn Prof. Pleger (Koblenz) sowie Herrn Prof. Krawietz (Münster) bedanken. Besonderer Dank gilt auch Herrn Dr. Dr. Bausch und den Herausgebern der EWD-Reihe.

Bei Frau Dörte Welp schließlich bedanke ich mich für die germanistische Durchsicht der Arbeit.

# Inhalt

# Vorwort

Die Menschenwürde ist der für unsere politische und sich globalisierende Wirklichkeit wichtigste Kulturwert mit der bislang größten allgemeinen Akzeptanz. Im Rahmen der gen- und biotechnischen Möglichkeiten und deren ethischen Risiken wurde das Thema und der fragliche und fragile Wesensgehalt der Menschenwürde als höchstes Kulturgut in der Öffentlichkeit wieder stärker diskutiert. Dabei war vorrangig die Dimensionierung des Rechts auf Leben und die Wahrung der genetischen Einmaligkeit von Spezies und Individuum betroffen.[1] Die wirtschaftssozialen Lebensverhältnisse unter dem Wesensgehalt der Würde zu sehen, war zunächst durch das alternativlose ‚Selbstverständnis' wirtschaftlichen Handelns unter Prinzipien globalisierter Märkte verdeckt.[2]

Dieses Buch beschäftigt sich mit dem wirtschaftsethischen und wirtschaftspolitischen Schicksal der Menschenwürde. Im Vergleich zur Literatur, die sich mit dem Begriff der Würde verfassungsrechtlich oder anders auseinandersetzt, behandelt diese Arbeit die Würde- und Wertproblematik auch unter marktwirtschaftlichen Gesichtspunkten. Zusammen mit dem Grundsatz der Verhältnismäßigkeit, der bereits Verfassungsrang hat und hier auch unter ethischem Rang behandelt werden soll, wird die rechtsphilosophische Entwicklung der beiden Kardinalbegriffe zusammengeführt.

---

[1]  Vgl. Fischbeck, Hans J. u.a.: *Interesse und Menschenwürde*. Ein Normenkonflikt zwischen Utilitarismus und Ethik der Würde im Kontext der Biomedizin und ihres Anspruchs auf Forschungsfreiheit, Mülheim/Ruhr 1998; Mieth, Dietmar: *Die Diktatur der Gene*. Biotechnik zwischen Machbarkeit und Menschenwürde, Freiburg 2001; Goebel, Bernd u. Gerhard Kruip (Hg.): Gentechnologie und die Zukunft der Menschenwürde, Münster 2002; Höffe, Otfried u.a.: Gentechnik und Menschenwürde. An den Grenzen von Ethik und Recht, Köln 2002; Scheidler, Walter u. a.: Menschenleben - Menschenwürde. Interdisziplinäres Symposium zur Bioethik, Münster 2002

[2]  Vgl. Angehrn, Emil u. Bernard Baertschi (Hg.): *Menschenwürde, La dignite de l'etre humain*. Mit Beiträgen in franz. Sprache, Basel 2004; Bahr, Petra u. Hans Michael Heinig (Hg.): *Menschenwürde in der säkularen Verfassungsordnung*. Rechtswissenschaftliche und theologische Perspektiven, Tübingen 2006; Brücher, Gertrud: *Menschenmaterial*. Zur Neubegründung von Menschenwürde aus systemtheoretischer Perspektive, Opladen 2004; Brüning, Dietrich: *Wirtschaftswachstum und Menschenwürde. Ein Widerspruch?* Oldenburg 2002; Damm, Sven M.: *Menschenwürde, Freiheit, komplexe Gleichheit: Dimensionen grundrechtlichen Gleichheitsschutzes*. Der Gleichheitssatz im Europäischen Gemeinschaftsrecht sowie im deutschen und US-amerikanischen Verfassungsrecht, Berlin 2006; Matlary, Janne Haaland: *Veruntreute Menschenrechte? Droht eine Diktatur des Relativismus?* Übers. v. Gabriele Stein, Augsburg 2006; Roggan, Frederik (Hg.): *Mit Recht für Menschenwürde und Verfassungsstaat, Festgabe für Dr. Burkhard Hirsch*. Anlässlich der Verleihung des Fritz-Bauer-Preises der Humanistischen Union am 16. 9. 2006 in Freiburg, Berlin 2006; Seelmann, Kurt (Hg.): *Menschenwürde als Rechtsbegriff*, Stuttgart 2004; Tiedemann, Paul: *Was ist Menschenwürde? Eine Einführung*, Darmstadt 2006; Wetz, Franz J.: *Illusion Menschenwürde*. Aufstieg und Fall eines Grundwerts, Stuttgart 2005

Wissend um das Risiko verfassungspolitischer Ohnmacht angesichts einer *autonomen* Ökonomie und anomischen Weltwirtschaft, schrieb der italienische Philosoph Bobbio, dass das Zeitalter der Menschenrechte, ihre Bewährungsprobe, eingeleitet sei.[3] Innerhalb sich globalisierender Handlungen seien Menschenrechte das höchste Gut und *Wert*system für gesetz- und verfassungsgebende Richtlinien. In der wirtschaftlichen Globalisierung, in der der Wert einer Sache oder eines Menschen mit dem Marktwert steigt, fällt oder vergeht, hat das Wertsystem des politischen Liberalismus, in dem jeder Mensch gleiche Rechte, gleichen Wert und gleiche Würde besitzt, einen schweren Stand.[4]

Mit der Suche nach einem Verhältnis des politischen Liberalismus zur globalisierten Ökonomie schließt sich dieses Buch aber weder dem Kanon der Anti-Globalisierungsbücher an[5], noch will es sich weltanschaulich auf den Seiten des Egalitarismus oder des Neoliberalismus bewegen. Es versteht vielmehr unter Globalisierung die historische Chance, zu einer supranationalen Ordnung und Institionalisierung zu kommen, zu der auch eine demokratisierte Weltwirtschaftsordnung zählte. Es versteht sich weder normativ und legitimatorisch, noch will es eine bestimmte neue „Ethik" entwickeln. Vielmehr greift es ethische Muster und rechtliche Grundbegriffe unserer Gegenwartsgesellschaften auf und analysiert ihren Wesensgehalt. Da dabei besonders die beiden Hauptbegriffe des Titels dieses Buches untersucht werden, soll zunächst deren Herkunft und Bedeutung analysiert werden, um daraufhin hypothetisch-konsequentialistisch ihre Entwicklungstendenz auszuloten.

Das Buch möchte die rechtsphilosophische Diskussion um Verteilungs- und Leistungsgerechtigkeit verlassen und einen Perspektivenwechsel auf andere Grundgüter und ethisch wirksame Generalklauseln unserer Kultur lenken. Westliche Demokratien werden durch die in ihrem Verfassungsrecht grundgelegten Begriffe werthaft motiviert und geordnet. Insbesondere die *Menschenwürde* fungiert als Kardinalbegriff. Der Begriff der Würde, wie sich zeigen wird, ist dem der Gerechtigkeit vorgeordnet und kann erst diesen und andere sozialethische und grundrechtliche Instrumente hervorbringen.

Ebenso kann der *juristische* Grundsatz der Verhältnismäßigkeit, der eine Güterabwägung zwischen Grundrechtskollisionen reguliert, eine *sozialethische* Va-

---

[3] Bobbio, Noberto: *Das Zeitalter der Menschenrechte. Ist Toleranz durchsetzbar?*, Berlin 1998

[4] Bobbio sieht leider nicht, wie Baudrillard, die kulturelle okzidentale Relativität der Menschenrechte. Jean Baudrillard: „*Das ist der vierte Weltkrieg*", Interview, in: DER SPIEGEL, Nr. 3, 14.01.02, S. 180

[5] Ferguson, Niall: *Politik ohne Macht. Das fatale Vertrauen in die Wirtschaft.* Aus dem Engl. v. Klaus Kochmann, München 2001; Soros, George: *Die offene Gesellschaft. Für eine Reform des globalen Kapitalismus*, Berlin: 2001; Forrester, Viviane: *Die Diktatur des Profits.* München 2001; Mies, Maria: *Globalisierung von unten. Der Kampf gegen die Herrschaft der Konzerne*, Hamburg 2001; auch dazu: Henkel, Hans-Olaf: *Die Macht der Freiheit*, Düsseldorf 2000; Pleitgen, Fritz F: *Durch den wilden Kapitalismus*, Köln 2000

riante hervorbringen: den *ethischen*, später auch wirtschaftspolitischen Grundsatz der Verhältnismäßigkeit, wie er hier abgeleitet und versucht werden soll. Der juristische Grundsatz der Verhältnismäßigkeit findet bis ins Europarecht Anwendung und scheint sich von seiner rein verfassungsrechtlichen, nationalen (rechtshistorisch zunächst nur deutschen) Variante zu lösen. Das *Prinzip der Güter- und Ungüterabwägung* wird zu einem gesellschaftlichen Konfliktreglement um knappe Ressourcen und Etats gemacht. Es kann die abstrakten Gerechtigkeitstheorien ablösen.

Die beiden Hauptbegriffe des Buches *Würde* und *Verhältnismäßigkeit* bilden dabei ein Bedingungsverhältnis. Aus dem Wesensgehalt der Menschenwürde folgt Verhältnismäßigkeit. Verhältnismäßigkeit wiederum kommentiert das Sicherungsprinzip des Wesensgehalts der Würde.

Insofern versucht das Buch der Aufgabe gerecht zu werden, beide Grundbegriffe zu rekonstruieren, um das System der Bedeutungen des „Und" zwischen ihnen, ihre Bindung zu definieren und plausibel zu machen.

Wenn Menschen im Sinne der Menschenrechte universell und ausnahmlos gleichen Wert und gleiche Würde haben, warum sollte diese Würde innerhalb der internationalen und gesellschaftlichen Wirtschaftsbeziehungen und hinsichtlich der Güter- und Ungüterverteilungen (Kapital, Arbeitsmühe, Risiken) enden? Welchen Sinn hätte die Deklaration der Menschenwürde, wenn sie innerhalb der Handlungspraxis des Handels nicht oder nur im Sinne der politisch-bürgerlichen Freiheiten gelten sollte? Warum wird in Gesellschaften, die nur arbeitsteilig funktionieren, der Wert bestimmter Metiers, wie zu mittelalterlichen Zeiten, extrem graduiert, so als gelten die alten Standes- und Ständeprivilegien noch? Warum ist die Arbeit des einen Metiers zehn- oder hundertfach mehr wert als eine andere?

Diese Fragen kulminieren in der Frage, inwieweit eine am Leitbegriff der Würde verankerte Gesellschaft die *Institutionalisierung* negativer Freiheiten auch wirtschaftsorganisatorisch sichern muss, um nicht gegen ihr eigenes institutionalistisches *Untermaßverbot* zu verstoßen?[6]

Angenommen Menschen lebten unter ‚unverhältnismäßigen' Lebenslagendifferenzen in einem *sozialen* Status relativer (Un-)Würde und Herabwürde, wie sollte die Beraubung oder Privilegierung des sozialen Werts (auch der Arbeit) nicht die Substanz der Würdegleichheit, des Diskriminierungsverbots und der Verhältnismäßigkeit berühren und verletzen? Das menschenrechtliche Diskriminierungsverbot aus Gründen „der Rasse, der Hautfarbe, des Geschlechts, der Sprache [...] der sozialen Herkunft, des Vermögens, der Geburt" spräche dagegen.[7]

---

[6] Vgl. Tayler, Charles: *Negative Freiheit.* Zur Kritik des neuzeitlichen Individualismus, Frankfurt/M. 1992, S. 118 f.

[7] Art. 2, Teil II, „Internationaler Pakt über wirtschaftliche, soziale und kulturelle Rechte", a.a.O.

Der vereinfachenden Idee, aus dem Begriff der Würde Verteilungsgerechtigkeit direkt abzuleiten, wird hier aber nicht gefolgt. Vielmehr sollen Gerechtig-
keitsfragen gerade methodisch verlassen und durch Perspektiven zur
Menschenwürde abgelöst werden. Man kann fragen, ob ein Verteilungsverhält-
nis von Rechten, Kapitalien und Chancen gerecht sei, wie es die Diskussionen
vor und nach Rawls zum größten Teil verfolgt hat. Aber ebenso kann gefragt
sein, ob diese Verhältnisse würdevoll, würdestiftend oder demütigend, würdeverletzend und degradierend sind.[8] Daran schließt sich die Frage an, ob es zwar
*unverhältnismäßige* Lebensverhältnisse und -bedingungen gibt, diese aber die
Würdesubstanz eines Individuums deshalb nicht berühren, weil die Entstehung
des Würdewertes einer Person in der Hauptsache als identifikatorischer und individualistischer Akt ohne Bindung in einen evaluatorischen Sozialbezug aufgefasst werden kann.

### Würde und Recht auf Leben

Die bioethische Diskussion hat die Frage über die Definition und den Wert
menschlichen Lebens erneut aufgeworfen, nachdem sie gerade hinter den No-
vellen der Abtreibungsparagrafen als Paradox abgeschoben galt. Das Recht auf
Leben ab der Nidation überragt im Güterabwägungsvorgang das Recht der Mut-
ter auf persönliche Lebensgestaltung.[9]
Mit der Säkularisierung ethischer Wertlegitimationen, von der theologischen
Gottesebenbildlichkeit des Menschen (,imago die') zu naturrechtlichen Begründungen (der Mensch als Vernunftwesen mit Selbstbewusstsein), hat der Begriff
der Würde die Funktion oder den Anspruchscharakter eines höchsten Kulturguts
erhalten können. Dieses Gut verkörpert zumindest verfassungs-, grund- und
menschenrechtlich die höchste kulturelle Richtlinienkompetenz und wird auch
als Gut der „Lebensheiligkeit" verstanden.[10] Heilig wird dabei das physiologische Leben gesprochen. Menschsein und Menschenwürde umfassen selbstverständlich mehr als die somatische und organische Dimension des Menschen.
Eine Kommerzialisierung und Manipulation dieser zunächst (körperlichen)
Heiligkeit als unantastbares Gut steht aber nicht nur durch die biotechnischen
Möglichkeiten an. Auch der Markt, das Konkurrenzprinzip und der wirtschaftssoziale Macht- und Existenzkampf können Hand an das Unantastbare des We-

---

[8] Der israelische Philosoph Margalit fragte in seinem Buch „Die Politik der Würde", ob eine
Gesellschaft anständig genannt werden könne, die die Demütigung von Menschen strukturell
zulässt. A.a.O., S. 14 f.

[9] BVerfGE 88, 203-366, (Schwangerschaftsabbruch II, Urteil des Zweiten Senats vom 28. Mai
1993)

[10] Naumann, Michael: *Der Staat und die Heiligkeit des Lebens*, in: Die ZEIT, Nr. 26, v. 21. Juni
2001, S. 9

11

sensgehalt der Würde legen, wenn in der Auslotung des Würdewesens markt-wertorientierte Befindlichkeiten liegen. Wert und Würde des Menschen unter-liegen per se im Rahmen historischen Wandels einer immer unabgeschlossenen Deutungs- und Positionierungsarbeit.

So könnte auch die biotechnische Selbstmanipulationen nur Zeichen einer gesteigerten Autonomie sein: Nicht nur einer kulturellen, biografischen, sondern jetzt auch physiologischen Selbstbestimmung. Die Biotechnologien beinhalten die Möglichkeiten und Risiken der gesellschaftspolitischen *Kommerzialisierung* des Wesensgehalts der Menschenwürde. Das Unantastbare wird durch Antas-tung historisch neu definiert (Sloterdijk).

Würde und Wert des „Lebens" erfahren neben der Gefahr biotechnischer Be-liebigkeit ein gesellschaftliches Schicksal, wie Margalit ausgeführt hat.[11] D. h. die politische ‚Manipulation' und Deutung des höchsten Guts in praxi findet immer schon statt, wie die Rechtsgeschichte der Interpretation der Menschen-würde zeigt. Zunächst bedeutete Würde, wie in den ‚Habeas-Corpus-Akten' im 12. Jahrhundert, nur das nackte Recht auf Leben zu schützen. Dann kamen bür-gerliche Freiheiten hinzu, besonders anfangs die Religionsfreiheit, dann die po-litische Gleichstellung aller Menschen, später die Idee wirtschaftlicher und sozialer Teilhaberechte in den Menschenrechts-Pakten seit 1966.

War rechtshistorisch die säkularisierte Definition der Menschenwürde spä-testens seit der Gründung und der Charta der Vereinten Nationen 1945 entstan-den, hat sowohl die Auslegung ihres Wesensgehalts als auch die Auslegung der aus ihr zu ziehenden ethischen und politischen Konsequenzen nie geendet. Der Weg der Menschenwürde begann bei den Abwehrrechten gegen königliche oder staatliche Willkür (der Verhaftung, der Enteignung) und steht heute an der Schwelle zu den *wirtschaftssozialen* Integrationsrechten.[12] Globale Würdesiche-rung durch wirtschaftssoziale Integration ist ein Anliegen der Vereinten Natio-nen und ihrer Unterorganisationen.

Im Streit um die Menschenwürde gab es zwei Extrempositionen, die nach unserer Ansicht aber verbunden sein könnten. Würde wird entweder als Wert-absolutum beschrieben und statuiert, um sie vor allen staatlichen und politi-schen Willkür- und Umwertungsakten durch positive Rechtsprechung unantast-bar zu machen. Oder sie wird als wechselseitiger, sozialer Stiftungsakt in praxi aufgefasst.[13] Würde entsteht dabei durch ein zwischenmenschliches Verhalten der Gleichwertigkeit und des wechselseitigen Respekts. Diese Gleichwertigkeit

---

[11]  Vgl. Margalit, Avishai: *Die Politik der Würde,* a.a.O.

[12]  Vgl. Cattaneo, Mario A: *Totalitarismus und Politik - Rechtsstaat und Menschenwürde*, Mün-chen 2002; ders.: *Naturrechtslehre als Idee der Menschenwürde*, München 1999

[13]  Gosepath, Stefan: Zu Begründungen sozialer Menschenrechte, in: *Philosophie der Menschen-rechte*, hg. v. Stephan Gosepath und Georg Lohmann, Frankfurt/M. 1999, S. 124 f.

aller Menschen im Sinne der „menschlichen Familie"[14] verlangte Lebensverhältnisse, die dieser Gleichwertigkeit und ‚Gleichwürde' nicht offensichtlich entgegenstehen und sie zerstören. Würde entstehe erst in einem sozialen und damit auch wirtschaftsethischen *Stiftungsakt*. Sie ist Ergebnis wechselseitigen Verhaltens und nur wechselseitig zu bewertender Lebensverhältnisse.

Nach dieser Position sind aus dem kulturell höchsten Gut (der Würde) Konsequenzen zu ziehen, die sich im positiven Recht institutionalisieren müssen.[15] Das Menschsein verwirklicht sich würdevoll nur unter bestimmten Bedingungen und Beziehungen. Idee und Verwirklichung der Würde waren in der Praxis immer in einer historischen Spannung. Die Idee ging voraus. Die rechtsphilosophischen und ethischen Neudefinitionen waren Antworten auf soziale Verwerfungen und gesellschaftliche Spannungen, wie es etwa die Französische Revolution mit ihrer Idee der Gleichstellung ‚aller' als Bürger gezeigt hat. Die Forderung nach der Institutionalisierung positivrechtlicher Folgen der Menschenrechte folgt einer Analogie. Die politisch-bürgerlichen Freiheiten und Rechte haben den verfassungsrechtlichen Gang in die Institutionen historisch vollzogen.


### Würde und Markt

Die Idee der Würde steht in der Tradition des politischen Liberalismus'. Freiheit zur Selbstbestimmung ist sein höchster Wert. Lassen sich diese rechtlichen, individualethischen und sozialstaatlichen Gewinne der Moderne, so wie sie der *politische* Liberalismus gefördert hat, mit der Idee der *wirtschaftlichen* Freiheitsmaximierung vereinbaren? Oder sind sie sogar ihr Ausdruck?

Durch die globale Zunahme von sozialer Marginalisierung und wirtschaftssozialer Demütigung durch relative und absolute Armut scheint die demografische Gesamtsumme erfahrbarer „Freiheit" abzunehmen. Wo liegt der Grenznutzen des wirtschaftlichen Liberalismus? Unterläuft ein globalisierter Markt und Kapitalismus seine eigene Idee von Freiheit in doppelter Hinsicht?

Er scheint die soziale Menge der Freiheitspartizipation zu reduzieren, und er schafft die Idee wirtschaftlichen Handelns und *Arbeitens* durch Prinzipien des Kasinos, des Quiz, des Zufalls, des Kapitalgewinns und Erbschaft ab. Wenn Profitgenerierung statt durch Fachkompetenz, (Aus-)Bildung, Wissen, Fleiß, Arbeitsmühe und Arbeitsdauer, durch einfachen Kapitalbesitz, durch wirtschaftssoziale Inauguration, durch Spekulationsnutzung und Machtwissen erzeugt wird, wie kann die Idee des gerechten Marktes, des gerechten Preises, der

---

[14]  Präambel der Charta der Vereinten Nationen, in: Simma, Bruno u. Ulrich Fastenrath (Hg.): *Menschenrechte. Ihr internationaler Schutz,* München 1985, S. 5

[15]  Alexy, Robert: Die Institutionalisierung der Menschenrechte im demokratischen Rechtsstaat, in: *Philosophie der Menschenrechte,* a.a.O., S. 244 f.

gerechten Arbeitsentlohnung noch gelten? Dann besteht der Verdacht, dass diese Bedingungen wirtschaftlicher „Freiheit" in Wirklichkeit elitarisierte Instrumente sind, Arbeit von Profit, Mühe und „Leistung" zu trennen. Und genau dann widerspräche der Markt seiner Verankerung im politischen Liberalismus, der die alten Privilegiengesellschaften mit ihrer Leistungsungerechtigkeit und Ausbeutung der sozial schwach Politisierten ablehnt. Konterkariert der Markt und der Kapitalismus damit das höchste Kulturgut der Würde? Wundert es, dass der Marktrelativismus seinen *Be-, Ent- und Abwertungsmechanismus* auch auf die Rechtsphilosophie der Würde überträgt?

Der kapitalistische Markt ist wohl als ein System zu verstehen, dass die absolute Wohlstandsmenge erhöht und elitarisiert[16], die Umweltressourcen und die sozialen Leidkosten nicht amortisiert, aber die globale und gesellschaftliche Wohlstandsverteilung polarisiert.[17] Sein Erfolg ist die Wohlstandssteigerung für einen immer kleiner werdenden Weltbevölkerungsanteil. Sein zweiter ‚Erfolg' ist diese geschichtliche Fortführung der Elitarisierung und Brasilianisierung ganzer Gesellschaften.[18] Vertreter des reinen Marktes wie Friedman sehen zum Markt immer noch keine Alternative: „Kennen Sie ein Land, in dem es ohne Markt viel verbessert wurde?"[19] Der *politische* Liberalismus war aufgebrochen, um diesen „Erfolg" des Elitären und (sich) Privilegierenden abzuschaffen. Er schuf die Menschenrechte, die Grundrechte und auch wirtschaftlichen Freiheiten, die Idee der unveräußerlichen und unantastbaren Menschenwürde gleichberechtigter Individuen. Der *wirtschaftliche* Liberalismus war zunächst eine Folge dieses politischen Programms.

Trotz der anderen Perspektive kann die neuere bioethische Diskussion helfen, über den Wertrelativismus des Marktes, über das Autonomieideal des Neoliberalismus und über seine Tradition der Solidargemeinschaft und sozialen Gerechtigkeit neu nachzudenken.

Was bedeutet die Würde des menschlichen Lebens? Was folgt aus ihr? Welche ethischen und politischen Werte begrenzen den Wertrelativismus des Marktes, der alles auf-, be-, ent- und abwerten kann?

Wenn mit Globalisierung ein begrifflicher Euphemismus eines „räuberischen Kapitalismus in neuem, scheinbar zivilisiertem Gewand" gemeint ist, wie von ihren Gegnern verstanden, der als Neoliberalismus auftretend eine „Eroberungswaffe" darstellt, „einen ökonomischen Fatalismus, gegen den jeder Wider-

---

[16]  Vgl. Hengsbach, Friedhelm: *Wirtschaftsethik. Aufbruch Konflikte Perspektiven,* Freiburg/Br. 1991

[17]  Siehe die Datensammlung im Anhang.

[18]  Vgl. Bohrer, Karl Heinz und Kurt Scheel (Hg.): Merkur, Deutsche Zeitschrift für Europäisches Denken. *Kapitalismus als Schicksal? Zur Politik der Entgrenzung.* Sonderheft, München, Heft 9/10, Sep./Okt. 1997, 51. Jahrgang.

[19]  DIE ZEIT, Nr. 26, v. 21. Juni 2001, S. 19

stand zwecklos erscheint", dann muss er mit dem Programm des politischen Liberalismus in Konflikt stehen, der gegen ökonomische und rechtliche Privilegien, gegen Willkür, gegen soziale Ohnmacht, gegen Armut und soziales Elend aufgebrochen war.[20]

In dieser Weise äußerte sich die Expertin für Verfassungsrecht und Rechtskomparatistik, die Vordenkerin des Internationalen Strafgerichtshofes, Mireille Delmas-Marty. Sie erkennt in den Menschenrechten die Summierung eines ungenannten Guts, das sogar höher steht als das Recht auf Leben und das wir, weil unsagbar, mit dem Begriff Würde umschreiben.

> C'est dire qui'il y a un bien plus précieux que la vie, si precieux qu'on n'ose pas le nommer, sinon par les interdits, interdit de la torture et des traitements inhumains ou degradants, de l'esclavage et des expulsions collectives auxquels le pacte de L'ONU ajoute l'interdiction d'imposer à une personne sans son consentement une expérience médiale ou scientifique. A l'envers des cette énumeration, se lit la valeur ainsi exprimée en silence, la „dignité" inhérente à la personne humaine aux sens le plus fort du terme.[21]

Aus dem Geiste der Menschenrechte und ihren regional verschiedenen Interpretationen heraus kritisiert Delmas-Marty zum einen den „occidentalocentrisme", der mit dem globalen Export der Menschenrechtsidee als Universalisierungsanspruch formal-totalitäre Züge annehmen kann. Ebenso warnt sie gerade im positiven Rahmen der Globalisierung davor, die öffentlichen Interessen nicht durch ein privatisiertes Handelsrecht der Global Player zu ersetzen, die „substitution d'intérêts privés à l'intérêt général".[22] Die Begegnung des globalisierten Handelsrechts und der Menschenrechte sei die Krisis einer Entwicklung zu einem Weltrecht. Die Entwicklung des Handelsrechts entziehe sich z. T. immer mehr den Staaten und ihren Gesetzgebungen.

> La mondialisation annonce peut-être la naissance d'un droit commun de l'humanité. [...] Il est vrai qu'à l'heure actuelle le commerce mondial progresse plus vite que les droits de l'homme.[23]

Der Markt mit seinem Anspruch auf freie Konkurrenz führe in Ungleichheit, die Menschenrechtsentwicklung verfolge das Gegenteil. Der unsichtbaren Hand des Marktes fehle eine *sichtbare* Hand, die die Rechtsideen offenlegt, nach der eine zukünftige Welt handeln *will*.

---

[20]  Bourdieu, Pièrre, in: DER SPIEGEL, Nr. 29 v. 16.07. 2001, S. 12

[21]  Delmas-Marty, Mirelle: *La loi n'à pas tous le droit*. Entretien avec Mirelle Delmas-Marty, Mirelle, in: Le Monde de L'èducation, novembre 2000, S. 23. Vgl. dies.: *Trois défis pour un droit mondial*, Seuil 1998

[22]  ebenda

[23]  ebenda

Gleichzeitig käme es darauf an, nicht einfach das Weltbild der Menschenrechte oder den Diskurs über die Menschenrechte in den Bildungsinstitutionen und Medien zu vermitteln, sondern ein aus ihnen gebildetes und zu bildendes zukünftiges „Recht der Menschenrechte", „le droit des droits de l'homme".[24] Erst dann würde auch dem Laien wieder das Wesen menschlicher Gesetze als humanes Recht bewusst. Die politische Entstehung der Menschenrechte zeige gerade, dass der Gesetzgeber, die Politik, nicht mehr das Recht auf alle Rechte habe. Ebenso habe eine anomisch, jenseits eines vorhandenen ordopolitischen Rahmens handelnde Ökonomie kein ‚Recht' auf *Rechtlosigkeit*, besonders dann, wenn diese die Wertideen der Menschenrechte konterkariere.

Insofern tendiert die These dieses Buches - ein ordopolitisches, ökonomisches *Untermaßverbot* des Staates - auch zu einer Verfassungsdiskussion: In demokratischen Verfassungsstaaten kann die Vorstellung von Humanität, die auch durch wirtschaftssoziale Wohlstandsbedingungen erzeugt wird, nicht allein von kontroversen ideologischen, religiösen, philosophischen oder Klientel-Politiken abhängen. Der Wesensgehalt der durch Grund- und Menschenrechte gebildeten Humanitätsvorstellung kann von ihren konstitutiv eminenten Dimensionen der sozialen und wirtschaftlichen Rechte und Pflichten nicht verfassungsrechtlich ausgeschlossen werden. Das absolute und relative wirtschaftssoziale Schicksal jedes Individuums in einer Gesellschaft wird vielmehr in entsprechenden verfassungsverankerten und institutionalisierten Pflichten und Rechten berücksichtigt werden, wenn der ethische Verfassungsgeist um seine wirtschaftsethische Implikation ausdifferenziert wird.


Egalitarismus und Neoliberalismus

Der Egalitarismus wollte die natürliche und gesellschaftliche Ausgangs-*ungleichheit* aller Menschen abschaffen. Der Liberalismus möchte Menschen mit gleichen und ungleichen Ausgangsbedingungen lediglich *institutionelle* Chancengleichheit ermöglichen, streng nach dem unreflektierten Satz: Gleiches gleich und Ungleiches ungleich behandeln.[25] Der Egalitarimus möchte die Verteilungswillkür der Natur und des gesellschaftlichen Erbes (Privilegien), das Verteilungsschicksal von Natur und Geschichte abschaffen.[26] Er hat die Ursachenanalyse der Verteilung am weitesten differenziert. Die gesellschaftliche Verteilungsstruktur soll zugleich „ambition-sensitive" und „endowment-

---

[24] ebenda, S. 129

[25] Dazu die Erörterung dieses Ungleichheitsprinzips in Kap. III, 1

[26] Z.B.: Nullmeier, Frank: *Politische Theorie des Sozialstaats,* Frankfurt/M. 2000

insensitive" sein.[27] Verteilung sei dann gerecht, wenn leistungs- oder ehrgeiz-verursachte Ungleichheitsproduktion möglich ist, aber begabungs- und erb-schaftsbegründete Ungleichheit kompensiert werde. Verteilungsgerechtigkeit entstehe aus dem individuellen Verhältnis von Leistungsfähigkeit und Arbeits-last. Wer es durch sein gesellschaftliches oder natürliches Erbe leichter hat, wird proportional mehr belastet, um einen, im Vergleich mit den weniger Privi-legierten, gleichen Leistungsgrad zu erreichen. Es soll zu einem *gleichen* Last/Leistungsquotienten kommen. Diese Art der Idee von Leistungsgerechtig-keit will die schicksalhaften ,unverdienten' Nachteile *und* Privilegierungen aus dem Begriff der Leistung herausnehmen. Leistungsfremde Faktoren sind zu iso-lieren. Leistung ist nicht am Effekt, sondern an der subjektiven Ambition und Arbeitslast zu messen. Verteilung solle deshalb erstens „begabungs-unempfindlich" sein. Mehrbegabung erzeuge kein Recht auf Privilegien. Und zweitens solle Verteilung „leistungs-empfindlich" sein, damit Menschen auto-nom handeln können. Vor- und Nachteile zur Erlangung einer ökonomischen und damit sozialen Position sind die vom Egalitarimus abgelehnten Faktoren gesellschaftlicher Verteilung bzw. Diskriminierung.[28]

Der Egalitarismus will eine Unterscheidung zwischen authentisch und un-verschuldet begünstigter oder benachteiligter Leistung verlangen, mit deren Hil-fe erst die sozialen Kompensationsverteilungen vorgenommen werden könnten. Diese Differenzierung der Leistungsursachen nach Milieueinflüssen, geneti-schen Prädispositionen und subjektiver Ambition und Anstrengung könne in der Praxis aber nicht erhoben werden. Menschliche Identität und menschliches Handeln lasse diese Zurückverfolgung von verdienten oder unverdienten Start-ambitionen und Lebenserfolgen nicht zu. Sozialisation, genetische und körperli-che Verfassung, Charaktervorzüge im zufälligen Verhältnis zu dem wirtschafts-sozialen Erwartungsprofil, Konstellationszufälle etc. ließen sich nicht rediffe-renzieren.[29] Wie also sollte ein Mensch seinen verteilungsgerechten Lohn erhal-ten? Wo beginnt die Enteignung und nicht legitimierbare Sozialisierung einer privaten Leistung im Rahmen von distributiven Umverteilungsprogrammen? Wo beginnt die ambitionierte, nicht herkommensabhängige (also ,verdiente') Leistung eines Subjekts?

---

[27] Dworkin, Ronald D.: *What is Equality? Part I: Equality of Welfare*, in: Philosophy and Public Affairs 10/1982, S. 185-246; ders: „What is Equality? Part II. Equality of Ressources, in: Phi-losophy and Public Affairs 10/1982, S. 208

[28] Dworkin, Ronald D.: *A Matter of Principle*, Oxford 1985, S. 283 f.; vgl. auch Kersting, Wolf-gang: *Verteilungsgerechtigkeit oder politische Solidarität?* Über die Schwierigkeiten einer philosophischen Sozialstaatsbegründung, in: Kolmer, Petra und Harald Korten (Hg.): *Recht-Staat-Gesellschaft*. Facetten der politischen Philosophie, Freiburg/Br. 1999, S. 112-139

[29] Diese Position wird etwa durch die Studie von Penny Hollander Feldman widerlegt: *Recrui-ting an Elite*, New York 1988. Darin wird deutlich, dass bei der Positionierung des Nach-wuchses einer Eliteuniversität Herkommen, familiäre Finanzlage und selektives Bildungssystem die Auswahlkriterien bilden.

Diese Kompensation des Zufalls, die Entschädigung eines ungünstigen Schicksals von Natur und Geschichte will der Egalitarismus und sein Etatismus erreichen und sieht darin ein zivilisatorisches Programm.[30] Er kann zu sozialstaatlichen bis hin zu sozialtotalitären Organisationsformen führen.

Das *Gesellschaftsbild* des Egalitarismus ist ein *kompetitives*. Menschen als soziale Wesen vergleichen, identifizieren und diversifizieren sich unentwegt. Der Hobbessche Naturzustand ungleicher Wettbewerbsbedingungen und der daraus resultierenden Macht-, Chancen- und Lebensverhältnisse, die auch noch z. T. das Wesen der Marktgesetze ausmachen, soll zivilisatorisch als Enkulturierung der Natur stattfinden. Der Egalitarimus geht insofern von der sozialwertbildenden Funktion der Ökonomie aus. Er hält die natürlichen und geschichtlichen Unterschiede für wirtschaftlich ausgleichbar. Damit hält der Egalitarismus alles für vergleichbar oder doch zumindest unter Vergleichskriterien subsumierbar. Eine außerökonomische, ‚ungünstigere' Lebensform kann finanziell vergolten, kompensiert und damit eine menschliche Gleichwertigkeit kultureller Herkunft etabliert werden. Startunterschiede könnten durch humanisierte Lebensverhältnisse zur Wertgleichheit ausgeglichen werden.

Hauptprämisse des Egalitarimus ist die Wirksamkeit der macht-, wert- und lebensglückbildenden Differenz aus Privilegierung und Deprivilegierung.[31] Gerade unter den gentechnischen Möglichkeiten erfolgspragmatischer Genkompensationen und –reparationen (einer Form kulturreferentieller Selektion) wird das Thema der Verteilungsgerechtigkeit auf seine genetische Dimension zu-

---

[30] Arnesom, Richard: *Rawls, Responsability and Distributive Justice*, in: Salles, Maurice und John A. Weymark (Hg.): Justice, Political Liberalism and Utilitarism, zit. n. Anderson, Elizabeth S.: *What is the Point of Equality?*, in: Ethics, 109/1999, S. 289 f.

[31] Wolfgang Kersting hat darauf hingewiesen, dass es eine paradoxe Tiefenstruktur des Egalitarismus gibt, ihre „Dramatisierung der Ungleichheit": „Als Ungleichheitskompensation schüttet er fortwährend Prämien für Inegalität aus und erklärt damit die Selbsternennung der Unterliegenden zur Erfolgsstrategie." (Ders., in: Kursbuch 143, hg. v. Michel, Karl Markus u.a.: *Die Neidgesellschaft*. Berlin, März 2001, S. 29) Er weist aber selbst auf den Unterschied zwischen Ungleichheitswahrnehmung und –dramatisierung hin. Dramatisierung sei immer in Gefahr, Differenzierung zu unterschlagen und deshalb „Armut, Not und Elend" zu leugnen. (ebenda, S. 30)
Sein zweiter Vorwurf gegen den Egalitarismus will unterstellen, dass dieser, weil er grundsätzlich die natürliche Ungleichheit kompensieren will, sich weder um die Natur „kümmere" noch um das Individuum. „Die Gerechtigkeit kümmert sich weder um das Individuum noch um die Natur". (ebenda) Dieser Vorwurf ist in einer Hinsicht ungenau, weil der Egalitarismus sich besonders um den soziogen erzeugten Leidaspekt eines Individuums kümmert, der ihm durch Ungleichheit entsteht. Meint Kersting aber das Individuum als solipsistisches und natürliches Wesen, das sich gesellschaftssystemischen Regulationen unterwerfen muss, hat er Unrecht in seiner Argumentation, da er im Begriff Individuum und in dem der Natur eine anthropologische Autorität installiert, also ein vorgesellschaftliches Wesen begrifflich zugrunde legt, eben kein erst durch Enkulturation und Sozialisation entstandenes Wesen. Vorzuwerfen wäre ihm, dass das vergesellschaftete Wesen nachträglich wieder individualisiert und naturalisiert wird, wie es verständlicherweise durch die rechtsphilosophische individualistische Verfassungsdefinition des Menschen passieren muss.

rückgestoßen und dort diskutiert.[32] Die Biotechnologien bringen die Diskussion aber auch zurück auf die gerechtigkeits- und zivilisationstheoretischen, damit wirtschaftsethischen Grundfragen.


Von der politischen zur wirtschaftlichen Würdesicherung

Von diesen gerechtigkeitstheoretischen Fragen Abstand nehmend, möchte diese Arbeit den Blick auf eine andere Entwicklungsmöglichkeit lenken, die ebenfalls wirtschaftsethische Konsequenzen in sich birgt. Der Gedankengang ist verkürzt vorgestellt folgender: Die naturrechtliche Entwicklung zu den Menschenrechten und der Idee der Menschenwürde hat zu einer universalen politisch-bürgerlichen *rechtlichen* Gleichstellung und Entdiskriminierung geführt. Nach diesem rechtshistorischen Entwicklungsstand sind Menschen gleich und gleichermaßen mit Grundrechten ausgestattet. Die Konventionalisierung der politisch-bürgerlichen Gleichberechtigung und Gleichwertigkeit aller Menschen steht, bleibt der Kampf der Kulturen aus, auf der historischen Schwelle zur Universalisierung. Trotz genetischer und sozialer Herkunfts*un*gleichheit hat hier eine Gleichstellung, bzw. eine politische *Deprivilegierung* der Herkunftsbessergestellten stattgefunden. Menschen haben qua Würde einen *absolut* definierten Wert, eine grund- und verfahrensrechtlich sich ausdrückende Gleichwertigkeit. Der gerechtigkeitstheoretische Diskurs dieser politischen Gleichstellung von genetisch und herkunftskapital Ungleichen kann als Topos historisch zumindest in den okzidental geprägten Kulturen als abgeschlossen gelten.[33]

Innerhalb der Wertgenerierung durch die Märkte erhalten Wirtschaftssubjekte als Markteilnehmer oder Marktexterne dagegen nur *relative* soziale Werte. Die arbeitssoziale und wirtschaftssoziale Bewertung richtet sich nach dem beliebigen Wandel der Wertgenerierung durch sich wandelnde Märkte. Wirtschaftssubjekte erfahren sich als *wertbeliebig*. Der soziale Wert differiert unter Markterfolg oder Misserfolg stark. Menschen erfahren sich als nur relativ, schwankend und sozial stratifiziert wertvoll. Es entstehen große wirtschaftssoziale Wertunterschiede, die zweifeln lassen, dass die Idee der Würde unabhängig und unangetastet von sozialen und subsistentiellen Lebenslagen existieren und überleben kann.[34] Marktgenerierter sozialer Wert ist relativ und vermittelt Wirtschaftssubjekten den Eindruck *relativer* Würde oder eines relativen Würde*werts*.

---

[32]  Vgl. Buchanan, Allen, Dan W. Brook, Norman Daniels, Daniel Wikler: *From Chance to Choice*, Genetics & Justice, Cambridge 2000

[33]  Er wird durch die gentechnischen Selektionsmöglichkeiten wieder berührt.

[34]  Armutsberichte sind gewöhnlich der öffentliche Anlass, die tatsächlichen Unterschiede der Lebensverhältnisse ethisch zu reflektieren.

Auf der Basis dieser wirtschaftssoziologischen und sozialpsychologischen Daten der Würde- und Wertklassifikation wird hier versucht, einen *ethischen* Grundsatz der Verhältnismäßigkeit der Idee der Würde beizustellen. Er soll sich vom formalen, verfassungsrechtlich vorhandenen Grundsatz der Verhältnismäßigkeit unterscheiden, sein Prinzip der Güterabwägung aber übernehmen. Die konsequentialistische Heuristik dieser Arbeit verfolgt deshalb die Idee einer nur unter wirtschaftssozialer Verhältnismäßigkeit sich *hinreichend* generierenden Würde. Der Wesensgehalt der rechtshistorisch erreichten Idee der Menschenwürde erhält sich wirtschaftsethisch nur unter bestimmten Verhältnissen und Wertproportionen. Erst eine ‚Verhältnismäßigkeit der Verhältnisse' generiert den Wesensgehalt der Menschenwürde vollständig. Zur naturrechtlichen Verabsolutierung individualer Menschenwürde wird eine sozial generierte Würdesubstanz hinzu kommen müssen, um ihren Wesensgehalt in der wirtschaftssozialen Praxis verwirklicht zu sehen.

Das Maß oder die formale Kalibrierung dieser *ethischen* Verhältnismäßigkeit der Lebensverhältnisse konstituiert grundsätzlich eine Güterabwägung, die der *juristische* Grundsatz der Verhältnismäßigkeit verfassungsrechtlich bei Grundrechtskonflikten schon praktiziert. Die Suche ethischer Verhältnismäßigkeit wird, wie zu zeigen ist, das Gut der *Freiheit* mit dem Ungut des *Leids* abwägen müssen und dazu Theoreme der Grenznutzenschule nutzen können.

# A Einleitung

## 1 Anomische oder zivilisierte Freiheit?

Der Gang der Zivilisierung und Vergesellschaftung des Menschen war begleitet von der Suche nach Ordnungen und Konfliktreglements. Der Übergang von gewaltsam ausgetragenen Konflikten um Ressourcen, Land, Einfluss und Arbeitskräfte zu sich festschreibenden Ordnungen brachte die Entwicklung von Rechtssystemen hervor. Ebenso wie sich im Rückblick Unrechtssysteme rechtlich legalisiert haben, zeichnet sich die Rechts- und Sozialgeschichte neben Verteilungskämpfen auch durch die Suche nach einer menschengemäßen Ordnung aus. Machtteilung und ihre Institutionalisierung, die rechtliche Integration und politisch-bürgerliche Gleichstellung aller wurden die Prinzipien westlicher Demokratien.

Der politische und der wirtschaftliche Liberalismus waren in den westlichen Demokratien einen paradoxen Kompromiss eingegangen. Die politisch-bürgerliche Gleichstellung durch die Menschenrechte und die ökonomische Liberalisierung gingen in der sozialen Marktwirtschaft ein kritisches Verhältnis ein. Was die Kräfte oder die „unsichtbare Hand" des Marktes an unausgewogener Macht- und Kapitalverteilung erzeugte, sollte ein steuernder Staat sozialstaatlich mildern und mit Umverteilungen minimal kompensieren. Das materiale Erfolgsmodell der sozialen Marktwirtschaft wollte die ungezügelten Kräfte und Mächte des Marktes gewähren lassen, um Verelendung, Armut und Segregation über Steuereinnahmen sozialstaatlich zu lindern. Der Markt war als liberalisierter undomestiziert und im Sinne der politisch-bürgerlichen rechtlichen Gleichstellung noch vorzivilisiert.[35]

Während die Erzeugung von militärisch, politisch oder wirtschaftspolitisch erzeugtem Elend seit der UN-Charta und der Deklaration der Menschenrechte durch die Vereinten Nationen weltweit geächtet war, Gewalten- und Machtteilung verfassungsrechtlich national niedergelegt wurden, blieb das System der Wirtschaft von rechtlichen oder institutionellen Gleichstellungsregularien weitgehend unberührt. Die politisch-bürgerliche und die internationale Pazifizierung der Machtkämpfe durch Rechtsgrundsätze und internationale Abkommen fand im System der Ökonomie nie ein institutionell tiefgreifendes Äquivalent. Ökonomische Kämpfe sind Bestandteil zeitgenössischer Gesellschaften. Sie unterscheiden sich dadurch vom Wesen der politischen Zivilisierung, die aus affektiver Sublimation, strategischem Raffinement und politischer Machtbegrenzung bestand. Innerhalb der politischen und kulturellen Zivilisierung gab und konnte es bislang nie eine Zivilisierung des Wirtschaftens geben. Im Ge-

---

[35] Vgl. Hengsbach, Friedhelm: *Wirtschaftsethik*, a.a.O.

genteil haben ökonomische Kräfte stets versucht, die politische Zivilisierung (hin zur Demokratie) machtpolitisch zu instrumentalisieren. Wenn Demokratie aus der gleichen Verteilung von Entscheidungsquanten an alle Wähler entsteht, dann bedeutet jede Kapitalkonzentration die Möglichkeit einer ökonomischen Unterwanderung des Demokratieprinzips, vorausgesetzt, ökonomisches Kapital kann sich klientelpolitisch transformieren.[36] Der Markt mit seinen Gesetzen und bedürfnistheoretischen Verteilungsanomien wäre insofern undemokratisch.[37] Das kapitale (vorrechtliche) Stimmrecht, die Bestimmungs*macht* Kapital desavouierte die Idee von Recht als der eines Ausgleiches, einer Freiheitsmäßigung und einer Ordnungssuche. Der Welt fehlte dann eine Weltwirtschaftsordnung des Politischen.

Dabei fehlt es nicht an normativen oder präskriptiven wirtschaftsethischen Vorgaben aus der Entwicklungsgeschichte der Menschenrechte.

Spätestens seit den beiden Menschenrechtsdeklarationen von 1966 der UN und der Europäischen Sozialcharta sind die rein politisch-bürgerlichen Freiheitsrechte auf ihre wirtschaftsethische Konsequenz hin erweitert und normativ formuliert worden. In der „Allgemeinen Erklärung der Menschenrechte" (AllgErklMenschenR), im Pakt über wirtschaftliche, soziale und kulturelle Rechte (IpwirtR) von 1966 und in der Europäischen Sozialcharta finden sich deutliche Hinweise auf die normative Forderung nach wirtschaftssozialer Inklusion.

Hier wird besonders das Recht auf Arbeit bzw. Vollbeschäftigung als Basis eines wirtschaftssozialen Teilhaberechts verstanden. Art. 23 der AllgErklMenschenR formuliert:

1. Jeder Mensch hat das Recht auf Arbeit, auf freie Berufswahl, auf angemessene und befriedigende Arbeitsbedingungen sowie auf Schutz gegen Arbeitslosigkeit.
3. Jeder Mensch, der arbeitet, hat das Recht auf angemessene und befriedigende Entlohnung, die ihm und seiner Familie eine der menschlichen Würde entsprechende Existenz sichert und die, wenn nötig, durch andere soziale Schutzmaßnahmen zu ergänzen sind.

Die Europäische Sozialcharta fordert in ihrem Art. 1, II. Teil:

Um die wirksame Ausübung des Rechtes auf Arbeit zu gewährleisten, verpflichten sich die Vertragsparteien:
Zwecks Verwirklichung der Vollbeschäftigung die Erreichung und Aufrechterhaltung eines möglichst hohen und stabilen Beschäftigungsstandards zu einer ihrer wichtigsten Zielsetzungen und Aufgaben zu machen.
Das Recht des Arbeitnehmers wirksam zu schützen, seinen Lebensunterhalt durch eine frei übernommene Tätigkeit zu verdienen.

---

[36] Zum Verhältnis von ökonomischer Zivilisierung und Rechtsentwicklung vgl. Kapitel B, VI.
[37] Frank, Thomas: *Das falsche Versprechen der New Economy,* München 2000

Während die Formulierung der AllgErklMenschenR deutlicher ein positives Recht auf Arbeit anvisiert, weil Arbeit entweder als subsistentielles Anthropologem oder als soziale Verwirklichungsbedingung erscheint, berücksichtigt die Charta bereits den notorischen Arbeitsmangel der westlichen Gesellschaften und erklärt die Vollbeschäftigung zu einem arbeitspolitischen Ziel, nicht aber zu einem positiven Recht. Arbeit erhielt in der AllgErklMenschenR naturrechtliche Züge mit positivrechtlicher Implikation, während die Charta weichere Konsequenzen zulässt.

Das historisch ältere Deutsche Grundgesetz (GG) kennt nur eine individual dimensionierte Grundfreiheit, ein Recht auf freie Berufswahl. Es kennt, historisch verständlich, die relationale Bedeutung von Arbeit für die soziale Wertschöpfung noch nicht.

Art. 12 Satz 1 (GG):
Alle Deutschen haben das Recht, Beruf, Arbeitsplatz und Ausbildungsstätte frei zu wählen. Die Berufsausbildung kann durch Gesetz oder auf Grund eines Gesetzes geregelt werden.

Das Recht auf Arbeit ist eine Folgerung des Diskriminierungsverbotes innerhalb der Menschenrechte. Arbeit soll nicht nur der Abwendung absoluter Not gelten, sondern auch der Abwendung des relativen Ausschlusses aus der wirtschaftssozialen Bezugsgemeinschaft. Der zentrale Begriff, der das Teilhaberecht auf Arbeit mit dem Diskrimierungsverbot verbindet, ist der der *Angemessenheit*.[38] Er verweist zugleich als ihr zweiter Teilsatz auf die Generalklausel des Grundsatzes der Verhältnismäßigkeit.

Das Diskriminierungsverbot der AllgErklMenschenR in Art. 2 Satz 1 stellt historisch noch eine allgemeine Sicherung der politisch-bürgerlichen Freiheiten dar.

Jeder Mensch hat Anspruch auf die in dieser Erklärung verkündeten Rechte und Freiheiten, ohne irgendeine Unterscheidung, wie etwa nach Rasse, Farbe, Geschlecht, Sprache, Religion, politischer und sonstiger Unterscheidung, nationaler und sozialer Herkunft, nach Eigentum, Geburt oder sonstigen Umständen.

Die Idee, dass zur Würdesicherung des Menschen auch wirtschaftliche Rechte vorhanden sein müssen, legt aber Art. 22 der AllgErklMenschenR bereits fest.

Jeder Mensch hat als Mitglied der Gesellschaft Recht auf soziale Sicherheit. Er hat Anspruch darauf, durch innerstaatliche Maßnahmen und internationale Zusammenarbeit unter Berücksichtigung der Organisation und der Hilfsmittel jedes Staates in

---

[38] Vgl. Günther, Klaus: *Der Sinn für Angemessenheit. Anwendungsdiskurse in Moral und Recht*, Frankfurt/M. 1988

den Genuß der für seine Würde und die freie Entwicklung seiner Persönlichkeit unentbehrlichen, sozialen und kulturellen Rechte zu gelangen.

In den Pakten von 1966 wird als Bestätigung dieser Auffassung in Artikel 2
Satz 1 und in Artikel 24 Satz 1 ein wirtschaftsethisch erweiterter Auftrag an die
Nationalstaaten gegeben. Zu dem diskriminierungsfreien Rechtsanspruch der
AllgErklMenschenR kommt ein institutioneller Auftrag, bzw. ein erstes Unter-
maßverbot[39] an den betreffenden Staat hinzu. Jeder Staat müsse Schutzmaß-
nahmen institutionalisieren, die Diskriminierung auch durch die soziale
*Herkunft* und das *Vermögen* abwenden.

> Art. 26 (IPBürgR)
> Alle Menschen sind vor dem Gesetz gleich und haben ohne Diskriminierung An-
> spruch auf gleichen Schutz durch das Gesetz. In dieser Hinsicht hat das Gesetz jede
> Diskriminierung zu verbieten und alle Menschen jede Diskriminierung, wie insbe-
> sondere wegen der Rasse, [...] der nationalen oder sozialen Herkunft, des Vermö-
> gens, der Geburt oder des sonstigen Status, gleichen und wirksamen Schutz zu
> gewährleisten.

Die Diskriminierungsverbote der meisten Menschenrechtsdeklarationen
betreffen auch die Exklusion von Arbeit, relativem Wohlstand oder relativem
Lebensstandard. Wirtschaftsethisch noch deutlicher werden die Artikel des
Pakts über wirtschaftliche, soziale und kulturelle Rechte. (IpwirtR)
Zum Recht auf Arbeit bzw. Vollbeschäftigung (Art. 6) kommt das Recht auf
einen „angemessenen Lebensunterhalt" durch eine frei übernommene Arbeit
(Art. 7) hinzu, einen „angemessenen Lebensstandard" (Art. 11) zu erlangen, das
Recht vor „Hunger geschützt zu sein" (Art. 11), eine Verbesserung der „Vertei-
lung der Nahrungsmittel" (Art. 11) und das Recht auf „körperliche und geistige
Gesundheit" (Art. 12).
Die „Angemessenheit" der Lebensstandards, die in fast allen wichtigen
Grundrechtserklärungen vorkommt[40], verweist direkt auf den im Grundsatz der
Verhältnismäßigkeit tätigen Abwägungsgedanken: *Etwas zu tun ist angemessen,
wenn dadurch an einer anderen Stelle nicht solche Nachteile entstehen, die die
Erforderlichkeit dieser Handlung negieren.* In der Idee der Angemessenheit von
Lebensverhältnissen steckt insofern mehr als eine Abwehr von absoluten wür-
deverletzenden Nöten. In ihr wird der relationale Kern der Lebensverhältnisse
als Wesen des Sozialen mitberührt.

---

[39] Zum Über- und Untermaßverbot vgl. die Ausführungen zum Grundsatz der Verhältnismäßigkeit in Kap. E.
[40] Siehe auch Teil I, Satz 4 der Europäischen Sozialcharta.

Die Vertragsstaaten erkennen das Recht eines jeden auf einen angemessenen Lebensstandard für sich und seine Familie an, einschließlich ausreichender Ernährung, Bekleidung und Unterbringung, [...]. (Art. 11 Satz 1 IPwirtP)

Durch die mediale und technische Globalität der Gegenwart ist es zu einer neuen Entpolitisierung, Deregulation und politischen Entkoppelung der nationalen Wirtschaften gekommen. Die Internationalisierung der Ökonomie fordert eine Lösung von sozialstaatlichen nationalen Vorgaben. Unternehmen stehen vor der Tatsache einer von politischen Ordnungsrahmen nahezu losgelösten Konkurrenzstruktur. Nationale politische Steuer- und Verteilungsanstrengungen greifen nicht mehr, um das entgrenzte wirtschaftliche Handeln zu beeinflussen. Sie behindern, aus der Sicht der unter weltweiten Konkurrenz agierenden Unternehmen, deren Chancen. Hierdurch entsteht eine paradoxe Zwischenepoche: Um Kapital und Arbeitsplätze national zu erhalten, fordert der Neoliberalismus die Deregulation von konkurrenzschmälernden Ordnungsrahmen, wie Tarife, Steuern, Verantwortungen gegenüber Umwelt und Belegschaften. Insgesamt soll der Staat zurückgedrängt werden, um weder durch Abgaben, noch durch institutionelle Auflagen gebremst zu werden.[41]

Diese ‚zweite wirtschaftliche Liberalisierung' zeigt sich im Versuch, die soziale, politische und ökologische Verantwortung zur Verbesserung der Konkurrenzfähigkeit abzuschütteln. Gleichzeitig basiert sie aber auf der Internalisierung von staatlichen Strukturen, Funktionen und Kapitalien (Sicherheit, Verkehrsmitteln, Bildung, Vertragssicherheit, Gerichtsbarkeit etc.), die staatliche Reproduktionskosten verursachen. Die ‚zweite' Liberalisierung versucht diese Werte und Sicherheiten zu internalisieren, während sie vom Staat Deregulationen verlangt, die langfristig seine Existenz ordopolitisch, bürgerlich und sozialstaatlich gefährden. D.h. die Idee der Deregulation verfolgt kurzfristige, epochentypische existente Nöte der unter Weltmarktkonkurrenz wirtschaftenden Subjekte und Unternehmen. Nationalstaatliche Regulationen, wie soziale und tarifliche Standards, gefährden die unter anomischen Verhältnissen wirtschaftenden Unternehmen. Scheitern sie, schmälert sich der volkswirtschaftliche regional (versprochene) Gewinn. Reüssieren sie unter „dereguliert" abgeschafften sozialen und humanitären Standards („Job without money"), fließt ihr Gewinn nicht mehr zurück an diejenigen, für die er bitter nötig wäre.

Welchen Sinn hat es, dass der politische Liberalismus Ideen wie Rechtsgleichheit, absolute Werte und die Menschenwürde etabliert hat, wenn sich unter Marktgesetzen „alles in einen verhandelbaren, bezahlbaren Tauschwert"[42] verwandelt. Die Macht der Marktgesetze und ihrer Anomien, jedes Gut, jede

---

[41]  Vgl. Boxberger, Gerald und Harald Klimenta: *Die 10 Globalisierungslügen. Alternativen zur Macht des Marktes,* München 1998

[42]  Baudrillard, Jean: „*Das ist der vierte Weltkrieg*", Interview, in: DER SPIEGEL, Nr. 3, 14.01.2002, S. 180

Arbeit, jede Leistung, jedes Produkt, und wirtschaftssozial: jeden Menschen zu *be-* oder zu *entwerten*, *auf-* oder *abzuwerten*, diese Macht des Marktes dereguliert auch die politischen Güter und Werte. „Nichtmonetäre Werte", wie die Menschenwürde, die Singularität jedes Individuums, werden „aufgehoben".[43]

Der Kampf um Werte stände dann vor dieser Entwicklungsfrage: Schafft der Markt die Idee eines absoluten Würdewertes jedes Menschen ab oder gelingt einer supranationalen Politik ein wirtschaftsrechtlicher Ordnungsrahmen, der den Wesensgehalt der Menschenrechte und der Menschenwürde zum Leitfaden nimmt?

---

[43] ebenda

## 2 Konstitutionelle Verletzbarkeit und soziale Versehrbarkeit des Menschen (Malum passionis und malum actionis)

Es ist die erste Hypothese dieses Buches, dass die absolut verstandene Würde-Idee mit der Idee eines interaktiven Stiftungsakts verbunden ist. Würde taucht als absolute Wertidee auf, sie wird aber zwischenmenschlich und interaktiv erzeugt.

Die zweite Hypothese dieses Buches ist eine anthropologische: Menschen wollen nicht leiden. Wenn aber doch und frei übernommen, dann nicht sinnlos und ohne Ertrag leiden, sondern instrumentell für eine Verbesserung der Lebenslage. Interaktiv erzeugtes *Leid zu ächten,* ist eine, wenn nicht *die* Grundidee der Menschenrechte. Die Deklaration der Grundfreiheiten und Grundrechte als Folge der Menschenrechtsentwicklung vollzieht sich im Bewusstsein, dass unterdrückte Freiheit und fehlende Sicherheiten ebenso Leid erzeugen wie ein Übermaß an praktizierter Freiheit. Sozial erzeugtes Leid ist die Rückseite der Freiheit, die Abwesenheit negativer Freiheiten.[44] Positive Freiheit garantiert individual die Sicherheit vor der Willkür anderer und schafft zugleich die interaktiven Folgerisiken, durch die freiheitliche Handlungen *anderer* verletzt zu werden. Erst aus der Beschränkung der positiven Handlungsfreiheit entstehen negative Leidfreiheiten.

Menschen sind nicht nur (würde-)verletzbar, sie sind auch versehrbar. Die Unterscheidung verletzbar - versehrbar kann zeigen, dass es sich bei der *Verletzbarkeit* um eine konstitutionelle, anthropologische oder passive Anlage handelt: Etwa Krankheit entwickeln zu können, sterben zu müssen, sinnhaft zu scheitern, Opfer von Naturkatastrophen zu werden. Bei der *Versehrbarkeit* dagegen geht es um die kulturell und historisch abhängigen Bedingungen sozialer Schädigung, Degradierung, Entwertung, Demütigung oder Herabwürdigung des Menschen. Sie folgen aus aktiven, konkreten oder unterlassenen Handlungen anderer und ihrer Institutionen, auch aus deren Symbolen, die Hochwürde und Herabwürdigung beinhalten können. Auf die allgemeine konstitutionelle Verletzbarkeit, weniger widerständig und talentiert, an einer ungünstigeren kulturellen Position der Erde geborenen, krank, schwächer, behindert, arbeitsunfähig oder älter zu sein, folgt noch eine spezifische soziokulturelle Versehrbarkeit, die mit den psychosozialen Verletzungen durch rechts- oder wirtschaftsstrukturelle Handlungen, Unterlassungen und Bedingungen einhergeht.[45]

---

[44] Vgl. Tayler, Charles: *Negative Freiheiten,* a.a.O., S. 118 f.

[45] Margalit, Avishai: *Politik der Würde,* a.a.O., spricht von Demütigungen. Sie können politisch zugelassen oder gesellschaftsstrukturell angelegt sein.

Zu der konstitutionellen Verletzbarkeit *kann* soziale Versehrung hinzu kommen, nämlich dann, wenn die Güter- und Wertverhältnisse unter Menschen die Ausgangsungleichheiten wiederholen und nicht kompensieren. Es entsteht soziale und subsistentielle Exklusion, ein Teilausschluss von der Partizipation sowohl an lebensnotwendigen materiellen Gütern als auch an den interaktiven Wertschätzungen und Werten.

> Aber gibt es jemanden, der eine Antwort zu geben vermag auf das endlose Leiden all der Epidemien, Naturkatastrophen, Überschwemmungen, Vulkanausbrüche, die nicht von uns abhängen? Wer aber antwortet auf ein *malum passionis*, das kein Ergebnis übler Tat, keine Folge eines *malum actionis* ist?[46]

Dieser Unterscheidung in ein „malum passionis" und „malum actionis" folgt auch die zwischen Verletzbarkeit und Versehrbarkeit. Jedes Ereignis als Fatum ist solange kein Gegenstand philosophischer Ethik, als dieses Ereignis Menschen oder gesellschaftliche Strukturen nicht als kausale Akteure auftreten lässt. Erst mit der Frage nach der Re-Aktion auf ein solches „malum passionis" beginnt der Stoff der Ethik und die Möglichkeit zu einem *malum* bzw. *bonum actionis*. Kriterium zu ächtenden menschlichen Handelns kann eine interaktive Versehrungswirkung sein. Wenn gilt, dass Menschen nicht leiden wollen, kann eine versehrende, d. h. demütigende, degradierende oder subsistentiell ausgrenzende Handlung als *malum* gewertet werden.

Zu untersuchen wäre demnach, ob es *unvermeidbare Not* und *vermeidbare* Leidstiftung durch Konflikt- und Ungleichheitsregularien gibt, wie Krieg, soziale Ignoranz, wirtschaftlicher Ausschluss. In dieser zu analysierenden Vermeidbarkeit, dem menschlichen Handlungsraum, könnten alle zukünftigen Handlungsverpflichtungen begründet sein. Erst in einem solchen zu ergründenden Gleichschritt, in der verhältnismäßigen ‚Praxis der Dringlichkeit' und der Praxis der Würdegleichheit, so die Hypothese, dürfte individualethisch unbekümmerte positive Freiheit beginnen. Solange Freiheit ein anderer Ausdruck für handelnde Unverhältnismäßigkeit wäre, verhinderte sie die Geburt der zwischenmenschlichen Würdestiftung. Insofern untersuchen wir unten, ob eine individuale ‚freie' Handlung, wie wir sie als liberalistisches Ziel kennen, dann kritisch zu nennen ist, wenn sie sich durch Verhältnislosigkeit auszeichnet, d. h. ohne relationale Berücksichtigung der besonders negativen Wirkzusammenhänge angelegt.


## 3 Wohin entwickelt sich der Wesensgehalt der Menschenwürde?

Der Hinweis auf die konstitutionelle Verletzbarkeit des Menschen ist trivial, deutet aber auf die menschliche Disposition hin, wesentlich defizitär, damit un-

---

[46] Bobbio, Noberto: *Wir wissen immer weniger*, in: DIE ZEIT, Nr. 1 vom 29.12.1999

glücklich oder unter Leid doch leben zu können. Der Mensch lebt auch mit verletzter Konstitution und in leidvoller sozialer Lage. Die Existenz unter Not ist eine Möglichkeit menschlichen Wesens. Sie kann als solche unteroptimal genannt werden. Aus der Möglichkeit, Not zu leiden und dennoch zu existieren, könnte die alte ethische Fragestellung folgen, wie Menschen ihre Befindlichkeit interaktiv *mehr oder weniger* leidvoll arrangieren können. Aus dem konstitutionellen Anthropologem, mit Not und Leiden leben zu können, zu müssen oder freiwillig zu wollen, entsteht die individual- und sozialethische Aufgabe, auf existentielle Unteroptimierung, Versehrung, Unglück oder Verletzung zu reagieren.

Sozial werden Menschen als „unterprivilegiert", „sozial schwach", „arm" definiert und marginalisiert. Ihr sozialer Wert ist verschieden. Kann damit ihre soziale Würde als verletzt gelten?[47] Kann, solange es Gradunterschiede an sozialem Wert gibt, ein Mensch ein unterminierter, d. h. ein geringerer „Würdenträger" sein?

Die soziale Wertkomponente der Würde ist zunächst nur möglich, weil Menschen durch ihre stammesgeschichtliche Konstitution, soziale Identität und Wertigkeiten ausbilden müssen. Menschen sind sozial wertgenerierende Wesen. Deshalb kann ein absoluter Würdebegriff sich nicht von der Sorge um das soziale Schicksal seiner Idee loslösen. Der Wesensgehalt der Würde, so wie er sich ideengeschichtlich bis in die Deklarationen der Vereinten Nationen entwickelt hat, sollte Individuen gerade schützen, auch vor legitimierten Rechtsübergriffen. Es wäre aber genau dann zynisch, Menschenwürde als unantastbares Rechtsinstitut zu etablieren, wenn das Individuum nicht gegen würdeverletzende Strukturen verfassungsrechtlich und in der Folge institutionell geschützt ist oder sich schützen kann. Wäre dies der Fall, müsste die Idee der Menschenwürde die Gestaltung der sozialen Verhältnisse tiefer durchdringen bzw. sie institutionell sichern. Um ihren Wesensgehalt zu verwirklichen, dürften Politik und Gesetzgebung nicht nur der Wertrelativität demokratischer Wahlakte folgen, sondern die soziokulturelle *Entwicklung* des verfassungsverankerten Würdegehalts insgesamt verfolgen. Die rechtsphilosophische Entwicklung der Grundrechte und -pflichten könnte selbst als ein Weg zu einem globalen Diskurs verstanden werden. Ihr Thema lautete: Was folgt aus der Idee der Menschenwürde?

---

[47] Vgl. das Schultaschenbeispiel S. 274

## 4  Menschheits- oder Menschenwürde? Dignitas gentis humanae oder dignitas homini?

Um den Wesensgehalt der Würde zu bestimmen und zu begründen, wurden in der Geschichte drei kategoriale Grundmodelle benutzt:

(1) Die *Gottesebenbildlichkeit*, die ‚imago-die'-Vorstellung, die zugleich in der Folge Luthers in die *Gotteskindschaft* aller Menschen überführt wurde und das universale Gleichheitsprinzip begründen sollte. Die „Würde und [der] Wert der menschlichen Person"[48] legitimiert sich durch ein göttliches Wertabsolutum, von dem der Mensch profitiert, indem er gottesebenbildlich ist.

(2) Der Mensch habe von Natur aus Würde, weil er mit *Vernunft* begabt ist und sich vom Tier durch rationale Prädikate unterscheide. Dazu zähle seine Fähigkeit, bewusst seine Freiheit erleben zu können und verstehend zu leiden.[49]

(3) Der Mensch habe Würde, wenn er sich in seinem interaktiven Handeln gegenseitig Wert, Achtung und Respekt verleiht. Würde entstehe aus einem gegenseitigen *Stiftungsakt* und begründe sich aus der *säkularen Ebenbildlichkeit* als Gattungswesen. Menschen bilden als nur sozial lebensfähige Wesen eine Schicksalsgemeinschaft. In diesem Begründungsmodell sei die Würde jedes Individuums Bestandteil der Menschheitswürde, die die „Anerkennung der allen Mitgliedern der menschlichen Familie innewohnende Würde" ausdrückt.[50]

Ist Würde ohne eine gerechte Gesellschaft möglich?[51] Diese Frage haben wir oben beiseite gestellt, weil wir heuristisch den Fokus auf den Begriff der Würde gelenkt haben. Nicht, was ist gerecht, ist demnach hier gefragt, sondern, braucht eine würdekonstituierende Gesellschaft Gerechtigkeitszüge?

Wir können uns gerechte Menschen und Akteure in einer ungerechten Gesellschaft vorstellen, so wie wir Unrecht in gerechten Gemeinschaften erleben können. Die Idee der Gerechtigkeit muss in (Rechts-)Systemen mit Unrecht oder mit ungerechten Menschen in gerechten Systemen nicht untergehen. Gerechte Menschen oder gerechte Rechtsverhältnisse können eine moralische Wi-

---

[48] Präambel der „Allgemeinen Erklärung der Menschenrechte, in: Simma, Bruno u. Ulrich Fastenrath (Hg.): *Menschenrechte. Ihr internationaler Schutz*, München 1985, S. 5

[49] Diese Vorstellung des Menschen als vernunftbegabtes Wesen hat ihre Wurzeln bereits in der Antike und zieht von Platon und Aristoteles, Augustin und Descartes bis in die Aufklärung, um von dort Basis der ‚menschenrechtlich' legitimierten Revolutionen zu werden.

[50] Präambel der „Allgemeinen Erklärung der Menschenrechte, in: Simma, Bruno u. Ulrich Fastenrath (Hg.): *Menschenrechte. Ihr internationaler Schutz*, München 1985, S. 5

[51] „Unsere Auffassung von Menschenwürde ist ihrerseits an eine Konzeption des menschlich Guten geknüpft, d. h. an unsere Antwort auf die Frage, was das Gute für den Menschen ist. Worin besteht das gute Leben des Menschen?" (Tayler, Charles: *Negative Freiheit? Zur Kritik des neuzeitlichen Individualismus*. Frankfurt/M. 1992)

derstandskraft aufweisen, die sie gegen die wirtschaftlichen Versuchungen der Bevorteilung und der sozialen Demütigung anderer bewahren können.[52]

*Überlebt* die Idee der Würde unvollkommene Verhältnisse und Akteure, müssen wir fragen. Ob der Begriff der Würde, ohne schon zu klären, was er meint, sich ebenso absolut und ,verhältnisresistent' verhält, hängt davon ab, ob diese zunächst personal und individual gemeinte Würde durch extreme Lebensverhältnisse überlebensfähig ist. Im Begriff der *Verhältnisse* liegt dabei die doppelte Natur der menschlichen Würdesituation. Menschliche Lebensverhältnisse beschreiben zum einen ihren Charakter und zum anderen ihren Vergleichsbezug zu den Lebensverhältnissen anderer Menschen, sozialer Schichten und Kulturen.

Lebensverhältnisse von verschiedenen Menschen in verschiedenen Lebenslagen und Kulturen, als materielle oder taxologische Sozialkategorie verstanden, können selbst in ein Verhältnis gesetzt werden. Der erste Schritt beschreibt etwa ein bäuerliches Leben im 15. Jahrhundert, der zweite Schritt setzt dieses in Bezug zum Leben des Arbeiters im 20. Jahrhundert. Verhältnis der ersten Art meint eine absolute Beschreibung, während der zweite Begriff der relationale ist.

Dem Begriff der Gerechtigkeit wohnt ebenso dieser vergleichende Verhältnisbegriff inne. Etwa im Sinne einer vergleichenden Verteilung, einer wertvergleichenden Vergütung, eines nützlichkeits-vergleichenden Tausches. Für die Gerechtigkeit wurde von der Antike an ein Mittel, eine Mitte, ein Kriterium („Prüfstein") gesucht, um das (relationale) Verhältnis von Handel, Handlungen, Dingen, Aktionen etc. zu bestimmen.

Wenn nun einmal davon ausgegangen wird, dass auch der Begriff der Würde sowohl ein absoluter als auch ein relationaler ist, dann stellt sich die Frage erneut: Kann sich personal verstandene Würde in einer verteilungsstrukturell inegalen Gesellschaftspraxis bewahren? Wird Würde nur in einer wertrelationierenden Gemeinschaft möglich und ist sie als solche eine *Menschheitswürde*? Zerstört bezugloses Verhalten von Akteuren, zerstört die institutionelle ,Erlaubnis' zur Ausübung bestimmter wirkungsorientiert befreiter positiver Freiheiten die Würde der Gemeinschaft? Diese Fragen machen deutlich, dass eine historisch zunächst individual initiierte Menschenwürde (als Abwehr gegen staatlichen Missbrauch) einen interaktiven Kern haben kann und ihn rechtsvertikal als Abwehrrechte bereits etabliert hat.

---

[52] Margalit hatte in seiner *„Politik der Würde"* hierfür das Beispiel der Stoa genannt, die den Menschen von äußeren, gesellschaftlichen Einflüssen immunisiert sehen wollte, a.a.O., S. 39

## 4.1 Gibt es eine menschliche Ebenbildlichkeit?

In den Vorlesungen „Über Pädadogik" vom Wintersemester 1776/77 schrieb Kant, es komme darauf an, „daß der Mensch in seinem Inneren eine gewisse Würde habe, die ihn vor allen Geschöpfen adelt, und seine Pflicht ist es, diese Würde der Menschheit in seiner eigenen Person nicht zu verleugnen." Das war Kants obrigkeitskritische Anleitung, den Zustand unterdrückter Mündigkeit zu überwinden und mit dem Bewusstsein eigener Würde sich aufzuklären über die eigene Autonomie. Der Begriff der Würde wurde hier noch antiabsolutistisch und antifeudalistisch eingesetzt.

Aber schon wenig später sah Kant die ersten sozialethischen Implikationen, die aus der Menschenwürde entstehen würden.

> Der Mensch ist zwar unheilig genug, aber die Menschheit in seiner Person muß ihm heilig sein. In der ganzen Schöpfung kann alles, was man will, und worüber man etwas vermag, auch bloß als Mittel gebraucht werden; nur der Mensch, und mit ihm jedes vernünftige Geschöpf, ist Zweck an sich selbst.[53]

Mit der Idee, die Menschheit in seiner eigenen Person zu heiligen, kann der Weg zur Ebenbildlichkeit des Menschen ideengeschichtlich als betreten gelten. Nicht mehr ebenbildlich mit einem anderen Wesen, sondern mit dem in allen Individuen sich äußernden menschlichen Antlitz.

Zwar ist dieser Weg fort von Fesseln, Fremdbestimmung, Apartheid und sozialer Klassifikation sozialethisch damit nur eingeschlagen, die Idee der Würdegleichheit durch säkulare Ebenbildlichkeit aber war damit historisch geboren und in ihre Entwicklungsrichtung aufgebrochen.

Seitdem stört dieses politisch-bürgerliche Programm der *Ebenbildlichkeit des Menschen mit dem Menschen* die neoliberalistische Weltanschauung, die die natürlichen Unterschiede legitimatorisch zu wert- und würdehierarchisierenden, also elitaristischen Gesellschaftsmodellen instrumentalisiert. Trotz der sozialstratifizierenden Praxis des wirtschaftlichen Neoliberalismus und der Marktmechanismen überragt die mit Verfassungsrang versehene Idee der Würdegleichheit.[54]

Von Ebenbildlichkeit zu sprechen verlangt ein Bild vom Menschen zu haben, zumindest ein negatives, das das ausschließt, was zum Menschsein nicht dazugehören sollte. Ebenbildlich können die durch die Menschenrechte spezifizierten menschlichen Fähigkeiten zu Glück und Leid sein, das Selbstbewusst-

---

[53] Kant, Immanuel: *Kritik der praktischen Vernunft*, hg. v. K. Vorländer, Hamburg: unveränd. Nachdruck der 9. Aufl. von 1929, S. 102

[54] Die dt. Verfassung beschreibt eine menschliche Gleichwürdigkeit, berührt aber nicht die Frage ihrer wirtschaftstrukturellen Verwirklichung.

sein und das Selbstwissen, die Fähigkeit zum Mitleid, die Empathie und Soziabilität, das Bewusstsein und Fühlen um vergleichbare Verhältnisse und Lebensumstände, die spürbare Demütigung, wenn deutliche Diskrepanzen in den vergleichbaren Lebenssituationen zutage treten. Globalisierte Gesellschaften kennen ebenso ,*ebenbildlich'* soziale Ausgrenzung und wirtschaftssoziale ,Totschreibung', absolute und relative ,Totverarmung'.[55] Schließlich ergibt sich Ebenbildlichkeit angesichts des Existenzwissens der Lebensbefristung und der Endlichkeit im Tod des Individuums.

Insofern kann ideengeschichtlich heute als verwirklicht gelten, was als Basis der Menschenrechte und vieler nationaler Verfassungen festgeschrieben wurde: Menschen sind trotz ihrer Verschiedenheit an Begabungen und Erbschaften ebenbildlich und mit Gleichwert an Würde geboren. Die Gleichheit aller Menschen ist eine politische Forderung und widerspricht tatsächlichen, persönlichen, genetischen, kultur- und lagebedingten menschlichen Ungleichheiten. Das Programm der menschenrechtlichen Ebenbildlichkeit zeigt dazu an, dass die Ausgangsungleichheiten für das Ziel einer humanen Weltgesellschaft marginal sein sollen und ethisch und politisch unterliegen. Die Idee der Ebenbildlichkeit aller Menschen überragt alle Ungleichheiten und mündet in das politische Postulat der Rechtsgleichheit.[56] Gleichheit meint, dieses Sich-Gleichen in Gestus und Schicksal des Menschseins - nicht eine konstitutionelle Beschreibung oder eine Verhaltensmaßregel. Ebenbildlich zu sein beschreibt eine rechtsphilosophische Entwicklung und Tendenz und hebt die Analyse konstitutioneller Differenzen nicht auf. Weil Menschen sich definitorisch-wesenhaft in dieser ihrer *Existentialität* mehr gleichen als unterscheiden, überragt die Idee der Ebenbildlichkeit, trotz der personalen und kulturellen Varietät.

Man kann aus den menschlichen Ungleichheiten politische Projekte aller Couleurs ableiten, wie die Unterscheidungsbegriffe Mann und Frau, Kind und Erwachsener, Farbiger und Andersfarbiger. Sie alle sind politische oder rechtsphilosophische Entwürfe. Denn aus der Faktizität von Partialdifferenzen folgt nicht notwendig irgendeine Handlungs- oder eine politische Theorie, weder der Segregation, der Apartheid, der Diskriminierung, der Verachtung, noch der *gewollten* Brüderlichkeit und Ebenbildlichkeit.

Die historische Akzentuierung der Ebenbildlichkeit dagegen, wie sie im politisch-bürgerlichen Gleichheitsgedanken des politischen Liberalismus trotz Herkunfts- und Talentdifferenzen hervorgetreten ist, der Vorrang des verwandtschaftlichen Menschseins - bei allen marginalen, phänomenalen und konstitutionellen Nebensächlichkeiten - lässt programmatische, politische, rechtliche und

---

[55]   Siehe dazu die Wirtschaftsdaten im Anhang dieses Buches.

[56]   Kritischstes wirtschaftsethisches Streitgut ist die Leistungsungleichheit, die bleibt, wenn alle ererbten Anfangsungleichheiten abstrahiert oder ausgeschlossen sind. Vgl. auch Rawls, John: *Die Idee des politischen Liberalismus.* Frankfurt/M. 1992; Shute, St. und S. Hurley: *Die Idee der Menschenrechte,* Frankfurt/M. 1996

lebenssituative Apartheid nicht mehr zu. Mit der Ebenbildlichkeit des Menschen könnten individuelle, genetische und rassische, aber auch wirtschaftssoziale Differenzen zurücktreten, sind sie tatsächlich gewollt oder wertüberragend. Sollten konstitutionelle Unterschiede bei der Entschlüsselung des Genoms tatsächlich ideologisiert werden, könnten sie erneut ein ideologisches Profil der 'Diskrimination' und Würdestratifikation bieten. Aus den genetischen Differenzen auf soziale und damit auch Würdedifferenzen zu schließen, ist keine rationale oder ethische Folgerung, sondern ein ideologisches Programm für soziale Ungleichheit. Denn jede Definition der Nutzung (sozial-)genetischer Über- und Unterlegenheit zu elitaristischen Zwecken bedarf eines Kriteriums. *Überlegen* oder *nützlich* für welchen Zweck? Für die Schaffung von sozialer Überlegenheit? Aus den tatsächlichen Ungleichheitsaspekten, Varianzen und Diversifikationen menschlicher Konstitution und Herkunft folgt nicht, dass auch eine Gesellschaftsordnung dieses Selbstbild perpetuieren muss.

> „Aber der Grad ihrer [der Menschen] Begabung mag sein, wie er will, er stellt nicht das Maß für ihre Rechte dar", schrieb Thomas Jefferson sein Bekenntnis zur menschlichen Gleichheit, mit der die Amerikanischen Unabhängigkeitserklärung beginnt.[57]

In den meisten Gesellschaften leben noch sich demütigende oder wertrational stratifizierte Wesen in Sozial- und Würdeklassen. Materielle Interessenkämpfe, Machtkonzentrationen und Privilegien lassen immer noch die Vermutung zu, dass Billiglohnempfänger kapitale Eliten alimentieren.[58] Die strukturelle Fremdnutzung der Arbeit wie der Lohn ohne Arbeit ist Legion.

Der ‚hochwertige Mensch' und der ‚minderwertige Mensch' der ‚höhere Mensch' und der ‚Untermensch' begegnen sich tagtäglich in der Arbeitswelt und verleihen sich gegenseitig demütigende und elitäre Wert-Definitionen. Neoliberale Freiheit bedeutet auch Freiheit von Rücksichten, Freiheit zum ‚Mehr-

---

[57] Thomas Jefferson entwarf die Unabhängigkeitserklärung von 1776, war von 1784-1789 Gesandter in Frankreich und beriet die Revolutionäre. Jefferson, Thomas: A Summary View of the Rights of Brtisch America, Virginia 1774; Wasser, Hartmut: Die große Vision. Thomas Jefferson und der Amerikanische Westen, Wiesbaden 2004, S. 73 f.

[58] Die Sozialgeschichte der Arbeit zeigt die Dominanz von fremdgenutzter Arbeit. Hier sei nur instruktiv an das Institut der Grundherrschaft in der Deutschen Rechtsgeschichte erinnert, das nicht nur eine besitzrechtliche, sondern auch eine verfassungsrechtliche Ebene zeigt. Grundherrschaft war Herrschaft und Besitz über den bezeichneten Boden und die ihn bebauenden Leute. Und zwar nicht nur über zins- und dienstrechtliche Unfreie, sondern auch über zinspflichtige Freie. Die Grundherrschaft hat öffentliche und rechtliche Qualität. Vgl. Seelinger, G.: *Die soziale und politische Grundherrschaft im frühen Mittelalter*, Köln 1903

menschen', ‚höheren Menschen'[59] und pflichtethisches Stillhalten des ‚Untermenschen' und ‚Minderwürdigen'.[60]

Aus dem Programm und der Tradition der Ebenbildlichkeit des Menschen
folgt sein Gespür und Wissen um die Vergleichbarkeit, das Wissen, in Würdeklassen und materiellen, sozialräumlichen Wertlagen gegen-, ohne- und nebeneinander leben zu können.[61]

## 5 Wertrelativismus des Marktes oder absoluter Wert der Menschenwürde?

Die naturrechtliche Idee der Würde garantiert jedem Menschen einen gewis-
sen Wert, einen Wert überhaupt. Wirtschaftssozial erhält oder verliert jeder
Mensch einen bestimmten Wert auf dem Markt und innerhalb gesellschaftlicher
Reputationszuschreibungen. Der Markt bewertet. Er kann jedes Produkt wie
auch die Arbeitskraft und das Individuum entwerten, aufwerten und abwerten.
Verliert z. B. jemand seine Arbeit, sinkt sein sozialer Wert.

Wenn alle Menschen mit „gleichem Wert" und „gleicher Würde" geboren
sind, kann man ihnen diesen Wert und diese Würde in gesellschaftlichen Entwicklungen des Arbeitsmangels, der Armut und innerhalb wirtschaftssozialer
Auf- und Abwertungsprozessen nehmen? Kann die Schaffung und Positivierung
einer Rechtsidee hinreichend sein, obwohl die Marktpraxis den Wesensgehalt
der Würde möglicherweise kritisch konterkariert?

Es scheint, als sei die Auseinandersetzung um den menschlichen Wert zukünftig der Kampf um das Primat wirtschaftlicher Wertbeliebigkeit oder um das
Primat der Würdegleichheit. Polarisiert gesprochen kann es um die Entscheidung gehen, ob der wirtschaftliche Neoliberalismus oder die Idee der Menschenwürde die Wertsphäre des Menschen prägen. Es ist ein Entscheidungs-
kampf zwischen dem Prinzip des Marktes und der Idee der Würdegleichheit als
Wertbildungszentrum. Organisieren sich Menschen nach absoluten Wertideen,
wie es der Begriff der Würde versucht, oder nach Resultaten demokratischer
Machtkämpfe? Dabei kann die Etablierung der Praxis der Menschenwürde

---

[59]  Nietzsche, Friedrich: *Also sprach Zarathustra.* Sämtliche Werke. Kritische Studienausgabe
Bd. 4, hg. von Giorgio Colli und M. Montinari, Berlin 1980, S. 356 f.

[60]  Untersuchungen über Ethiken des Erduldens zeichnen sich durch ihre theologischen Ursprünge aus. Vgl. Karl Rahner: *Grundkurs des Glaubens. Einführung in den Begriff des Christentums,* Freiburg/Br. 1976

[61]  Die Erfahrung des stratifizierten sozialen Wertes zeigt ganz deutlich die Studie von P. Bourdieu: *Das Elend der Welt.* Zeugnisse und Diagnosen alltäglichen Leidens an der Gesellschaft,
Konstanz 1997; Vgl. Margalit, A.: *Die Politik der Würde,* a.a.O., S. 19; Bobbio, N.: *Das Zeitalter der Menschenrechte,* a.a.O.; Martin, Hans Peter und Harald Schumann: *Die Globalisierungsfalle,* a.a.O.; Vgl. auch die Wirtschaftsdatensammlung am Ende dieses Buches.

selbst als Machtkampf aufgefasst werden, so wie der leidvolle Weg der Macht-kämpfe die Idee der Menschenwürde als Schutz- und Abwehrrecht hervorgeru-fen hat. Zu Beginn des 21. Jahrhunderts werden die meisten westlichen Gesellschaften durch die Prinzipien freier Marktkonkurrenz und Ordopolitik gebildet. Vollzieht sich die ‚Bewertung' des Menschen und seiner ‚Wertquan-ten' am Markt oder folgt sie (auch) einer politischen und menschenrechtlichen Idee von Würde und Wert, der die Marktmechanismen überformt?

## 6 Die theoretische Problemstellung der Untersuchung

Der Titel des Buches könnte wie die Beobachtung einer globalen, aber auch rechtlichen und institutionellen Entwicklungsrichtung wirken: Die Beachtung der Menschenwürde, mit dem Grundsatz der Verhältnismäßigkeit kombiniert, könnte die Grundwerte zukünftiger Weltorganisation werden, wenn sie sich auch weiter institutionalisierten. Andererseits kann der Titel so verstanden wer-den, dass der Begriff der Verhältnismäßigkeit die Würde *attribuiert* und umge-kehrt diese das innere Maß der Verhältnismäßigkeit bestimmt: Nur wenn vergleichbare Lebensbedingungen und interaktive Handlungen aller Menschen verhältnismäßig und ausgewogen sind, entstünden die Bedingungen zur tatsäch-lichen Menschenwürde. Unverhältnismäßigkeit, Verhältnislosigkeit und sozialer Ausschluss verhinderten die Stiftung menschenwürdiger Lebensbedingungen.

Damit wäre unterstellt, dass sich alle kompetitiven und polemischen Kon-flikte, Interessengegensätze, Macht- und Gewaltstrukturen, ob militärisch, eth-nisch, sozial, ideologisch oder wirtschaftlich, nur durch folgende Leitsätze befrieden ließen: 1. Den Wesensgehalt der Menschenwürde beachten. 2. Die Verhältnismäßigkeit des Handelns, des wirtschaftlichen Handels und der Le-bensverhältnisse herstellen: Die ‚Verhältnismäßigkeit der Verhältnisse'.

Das hieße, die historische Idee der unantastbaren Würde und des Werts aller Menschen vollendete sich erst, wenn Menschen global unter Verhältnissen le-ben, die ausgewogen und verhältnismäßig sind. Jedes *Handeln* und jeder *Han-del*, der den Grundsatz der globalen Verhältnismäßigkeit und *damit* die globale Menschheitswürde tatsächlich stiftet und achtet, verdiente es, menschenwürdig genannt zu werden. Als Naturrecht unantastbar definiert, wäre Menschenwürde zwischenmenschlich antast- und zerstörbar. Sie müsste - als relational verstan-dene - immer wieder praktisch und konkret gestiftet und als ‚verhältnismäßige Lebensverhältnisse' verwirklicht werden.

Dieser Darstellungsversuch der Grundproblematik einer „Weltgesellschaft" des 21. Jahrhunderts und die ethische Situationsbeschreibung der Erde könnte durch folgende Grundfragen eröffnet werden:

Wenn Menschen an Talenten, Erbe und Fähigkeiten verschieden und un-gleich geboren werden, und dennoch sich gleich an Rechten, Wert und Würde definiert haben, gilt dieser Satz auch im wirtschaftssozialen Sinne?

Stehen die verschiedenen menschlichen Lebenswelten und ihre Ressourcen in einem würdekonstituierenden Bezug, ist also Würde ein relationaler Begriff?

Wenn zivilisierte (politisch-bürgerliche) Grundfreiheiten durch Freiheitsbegrenzungen erst entstehen, die Grundfreiheiten zudem die Wesenssubstanz der Würde konstituieren und die Begrenzungen durch Güterabwägungen erreicht werden, wie ist demnach die Güterabwägung innerhalb der Würdegenese zu verstehen?

Besonders die letzte Frage nähert sich bereits der zentralen Forschungsheuristik. Der Abwägungsvorgang in der Entstehung der bürgerlichen Freiheiten ist im praktischen Vollzug einer des Grundsatzes der Verhältnismäßigkeit und zugleich *der* wert- und güterbildende Kalibrierungsmechanismus, der die Substanz der Menschenwürde herstellt. Dadurch dass sich die Würde in der Dynamik von Rechten und Pflichten, positiven und negativen Freiheiten, Freiheitseröffnungen durch Freiheitsbegrenzungen, Grundrechtskollision und Grundrechtskonkurrenz herstellt, muss im Kern des Grundsatzes der Verhältnismäßigkeit *und* im Kern der Würde die *gleiche wertbildende Idee* tätig sein. Diese Beziehung will die Untersuchung ausführen.

# 7 Die letzte Konsequenz des Liberalismus

Sollen Menschen, die so verschieden an Kräften, Talenten, Begabungen und Fähigkeiten sind, die an so unterschiedlichen sozialen und kulturellen Orten mit so ungleichen Chancen ausgestattet bleiben, sollen diese Menschen gleiche Rechte, gleiche Pflichten und den gleichen Würdewert bekommen?

Die Geschichte hat diese Frage bis dato politisch-bürgerlich, grund- und menschenrechtlich befürwortet und verbrieft. Der Prozess der Befriedung menschlicher Konflikte, ihre Zivilisierung und Pazifizierung, hat diese Idee der rechtlichen Gleichheit aller Menschen erzeugt, trotz der Unterschiede nach sozialer, kapitaler und genetischer Geburt. Aus Machtkämpfen waren Rechtsordnungen hervorgegangen. Darin entstanden Grundsätze, wie der der Gleichheit und der Verfahrensgrundsatz der Verhältnismäßigkeit. Der politische Wille zum Frieden ist zumindest als Wert und Idee global vorhanden.

Eine Weltpolitik, als gedachte, zieht mit ihrer Grundlegung aber noch nicht die letzte wirtschaftsrechtliche Konsequenz: Die wirtschaftssoziale Gleichheit, der Wirtschaftsfrieden ist noch nicht ideell anvisiert. Im Wirtschaftskampf der Menschheit gilt noch *nicht* die bereits politisch-bürgerlich deklarierte (Wert-) Gleichheit aller Menschen trotz ihrer Ausgangsungleichheit. Wirtschaftliche Angleichung, wirtschaftliche Verhältnismäßigkeit für die für ihre Bedürfnisse handelnden Menschen ist noch nicht proklamiert. Noch gilt die institutionell legitimierte Nutzung sozialer und konstitutioneller Erbschafts- und Kapitalvorteile. Noch sind Einkommensdiskrepanzen und Elendstarife, „job without money" und „money without job" wirtschaftsethisch und politikrational vertretbar. Noch gibt es kein Recht auf und keine Pflicht zu einer Verteilungslogik, die eine wirtschaftliche Grundversorgung sichert. Weder existiert eine herkommensunabhängige Leistungs- und Vergütungsgerechtigkeit, weder vor noch nach einer humanitär geschlichteten Kräftemessung, noch wird das dahinter akzeptierte Wirtschaftsbild des liberalistischen ‚Rechts' des ökonomisch Überlegenen und des historisch und sozialräumlich Privilegierten in strukturell sublimierten Zügen praktiziert. Die globale Wirtschaftsanomie ist aus der etablierten rechtsphilosophischen Sicht der Menschenrechte, der Würde und der politisch-bürgerlichen Gleichheit jedes Menschen ein noch unzivilisierter Raum. Diese Anomie kostet immer noch Leben: Den Hungertod, den ‚sozialen Tod' der Armut, die Demütigung, den Ausschluss. Dieses Residuum des Prinzips der Gewalt, der Vormacht lebt noch fort. Es ist immer noch todbringend und sozial klassifizierend.

Die letzte Konsequenz wäre ideengeschichtlich noch zu ziehen. Sie könnte konsequentialistisch so lauten: [62]

Obwohl Menschen genetisch und historisch ungleich geboren und mit ungleichen Chancen ausgestattet sind, besitzt jeder Mensch eine gleiche, auch wirtschaftlich zu definierende Würde und das gleiche Recht, als Wirtschaftssubjekt nicht Mittel anderer, sondern Selbstzweck zu sein. Würdestiftende Leistungs-, Tausch- oder Vergütungs*verhältnisse* sind noch politisch, institutionell und rechtlich zu etablierende Grundsätze. Der wirtschaftssoziale Gesellschaftsvertrag und die Zivilisierung des wirtschaftlichen Handelns stehen als mögliche Konsequenz eines begonnen politisch-bürgerlichen Gleichstellungsprozesses historisch noch aus.

---

[62] Vgl. Etzioni, Amitai: *Die faire Gesellschaft. Jenseits von Sozialismus und Kapitalismus,* Frankfurt/M. 1996; Bobbio, Norberto: *Das Zeitalter der Menschenrechte. Ist Toleranz durchsetzbar?,* Berlin 1998; Bohrer, Karl Heinz und Kurt Scheel (Hg.): Merkur, Deutsche Zeitschrift für Europäisches Denken. *Kapitalismus als Schicksal?* Zur Politik der Entgrenzung. Sonderheft Klett-Cotta, Heft 9/10, Sep./Okt., 51. Jahrgang, München 1997; Boxberger, Gerald und Harald Klimenta: *Die 10 Globalisierungslügen. Alternativen zur Macht des Marktes,* München 1998
Martin, Hans-Peter und Harald Schuhmann: *Die Globalisierungsfalle.* Der Angriff auf Demokratie und Wohlstand, Reinbeck bei Hamburg 1996; Sennett, Richard: *Der flexible Mensch.* Zur Kultur des neuen Kapitalismus, Berlin 1998

# B Die Ortung der Menschenwürde zwischen Anthropologie, Ethik, Recht und Markt

## I Wissenschaftliche Eingrenzung der Hauptbegriffe

### 1 Forschungskern und Verlauf des Buches: Die Zivilisierung ökonomischer Übermacht und Gewalt

Während der Grundsatz der Verhältnismäßigkeit eher als juristischer Begriff verwendet wird und bekannt ist, wird beim Begriff der Würde deutlich, dass er ethische, anthropologische, naturrechtliche aber auch rechtsphilosophische Komponenten vereinigt. Würde und Verhältnismäßigkeit zu verbinden, scheint zunächst aus rechtssystematischer Sicht ein Lapsus. Hier ein Verfassungsbegriff und dort eine Generalklausel. Dass beide Begriffe dennoch zusammengestellt werden, verfolgt zunächst die Absicht, ihr Verständnis und ihre historisch gewordene Semantik systematisch zu öffnen. Der Grundsatz der Verhältnismäßigkeit wird daraufhin geprüft, ob er würdekonstitutiv ist. Der traditionell individualistisch angelegte Begriff der Menschenwürde wird auf seine sozialethischen Komponenten hin untersucht. Sind die historischen und systematischen Bedeutungskomponenten beider Begriffe aufgezeigt, stellt sich heraus, dass die Verbindung beider Begriffe diese wechselseitig kommentiert und konstituiert.

Dabei stellte sich als erstes Forschungsergebnis heraus: Würde ist nicht ohne sozialethisch fundierte Verhältnismäßigkeit „praktizierbar". Ohne den *ethischen* Grundsatz der Verhältnismäßigkeit wird der Wesensgehalt der Würde verletzt. Dieser soll vom juristischen Begriff der Verhältnismäßigkeit unterschieden werden.

Zweitens kommt der Grundsatz der Verhältnismäßigkeit, als Abwägungsabsicht mehrerer Güter oder Ungüter, in der Kalibrierung dieser Güter nicht ohne den Wesensgehalt des Begriffs der Würde aus. Ohne den Wesensgehalt der Würde und die aus ihm abgeleiteten Grundrechte zu berücksichtigen, kann es keinen Abwägungsgehalt innerhalb des Grundsatzes der Verhältnismäßigkeit geben. Ihm fehlte die Abwägungssubstanz.

Der Abwägungsvorgang innerhalb des Grundsatzes der Verhältnismäßigkeit ist juristisch nur formal bestimmbar und daher zeitgeistorientiert, machtpolitisch abhängig und beliebig. Der Wesensgehalt der Menschenwürde als Reduktionsbegriff allen Rechts verbietet aber generelle Beliebigkeit, soll Würde nicht zu einer Leerformel für interpretative Gelegenheitsfüllungen werden.

Nach der historischen Bestandsaufnahme der Begriffe *Würde* und *Verhältnismäßigkeit* werden sie dann als Ordnungsbegriffe vorgestellt. Sie scheinen, trotz ihres weltanschaulichen Charakters, als Fundamentalbegriffe eine Zeit lang die Ordnung zukünftiger Globalität bestimmen zu können.

Erstens ist der Begriff der *Würde* des Individuums innerhalb der Menschenrechte ideengeschichtlich zu einem Orientierungs- und Fundamentalbegriff geworden, auf den sich bereits Recht, Politik und Institutionen beziehen. Begriffe wie Nation, Volk, Vaterland, Völkerrecht und andere ethische und ethnische Autoritäten treten zurück. Der Pradigmenwechsel vom Völkerrecht zu den Menschenrechten hat stattgefunden. Die Erfahrungen des Zweiten Golfkriegs und der Jugoslawienkriege haben diese rechtliche Umgewichtung vollzogen.[63] Die Sicherung der Unverletzlichkeit der Menschenwürde des Individuums und der Menschenrechte ist höchstes Anliegen der Vereinten Nationen.

Zweitens zählt der Begriff der „Verhältnismäßigkeit" ethisch zur Idee und Substanz der Würde. Zum Wesensgehalt der Würde zählt ein interpersonaler Abwägungsvorgang, wie wir ihn analog im Bestimmungsvorgang der Freiheiten innerhalb des Grundsatzes der Verhältnismäßigkeit kennen. Dies war eine der Hypothesen dieses Buches. Die Sicherung der Würde des Einzelnen lenkt den Blick auf die sozialen Proportionen, die ‚Verhältnisse'. Die proportionale Teilnahme an politischer Macht, an ökonomischen Kapitalformen, an Freiheiten und Risiken, an sozialer Bedeutung und Anerkennung, an Wohlstand und sozialer Integration bestimmte dann den *Grad* der Würde, den ein Mensch innerhalb bestimmter sozialer Relationen erreicht. Diese Vorstellung eines Würde*grads* widerspricht dem verfassungsrechtlichen Begriff der Würde. Würde ist absolut definiert, unantastbar und unveräußerbar.

Die Notwendigkeit, Würde und sozialen Wert zu verbinden, ergibt sich aus der historischen und naturrechtlichen Substanz des Begriffs. Würde ist die unteilbare Zusprechung eines Wertes, den keine bestialische Rechtsprechung, kein Terror, keine Diktatur, kein Gräuel vernichten kann. Es gibt nach Auffassung dieser Forschung eine *Konsequenz* des Begriffs von Würde und Wert des Menschen, die auf das weltgesellschaftliche Schicksal des Individuums blickt. Der gefolterte Mensch, der sozial depravierte, der weltwirtschaftlich ausgegrenzte, erleidet demnach eine Verletzung seiner Würde und seines Werts. Solange Würde graduiert praktiziert wird, ist sie verletzt, so die konsequentialistische These.

Deshalb werden später die bereits im deutschen Grundgesetz, in den Menschenrechten, in den Pakten und Konventionen etablierten Wesensgehalte der Würde bestimmt. Sind diese lokalisiert und beschrieben, ergeben sich Konsequenzen, die aufzeigen, dass unter Würde nicht nur eine abstrakte, absolute Wertzusprechung gemeint ist, sondern auch ihr gesellschaftliches oder soziales Schicksal. Die alte Idee des Würdenträgers erinnert an den sozialen Bedeu-

---

[63] Ein Integrationsschub zwischen Instanzen wie der NATO, den Vereinten Nationen und den Supermächten macht das Beispiel des Kosovokrieges deutlich.

tungszuspruch, der eine kontextuelle Genese hat. Die Bezugsgruppe prägt die Würde ihrer Mitglieder mit. Sie verleiht Würde im Sinne von sozialem Wert, sozialer Identität und Bedeutung.

Für diese Arbeit wird es deshalb unumgänglich, subjektive und objektive Werttheorien hinzuzuziehen. So kann etwa der relative Marktwert eines Menschen und seiner Arbeitskraft nicht losgelöst von seiner Würdesicherung innerhalb einer Bezugsgesellschaft gesehen werden. Absoluter Würdewert und relativer Marktwert sind nicht ohne jeden Bezug, wie jüngste Gerichtsurteile geltend machen.[64]

Können Würdeverletzungen, neben der Verletzung der politisch-bürgerlichen Rechte und Pflichten, auch unter der Macht- und Güterpraxis des Marktes geschehen? Dann etwa, wenn Wohlstand für einige durch wirtschaftliche Ausnutzung anderer erzielt wird? Zerstört das unverhältnismäßige Unterliegen der Interessen einiger durch die Interessen anderer die Idee der Würde? Die ‚Unverhältnismäßigkeit der Verhältnisse' oder die Unverhältnismäßigkeit in der Güter- und Leistungsgewichtung (z.B. von Arbeit und Lohn) unterminiert die Substanz der Würde, lautet ein Ergebnis dieser Analyse.

Insofern stellt die Arbeit das *konsequentialistische*[65] Resultat vor, dass erst die (wirtschafts-)ethische *Verhältnismäßigkeit* die Idee der Würde und des Werts des Menschen sichert. Sie, die Verhältnismäßigkeit, zu bestimmen, bedeutete, die Würde zu bestimmen. Würde als Leitbegriff einer möglichen Weltkultur zu verwenden, beabsichtigt historisch, die Verhältnismäßigkeit innerhalb der Güterabwägungen zu suchen. So kann die Idee der *Würde* die Bestimmung von Verhältnismäßigkeit im Sinne der Güterverteilungen, etwa zwischen Freiheit und Freiheitsfolgen, Reichtum und Armut, anleiten. Das Prinzip der Verhältnismäßigkeit scheint andererseits die rechtshistorische und pragmatische Formel für die Bestimmung einer nicht nur formalen, Grundrechte *abwägenden*, sondern erst relational generierten Würde zu werden. (Wert-)Relationen des Zusammenlebens konstituierten danach den Wesensgehalt der Würde. Würde und Verhältnismäßigkeit bedingen, füllen und erklären sich nur wechselseitig.

Das Prinzip der *Verhältnismäßigkeit* scheint von der kleinsten Haushaltsdebatte in einer Familie ausgehend, über nationale Haushaltsfragen, militärische oder andere Konfliktlösungsstrategien, bis hin zur globalen Gestaltungsfrage einer Weltgesellschaft, das Projekt der Würde weiter zu führen. Es hat mit tiefen historischen Wurzeln, aber auch Widerständen, selbst die Idee eines transkulturellen ethischen Wertes etabliert.

---

[64] Siehe dazu unten (Kap. D, I) die Urteilsbeispiele bei der Definition der relativen Würde.

[65] Konsequentialistisch meint hier sowohl die Theoriezugehörigkeit zum Utilitarismus als auch die Idee einer prospektiven Entwicklungstendenz bestimmter historischer und rechtsinstitutioneller Anlagen.

Aus der Idee der Würde entsteht eine innere und neue Konsequenz, nämlich das *ethische* Prinzip der Verhältnismäßigkeit. Dieser Grundsatz hat seinen formalen Ursprung jedoch im Ordnungsrecht, besonders in der Preußischen Polizeiverordnung. Philosophisch findet sich bereits bei Aristoteles die Idee einer Verhältnismäßigkeit. Die Arbeit wird deshalb hier den juristischen und (wirtschafts-)ethischen Grundsatz der Verhältnismäßigkeit genetisch unterscheiden.

Als zweiter Tenor des Buches wird im Bestimmungsverhältnis von „Würde" *und* „Verhältnismäßigkeit" die Grundlage der ausstehenden weltwirtschaftlichen Zivilisierung und Politisierung gesehen. Wenn mit beiden Begriffen die Grundlage wirtschaftlicher Gerechtigkeit überboten werden kann, konfrontieren die Begriffe Würde und Verhältnismäßigkeit die „deregulierte" und entpolitisierte Ökonomie mit der Tradition politischer, institutioneller und verfassungsrechtlicher Kultur. Der erreichten Zivilisierung der politisch-bürgerlichen Gewaltverhältnisse als Grund- und Menschenrechte fehlt noch das wirtschaftsordnende Analogon: Die Zivilisierung ökonomischer Gewalt.

## 2 Die Problematik der Würde

Die Idee der Würde gibt jedem Menschen einen bestimmten absoluten Wert. Der Markt gibt und nimmt Menschen ihren sozialen Wert. Seine Rationalität verfährt wertrelativistisch, d. h. er verfährt be-, ent-, ab- und aufwertend mit allen Gütern und Menschen. Nach der Idee der Würde hat jeder Mensch einen ideellen Wert. Für den Marktrelativismus kommt jeder Mensch mit einer *Geldschuld* für seine Erziehung zur Welt. Ein Kind ist nicht sofort *verwertbar*. Im Rahmen der Generationenverträge, der Rentenfrage, wird diese Grundschuld verrechnet.[66] Zum Negativaspekt der Marktlogik gehört: a) Wert und Werte anderer zu dekonstruieren. Das Konkurrenzprodukt und den Konkurrenten vom Markt zu drängen. b) Arbeitsleistungen und -werte anderer zu internalisieren oder zu erschleichen. c) Den Arbeitskräfteüberschuss zum Arbeitswertdumping zu nutzen. d) Kosten zu externalisieren und zu sozialisieren.

Der *absolute* Würdebegriff ist nicht hinreichend, besonders (welt-)wirtschaftspolitisch, um Menschen vor taxologischem Leid zu schützen, aber die conditio sine qua non der Sicherung. Würde wird zusätzlich *relational* verstanden werden müssen, wenn sie sich in der Wert-, Güter- und Rechtsverteilung generiert. Diese Relativität kann formal durch den juristischen und den *ethi-*

---

[66] Vgl. DER SPIEGEL, Nr. 15 vom 9. 4. 2001, S. 100 f. Die Erziehung eines Kindes koste Eltern (als Ehepaar) und den Staat zusammen 365.983 Euro. Der öffentliche Anteil betrage 34,3%.

*schen* Grundsatz der Verhältnismäßigkeit bestimmt werden, die jeweils vorgestellt werden sollen:

1. Die ethische Güterabwägung der Verhältnismäßigkeit zur Würdegenese betrifft die Hauptgüter Freiheit und Leid. Das Prinzip des Grundsatzes der Verhältnismäßigkeit wird durch die Bestimmung der *Grenzfreiheit* und des *Grenzleids* in Analogie zur Wertbestimmung der Grenznutzenschule erreicht.
2. Würde entsteht durch die ‚Verhältnismäßigkeit der Verhältnisse‘. Grenzfreiheit und das Grenzleid vermitteln sich.
3. Die Nutzenoptimierung des Wirtschaftens, die Verhältnismäßigkeit und die relative soziale Würde bilden ein Bedingungsverhältnis.
4. Es wird die Bestimmung eines ethischen Grundsatzes der Verhältnismäßigkeit vorgenommen.

## 2.1 Verhältnis zur Geschichte und Empirie

Würde als grundlegende Norm in der Auffassung des Menschen betrifft sowohl das Rechtssystem als auch die Handlungswissenschaften. Sie konstruiert zugleich anthropologische, ethische, rechtsphilosophische und rechtssystematische Aussagen nicht nur über den Menschen als Individuum, sondern gerade auch über jede Kommunikation oder über jedes soziale Handeln. Der Zuspruch der Würde konzipiert ideengeschichtlich eine normative, präskriptive aber auch deskriptive Dimension sowohl menschlichen Handelns als auch der menschlichen conditio.[67] Sie attribuiert den Menschen und – darin scheint der historische Gegenwartsbezug erreicht – sie attribuiert auch normativ menschliche Interaktion als Handeln, Kommunikation und Organisation. Die Attribution der Würde ist selbst nicht ontologisch, aber sie attribuiert das Wesen des Menschen oder – in der Handlungsimplikation - die interpersonale *Menschlichkeit*.

Gesellschaftliches Handeln ist auf rechtliche normative Strukturen angewiesen.[68] Keine Wissenschaft, auch nicht die Rechtsphilosophie oder Ethik, kann an ihren Gegenstand normativ herangehen, ohne Gegenwelten zur Empirie zu bauen. Insofern ist auch in dieser Arbeit die philosophische Auseinandersetzung mit dem Begriff der Würde weder primär normativ ausgerichtet noch nur analytisch-rekonstruktiv. Es geht weder darum, Würde primordial semantisch zu füllen, noch ihre Inhalte zu legitimieren. Die Legitimationssysteme der Würde rekurrieren auf anthropologische, sozialphilosophische, empirische und sozial-

---

[67] Über das Verhältnis von Ethik und Anthropologie siehe das folgende Kapitel.

[68] Werner, Petra: *Soziale Systeme als Interaktion und Organisation.* Zum begrifflichen Verhältnis von Institution, Norm und Handlung, in: Krawietz, Werner und Michael Welker (Hg.): *Kritik der Theorie sozialer Systeme.* Auseinandersetzungen mit Luhmanns Hauptwerk, Frankfurt/M. 1992, S. 210

geschichtliche Erfahrungen. Würde als Idee, Grundsatz, Generalklausel oder Norm entsteht, wie das System Recht, aus Interaktionen mit ihrer immanenten Normproduktion durch epochentypische Generalisierungen und Erzählungen. So lässt sich die Gestalt des modernen Würdebegriffs unten als unmittelbarer Reflex auf sozial-, militär- und rechtsgeschichtlichen Entwicklungen darstellen – deren Rekonstruktion ein Kapitel dieser Arbeit ausmacht - und bleibt insofern in rezenter Füllung zeitgeschichtlich abhängig und motiviert.

Wie etwa durch die Entstehung des *Vertrags* bestimmte Handlungen normativ verfestigt und Erwartungen in bindende Erklärungen verwandelt wurden, fungiert der Begriff der Würde normativ innerhalb bestimmter menschlicher Handlungsvollzüge im Rechts- und Ethosrahmen. Er konstituiert Gesellschaft. Aus der Kasuistik von individualen Handlungen werden Regelsysteme und Rechtsstrukturen produziert, die wiederum ihre Legitimation auf Fundamentalbegriffe stützen, zu denen der der Würde mit seinen verfassungsrechtlichen, ethischen, menschenrechtlichen und bedingt „drittwirkenden" Implikationen zählt.[69] Würde als ausschließlich subjektbezogenen Begriff ohne interaktive Handlungskomponenten zu begreifen, wird in der neueren Diskussion um die „Drittwirkung" der Grundrechte bestritten.[70]

Die Geschichte der Menschenrechte deckt sich nicht immer mit der der Menschenwürde. Diese ist kein Menschenrecht, wohl aber im inneren *als* deren Zusammenhang angelegt. Weil die Würde als unantastbar gilt, bekennt sich das Deutsche Volk im Grundgesetz zu den Menschenrechten. Desgleichen formuliert die Erklärung vom 10.12.1948 der Vereinten Nationen sowie die „Déclaration des droits de l'homme et du citoyen" und die „Virginia Bill of Rights". Die Würde stammt aus der geistesgeschichtlichen Tradition der Menschenrechte.[71] Sie wurde zur Basiskategorie der Grundrechte. Sie ist säkular eingestellt.[72] Ihr Begriff geht sowohl auf antike, humanistische (Pico della Mirandola, auch Pufendorf) und christliche Traditionen zurück.[73]

## 2.2 Konfliktaustragung durch Kräftemessen und Rechtsfindung

Die Entwicklung der Rechtsgeschichte zeigt in ihrer historisch zunehmenden Diversifikation und Ausdehnung der Rechtsregulierungen, dass mit Komplexitätssteigerung und Konflikttiefe auch die Anforderungen an das Ordnen durch

---

[69] Zur „Drittwirkung" der Grundrechte s. unten Kap. C, III, 2

[70] Vgl. dazu das Kap. C, III, 2: Die Drittwirkung der Grundrechte

[71] Bayertz, Kurt: ARSP 81 (1995), S. 465, 470; Verdroß: EuGRZ 1977, S. 207

[72] Georg Jellinek sieht die Religionsfreiheit als Quelle der Menschenrechte. Vgl. ders.: Die Erklärung der Menschen- und Bürgerrechte, S. 42 f., a.a.O.

[73] Bayerts, Kurt: ARSP 81 (1995), S. 465

Recht gestiegen war. Immer dann, wenn Sitten und Gewohnheiten nicht in der Lage waren, die komplexer gewordenen Konfliktszenarien traditional zu regulieren - entweder durch gruppeninterne Ausdifferzierungen (wie Bevölkerungswachstum, technische Erfindungen, Kirchenschisma, Häresie) oder durch externe Ereignisse (Völkerwanderungen, Annexionen etc.) - konnte eine Rechtsregulierung ‚einspringen‘.

Die Konfliktsteuerung durch normative Festsetzung von Regularien, Kapitularien und Gesetzen geschah zunächst, wenn nicht mit einfacher Gewalt, autokratisch, später dann interessen- oder klientelpolitisch. Ein Herrscher erkannte aus der höheren Machtposition die Schädlichkeit einer Konfliktpraxis mit Gewaltanwendung und regulierte die betroffenen Konfliktthemen. Ein Stück „Freiheit“ ging verloren. Recht ersetzte die Willkür der Konfliktentscheidung durch Kräftemessen, wie wir es unten am Beispiel der Fehde zeigen werden.

Der Regulierungsbedarf von Konflikten und Machtkämpfen ergibt sich aus einer konfliktexternen Sicht. Er muss nicht dem Interesse der Parteien entsprechen. Schon gar nicht gleichermaßen. Der an Kräften stärkeren Position werden zwangsläufig Chancen reduziert, wenn Gesetze kompensatorische Regularien sind. Schreiben sie nur natürliche Vorteile fest, dienen sie der Unterdrückung von Insurrektionen und Revolutionierung.

Mit rechtlichen Regulierungen werden natürliche oder tradierte Kräfteverhältnisse fest geschrieben oder kompensiert. „Rechtlich“ meint hier immer jenen Legalismus, der nicht die Frage nach der Legitimität eines Rechts stellt, sondern seinen Ordnungs- und Gewaltcharakter. Gewalt wird hier (prinzipiell wie die Begriffe Macht und Recht) als Ordnungsinstanz von Kräfteverhältnissen verstanden. Seit Montesquieu ist es wichtig, dass die staatliche Gewalt gesplittet ist, um ihren politischen Missbrauch durch begrenzende Selbstkontrolle zu entschärfen. Es ist wichtig, den Begriff der Gewalt auch als Rechtsbegriff zu gebrauchen, um die Bedeutung von legalisiertem Unrecht als strukturelle Gewalt noch erklären zu können.

Wir sehen, dass (Interessen-)Konflikte die lebensweltliche Seite darstellen, die nach Mitteln der Regulierung rufen lassen. Entweder durch nackte brachiale Gewalt, autokratisch erlassene Vorschriften, Schiedsinstanzen, patrimoniale Rechtsprechungen oder durch staatliche Gesetzgebungen, naturrechtliche und menschenrechtliche Konventionen.

Eine konsequentialistische Ethikwissenschaft steht also in der Tradition der Konfliktlösungsstrategien. Dass ihre Mittel in der Tradition der Gewaltsublimation steht, nimmt ihr nicht ihren positiven Charakter. Dass sie von Interessenkohorten angefeindet wird, liegt natürlicherweise daran, dass die Aufdeckung der Strukturtiefe von Konflikten elitäre Problemausgrenzung verhindert. Die Legitimation der Ethik, Interessenkonflikte auch dort theoretisch *herzustellen*, wo sie die handelnden Akteure als solche nicht sehen oder sehen wollen, entstammt der historischen Erfahrung, dass das Destruktionsmaß von gewalttätigen Konfliktaustragungen ungeheuer und die soziale und wirtschaftliche Verwüstung äußerst leidvoll waren.

Es ist das für das Individuum oder eine Kultur spürbare Leid, durch anomische Kräfte und Freiheiten verursacht, das zur Begrenzung und Ordnung dieser Freiheiten durch Rechtsgrundsätze geführt hat.


## 2.3 Würde innerhalb der Menschenrechte

„IN DER ERKENNTNIS, daß sich diese Rechte aus der dem Menschen innewohnenden Würde herleiten[...]".[74]

Während die Konsequenzen der Menschenrechtsdeklarationen, ihrer Pakte und völkerrechtlichen Vereinbarungen strittig bleiben, hat ihr Wesensgehalt, wenn auch nicht ausnahmslos, so doch allgemein zu nennende Anerkennung gefunden. Die Präambel der Menschenrechtsdeklaration der Vereinten Nationen vom 10. Dezember 1948 formuliert, dass die „Verkennung und Mißachtung der Menschenrechte zu Akten der Barbarei führten, die das Gewissen der Menschheit tief verletzt haben" und diese Rechte die Nationen zu einem gemeinsamen „Ideal" geführt haben.[75] Die Interessengegensätze hinsichtlich dieses Ideals bleiben bestehen, wie die Wiener Konferenz von 1993 gezeigt hat.[76]

Dennoch gilt die Erklärung der Menschenrechte als international anerkannte Leitidee der Menschheit. Die Bindung an die Menschenrechte verpflichtet das menschliche Miteinander, die Legitimität von Verfassungen und die Positivierung von Recht, grundlegende politische Umsetzungen in ihrem Geiste zu vollziehen. Menschen sind demnach „frei und gleich an Würde und Rechten geboren".[77] Die Verletzung der Menschenrechte wird weltweit geächtet und von vielen Organisationen eingeklagt. Sie stellen eines der ersten Rechtskodexe, die globalisiert sind.

Strittig bleibt aber immer die interpretative Verwaltung der Menschenrechte, bis hin zu ihrer Instrumentalisierung für politische Programme.

Die allgemein in der Philosophie strittige Begründbarkeit der Menschenrechte und ihr Verhältnis zur Ethik sollen hier noch unberücksichtigt bleiben, weil von ihrer Existenz ausgegangen wird.[78] Diese Diskussion schwankt zwischen

---

[74] „Internationaler Pakt über wirtschaftliche, soziale und kulturelle Rechte", in: Simma, Bruno u. Ulrich Fastenrath (Hg.): *Menschenrechte. Ihr Internationaler Schutz,* München 1985, S. 60

[75] „Allgemeine Erklärung der Menschenrechte" vom 10.12.1948, in: Heidelmeyer, Wolfgang (Hg.): *Die Menschenrechte*, Paderborn/München/Wien/Zürich 1982, S. 271

[76] *World Conference on Human Rights, Vienna, June 1993. The Contribution of NGOs Reports and Documents,* hg. von Manfred Nowak, Wien 1994

[77] Allgemeine Erklärung der Menschenrechte, in: Heidelmeyer, W. (Hg.), a.a.O., S. 271

[78] Die „Philosophie der Menschenrechte" wird im Kapitel C behandelt.

der Position der Nichtexistenz der Menschenrechte und der Unmöglichkeit, sie zu legitimieren.[79]

Neben den anthropologischen Legitimationen, die schutzbedürftige menschliche Eigenschaften oder Fähigkeiten konstatiert haben und die Frage nach dem Verhältnis von Anthropologie und Recht aufwerfen[80], sind historisch die absoluten oder vernunftsrechtlichen Legitimationen angewandt worden, so wie sie seit I. Kant über den Begriff des Selbstzwecks der Menschenwürde bekannt sind.[81] Der Begriff des absoluten Wertes des Menschen und seiner Würde meint diese Selbstzwecksetzung.[82] Die dritte Argumentationsart ist transzendental und versucht den Menschenrechten eine absolute Bedeutung und Geltung zu geben.[83]

Diejenigen, die Menschenrechte als relativistisch begründet einschätzen, unterscheiden sich nach schwachen und starken Positionen. Die starke kulturrelative Auffassung der Menschenrechte wird besonders von Rorty vertreten.[84] Andere wie M. Walzer oder A. An-Na'im suchen in einem „cross-cultural approach" die Kongruenz der Gemeinsamkeiten.[85] Dass der egalitäre Universalismus auf spezifischen und historisch abhängigen Moralvorstellungen beruht, konstatiert Tugendhat[86], während J. Rawls die relative Abhängigkeit von der Einbettung in politische Systeme betont.[87] Andere legitimieren die Menschenrechte als Grundrechte[88] oder in der Tradition von J. Locke als Freiheitsrechte.[89]

---

[79] Bentham, Jeremy: Anarchical Fallacies. Beeing an Examination of Deklaration of Rights Issued During the French Revolution, in: *The Works of Jeremy Bentham*, Bowring edition, Edinburgh 1843; MacIntyre, Alisdair: *Der Verlust der Tugend*, Frankfurt/M./New York 1986

[80] Nussbaum, Martha: Menschliches Tun und soziale Gerechtigkeit, in: Micha Brumlik und Hauke Brunkhorst (Hg.): *Gemeinschaft und Gerechtigkeit*, Frankfurt/M. 1993

[81] Kant, Immanuel: *Metaphysik der Sitten*, Kants gesammelte Werke (Akademie Ausgabe) Berlin 1902, Bd. 6.

[82] Spaemann, Robert: „Über den Begriff der Menschenwürde", in: Böckenförde, Ernst-Wolfgang und Robert Spaemann (Hg.): *Menschenrechte und Menschenwürde*, Stuttgart 1987; Vlastos, Gregory, „Justice and Equality", in: Brandt, R. (Hg.), *Social Justice*, Englewood Cliffs, N. J.: Prentice Hall 1962

[83] Vgl. Höffe, Otfried: *Ein transzendentaler Tausch: Zur Anthropologie der Menschenrechte*, a.a.O.; Apel, Karl-Otto: *Transformation der Philosophie,* 2 Bde., Frankfurt/M. 1973; Alan Gewirth: *Human Rights,* Chicago 1982

[84] Rorty, Richard: Menschenrechte, Rationalität und Gefühl, in: Shute, Stephen und Susan Hurley (Hg.), *Die Idee der Menschenrechte*, Frankfurt/M. 1996

[85] Walzer, Michael: *Lokale Kritik - globale Standards. Zwei Formen der moralischen Auseinandersetzung*, Berlin 1996; Abduhlahi An-Na'im (Hg.): *Human Rights in Cross-cultural Perspectives*, Philadelphia 1992

[86] Tugendhat, Ernst: *Vorlesungen zur Ethik*, a.a.O.

[87] Rawls, John: Das Völkerrecht, in: Shute und Hurley (Hg.): *Die Idee der Menschenrechte*, a.a.O.

[88] Z. B.: Habermas, Jürgen: *Faktizität und Geltung*, Frankfurt/M. 1992

[89] Alexy, Robert: *Theorie der Grundrechte*, Frankfurt/M. 1993

Die Frage nach der Reichweite und Ordnung der Menschenrechte, wie die bekannte Einteilung in drei Klassen – liberale Freiheitsrechte, politische Teilnahmerechte und wirtschaftssoziale Partizipationsrechte – ist eng verbunden mit dem Problem einer Legitimationshierarchie, die die Freiheitsrechte als absolut und universell auffasst, während die anderen Rechte von der bürgerlichen Verfassung und deren positivem Recht abhängig wären.[90]

Das Problem des Verhältnisses von Menschenrechten und *Pflichten* wird seit dem Wiener Entwurf des „InterAction Councils" von 1997 zur „Allgemeinen Erklärung der Menschenpflichten" durch weltweit bekannte Politiker, Persönlichkeiten, Theologen und Intellektuelle hinsichtlich der aus den Menschenrechten zu folgernden Verantwortung und Pflichten diskutiert. Dieser Entwurf wurde den Vereinten Nationen zur Prüfung einer Ratifizierungschance vorgelegt.[91]

In dieser Erklärung werden die „Fundamentalen Prinzipien der Humanität", der „Gewaltlosigkeit und Achtung vor dem Leben", der „Gerechtigkeit und Solidarität", der „Wahrhaftigkeit und Toleranz", der „gegenseitigen Achtung und Partnerschaft" zu einem universellen sozialethischen Handlungsmuster erhoben und in gleicher Weise konsequentialistisch aus den schon deklarierten Menschenrechten abgeleitet. Insbesondere durch die Einführung einer universellen, globalen Verantwortungstiefe wird die individualethische und freiheits*rechtliche* Position der Menschenrechte verlassen, bzw. sozialethisch erweitert. So heißt es im Art. 4:

> Alle Menschen, begabt mit Vernunft und Gewissen, müssen im Geiste der Solidarität Verantwortung übernehmen gegenüber jedem und allem, Familien und Gemeinschaften, Rassen, Nationen und Religionen.[...][92]

Ihr Legitimationsmodus ist konventionalistisch und konsensualistisch. Er setzt auf eine universelle Ratifizierungschance und nicht auf ethische oder kulturelle Objektivität.

Nach Koller und Shue wird eine Unterscheidung zwischen negativen und positiven Pflichten nötig, die danach fragt, ob negative Pflichten nur für einige, positive Pflichten für alle gelten sollen.[93] Die Ausweitung der Menschenrechte, nicht nur zu Pflichten, wird auch von den Vereinten Nationen betrieben. Gleichzeitig wird eine Vereinheitlichung der verschiedenen Erklärungen ver-

---

[90] Jellinek, Georg: *System der subjektiven öffentlichen Rechte,* Tübingen, 2. Aufl. 1995; Marshall, Thomas H.: *Bürgerrechte und soziale Klassen*, Frankfurt/M./New York 1992

[91] http://www.asiawide.or.jp/iac/UDHR/GrmDec11.htm, gesichtet am 10. 3. 1998

[92] ebenda

[93] Koller, Peter: Der Geltungsbereich der Menschenrechte, in: Gosepath, Stefan und Georg Lohmann (Hg.): „*Philosophie der Menschenrechte*", Frankfurt/M. 1998; Shue, Henry: *Basic Rights*, Princeton 1980

sucht, etwa der „Europäischen Konvention für Menschenrechte" und den asiatischen und afrikanischen Konventionen, um einen Partikularismus zu vermeiden.[94]

Eine rationale oder kategoriale Legitimation soll hier nicht verfolgt werden, wohl aber die Analyse ihrer Bedeutung, Relativität und Auswirkungen für Recht, Demokratie, Wirtschaft und Staat. Die Analyse rechtsphilosophischer Implikationen der Würde innerhalb der Menschenrechte soll in dieser Arbeit im Vordergrund stehen, so wie sie im anglo-amerikanischen Raum begonnen wurde.[95]

Der vorgegebene universelle Anspruch bezieht sich dabei nicht nur auf ihren räumlichen (globalen) Geltungsbereich, sondern auch auf ihre Richtlinienkompetenz für die Gestaltung von positivem Recht, internationalen Beziehungen und Rechtsabkommen. Universalität gerät immer in Konfrontation mit lokalen, kulturellen und rechtsphilosophischen Spezifitäten.

Strittig ist dabei auch, ob Menschenrechte schon positive Grundrechte oder nur vorstaatliche Naturrechte sind. Ihre Justiziabilität wird dabei in Frage gestellt. Was für eine Art von Recht stellen sie dar, besonders hinsichtlich ihrer Einklagbarkeit und der Sanktionierbarkeit bei Rechtsbruch. Ebenso ist in der Diskussion strittig, ob es sich um nur individuale oder auch soziale Rechte handelt, die, verfassungsrechtlich gesprochen, eine zivilrechtliche „Drittwirkung" haben.[96] Als letzte offene Frage bleibt die nach dem anthropologischen und kulturellen Verständnis der Menschenwürde.

## 2.4 Beinhaltet der Würdebegriff ein „Menschenbild"?

Der veraltete Begriff „Menschenbild" schreckt schon ab und soll als ehemals anthropologische Frage verstanden werden. Dabei wird hier die minimalistische und relativistische Position verfolgt, conditio-Aussagen zum Menschen, wo immer es möglich ist, zu vermeiden und konstitutionelle Erscheinungsbilder nach historischer Faktizität lediglich zu beobachten. Normative Wunsch- und Idealbilder sollen ebenso verbannt sein, wie der einfache Bezug auf natur- oder geisteswissenschaftliche Konstruktionen der *conditio*.[97]

---

[94] In: *The United Nations and Human Rights. 1945-1995,* a.a.O.

[95] In Deutschland ist die Diskussion durch Habermas, Höffe und Tugendhat fortgeführt worden. Vgl. Habermas, Jürgen: *Faktizität und Geltung,* Frankfurt./M. 1992; Höffe, Otfried: Ein transzendentaler Tausch. Zur Anthropologie der Menschenrechte, in: *Philosophisches Jahrbuch 99 (1992),* S. 1-28; Tugendhat, Ernst: *Vorlesungen über Ethik,* Frankfurt/M. 1993

[96] Das Thema der Drittwirkung wird ausführlich behandelt und ist ein Kernpunkt der Auslegung der Würde als relationaler Begriff. (Kap. C, III, 2)

[97] Es mag dennoch an anderer Stelle sinnvoll sein, „Leitbilder" gesellschaftlicher Tendenzen zu untersuchen, wie es E. Bloch getan hat.

Aussagen über Menschen fallen so aus, wie sie gerade im epochalen, gesellschaftlichen und wissenschaftlichen Kontext different und variantenreich erscheinen. ‚Naturbegriffe' zu Fragen von Aggression und Soziabilität, des moralisch Bösen oder Guten etc. sollen deshalb hier als geschichtsrelativ verstanden werden. Allein aus dem bekannten empirischen Material der Geschichte ergeben sich die oben genannten Spannungen aus divergierenden und expandierenden Freiheits- und Handlungsbegriffen und den bindenden und konvergierenden Momenten.[98]

Diese Konfliktgeschichte korrespondiert, nach unserer Auffassung, mit einem negativen Minimalanthropologem, das sich im Rahmen der in den Vereinten Nationen universal verankerten Menschenrechte im 20. Jahrhundert artikuliert hat: Das Diktum der „Menschlichkeit", negativ formuliert als „Verbrechen gegen die Menschlichkeit", formuliert die Beraubung von bestimmten positiven und negativen Eigenschaften: als zu ächtende *Leidstiftung*.

Diese Ächtung stellt sich heute (seit dem zweiten Golfkrieg) auf den Standpunkt des Individuums und nicht länger auf die Souveränität von Völkern, Staaten, Nationen oder Ethnien. Im Abwägungsvorgang zwischen Konfliktregulation und anomischer Konfliktaustragung durch Gewalt oder strukturelle Gewalt überragt sowohl der Schutz des Individuums als auch der Vorrang der Entliberalisierung der Handlungsfreiheit, wenn Menschen in Situationen gelangen, die sie übermäßig leiden lassen.[99]

Die universalistische historische Aufwertung des Ungutes *Leid* in den menschen- und grundrechtlich geprägten Verfassungen, aber auch durch die universellen Konventionen, kommt in der Ächtung der ‚Unmenschlichkeit' zum Ausdruck. Sie wird seit dem Jugoslawienkrieg auch zur moralischen Legitimation militärischer Interventionen durch Drittstaaten.

Insofern scheint sich historisch folgende Position herauszubilden, die wir weiter unten entwickeln:

Leiden erhält als *tiefstes menschliches Ungut* mit der größten Wahrscheinlichkeit den weltweiten Anerkennungsstatus, da es als Abstraktum und Reaktion auf völlig Verschiedenes die höchste individuale Abneigung erwarten lässt. Sie ist die Koinzidenz ex negativo.

Leiden bestimmt sich als Wesensentfremdung. Sie ist eine relationale Erscheinung zwischen der (kulturellen) Wesenhaftigkeit der menschlichen Bedürfnisse und einer erzwungenen Selbstabweichung. *Abweichung* kann durch eine innen- oder außenmotivierte Dysfunktion (Krankheit, Infektion etc.), durch eine soziale, lebensräumliche Milieubedingung (Krieg, Hungerkatastrophe, Ausbeutung, Missachtung, sozialer Ausschluss) entstehen oder durch ökologi-

---

[98] Diese Beschreibungsart kann auch systemtheoretisch gelten, im Sinne systemischer In- und Exklusion oder einer System-Umweltbeziehung. Vgl. Luhmann, Niklas: *Soziale Systeme*, a.a.O.

[99] Bobbio, Norberto: *Das Zeitalter der Menschenrechte*. Ist Toleranz durchsetzbar?, Berlin 1998

sche (Eiszeit) oder andere Kontingenzen (Unfall), die nicht von der menschlichen Handlungsfreiheit abhängen. Leiden kann aber auch als gewollte und freigewählte Begleiterscheinung einer Handlung erscheinen. Es lässt sich für Ziele instrumentalisieren.

Die *Kommunikabilität* der menschlichen Leidenssituationen verspricht die größte Hör- und Verständnisbereitschaft angesichts der interessengelenkten intersystemischen Un- und Missverständnisse. Dabei wird die Psychologie der Schuldzuweisungen unter Leidensdruck hier nicht vergessen, die für die eigene Lebenslage verkürzte Genesen erdenkt, um die zu erwartende Ohnmacht in der hochkomplexen Zusammenschau zu vermeiden.

Insgesamt gehört der Revanchismus zu den größten konstitutionell angelegten Mechanismen, die dafür verantwortlich sind, dass die menschliche Zivilisierung nur im Schneckentempo vorankommt und dass Gewaltstrukturen aus dem historischen und intergenerativen Teufelskreis gefiltert werden.

Die Chance der Menschheit, zu einem integrativen Gut (Ideal) zu kommen, wenn auch negativem Gut, der Vermeidung bestimmter subjektiver Befindlichkeiten und sozialer Lagen und Verhältnisse, liegt deshalb in der Beachtung des Begriffs *Leid*, weil nur er, im Unterschied zu einem zu suchenden positiven globalen Integrationsgut, als Vermeidungsbegriff historische Anerkennung gefunden hat. Diese Anerkennung liegt darin, dass der Mensch als Individuum, nicht als Kollektivwesen, zugrunde gelegt wurde.

Nur als negatives Gut oder Ungut stimuliert Leiden eine empathische Relativität, wie sie für universelle Konfliktregularien und Ordnungen benötigt wird. Positive Begriffe, wie die der (politisch-bürgerlichen) Freiheiten haben dies, weil sie dissoziativ und nicht ‚bindend‘ sind, historisch niemals erreicht.

Leiden meint zunächst nur die negative individuale Befindlichkeit, die die menschliche Soziabilität und Interaktivität hervorbringt. Insofern ist die theoretische Wahl des Leidens - Leidminderung als Oberbegriff eines negativen Minimalanthropologems - nur das Mittel, seine Verursachung in der Relativität der globalen Beziehungen und Verhältnisse zu analysieren. Dass der Begriff selbst einer Historizität unterliegt, hatte schon Nietzsche in seiner Abhandlung über die Tragödie und den Nihilismus gezeigt.[100] Die gegenwärtige Ächtung des Leidens ist spezifisch. Sie pointiert körperliche (physische Gewalt, Folter), psychische (Missbrauch) und soziale Zustände (Vertreibung) und entspricht der Dominanz eines säkularisierten Menschenbildes und den Freiheitsideen der Grundrechte natürlicher Rechtspersonen.

Anthropologische Aussagen sollen also minimiert werden, weil sie enkulturations- und epochenabhängig sind. Allgemeine Aussagen zur ersten Natur des

---

[100] Nietzsche, Friedrich: *Die Geburt der Tragödie aus dem Geiste der Musik*. Sämtliche Werke. Kritische Studienausgabe in 15 Bde., hg. v. Giorgio Colli und M. Montinari, Bd. 4, Berlin 1980

Menschen sind nur im bedürfnisprimären, nicht im enkulturierten, sublim-zivilisatorischen Bereich möglich. Eher scheint es sinnvoll, nur formale Aussagen über geschichtliche Erfahrung mit menschlichen Bedürfnissen synoptisch gegenüberzustellen. Sowohl getrennt nach soziologischen Bedürfnisstudien als auch deontologischen Texten und Ideen, wie sie seit der Antike auftauchen. „Bedürfnisse" wie Freude, Freiheit, Lust und geringstes Leid sind kulturhisto-risch zu verstehen und oft nur auktorial, wenn man Texte etwa Epikurs, J. Benthams, Mills, Nietzsches, Freuds, etc. berücksichtigt. Die Relativität menschlicher Bedürfnisse intensiviert sich noch durch die gentechnische Tatsache, Menschen als biotechnisch offene Wesen auffassen zu müssen, die ihr genetisches Erbe bald ebenfalls kulturieren, bzw. kulturabhängig modifizieren werden.

## 2.5 Haben Menschenrechte eine wirtschaftssoziale Implikation?

Menschenrechte können als individuale Freiheits- oder als Anspruchsrechte verstanden werden. Ob sie sich in den nationalen Verfassungen in einklagbare oder verfassungsrechtlich kontrollierte Grundnormen verwandeln lassen, hängt von den politischen Vorgaben der Gesetzesinitiativen ab. Unter sozialen Grund- oder Menschenrechten werden Leistungs- oder Teilhaberechte auf Bildung, Fürsorge, Arbeit, Wohnung etc. verstanden. Es sind Rechte des Individuums gegenüber der Gemeinschaft, insbesondere auf lebensnotwendige Güter.

Die Initiativen der Menschenrechte beinhalten auch ökonomische und sozia-le Rechte, die materiell formuliert sind, während negative Rechte den politisch-bürgerlichen Rechten entsprechen. Besonders die beiden internationalen Pakte von 1966, wie oben gezeigt, nennen neben den politisch-bürgerlichen Freiheiten konkrete Anspruchsrechte, die lediglich durch weiche Formulierungen und For-derungen an die Adresse der Staatsverantwortung oder Politik gemildert wer-den. Legitimatorisch folgen sie dem gleichen Geist, den auch die politisch-bürgerlichen Rechte verfolgen: eine alle Lebensdimensionen umfassende Siche-rung der Menschenwürde.

Ein Beispiel für diese „wirtschaftlichen, sozialen und kulturellen" Rechte, die als substantielles und materielles Recht formuliert sind, ist das Recht auf Arbeit.

Art. 6 (1) Die Vertragsstaaten erkennen das Recht auf Arbeit an, welches das Recht jedes einzelnen auf die Möglichkeit, seinen Lebensunterhalt durch frei gewählte oder angenommene Arbeit zu verdienen, umfaßt, und unternehmen Schritte zum Schutz dieses Rechts.[101]

---

[101] „Internationaler Pakt über wirtschaftliche, soziale und kulturelle Rechte", in: Simma, Bruno u. Ulrich Fastenrath (Hg.): *Menschenrechte. Ihr Internationaler Schutz,* München 1985, S. 60

Anspruchsrechte dieser Art sind laut Präambel der Konvention geschaffen, „IN DER ERKENNTNIS, daß sich diese Rechte aus der dem Menschen innewohnenden Würde herleiten, IN DER ERKENNTNIS, daß nach der Allgemeinen Erklärung der Menschenrechte das Ideal vom freien Menschen, der frei von Furcht und Not lebt, nur verwirklicht werden kann, wenn Verhältnisse [!] geschaffen werden, in denen jeder seine wirtschaftlichen, sozialen und kulturellen Rechte ebenso wie seine bürgerlichen und politischen Rechte genießen kann".[102] Ebenso würden diese Rechte nur wirksam, „IM HINBLICK DARAUF, daß der einzelne gegenüber seinen Mitmenschen und der Gemeinschaft, der er angehört, Pflichten hat und gehalten ist, für die Förderung und Achtung der in diesem Pakt anerkannten Rechte einzutreten".[103]

Damit wird der Sinn des Geistes dieser Erklärungen deutlich:

- dass Menschenrechte sich aus „Würde und Wert der menschlichen Person" (Präambel der Allgemeinen Erklärung) herleiten.
- dass sich diese Herleitung legitimatorisch an einen Erkenntnisbegriff bindet, der nicht rational, sondern geschichtsempiristisch zu verstehen ist, im Sinne einer historisch gebildeten, konfliktreduzierenden Weisheit der Völker. Deren Gegenbegriff ist der der Barbarei.
- dass Menschenrechte, auch als bürgerliche Freiheiten, sich nur unter entsprechenden wirtschaftlichen und sozialen „Verhältnissen" verwirklichen.
- dass Rechte und Pflichten korrespondieren und zudem über den Begriff der „Verantwortung" und der „Verhältnisse" nicht absolut zu verstehen sind, sondern relational.[104]

Es wird in der Literatur auch die Frage gestellt, ob nicht soziale Rechte ebenso wie die liberalen Freiheitsrechte dem Schutz der menschlichen Grundbedürfnisse dienen. Dabei wollen die einen minimale Lebensbedingungen als Recht garantieren[105], andere, wie Stefan Gosepath, J. Rawls oder Bruce Ackermann, über Gerechtigkeitstheorien die gleiche, oder sachlich vorteilhafte un-

---

[102] ebenda

[103] ebenda

[104] Vgl. den Wiener Entwurf des „InterAction Councils" von 1997 zur *„Allgemeinen Erklärung der Menschenpflichten"*.
http://www.asiawide.or.jp/iac/UDHR/GrmDec11.htm, eingesehen am 11.10.2000

[105] Nussbaum, Martha: Menschliches Tun und Gerechtigkeit, in: Steinfath, Holmer (Hg.): *Was ist ein gutes Leben?* Frankfurt/M. 1998, S. 196-244. Sie liefert wie Maslow eine Liste der wichtigsten Bedürfnisse. Noller Okin, Susan: Liberty and Welfare, in: J. R. Pennock und J. W. Chapman (Hg.): *Human Rights*, New York 1981

gleiche Verteilung aller Güter.[106] Je nach Autor wenden sie das Prinzip der Gleichverteilung nur national, wie bei Ackermann und Gosepath, oder auch global an.

Wenn es denn Menschenrechte sind, gelten wirtschaftssoziale Rechte global, was die Problematik der distributiven Gerechtigkeit auch auf internationalem Terrain hervorruft.[107] Sind wirtschaftssoziale Menschenrechte als distributive Gerechtigkeit zu verstehen, können sie ein ethisch globales Prinzip darstellen, das rechtsphilosophisch entwickelt werden kann.[108] Obwohl sie von supranationalen Institutionen vertreten werden, ist damit nicht verbindlich geworden, dass man Menschenrechtsforderungen wieder an diese Organisationen, wie die Vereinten Nationen, herantragen kann, um von ihnen exekutive Maßnahmen zu ihrer Durchsetzung fordern kann.[109]

Das Problem von sozioökonomischen Rechten besteht aus Folgendem: Sie hängen von Leistungsideen und Begriffen ab, die selbst ein bestimmtes Ethos bilden. Auch die politisch-bürgerlichen (negativen) Rechte hatten positive Implikationen, nämlich zu helfen (vgl. StGB § 323), Schutz zu gewähren, die Subsistenz zu sichern.[110] Die Begründung von wirtschaftssozialen Rechten[111] bildet auch die Kernauseinandersetzung um den Begriff einer *relationalen* Würde, wie sie im Laufe der Arbeit ausgeführt wird. Während wir unten eine formale Definition von Grenzleid und Grenzfreiheit des Handelns versuchen, im Sinne der Würde und der Verhältnismäßigkeit, begründen andere die Einschränkung der liberalen Freiheit mit der Idee der Gerechtigkeit.[112]

## 2.6  Sind vorpositive Menschenrechte demokratiefeindlich?

Die Problematik, die sich um die Forderungen und Grundsätze der Menschenrechte bildet, besteht in ihrem kritischen Verhältnis zur demokratischen

---

[106] Gosepath, Stefan: Zur Problematik sozialer Menschenrechte, in: „*Philosophie der Menschenrechte*", Frankfurt/M. 1998, S. 146-198; Rawls, John: *Eine Theorie der Gerechtigkeit*, Frankfurt/M. 1975; Ackermann, Bruce: *Social Justice in the Liberal State*, New Haven 1980

[107] Vgl. Chwaszcza, Christine: *Politische Ethik II:* Ethik der internationalen Beziehung, in: Julian Nida-Rümelin (Hg.): Angewandte Ethik, Stuttgart 1996, S. 154-198

[108] Walzer, Michael: *Lokale Kritik – globale Standards*, a.a.O.

[109] Pogge, Thomas: Menschenrechte als moralische Ansprüche an globale Institutionen, in: Stefan Gosepath und Georg Lohmann (Hg.): *Philosophie der Menschenrechte*, Frankfurt/M. 1998, S. 378-400

[110] In dieser Argumentation: Shue, Henry: *Basic Rights*, a.a.O.; Tugendhat, Ernst: *Vorlesungen über Ethik*, a.a.O., S. 17

[111] Tugendhat, Ernst: Die Kontroverse um die Menschenrechte, in: Gosepath, St. (Hg.): *Philosophie der Menschenrechte*, a.a.O.

[112] Tugendhat, Ernst: Vorlesungen zur Ethik, a.a.O., 17. Vorlesung; Shue, Henry: *Basic Rights*, a.a.O.

Legitimationsfindung. Gelten Menschenrechte als vorstaatlich, vorrechtlich und moralisch bindend, entziehen sie sich dem Demokratieprinzip gesetzgeberischer Beliebigkeit und Positivität. Im Verhältnis zum vorpositiven Recht (der Menschenrechte) könnte die Volkssouveränität unterliegen.[113]

Andererseits hat sich historisch gezeigt, dass ein natur- oder menschenrechtlich gebundener Grundwertekanon im Grundgesetz eine Sicherung vor willkürlicher, demokratisch legitimierter Barbarei sein kann. Ohne diesen Wertekanon wäre der Selbstabwählung der Verfassung mit dem Demokratieprinzip kein verfassungsrechtlicher Riegel vorgeschoben. Dem Wesensgehalt der Grundrechte wird in Art. 19 Satz 2 des deutschen Grundgesetzes eine Sicherung zugesprochen. Bei Zuwiderhandlung sichert Art. 20 Satz 4 jedem Deutschen ein "Recht auf Widerstand". Demokratie ist insofern substantiell immer wertrelativistisch, im Unterschied zum verfassungsmäßigen Wertekanon der Grundrechte, auf dem sie beruht.

Beide Prinzipien, Demokratie und Menschenrechte, müssten sich ergänzen, argumentiert etwa Habermas.[114] Andere sehen in den politischen Grundrechten generell das Legitimationswesen der Demokratie und möchten deshalb jene höher bewerten.[115] Dabei unterscheiden sich die Positionen, die aus den Menschenrechten supranationale Ansprüche ableiten wollen, die auch von Personen ausgehen, die nicht zum Staatsgebiet gehören. (Als Beispiel kann das alte Asylrecht in Deutschland dienen.)[116] Damit wäre dann endgültig auch Kants Idee eines Völkerbundes obsolet, in dem es noch souveräne republikanische Staaten gab und getrennte Rechtshoheiten.[117] Wenn also die Menschenrechte und ihr Wertekanon Grundsteine der Demokratie sind, dann könnte durch sie auch einer Universalisierung und Entnationalisierung der Demokratie zugesprochen werden. Aus der menschenrechtlichen Universalisierung folgte eine Entkoppelung von Demokratie und Nationalstaat. Menschenrechte wären ein Promotor supranationaler Organisation.

---

[113] Böckenförde, Ernst-Wolfgang: *Ist Demokratie eine notwendige Forderung der Menschenrechte?*, in: Gosepath, Stefan und Georg Lohmann (Hg.): „Philosophie der Menschenrechte", Frankfurt/M. 1998, S 233-243

[114] Habermas, Jürgen: *Faktizität und Geltung*, a.a.O.

[115] Höffe, Otfried: *Eine Konversion der Kritischen Theorie*, in: Rechtshistorisches Journal, Nr. 12 (1993), S. 70-88; Dworkin, Ronald: Gleichheit, Demokratie und Verfassung, in: Preuß, Ulrich K. (Hg.): *Zum Begriff der Verfassung*, Frankfurt/M. 1994

[116] Wellmer, Albrecht: Demokratie und Menschenrechte, in: Gosepath, Stefan und Georg Lohmann (Hg.): „*Philosophie der Menschenrechte*", Frankfurt/M. 1998, S. 265-291

[117] Kant, Immanuel: *Zum ewigen Weltfrieden*, Akademie Ausgabe, Bd. 8; vgl. dazu die Diskussion um Kants Friedensmodell: Lutz-Bachmann, Matthias u. John Bohman (Hg.): *Frieden durch Recht. Kants Friedensidee und das Problem der neuen Rechtsordnung*. Frankfurt/M. 1996. Habermas, Jürgen: *Kants Idee des ewigen Friedens – und dem historischen Abstand von 200 Jahren,* in ders.: Die Einbeziehung des Anderen, Frankfurt/M. 1996

Rechtshistorisch zeichnen sich zwei Entwicklungen ab. Auf internationaler Ebene hebeln „Verbrechen gegen die Menschlichkeit" demokratische, völkerrechtliche und nationale Prinzipien aus. Ein Interventionismus zur Wahrung der Menschenwürde und der Menschenrechte wird supranational seit dem Jugoslawienkrieg erwogen. In den meisten westlichen Industrieländern gelten die Menschenrechte verfassungsrechtlich als Grundwerte. Der demokratische Souverän kann diese Grundfeste nicht gänzlich umgehen. Wenn doch, käme es zu einer legitimen demokratischen Selbstauflösung der Demokratie. Deren Grundwerte sind aber durch ihr Selbstauflösungsverbot geschützt.[118]

Jede Verfassungskommentierung durch höchste Gerichte (wie die des Bundesverfassungsgerichts) hat den Charakter selbstreferentieller Konsolidierung und Auslegung der Grundwerte. Ein Demokratieverständnis muss demnach zwischen der vorrechtlich definierten (wahlaktlosen) Werte-Grundlegung ihrer Idee und der Idee der politischen Selbst- und Mitbestimmung des Souveräns unterscheiden.

## 2.7  Gelten Menschenrechte und der Begriff der Würde universell?

Zu unterscheiden ist der Geltungsanspruch der *Allgemeinen Erklärung der Menschenrechte* von ihrer Geltungspraxis und Verwirklichung. Ihre Idee und ihr Selbstverständnis sind universell angelegt. Diese Allgemeingültigkeit nivelliert ethnische, kulturelle, geschlechtsspezifische, religiöse etc. und auch soziogenetische menschliche Unterschiede. Das soziale oder wirtschaftliche Erbe soll nicht länger ein Grund für Diskriminierung, Erniedrigung und Schlechterstellung sein.

> [...]daß die in diesem Pakt verkündeten Rechte ohne Diskriminierung, hinsichtlich der Rasse, der Hautfarbe, des Geschlechts, der Sprache, der Religion, der politischen oder sonstigen Anschauung, der nationalen oder sozialen Herkunft, des Vermögens [!], der Geburt oder des sonstigen Status ausgeübt wird.[119]

Über den Gleichheitsgrundsatz, der alle Individuen erfasst, deklarierten die Menschenrechte zunächst grundlegend die menschliche Gleichheit hinsichtlich ihres Rechtsanspruchs auf die Bedingungen individueller Glücksverwirklichung, wie es schon die Amerikanische Unabhängigkeitserklärung 1776 formuliert hat.

Ihre Entstehung aus der abendländischen Welt macht sie dennoch zu einer relativen Weltanschauung und muss sich genetisch den Vorwurf des Eurozent-

---

[118] Wie im deutschen Grundgesetz durch Art. 20 Abs. 4, aber auch durch Art. 18 gesichert.

[119] Internationaler Pakt über wirtschaftliche, soziale und kulturelle Rechte, in: Simma, Bruno u. Ulrich Fastenrath: *Menschenrechte. Ihr Internationaler Schutz,* München 1985, S. 60

rismus gefallen lassen.[120] Unbestreitbar ist ihre Aufbauidee, eine friedvolle menschliche Gemeinschaft über die Perspektive des Individuums zu konstruieren. Sie beerbt deutlich die monotheistische, geschlossene Dualität der Gott-Mensch-Beziehung. Die Analogie zu den Menschenrechten besteht darin, dass das Individuum in einer isolierten Beziehung gedacht wird und nicht etwa kommunitär oder kollektivistisch aus der Sicht einer intakten, d. h. dann befriedeten Gemeinschaftsstruktur. Die Akzentuierung der Individualität als Organisationsprinzip des Rechts und der Gemeinschaft ist zweifellos kulturabhängig und folgt historisch der „Entdeckung" des Individuums in der Renaissance. Sie ist okzidental.

Obwohl die meisten Länder der Erde die Erklärung der Menschenrechte ratifiziert haben - es sind über 190 Nationen - ist ihre De-facto-Geltung verschieden zu bewerten. Als eingebunden oder sogar grundrechtslegend für viele Verfassungen, haben sie doch in einigen Staaten noch keine große Wirkungstiefe ins positive Recht, in die Rechtsprechung, Verwaltung und Institutionen. Sie dienen als international opportunes Mittel. In den kollektivistischen und postkommunistischen Kulturen werden die Menschenrechte als westliche Weltanschauung abgelehnt, dringen aber über die Handelsbeziehungen immer mehr als westliche Begleitforderung nach Verbesserung der Menschenrechtslage und der wirtschaftlichen Lage der Menschen ein, wie etwa das Beispiel Südkoreas oder Chinas zeigt.[121]

## 2.8 Geschichte als Ordnungssuche zwischen Bindung und Freiheit

Geschichte wird hier reduziert unter die Aspekte der Liberalisierung und Bindung, den Freiheits- und Bindungs*kosten*. Ihr Prozess ist der der Konflikte und Machtkämpfe und ihrer Regularien.[122] Machtkämpfe haben die historische Tendenz, Konfliktregularien zu erzeugen, wozu Kriege zählen, aber auch Rechtssysteme. Diese Regularien können selbst Ausdruck von Machtkämpfen sein, wie etwa das Sonderrecht des Dreiklassenwahlrechts ausdrückte, oder die Frage nach der Staats-, Regierungs- oder Entscheidungsform. Rechtssysteme müssen nicht gerecht sein oder konfliktreduzierend, wie Rechtsapartheid deutlich macht.

Machtkämpfe können, statt nur divergierend und partiell, auch solidarisierend geführt werden. Damit ist nicht nur eine stärkende Parteienbildung ge-

---

[120] Lyotard, Jean-François: *Der Widerstreit*, 2. korr. Aufl., München 1989, S. 241 f.

[121] Shue, Henry: Menschenrechte und kulturelle Differenz, in: Gosepath, Stefan und Georg Lohmann (Hg.): *Philosophie der Menschenrechte*, Frankfurt/M. 1998, S. 343-377

[122] Vgl. Kennedy, Paul: *Aufstieg und Fall der großen Mächte*. Ökonomischer Wandel und militärischer Konflikt von 1500 – 2000, Frankfurt/M. 1991

meint, sondern auch die Bekämpfung von Vormachtstellungen mit dem Gegenbild der solidarischen Gleichheit.

Zu unterscheiden wären auch noch sozial inklusive oder exklusive Machtkonflikte. Während bei sozialen, regionalen oder ethnischen Ausschlüssen Menschen die Teilnahme an bestimmten Gütern untersagt wird, sie schlicht von Gütern und Lebensmöglichkeiten ferngehalten werden, wie es der wirtschaftliche Protektionsmus und die Apartheid vorführen, bildet der *inklusive* Machtkonflikt zumeist ein relationales Streitgut aus. Gesellschaftliche Schichtungen und Wertstratifikationen benutzen oft dieses Muster. Die Verteilungskämpfe um Einkommensverhältnisse gehören hierzu.

Der Gegenbegriff zu dieser historischen Konfliktgeschichte des Menschen ist der der *Bindung*. Allen Konflikten stehen Momente integrierenden, schlichtenden und kooperativen Handelns gegenüber. Erscheinungen wie Sprache, Partnerschaft, Familie, Fortpflanzung, soziale Identitätsbildung, wirtschaftlicher Mutualismus, Arbeitsteilung, wirtschaftliche Symbiose, Wissenstransport, Kulturerbschaften etc. sprechen für die menschliche Notwendigkeit oder nur Tatsächlichkeit, Soziabilität oder Interexistentialität zu entwickeln. Aber auch wirtschaftlicher Parasitismus ist in der Kulturgeschichte des Menschen Legion und gehört allgemein zu sozialen Bindungen.

Machtkämpfe waren nie total. Als solche wirkten sie, wenn man die Rechtsgeschichte teleologisch interpretieren wollte, eher im historischen Ergebnis reglementierend und damit konflikt- aber auch freiheitsschmälernd. Bindung und Sozialität hat diesen Doppelcharakter aus Konflikt- und Freiheitsreduktion.

Die Globalität der heutigen menschlichen Beziehungsmuster erzeugt zugleich eine Ausweitung der Bindungs- und Freiheitstiefe als auch eine Freiheitsreduktion. Mit dem Hervortreten globaler Verantwortung entstehen freiheitsschmälernde Bindungsmomente und bindungsenthebende Freiheiten. Ebenso treten zu den konfliktreduzierenden globalen Reglementierungen regelgebundene Konfliktausweitungen. Was als Rücksicht Freiheitsminderung *und* Konfliktpotential sein kann, ist als Bindungserweiterung Chance zu bereichernden Sicherheiten und Gütern. Deutlich wird dabei die relative oder dialektische Abhängigkeit der Begriffe.

Die mittelalterliche Gesellschaft etwa kannte nicht die Transparenz der Schichtengesellschaft und ,fesselte' Individuen in ein Clan-Segment. Die ,entfesselte' Singlegesellschaft verlagert ihr Bindungsmoment in den globalen Arbeits- und marktwirtschaftlichen Wertbegriff. Dieser Chiasmus zeigt das Janusköpfige von Bindung und Freiheit. Die Globalisierung entbindet Individuen von Regionalismen und kettet seine Handlunsgsbezüge an globale Gesetze und Strukturen. Damit werden Biografien tendenziell von der regionalen Stereotype in die universelle überführt. Globalisierung zeichnet sich durch die Zunahme der Kontexttiefe innerhalb der Biografie aus.[123]

Wir sehen auch in der Entstehung der Menschenrechte, der politisch-bürgerlichen Grundrechte, der Gleichheitsforderung innerhalb der UN-Charta etc. und der Substanz des Würdebegriffs ein Zwischenergebnis und Instrument historischer Machtkämpfe und Konfliktregularien.

## 2.9  Dekonstruktion von Texten und außertextuelle Wirklichkeit

Insofern sich diese Arbeit auf Texte, besonders juristische, rechtshistorische, geschichtliche, verfassungsrechtliche und theoretische bezieht, ebenso Wirtschaftsdaten als zitierfähig berücksichtigen will, stellt sich die Frage nach den intertextuellen und außertextuellen empirischen Verhältnissen. Anders als im literaturwissenschaftlichen Dekonstruktivismus,[124] der mit seinem Alles-ist-Text-Theorem („Je suis celui qui suit") die Deontologisierung und Authentizität jeder Empirie negiert[125], weil er von fiktionalen Texten, fiktionaler Welt- und Textinterpretation ausgeht, wird hier ein außertextueller Empiriebegriff zugelassen, was der Philosophie wenig behagt. Die Interpretation dieser empirischen ‚Daten', die zu normativen oder naturalistischen Fehlschlüssen neigt, soll dagegen *hypothetisch-konsequentialistisch* angelegt sein. Besonders die herangezogenen Rechtstexte sollen weder objektiv-normativ noch mit historisch beliebiger Kontingenz aufgefasst werden.

Hypothetisch meint - wenn die rechtstextuelle Grundlage vorausgesetzt werden kann - welche empirische Wirklichkeit müsste bei Geltung dieser Rechtstexte oder (ethischer) Normsätze vorzufinden sein, wenn ihre Interpretation sich

---

[123] Norbert Elias' Theorie der Zivilisation als Verinnerlichung von Konflikten, vgl. in: Elias, Norbert: *Über den Prozeß der Zivilisation*. Soziogenetische und psychogenetische Untersuchungen. 2. Bd.: Wandlungen einer Gesellschaft. Entwurf einer Theorie der Zivilisation, Frankfurt/M. 1976, S. 312 f.

[124] Vgl. Derrida, Jacques: *Die Struktur, das Zeichen und das Spiel im Diskurs der Wissenschaften vom Menschen*, in: Kimmich, Dorothee: Texte zur Literaturtheorie der Gegenwart, Frankfurt/M. 1996, S. 301-313

[125] So wie Zeichen immer Umwandlungen anderer Zeichen darstellen, sind für Derrida auch Texte immer Transformationen anderer Texte. Die dekonstruktivistische Lektüre sucht deshalb nicht nach Originalität, sondern beschreibt das Gesetz der Intertextualität. Sie zeichnet eine Bewegung nach, die sich im Text und durch sein Verhältnis zu anderen Texten vollzieht. Da es weder einen abgeschlossenen Text als Buch noch ein Subjekt oder das synthetisierende Selbstbewusstsein des Autors gibt, bleibt einzig ‚die Erfahrung der unendlichen Derivation der Zeichen'. Daraus folgt für Derrida auch: Das Subjekt ist nicht Herr der Sprache: die Etymologie des Wortes ‚sujet' benennt seine Unterwerfung. "Je suis celui qui suit", formuliert Derrida mit Blick auf diese Überlegung wortspielerisch. Auch das Zeichen ist nicht seiner selbst gegenwärtig, weil der Signifikant nicht durch ein genau bestimmbares Signifikat festgelegt ist. Es erhält seinen Sinn allein durch Differentialität." ebenda, S. 282

um ihren Geist und um ihre Substanz bemüht? Es sind die Ideen der Rechtstexte und Normsätze, die hypothetisch auf ihre Konsequenz hin untersucht werden. Etwa im Fall der Würde die Frage, was aus ihr folgt, wenn ihre Substanz und Intention eruiert werden kann. Dadurch erhalten aktuelle Interpretationen historischer Texte Gestaltungskraft. Die doppelte Schwierigkeit, weder ein eindeutiges Substrat (jenseits von dekonstruktivistischer Kommentierung etwa durch das BVerfG) der Rechtstexte vorliegen zu haben, noch ihren wirklichkeitsprägenden Anteil an einer selbst durch sie und ihre Interpretation konstruierten außertextuellen Wirklichkeit zu kennen, lässt eine Annäherung an die Position des Dekonstruktivismus wieder vermuten. Zudem die Deontologisierung von semantisch nur noch interpersonell oder intertextuell zu „verstehendem" Text, also die *totale* Unmöglichkeit jeder objektiven Rezeption von Text und Wirklichkeit, auch vom gemäßigten Konstruktivismus bezweifelt wird. Erkenntnisse lassen sich eher durch system- oder diskurstheoeretische und hermeneutische Überlegungen abziehen. Wissenschaftliche „Erkenntnis" wird entweder zum „Systemsinn", „kommunikativen Konsens" oder zum relativem Verstehen.

Die methodische Kritik dieser Arbeit richtet sich dennoch gegen eine nur textreferentielle Auffassung von philosophischer Wissenschaft. Die Gefahr der Selbstreferentialität von wissenschaftlichen Diskursen kann besonders die Philosophie in das Abseits metatheoretischer Überlegungen treiben, deren Bezug zur außertextuellen Wirklichkeit aus wissenschaftssystematischen Überlegungen gar nicht mehr versucht wird. Damit reduziert sie Wissenschaftlichkeit auf die Prüfung von logischen und argumentativen Operationen. Das mag für viele philosophische Disziplinen berechtigt sein, für die hier behandelten Themen der Ethik, Wirtschaftsethik und Rechtsphilosophie kann dies nicht genügen. Gerade weil sich im Zentrum des Begriffs der Menschenwürde anthropologische, historische, rechtspolitische, wirtschaftsethische, gesellschaftswissenschaftliche, wirtschaftswissenschaftliche Aspekte fokussieren, muss eine Theorie der Würde Blicke in die Ergebnisse dieser Wirklichkeitsbeschreibungen werfen und sie mit einem bestimmten Wirklichkeitsgrad versehen.

Die interpretativen Probleme des Umgangs mit der von diesen Wissenschaften gelieferten „Empirie" bleiben bestehen.[126] Gerade in der Ethik kann die Be-

---

[126] Fischer, Hans Rudi (Hg.): *Die Wirklichkeit des Konstruktivismus.* Zur Auseinandersetzung um ein neues Paradigma, Heidelberg 1995; Glasersfeld, Ernst von: *Einführung in den radikalen Konstruktivismus,* in: Watzlawick, Paul (Hg.): *Die erfundene Wirklichkeit.* Wie wissen wir, was wir zu wissen glauben? Beiträge zum Konstruktivismus, München 1981, S. 16-38; ders.: *Konstruktion der Wirklichkeit und des Begriffs der Objektivität,* in: Gumin, Heinz und Heinrich Meier (Hg.): *Einführung in den Konstruktivismus,* München 1985, S. 9-39; ders.: *Wissen, Sprache und Wirklichkeit. Arbeiten zum radikalen Konstruktivismus,* Braunschweig/Wiesbaden 1987; Luhmann, Niklas: *Beobachtungen der Moderne,* Opladen 1992; Scheffer, Bernd: *Interpretation und Lebensroman.* Zu einer konstruktivistischen Literaturtheorie, Frankfurt/M. 1992; Schmidt, Siegfried J.: *Kognition und Gesellschaft.* (= Der Diskurs

liebigkeit von Diskursergebnissen nicht akzeptiert werden, wie die Kritik von Weinberger treffend gezeigt hat. Es gibt eine außertextuelle Wirklichkeit. Emotionen zu Texten sind der beste Beweis. Ob es aber eine Handlungspraxis, im Sinne von Weinberger, mit unbedingter ethischer Richtigkeit geben *muss*, bezweifeln auch wir.[127]

## 2.10 Die konsequentialistische Theorie der Legitimation

Der Satz aus der Präambel der Menschenrechts-Pakte von 1966: „IN DER ERKENNTNIS, daß sich diese Rechte aus der dem Menschen innewohnenden Würde herleiten", zeigt eine konstruktivistische und eine konsequentialistische Komponente. Die Konstatierung der Menschenwürde als individual, universell und allgemeingültig kann genetisch als eine historische Konstruktion verstanden werden, die in eine naturrechtliche Überpositivierung gestellt worden ist. Nicht zuletzt deshalb, um sie der Beliebigkeit und Willkür positiver und damit auch demokratischer Rechtsprechung zu entziehen. Sie ist also eine Wertbasis, die auch durch demokratische Wahlverfahren nicht antastbar werden soll. Zugleich meint der Begriff der Würde eine konstitutionelle Aussage über den Menschen. Insofern soll mit ihrem Begriff die Auslegung des Menschengemäßen beginnen. Würde bedarf einer Kommentierung. Diese soll in den Menschenrechten selbst liegen. Nun prägen sie nicht ausschließlich anthropologische Aussagen, die den Menschen isoliert beschreiben, sondern nähern sich dem menschlichen Wesen über seine sozialen Beziehungen und Interaktionen. Man kann feststellen, dass die meisten Menschenrechte durch die drei Klassen von Rechten (Freiheits- und Teilhaberecht, soziale Rechte) ausgedrückt werden.

Besonders die Freiheitsrechte können in positive und negative Rechte unterschieden werden: Die aktive Freiheit-*Zu*, etwas zu tun oder zu sein. Und die passive Freiheit-*Von* etwas. Die positiven Freiheiten gewähren Persönlichkeit, Meinungen und privates Handeln (Recht auf persönliche Lebensgestaltung). Die negativen Freiheiten sichern wiederum die Personalität und schützen sie vor Übergriffen (der positiven Freiheiten) anderer. (z.B. Kein Oktroyieren der Reli-

---

des Radikalen Konstruktivismus. Bd. 2., Frankfurt/M. 1992; Schmidt, Siegfried J.: *Sprache, Kultur und Wirklichkeitskonstruktion(en)*, in: Fischer, Hans Rudi (Hg.): Die Wirklichkeit des Konstruktivismus. Zur Auseinandersetzung um ein neues Paradigma, Heidelberg 1995, S. 239-251; Welsch, Wolfgang: *Unsere postmoderne Moderne,* 3. durchges. Auflage, Weinheim 1991; White, Hayden: *Auch Klio dichtet oder Die Fiktion des Faktischen.* Studien zur Topologie des historischen Diskurses, Stuttgart 1986; Zima, Peter F.: *Die Dekonstruktion.* Einführung und Kritik, Tübingen 1994

[127] Weinberger, Ota: *Recht, Institution und Rechtspolitik.* Grundprobleme der Rechtstheorie und Sozialphilosophie, Stuttgart 1987; ders.: *Norm und Institution. Eine Einführung in die Theorie des Rechts,* Wien 1988; MacCormick, Neil: Das Recht als institutionelle Tatsache, in: Ders. und Ota Weinberger: *Grundlagen des Institutionalistischen Rechtspositivismus*, Berlin 1985

gionsriten anderer Glaubensgemeinschaften, wie das Kruzifixurteil des BVerfG kommentiert.)

Die Partizipationsrechte betreffen die menschliche Bedürfnisbefriedigung und artikulieren Rechte auf die Ressourcen der Erde und das überkommene materielle und ideelle Kapitalerbe.

Die sozialen Rechte formulieren Verhältnisse, die die Verteilungsgerechtigkeit, wirtschaftsethische Fragen der Leistungsgerechtigkeit und Fragen des Verhältnisse von Recht und Pflicht betreffen. Sie unterstellen, dass aus der Menschenwürde nicht nur absolute Rechte zu folgern sind, sondern auch symmetrische, die bislang unter dem Begriff der Gerechtigkeit gefasst waren.

Diese drei Arten von Menschenrechten werden konsequentialistisch aus dem Wesen der Würde abgeleitet. Historisch sind sie Ergebnis menschlicher Konfliktstoffe. Die in den Konflikten artikulierten Lebensäußerungen wurden zu Anthropologemen der Würdesubstanz. Je nach Auslegung, etwa durch Höffe,[128] kennzeichnet den Sinn der Menschenrechte eine utilitaristische Nutzensteigerung, die die Sicherung der Grundbedürfnisse und der Handlungsfreiheiten sichert. Oder sie sind lediglich das Resultat eines Machtkampfes und ihrer naturrechtlichen Mittel, so wie Nietzsche auch moralische und rechtliche Konflikte als Machtkämpfe auffasste.[129] Menschenrechtsdeklarationen verstanden als partikularistischer Interessenkampf im Sinne der Entmachtung von Vorherrschaft.

Für andere sind Menschenrechte vorwiegend moralische Rechte. Besonders E. Tugendhat zeigte, dass die Gewährung von nur negativen Freiheiten, also die bürgerlich-politischen Freiheiten, nicht dem Schutzkanon des Einzelnen entsprechen kann und unzureichend ist. Bei der Gewährung von positiven Freiheiten sieht Tugendhat das Problem, dass wenigen Privilegierten und Schwachen, wie Kindern und alten Menschen, die aktiven Fähigkeiten fehlen, solche positiven Freiheiten auch zu nutzen. Menschen in dieser Lage können solche Freiräume nicht ausschöpfen, deshalb sei ihnen ein Kontraktualismus nicht zuzumuten.[130]

Georg Lohmann konstatiert in den Menschenrechten moralisch schwache Rechte, die Verpflichtungen ergeben, wenn sie in einem wechselseitigen Stif-

---

[128] Höffe, Otfried: *Transzendentaler Tausch. Eine Legitimationsfigur für Menschenrechte*, in: Gosepath, Stefan und Georg Lohmann (Hg.): *Philosophie der Menschenrechte*, Frankfurt/M. 1998, S. 29-47; ders: *Vernunft und Recht. Bausteine zu einem interkulturellen Rechtsdiskurs*, Frankfurt/M. 1996

[129] Nietzsche, Friedrich: Sämtliche Werke, Bd. 12, nachgelassene Fragmente, S. 421, a.a.O.: „Mit welchen Mitteln eine Tugend zur Macht kommt? Verleumdung, Verdächtigung [...] Also durch lauter Immoralitäten."

[130] Tugendhat, Ernst: Die Kontroverse um die Menschenrechte, in: Stefan Gosepath u. a.: *Philosophie der Menschenrechte*, a.a.O., S. 48-60

tungsakt stattfinden. Onara O'Neill lehnt einen konsequentialistischen Ansatz ab. Sie will eine Pflichtethik konzeptualisieren und bleibt holistisch orientiert. Konstruktivistisch sollen universale ethische Prinzipien gesucht werden.[131]

Die Konzeption dieses Buches versucht die Kehre vom gerechtigkeitstheoretischen zum *würdetheoretischen* Paradigma. Stefan Gosepath hält die Verteilungsfrage für das zentrale Diktum der sozialen Menschenrechte. Er behandelt das Thema Verteilung jedoch gerechtigkeitstheoretisch. Es ließen sich drei Begründungen für soziale Menschenrechte finden: „Schutz der Freiheit", „Befriedigung von Grundbedürfnissen", „distributive Gerechtigkeit". Nur die Hinzufügung der Verteilungsgerechtigkeit erzeuge einen umfassenden menschenrechtlichen Sinn. Gerechtigkeit sei eine Leitidee. Die gerechte Verteilung von Gütern und Lasten erzeuge erst die Sicherung von Menschenrechten. Die drei Klassen von Rechten (Freiheits- und Partizipationsrechte, soziale Rechte) ließen sich aus dem Rechtsprinzip der Verteilungsgerechtigkeit deduzieren. Sie sollten moralisch und positiv gehandhabt werden.[132]

Die hier vertretene Aufgabe und das konsequentialistische Problem dieses Buches lautet: Eine universalistisch als absolut angelegte Würde- und Wertsubstanz soll auf seine *relationale* Substanz hin untersucht werden. Es ist damit eine Arbeit über die rechtsphilosophische Grundfrage: Was bedeutet Würde? Was folgt aus ihr? Während Gosepath wie schon Rawls, Höffe und andere vor ihm im Begriff der Gerechtigkeit das Kernproblem auch der Menschenrechte sehen, soll hier der Begriff der Gerechtigkeit überwunden werden und in ihrem Kernbereich die Begriffe der *Würde* und der *Verhältnismäßigkeit* gefunden und analysiert werden. Beide Kardinalbegriffe scheinen erst als Basis Gerechtigkeitstheorien voraus zu gehen. Sie dekonstruieren die real etablierten Wertideen.

Rechtsphilosophische Forschung kann nach unserer Auffassung nur hypothetisch-konsequentialistisch legitimiert werden. Als solche ist sie nicht normativ. Ideen entstehen nach unserer Auffassung als sinnlogische Deduktionen der realen Praxiswirklichkeit und nicht als argumentative oder rationale Ableitungen.[133] Insofern lehnen wir rechtsphilosophische Letztbegründungen mit Hilfe von Vernunft, Aufklärung, Aussagen- und Normenlogik etc. als nicht rechtskonstitutiv ab. Ota Weinberger bestand dagegen auf einer *Richtigkeit* des Arguments, nicht nur auf einem Konsens. Alexy wollte den Konsens.[134]

---

[131] O'Neill, Onara: Transnationale Gerechtigkeit, in: Gosepath, Stephan u. a.: *Philosophie der Menschenrechte*, a.a.O., S. 188-232

[132] Gosepath, Stephan: Zur Begründung sozialer Menschenrechte, in: Ders.: *Philosophie der Menschenrechte*, a.a.O., S. 146-187

[133] Vgl. Krawietz, Werner: *Begründung des Rechts*, a.a.O., S. 65

[134] Vgl. Weinberger, Ota und R. Alexy, in: Krawietz: *Begründung des Rechts*, a.a.O.

Nach unserer Auffassung folgt die Entstehung des Rechts als Gründung initiatorisch nicht vernünftigen Argumenten, sondern historischen Problemstellungen und ihren Lösungskontingenzen. Die Entstehung von Rechtsveränderungen und Rechtsauslegungen ist gebunden an die Reaktion auf gesellschaftliche Struktur- und Machtveränderungen. Stößt philosophische Ethik auf rechtsphilosophische Fragen, bleiben ihr entweder deskriptiv-analytische Methoden oder konsequentialistische. Die deskriptiv-analytischen Methoden untersuchen die ethisch relevanten Präsuppositionen von Recht. Der ethische Konsequentialismus deduziert dagegen die immanenten Folgen rechtlicher Grundlagen oder ihre Wechselwirkung zu anderen Systemen und Phänomenen.

Die Arbeit versucht an der historischen Realität und Idealität von Rechtstexten anzuknüpfen. Ebenso sollen empirische und zeitgeschichtliche Daten einen Wirklichkeitscharakter erhalten. Darüber hinaus bietet die zeitgeschichliche internationale Rechtspraxis und die soziologisch zu beschreibenden Ethoi Quellen, die heuristisch auf Konsequenzen untersucht werden können. Diese können immer nur demonstrativen oder hypothetischen Charakter haben, gewissermaßen im Sinne von Kants schwachem hypothetischen Imperativ gelten.[135]

Abgelehnt wird eine nur dekonstruktivistisch behandelte Selbstreferentialität von Rechtstexten. Es gibt eine Wirklichkeit jenseits selbstreferentieller Texte. Rechtstexte beziehen sich auf eine Empirie und soziale Praxis und prägen diese mit. Sie entstehen in der Dialektik von Wandel und Wirkung. Das Verhältnis von Rechts- und Gesellschaftsentwicklung folgt dieser Interdependenz. Initiatorische Momente, wie die rechtliche Gleichstellung von eheähnlichen Gemeinschaften und Ehen, unehelichen Kindern und ehelichen, sind selbst reaktive Resultate und bilden in unserem Sinne konsequentialistische Ergebnisse von Rechtsgrundlagen. Die Konsequenzen sind aber nicht einfach rechtslogisch gezogen und vernünftig vollzogen worden, sondern folgen selbst einem metarationalen und multisystemischen gesellschaftlichen *Wandlungsprozess*, der wiederum auf der Basis von Rechtsgrundlagen sich entwickeln konnte, (Gleichheitsgrundsatz, Recht auf persönliche Lebensgestaltung) die diesen gesellschaftlichen Wandel begünstigt, bzw. nicht grundsätzlich unterbunden oder kriminalisiert hat.

Die Dialektik dieser Entwicklung gibt auch dem Konsequentialismus ein doppeltes Gesicht. Konsequenzen ergeben sich nicht einfach nur immanent aus der Rechtslogik, sondern auch aus dem Prozess der institutionellen und der sozialen Entwicklung. Umsetzungen von Gesetzen ergeben immanente Folgen, institutionelle, verwaltungstechnische und soziale. Umsetzungen von gesellschaftlichem Wandel ergeben neue rechtliche, institutionelle und verwaltungstechnische Probleme und können selbst einen reaktiven sozialen Wandel erzeugen.

---

[135] Kant, Immanuel: *Grundlegung zur Metaphysik der Sitten*, hg. v. K. Vorländer, Hamburg 1965, S. 10 f.

Einen Archimedischen Punkt kann es in dieser Entwicklungsdynamik nicht geben, obwohl wir unten die *anthropologische Konstante* nahe legen, dass Menschen nicht leiden wollen.

Beschreibungstheoretisch liegt uns das Modell der Systemtheorie näher, die eine Verlagerung der Perspektive in ein anderes Sinnsystem auch zu wechselnden theoretischen Meridianen erhebt. So kann z.B. der Rechtswandel aus Sicht des Wandels der Arbeitswelt, der Familienwandel aus der Sicht veränderter Jugendrechtsverhältnisse gesehen werden.

Nietzsche hatte schon den Perspektivismus anempfohlen.[136] Konsequentialistisch liegt es nahe, aus der Begrifflichkeit einer Systemperspektive interdisziplinär auf eine andere zu schauen und die Kopplung der Systeme zu versuchen.[137]

## 2.11 Würde und Wirtschaft

Ein besonderes Merkmal dieser Arbeit im Vergleich zur Literatur, die sich mit dem Begriff der Würde beschäftigt, ist, dass sie die Würde- und Wertproblematik auch unter marktwirtschaftlichen Gesichtspunkten behandelt. Dabei wird der besondere absolute Wert jedes Menschen, als bedeutender Substanzbestandteil der Menschenwürde, auch aus der Sicht eines marktabhängigen, relationalen und nachfrageabhängigen Wertbegriffs beobachtet. Insbesondere wird in Kapitel D II-III die Differenzierung von Wertsubjektivismus und Wertobjektivismus ausgeführt. Unverkennbar verfolgt der ethische Begriff der ‚Wertsuche' analoge Prinzipien der Werttheorie[138] der Marktwirtschaft und hat kongruente Lebensfelder, Konsequenzen und Interdependenzen. ‚Der besondere Wert' jedes Menschen, wie er in den Menschenrechten und Würdekommentierungen ausgedrückt wird, verweist unmittelbar auf den alten Begriff des „Würdenträgers" und seines besonderen Wertes innerhalb einer Gemeinschaft. Da, wie noch zu zeigen ist, auch in gegenwärtigen Gesellschaften Menschen einen sozialen Wert über die Teilhabe an den (symbolischen und realen) Kapitalformen (Sozial-, Bildungs- und materielles Kapital) haben, steht der marktwirtschaftliche Wertbegriff unmittelbar in Beziehung zum sozialen Wert des Individuums. Damit betrifft der Marktwertbegriff die Substanz des alten Begriffs des „Wür-

---

[136] Nietzsche, Friedrich: *Jenseits von Gut und Böse*. Vorspiel einer Philosophie der Zukunft. Erstes Hauptstück: Von den Vorurteilen der Philosophen. Sämtliche Werke, hg. v. Giorgio Colli und Mazzioni Montinari, Berlin 1980, Bd. 5, S. 15 f.

[137] Luhmann, Niklas: *Soziale Systeme*. Grundriss einer allgemeinen Theorie, Frankfurt/M. 1988, S. 199 f.

[138] Vgl. die Arbeit von Koch, Claudia: *Gegenstand und Entwicklung der ökonomischen Werttheorie aus philosophischer Perspektive*. Dissertation der Hochschule St. Gallen für Wirtschafts-, Rechts- und Sozialwissenschaften, St. Gallen 1992

denträgers." Es wird zu untersuchen sein, ob sich ein als absolut, vorgesellschaftlich entworfener Würdebegriff diesem seinem gesellschaftlichen Schicksal entziehen und den Marktwert eines Menschen vom Würdewert fernhalten kann.

Auch dieser Aspekt der Integration des Marktwertbegriffs folgt der konsequentialistischen Methode dieser Arbeit. Er vertritt die Auffassung, dass Marktgesetze, wie die Nachfrageelastizität, den Modus der ethischen und sozialen Wertsuche versinnbildlichen und damit die Substanz des Würdebegriffs berühren, wenn nicht sogar unmittelbar betreffen.

## 3 Menschenwürde als Basisorientierung

Ob Generalklausel, Norm, „höchstes Gut" oder nur indefinites Anthropologem, der Begriff der Würde etabliert auch einen Rechts- und Ethosbaustein, der heute durch seine verfassungs- und menschenrechtliche Nominierung einen zentralen Bezugsort einnimmt, von dem aus sich Handeln axiologisch fundiert entwickelt.

Damit ist die genetische Frage nach der Entstehung der Würde zurückgeworfen auf die Grundfrage nach der Bildung von Normen, Rechtsnormen und ethischen Attributionen.

Der Begriff der Würde überragt funktional nicht die positive Gesetzgebung. Er wird als verfassungsrechtlicher oder in internationalen menschenrechtlichen Verträgen eingebundener Begriff unmittelbar als Bezugsgröße instrumentalisiert. Der Begriff ist bislang vergleichbar einer Rechtsnorm, die bestimmte staats- und verfassungsrechtliche Erwartungen generalisiert. Er berührt aber auch die Differenzierung von sozialem Verhalten (soziale Habitate), anthropologischer Konstitution (conditio), Lebenslagen (absolute und relative Verhältnisse) und Handeln (Interaktionen).

Die Motivation zu diesem theoretischen Projekt ergab sich zum einen aus der empirischen Evidenz, dass die als Schutzrechte fungierenden Begriffe, wie der der Würde, nicht nur vertikal im Verhältnis zwischen Staat und Bürger sinnvoll erscheinen, sondern auch im *horizontalen* Innenverhältnis der Bürger eine offensichtliche Schutzfunktion gegen Machtmissbrauch - subjektivistisch gewendet - gegen interaktive Versehrung ausüben können. Natürlich vertritt diese Arbeit nicht die theoretische Möglichkeit rationaler Legitimation ethischer, handlungswissenschaftlicher oder juristischer Begriffe, weil sie die Auffassungsdifferenzen herausarbeiten möchte, die neben der historisch erreichten Institutionalisierung von Rechtsbegriffen noch *möglich* sind. Gerade mit der Herausstellung der erreichten Spezifität der Historizität der Würde öffnet sich auch der „theoretische" Blick auf die möglichen Entwicklungsrichtungen.

Dazu zählen die Beobachtungen der aktuellen globalen Rechtsentwicklungen etwa hinsichtlich des Paradigmenwechsels vom Völkerrecht zum Menschenrecht seit dem zweiten Golfkrieg. Der Schutz des Individuums gelangt historisch in eine zentrale Rechtsstellung. Insofern diese Tendenz des Abbaus der Individuum-Staat-Dichotomie anhält, tritt auch die handlungs- und verhältnistheoretische[139] Bedingungslage des Individuums als abhängig von den Systemen des Rechts, der Wirtschaft etc. in den Vordergrund. Dieser Paradigmenwechsel pointiert zunehmend die interpersonalen Beziehungen, die Lebensverhältnisse und die Lebenslagen und kann sowohl die staatspolitische Suprematie als auch den organisatorischen politischen Rückzug, die Deregulation, beobachten.

Insofern hier also tatsächlich eine rechtshistorische These zur Zukunft der Rechtsgeschichte vertreten wird, kann sie inhaltlich nur konsequentialistisch und in ihrer wissenschaftlichen Relevanz heuristisch angelegt sein. Konsequentialistisch immer in dem Doppelsinn, dass auch ihr utilitaristischer Kern als Freiheitsoptimierung und Leidminimierung mitberücksichtigt ist.

## II Suche nach Konfliktreglement als Tendenz der Rechtsgeschichte

## 1 Die Entwicklung von Ordnung durch Recht

Dieses Buch beschäftigt sich mit den Ordnungen des menschlichen Zusammenlebens und behandelt deshalb Theorien des *Insitutionalismus* mit.[140] Damit könnten schon zwei Unterstellungen eingeflossen sein, die nicht selbstverständlich sind: Erstens, Zusammenleben bedarf der Ordnung und nicht nur der spontanen Organisation. Ordnungsgefüge zeichnen sich gegenüber strukturell unbestimmten Lebensbereichen durch Vorteile aus. Ordnungen reduzieren zwar auch Freiheiten, räumen aber andere dadurch erst ein. So reduziert die Verlagerung des Gewaltmonopols vom Einzelnen zur Polizei und zum Militär zwar die Freiheit der Rache, der Aggression, der gewaltsamen Interessendurchsetzung, sie ermöglicht aber auch die sichere Freiheit zu Handel, Verkehr und privaten Lebensräumen.

Zweitens, Menschen leben *zusammen,* nicht nur gegen- und nebeneinander. Getrennte Einzelaktionen und Interaktionen können zwischen physischen Personen oder zwischen sie ermöglichende Ordnungen, Strukturen und materielle Bedingungen stattfinden.

Das Zusammenleben erster Art wird durch diese Ordnungen ermöglicht, was nicht heißt, dass alles schon als historisch vollendet, geordnet und geregelt gel-

---

[139] Der Begriff der Verhältnistheorie soll im Fortgang der Arbeit entwickelt werden.

[140] Deutlich soll der Begriff der *Ethik* oder des *Ethos* hier vermieden werden, weil menschliche Situationen zu eng auf Handeln reduziert werden und strukturelle und materielle Bedingungen nicht angezeigt werden.

ten kann. Außerdem können Ordnungen auch Freiheiten und Freiräume definieren, die es ohne sie nicht gäbe. (Massentourismus wäre ohne internationale Devisen-, Freizügigkeits- und Krankenkassenabkommen nicht denkbar.) Andererseits können bestimmte Ordnungen ganze Lebensräume „vergessen" oder „aussparen". Die sogenannte „Natur" als „Umwelt" und ihre Ressourcen, dann die Zukunft als „Nachwelt" gehörten lange zu den Räumen, auf die sich gesellschaftliches Ordnungsdenken nicht bezogen.

Ordnungen korrespondieren nicht notwendig mit Begriffen wie Gerechtigkeit, Zivilisiertheit oder Pazifizierung. Es gibt diskriminierende und totalitäre Ordnungen, militärische und Kriegsordnungen, auch solche verbrecherischer Intentionen und Rechtssysteme, die ‚Ordnungen' menschlicher Segregation darstellen. So wie positives Recht illegitim sein kann, können Ordnungen die positive Konnotation ihres Begriffs nicht verdienen.

## 2 Die Abschaffung der mittelalterlichen Fehde

Hobbes' Beschreibung der sozialen Machtkämpfe der Spezies Mensch als Kampf aller gegen alle kann in die Beschreibung der Frage nach dem Sinn von Recht überführt werden. Der Entstehung des Rechts könnte man zwei mögliche Absichten unterstellen: Entweder sollen soziale Unterschiede und ihre Konflikte erkannt werden, um sie auszugleichen, oder diese Unterschiede und Ungleichheiten sollen manifestiert und Revolten verhindert werden: Die ‚Ruhe' des Bürgers, des Untertanen. Der zweite Fall instrumentalisiert Recht zu Machtzwecken. Der erste Fall sucht Rechtsgrundsätze zur Etablierung politisch egalitärer Selbstbestimmung. Er ist es auch, der fremdreferentiell und universal nach dem gesellschaftlichen Schicksal des Menschen fragt und historisch die Idee der absoluten Würde erzeugt hat. Ohne diesen Begriff der unantastbaren Würde erlaubte sich das Machtprinzip auch jedes *rechtliche* Hilfsmittel, um Menschen zu Mitteln eigener Interessen zu instrumentalisieren. Ob wirtschaftliche Sklaverei oder „ethnische Säuberungen", selbst wenn sie demokratisch legitimiert wären, sie entstünden als geltendes Recht. Legal muss ethisch *nicht notwendig legitim* heißen. Wenn es die Idee der Würde und die aus ihr abgeleiteten Menschenrechte nicht überpositiv etabliert gäbe, wäre Recht eine beliebige Sache und nur Macht- und Interessenkalkül.

Die Entwicklung der Rechtsgeschichte zeigt, dass das Vorhandensein von geltendem und bindendem Recht mit der heutigen Organisationstiefe nicht selbstverständlich war. Das Beispiel der Fehde macht deutlich, dass die Durchsetzung von Rechtsansprüchen im Mittelalter unter verfeindeten Sippen oder Personen bis zur Blutrache griff. Die bestehenden Rechtsvorschriften wurden von einem akzeptierten ‚Faustrecht' begleitet. Es war ein legitimes Widerstandsrecht. Man könnte dies als Rechtsdualismus bezeichnen, der ein bestimmtes Stadium der Rechtsentwicklung zeigt. Es scheint, dass Rechtsentwicklungen von partiellen Einzelvorschriften, Edikten, Dekreten und Kapitularien ausgehen und zu ordnenden, die Interessenkonflikte integrierenden Reglements und Rechtssystemen vorschreiten. Je mehr sich soziale Lebensbereiche durch Rechtsvorschriften und Gesetze geordnet haben, um so geringer wurde die spontane, autokratische Handlungsfreiheit und Willkür der Handelnden.

Neben den ordnenden Rechtsvorschriften, etwa zum Besitzrecht innerhalb der mittelalterlichen Stadt, existierte im Mittelalter immer noch das ‚Faustrecht' einer Art Selbstjustiz.

Der Langobardenkönig Rothari, genannt „König Rother", schrieb 643 in seinem Edikt: „Von den Schlägereien und Wundbußen: wenn sie unter freien Männern vorkommen [es gab auch Sklaven, d. Verf.] werden sie in der Weise gebüßt, wie es im folgenden aufgeführt ist, und die Fehde hört auf." Es folgen dann 30 Angaben, die für ausgeschlagene Zähne, für abgehauene Nasen und Ohren eine Buße festsetzen.

12 Schillinge für einen Daumen, 3 Schillinge für einen erschlagenen Sklaven, 200 Schillinge für einen zugewanderten und erschlagenen Franken, 80 Schillinge für einen zugewanderten und erschlagenen Burgunder, 50 Schillinge für die Tötung eines Römers, 300 Schillinge für einen getöteten Bischof"[141].[...]Damit die Fehde nach Empfang der oben bezeichneten Buße aufgegeben werde und auch kein böser Vorsatz zurückbleibe, sondern die Sache beendet sei und Freundschaft walte.[142]

Das Edikt setzte also das Bestreben, anstelle der Selbsthilfe mit blutigen und leidvollen Fehden, die Feindschaft mit der Zahlung einer Buße zu beenden. Das Prinzip der Entschädigung ersetzt den Grundsatz der Rache. Dabei war die Buße noch kein Rechtssatz, der befolgt werden musste, sondern eine Art Vertrag und ein Reinigungseid, zu dessen Zustimmung der Täter wie zu einem Vertrag überredet werden musste. Über die Richtigkeit der Entscheidung zur Buße wurde daher oft ein ‚Gottesurteil', etwa in Form eines kontrollierten Zweikampfes, abgehalten. Der Verlierer war von Gott ‚zu Recht' bestraft worden.

Orientiert war dieses Verfahren an der Idee der römischen Schadenersatzansprüche. Es wurde in Naturalien, Rinder, Schafe oder in Landabgabe bezahlt. „Eine gehörnte, sehende und gesunde Kuh gebe er statt 12 Schillingen."[143] Schiedsmänner, „Rechenbürger" kontrollierten die Angemessenheit der Abgaben. Dieses Bußverfahren zur Konfliktbewältigung kannte noch kein organisiertes Gerichtswesen. Es diente aber zur Unterbrechung des Teufelskreises der Rache.

---

[141] Leges Alamannorum I und II, hg. von K. A. Eckhardt, *Germanenrechte* NF., Westgermanisches Recht, Bd. 5, 1958 und Band 8, Berlin 1966, S. 44 f.

[142] Zitiert nach: Kroeschell, Karl: *Deutsche Rechtsgeschichte 1*, S. 43, a.a.O.

[143] Leges Alamannorum I und II, hg. von K. A. Eckhardt, *Germanenrechte* NF., Westgermanisches Recht, Bd. 5, 1958 und Band 8, Berlin 1966, S. 44 f.

Die ersten Einschränkungen ergaben sich, als es Pflicht wurde, die Fehde erst nach Ausschöpfung aller Rechtsmittel zu beginnen. Später musste die Fehde der verfeindeten Sippe oder Person formell angekündigt werden. Der Fehdehandschuh steht für diese Entwicklung. Dann gab es ab dem 11. Jahrhundert Regelungen, die das Recht auf Fehde aufhoben. Dazu gehörten der Gottesfriede, der an bestimmten religiösen Festen jede Fehde verbot und der Landfrieden, den der Fürst zu bestimmten Anlässen temporär zur Verhinderung von Privatkriegen erlassen konnte, etwa zum Anlass der Thingversammlungen. Der Ewige Landfrieden von 1495 brachte dann das absolute Fehdeverbot und überführte vehemente private Streitigkeiten um Interessenvorteile in das System des Rechts.

## 3 Von der Sitte und Gewohnheit zum Recht

Rechtsbestimmungen können autokratisch verordnet, aus konventionalem Diskurs und rationaler Zustimmung ratifiziert oder von Interessenmehrheiten gewählt worden sein. Rechtssysteme, als erlassene, konventionalisierte oder gewählte ethische Grundlegungen von Güternormen, übernehmen die Gestaltung eines ungeregelten, anomischen oder tradiert gestalteten sozialen Raums, der vormals die konfligierenden Sitten und Gewohnheiten machtpolitisch, autokratisch und brachial gestaltete. Das Beispiel der Epoche Karls des Großen zeigt, dass die Befriedung verschiedener Stämme und die dadurch entstehenden lebensweltlichen Berührungen, Konfliktmanagement verlangte, das zeittypisch durch Kapitularien geregelt wurde. Ihr Rechtscharakter war ein an der Aktualität der Konflikte orientiertes Regelwerk, mit einem nur geringen Maß an rechtsinhaltlicher Systematik. Die „Kapitulariengesetzgebung" Karls des Großen, benannt nach den „Kapiteln", strebte in Konkurrenz mit dem Klerus nach einer Ordnung auch der diesseitigen Dinge, besonders um zu Frieden und Eintracht zu erlangen. Karl der Große stellte diese Bemühungen unter den Leitstern der *norma rectitudinis*, des Richtigen und Rechten als letzten Maßstab.[144]

Karl der Große hatte sofort nach Annahme des Kaisertitels die Mängel der Gesetze seines Volkes konstatiert. Besonders die unvermittelten Rechte der Franken. Die unter seiner Herrschaft zusammengesetzten Völker hatten verschiedene Rechtssysteme, die er anpassen wollte. Er scheiterte jedoch damit, die

---

[144] Anweisungen Karls des Großen an seine Sendboten bestanden aus einer bunten, teils kasuistischen, teils generalisierenden Mischung von Kapiteln. *Capitulare missorum* von 803: „1. Über die Restaurierung der Kirchen. Sind mehr als nötig an einem Ort, so sollen die entbehrlichen abgerissen, die anderen erhalten werden. [...] 4. Wer sich weigert, sich an das Recht zu halten, soll durch Bürger uns vorgeführt werden. [...] 26. Wie lange sie [Fremde] sich überall jeweils aufhalten und wieviel Leute sie mitführen sollen. [...] 28. Nach Falschmünzern ist zu fahnden." Zit. nach: Kroeschell, Karl: *Deutsche Rechtsgeschichte,* Opladen 1992, Bd 1, S. 83-84

*Lex Salica* und *Lex Ribvaria* inhaltlich neu zu gestalten und auszugleichen. Statt dessen konnte er andere Stammesrechtssysteme zum ersten Mal auf dem Reichstag 802/803 in Aachen aufzeichnen. Die *Lex Saxonum*, die *Lex Thuringorum* und die *Lex Frisonum*. Insgesamt ist die These aufgestellt worden, dass es Kapitularien als kaiserliche Verordnungen gab und zugleich niedergeschriebene tradierte Gesetze, *leges*. Es ist überliefert, dass nach dem Untergang der weltlichen Schreibkultur das 8. Jahrhundert durch seine Klöster wieder am Rechtsleben teilnahm. Die Berührung mit dem Rechtsleben führte dazu, dass in den Klöstern Rechtsunterricht erteilt wurde, wodurch die ältesten Handschriften der deutschen Rechtsgeschichte aus der karolingischen Zeit erhalten blieben.[145]

In zunehmendem Maße haben Rechtssysteme soziale Räume normativ geordnet, die zuvor durch Sitte und Gewohnheit gebildete Traditionsgemeinschaften waren. Die Rechtsgeschichte zeichnet sich demnach durch eine Vertiefung der Rechtsdurchdringung in die lebensweltlichen Alltagsbezüge aus. Dabei kann Rechtsprechung entweder das Gewohnte artikulieren und Devianz definieren oder aber richtlinienkompetent ausfallen.

Rechtssysteme haben aber nicht nur rechtsfreie soziale oder intertribale Räume konfliktreduzierend oder konfliktunterdrückend geordnet bzw. beruhigt, sondern sie haben sich neben ihrer Ausdifferenzierung immer auch inhaltlich gewandelt. Was heute legal ist und für menschengemäßer gehalten wird, etwa die Kriminalisierung der gröbsten Sklaverei, des Menschenhandels, die Ächtung der Kinderarbeit, die Gleichstellung der Rassen, der Frau, die Gleichstellung von ehelichen und unehelichen Kindern etc., war historisch gestern noch kein geltendes Recht, sondern ungeregelt, injustiziabel, unverfolgbare Willkür oder Privilegienrecht. Was heute noch legal ist, kann ebenso aus dem historischen Morgen schon geltendes Unrecht heißen. Genau dann, wenn die Legalität sich an eine neue Legitimität anpassen muss. Wenn das Rechtsempfinden und seine begriffliche Expressivität sich geändert haben, werden Rechtsreformen und Revolutionierungen die Rechtsinhalte ändern.

Rechtssysteme sind also in doppelter Weise unterwegs. Sie müssen sich abstimmen. Die einzelnen Rechtsressorts geraten aneinander. Konkurrierende Rechtsvorstellungen und Bestimmungen müssen genau dann Kompromisse finden, wenn sich ihre Systeme lebensweltlich, etwa durch Handel oder Reisen, berühren oder konfrontieren. Die rechtliche Integration Europas steht für einen solchen Prozess. Die Vertiefung der Rechtsdurchdringung hat neben der vertikalen Obrigkeit-Individuum-Orientierung auch eine horizontale interkulturelle Dimension, bei der die Berührung mit bislang fremden ethischen Traditionen zu

---

[145] Die Lex Salica ist zwischen 751 und 768 geschrieben und stammt wahrscheinlich aus dem elsässischen Kloster Weißenburg. Das Kloster St. Gallen hütet Rechtshandschriften, die über das alemannische und fränkische Recht informierten.

einer Kopplung führt, wie die Konvergenzbemühungen der Europäischen Union zeigen. Aus diesem Zwang zur Kopplung, wenn Konfliktpotentiale rechtlich geregelt und nicht mit Gewalt abgebaut werden sollen, entstehen Grundsatzfragen, die wiederum eine vertikale Vertiefung der Rechtsentwicklung und -diskussion fördern.

Bei allen Veränderungen von Rechtsvorschriften und den tradierten rechtsphilosophischen (oft unbewussten) Ideen, kann man nach ihrem Sinn, ihrem Prinzip und ihrer Zielrichtung fragen. Sie konnten der Konsolidierung der Macht (des Kaisers), der Festschreibung von Vorteilen (der Stände der frz. Revolutionsgesellschaft) oder dem Ordnen sozialer Verhältnisse nach Beruhigungs- oder Pazifizierungsabsichten gelten. Über das Wesen des Rechts entscheidet eine rechtsphilosophische Auslegung, die meist als Präambel oder Grundgesetz auf die Kernabsicht einer Rechtsordnung hindeutet.

Die Verfassungsgeschichten westlicher Demokratien folgten der Entwicklung von Naturrechtsgedanken, die ein überhistorisches, nicht positives, von Staaten legitimiertes Recht grundlegen. Darin werden insbesondere Aussagen über den Wesensgehalt des Menschen gemacht, der dann naturrechtlich zu schützen ist.[146] Unsere heutigen Menschenrechte stehen in dieser Tradition und sind negativ definierte Abwehrrechte (Folterverbot, Verbot der Sklaverei, der Kinderarbeit etc.) und positiv beschriebene bürgerliche Freiheiten (Recht auf Leben, Religion, Glück, Meinungsfreiheit, Privatsphäre etc.). ‚Kurz' vor der Französischen Revolution, 1770, tauchte zum ersten Mal in Frankreich der Begriff „droits fondamentaux" auf, als Forderung nach Menschenrechten.

Der Entwicklung und Revolutionierung der Rechtssysteme einen Sinn zu unterstellen, wäre eine normative, hier nicht angestrebte Aufgabe. Ein sachlicher Effekt dieser Entwicklung besteht zweifellos in der Reduktion von brachialer Suprematie und der Verfolgung und Definition von Devianz. Es ändern sich sozial sowohl die Instrumente und Mittel der Konfliktregulierung als auch die Durchsetzungsmittel von Herrschaft. Die Herrschaftsmittel der Politik werden durch Rechtsbestimmungen zunächst differenzierter und institutionell etwa durch Einsetzung von Schiedsmännern, dann Gerichten verwaltet. Es entsteht das staatliche Gewaltinstitut als Recht.

Erst wenn sich Herrschaft einem anderen Ordnungswillen als der kontrollierenden Gewaltenteilung unterwirft, was zunächst historisch heißen konnte, dass sich autokratische Machtzentren eines positiv rechtlichen Instrumentariums bedienten, um Einfluss zu wahren, beginnt die Rechtsentwicklung Ausdruck veränderter vertikaler und horizontaler Machtverhältnisse zu werden. Ein König dankt ab, zwei Stände entmachten sich - wie in der französischen Revolution.

---

[146] Über die Geschichte des Naturrechts als Vorgeschichte zu den modernen Menschenrechten vgl.: Thomas, Veit: *Das Recht auf Erde*, S. 29-71, a.a.O.

Das preußische Dreiklassenwahlrecht - als sich selbst politisch verstärkende Steuerfähigkeit der Oberschicht - dankt ab.

Ohne Rechtsordnung ist jede herrschende Handlung, sei sie inhaltlich noch so human, legitimatorisch prinzipiell Willkür. Auch selbst da, wo sie Gutes tut, liegt in ihrer unkontrollierten Willkür jenseits von Gewaltenteilung, Gewaltenkontrolle und Legalität noch Gewalt. Sie bindet und unterwirft sich keiner Ordnung. Stattdessen folgt sie ihrer Handlungsfreiheit. Im rechtsfreien Raum herrscht das Prinzip der Gewalt der überlegenen Mittel. Rechtssysteme können also nicht minder dazu dienen, alte und neue Vorherrschaften zu konsolidieren oder positiv formuliert, Illegitimität herzustellen - wie der vermögensabhängige klientelpolitische Einfluss auf elitäre Vermögensbildung des Dreiklassenwahlrechts zeigt.

Wenn positive Rechtsprechung und Gesetzgebung historisch derart ein funktionaler Arm von Machtstrukturen war, verwundert es nicht, dass nicht endende soziale Ungerechtigkeiten und Gräuel in der menschlichen Sozialgeschichte die Deklaration von Naturrechten und Menschenrechten ideengeschichtlich auftauchen ließen.

Mit der Verlagerung von Konflikten und Machtkämpfen in Rechtsinstitute beginnt auch die ideengeschichtliche Wende zur Rechtsphilosophie, wie die Geschichte der politischen Schriften seit der Antike zeigt. Der Kampf *mit* Rechtsordnungen um soziale Macht und Anerkennung findet seine Analogie im Kampf mit ökonomischem Kapital. Eine Rechtsordnung kann und wird immer Mittel sein, eine Kapitalordnung zu legitimieren.

## 4 Die Rechtsentwicklung der Menschenrechte

Nach dem Wesen einer Entwicklung zu fragen, unterscheidet sich deutlich von der semantischen Fragestellung nach ihrem Sinn. Die Klärung des Wesens von Rechtsentwicklungen verfolgt analytische Aufklärung, die semantische Beschreibung dagegen koppelt in- oder extern zu findende Beschreibungskriterien mit deontischen oder genetischen Leitbegriffen. Davon zu unterscheiden ist eine historische Prognostik.[147]

---

[147] Nach dem Sinn der Geschichte fragte Noberto Bobbio. Die Debatte um die Menschenrechte wäre „ein signum prognosticon des moralischen Fortschritts der Menschheit" (S. 41) Sie wäre eine der „großen Erzählungen" (J.-F. Lyotard). Sinn sei die Verbesserung der Legalität, nicht der Moral. Das wäre der Kantische Gedanke des Fortschritts in der Rechtsentwicklung. Die Entwicklung der Menschenrechte wäre „als Indikator des historischen Fortschritts" zu begreifen. Menschenrechte wären dabei ein Mittel. Wie bei John Dewey sieht Bobbio keine Endziele mehr, sondern „anvisierte Ziele, ends-in-view, Ziele, die gleichzeitig Mittel sind, situations- und kontextabhängige Ideen. Menschenrechte haben ein Janusgesicht: Sie sind der Moral und dem Recht zugewandt. Fortschritte bestehen nur darin, die Menschenwürde institutionell zu schützen. Rechtsfortschritte wehren Freiheitsbedrohungen ab. Sie bewegen sich auf dem Weg

Der ältere historische Rechtsstandpunkt ist zweifellos der der Regierenden.[148] Wie erhält man Macht? Es wurden extern Regularien zwischen den Machthabern entwickelt, etwa Botschafterregeln. Intern bezogen sich Gesetzgebungen auf die Pflichten der Untergebenen. Politische Macht schuf rechtshistorisch zuerst politische *Pflicht*. Die Wende kam mit dem Christentum und dem naturrechtlichen Denken seit der Antike. Das Individuum kommt in den Blick. Nach der Säkularisierung der christlichen Ethik, mit ihrer Legitimation in der persönlichen Gott-Mensch-Dichotomie, bleibt das Individuum schließlich als menschliches Selbstverständnis zurück.

Die Menschenrechtsgenese vollzieht sich (a) *rechtsphilosophisch* nach folgender Schematik: (1) Menschenrechte sind zunächst Ergebnisse *prospektiven* Denkens. Sie werden als Ideengeschichte geboren. (2) Sie werden dann von gedachten Rechten zu tatsächlichen Rechten, zu gesellschaftlich verwertbaren Naturrechten, an denen sich die positive Rechtsprechung orientiert. (3) Menschenrechte der dritten Phase werden oder können dann zugleich universell und positiv institutionalisiert werden.[149]

Die (b) *rechtshistorischen* Stufen der Menschenrechte haben bislang folgenden Verlauf genommen:

(1) Menschenrechte beginnen als *Freiheitsrechte*. Als Freiheit *vom* Staat, Sicherheit vor der Obrigkeit. Menschenrechte waren in diesem Sinn als Naturrechte Abwehrrechte und Widerstandsrechte gegen staatliche Willkür, Einmischung und Instrumentalisierung des Individuums zu Staatszwecken ausgelegt. Für diese Initiation steht unter anderem der Name J. Lockes.[150]

(2) Es folgen die *Politischen Rechte*: Freiheit *im* Staat. Nichtbehinderung, Autonomie und Liberalisierung.

(3) Schließlich die *Sozialen Rechte*: Freiheit *durch* oder *mit Hilfe* des Staates.

Darin wird deutlich, dass Menschenrechte als überhistorisch geglaubte Rechtsinstitute dennoch einem ständigem Wandel unterworfen sind.

---

zu einem überstaatlichen „ius kosmopoliticum". Nationale Selbstbestimmung gehört nicht zu den Menschenrechten, wie die Idee der „nation une et indivisible". Menschenrechte haben normativen Vorrang vor den Bedürfnissen nach nationaler Staatlichkeit. Der Konflikt um Rechtsansprüche entspricht dem alten kategorischen Imperativ: „alle Verhältnisse umzuwerfen, in denen der Mensch ein erniedrigtes, ein geknechtetes, ein verlassenes, ein verächtliches Wesen ist." (Bobbio, Noberto: *Das Zeitalter der Menschenrechte. Ist Toleranz durchsetzbar?*, Berlin 1998, S. 49 f.)

[148] Vgl. den Kodex von Hammurabi (Chammurapi), König (1728–1686 v. Chr.) der altbabylonischen 1. Dynastie. Er schuf ein ganz Mesopotamien umfassendes Großreich (Hauptstadt Babylon), ferner die wichtigste Rechtssammlung des Alten Orients, den Kodex Hammurabi; überliefert u.a. auf der heute im Louvre befindlichen 2, 25 m hohen Dioritstele des Königs.

[149] Diese rechtsphilosophische Zusammenfassung ergibt sich aus der im Verlauf der Arbeit noch zu zeigenden rechtshistorischen Entwicklung.

[150] Locke, John: *An Essay Concerning Human Understanding*, Frankfurt/M. 1982

Es ist die „Allgemeine Erklärung der Menschenrechte" der Vereinten Nationen von 1948, die historisch gesehen den Beginn der sozialen Schutzrechte hinzu nimmt. Das Verständnis von Menschenrechten wird hinsichtlich der Zielgruppen und ihrer Eigenproblematik spezifizierter.

Beispiele sind:

- Die Erklärung der Rechte des Kindes vom 20. Nov. 1959, ein *ius singulare* im Verhältnis zum *ius commune*.
- Die Konvention zu den politischen Rechten der Frau vom 20. Dez. 1952, die das Diskriminierungsverbot der Allgemeinen Erklärung spezifiziert.
- Die Konvention zum Thema Arbeit und Gewerkschaftsfreiheit.
- Die Konvention zur Verhinderung und Abschaffung des Völkermordes von 1958. In ihr werden die individualen Rechte der "Allgemeinen Erklärung" auf Völker übertragen. Darin das Recht auf Leben, die persönliche Unversehrtheit.
- Die Erklärung gegen Diskriminierung aus rassischen Gründen vom 20. November 1962.
- Die Erklärung gegen Apartheid von 1964. Darin besonders Art. 5.
- Die Erklärung zur Gewährung der Unabhängigkeit für die Länder und Völker in kolonialer Abhängigkeit vom 14. Dezember 1960 (Kolonialisierungsverbot). In der „Allgemeinen Erklärung" in Art. 2 Absatz 2 sind es nur die Individuen, die vor Diskriminierung geschützt werden.
- Die Selbstbestimmung der Völker folgt auch aus den beiden Pakten von 1966. „Alle Völker haben das Recht auf Selbstbestimmung." (Art. 3 beider Pakte)[151]

Außer dieser rechtsphilosophischen und rechtshistorischen Entwicklung der Deklaration und Promotion der Menschenrechte hat sich eine Entwicklung ihrer Garantien und Kontrolle vollzogen. Die Aktivitäten der internationalen Menschenrechtsorganisationen sind insofern differenziert nach Promotion, Kontrolle und Garantie. Diese (c) *rechtsorganisatorische* Entwicklungen bilden Garantien der Menschenrechte nach einem erkennbaren Prinzip:

- Die Ersetzung von nationalen durch internationale Schutzrechte.
- Die Ersetzung von nationalen durch überragende internationale Rechtsprechungen und Gerichte.

Garantien *innerhalb* eines Staates müssen sich in Garantien *gegenüber* dem Staat verwandeln. Wie etwa in der „Europäischen Menschenrechtskonvention" von Rom vom 4. November 1950, nach der Individuen Eingaben an die Europäische Kommission machen können (in Art. 25 grundgelegt).

---

[151] Simma, Bruno u. Ulrich Fastenrath (Hg.): *Menschenrechte. Ihr internationaler Schutz*, 2., neubearbeitete Auflage, München 1985

Die Sozialgeschichte der Rechtsentwicklung zeigt, dass ehemalige autokratisch genutzte Machtpositionen in privilegierende Rechtspositionen überführt wurden. Militärische Überlegenheit durch großen Grundbesitz und soziale Abhängigkeiten im Frondienst findet sich später in Klassenwahlrechten des 19. Jahrhunderts wieder, die politische Macht an Kapital rückbindet und Klientelgesetzgebung fördert. Das ist Rechtsprechung als Herrschaft mit anderen Mitteln.

So fanden sich in der amerikanischen Verfassung von 1787 in der Präambel die 16 Artikel der „Bill of rights", in denen die ersten bürgerlichen naturrechtlichen Freiheiten deklariert wurden: „Sektion 1. That all men are by nature equally free and independent [...]". Der Schönheitsfehler dieser Naturrechtsdeklaration war leider, dass sowohl die wirtschaftliche Unabhängigkeit von England vorteilhaft und wenig interessenlos miterklärt wurde als auch die Bestimmung, wer als Bürger zu gelten habe, zeittypisch eigensinnig ausfiel. Keine Frau, kein Kind, kein wirtschaftlich ausgebeuteter Sklave, noch alle Männer unter einem bestimmten Steueraufkommen waren „von Natur gleichermaßen frei".

## 5 Machtkonflikte als Rechtskonflikte

Wenn der Begriff der positiven politischen Macht drei Konnotationen hat: Herrschaft, Handlungsmacht und die Einheit der politischen Gemeinschaft, dann beabsichtigt Gerechtigkeit eine spezielle Ordnung dieser Gemeinschaft. Herrschaft wird modern verstanden als Konfliktverhinderung. Die ordnungsstiftende Funktion des Rechts basiert auf einem Vertragssystem, seit Hobbes einem Kontraktualismus. Dem entsprechen drei Formen der Legitimität: Die Teilnahme an der Handlungswelt, das Vertrauen in die Herrschaft, die Identifikation mit dem Ganzen.[152] Wenn die Legitimität der vereinheitlichenden Macht des Rechts nicht auf der Basis allgemein akzeptierter, gewählter und getragener Konventionen beruht, handelt es sich um Vorherrschaft.

Wirtschaftskapitale Macht kann sich besonders durch mediale Einflussnahme rechtskonstitutiv interessenparteilich durchsetzen, wie die italienischen Verhältnisse seit Berlusconi es zeigen[153], oder durch lobbyistische Einflussnahme in den Gesetzgebungsprozess, wie es die Brüsseler Verhältnisse zeigen.

Insofern also Gesetzgebungsprozesse, besonders wirtschaftsrelevanter Art, einen verfassungsmäßig legitim zugestandenen Spielraum aufweisen, indem etwa kein bestimmtes Wirtschaftssystem in der deutschen Verfassung vorgesehen ist, können wirtschaftspolitische Grundsätze partei- oder klientelpolitisch umgesetzt werden.

---

[152] Nach Zenker, Georg: *Conditio humanae*, Bd. 1, Leipzig 1994, S. 259

[153] Vgl. DER SPIEGEL, Nr. 19, v. 06.05.02, S. 23 f.

Während also die politischen Stimmrechte verfahrenstechnisch gleichgestellt sind, können die wirtschaftlichen Stimmrechte privilegiert oder machttechnisch genutzt werden. Die *politische* und die *wirtschaftskapitale* Willensbildung unterscheiden sich prinzipiell. Die erste beruhte auf der Idee einer demokratischen Rechtsordnung, die zweite basiert noch auf der Idee der Machtordnung (der Freiheit des Marktes). Insofern kann in wirtschaftspolitischer Hinsicht davon gesprochen werden, besonders mit Blick auf die Rechtsgeschichte, dass Gesetzgebungskonflikte Machtkonflikte geblieben sind.

## 6 Von der Anomie zum zivilisierten Freiheitsverzicht

Wenn man an die Entwicklung der Fehde denkt, kann man die Rechtsentwicklung als eine Institutionalisierung von Sitten und Gewohnheiten auffassen. Rechtlich ungeregelte, nur durch Brauch praktisch gefüllte Handlungsräume werden einer Reglementierung unterworfen. Hobbes bezeichnete diesen vorrechtlichen Zustand als das natürliche Recht.

> Das *natürliche* Recht, in der Literatur gewöhnlich *jus naturale* genannt, ist die Freiheit eines jeden, seine eigene Macht nach seinem Willen zur Erhaltung seiner eigenen Natur, daß heißt seines eigenen Lebens, einzusetzen und folglich alles zu tun, was er nach eigenem Urteil und eigener Vernunft als das zu diesem Zweck geeignete Mittel ansieht.[154]

In diesem im eigentlichen Sinne vorpositiv rechtlichen Zustand, kann der Mensch „das tun, was er möchte" und niemand könnte ihn „daran hindern, die ihm verbleibende Macht so anzuwenden, wie es ihm sein Urteil und sein Vermögen gebietet."[155]

Das nun durch positives Recht entstehende Reglement hat ordnungsstiftenden Charakter im Sinne einer Festschreibung von Konfliktlösungsstrategien. Natürlich zählen dazu auch die Definitionen vertikaler und horizontaler Machtverhältnisse zwischen Bürgern. Rechte schränken Bräuche und Freiheiten ein und definieren alte und neue Machtpotentiale (Vertragsfreiheit, Eigentumsrechte, Erbrecht, aber auch Privilegien etc.) Recht entsteht nach Hobbes durch Verzicht auf die größtmögliche, persönlich erreichbare Freiheit und durch den Gewinn einer allgemeinen politisch-bürgerlichen Freiheit jenseits der Permanenz von Krieg und Dauerkonflikt.

---

[154] Hobbes, Thomas: *Leviathan,* übers. v. W. Euchner, hg. u. eingel. von Iring Fetscher, Darmstadt/Neuwied 1966, Neuausgabe: Frankfurt/M./Berlin/Wien 1976, S. 99 f.
[155] ebenda

Jedermann soll freiwillig, wenn andere ebenfalls dazu bereit sind, auf sein Recht, auf alles verzichten, soweit er dies um des Friedens und der Selbstverteidigung für notwendig hält, und er soll sich mit soviel Freiheiten gegenüber anderen zufrieden geben, wie er anderen gegen sich selbst einräumen würde.[156]

Rechtliches Reglement definiert Freiheitsverzichte, aber auch Handlungsfreiräume wie die räumliche Freizügigkeit, körperliche Unversehrtheit oder die politisch-bürgerlichen Grundrechte: Freiheit der Meinung, der Versammlung, der Religion, der Berufswahl etc.

Wenn wir im Rahmen der Entstehung einer ‚Würde durch Verhältnismäßigkeit‘ danach fragen, warum die von der Natur oder dem kulturellen Erbe Privilegierten Einschränkungen ihrer Handlungsmacht hinnehmen sollten, sie also sich durch Rechtssystem und Moral einschränken lassen sollten, dann handelt es sich dabei um eine utilitaristische Frage.

Der Utilitarismus strebt nach der Verbesserung der allgemeinen Glückslage oder nach einem höchstmöglichen Maß an allgemeinem Wohlbefinden. Handlungen bemessen sich dabei nach Nützlichkeitskriterien, dieses Ziel für eine möglichst große Zahl zu erreichen.

Wie immer bei der Frage nach der Initiation von Recht, Ethik und Moral interessiert der Übergang von einem sogenannten vorkulturell gedachten Naturzustand und einem sich durch zivilisatorische Prozesse auszeichnenden Gesellschaftszustand. Dabei können schon die Auffassungen über die conditio des Menschen, seinem Naturerbe, differieren. Erinnert sei an die pejorative Auffassung Hobbes, dass Menschen im Naturzustand sich konstitutionell im Krieg aller gegen alle befänden, also durch ein nicht gebundenes egozentrisches Nützlichkeitsstreben ausgezeichnet sind.[157] Dagegen ging Rousseau von der grundsätzlichen gutartigen Sozialität des noch nicht durch kulturelle Prozesse verrohten Menschen aus.[158] Dort also ist ein aggressives Wesen durch Verträge und Staatsbildung zu domestizieren, die seine Macht an eine zentralistische Macht delegiert. Hier dient der Gesellschaftsvertrag einer wechselseitigen Verzichtserklärung, die Individuen in einen geordneten gesellschaftlichen Zustand versetzen.[159]

Der diesen Auffassungen gemeinsame *Kontraktualismus* vertritt allgemein die Auffassung, dass rechtliche und ethische Initiationen durch reziproke Stiftungsakte geschehen. Recht initiierte sich durch wechselseitige Verzichtserklä-

---

[156] ebenda; Eine Formulierung, die schon an die Güterabwägung des Grundsatzes der Verhältnismäßigkeit erinnert.

[157] Hobbes, Thomas: *Leviathan or the Matter*, From authority of Government, dt.: *Leviathan*, übers. v. W. Euchner, hg. u. eingel. von Iring Fetscher, Darmstadt/Neuwied 1966, Neuausgabe: Frankfurt/M./Berlin/Wien 1976

[158] Vgl. dazu Rousseaus: „Emil" und Hobbes „Leviathan".

[159] Rousseau, Jean-Jaques: *Du Contra social ou Principes Du Droit Politique*. Dt.: Vom Gesellschaftsvertrag oder Grundsätze des Staatsrechts, Stuttgart 1977

rungen auf die „natürlichen" Vorteile. Es scheint aber nicht einsichtig, dass sich privilegierte Positionen unter Nützlichkeitsaspekten zu Macht- und Herrschafts-*verzicht* im Rahmen von Vertragswerken bereit erklären würden. „Das Leben des Ungerechten sei weit vorzüglicher als das Leben des Gerechten", schrieb schon Platon. [160]

> Von Natur nämlich, sagen sie, sei das Unrechttun gut, das Unrechtleiden aber übel; das Unrechtleiden aber zeichne sich aus durch größeres Übel als durch Gutes das Unrechttun. So daß, wenn sie Unrecht einander getan und voneinander gelitten und beides gekostet haben, es denen, die nicht vermögend sind, das eine zu vermeiden und nur das andere zu wählen, vorteilhaft erscheint, sich gegenseitig darüber zu einigen, weder Unrecht zu tun noch zu leiden. Und daher haben sie denn angefangen, Gesetze und Verträge untereinander einzurichten und das von dem Gesetz Auferlegte das Gesetzliche und Gerechte zu nennen. [161]

Die Erklärung des Gewaltverzichts und der Autokratie, die zu Verträgen und Rechtssystemen führt, beruht bei Platon wie bei J. Bentham in der Erwägung des gegenseitigen Vorteils. [162] Die Leiderfahrung durch ungeordnete Verhältnisse führe vernünftigerweise zur Initiation von Verzichterklärungen, die den Handlungsspielraum einschränken und zugleich pazifizieren. Dabei wird angenommen, dass die Leiderfahrung allgemein und mit gleicher subjektiver Bedeutung ausfällt. Dies scheint allerdings nicht einleuchtend und wahrscheinlich. Gerade weil es wahrscheinlicher ist, dass Menschen von Natur und ihrem soziokulturellen Erbe her verschieden sind, hat dieser Pragmatismus der wechselseitigen Leidminimierung durch Tausch keine dynamische Stringenz, und der Utilitarismus als historischer *vernünftiger Konsequentialismus* scheint legitimatorisch unhaltbar.

Die Vermeidung von Unlust, Elend, Not etc., der Ungüter allgemein, kann als negatives menschliches Ziel angenommen werden. Dass dieses Anthropologem Platon als Grund für eine notwendige Pazifizierung nimmt, leuchtet insofern nicht ein, weil die gleiche Motivationslage auch das anarchische Ausspielen von Vorteilen im möglichst rechtsfreien Raum fördert und historisch gefördert hat.

Rechtsstiftung als Leidvermeidung, wie es in der Präambel der Menschenrechtskonvention der Vereinten Nationen ausgedrückt ist, bleibt sicherlich das *weisheitliche* Motiv bei der Reflexion der humanitären Kosten (Leiden) der Ge-

---

[160] Platon, Politeia, 358e - 359

[161] ebenda

[162] Bentham, Jeremy: *Eine Einführung in die Prinzipien der Moral und der Gesetzgebung*, 1789, Kap. I, in: Höffe, Otfried (Hg.): Einführung in die utilitaristische Ethik, München 1975, S. 35 f.

schichte.[163] Ungeklärt dabei ist, woher die *allgemeine* Bereitschaft stammen kann, egalisierende Rechtssysteme zu schaffen, die genetische oder soziogenetische Vorteile abbauen, wenn sie nicht, wie Nietzsche konstatierte, auf unzulässiger Schwächung der Vormachtstellung beruhten, also Ergebnis eines zu Gunsten der genetischen Dekadenz verlaufenden Machtkampfes ist, eines Sieges der „Sklavenmoral" und keiner humanen, utilitaristischen oder vernünftigen Lösung.[164]

Zu bezweifeln, wenn auch idealiter, bleibt die Entstehung und Evolution einer historischen Weisheit und Kommunikabilität, die paritätische und vorteilskompensatorische Vertragswerke und Rechtssysteme stiftet. Friedensverträge und ihre Inhalte waren lange Zeit das Diktat der Sieger. Gesellschaftsordnungen waren Diktate der herrschenden Schichten und nicht unbedingt zum beiderseitigen Nutzen ausgewogen. Historisch jünger sind freiwillige Konventionalisierungen von Rechtsordnungen ohne Zwangscharakter und militärisch-wirtschaftliche Präponderanzen.[165] Daneben gibt es die erzwungenen Systemänderungen von ‚Unten', als Revolten, Insurrektionen, Revolutionen, Verweigerungen, Auswanderungen etc. Die Entstehung des Rechts und der Idee der Gerechtigkeit durch den Aufstand verelendender Schichten oder unterdrückter Staaten und Ethnien ist historisch so erheblich, dass sie grundlegend für die positiv konnotierten Begriffe wie Würde, Gerechtigkeit, Wohlfahrt etc. bleiben müssen. Machtverzicht durch Leidensweisheit, freiwilliger Kontraktualismus oder rationaler Utilitarismus von ‚Oben' bleiben unwahrscheinlicher, obwohl rechtsgeschichtlich durch die Positivierung des Würdebegriffs und des Gleichheitsgrundsatzes in vielen Verfassungen eingegangen.

Als unkritisch kann dagegen gelten, dass in der Rechtsgeschichte der Neuzeit Freiheitsverzichte unter dem Aspekt der Konfliktpazifizierung mit dem Mittel der Gleichstellung ideell aufgewogen werden sollten.

---

[163] Vgl. die Präambel der UN-Charta, in: Simma, Bruno u. Ulrich Fastenrath (Hg.): *Menschenrechte*, Ihr internationaler Schutz, 2., neubearbeitete Auflage, München 1985

[164] Nietzsche, Friedrich: *Der Antichrist*. Fluch auf das Christentum. Sämtliche Werke, hg. v. Colli, Giorgi u. Mazzioni Montinari, Berlin 1980, Bd. 6, Aphorismen 60-62

[165] Kennedy, Paul: *Aufstieg und Fall der großen Mächte*. Ökonomischer Wandel und militärischer Konflikt von 1500 – 2000, Frankfurt/M. 1991

## III Die Wechselwirkung ethischer und anthropologischer Normen

Die Einbettung des Begriffs der Würde in die philosophische Ethik geschieht über seine Doppelnatur als sowohl anthropologisch begründeter als auch rechtsphilosophisch und ideengeschichtlich gestifteter. Wie wir oben gezeigt haben, verbindet der Begriff der Würde die Funktionen der Legitimation, Deklaration und Rechtsüberpositivierung. Die Natur des Menschen soll mit dem Würdebegriff zugleich ausgedrückt, kulturell statuiert und rechtspositivistisch unangreifbar gemacht werden. Er wird zugleich als deskriptiv-konstitutionell als auch normativ-konstitutiv eingesetzt. Er benennt den Hauptaspekt des Menschen zugleich deklarierend und beschreibend.

Hierdurch wird seine Verortung sowohl in der Ethik, in der Rechtsphilosophie als auch in der philosophischen Anthropologie zu finden sein. Es gilt deshalb zunächst, die Implikationen der Würde im Verhältnis von Anthropologie und Ethik zu analysieren. Dabei stoßen wir auf die Frage, ob philosophische Ethik ohne Anthropologie auskommt und die ethische ,Bestimmung' des Menschen besser mit oder ohne conditio-Bestimmtheit auskommen wird.

## 1 Eine anthropologische Vergewisserung der Ethik

Es scheint, dass jeder Ethik eine anthropologische Reflexion vorausgeht, die sich möglicherweise als Präsupposition bewusst oder weniger reflektiert mitartikuliert. Foucaults Vermutung, dass der Entwurf des Menschlichen die Wirkung bestimmter kultureller Leit- und Denkmuster sei, verdächtigt die Anthropologie als symbolisches und veränderliches Ideengebilde oder als eine funktionalistische Soziologie.[166] Sie habe nur die Bedeutung einer „Begleitsemantik" gesellschaftlicher Veränderungen.[167]

Selbst die auf Kant fußenden „formalistischen" oder „prozeduralen" Ethiken, wie die Diskursethik, die vorgeben, keine substantiellen Eingaben zu machen, beruhen auf bestimmten Regeln, hinter denen spezifische anthropologische Grundaussagen, wie Personalität und Subjektivität, Autonomiewunsch, Primat des Vernunftgebrauchs, Gleichberechtigungsbestreben und Deprivilegierung verborgen sind. Sie gehören oft zur zeitgeistigen und kulturhistorisch zu dekonstruierenden Latenz.[168]

---

[166] Foucault, Michel: *Les mots et les choses*. Une archéologie des sciences humaines, Paris 1966, S. 398

[167] Luhmann, Niklas: *Frühneuzeitliche Anthropologie*. Theorietechnische Lösungen für ein Evolutionsproblem der Gesellschaft, in: Ders.: Gesellschaftsstruktur und Semantik. Bd. 1, Frankfurt/M. 1980, S. 172 f.

[168] Habermas macht deutlich das Zugeständnis zu anthropologischen Voraussetzungen hinsichtlich eines herrschaftsfreien Diskurses. Die Teilnehmer müssten davon ausgehen, „daß im

Keine Ethik kommt ohne Anthropologie aus. Auch wenn man die Regeln richtigen Handelns auf die praktische Vernunft oder die Sprache zurückführen will, nimmt man Kenntnisse über den Menschen in Anspruch.[169]

Die unser „Verhalten und Urteilen leitenden Orientierungen"[170] können begrifflich-phänomenologisch aufgedeckt werden, es sei denn, sie entziehen sich hinter den blinden Fleck der epochalen Perspektive. Erst wenn es gelingt, solche zeittypischen Voraussetzungen aufzudecken, lässt sich eigentlich von der Grundlegung einer (Epochal-)Ethik sprechen, wobei das Verhältnis von anthropologischer Selbstinterpretation der Epoche in der Perspektive und der versuchten ethischen Legitimation unberührt bleibt. Die Frage, ob Ethik über Deskriptionen hinauskommen kann, stellt sich hinsichtlich der Möglichkeiten philosophischer Ethik generell. Ob ein gelebtes Ethos durch metaethische Überlegungen verändert werden kann, mag zweifelhaft bleiben.[171] E. Tugendhat lässt keine starken Begründungen einer Ethik mehr zu und sieht nur noch „Motive" und „Plausibilitäten", die als Dezisionismus eine „schwache" Begründung zulassen. Es gibt keine rationalen Begründungen von Ethik.[172] Andererseits lässt sich auch nicht metatheoretisch eindeutig bestimmen, warum es Begründungsverfahren geben soll, die anderen vorzuziehen sind.[173] Es scheint generell die antike Vorstellung zu gelten, auch im Sinne der platonischen Idee der Anamnesis, dass das zu Legitimierende bereits in uns kulturell angelegt ist. Die aristotelische Idee, Ethos als Hintergrund der Orientierung zu belassen, bestärkt nur den Verdacht, dass ethische Legitimationen auch heute keine extern hinzugefügten Implemente sein können, sondern mehr oder weniger Rekurse auf bestehende Wert- und Wirklichkeitssysteme sind. Es scheint also, also wären starke Begründungsansprüche, wie deduktive, transzendentale oder rationalistische methodisch abzulehnen.[174]

---

Prinzip alle Betroffenen als Freie und Gleiche an einer kooperativen Wahrheitssuche teilnehmen." in: Habermas, J.: *Moralität und Sittlichkeit. Treffen Hegels Einwände gegen Kant auch auf die Diskursethik zu?*, in: Kuhlmann, W. (Hg.): Moralität und Sittlichkeit. Das Problem Hegels und die Diskursethik. Frankfurt/M. 1986, S. 19-25; vgl. auch Habermas, J.: *Theorie des kommunikativen Handelns*, 2 Bde., Frankfurt/M. 1981

[169] Siep, Ludwig: *Ethik und Anthropologie*, in: Barkhaus, A. u.a. (Hg.): Identität, Leiblichkeit, Normativität. Neue Horizonte anthropologischen Denkens, Frankfurt/M. 1996, S. 274

[170] ebenda

[171] Rehbock, Theda: *Warum und wozu Anthropologie in der Ethik?*, in: Wils, Jean-Pierre (Hg.): Anthropologie und Ethik. Biologische, sozialwissenschaftliche und philosophische Überlegungen, Tübingen 1997

[172] Tugendhat, Ernst: *Vorlesungen über Ethik*, Frankfurt/M. 1993, S. 97

[173] Kambartel, Friedrich: *Philosophie der humanen Welt. Abhandlungen*, Frankfurt/M. 1989, S. 44-58

[174] Aristoteles: *Nikomachische Ethik*, 1095 b 1 f.

Der naturalistische Reiz, in der „Natur" legitimatorische Residuen zu finden, bleibt allerdings ungebrochen.

„Gibt es nicht doch eine Beschaffenheit der menschlichen Natur, die festlegt, wann Menschen generell und unabhängig von ihren Wünschen Schaden erleiden bzw. wann sie sich entwickeln und gedeihen?"[175] Man suchte und sucht zur Kalibrierung von Gerechtigkeitsmaßstäben nach Listen von Bedürfnissen, „deren Erfüllung für jeden Menschen *prima facie* gut ist." Die Hoffnung auf nicht-kontroverse Bedürfnislisten bleibt der Wunschtraum einer sich vom historischen und vergleichenden Relativismus entlastenden Simplifikation.[176]

Ebenso könnten naturrechtlich entstandene Begriffe so interpretiert werden, dass aus ihnen quasi-konstitutionelle Menschenbilder eruierbar werden. Dazu müssten die Begriffe der Menschenrechte und der Menschenwürde so ausgedehnt werden, dass aus ihnen Anspruchsrechte auf Güter oder Lebensweisen entstünden.[177]

Moderne Ethik scheint auch analytisch ohne anthropologische Suche nicht auszukommen. Erschwerend kommt dabei hinzu, dass Bedürfnisse sich historisch ändern und interkulturell abweichen.

„Die Nutzung positiver Entwürfe der philosophischen Anthropologie in der Ethik kann aber nur kritisch und selektiv sein."[178]

Anthropologische „Letztbegründung" wird also ebenso unmöglich sein, weil „Menschenkunde" für deklariertes Naturrecht als reduktionistisch eingesetzte Instanz zu schnell zum Spielball von ideologischen Projektionen wird. Vielmehr liegt der Gedanke Gadamers nahe, dass naturrechtliche Konstitutionsaussagen „nur eine kritische Funktion" haben.[179]

Andererseits wäre die Übertragung von konstitutionellen anthropologischen Aussagen auf Anwendungsfelder ethischer Derivate ein „normativistischer Fehlschluß".[180] Die „angewandte Ethik", der es um den „moral point of view"[181] bezogen auf konkrete Problemlagen geht, kann einen Konnex von anthropologischen Bestimmungsaussagen und kasuistisch vorliegenden Handlungsentschei-

---

[175] Siep, Ludwig: *Zwei Formen der Ethik,* Opladen 1997, S. 16

[176] Vgl. Nussbaum, Martha C.: *Menschliches Tun und soziale Gerechtigkeit.* Zur Verteilung des aristotelischen Essentialismus, übers. v. M. Looser, in: Brumlik, Micha u. H. Brunkhorst (Hg.): Gemeinschaft und Gerechtigkeit, Frankfurt 1993; Braybrooke, David: *Meeting Needs,* Princeton 1987; Griffin, James: *Well-Being is Meaning, Measurement and Moral Importance,* Oxford 1988

[177] ebenda, S. 17

[178] Siep, Ludwig: *Zwei Formen der Ethik,* a.a.O., S. 19

[179] Gadamer, Hans-Georg: *Wahrheit und Methode,* Tübingen 1975, S. 303

[180] Höffe, Otfried: *Sittlich-politische Diskurse.* Philosophische Grundlagen. Politische Ethik. Biomedizinische Ethik, Frankfurt/M. 1981

[181] Wellmer, Albrecht: *Ethik und Dialog. Elemente des moralischen Urteilens bei Kant und in der Diskursethik,* Frankfurt/M. 1986, S. 136

dungen nicht herstellen, ohne die conditio zuvor ethisch *aufzuladen*.[182] Diese Kritik des zirkulären Reduktionismus betont die Schwierigkeit, der Moralphilosophie eine materiale Seite zu unterstellen, die sich als *Anthropologie* naturalistisch ausgibt.[183]

Die Vorstellung, dass sich Ethik nicht von formalen philosophischen Überlegungen, sondern einzig von empirisch-wissenschaftlichen Beschreibungen leiten lassen sollte, reduziert die Lebenswirklichkeit auf die Positivität wissenschaftlicher Beschreibungen. Übrig dürfte dabei nur eine „reflektierende" Ethik bleiben, die den Stand und status quo der disziplinären Forschungen zu Differenzierungsaussagen nimmt und, wenn sie nicht zu naturalistischen Fehlschlüssen neigt, bei sozialwissenschaftlichen oder eben auch anthropologischen Konkordanzbeschreibungen stehen bleibt. Ethik wäre dann analytische und phänomenologische Deskription. Ableger dieser Reduktions-Methode sind in der Medizinethik zu beobachten. „Der Leib wird gleichgesetzt mit dem biologischen Organismus, Personalität gilt als Inbegriff psychisch-mentaler Funktionen des Organismus bzw. des Gehirns, Schmerz als neurophysiologischer Vorgang, Leben als intakte Funktionalität des Organismus im Ganzen, Krankheit als deren Störung, Tod als deren Zusammenbruch usw."[184] Normative Orientierungen sollen aus wissenschaftlichen Deskriptionen gefolgert werden.

Spätestens seit I. Kants „vierter" Frage, „was ist der Mensch", geriet jede philosophische Anthropologie in den Verdacht, als Menschenbild nur diejenige Grundlage zu konstruieren, die als Ausgang einer Ideologie oder Weltanschauung ethisch verwertbar wurde. Dabei folgt diese Methode dem Hume'schen Fehlschluss, von einer naturalistischen „Bestimmung" des Menschen zu einer ethischen Folgerung zu gelangen, der man sogleich deontologische Züge geben konnte: Philosophische Anthropologie als Instrumentalisierung ethischer „Interessen". Dieser berechtigte Ideologieverdacht muss jedoch andererseits abgelegt werden, da wiederum die Vorstellung, ethische oder metaethische Aussagen zu machen, ohne einen Rekurs auf eine wie auch immer offene empirisch nachzu-

---

[182] Vgl. Rohbeck, Johannes: *Technologische Urteilskraft.* Zu einer Ethik des technischen Handelns, Frankfurt/M. 1993, S. 261-269; Kambartel spricht davon, dass die Praxis und damit auch das Bild vom Menschen von „materialen Äußerungen" der Moralität infiziert ist. Kambartel, Frederik: *Philosophie der humanen Welt.* Abhandlungen, Frankfurt/M. 1989, S. 56

[183] Tayler fragt im gleichen Sinne, warum durch ein „bestimmte[s] Verständnis des menschlichen Lebens und der menschlichen Vernunft [...] aus einer positiven Explikation der ‚conditio humana' ein bestimmtes Ethikverfahren präferiert werden soll". Tayler möchte deshalb eine „Reformulierung" prozeduraler Theorien „in substantieller Form". Tayler, Charles: Die Motive einer Verfahrensethik, in: Kuhlmann, W. (Hg.): *Moralität und Sittlichkeit.* Das Problem Hegels und die Diskursethik, Frankfurt/M. 1986, S. 119

[184] Rehbock, Theda: *Warum und wozu Anthropologie in der Ethik?*, in: Wils, Jean-Pierre (Hg.): Anthropologie und Ethik. Biologische, sozialwissenschaftliche und philosophische Überlegungen, Tübingen 1997, S. 102

vollziehende conditio des Menschen, einer blutleeren Theorie ohne Aufgabe entspräche. Es scheint so, als käme Ethik ohne die Analyse menschlicher Anlagen, biologischer Grenzbestimmungen, Bedürfnishaushalten, Antriebs- oder „Trieb"-Strukturen nicht aus.[185] So könnte etwa das empirische und historische Wissen um die systematische, genetische und funktionale Tatsache und Bedeutung der *Schmerz- und Leidensfähigkeit* des Menschen einerseits zu einer „negativen Anthropologie" führen, die es sich zum ethischen Programm macht, Schmerzen oder Leid zu vermeiden *oder* andererseits – wie in der moraltheologischen Implikation des abendländischen Christentums geschehen – Leiden geradezu zur Bestimmung und Essenz des Menschen zu erheben. Was empirisch für beide Weltanschauungen vorhanden ist, wird dort zu einem Appell für Leidlosigkeit, als dem Anthropologem der Unteroptimalität der menschlichen Lage als Leidender, und wird hier theologisch zur conditio-Erklärung eines sich in Mühe, Leid und Not verwirklichenden und legitimierenden Menschen.

Deutlich wird mit diesem Beispiel, dass erstens die Auswertung sogenannter empirisch verifizierbarer konstitutioneller Aussagen je nach Einbindung in gesamtsystematische Lebensentwürfe oder theologische „Vorgaben" zu gänzlich verschiedenen Basen ethischer Ideale und Ausstaffierungen führen. Zweitens tritt ansatzweise hervor, dass anthropologische Aussagen Bestandteil der menschlichen Multidimensionalität sind, was einer Komplexitätssteigerung der Bedeutung des empirischen „Materials" gleichkommt.

Der Mensch als Untersuchungsobjekt unterliegt seiner epistemologischen, biografischen und historischen Subjektivität. Damit scheinen Zirkeldefinitionen und Präsuppositionen unausweichlich und Anthropologie ein prekäres Unternehmen. Der Blick auf sich selbst ist selbstreferentiell verblendet – es gibt keinen Unterschied „zwischen dem Beobachter und dem Untersuchungsobjekt"[186] - und alle Wesensbestimmungen müssen eine „Intuitionslücke" aufdecken, die nur mit interessenorientierten Irrtümern geschlossen werden könnte.[187]

Es gibt die Vorliebe des Reduktionismus in der philosophischen Anthropologie, wie sie etwa von Gehlen, Malinowski, Mead oder Portmann vorliegen, aber auch Vorgaben aus anderen Disziplinen, sich der Komplexität der anthropologischen Dimensionalität und Historizität dadurch entziehen zu wollen, indem sie zum theoretischen Reduktionismus auf eine definierte Ursprungs-

---

[185] Walch, Johann Georg unterstellte, dass die Anthropologie ein Doppelwesen habe, aus „einer doppelten Natur, einer physischen und moralischen" bestehe. Er sprach von einer „Erkenntnisseelenkunde" des Moralischen. Walch, J. G.: Philosophisches Lexikon, Frankfurt/M. 1981, Artikel „*Anthropologie*", S. 173

[186] Moravia, Sergio: *Beobachtende Vernunft*. Philosophie und Anthropologie in der Aufklärung, München 1971, S. 61

[187] Taylor, Charles: Interpretation und Wissenschaft vom Menschen, in ders.: *Erklärung und Interpretation in der Wissenschaft vom Menschen*, Frankfurt/M. 1975, S. 216

dimension („Biologismus, Psychologismus") noch eine Ontologisierung relationaler, phänotypischer oder zeitgeistiger Erscheinungen hinzufügen. Etwa Freuds Mythos vom hinter seiner Trieb- und Libidotheorie liegenden „Chemismus", zeigt, dass die philosophische Anthropologie von der Ethik instrumentalisiert wird.[188]

Mit ontischen und reduktionistischen conditio-Aussagen lässt sich zunächst die Verlegenheit kaschieren, dass mit rationalen, logischen oder metatheoretischen Mitteln keine Ethik legitimierungsfähig erschien.[189] Schon der *utilitaristische* Konflikt, ob eine Gesamtnutzen- oder eine Privatnutzenoptimierung vorzuziehen sei,[190] wenn es denn überhaupt „anthropologisch" relevant ist, Nutzen zu prädestinieren, verweist auf den Konflikt zwischen der individual- oder der sozialwissenschaftlichen Auffassung vom Menschen. Der bekannte fragliche Dualismus zwischen Individuum und Gesellschaft[191] zeigt nur einmal mehr, dass sowohl die Dimensionalität des Gegenstands, die Beschreibungsformen und die Systematik jeder Anthropologie selbst Ergebnis schon von Präsuppositionen sind, die den zu erkennenden Gegenstand zu einem vorbestimmten machen.[192]

Solange das Popper'sche Diktum gilt, dass sich Wissenschaftlichkeit dadurch auszeichnet, dass Aussagen widerlegbar sein müssen, kann sich allerdings eine Präsupposition als Heuristik auslegen lassen.[193]

Die vorstrukturierende Weise der anthropologischen Wesensbeschreibungen bilden die Basis naturalistischer Versuche, Ethik zumindest auf empirisch vertretbare Daten über ‚den' Menschen zu beziehen, wenn nicht zu begründen. Die Generalisierung der Anthropologie korrespondiert zumeist mit einem Universalismus in der Ethik. Was für *alle* gelten soll, funktioniert um so stimmiger, wenn alle Menschen gleiche Wesensgestalt haben. Die Annahme, es gäbe anthropologische Standardaussagen, ist geistesgeschichtlich so alt, wie der ‚Monismus' in der Ethik. Sie beginnt schon mit der ‚Imago-dei'-Vorstellung der Ursprungsmythen. Alles stammt aus einer Quelle, erhalte von dort sowohl seine Konstitution, seine Aufgabe und sein Telos. Die Komplexitätsreduktion solcher Mythen kann derart in wenigen Zügen anthropologische, ethische, historische und meist auch gesellschaftskonstitutive Fragen *beantworten*.

---

[188] Freud, Sigmund: *Vorlesungen zur Einführung in die Psychoanalyse*, Frankfurt/M. 1969

[189] Schon Nietzsche beendet jede theoretische ethische Diskussion mit dem Hinweis auf die alleinige Geltung von konkurrierenden Machtquanten. Vgl. Nietzsche, Friedrich: Fragmente aus dem Nachlass, Bd. 12, a.a.O., S. 400 f.

[190] Vgl. Broome, John: *Weighing Goods. Equality, Uncertainty and Time*, Oxford 1991

[191] Vgl. Elias, Norbert: *Die Gesellschaft der Individuen*, Frankfurt/M. 1987

[192] Zur Problematik und zum Menschenbild des Kommunitarismus siehe unten Analysen zu Tayler und Walzer.

[193] Popper, Karl: *Logik der Forschung*, Hamburg 1966

Ein legitimatorischer Rückgriff auf eine Natur des Menschen scheint ethisch demnach problematisch. „Der Mensch hat keine Natur, sondern ist das sich selbst kulturell erschaffende und beliebig verändernde Wesen."[194]

## 2 Die Differenzierung von Sein und Sollen überwinden (Bloch)

Wie könnte die Sein-Sollen-Differenzierung überwunden werden, ohne ihren ursprünglichen Sinn aufzugeben, ideologische Begründungsreduktionen mit Naturbegriffen zu kritisieren? Die Teilung der Wirklichkeit in diese beiden Modalitäten, die Welt hat ein Sein und daneben gibt es eine völlig unvermittelte Dimension des Telos, des Wunschseins, scheint, wie schon E. Bloch in einer Ontologie kritisiert hat, ebenso unbrauchbar.[195] Lösungen dieses Problems liegen in verschieden Versionen vor. In der Wertmetaphysik Schelers aber auch in Schichtentheorie N. Hartmanns haben Werte, Normen, Ideale eine stratifikatorisch nur höher dimensionierte Realität.[196] Bei Kant ist das Sein selbst eine gedankliche Konstruktion wissenschaftlicher Theoriebildung, als vom Menschen zweckrational und damit sinnhaft oder semantisch ausgelegt. Dieser „praktisch" orientierten Vernunft räumt Kant deshalb auch den Vorrang vor der „theoretischen Vernunft" ein. Die zweckbezogene, normative Dimension des menschlichen Lebens ist für Kant reiner Tatsachenfeststellung übergeordnet. Damit diese Idealdimension nicht utopistisch oder illusorisch ist, muss sie einer Rückbeziehung auf faktische Verbindlichkeit eingehen.

Daß die Vernunft nun Kausalität habe, [...] ist aus den Imperativen klar [...] Das Sollen drückt eine Art Notwendigkeit und Verknüpfung mit Gründen aus, die in der ganzen Natur sonst nicht vorkommt. Der Verstand kann von dieser Natur nur kennen, was da ist [Sein], oder gewesen ist, oder sein wird. Es ist unmöglich, daß darin etwas anderes sein soll, [...] ja das Sollen, wenn man bloß den Lauf der Natur vor Augen hat, hat ganz und gar keine Bedeutung. Wir können nicht fragen, was in der Natur geschehen soll; ebensowenig als: was für Eigenschaften ein Zirkel haben soll, sondern, was darin geschieht, oder welche Eigenschaften der letztere hat.[197]

Die eminente und konzise Ausarbeitung der Modalitäten des Möglich-Seins liegt uns von Bloch vor, der das Sollen mit dem Wünschen identifiziert hat und diese in ihrer Wirklichkeit auf anthropologische Wesensaussagen rückbezieht. Blochs von den Utopisten, der Hegel'schen Geschichts- und Geistteleologie und

---

[194] Siep, Ludwig: *Zwei Formen der Ethik*, a.a.O., S. 24

[195] Bloch, Ernst: *Experimentum Mundi*. Frage, Kategorien des Herausbringens, Praxis, Frankfurt/M. 1985

[196] Hartmann, Nicolai: *Der Aufbau der realen Welt*, Grundriß der allgemeinen Kategorienlehre, 3. Aufl., Berlin 1964

[197] Kant, Immanuel: *Kritik der reinen Vernunft*, 2. Aufl. a.a.O., S. 575

der christlichen Metaphysik und Transzendentalität beeinflusste Ontologie hat einen Doppelcharakter, der dialektisch zu nennen ist: Das Sollen (der Ethik) ist für Bloch Wesensmerkmal sowohl einer offenen *conditio* als auch einer unvollendeten Geschichte des Menschen und der Natur insgesamt. Das Intendieren des Sollens liegt nach Bloch in der konstitutionellen Latenz eines Seins, das sich im Herausprozessieren seiner Essenz erst ontisch verwirklicht. Insofern ist auch für Bloch das menschliche ‚Sein‘ ein zur Selbstverwirklichung visionierender Träger einer zunächst substanziell nicht bestimmten Entelechie. Das was sein soll, ist bereits (indefinites) Wesensmerkmal der conditio. Bloch benutzt die Verschmelzung von Geschichte und Anthropologie, um Mensch und Geschichte in eine anthropomorphe (gesellschaftliche) Tendenz-Einheit zu binden, in der die ontische Unverwirklichung als Entelechie und Erfüllungstendenz erscheint. Die Antwort auf die Frage, was sein soll, reduziert er auf ein Sein*werden*. Der anthropologisch angelegte entelechische Kern, wie Menschen sich selbst konditionieren und enkulturieren, ist zugleich derart konstitutionell unbestimmt bzw. *offen*. Das Seinsollen und das Bloch'sche Seinwünschen erscheint wie das Paradox jeder Selbstbestimmung: Ethisch und konstitutionell *soll* das werden, was weder latent konstituierend angelegt ist noch nur arbiträr bestimmt werden kann. Das Sollen wird weder eine creatio ex nihilo offener Anthropologie noch die Teleologie einer evolutiv definiten Entelechie.

Mit dem Bloch'schen ontologischen Instrumentarium kann eine Methodik vorgestellt werden, die den Vorwurf des naturalistischen Fehlschlusses entkräften will.[198] Der Haupttirrtum einer Differenzierung von ‚Sein‘ und ‚Sollen‘ liegt für Bloch in der Idee eines ontischen Seins *ohne* jede prozessuale Agilität und Bewegungsrichtung. Erst wenn das jeweilige biografisch oder kulturhistorisch Gewordensein aus einem Werden (agens) verstanden werde, verschwände die Opposition eines tendenzlosen Seins zu einem entelechischen Sollen.[199] In eine Formel gebracht, die das Zugleich der ontischen Offenheit und substantiellen Selbstidentifikation (von menschlicher und geschichtlicher Selbst-Bestimmung) auszudrücken versucht, könnte es heißen: *Das Werden treibt in die Entwicklung der Kriterien seiner eigenen Erfüllung.* Wenn ‚Erfüllung‘ als Geschichte oder biografische Identität ‚angelegt‘ ist, dann zugleich *nicht* als reine Ausdifferen-

---

[198] In ähnlichem Sinne schreibt Wimmer: „Der Mensch existiert als einer, der sich und sein Dasein wertet und zu orientieren bemüht. Damit ist das Ethische im Sein des Menschen immer schon mitgesetzt, so daß der Naturalismusvorwurf, jedenfalls an dieser sehr fundamentalen Stelle, keinen Angriffspunkt findet." Wimmer; Reiner: *Anthropologie und Ethik.* Erkundungen in unübersichtlichem Gelände, in: Demmerling, Chr., G. Gabriel u. Th. Rentsch (Hg.): *Vernunft und Lebenspraxis.* Philosophische Studien zu den Bedingungen einer rationalen Kultur, Frankfurt/M. 1995, S. 217
Auch G. H. von Wright sieht in der Differenzierung von normativer und Meta-Ethik eine unzulässige oder unnötige Unterscheidung. Wright, Georg Hendrik von: *Sein und Sollen, Normen, Werte, Handlungen*, Frankfurt/M. 1994, S. 6

[199] Bloch, Ernst: *Experimendum mundi*, a.a.O.

zierung einer entelechischen Latenz und auch nicht als Arbitrarität,[200] sondern, im Diktum Nietzsches, als plastisch tätiger Organismus oder aber einer hier einmal substantiell verstandenen Luhmannschen Idee der ‚Autopoiesis'.

Im Sinne Blochs wäre weder der Wesensgehalt der Menschenwürde schon deutlich entwickelt, noch wären die gesellschaftlichen Bedingungen erreicht, die ein vollendetes Hervortreten der gesamten Idee der Würde möglich machten. Die Ideengeschichte der Würde wäre keine eigenständige Entwicklung, sondern Resultat der Veränderungen ihrer gesellschaftlichen Bedingtheit. Wir könnten demnach nicht wissen, zu welchen dimensionalen Ausstaffierungen der Wesensgehalt der Würde noch treibt. War sie zunächst antik nur Nebenwirkung eines öffentliches Amtes, binden sich heute schon eine Vielzahl von Rechten und Pflichten, aber auch Vorstellungen über das Wesen des Menschen an ihren Gehalt.

## 3 Der Begriff Anthropologie

Der Begriff der *Anthroplogie* als systematische Lehre vom Menschen stammt aus der französischen Aufklärung. Abbé Mallet notierte, dass die Eigenschaften, die den Göttern zugeschrieben würden, nur Projektionen menschlicher Eigenschaften seien.[201] Die Vorstellung der Übertragung menschlicher Eigenschaften auf Götter stammt bereits aus der Antike. Man sprach aber, wie etwa Xenophanes,[202] von Anthropomorphismus. Im 4. Jahrhundert wird die Bezeichnung auf eine Sekte bezogen, die *Audianer,* der man vorwarf, Gott nur mit sinnlichen Projektionen zu beschreiben. Von Augustinus kennen wir die Bezeichnung dieser Sekte - unter Häresieverdacht - als „Anthropomorphiten".[203] Im 13. Jahrhundert taucht in der „Summa Fratis Alexandri" eine theologische These auf, die zwischen allem Seienden eine *convenientia secundum analogiam* sieht und erlaubt, Gott zu erkennen, ohne ihn jedoch essentiell mit dem Menschen gleichzustellen.[204] Mensch und Gott könnten in einer analogen Weise erkannt werden!

Noch bei Kant findet sich diese Vorstellung des Anthropomorphismus, der dann eingesetzt würde, wenn Aussagen über Gott gemacht würden.[205]

---

[200] „Der Mensch hat keine Natur, sondern ist das sich selbst kulturell erschaffende und beliebig verändernde Wesen.", in: Siep, Ludwig: *Zwei Formen der Ethik,* a.a.O, S. 22

[201] Abbé Mallet: Art. „Anthropologie" in: Encyclopedie ou Dictionaire raisonné, Bd. 1, Paris 1979

[202] Diels, Hermann u. Walther Kranz: *Die Fragmente der Vorsokratiker,* Hildesheim 1985

[203] De haeresibus MPL 42, 39

[204] Wils, Jean-Pierre: *Anthropologie und Ethik.* Biologische, sozialwissenschaftliche und philosophische Überlegungen, Tübingen und Basel 1997, S. 11

[205] Kant, Immanuel: *Kritik der reinen Vernunft,* a.a.O., B 723-728

Erst als diese Übertragungsweisen zwischen Mensch und Gott endeten, wurde der Weg für eine Anthropologie als eigenständige Lehre frei. Bis zum 18. Jahrhundert entsteht eine „psychologia" des Menschen. Cassmanns Idee von „anthropologia" als „doctrina humanae naturae" vollzieht den Schritt zu einer philosophischen Anthropologie und befreit sie aus dem theologischmetaphysischen Rahmen.[206] Die Verluste der metaphysischen Legitimation machen kaum die Verunsicherung deutlich, die die Wesenserkenntnis des Menschen mit sich bringt. Erst die spätere Kulturanthropologie relativiert die hinzukommenden ethnographischen, soziologischen und ethnologischen Aspekte und reduziert weitere Generalisierungen.[207] Die Erkenntnis, dass durch die Verschiedenheit der Kulturen und ihrer Ethoi sich auch die Anthropologie vervielfältigt, musste sich unausweichlich einstellen.

Mit Kants 1798 erschienener „Anthropologie in pragmatischer Hinsicht" wird erneut die enge Abhängigkeit von Ethos und Anthropologie deutlich, da der Mensch „als freihandelndes Wesen, aus sich selber macht, oder machen kann und soll", was er dann *wird*.[208] Anthropologie wird zur Erfahrungskunde, was der Mensch sein kann oder soll. Empirische und moralische Aspekte sind nicht getrennt. „Humanität" ist für Kant eben deshalb „die Vereinigung des Wohllebens mit der Tugend".[209] Moralische Gesichtspunkte setzen empirische voraus. Der Mensch habe drei Anlagen: die technische Anlage als physiologische Eigenschaft, die pragmatische als Vernunftswesen und die moralische Anlage als frei handelnde Person. Das Gesollte würde immer wieder, kritisierte Kant schon an der Ethik Chr. Wolffs, aus der metaphysischen Wesensnatur des Menschen abgeleitet.[210]

M. Foucault sah in der Anthroplogie ebenfalls eine normative und deskriptive Mischform, eine „empirisch-transzendentale Doublette".[211] Anthropologie hätte insofern einen „Symbioseappetit in Bezug auf Einzelwissenschaften" stellte Habermas fest, sie bestünde aus einem reaktiven Eklektizismus.[212]

---

[206] Cassmann, Otto: *Psychologia anthropologica sive animae humanae doctrina,* Rom 1894

[207] Herder spricht bereits von der „physischen Geographie" zur kulturellen Differenzierung des Menschen. Vgl. Herder, Johann Gottfried: *Ideen zur Philosophie der Geschichte der Menschheit*, Teil II, 1, Vom Menschen, a.a.O.

[208] Kant, Immanuel: *Anthropologie in pragmatischer Hinsicht*, Frankfurt/M. 1976, § 54

[209] ebenda, § 59

[210] Schröer, Christian: *Naturbegriff und Moralbegründung*. Die Grundlagen der Ethik bei Christian Wolff und deren Kritik durch Immanuel Kant, Stuttgart/Berlin/Köln/Mainz 1988

[211] Foucault, Michel: *Die Ordnung der Dinge,* Frankfurt/M. 1978, S. 384

[212] Habermas, Jürgen: „Anthropologie" in: Fischer Lexikon Philosophie, Frankfurt 1958, S. 18-35

Neben den vielen außereuropäischen Quellen sind uns seit Homers *Ilias* Bilder von der menschlichen Natur überliefert. Eine Zweiteilung von Leib und Seelischem (Gespenstischem) gab es sehr früh. Achill schickte die Seelen oder Gespenster der von ihm Getöteten in den Hades. Die Leiber überließ er den Hunden und Vögeln. Auch Platon teilte den Menschen im *Phaidros* in Seele und Körper.[213] Bei Aristoteles wird der Teil der Seele dann differenziert in einen quasi vegetativen und einen intellektuellen Teil. Der Körper wird Aristoteles später das Werkzeug und der Träger für die Entelechie der Seele. Die aristotelische Form nähert sich einem Monismus an. Im Mittelalter entsteht dadurch der Konflikt zwischen den Verfechtern der pluralistischen Auffassung der Mehrheit substanzieller Formen im Menschen (*pluralitas formarum*), etwa bei Duns Scotus, und der monistischen Auffassung von Thomas von Aquin von der schichtenlosen Einheit einer Geistseele, die alle (auch die körperlichen) Funktionen übernimmt. Beide Modelle werden in der Neuzeit immer wieder aufgegriffen (Kant, Scheler) und vom Einfluss der christlichen Leib-Seele-Geist-Differenzierung noch sekundiert.[214]

Schon der „Homo-mensura-Satz" des Protagoras vermittelte die Auffassung, dass der Mensch sich erstens keiner Ordnung anvertrauen kann, die ihm nicht eigen ist, und zweitens, dass Aussagen über sein Wesen seiner Selbstdefinition entstammen müssen. Der Mensch ist selbstdefinitorisch das Maß seiner autopoietischen Deskription.

Die Definition des Menschen als Mängelwesen und als Sonderling der Natur kannte schon Diogenes von Apollonia, dann Aristoteles und Isokrates.[215] Aufrechter Gang, Vernunft und Sprache waren ihnen Zeichen einer Sonderstellung in der Natur. Die potentiellen Mängel (aus der Sicht des Tieres) könnten potentiell auch seine Vollkommenheit ausmachen.

Bei Platon etwa wird der Mensch als Leib auch im Kontext seiner Sprachtheorie thematisiert. Der Leib ist auch der Seele unterworfen.[216] Die menschlichen Dimensionen werden hierarchisiert. Der Leib ist ein Gewahrsam für die Seele.[217] Diese Subsumption des Körperlichen taucht in Platons Kosmologie, der Ideenlehre, der Ethik und seiner Ästhetik auf.

---

[213] Platon: *Phaidros*, 246c

[214] Schmitz, Hermann: *Anthropologie ohne Schichten*, in: Barkhaus, Annette u. a.: Identität, Leiblichkeit und Normativität. Neue Horizonte anthropologischen Denkens, Frankfurt/M. 1996, S. 127 f.

[215] Isokrates, Athen 436-338 v. Chr., griech. Rhetor und Schriftsteller. Gründete die bedeutendste Rhetorenschule in Athen.

[216] Kratylos, 423 A

[217] Kratylos, 400 C

Im Werk des Aristoteles nahmen die biologischen Forschungen eine wichtige Rolle ein. Er schrieb ein Werk „Tierkunde". In *De anima* finden sich Aussagen über die „Wirklichkeit des Leibes".[218] Die Seele als Gestalt-Körper erfährt eine Dreiteilung. Er positioniert den Menschen zwischen den Extremen einer rein biologischen Steuerung und einer ethischen Steuerung. Nur die Kopplung biologischer Limitierung und reflexiver Entgrenzungen stellte die Bedingungen, die Handeln möglich macht. Der betrachtende Ort der Ethik fördert die Erkenntnis, dass es auch anders sein könnte. Anthropologie wird darum nicht zu einem Ort empirischer Konstanten, sondern zu einem Reflex - systemtheoretisch gesprochen - auf die Umweltbedingungen ethischer Vorgaben zu reagieren.

Im Epikureismus fand sich die erste Ablehnung der Teleologie allen Seins. Epikur und auch Lukrez negieren eine Ziel- oder Zweckgerichtetheit des Körperlichen. „Deshalb entstanden unsere Organe nicht zum Zweck des Gebrauchs, sondern der Gebrauch ist eine Folge ihrer Entstehung."[219] Dies war eine pragmatische und hedonistische Deutung des Leiblichen.

Die Stoa hatte einen normativen Naturbegriff. Das *Hegemonikon*, als führender Seelenteil, leitet die Gesamtheit der menschlichen Dimensionen zur Ataraxie. „Darum ist das höchste Gut ein naturgemäßes Leben, [...] so daß wir nicht tun, was das allgemeine Gesetz zu verbieten pflegt, [...] daß alles getan wird gemäß der Übereinstimmung der individuellen Persönlichkeit des Einzelnen mit dem Willen des Weltenlenkers."[220] Der Mensch ist definiert als Aspekt in einer umfassenden Weltkonstruktion. Es gibt für den Menschen ein „natürliches Gesetz", an dem er durch seine Vernunft partizipiert, indem er seiner Vernunft folgt. Durch diese Differenzierung in ein Vernunftsprinzip und eine dieses Prinzip vollziehende Vernunft konnten zwei ethische Momente unterschieden werden. Die Pflicht und das Sollen, das *kathekon* und die *syneidesis,* das Wissen oder Selbstverhältnis zum eigenen Handeln.

Die Patristik verschiebt den Akzent der Einbettung anthropologischer Aussagen in die Soteriologie. Die logozentrische Betrachtung der Antike wird dabei radikalisiert. Biblische Aussagen über den Menschen stehen unter dem Aspekt der Heilsgeschichte bzw. der Erlösung. Anthroplogische Aussagen haben jetzt eine normativ-soteriologische Natur.[221] Der Leib ist Metapher der Heilsbedürftigkeit. Die Degradierung des Körperlichen nimmt dann seinen Lauf bei Augus-

---

[218] Kratylos, 413 b

[219] Epikur: in: Nestle, Wilhelm (Hg.): Die Nachsokratiker, Teilband I, Aalen 1968, S. 193; Lukrez: De rer. nat. 4, 830 f.

[220] Chrysippos: Über das höchste Gut, in: Nestle, Wilhelm: Die Nachsokratiker, Teilband 2, Aalen 1968, S. 57

[221] 1 Kor 6,13; Röm 1,24-27; Gal 5,24

tinus.[222] Das Leibliche selbst erfährt eine leibfeindliche Inkarnierung, in der sich die christliche Ethik über Jahrhunderte wiederfindet.

Augustinus hat dazu auch den reflexiven Charakter des Menschen thematisiert und die Bedeutung der Phantasmen und Phantasien für die Disziplinierung des Körpers beschrieben. Andererseits fällt der Vernunft als Nebenprodukt noch die Bildung des Selbstbewusstseins zu.[223] Erst Descartes kann die Bedeutung des Selbstbewusstseins systematisch reflektieren und läutet damit einen Rationalismus ein, der die Präferenzierung anthropologischer Beschreibung in seine vermeintliche Rationalität verlegt.

In der programmatischen Schrift von Pico della Mirandola über die Würde des Menschen wird die Auffassung der Renaissance akzentuiert, die conditio-Verortung des Menschen zwischen Pflanze und dem Reich der Sterne zu sehen. Die theologisch fundierte Natur des Menschen wird fraglich. Der Mensch sei aus dem Himmel gefallen und leide seitdem unter einem metaphysischen Schwindel. Pico della Mirandola akzentuiert mehr die Sterblichkeit und die Nachdenklichkeit über den Sinn des Menschen.[224] Der Mensch wird sich selbst in der Natur fremd.[225] Mit dem Ende der Schöpfungsmythologien versiegen auch anthropologische Teleologien. Der Pessimismus in der Einschätzung des Menschen nimmt seinen Lauf. Ihm folgen darin später Erasmus, Pascal, Meslier, Montaigne, Voltaire, Hobbes etc.

Die normative Rede vom Menschen mündet mit dem pessimistischen Verlust mythischer Bilder in eine anthropologische *epoché*. Die Stimmen über die Natur des Menschen werden weniger und leiser. Mit dem Verlust kosmischer Ordnungsbilder werden auch die Bestimmungsaussagen zum Menschen schwieriger. Man brauche „den Menschen nur von seinem Platz zu entfernen, und er wird das Universum der Unordnung beschuldigen", schreibt P. Thiery d`Holbach.[226] Die negativen Theorien über den Menschen werden häufiger, besonders in den Dekadenztheorie bei L. Bolk, P. Alsberg und Th. Lessing.[227] In einem Zug mit den Kulturpessimistischen Perspektiven von Klages, Seidel,

---

[222] De ord. I, 23; Conf. III, 1, III, 2, 3; De immor. anim 6,11

[223] De lib. arb. II, 10,41; De quant anim. 23, 44

[224] Pico della Mirandola: *Oratio de dignitate hominis*, Lat./Dt. Zürich 1976, S. 43

[225] Hölderlin folgt Pico della Mirandola im Bild der Pflanzen-Sterne-Dimensionierung und tendierte auch zu einer misanthropen Aussicht auf die Naturentbundenheit des Menschen. „Wie kommt es, daß so etwas in der Welt ist, das, wie ein Chaos gärt, oder, modert, wie ein fauler Baum, und nie zu einer Reife gedeiht? Wie duldet dieser Herrling die Natur bei ihren süßen Trauben?" Hölderlin: *Hyperion*, Werke Bd. I, Frankfurt/M. 1969, S. 333

[226] Thiery d`Holbach, Pierre: *System der Natur oder von den Gesetzen der physischen und moralischen Welt*, Frankfurt/M. 1978, S. 78

[227] Bolk, Ludwig: *Das Problem der Menschwerdung*, Jena 1926; Alsberg, Paul: *Das Menschheitsrätsel*, Dresden 1922; Lessing, Theodor: *Geschichte der Sinngebung des Sinnlosen*, München 1921

Spengler, Frobenius und E. Dacqué[228] dominiert später die Auffassung, die Geschichte des Menschen müsse in eine Katastrophe führen. Der Mensch wird zum Fremdling in der Natur.[229]

Die These von der konstitutionellen Relativität und Historizität des Menschen beginnt schon früh. In seiner Schrift „De l'esprit des lois" versucht Montesquieu nachzuweisen, dass hinter den historischen Erscheinungen, keine überhistorische Vernunft liegt, wie es noch die Aufklärung glaubte, sondern jede Epoche sich mit partikularistischen Phänomenen auseinandersetzt. „Wir urteilen über die Dinge immer nur mit einem unbewussten Rückzug auf uns selbst." Der Mensch wie die Natur hätten „so vielerlei Erscheinungsformen."[230] Auch M. Scheler sah den Menschen mit einem besonderen Wissen ausgestattet, dem Wesenswissen.[231] „Der Mensch ist ein so breites, buntes, mannigfaltiges Ding, daß die Definitionen alle ein wenig zu kurz geraten sind. Er hat zu viele Enden."[232]

Seit Kants Frage „Was ist der Mensch"[233] fielen die diesbezüglichen Antworten verschieden aus, wenn sie nicht sogar die Frage selbst, wie Hegel, für schlichtweg falsch hielten.[234] Marx hatte in einer Anthropologie nur die Kaschierung der konkreten gesellschaftlichen Verhältnisse gesehen.[235]

Eine „exzentrische Positionalität" konstatiert Helmuth Plessner dem Menschen. Der Mensch muss mit einer natürlichen Künstlichkeit leben, weil er sich von sich selbst distanzieren kann.[236] Als „Homo absconditus" lebt der Mensch

---

[228] Klages, Ludwig: *Der Geist als Widersacher der Seele.* Bonn 1981; Alfred Seidel: *Bewußtsein als Verhängnis,* Bremen 1983; Spengler, Oswald: *Der Untergang des Abendlandes.* Umrisse einer Morphologie der Weltgeschichte, München 1923; Frobenius, Leo: *Paideuma.* Umrisse einer Kultur und Seelenlehre, München 1921; Dacqué, Ernst: *Umwelt, Sage und Menschheit,* München 1925

[229] Bei Günther Anders ist der Mensch antiquiert. Ders: *Die Antiquiertheit des Menschen.* Bd. I Über die Seele im Zeitalter der zweiten industriellen Revolution, München 1980. Bei Arthur Koestler wird der Mensch zum „Irrläufer der Evolution." Ders: *Der Mensch.* Irrläufer der Evolution. Eine Anatomie der menschlichen Vernunft und Unvernunft, Bern/München 1978

[230] Montesquieu, Charles: *Lettre persanes,* Paris 1995 (Livre de Poche), dt. Perserbriefe, hg. v. J. v. Stackelberg, Frankfurt/M. 1988, S. 106 und 112

[231] Scheler, Max: *Die Stellung des Menschen im Kosmos,* München 1928

[232] Scheler, Max: *Zur Idee des Menschen,* in: Abhandlungen und Aufsätze, Bd. 1, Leipzig 1915, S. 324

[233] Kant, Immanuel: *Logik.* Werkausgabe Bd. VI, Frankfurt/M. 1977, S. 448

[234] Hegel, Georg Friedrich Wilhelm: *Encyclopädie der philosophischen Wissenschaft,* Leipzig 1905, § 389, S. 340

[235] Marx, Karl: *Thesen über Feuerbach* (1846), in: Ders. u. F. Engels, Werke, Bd. 3 Berlin 1983, S. 6

[236] Plessner, Helmuth: *Die Stufen des Organischen und der Mensch,* Schriften IV, Frankfurt/M. 1961

für oder vor sich selbst verborgen. Anthropologie habe zwar die Theologie abgelöst, fraglich bliebe aber, ob jene einen guten Ersatz darstellt.[237]

Für Gehlen besteht die Sonderstellung des Menschen in seiner Heterogenität. Er ist unfestgelegt, in einer Differenz zu einem einheitlichen instinktfesten Wesen.[238]

Die modernen Entwicklungen der Einzelwissenschaften, wie die Mikrobiologie, die Reproduktionsmedizin, die Erkenntnisbiologie, haben die logozentrische Perspektive auf den Menschen verändert. Die alten anthropologischen Akzentuierungen, wie Geist, Vernunft, Person, haben sich zu einem breiteren Betrachtungsprofil hin pluralisiert. Der Universalismus in der Anthropologie, mit seiner Erfindung des Individuums, bis hin zur Substanz der Menschenrechtsbewegung, der eine abendländische oder europäische Spielart war, muss sich sowohl den pluralen Selbstverständnissen anpassen als auch den Begriff vom Individuum-Mensch dekonstruieren.[239]

Auch der Mensch als biologisch zeitlich und genomisch begrenztes Wesen verändert sich unter den neu entstandenen Perspektiven der manipulativen Gentechnologie. Das ‚Wesen' des Menschen steht zur Disposition, und zwar produktiv. Die artifiziellen und die ‚natürlichen' Anteile des zukünftigen Menschen werden sich nicht mehr definitiv und substantiell differenzieren lassen.[240] Die naturalistische Reserve einer anthropologischen Rekurrenz wird für eine Ethik immer mehr ausfallen, weil das Verhältnis von Natur, Kultur und Biotechnik fundamental vertauscht wird. Schon weil die genetische Substanz gentechnologisch inkonstant wird, die Neukonstruktion Mensch immer wahrscheinlicher wird, werden transhistorische und überregionale Aussagen über das ‚Wesen' des Menschen immer fraglicher. Anthropologie erfährt eine Pluralisierung historisch völlig neuer Art. Es wird aus biologischer und gentechnischer Sicht zu den bislang unbedeutenden phänotypischen Verschiedenheiten der Rassen und Menschen eine genetische Varianz entstehen, die *Konstruktionsreihen* nahekommt, Menschen einer bestimmten gentechnologischen Serie.

---

[237] Plessner, Helmuth: *Homo absconditus*, in: Die Frage nach der Conditio humana. Aufsätze zur philosophischen Anthropologie, Frankfurt/M. 1976, S. 138 f.

[238] Gehlen, Arnold: *Der Mensch*. Seine Natur und seine Stellung in der Welt, Berlin 1944

[239] „Vernunft, die das Individuum gegen die Tradition mächtig werden ließ, entmachtet es wieder dadurch, daß es heute aufgehört hat, das Subjekt der Vernunft zu sein. Ihr Subjekt ist ein anonymes geworden. Individualität steht, wo es um den Gewinn neuer Wahrheit geht, nicht mehr in der vordersten Front [...] der Mensch als initiatives Zentrum war eine Erfindung des 18. Jahrhunderts, er existiert nicht mehr." Landmann, Michael: *Das Ende des Individuums*, Stuttgart 1971, S. 56

[240] Vgl. Hohlfeld, Rainer: *Die zweite Schöpfung des Menschen* – eine Kritik der Idee der biochemischen und genetischen Verbesserung des Menschen, in: Schuler, A. u. N. Heim (Hg.): Der codierte Leib. Zur Zukunft der genetischen Vergangenheit, Zürich/München 1989, S. 228-247

Die Geisteswissenschaften werden deshalb ihre logozentrische Perspektive auf den Menschen verlieren. Die Interpretation des Menschen zerrinnt unter seiner nun auch biotechnisch möglich gewordenen genomischen Wandlungsdynamik. Das humanwissenschaftliche Wissen wird kontingenter. Damit relativieren sich die Kulturwissenschaften noch einmal um einen höheren Faktor an Arbitrarität. Die menschliche Selbstauslegung, früher nur kulturell produziert, wird nun auch gentechnisch. Die möglichen Metamorphosen und Mutationen des Menschlichen werden in der genetischen Aufweichung total. Wenn der Mensch für Gehlen definitorisch noch das instinktentbundene Wesen war, dann muss es für uns heute hinsichtlich der zu erwartenden Potentialität der Biowissenschaften das Wesen sein, welches vollständig variant geworden ist. „Natur ist wesentlich nur ein Potential".[241]

Ob allerdings diese vollständige Konstruktivität oder Plastizität die kulturelle Handlungsebene je erreicht und mit dem Wandlungstempo der Biowissenschaften zu vergleichen ist, lässt sich noch nicht absehen. Sicherlich aber wird es immer rätselhafter, von einer *natura* oder *conditio humana* zu sprechen. Eine natürliche Grundlage für eine Ethik steht anthropologisch nicht zur Verfügung. Die kulturelle Kontextualität auch jeder sich als naturwissenschaftlich gebender Anthropologie wird deutlich. Diese Natur ist nur eine „zoologische Abstraktion ohne verpflichtenden Sinn."[242]

Je mehr der Begriff der „Natur" des Menschen manipulativ und nunmehr auch biotechnisch variabel wird, umso mehr wird eine Entscheidung zur Menschlichkeit, zur Formgestaltung eines Menschenbildes nötig werden. „Der Typus Mensch zerfließt im Strom der Geschichte."[243]

Plessner nennt diesen Standpunkt des Menschen über sein eigenes Wesen „exzentrische Positionalität". Der Mensch sei fähig, zugleich selbstbezogen und wesenstranszendent zu sein. Er existiere in einer natürlichen Künstlichkeit oder mittelbaren Unmittelbarkeit. So hat die Idee einer *Natur* des Menschen in der Umkehr moralische Funktion. Es ist die Ethik, die sich in der Rekurrenz auf die Anthropologie normativ-projektive Selbstvergewisserung sucht.


## 5  Recht als Antwort auf ethische und anthropologische Beliebigkeit

Die Gefahr des Relativismus' nur durch dezidierte und beliebige Setzungen einer Allgemeinmenschlichkeit sollte historisch verhindert werden, indem Be-

---

[241] Mühlmann, Wilhelm E.: *Geschichte der Anthropologie*. Bonn 1968, ders: Umrisse und Probleme der Kulturanthropologie, Berlin 1966, S. 21

[242] Plessner, Helmuth: *Die Aufgabe der philosophischen Anthropologie*, in: Zwischen Philosophie und Gesellschaft, Bern 1953, S. 120

[243] Plessner, Helmuth: *Immer noch philosophische Anthropologie*, in: Diesseits der Utopie, Frankfurt/M. 1973, S. 234

griffe wie Würde und der Kanon der Menschenrechte statuiert wurden. Die Aussagen über die (Rechts-)Natur des Menschen definiert unhintergehbare Eigenschaften, die aus der Positivität der Rechtskonstruktionen und seinen Intutionalisierungen stammen. Insofern treffen sich Ethik, Anthropologie und Recht im gemeinsamen Willen zur Konstruktion des Menschlichen, während die Biotechniken die Dekonstruktion plastisch vorantreiben.

Die philosophische Ethik unterscheidet sich aber vom institutionellen Recht durch die Methoden und Geltungszeit der Legitimierung. Recht kann nur konstituieren, was als Ethos bereits in einer vorinstitutionellen Wirklichkeit gesellschaftspraktisch existiert. Es neigt dadurch eher zur Festigung der bereits existierenden Praxis als zur ihrer Innovation. Philosophische Ethik, die sich riskant mit dem Hilfsmittel der Anthropologie umgibt, kontextualisiert sicherlich auch die gelebten kulturellen Leitideen, sie generalisiert aber stärker eine kulturkritische und historisch konkludierende Wesensschau, um, im Sinne Blochs, auf ein kritisches Verbessert-Sein-Sollen zu stoßen.

Wie fraglich diese Generalisierung, Abstrahierung und Konklusion ist, kritisierte schon Ch. Tayler, da er vermutete, dass „die begrifflichen Mutationen im Lauf der menschlichen Geschichte "[...] Begriffsnetze hervorbringen, die inkommensurabel sind, d. h. innerhalb deren die Begriffe nicht in bezug auf ein allgemeines Ausdrucksdatum definiert werden können."[244]

Es könnte demnach auch genetisch umgekehrt zugehen: Ethische Auffassungen erzeugen anthropologische Annahmen und Deutungen. Der Hedonismus wird unterstellen, dass der Mensch generalisiert nach Freude und Lust strebt und Leid meidet. Der Utilitarismus muss von einem nutzenoptimierenden Menschen ausgehen. Ethische Perspektiven deuten und selegieren empirische Erkenntnisse. Anthropologie, Recht und Ethik werden – angesichts des deutlichen historischen Wandels der inhaltlichen Selbstthematisierung des Menschen - zu einer hermeneutischen und interpretativen Selbstauslegung. Was *würdig* ist, gälte es dann je aus der historisch erreichten Mischung von Leitideen und wirklicher Praxis zu analysieren.


## 6   Die evolutionäre Bioethik: Soziobiologie

Nach der Bedeutung moralischer Strukturen aus phylogenetischer Sicht zu fragen, kennzeichnet die Wende zur Soziobiologie Ende der 70er Jahre. Es ist die Annahme, die Biologie diene als anthropologische Grundlagenquelle jeder Human- und Gesellschaftswissenschaft.[245] Darin drückt sich die Hoffnung eines

---

[244] Tayler, Charles: *Multikulturalismus und die Politik der Anerkennung*, Frankfurt/M. 1993, S. 216

[245] Vgl. „DIE ZEIT" vom 29.09.1979

Reduktionismus aus, der ethische Probleme aus der Entwicklung des Lebens verstehen und lösen will. Die Evolutionstheorien unterscheiden sich nach ihrer Dimensionierung in eine innerbiologische und eine mehr universell-biologische.[246]

Die biologische Evolutionstheorie fragt nach der Phylogenie des sozialen Verhaltens, um eventuelle Positionen für eine Ethik ableiten zu können. Diese Vermengung von biologischer und kultureller Evolution ist Kennzeichen einer ethischen Recherche. Mit der Instrumentalisierung von biologisch-evolutionären Grund- bzw. Fantasiebegriffen - wie „Überleben", „survival of the fittest", „Selektion" - werden sozialwissenschaftlich verwertbare Analogien hergestellt und ethische oder kulturkritische Aussagen abgeleitet.[247]

In Geschichte und Evolution recherchiert man nach Rechtfertigungen eines spezifischen ethischen Verhaltens und überhöht einmal mehr das empirische Geworden-Sein mit einem aus ihm stammenden Richtig-Sein. Die Geschichtsutopien treffen sich mit den biologischen Evolutionstheorien und Sozialethiken.[248] Der Traum von der naturwissenschaftlichen Ethik gebiert auch den biologischer Anthropologeme. Dieser möchte sich als „moral agent" vernünftig und wissenschaftlich verhalten, d. h. handeln. Er wendet sich gegen die vermeintliche Irrationalität des Dezisionimus. Die szientistischen Ethiken trennen insofern auch hypothetische und kategoriale Werte, Mittel und Zwecke. Sie bieten der Ethik eine Mischform aus Axiomen und Normen an.[249]

Gegen diese Art von Dezisionismus spricht die Unklarheit, kategorische und instrumentale Wertungen formal zu trennen. Axiome lassen sich formallogisch nicht als zwingend ausweisen. Insofern ist ihr Bezug zu wissenschaftlichen Grundlagen nicht eindeutig. Mit Axiomen die Evolution zu unterstützen, unterliegt wieder der naturalistischen Konklusionsproblematik.

Anders versucht der Wissenschaftstheoretiker W. Quine die „Moral Values" spieltheortisch und rational zu untersuchen.[250]

Ethologie und Evolutionsbiologie untersuchen die Physiologie des Verhaltens von Tieren und Menschen. Da der Mensch sich genetisch nur maximal 3% vom Affen unterscheidet, fällt es schwer, ethisches (menschliches) Verhalten

---

[246] Darwin und Teilhard de Chardin stehen für beide Entwicklungen. Aber schon Hegel kannte den Entwurf einer evolutionären Philosophie.

[247] Der Biologe B. Hassenstein behauptet, dass die biologische Evolution neben Leben und Überleben noch Prinzipien und Werte wie Höherentwicklung, Lust, Vielfalt, Schönheit, Hilfe verwirklicht. Dagegen stehen die Begriffe Tod, Verlust, Aussterben, Absinken, Schmerz, Angst, Häßlichkeit. Soziale Hilfe wird sekundiert von Sozialparasitismus. Hassenstein, B.: Evolution und Werte, in: Riedl, R. u. a. (Hg.): *Evolution und Menschenbild*, Frankfurt/M. 1983

[248] Vgl. Siep, Ludwig: ,*Unbegriffliches' in der praktischen Philosophie,* (Zeitschrift) Philosophische Forschung 44, 1990, Frankfurt/M., S. 635-641

[249] Mohr, Hans: *Natur und Moral. Ethik in der Biologie,* Darmstadt 1987

[250] Quine, Willard V.: *Theories and things,* Havard/Cambridge USA, 1981

von Tierverhalten naturalistisch prinzipiell zu differenzieren. Evolutionsbiologische Argumente wie die des Sozialdarwinismus erschienen noch vor Darwin bei H. Spencer. Er entwickelte vor Darwin eine Anwendungsmöglichkeit der „Gesetze" der biologischen Evolution.[251] Der Sozialdarwinismus will in der biologischen Evolution einen politischen und einen ethischen Appell erkennen. Weil das gewordene Leben Resultat einer langen Selektionsgeschichte ist, müssen die Welt und ihre Ordnung auch so sein, wie sie sind. Engels und Marx versuchten aus Evolution und Geschichte das sichere Erscheinen des Kommunismus abzuleiten.[252] In der Evolutionstheorie des 19. Jahrhunderts ist der Selektionserfolg der Besten an der sozialen und wirtschaftlichen Positionierung abzulesen. Heute wird in der Evolutionsbiologie der Erfolg der „fittest" mit ihrem Reproduktionserfolg gleichgesetzt. Individuen mit den meisten Nachkommen stellen den Evolutionssinn dar. Die Nähe des Sozialdarwinismus zur Eugenetik war immer ausgewiesen. Anhänger Darwins, wie der Philosoph Dewey, polemisierten mit ihrem Funktionalismus gegen die gesellschaftliche Implikation des „Kampfes ums Dasein". Er rekurrierte auf russische Studien des Fürsten P. Kropotkin, die zeigen sollten, dass unter schwersten Umweltbedingungen zwar ein interspezifischer Machtkampf stattfindet, jedoch keiner innerhalb der Spezie.[253] Beispiele waren das Wolfsrudel und die Staatenbildung von Insekten. Seine ethische Folgerung war genau umgekehrt: Kooperation, Solidarität und gegenseitige Hilfe.

Die neuere Evolutionstheorie bis zu den 60er Jahren des 20. Jahrhunderts entwickelte eine Soziobiologie, die besagt, dass die natürliche Zuchtwahl sich nicht nur phänotypisch (Erscheinungsbild), sondern auch ethologisch (Verhalten) auswirkt. K. Lorenz schlug vor, dass man Verhaltensmuster genau wie genetische oder anatomische Merkmale betrachten solle. Daraus folgerte man, dass nicht nur das anatomische Erscheinungsbild (etwa einer Biene) sich entwickelte, sondern auch das „moralische" Verhalten (des Bienenstocks).[254] Umgekehrt könnte nun das „unmoralische" Verhalten des Menschen auf Evolutionsmechanismen bezogen werden. Die qualitativen Studien über das Verhalten des Tieres durch Lorenz führten zur Bildung der Ethologie.

In den 60er Jahren kam durch W. Hamilton auch der Begriff der „kin selection", der Sippenselektion, zur Soziobiologie hinzu.[255] Diese Soziologie hatte ihre wichtigsten Zentren in England und den USA. Sie wurde ein Zweig der Verhaltensforschung, der sich mit der evolutionären Bedingtheit des Sozialverhaltens der Tiere beschäftigt. Die Selektionsmechanismen berühren dabei nicht

---

[251] Spencer, Herbert: *Gesetze der biologischen Evolution,* München 1973

[252] Marx, Karl: *Die Frühschriften,* Stuttgart 1971

[253] Vgl. Magner, Lois N.: *A history of the life sciences,* New York 1979

[254] Lorenz, Konrad: *Über die Bildung des Instinktbegriffs.* Naturwiss. 25, 1937, S. 289-300

[255] Hamilton, William D.: *The genetical evolution of social behavior,* Journal of Theoretical Biology 7, S. 1-52

die Spezie, sondern das Individuum und sein Genom. „Fitness" definiert sich nach der Fortpflanzungsstärke als Fortpflanzungserfolg.

Von Hamilton (1964) stammte dann der Begriff der „inclusive fitness" oder der „neighbourhood-modulated fitness". Er bezog damit die nachkommenden Verwandten zweiten und dritten Grades in den Fortpflanzungserfolg ein. Damit ist aber nichts erklärt noch erkannt. Worin und was dieser Fortpflanzungserfolg aber meint, bleibt biologisch heuristisch-funktional, im Sinne einer ontischen Wesensbestimmung. Lediglich werden mit den Begriffen der „inclusive fitness" oder der „kin selection" populationsgenetische Aussagen möglich.[256] Das Problem des Verhältnisses der Sippenselektion zur Gruppenselektion scheint ungeklärt.[257] Es werden auch Versuche unternommen, das menschliche Verhalten als „kin selection" aufzufassen. Wilson erklärt insofern, dass die Soziobiologie wissenschaftliche Aussagen über das menschliche Sozialverhalten machen könne. Eine naturalistische Ethik wäre deshalb möglich.[258]

Von H. Mohr stammt die Auslegung der Soziobiologie als Natur-Kultur-Problematik im Sinne der naturalistischen Fehlschlusskritik. Weder aus der Tatsache der Geschichte noch des Genoms kann auf Affirmation der bestehenden Praxis geschlossen werden. Er verfällt jedoch wieder in die bekannte Natur-Kultur-Dichotomie: einem (biologisch-leiblichen) unmoralisch bis bösem Sein muss durch Moral eine ethik- und formbildende Kraft entgegengestellt werden. Eine biologistische Apriori-Ethik muss scheitern.

> Die Gene, die wir im Pleistozän erworben haben, bilden kein Alibi für Barbarei, nicht einmal einen Anlaß für mildernde Umstände. Wer Freiheit in Anspruch nimmt, muß sich die moralische Kraft zutrauen, die genetischen Determinanten seines Verhaltens [...] zu bändigen.

Der biologische Anteil einer Anthropologie wird nach Ludwig Siep jedoch Teil ethischer Argumentationen bleiben.[259] Auch lässt die Reduktion der instinktiven Vorgaben beim Menschen ein konstitutionellen Gestaltungsraum frei werden, der durch enkulturierte „Sollens"-Formationen, sprich Sitten, Moralen und Habituationen gefüllt werden kann. Die Lebenswelt und die eigene conditio wird erst mit Hilfe von ethischen Gestaltmomenten gefüllt. Die Korrespondenz einer bestimmten anatomischen Konstitution mit einer ökologischen Nischeneinbettung entfällt und muss durch konstitutionelle intern offene Gestaltungspo-

---

[256] Vgl. die Lehrbücher von Wilson, Edward O.: *Sociobiology: the new synthesis,* Cambridge 1975; Trivers, R.: *Social evolution,* Menlo Park CA. 1985; Smith, J. Maynard: *Evolutionary Genetics,* Oxford 1989

[257] Roughgarden, Joan: *The evolution of sex,* in: The American Naturalist 138, 1991, S. 943-953

[258] Wilson, Edward O.: *Biologie als Schicksal.* Die soziobiologischen Grundlagen menschlichen Verhaltens, Berlin 1980

[259] Siep, Ludwig: *Ethik und Anthropologie,* in: Barkhaus, A. u. a.(Hg.): Identität, Leiblichkeit, Normativität, Frankfurt/M. 1996

tentiale ersetzt werden. Die wirklichkeitskonstitutive Modalitätsform des „Sollens" drückt die Handlungsverpflichtung des instinktreduzierten Wesens aus. Handeln hat als Modalität der Möglichkeit nicht das Können, Dürfen oder Wollen, sondern eben das Sollen als ein spezifisches konstitutionelles Müssen, das sich kompetitiv als Kampf oder Gestaltungswettbewerb darstellt. Handeln bedeutete danach das Schaffen einer zweiten Natur.[260]

## 7 Die Verortung des Menschlichen. Identifikation und Souveränität (Tayler, Walzer)

Für eine Theorie der Würde im Rahmen der Kritik der Anthropologie ist es unumgänglich, die Dimensionierung ihres Begriffs auf die Weite oder Enge des Auffassungsverhältnisses von Person und Gemeinschaft zu beziehen. Die Bestimmung der Würde hängt unmittelbar von der Verhältnisbestimmung zwischen Individuum und Gesellschaft, bzw. Staat ab, oder noch allgemeiner, von dieser Ausdifferenzierung in der Auffassung vom Menschen als Gemein- oder Privatwesen. Die naturrechtliche Idee der Würde beruhte auf einer individualistischen Auffassung vom Menschen im vertikalen Verhältnis zu einer Obrigkeit. Deutlich wird damit, dass etwa eine kollektivistische Idee der Würde andere Identifikationsreichweiten und Ideen verfolgt, weil sie die Umwelt oder die Soziabilität als solche einschließt. Der abendländische Würdebegriff ist individualistisch entstanden und nähert sich erst seit dem 20. Jahrhundert einer sozialen Implementierung. Wäre Würde immer schon ein Begriff mit sozialem Wesensgehalt, ergäben sich bestimmte andere Folgerungen hinsichtlich ihrer Verletzbarkeit und ihrer Konstitution.

Die Frage ist deshalb nun, ob es ein Anthropologem im Spannungsverhältnis der (sozialen) Identifikation und (individualen) Souveränität geben kann.[261]

Die Identifikation mit einer Nation, einem größeren Gemeinwesen, ist für den Einzelnen nicht zwingend. Ebensowenig kann dem lokal lebenden Einzelnen unterstellt werden, dass seine Identifikation global ausfallen müsse. Warum sollte sich der Bürger in einer Weltrepublik auf die Belange jedes Menschen beziehen, folglich als Souverän die gesamte Welt repräsentieren wollen. Die Identifikation mit der Welt verlangt eine totale Relationierung.

Bei der Frage, welche ethischen Identifikationsinhalte Menschen aufbauen, sieht Ch. Tayler eine Entwicklung von der „patriotischen Identifikation" zur

---

[260] ebenda

[261] Die Bezeichnung Spannungsverhältnis verweist natürlich wieder auf die abendländische Vordifferenzierung und Trennung von verschieden gekennzeichneten Wesen mit den Namen Individuum und Gesellschaft. Aus kollektivistischer Sicht ist diese Unterscheidung wesensverzerrend.

„humanistisch-republikanischen" Identifikation.[262] Vom ‚Nationalisten‘ zum Weltbürger. Tayler unterscheidet außerdem zwischen einem "konvergent gemeinsamen Gut", das einzelne Mitglieder einer Gemeinschaft teilen können - z.B. Wunsch nach sauberer Luft – und einem „unmittelbar gemeinsamen Gut", das das Wesensmerkmal einer konkreten geteilten oder gemeinsamen Identität darstellt.[263]

Der nationale Patriot und der Wirtschaftsliberalist definierten Bürger als Benutzer des Staates, ganz im Sinne des Instruments ihrer Interessen. Der „republikanische Humanist" definiere Staatsbürgerschaft aus Begriffen der politischen Freiheit und des besonderen Vermögens, an der „Selbstregierung" teilzuhaben. Michael Walzer unterscheidet außerdem den Bürger als aktiven Teilnehmer und passiven Empfänger. Beide Haltungen sind jedoch nicht inkommensurabel, wie bei Tayler, sondern zwei idealtypische Extreme.[264]

Der „republikanische Humanist" Taylers betrachtet politische Institutionen als „Ausdruck ihrer selbst" und entwickelt eine „gemeinsame Identifikation" mit dem Gemeinwesen. Welcher Dimensionierung, könnten wir fragen? Es entstehe eine „Republikanische Solidarität". Die „faire soziale Kooperation" schließt auch für J. Rawls Tugenden ein: Respekt, Duldung.[265]

Warum aber entsteht die Großdimensionierung der Loyalitäten? Bei Tayler ist es ein überragendes Gut, dem sich die Privatinteressen unterordnen sollen. Er bindet dieses Gut an moralische Genesen, nicht an konstitutionelle Konstruktionen durch Rechtssysteme, öffentliche Meinungsbildung, kommunikative Entscheidungsfindung oder systemische Ausdifferenzierung. Der Weltbürger sei der Souverän einer identifikatorisch vollständig übernommenen Welt.[266] Dagegen zeige die Geschichte der Identifikationsfindung der politischen Souveränität, dass nur untergeordnete oder partielle Vereinigungen besetzt werden. Ausgrenzung war das Prinzip der Identitätsfindung. Der nationale und soziale *Partikularismus* scheint gegenüber einem Universalismus die historische Vorstufe oder ein vorherrschendes Anthropologem zu sein.

Die Frage der Repräsentation findet sich schon bei Kant. Sein für die Friedensstiftung gefordertes Weltbürgertum baut auf einer republikanischen Gesinnung auf und verträgt sich nicht mit Isolationismus, Regionalismus und

---

[262] Tayler, Charles: *Frieden durch Recht*, a.a.O., S. 328

[263] ebenda, Anm. 6, S. 328

[264] Vgl. Walzer, Michael: *Citizenship*, in: *Political innovation and Conceptual Change,* hg. von T. Ball, J. Farr und R. Hanson, New York 1989, S. 216

[265] Rawls, John: *Die Idee des politischen Liberalismus*, Aufsätze 1978 – 1989, hg. von W. Hinsch, Frankfurt/M. 1994

[266] Charles Beitz unterscheidet eine „innere" und eine „äußere" Souveränität. Beitz, Charles: *Sovereignity and Morality in International Affaires,* in: Political Theory Today, hg. von David Held, Stanfort 1991, S. 236-254

autokratischem Partikularismus.[267] Die Frage nach der Dimensionierung der In-beziehungnahme von Verhältnissen (in Recht, Wirtschaft, Kultur, Moral etc.) ist eng verknüpft mit der Vorstellung von Souveränität und Repräsentation. Ein Politiker, ein Unternehmer, ein Rechtsanwalt vertritt Interessen. Wie weit aber kann oder sollte er sie begrenzen? Welche Repräsentation übernimmt er: Die Vertretung aller Menschen oder einer bestimmten Klientel? Die wirtschaftliche Versorgung aller Menschen oder die Entlohnung seiner Angestellten? Die Wahrung der Prinzipien der Gerechtigkeit oder nur die Interessen seines Mandanten?

Das Beispiel der Identifikation als Genese eines Anthropologems zeigt, dass, neben der Enkulturation und Sozialisation für die „Bestimmung" des Menschen, auf der aktiven Deutungsseite eine Spannung zwischen der Dimensionierung der Identifikation und der Limitierung der Souveränität entsteht. Je sozial weit-reichender die personale, aber auch anthropologische Auffassung des Menschen selbstdefinitorisch ausfällt – etwa zwischen Kommunitarismus und libertärem Individualismus – um so wahrscheinlicher wird eine Reduktion der individualen Souveränität. Die Privatautonomie verringert sich. Umgekehrt liegt es ethisch nahe, mit der Zunahme der Idee der Privatautonomie die Identifizierung (und auch Verantwortlichkeit) mit der Natur, der Gemeinschaft, dem Staat, der Gesellschaft etc. zu verringern.

Mit Tayler haben wir gesehen, dass die Vorstellung des Menschen als „Atom", als aus allen evaluativen und taxonomischen Bezügen herausgestelltes Individuum, durch interaktionstheoretische oder intersubjektivistische Perspektiven abgelöst werden muss.[268] Daraus ergibt sich die Folgerung, auch den Entstehungsprozess und den Schutz der Menschenwürde auf ein relationales Gut hin zu untersuchen. Menschenwürde wäre ohne den interaktionistischen ‚Würdezusammenhang' nicht zu verstehen, weil die zugrunde zu legende menschliche Wesenhaftigkeit nicht singulär-ontisch, sondern sozial-relationistisch zu verstehen ist. Die ideengeschichtlichen Gründe einer atomistischen Anthropologie reichen bis in die theologischen Person-Entwürfe einer monologischen Ich-Du-Beziehung zwischen dem christlichen Gottesbild und seinem nur am individualen Gewissen orientierten irdischen Gesprächspartner zurück. Bis heute reichen diese Wurzeln der Verwechslung theologischer Selbstverwirklichungs-konzepte, als moralischer Auftrag an Atom- und Einzelseelen, in die weltlich-soziale Verwirklichung als ethische Praxis.[269] Solange das Menschenbild der Würde noch diese ideengeschichtlichen ‚Reste' aufweist, in der der „Mensch als das Ereignis der freien, vergebenden Selbstmitteilung Gottes"[270] aufgefasst

---

[267] Kant, Immanuel: *Zum ewigen Frieden.* Ein philosophischer Entwurf, Leipzig (Insel-Pandora No. 5) o. J.

[268] Tayler, Charles: *Atomism in Philosophical Papers,* Bd. 2, Cambridge 1985, S. 187 f.

[269] Rahner, Karl: *Grundkurs des Glaubens.* Einführung in den Begriff des Christentums, Freiburg i. Br. 1976, S. 122 f.

[270] ebenda

wird, der monologische Gott „als Person" in der Imago-Dei-Funktion Spiegel-bild eines solipsistischen Würdeverständnisses bleibt, kann auch der Wesensge-halt ‚dieser' Würde in passende legitimatorische Anthropologien verkleidet werden, in denen ihr Unantastbarkeitstheorem in jenseitigen Schutzräumen ge-sichert ist. Die gesellschaftliche Praxis kann dieser Lokalisierung des ‚Würdi-gen' nichts anhaben. Wenn aber doch, wenn der Mensch interaktiv Schaden nimmt, dann 'hilft' eine transzendentale Heilserwartung, keine institutionelle der Gemeinschaft, des Staates.[271] Es gilt also, den Würdebegriff weiterhin zu säku-larisieren, ihn von seinem theologischen und mythischen Kern zu befreien. Erst dann kann sein Begriff säkular und nicht theologisch interaktiv verstanden wer-den. Erst mit der Abschaffung der theologischen Sicherung, Würde sei weltlich unantastbar, wird eine Würdeverletzung ein gesellschaftlich zurückverfolgbarer Akt und ihre Unterbindung ein politischer Auftrag.

## 8 Das Menschenbild der Public-Choice-Schule

Der Vorsitzende der Public-Choice-Schule Mueller behauptet 1986, „daß die einzige, für eine beschreibende und vorhersagende Wissenschaft menschlichen Verhaltens brauchbare Annahme die des Egoismus ist."[272] Gemeinschaftliches Handeln sei nur das Erscheinungsbildung oder eine Beschreibungsart individu-eller Nutzenmaximierung[273] oder einer Wohlstandsmaximierung.[274] Auch staat-liche Entscheidungen seien Folge von Kosten-Nutzen-Reflexionen der Politiker.
Die Public-Choice-Schule vertrat die Ansicht,
* dass Menschen immer versuchen werden, Kosten zu externalisieren und Profit und öffentliche Güter zu internalisieren.
* dass Menschen private Güter nicht der Öffentlichkeit zur Verfügung stel-len wollen.
* dass das Leben in großen Gruppen eher den Anreiz bietet, öffentliche Güter kostenlos auszunutzen. („Schwarzfahren")
* dass Menschen immer betrügen, lügen und ethische Grundsätze nicht beachten, wenn ihnen der Gewinn aus diesen Handlungen größer er-scheint als die Kosten (Methoden des Machiavellismus).

---

[271] ebenda, S. 147 f.

[272] Mueller, Dennis: *Rational Egoism versus Adaptive Egoism as Fundamental Postulate for a Descriptive Theory of Human Behavior*, (Presidential address.) *Public choice*, Vol. 51, 1986, S. 18

[273] Buchanan, James M. und Gordon Tullock: *The Calculus of Consent*. An Arbor, Michigan 1965

[274] Barzel, Yoram und Eugene Silverberg: *Is the Act of Voting Rational?* Public choice. Vol. 16 (Herbst) 1973, S. 51

Beim *homo oeconomicus* sei selbst Altruismus eigennütziges Raffinement und werde gegen die „Transaktionskosten" der Simulation und der Risiken der Enttarnung aufgerechnet.[275]

Diese These vom Vorrang des Egoismus bei allem menschlichen Verhalten könnte auf einem üblichen anthropologischen Fehlschluss beruhen: Es wird von bestimmten kulturhistorischen Handlungsweisen und Ausprägungen auf ein imaginiertes, menschliches Wesen geschlossen. In Zeiten der Folter ist Foltern Bestandteil des menschlichen Wesens, das Inquisitionszeitalter wird eine anthropologische Konstante.

Diesen Fehlschluss hatte Erich Fromm in einer Studie über die menschliche Aggressivität schon widerlegt.[276] Andere Argumente der Widerlegung beziehen sich auf die Tatsache, dass die Geschichte des Menschen zu Regulativbildungen, Konfliktregularien und Rechtsprechungen gekommen ist, die keinesfalls nur die Vorherrschaft und Interessen bestimmter Individuen abbildet. Vielmehr scheint sich im Wesen der Rechtsentwicklung die Idee des Interessenausgleiches tendenziell auszudrücken, als Ergebnis von Machtkämpfen. Es sei einmal dahingestellt, ob dieser Interessenausgleich durch Recht, Gleichheits- und Gerechtigkeitsgrundsätze eine Gesamtnutzen- oder eine Privatnutzenoptimierung darstellt. Die Tatsache der durch diese Generalklauseln ausgedrückten sozialethischen Regeln lässt die überhistorische Behauptung eines anthropologisch gestützten Egoismus nicht plausibel erscheinen.

Die Public-Choice-Schule ignoriert, dass Menschen kulturspezifische Werte internalisieren und ein dementsprechendes Handlungsprofil zeigen. Egoistisches Handeln als monothematische Prägung ist dabei eine Möglichkeit der Enkulturation von Werten.

Die Versuche von Marwell und Ames (1981), bei denen Probanden entscheiden konnten, ob sie in einen eigenen oder in einen Gruppentopf investieren, aus denen ihnen dann Mittel nach einer Formel zurückfließen würden, haben deutlich gezeigt, dass Investitionen in eine Gruppe weit über den Erwartungen liegen, nämlich bei 47% der Investitionen. Der Versuch zeigte, dass mit egoistischen Anreizen gerade nicht die hohe Investitionstätigkeit für die Gruppe erklärt werden konnte.[277]

---

[275] Becker, Gary: *The Economics of Discrimination,* Chicago 1976, S. 13

[276] Fromm, Erich: *Anatomie der menschlichen Destruktivität*, Reinbeck bei Hamburg 1977

[277] Marwell, Gerald und Ruth E. Ames: *Economics Free Ride*, Does Anyone Else? Journal of Public Economists, Vol. 15, 1981, S. 295-310; Marwell, Gerald: *Altruism and the Problem of Collective Action*, in: Derlega, V. J. und Januscz Grzelak (Hg.), *Cooperation and Helping Behavior: Theories and Research*, New York 1982, S. 207-226

Weitere Versuche sprechen für die These eines Altruismus ohne Zwang und einem Gefühl moralischer Verpflichtung.[278]

Die Ergebnisse der Versuche deuten auf eine kodeterminierte Bildung menschlichen Verhaltens. Je nach Stand und Profil einer Kultur mischen sich moralische Grundsätze und wirtschaftlich privatfinalisierte Faktoren.

## 9 Menschsein als „Gefangenen-Dilemma"

Die Risikoabwägung zwischen privater oder gemeinsamer Initiative beschäftigt auch das Gefangenendilemma. Es geht hier aber darum, wie der Eigennutz optimiert wird. Die Quintessenz dieser riesigen Studienmenge ergibt, dass ein „bemerkenswerter Anteil der Personen in den meisten Fällen kooperiert, ohne dazu gezwungen zu sein."[279] Im einzelnen neigen die Probanden dieser Versuche dazu, bei der ersten Runde der Entscheidungen mit über 50% sich für ein kooperatives Handeln zu entscheiden. Bei weiteren Entscheidungsrunden ohne Kommunikationsmöglichkeit geht die Kooperationsquote weit zurück. Nach über 30 Wiederholungen wird die Kooperationsbereitschaft wieder größer, um bei über 300 Entscheidungswiederholungen auf über 60% zu steigen.[280] Für diese Ergebnisse hat die Public-Choice-Theorie keine differenzierte Erklärung.

Ebenso müsste nach der Public-Choice-Theorie und ihrem Egoismus-Theorem der Beitrag in öffentliche Güter abnehmen, je mehr andere darin investieren und sich die Möglichkeit der privaten Nutzeninternalisierung bietet. Auch hier zeigt sich, dass ein positives sozialethisches Setting die Bereitschaft zu entsprechenden Investitionen fördert, während sie abnimmt, wenn weniger moralisch und gemeinschaftlich gehandelt wird.[281]

Die neoklassische Theorie des Public Choice kann die ethischen oder moralisch motivierten menschlichen Handlungen nicht ko-determinativ integrieren. Ihr Bild des Menschen als solipsistischer Egoist unterschlägt die gesamte Entwicklung von Recht, Gesellschaft und Moral. Statt eine historiographische und interkulturelle Differenzierung der Wirtschafts- und Sozialformen zu unterneh-

---

[278] Dawes, Robyn M., John M Orbell and Alphons J. C. van de Kragt: *The Minimal Contributing Set as a Solution to Public Goods Problems*, American Political Science Review, Vol. 81, 1983, S. 112-122

[279] Etzioni, Amitai: *Die faire Gesellschaft*. Jenseits von Sozialismus und Kapitalismus, Frankfurt/M. 1996, S. 118

[280] Coleman, Andrew: *Game Theory and Experimental Games*. New York 1982, S. 116; vgl. ders.: *Introducing Social Structure into Economic Analysis*. American Economic Review, Vol. 74, no. 2, S. 84-88

[281] McPherson, Michael: Limits on Self-Seeking: The role of Morality in Economic Life, in: David C. Colander (Hg.): *Neoclassical Political Economy*. Cambridge 1984, S. 77.

men, wird monothematisch nur das ahistorische Anthropologem des liberalistischen Egoismus versucht.


## 10 Eine ‚Negative Anthropologie‘ durch negative Bedürfnisse?

„Keine Ethik kommt ohne Anthropologie aus“.[282] „Gibt es etwas, was der Mensch braucht – und nicht nur bestimmte Menschen angesichts ihrer selbstgewählten Ziele?“[283] Sind demnach Aussagen über den Menschen immer partikularistisch oder universal? Es gibt wahrscheinlich, wie oben ausgeführt, keine definitorisch verwertbare Natur des Menschen, weil alle Naturaussagen jenseits der kulturellen Überformung liegen. Die Frage nach basalen Bedürfnissen wird zumeist positivistisch gestellt. Selbst die klassische Definition von Bedürfnis als „Zustand eines Mangels, des Fehlens an etwas, dessen Behebung verlangt wird,“ operiert im Hintergrund mit einer positiven Vorstellung von Bedürfnis.[284] David Wiggins hat den Begriff des Schadens (harm) eingeführt, um bei fehlender Bedürfnisbefriedigung ein ethisches Kriterium anthropologisch zu finden.[285] Die Sozialphilosophie von Axel Honneth sieht besonders in der sozialen Missachtung und im Kampf um soziale Achtung die Leidensbasis des Menschen.[286]

M. Nußbaum will zumindest „Grenzeigenschaften“ des Menschen gelten lassen, die naturwissenschaftlich nachgewiesen werden können.[287] Die Neuentdeckung des Leibes nach Nietzsche versucht sich in einer negativen Anthropologie, also dessen, was *nicht* sein soll.[288] L. Kohlberg dagegen sieht eine Progression und ein Fortschrittsmodell moralischer Entwicklung von Individuum und Geschichte, deren letzte Stufe aus Universalismus und Interessenausgleich besteht.[289] Das Modell eines linearen Fortschritts, aus dem auch eine anthropologische Teleologie abgezogen werden könnte, wird aber selbst in den Naturwissenschaften bezweifelt.[290]

---

[282] Siep, Ludwig: *Zwei Formen der Ethik*, a.a.O., S. 22

[283] ebenda, S. 22

[284] Psychologisches Wörterbuch v. F. Dorsch, 12. überarb. Aufl., hg. v. Häcker, Hartmut u. Kurt H. Stapf, Bern 1994

[285] Wiggins, Richard: *Claims of Needs*, in: Ders.: Needs, Values, Truth. Essays in the Philosophy of Value. Aristotelian Society, Vol. 6, Second Ed., Cambridge 1991, S. 1-57

[286] Honneth, Axel: *Kampf um Anerkennung*. Zur moralischen Grammatik sozialer Konflikte, Frankfurt 1992

[287] Nußbaum, Martha: Menschliches Tun und soziale Verantwortung, a.a.O., S. 333

[288] Barkhaus, Annette. und M. Mayer, N. Roughly, D. Thürnau (Hg.): *Identität, Leiblichkeit, Normativität*. Neue Horizonte anthropologischen Denkens, Frankfurt/M. 1996.

[289] Kohlberg, Lawrence: *The Psychology of Moral Developement*, San Francisco 1984

[290] Putnam, Hilary: *Struktur, Wahrheit und Geschichte*,. übers. v. J. Schulte, Frankfurt/M. 1990

Dieter Lenzen sah in seiner Studie „Historische Anthropologie als melancholische Humanwissenschaft?"[291] in der neueren Ethikdiskussion einen Rekurs auf minimale Bedingungen menschlichen Lebens beschrieben. Gesucht sei, wenn überhaupt möglich, eine *conditio humana minima*. Dabei entsteht die Frage, ob eine anthropologische Fundierung der Ethik möglich, sinnvoll oder gar zwangsläufig sei. Lenzen beruft sich auf Erfahrungen, die er aus Diskursanalysen der Generationendifferenz, der Differenzierung zwischen Krankheit und Gesundheit, der Geschlechterdifferenz etc. abstrahiert.[292]

Er sieht Spektren der Ethik-Diskussion als *anthropology of law* (L. Pospisil), die Ökologische Ethik (Vossenkuhl), der Kommunitarismus oder die Gedanken zur Multikulturalität. Er nennt Hugos *eruditio didaskalia*: „Die Unversehrtheit des menschlichen Lebens wird durch Tugend vollendet"[293], dann Hobbes Idee des „Naturzustandes" mit seinem Vorschlag des *commonwealth by institution*, und Lockes Idee der Bestätigung der natürlichen Anlagen. Für Thomas v. Aquin gab es ein natürliches Gesetz, das sich aus der Wesenheit des Menschen ableitete. Melanchthon sprach von der Einheit der *lex naturalis*, des *ius divina* und des *ius die*. J. S. Mill nannte als höchstes Kriterium die *promotion of happiness*.

Erst Scheler, konstatiert Lenzen, habe die gesellschaftliche Einbindung jedes Anthopologems deutlich kritisiert.[294] M. Horkheimer hielt jede Definition einer anthropologischen Konstante für eine semantische Absicht, nämlich Menschen Sinn zu verleihen. Diese Absicht eines Menschenbildes, „entspringt der Lage des bürgerlichen Menschen in seiner gesellschaftlichen Wirklichkeit und ist von der Interpretation der außermenschlichen Natur [...] auf den Menschen zurückprojiziert."[295]

Auch die Rekurrenz auf biologische Grundfunktionen und Strukturen würden im Rahmen der In-Vitro-Fertilisation und der Biotechniken obsolet.

Lenzen spricht von „Menschenschaften" im Prozess der Geschichte, d. h. von den Möglichkeiten des Menschseins. Der Blick auf den „Wandel der Beständigkeiten des Menschen"[296] bezieht sich auf elementare menschliche Prozesse und Strukturen. Sexualität, Familie, Geburt, Essen, Krankheit oder

---

[291] In: Barkhaus, Annette u.a. (Hg.): *Identität, Leiblichkeit Normativität*. Neue Horizonte anthropologischen Denkens, Frankfurt/M. 1996, S. 299

[292] Lenzen, Dieter: *Krankheit als Erfindung*, Frankfurt/M. 1991; ders.: *Vaterschaft*. Vom Patriarchat zur Alimentation, Reinbek bei Hamburg 1991

[293] Die Didaskalien: 1. Anweisungen altgriech. Dramatiker für die Aufführung ihrer Werke. 2. in der Antike urkundliche Verzeichnisse der aufgeführten Dramen mit Angaben über Titel, Dichter, Schauspieler, Ort u. Zeit der Aufführung usw.

[294] Scheler, Max: *Die Stellung des Menschen im Kosmos,* Darmstadt 1928, S. 14

[295] Horkheimer, Max: *Bemerkungen zur philosophischen Anthropologie*, in: Ders.: Kritische Theorie, Bd. 1, Frankfurt/M. 1968, S 205 f.

[296] Lenzen, Dieter: *Historische Anthropologie*, in: Barkhaus, Annette u.a. (Hg.): *Identität, Leiblichkeit, Normativität*. Neue Horizonte anthropologischen Denkens, Frankfurt/M. 1996, S. 303

Erziehung werden als Anthropologeme angeboten. In Wirklichkeit könnten aber die *res fictae* und die *res factae* niemals aus ihrem historischen Kontext dekonstruiert werden. Plessner spricht deshalb von einer Illusion des Objektivitätsglaubens.[297]

Lenzen zeigt am Beispiel der Geschichte des wechselhaften Begabungsbegriffes zwischen Nativismus und Milieutheorie, dass aus anthropologischen Tatsachen keineswegs ethische Schlüsse gezogen werden können. Er fragt stattdessen, ob solche Diskurse über anthropologische Universalien eine bestimmte Funktion haben.[298] „Wäre es denkbar, daß ethische Diskurse Palliativcharakter haben und daß das zutrifft, was Luhmann behauptet hat: ‚Werte eignen sich [...] in der Praxis als Reflexionsstop'."[299]

Er vermutet, dass die eigentlichen, hinter den ethischen Grundfragen versteckten Präsuppositionen gar nicht diskutiert würden.[300] Sie werden als immer schon entschieden vorausgesetzt. Die eklatanteste sei, dass das Leben im Prinzip zu schützen ist. Das Problem an diesen stillschweigenden Präsuppositionen ist nicht die Tatsache, „daß man daran gehindert wird, über die Schützenswürdigkeit des Lebens noch einmal gründlich nachzudenken, sondern daß Selbstverständlichkeiten zu einem legitimen Moment ethischer Diskurse werden. Von hier zur *political correctness* ist es leider nicht weit."[301]

Als Fazit ergibt sich für Lenzen, dass sowohl eine historisch akzentuierte als auch eine normative Anthropologie keine Rechtfertigungsgründe für die Lösung ethischer Fragen schaffen könne. Man könne *nur* aus der Historie direkt lernen, nicht aus der historischen Anthropologie. Denn aus dem Ist des Gewesenen könne kein Sollen folgen und die historisch-anthropologische Analyse könne keine menschlichen Universalien zutage fördern.[302]

Indizien für den Versuch einer negative Bedürfnislehre oder Anthropologie liegen aber zum einen in der Menschenrechtsgeschichte, die sich auf „die Vermeidung von Leiden" bezieht.[303] In der Präambel der „Charta der Vereinten Nationen" vom 26. Juni 1945 wird vom „unsagbare[n] Leid"[304] gesprochen, das zu

---

[297] Plessner, Helmuth: *Zum gegenwärtigen Stand der Frage nach der Objektivität historischer Erkenntnisse*, in: Ders.: Gesammelte Schriften. Bd. I, Frankfurt/M. 1985, S. 151

[298] ebenda, S. 308

[299] Luhmann, Niklas: *Gibt es in unserer Gesellschaft noch unverzichtbare Normen?* Heidelberg 1993, S. 19

[300] Lenzen, Dieter: *Historische Anthropologie*, a.a.O., S. 308

[301] ebenda, S. 309

[302] Lenzen, Dieter: *Historische Anthropologie*, a.a.O., S. 311; Lediglich Baudelaire hielt es für möglich, dass sich in der historischen ‚Veraugenblicklichung' die Möglichkeit des Authentischen, im Augenblick das Aktuelle mit dem Ewigen verbindet. Baudelaire, Charles: *Gesammelte Schriften*, Bd. 4, hg. von M. Bruns. Darmstadt 1982, S. 325 f.

[303] Siep, Ludwig: *Zwei Formen der Ethik*, a.a.O., S. 21

[304] Simma, Bruno u. Ulrich Fastenrath (Hg.): *Menschenrechte. Ihr internationaler Schutz*, 2. neubearbeitete Auflage, München 1985, S. 1

verhindern sich die *Völkergemeinschaft* mit ihrer Integration vornähme. In der „Allgemeinen Erklärung der Menschenrechte" von 1948 wird außerdem in der Präambel an „die Würde und den Wert der menschlichen Person" erinnert.[305]

Mit der Historizität dieser Erscheinungen ist natürlich noch keine anthropologische Konstante geboren, die universelle, überhistorische und konstitutive Geltung und Richtigkeit besäße. Die Idee der Leidreduktion erscheint historisch und ideengeschichtlich so abhängig von den kulturgeschichtlichen Ereignissen, dass eine überhistorische und transethnische Plausibilität nicht gegeben ist. Dennoch hat die abendländische Kulturgeschichte die Idee der Minimierung des Leidens in den christlichen Sozialethiken, der Soteriologie[306], den säkularisierten wohlfahrtsstaatlichen Modellen und Utopien bis hin zum Hippokratischen Eid mit seinem Tenor des *primum non nocere* entwickelt und korrespondiert darin mit den buddhistischen Vorstellungen, das Leben *Leiden* ist und als Leben oder als Leiden gemieden werden sollte. Schopenhauer war es, der die buddhistische Erlösungslehre in die europäische Philosophiegeschichte einbrachte. Die Erlösung vom Leiden und Schopenhauers Definition des Glücks haben eine negativische Form.[307] Die sozialethische Komponente besonders des Mahâyâna-Buddhismus kennt neben dem Weg der Weisheit auch den Weg der Moral. Während der Heilsweg der Weisheitssuche als egozentrischer Weg (der alte Buddhismus des Hînayâna) der Selbsterlösung beschrieben wird, will der Mahâyâna-Buddhismus eine sozialethische Erlösung durch „gute Taten" erreichen.

„Diese [die alt-buddhistische, subjektweisheitliche; Anm. d. Verf.] Selbstsucht zeigt, dass die totale Freiheit von jeder Begierde und Leidenschaft doch noch entfernt ist."[308] Die Überwindung menschlichen Leids wird bevorzugtes Ziel dieser ethisch orientierten Richtung des modernen Buddhismus'. Mit gleicher Absicht beurteilt der Hinduismus Streben als Erfüllung des „dharma" und

---

[305] Allgemeine Erklärung der Menschenrechte, in: Simma, Bruno u. Ulrich Fastenrath (Hg.): *Menschenrechte*. Ihr internationaler Schutz, 2. neubearbeitete Auflage, München 1985, S. 5

[306] „Mensch als leibhaftige, geschichtliche Wirklichkeit und Mensch als transzendental personaler Geist, Mensch als Individuum und Mensch als Glied der Menschheit, als Glied eines Kollektivs, Mensch als geistige Person und Mensch, in die hinaus er [Gott] sein Dasein vollzieht, [...] Deswegen gibt es notwendigerweise eine individuelle und eine kollektive Eschatologie." (Rahner Karl: *Grundkurs des Glaubens*. Einführung in den Begriff des Christentums. Freiburg i. Br. 1976, S. 426; vgl. ebenda: „Heilsgeschichte und Weltgeschichte", S. 147 f.

[307] „Alle Befriedigung, oder was man gemeinhin Glück nennt, ist eigentlich und wesentlich immer nur *negativ* und durchaus nie positiv." Schopenhauer, Arthur: *Die Welt als Wille und Vorstellung*, 1. Bd., 2. Teilband, S. 399, § 58, Zürich 1977. Schopenhauer sieht als Hauptquelle des Leidens das *principium individationis*, die egoistische, unersättliche und deshalb enttäuschbaren Strebungen des Menschen. Die Erlösung bezieht sich insofern sowohl auf das Leiden als auch auf den Willen zum Leben, der jenes verursacht. (ebenda, S. 503 f., § 70.)

[308] Khoury, Adel Theodor: *Einführung in den Buddhismus*, Münster 1978, S. 189

der Konfuzianismus als einer Bewahrung oder Wiederherstellung der kosmischen Ordnung.[309]

Auch die Geheimlehre der Inder und Brahmanen in den *Upanishaden* kennt die Idee der Erlösung. Sie sieht im „Verlassen des Leibes" die Chance Weisheit und Leidlosigkeit zu erlangen. Der hier verwendete Begriff des Leidens hat nicht den westlichen Charakter einer pathologischen conditio-Lage oder einer lebensweltlichen, sozialkritischen Analyse von interpersonalen Dissensen, sondern verbindet individualethische Weisheitslehre mit der Erfahrung gesellschaftlicher Polemik und Bellizität.[310]

> Menschenwürde, Menschenfreiheit und Menschenrechte lassen sich so nicht nur positivistisch statuieren, sondern in eine letzte Tiefe begründen, religiös begründen.[311]

Dieses in den Weltreligionen bekämpfte Schadensprinzip (engl.: nonmaleficence) intendiert die überindividuale Vermeidung von Schmerz und Leiden und inhäriert ein ethisches Programm.

Es lag nach der Erfahrung von zwei Weltkriegen nahe, angesichts der epochentypischen Gräuel gegen die Menschlichkeit, die Leiden so ostentativ und allgemein einsehbar erzeugt haben, ein moralisches und naturwissenschaftlich heuristisches Gebot zu deklarieren, von einer *leidmeidenden* oder *leidfürchtenden* „Natur" des Menschen zumindest negativisch auszugehen, wie das Primat der Menschenrechte als negative Schutzrechte und positive Grundfreiheiten in jüngster Zeit weltpolitisch zeigt.[312] Unter Vermeidung von ideologischen Aussagen über die *Natur* des Menschen und unter Vermeidung des anthropologischen Relativismus' hat eine *negative Anthropologie* den Vorzug des verringerten Profils. Wenn negativ nur vom Leiden als einzigem Indikator einer anthropologischen Krise ausgegangen wird, ohne auch schon dogmatisch zu sagen, dass jedes Leiden vermieden werden sollte, dann wird die institutionelle Universalisierungschance einer negativen Ethik als Recht (und damit quasinormativer Menschennatur ex negativo) wahrscheinlicher. Sie bleibt aber zeitgeschichtlich abhängig.

Dadurch könnte, mit Bloch gesprochen, die Auffassung einer intermediären Natur des Menschen vertreten sein. Der Mensch als Wesen kategorial *zwischen* einem je kulturspezifisch geprägtem Bild und einem immer noch kulturspezifisch Nicht-Sein-Sollens als Leidender oder Leidtragender bzw. Besserung Erhoffender.

---

[309] Küng, Hans: *Projekt Weltethos,* München/Zürich 1990, S. 81

[310] Vgl. Hillebrand, Alfred (Hg.): *Upanishaden.* Die Geheimlehre der Inder, Köln 1986, S. 175

[311] Küng, Hans: *Projekt Weltethos,* a.a.O., S. 81

[312] Seit dem zweiten Golfkrieg und dem Kosovokonflikt verstärken sich die Tendenzen bei den Vereinten Nationen, den Schutz der Menschenrechte über die alte völkerrechtliche Idee der Staatssouveränität zu stellen.

Wenn die Vermeidung von Leiden einem Evidenz- oder einem epochal abhängigem Prima-facie-Prinzip entspricht, dann bleiben intern epistemologische Fragen bestehen. Etwa: Wie kann sich eine intersubjektive Kommunikation über die Art, die Semantik und die Gewichtung eines Leidens vollziehen? Wie können divergente Leiden abgewogen oder nur verglichen werden?

Die externe Einordnung des Leidens als einem Ungut in den Kanon möglicher ethischer Güter weist auf die andere Schwierigkeit hin, Güter und Ungüter theoretisch zu koppeln bzw. sie in ein Abwägungsverhältnis zu stellen. Die Konfrontation eines subjektiv bewerteten Unguts (wie die negative Befindlichkeit des Leidens) mit anderen objektiven Rechtsgütern, wie z. B. dem Erhalt der Natur, erzeugen weitere theoretische Schwierigkeiten über Nutzenvergleiche.[313] Vertragstheoretisch entfällt etwa ein Abwägungsvorgang mit der Natur. Abwägung zwischen menschlichem und nicht-menschlichem Nutzen sind nach L. Siep jedoch möglich.[314] Der Vergleich von subjektiven und objektiven Bedürfnissen und Werten findet in der Frage des Schwangerschaftsabbruches statt. Der „Wert des Lebens" ist ein Abstraktum und wird mit den Rechten und Pflichten der Frau verglichen.

Für L. Siep bleibt die Suche nach einer menschlichen *conditio* zumindest mit Hinsicht auf das Schadennehmen im kulturellen Kontext angebracht, um nicht im Verstummen des Relativismus' zu versinken. „Gibt es etwas, was der Mensch braucht – und nicht nur bestimmte Menschen angesichts ihrer selbstgewählten Ziele?"[315]

Er unterscheidet das Leiden und Schadennehmen des Menschen von der Positivität des Entwickelns. „Gibt es nicht doch eine Beschaffenheit der menschlichen Natur, die festlegt, wann Menschen generell und unabhängig von ihren Wünschen Schaden erleiden bzw. wann sie sich entwickeln und gedeihen?"[316]

Welche Normen führen zur Entwicklung positiver menschlicher Fähigkeiten, welche führen zu Leiden?[317] „Es scheint daher zumindest nötig, Grenzen zwischen der Bekämpfung von Leid einerseits und der Verbesserung von Mensch und Natur im Hinblick auf beliebige Präferenzen andererseits zu ziehen. Eine Ethik, die nur an der Erfüllung und Vereinbarkeit autonomer Präferenzen orientiert ist, stellt dafür keine argumentativen Mittel bereit."[318]

---

[313] Nida-Rümelin, Julian (Hg.): *Ökologische Ethik und Rechtstheorie*, Baden-Baden 1995
[314] Siep, Ludwig: *Zwei Formen der Ethik*, a.a.O., S. 29
[315] ebenda, S. 22
[316] ebenda
[317] Siep, Ludwig.: Zwei Formen der Ethik, a.a.O., S. 284, in: Barkhaus, Annette u. a. (Hg.): *Identität, Leiblichkeit, Normativität*, a.a.O.
[318] ebenda, S. 298

Die ethische Diskussion wechselt den Standpunkt der sozialen Ansprüche als Wahrnehmung von Rechten zu der Frage, „welche Güter den Menschen (zumindest) zustehen und wie zwischen den öffentlichen Gütern"[319] abzuwägen und zu gewichten ist.

Siep konstatiert, dass anthropologiefreie Minimalethiken, wie die formalen Ethiken, nicht aussagekräftig sein könnten und sich deshalb auch mit antiken Glücks- und Tugendethiken zu verbessern suchten. Die neuzeitliche Ethik sei besonders emanzipatorisch gegen Bevormundung, Privilegien und Hierarchien gerichtet, die der Gleichheit der Rechte und der Würde sowie den Bedingungen der Selbstachtung widersprächen.[320] Moderne Ethiken bezweifeln die „objektive" Bestimmung von Gütern und versagen sich schon deshalb einer Theorie sozialer Gerechtigkeit.

Es sei meist auch in den modernen Ethiken unbestrittener common sense, dass traditionalistische oder religiöse Ethiken nicht mehr möglich sind. Andererseits wird eine „grundsätzliche Überwindung des Anthropozentrismus" von der modernen Ethik nicht akzeptiert, etwa um bio- oder kosmozentristischen Perspektiven Raum zu geben.[321]

Viele Autoren, kritisiert Siep, versuchten Kataloge menschlicher Fähigkeiten aufzustellen, auf deren Entwicklung jeder Anspruch hat, um die legitimatorische Arbeit ihrer Ethik im unterstellten Menschenbild zu kaschieren.

Die Idee einer negativen Anthropologie mit dem Anthropologem, dass Menschen überwiegend Leiden und Elend zu vermeiden suchten, kann legitimatorisch möglicherweise an physiologische Modelle des Sinns von Schmerzen, der Angst etc. anknüpfen. Ebenso könnten großkulturelle Entwicklungen, wie die militärische, dann soziale oder ökonomische Pazifizierung und Zivilisierung, Weisheiten ausdrücken, die in der Schaffung von bestimmten gesellschaftlichen, verfassungsstaatlichen und politischen Institutionen eine leidreduzierte Lebensweise für Menschen empfehlen. Jedoch kann schon dabei zwischen Legitimation und Affirmation, zwischen Evidenzprinzip und Deduktion nicht mehr genau unterschieden werden. Zumindest bleibt es immer Aufgabe der Philosophie, die methodischen Differenzierungen und Präsuppositionen heraus zu arbeiten, die auch hier für die Konstruktion oder Heuristik einer negativen Anthropologie gemacht werden.

Mit Hinsicht auf die Rekonstruktion eines Würdebegriffs scheint es jedoch sinnvoller, ein negatives Anthropologem zu unterstellen, das als Idee eines Schutzgutes dienen kann. Auch wenn dem Begriff der Würde ideen- und geistesgeschichtlich konzise positive Attribute zugeschrieben wurden, wie unten

---

[319] ebenda

[320] ebenda, S. 279

[321] ebenda, S. 14; vgl. auch Hampshire, Stuart: *Morality and Conflict,* Oxford 1983

noch gezeigt wird, scheint deren negative anthropologische Essenz und Verallgemeinerung in der Vermeidung von Leiden zu liegen.

## 11 Absolute anthropologische Bedürfnisaussagen (Maslow)

Menschliche Interessen waren von je her verschieden. Auch wenn es offensichtlich möglich sein sollte, einen Kanon von allgemeingültigen menschlichen
Grundbedürfnissen zu erkennen, die Interessendivergenz steigt mit der zunehmenden Überschreitung dieser basalen Bedürfnisse. Je ‚höher' die Bedürfnisbefriedigung der einfachen Subsistenz, der Erhaltung der biologischen Lebens-
und Reproduktionsfunktionen überschritten wird, um so unklarer scheint sich
die menschliche Interessenlage in alle Himmels-, Erd- und Gefühlsrichtungen
zu verflüchtigen und ideologisch rigide zu werden.

Die persönlich, soziologisch, religiös oder kulturell motivierten Interessen-
differenzen haben Akzentuierungen, Ausschlüsse und Aversionen erzeugt. Die
Interessen der *anderen* waren zwar nicht immer völlig anders oder abwegig, jedoch galt selbst die verschiedene Gewichtung gleicher Interessen und Bedürfnisse als Grund für oft unvermittelbare und unüberbrückbare Gesellschafts- und
Selbstkonzepte.

Schon der Positionsstreit zwischen Freiheit oder Verantwortung, Sozialstaatlichkeit oder liberalistischem Kapitalismus drückt perspektivische Gewichtungen aus. Erreichen Menschen etwa in der ungetrübten Handlungsfreiheit ihre
Bestimmung oder in einer verantworteten Soziabilität? Geht es dem Einzelnen
intentional um ein Ziel oder ein Paket von Zielen? Ist eine multiintentionale Bedürfnislage des Menschen *hierarchisch komplementär* oder *alterierend* zu verstehen?

Im ersten Fall, der Bedürfnishierarchie, tauchte nach der Befriedung eines
Bedürfnisses unmittelbar der Appetit des nächsthöheren auf. Bei einer *komple-
mentären* Bedürfnislage würde das Menschsein nur dann erfüllt, wenn die
Summe der Bedürfnisvielfalt bedient werden könnte. Auch dieser Bedürfniska-
talog könnte hierarchisch sein. Er erklärt das Wesen des Menschen aber erst
dann als unverhindert, wenn alle Bedürfnisse befriedigt sind.

Der strukturelle Unterschied ist der einer geschlossenen oder offenen Hierarchie. Das Modell der Alteration glaubt an ein Spektrum von Bedürfnissen im
Sinne der Wesensoffenheit des Menschen. Im Rahmen der unterschiedlichen
Enkulturation und Sozialisation unterliegt der Mensch auch einer variablen oder
intermittierenden Imprägnierung von Bedürfnissen.

Alle Modelle müssten noch hinsichtlich ihres prozessuralen Modus' unterschieden werden, um die Gleich-, Vor- oder Nachzeitigkeit der Bedürfnisent-
stehung und Befriedigung zu klären.

Wenn wir unterstellen, dass alle persönlichen Interessen, Ideen, Wertungen den Sinn haben, das Wohlsein des Individuums zu gewähren, zu sichern oder noch zu steigern, wenn wir also davon ausgehen, dass das Wohlbefinden (als Glück, Lust, Macht, Verantwortung, Bedeutung etc.) der allgemeinste Ausdruck einer zu befürwortenden Anthropologie ist, dann zeigt diese Annahme, wie leicht etwa eine Pflichtenlehre, wie wir sie von I. Kant kennen, oder eine Tugendlehre aus der Hand Senecas, dieses Well-being[322] mit einer sozialen Dimension versieht, die nicht allen Begriffen des Wohlseins recht ist. Was dem Tugendhaften und Pflichtbewussten hohe Gefühle induziert, wird unter dem Blickwinkel des Eigenbrötlers und Solipsisten, der für sich leben will, oder des Hedonisten, der sein wohliges Vergnügen eher sinnlich, statt spirituell sieht, wie eine Einschränkung seines Wohlbefindens erscheinen. Er müsste sich um die Belange anderer kümmern, kann aber aus dieser Tugend keinen Gewinn an Wohlbefinden ableiten.

In aktuellen Leadership-Strategien bestimmen sechs Dimensionen das Wellbeing des Menschen. Sie verdeutlichen die Erkenntnis der Seite einer Zivilisationstheorie, die gelernt hat, die bislang externalisierten, oft als subjektiv abgetanen Kosten und Lasten zu internalisieren. Die Ergebnisse stehen stark in der Tradition der humanistischen Philosophie von Rogers, Maslow und Fromm.[323] Die Dimensionen des Wohlbefindens folgen auch in der Leadership-Strategie einer Pyramide.

1. Nahrung, Gesundheit, finanzielle Sicherheit
2. die emotionale Dimension (Liebe, Zuwendung, Beziehungen, subjektive Zufriedenheit)
3. die geistige Dimension (eine Aufgabe, die uns entspricht, wie etwa Lernen und Weiterbildung)
4. die soziale Dimension (Beitrag zum Allgemeinwohl)
5. und die spirituelle Dimension (Lebenssinn)[324]

---

[322] Dieser Ausdruck stammt aus der Management- und Leadership-Literatur. Vgl. Hinterhuber, Hans H. und Eric Krauthammer: *Leadership – mehr als Management,* Wiesbaden 1997. *Leadership* heißt danach, die Möglichkeiten aufzuzeigen, wie Veränderungen für alle Beteiligten - also den „Stakeholders", Anteilseigner, Kunden, Mitarbeitern, der „finacial community", den Lieferanten, Partnerunternehmen - den Wert des Ganzen und des Teils [hier des Unternehmens] steigern.

[323] Fromm, Erich: *Das Menschliche in uns*, Zürich 1968; ders: *Wege aus einer kranken Gesellschaft. Eine sozialpsychologische Untersuchung,* Frankfurt/M./Wien/Berlin 1981; ders.: *Anatomie der menschlichen Destruktivität,* Reinbeck bei Hamburg 1977; Maslow, Abraham: *Psychologie des Seins,* Frankfurt/M. 1985; ders.: *Motivation und Persönlichkeit,* Reinbeck bei Hamburg 1981; Rogers, Carl R.: *Entwicklung der Persönlichkeit,* Stuttgart 1973; ders.: *Lernen in Freiheit,* München 1973

[324] *Neue Zürcher Zeitung* vom 7.7.1998, S.12

In der „Theorie der menschlichen Motivation" hatte schon A. Maslow folgende dynamische Bedürfnisarten expliziert, die additiv-ergänzend auftreten, wenn das darunter liegende Bedürfnis befriedigt ist:

1. Physiologische Bedürfnisse (der Homöostase des Körpers: Nahrung, Schlaf, Sexualität)
2. Sicherheitsbedürfnisse (Stabilität, Geborgenheit, Schutz, Angstfreiheit, Struktur, Ordnung, Grenzen, Gesetz, Schutzmacht etc.)
3. Zugehörigkeit und Liebe
4. Bedürfnis nach Achtung (Wert, Würde, Status, Wertschätzung, Anerkennung)
5. Bedürfnis nach Selbstverwirklichung (dazu zählen auch kognitive Bedürfnisse nach Wissen und Verstehen)
6. Ästhetische Bedürfnisse

Nach Maslow wechselt die Art des Bedürfnisses in eine höhere Stufe, wenn das darunterliegende Bedürfnis befriedigt und mit einer gesicherten Erfüllungskonstanz empfunden werden kann. Es tauchen sofort „andere und höhere Bedürfnisse auf".[325] Unverkennbar sei aber die anthropologische Tatsache, dass Menschen nach Selbstverwirklichung strebten und insofern mit Erreichen der *höchsten* Bedürfnisbefriedigungen erwiesen verbesserte quantitative und qualitative Lebenschancen aufweisen würden. Maslow verwies auf eine selbst durchgeführte empirische Studie, wonach den selbstverwirklichten Menschen folgende Attribute auszeichnen: Spontanität, Natürlichkeit, Einfachheit, Selbst- und Fremdakzeptanz, Freiheit von Komplexen, unnötigen Ängsten, Scham- und Schuldgefühlen, ein besserer und bequemerer Realitätssinn statt esoterische Superstition, externer Problemsinn statt Selbstsorge, Bedürfnis nach Privatheit, Wille, kognitive und lebenspraktische Unabhängigkeit. „Selbstverwirklichende Menschen haben die wunderbare Fähigkeit, die grundlegenden Lebensgüter mit Ehrfurcht, Freude, Staunen und sogar Ekstase immer wieder, unverbraucht und naiv, hochzuschätzen, wie schal auch diese Erfahrungen für andere geworden sind".[326]

Es bleibt eine der entscheidensten anthropologischen Fragen, ob Bedürfnisse hierarchisch zu ordnen sind, im Sinne Maslows, der mit der Befriedung einer Bedürfnisdimension den Wechsel zur Hochbewertung der nächsten höheren Dimension sah, oder eine Parallelität das Wesen der menschlichen Bedürfnisstruktur ausmacht. Also entweder werden niedrige Bedürfnisse bei sicherer und konstanter Erfüllung interessenhaft durch ‚höhere' abgelöst, oder durch Paralle-

---

[325] Maslow, Abraham: : *Motivation und Persönlichkeit,* Reinbeck bei Hamburg 1996, S. 65. Ebenso in ders.: *Theorie der menschlichen Motivation*, S. 62 f.

[326] ebenda, S. 194

lität oder zyklischer Rotation aufgewertet. Vorstellbar als Pyramide (Maslow) oder als häusliches Anwesen mit vielen Zimmern. (Küche: Essen und kreatives Kochen; Schlafzimmer: gesichertes Bleiben und sexuelle Reproduktion, Wohnzimmer: Sicherheit und Soziabilität, Politik. Garten: Kreatürlichkeit, Nahrungsmittel- und Naturbezug, Haus selbst: als Demiurgische Schöpfung.)

Maslow meinte festzustellen, dass die Sinnhaftigkeit der unteren Bedürfnisprofile für denjenigen, der die höchsten Stufen erreicht hat, sich auflöst und einer Nihilisierung unterworfen ist. Die Mühe um Nahrung und Wasser wird im möglicherweise erzwungenen Rückschritt, durch Verarmung oder wirtschaftliche Regression, zu einer semantisch schwer zu verkraftenden Aufgabe.

Für das zu bestimmende ethische Prinzip der Verhältnismäßigkeit ist die Frage nach der menschlichen Bedürfnisstruktur und seiner Organisation entscheidend. Beim Operieren mit Bedürfnispyramiden liegt der simple Gedanke nahe, nach Präferenzen und Präponderanzen zu handeln. Zuerst Essen und Trinken für alle, dann medizinische Versorgung, dann lebensräumlich-politische Sicherheiten, dann soziale und emotionale Zuwendung, dann eine schöpferische Auseinandersetzung mit den spirituellen und transzendentalen Herausforderungen des Lebens, schließlich die ästhetische Gestaltung des Lebens.

Mit dieser Bedürfnislinearität ließe sich sehr einfach ein ethisches Modell zimmern, das es sich zur Aufgabe macht, die Bedürfnispalette für alle Menschen akzeptabel zu halten und mit ihrer inhärenten Hierarchie ein Dringlichkeitstheorem aufzustellen, um dann zu einer Investitions-, Arbeitsmarkt-, Verteilungs- und Allokationspolitik zu kommen, die sich mit den Erfüllungsunterschieden beschäftigt. Es könnten ethische und politische Modelle entstehen, die einen Ausgleich der Bedürfnislagen forderten, oder eine allgemeine Wohlstandssteigerung bei dominanter Förderung der Schlechtergestellten (Rawls), oder eine Wohlfahrtsstaatlichkeit, die an einem dazu bestimmten Grenzwert die schlimmste Bedürfnisnöte ausgleicht und sozialstaatlich pflegt. Ebenso wäre eine reduktionistische Richtung möglich, wie in einigen Zweigen bestimmter Weltreligionen vertreten (z. B. Buddhismus), die eine Reduktion der Bedürfnisse auf die untersten Profile forderten, um eine Öffnung für die höchsten Anliegen und Tätigkeiten zu erreichen.

Es ist klar dabei, dass wir es mit den schon bekannten Streitfragen zu tun haben, welche höchste Bestimmung (wenn es sie gibt) dem Menschen zukomme, mit oder ohne Rücksicht auf die Trieb-, Bedürfnis-, Motivations- und Kulturlage der Menschen. Die Konnotation des Menschen, als einem Antriebs- oder Triebwesen, hat die verschiedensten Vorstellungen von der Natur des Menschen, seiner Anlage, seiner zu erarbeitenden Bestimmung durch kulturelle Formungen hervorgebracht.

Deutlich wird dabei, dass die Geistesgeschichte um die Vermittlung von anthropologischen Grundaussagen (der Mensch als Wolf (Hobbes), als gutes Naturkind (Rousseau), als Libidowesen (Freud), als des Menschen Mensch

(Christentum)) und ethischen Zielaussagen bemüht war. Je nach Position sollte dabei entweder die menschliche Natur das ethische Lebensziel bestimmen oder der Mensch in einer kulturellen Schulung von seiner unguten Natur abgebracht werden, um sein wahres Menschsein erst aus der Schule der Zivilisierung (Elias) oder der Evolution der Geschichte (E. Bloch) zu erhalten.

## 12 Die substantielle und die relationale Bestimmung der Bedürfnisse.

A. Maslows substantielle Bedürfnispyramide macht fixe Aussagen über den Menschen und schreibt ihnen zudem noch eine Graduation von Dringlichkeiten zu. Der Mensch wird graduell aufsteigend aus der basalen Sicht der animalischen Bedürfnisse bestimmt. Das Erreichen der höchsten Bedürfnisausbildung soll sich erst nach der Befriedigung der darunter liegenden Mangelerfahrungen einstellen. Der Mensch, der hungert und Durst leidet, habe (noch) keine ästhetischen, spirituellen, sicherheitsrelevanten Bedürfnisse.

Es ist genau dieser Wechsel der Pyramidenebene, der den Maslow'schen Menschen ausmacht. Wir haben es dabei mit einer (Selbst-)Verwirklichungs- und Individualanthropologie zu tun. Die Evolution des Subjekts tritt auffällig parallelisiert und substanzialisiert mit der jeweiligen Kulturentwicklung ein. Je mehr eine Kultur und Gesellschaft basale Mangelerfahrungen vermeiden und Knappheiten technologisch, ökonomisch und distributiv beseitigen kann, umso mehr wandeln sich progressiv die subjektiven Ansprüche und Bedürfnisse.

Die substantielle Bestimmung des Menschen wandelt sich mit der Befriedigungslage der Bezugskultur.

Unser zweiter Einwand gegen diese substanzielle anthropologische Wesensgraduation ist ein pluralistischer: Die Bedürfnislage kann extreme Nuancen und Präferenzen annehmen. Sie ist weltoffen und unfestgelegt.[327] Ein buddhistischer Mönch wird der Nahrungssuche einen untergeordneten Stellenwert einräumen. Spirituelle Bedürfnisse wie Erleuchtung, Weisheit, Befreiung vom Wollen stehen für ihn im Vordergrund. Er wird auch in Hungerzeiten seine Bestimmung als spirituell dominiertes Wesen nicht aufgeben und lässt sich nicht auf eine nahrungssuchende Animalität reduzieren. Dieser Einwand vergisst nicht, dass die weltweit hungerleidenden Menschen in ihrem Menschsein reduziert sind. Sie sind aber in ihrer durch die Dringlichkeit des Hungers verursachten Leidsituation nicht nur Wesen mit ausschließlichen ökotrophologisch zu beschreibenden Mangelerscheinungen. Sie bleiben ebenso Wesen mit existenziellen, transzendentalen, spirituellen, ästhetischen, kommunikativen, künstlerischen etc. Bedürfnissen.

---

[327] Vgl. Gehlen, Arnold: *Der Mensch*, a.a.O.

Maslows substantielle anthropologische Festschreibung hatte den Nachteil, dass sie überdeutlich dem doppelten Reiz der Vereinfachung in Wesensaussagen und der kulturellen Abhängigkeit einer materialistisch aufgebauten okzidentalen Sinngebung verfällt. Sie vollzieht dies sicherlich in der theoretischen Not, überhaupt eine Wesensbestimmung vornehmen zu können. Wieder aber gilt hier der Einwand einer methodisch bequemen und in ihrer politischen Konsequenz gefährlichen Vereinfachung. Wenn wir wissen, was der Mensch ist, können Normbegriffe erstellt, Abweichungen abgeleitet und Therapieziele leicht bestimmt werden. Wir sind dabei jedoch durch oktroyierende und autoritative Bestimmungsideologien gewarnt, die aus ihrer normativen Sicht des Menschen Andersheit, Varietät, Wert- und Bedeutungsdifferenzen unterschlagen. Die kulturelle und personale Variationsbreite menschlicher Wesenheit sprechen gegen eine essentielle Einheitsbestimmung.

Sähen wir etwa ‚den' Menschen aus der Sicht A. Camus', dann vertauschte sich geradezu die Perspektive der Pyramide. Die basalste Bestimmung des Menschen ist seine durch sein Selbstbewusstsein erkannte geistige Stellung angesichts eines unbegreiflichen, ungeordneten und objektiv sinnlosen Lebens. Weil alle menschliche Mangelerfahrung sich dieser Nihilisierung bewusst ist, weil der Hunger angesichts der Absurdität der Endlichkeit das transzendentale Dilemma noch verstärkt, bestimmt den Menschen primär seine existentielle und metaphysisch einsame Situation.

Jede substantielle ‚Bestimmung' menschlicher Bedürfnisse, und damit indirekt der conditio, hat den Vorteil, dass sie in theoretischer Übereinstimmung mit Dringlichkeitsprofilen durch ostentative Mangellagen humanitäre Legitimation erhält. Wenn es die Bestimmung des Menschen sei, auch zu den höheren Bedürfnissen der Pyramide aufzusteigen, dann wird die Bekämpfung des Hungers oder die Bekämpfung von Standardkrankheiten zu einem politisch vermittelbaren Ziel. Hungern hieße, vollständiges Menschsein wäre verhindert. Politische Maßnahmen lägen nahe und wären angeraten.

Jede substantielle Wesensbestimmung – nicht nur der Maslow'schen – hat zudem den Vorteil, dass sie auf ihr angelegtes Profil hin mit deontologischen Maßnahmen reagieren kann, die immanent folgerichtig und humanitär sein können.

Unser dritter Einwand gegen das pyramidale Graduationmodell der Bedürfnisse ist die Erfahrung, dass Bedürfnisse empirisch keiner Präferierung unterliegen. Die ausgemergelten, verhungernden Menschen der deutschen Konzentrationslager, ohne jede Sicherheit, nicht schon in der nächsten Stunde erschossen zu werden, waren künstlerisch, humanitär, kommunikativ und moralisch tätig. Die unterschiedlichsten Reaktionen von Menschen in Not widerlegen jede Stratifikation des Menschseins nach Leitern in Bedürfnisexpressionen.

Weil die Erscheinungsbreite menschlicher Bedürfnisse schon synchronisch interkulturell in ihrer Variabilität nicht erfasst werden kann und zudem diachronisch mit offenem Zukunftsgepräge aussteht, liegt es nahe, nach einem Beschreibungsmodus des Menschen (besonders für eine universell nutzbare globale Ethik der Würde) zu suchen, der nicht am Spezifikum und der Kontingenz von ‚Bedürfnisabweichungen' scheitert.

Wenn wir statt einer substantiellen eine *relationale*, weil pluralistische, offene und *komplementäre* Bedürfnisstruktur des Menschen annehmen, bedeutet das, dass wir eine fixe anthropologische Bestimmung nach einem festen Katalog von Bedürfnissen und Zielsetzungen nicht mehr benutzen können. Die Wertigkeit, Art, Spezifität und Inbeziehungsnahme menschlicher Bedürfnisse ist besonders angesichts einer zu erwartenden globalen Politik und Grundwertediskussion pluralistisch, variabel, historisch offen, kulturell, biografisch und lebenszyklisch wandelbar zu sehen.

Wir bemühen uns also, eine methodische ‚Bestimmung' zwischen den Polen eines entsubstantialisierenden Relativismus' (mit politischem Quietismus und Gleichgültigkeit) und einer normativen Indoktrination zu finden.

Wenn menschliche Bedürfnisse sowohl variabel und *komplementär* auftreten als sich auch in ihrer Ordnung, Wertung und Gewichtung unterscheiden, dann bleibt für die Bestimmung eines möglichen *interakiven* Würdebegriffs dennoch kein Legitimationsspielraum, das Menschsein als beliebig zu beschreiben.

Mit der Formel einer horizontalen, interaktiven *Würde* wird dennoch eine *relationale* Standardisierung des Menschen versucht - gegenüber der substantiellen Festschreibung.

In Analogie zu einer absolut bestimmten Würde, die aus der menschlichen Natur stammend legitimiert wird, *und* einer interaktiv zu bestimmenden Würde, die die soziale Relationierung der Praxisverflechtungen ausdrückt, verfolgt eine relationale Standardisierung der Bedürfnisstruktur des Menschen den Topos der *Verhältnismäßigkeit der Verhältnisse*. Verhältnisse hier immer sowohl als innere Selbstbezüge von Intentionen, Bedürfnissen und Zielen des Menschen verstanden und auch als interaktive Korrelationen, zu denen selbstverständlich auch die hergestellten Strukturen, Wert-Symbolismen und Bedeutungsgebilde einer Bezugsgesellschaft zählen.[328]

Die Besonderheit personaler Ausbildung und Gewichtung von Bedürfnissen korreliert mit dem Bezugsfeld soziokultureller Bedürfnis-, Mangel- und Befriedigungsprofile. Die Mangel- und Leiderfahrung eines Menschen beschreibt seine innere Bedürfnislage, aber auch die in sie eingedrungene enkulturierte Semantik der gesellschaftlich erzeugten, bereitgestellten Werte und Güter. Innere Bedeutung (Selbstwert) und Bedeutungen des sozialen Raums (Werte, Güter) korrespondieren. Der Mangel an einem Gut, also ein offenes Bedürfnis, trägt in sich sowohl die subjektive Genese als auch die Wertkorrelation in den gesellschaftlich transportierten Gütersemantiken.

---

[328] Dazu unten das Kapitel über den Grundsatz der Verhältnismäßigkeit, Kap. F

Was für das Subjekt Bedeutung hat, kann dem gesellschaftlichen Bedürfnis-profil entsprechen oder ihm inhaltlich und in seiner Gewichtung widersprechen. Es bleibt dabei aber außer Zweifel, dass die Art des inneren Verhältnisses der verschiedenen Bedürfnisse selbst in einem bestimmten Verhältnis zu den Man-gel- und Güterlagen des *umgebenden* Raums, des Milieus, der Nation, der Kul-tur, der geopolitischen Situation, der „geteilten Umwelt" (Bourdieu) etc. steht. Relative Armut definiert sich am leichtesten mit dem Prinzip der Verhältnismä-ßigkeit. Man sucht ein Proportionskriterium und definiert die Abweichung *Ar-mut* als Miss*verhältnis*. Bei der Bestimmung absoluter Armut dagegen müssen substantielle Aussagen über den Menschen herhalten, um den Mangel als sol-chen aus einer Verhinderung des Menschseins theoretisch entstehen zu lassen. Wer hungert, leidet physiologisch absolut und sozial *relativ* in einer Wohlstandsgesellschaft. Jedes dieser Leiden hat einen anderen Grund, den der *conditio* und den des Sozialen.

Was also nun, wenn wir als Bestimmung des Menschen diese Art der viel-schichtigen Korrelationen zugrunde legen, wenn die Proportionalitäten (Ver-hältnisse) der verschiedensten Bedürfnisse und Gewichtungen als innere, interaktive und strukturelle Korrelation zu beschreiben sind? Wenn wir dies tun, sind wir dennoch immer noch in einem substanzlosen Bestimmungsraum des Menschen. Wir haben nur festgestellt, dass Menschen ihre Bedürfnisse aus in-neren und interaktiv verflochtenen Korrelationen und Proportionen bestimmen und ableiten. Ein hoch angesiedeltes Bedürfnis hat mit hoher Wahrscheinlich-keit eine seelisch-mentale Präferenzverstärkung erfahren, die wiederum aus dem lebensweltlichen Kontext stammen wird oder doch zumindest unweigerlich mit den darin enthaltenen Präferenzen und Werten korrelieren und sich ausei-nandersetzen musste.

Wenn Menschen unter einem bestimmten Mangel leiden, dann deutet dieser Mangel sowohl auf eine innere Präferenz als auch auf eine Kontextgenese hin. Das zugrundeliegende Theorem dazu besagt, dass es individual auftretende Be-dürfnisse gibt, die außerindividuale Ursachen haben. Das bedeutet einfach, dass es keine ‚Individualanthropologie' eines separierten Menschen geben kann, und dass die Wesensbeschreibung des Menschen nur aus seinen und allen ihn betref-fenden Verhältnissen und Proportionalitäten geschehen muss, einer Aufgabe der Sozial- und Kulturwissenschaften.

Der Begriff Verhältnisse hat dabei wieder die Doppelbedeutung von absolu-ter menschlicher Lebenslage (die soziokulturelle Lebenssituation) und den darin ausdifferenzierten Proportionalitäten.

Der Sinn nun, im Rahmen einer Anthropologie, die sich um die Bedürfnis-struktur des Menschen (angesichts des menschlichen Leidens) kümmert, von der „Verhältnismäßigkeit der Verhältnisse" zu sprechen, tendiert ebenso zu die-ser Doppelbedeutung des Begriffs „Verhältnis" als Lebenslage und Proportion. Wenn Verhältnisse „verhältnismäßig" sein sollen oder könnten - einer nun deontologischen oder politischen Ebene - dann wird versucht, über die Proportionen zwischen den Gütern, Mangelerscheinungen und Bedürfnissen mit einem Prinzip der Verhältnismäßigkeit eine anthropologisch nutzbare Aussage zu machen, die den Fehler totalitärer Wesenbestimmung zu umgehen versucht.

Dass Menschen bis in ihr Innerstes von den Verhältnissen und Proportionen ihres Kontextes beinflusst sind oder werden, soll nicht auf ihre beliebige Formbarkeit hinweisen – die tatsächlich eine vollständig variable ("flexible") Menschennatur voraussetzte und einen ahumanen Relativismus erzeugen würde – sondern auf den Methodenwechsel in der Auffassung von Anthropologie.

Dieser Paradigmenwechsel hat – wie die Heuristik des Begriffs einer interaktiven Würdegenese – die Absicht, Menschsein nicht aus Natur- oder Substanzbegriffen (man denke an S. Freuds katastrophale Erbschaft seiner Trieblehre) abzuleiten, sondern aus einem variablen Güter- und Bedürfnissystem von *Proportionen*, das einer unfestgelegten menschlichen Natur entspricht.

Menschsein kann sich mit völlig unterschiedlichen Bedürfniskatalogen beschreiben lassen. Es ist nur wichtig, welche Art der Proportionen diese Bedürfnisse eingehen. Wenn die Proportionen nach dem Prinzip der Verhältnismäßigkeit ausfallen, dann – so unsere anthropologische These - lässt sich eine formale und später auch ethisch erstrebenswerte Beschreibung des Menschen erreichen.

Der erster Schritt dazu ist: Die Bedürfnisse des einen Menschen müssen semantisch und axiologisch mit denen eines anderen ins Verhältnis gesetzt werden. Semantisch heißt hier: was bedeuten sie, welche Bedeutung haben sie für das personale und das soziale System? Axiologisch meint, dass ihre Wertigkeit in Beziehung gesetzt und eventuell graduiert werden kann.

Bedürfnisse sind untereinander schon intrasubjektiv, intersubjektiv und interkulturell (mit räumlich auch abnehmender Bedeutungsdichte) vermittelt, proportionalisiert.[329] Sie für die Stiftung einer Anthroplogie der ‚Würde aus Verhältnismäßigkeit' zu beschreiben, heißt, das Prinzip der Verhältnismäßigkeit zu bestimmen, was wir, um nicht vorzugreifen, weiter unten systematisch ausführen.


## 13 Nicht-leiden-wollen: Die Leidensfähigkeit zwischen Passion und Versehrung

Angesichts der Gräuel, die ein Leiden so ostentativ und allgemein einsehbar erzeugt haben, ist es dennoch ein moralisches und naturwissenschaftlich heuris-

---

[329] Die Grenznutzenschule geht von keiner anderen Voraussetzung aus. Menschliche Konsum- und Nachfragepräferenzen spiegeln die innere und gesellschaftliche Bedürfnissituation wieder. Sie können voneinander abweichen oder korrespondieren.

tisches Gebot, von einer „Leidensfähigkeit" des Menschen zumindest negativ auszugehen, wie das Primat der Menschenrechte in jüngster Zeit weltpolitisch zeigt. Unter Vermeidung von ideologischen Aussagen über die Natur des Menschen und unter Vermeidung des anthropologischen Relativismus' hat eine negative Anthropologie den Vorzug des verringerten Profils. Wenn negativ nur vom Leiden als einzigem Indikator einer anthropologischen Krisis ausgegangen wird, ohne auch schon dogmatisch zu sagen, dass jedes Leiden vermieden werden sollte, dann wird die institutionelle Universalisierungschance einer negativen Ethik als Recht (und damit quasi-normativer Menschennatur ex negativo) wahrscheinlicher.

Dadurch könnte die Auffassung einer intermediären Natur des Menschen vertreten werden. Der Mensch als Wesen - kategorial zwischen einem je kulturspezifisch geprägten Bild und einem immer noch kulturspezifisch Nicht-Sein-Sollen als Leidender, was dem Bloch'schen Menschen als Experimentwesen in einer Experimentwelt nahe käme. Bloch unterstellte aus der Sicht des Hoffens und Wünschens eine Defiziterfahrung des Menschen an sich selbst oder seiner dialektisch vermittelten Welt. Der Mensch habe sich noch nicht. Er habe ebensowenig die ihm adäquate Welt geschaffen.

Die Bloch'sche Unerfülltheit des hoffenden Menschen, als anthropologische Grundannahme seines Werks, werden wir im Hintergrund durch die analoge Annahme der Leidensfähigkeit ersetzen. Neben die Bloch'sche positive Aussage über Erhofftes setzten wir die negative Aussage des unerwünschten Leidens. Menschen wollen nicht leiden. Zu diesem, später weiter auszudifferenzierenden Satz, minimieren wir die Anthropologie.[330]

E. Bloch unterstellte, dass der Mensch zu einer Erfüllung unterwegs sei. Der Hedonismus unterstellte, dass Menschen generalisiert nach Freude und Lust streben und Leid meiden. Der Utilitarismus muss von einem nutzenoptimierenden Menschen ausgehen. Der Materialismus findet andere Zielkategorien. Hier soll von der anthropologisch negativen Minimierung zur Bestimmung einer offenen *conditio* ausgegangen werden, die unten ausgeführt wird: Menschen wollen nicht leiden.[331]

---

[330] Johan Galtung entwickelte eine Definition von Gewalt, die aus der Differenz zwischem dem Möglichen ("Potentialität") und dem Erreichten ("Aktualität") zu einem analogen Theoriekonzept gelangt. Das Bloch'sche Unerfüllte, das biografische und historische Unterwegs, ist hier Indiz möglicher Utopie, bei Galtung Hinweis auf eine noch gewaltsame Abwesenheit eigentlicher Existenz-Möglichkeiten, oder - in unserem Konzept - eines konstitutionellen Indikators für unteroptimales Leben als *Leiden*. Vgl. Galtung, Johan: *Strukturelle Gewalt.* Beiträge zur Friedens- und Konfliktforschung, Reinbeck bei Hamburg 1975; ders.: *Frieden mit friedlichen Mitteln.* Friede und Konflikt, Entwicklung und Kultur, Opladen 1998

[331] Ethische Perspektiven deuten und selektieren empirische Erkenntnisse. Anthropologie und Ethik werden, angesichts des deutlichen historischen Wandels der inhaltlichen Selbstthematisierung des Menschen, zu einer dialektischen, hermeneutischen und interpretativen Selbstaus-

# IV  Was meint Leiden?

Diese Frage sucht nach einer Differenzierung des Begriffs des Leidens. Es sollen Arten, Ursachen, konstitutionelle Bedeutung und Funktionen des Leidens unterschieden werden. Für die Rekonstruktion des Würdebegriffs ist die Frage nach dem Sinn der menschlichen Fähigkeit, leiden zu können, von größter Bedeutung. Zudem steht die reale Ethik der Menschen- und Grundrechte, wie auch der unten noch vorzuführende Grundsatz der Verhältnismäßigkeit, in der utilitaristischen Tradition der Verschränkung von Freiheitsoptimierung und Leidminimierung. Besonders die Idee der negativen Freiheitsoptimierung bei rechtlichen Güterabwägungsprozessen ist eine Analogie zur Idee der Leidminimierung. Der heute in westlichen Demokratien (zumindest grundrechtlich) praktizierte Freiheitsbegriff stellt nichts weniger als die historische Erfahrung dar, dass ohne Reduzierung von Leid keine positive Freiheit konstituiert werden kann. Insofern kann dialektisch behauptet werden, dass das Wesen der positiven Freiheiten nicht deutlicher untersucht sein kann als durch die Analyse der Konstruktion des menschlichen Leidens.

## 1  Das absolute Leiden

Der Präsident der Weltbank, Robert McNamara, hatte 1976 im Zusammenhang mit der weltweiten Not den Begriff der „absoluten Armut" vorgeschlagen.

Die absolut Armen sind Menschen, die unter schlimmen Entbehrungen und in einem Zustand der Verwahrlosung ums Überleben kämpfen, die unsere durch intellektuelle Phantasie und privilegierte Verhältnisse geprägte Vorstellungskraft übersteigt.[332]

Die in absoluter Armut Lebenden müssen sich mit Lebensbedingungen auseinandersetzen, „die derart durch Unterernährung, Analphabetentum, Krankheit, verwahrloste Umgebung, hohe Kindersterblichkeit und niedrige Lebenserwartung gekennzeichnet sind, die sich jenseits vernünftiger Definitionen von menschlicher Würde befinden."[333]

---

legung. Wir stehen damit in der *Epoche* der Menschenrechte. Vgl. Etzioni, Amitai: *Die faire Gesellschaft*, a.a.O., S. 155

[332] McNamara, Robert (Hg.): *Summary Proceedings*. Jahrestreffen 1976 der Weltbank. IFC/IDA, Bern, S. 14

[333] „World Developement Report" der Weltbank 1978, New York 1978, S. III

Vom Worldwatch Institute wird geschätzt, dass 1,2 Milliarden Menschen in absoluter Armut leben.[334]

Die Ursachen der aus dieser Armut resultierenden Leiden beschreiben zunächst einen Versorgungsmangel, anthropologisch gesprochen, eine Unfähigkeit, sich im natürlich-irdischen, sozialen oder internationalen Raum die Ressourcen zu verschaffen oder zu erarbeiten, die für eine unterste, nahezu nur animalische Wesenbestimmung des Menschen hinreichen. Dabei meint ‚Unfähigkeit' nicht die moralistische Bemängelung einer Untätigkeit, sondern die Nicht-Korrespondenz der menschlichen Bedürfnisse mit einem Milieu ihrer Befriedigung. Unfähigkeit also im Sinne einer sachlichen Unmöglichkeit.

Unter dem Titel „absolutes Leiden" soll hier zudem noch verallgemeinernd gefragt werden, welche anthropologischen Voraussetzungen der Schmerz als Basis des Leidens hat. Gerade weil wir das tiefste Ungut (Schmerz, Leid, Unlust, Elend, Not) des Menschen zu unserem vergleichenden Dritten machen wollen, anhand dessen verschiedene Menschen überhaupt Übereinkünfte, Konventionen und Verträge erstellen können. Denn es ist für jeden Menschen erfahrbar, dass die Ursachen eines Schmerzes entweder aus einer Organismus-Umwelt-Beziehung stammen, wie Nahrungs- oder Wassermangel, oder durch eine endogene organische Wechselwirkung entstehen, wenn diese nicht selbst Reflex verinnerlichter Umweltstoffe und Einflüsse ist.

Leiden stellt in seinem physiologischen und phylogenetischen Ursprung ein *Nichtübereinstimmen* mit der konditionellen Bestimmung, der organistischen ‚conditio' dar. Dazu zählt die Schutzfunktion des Schmerzes. Diese Definition geht davon aus, dass es eine Wesensbestimmung des Menschen gibt, die eine innere und äußere Umweltanpassung verlangt. Anders könnte es aber auch lauten, wie es Gehlen von Herder (1772) und Kant (1784) zusammenfasste, dass den Menschen als „Mängelwesen" eine konstitutionale Unspezialisiertheit auszeichnet, die einerseits eine konfliktfreie Umweltadaption nach innen und außen unmöglich macht, aber andererseits eine grenzenerweiternde Lebensfähigkeit - in der Verbesserung der kulturschaffenden Tätigkeiten - entwickeln kann.[335] Aus der undefinierten, instinktlosen Wesenhaftigkeit entspränge sowohl das Potential und die Potentialität eines Leidens an innerer und äußerer Nichtübereinstimmung. Der Vorteil dieser undefiniten Wesensanlage wäre eine Entwicklungsfreiheit zur Selbst-, Fremd- oder Umweltgestaltung. Wenn es keine fixe innere menschliche Natur gibt, die nur zu definiten Umweltbedingungen passt, wenn der Mensch also in größter Kälte und extremster Hitze leben lernen kann, isoliert oder als geselliges Wesen, dann wird eine Definition von Leiden

---

[334] Zit. nach Singer, Peter: *Praktische Ethik*, Stuttgart 1994, S. 280

[335] Vgl. Gehlen, Arnold: *Ein Bild vom Menschen*, in: Ders: Anthropologische Forschung. Zur Selbstbegegnung und Selbstentdeckung des Menschen, Reinbeck bei Hamburg 1961

als Nichtübereinstimmung selbst inhaltlich variabel. Entweder heißt die Definition des Leidens: Nichtübereinstimmung mit der Wesensvorgabe oder eine evolutiv-konstitutionelle Unfertigkeit. Dadurch entsteht neben den Vorstellungen des Leidens als fehlende Selbstübereinstimmung oder missliche Umwelteinpassung, wozu auch im eminenten Sinne die soziale Integration gehört, die Fähigkeit, Leiden als Ausdifferenzierung eines Entwicklungsfreiraums auszubilden: Im Sinne des Erduldens, Wartens, Instrumentalisierens von leidinduzierenden Zuständen für andere, spätere oder summarische Ziele.

Was die Anthropologen als „Homo Compensator", als „Defektflüchter", „Instinktmangelhaftigkeit" oder „Mängelwesen"[336] bezeichnen[337], können Gesellschafts-, Wirtschafts-, Zivilisations- (N. Elias) oder Geschichtstheorien (E. Bloch) als Nichtübereinstimmen mit einer unfertigen ‚Konstitution' des Sozialen, der Weltwirtschaft, der Zivilisation oder der Geschichte begründen. Der Mensch wäre danach als Demiurg seiner selbst und seiner sozialen Welt in beiden Hinsichten noch unterwegs und alles Leiden stammte aus dieser Unfertigkeit an inneren (mentalen, psychischen, zivilisierten) und äußeren (wirtschaftlichen, rechtlichen, politischen, ökologischen) Lebensbedingungen.

Die mangelnde Übereinstimmung kann ganz allgemein sowohl eine innere ‚Verstimmung', eine sogenannte Krankheit, als auch eine Organismus-Milieu-Krise sein. Spezifisch sozialisierte und enkulturierte Menschen brauchen, wie alle Lebewesen, eine in einem gewissen leidverhindernden Rahmen distinkte Umwelt, ein bestimmtes Milieu, dessen Bestimmung einer festen oder immer wieder offenen Variationsbreite entpricht, die mit der Adaptivität des Organismus übereinstimmt. Kann sich der Organismus an die Herausforderungen seiner sich wandelnden Umwelt anpassen, wird auch die Innenwelt von Krisen befreit.

Alle menschlichen Krisen mit Schmerzerfahrung als Warnhinweis haben zugleich eine innere und eine Umweltkorrelation. Der innere Selbst- und der Umweltbezug sind nicht voneinander zu trennen. Wenn wir etwas „Falsches" essen, bezieht sich der Charakter der Falschheit auf die Korrelation zwischen der Spezifität der eingenommen Nahrungs- oder Giftmittel und der stofflichen Öffnung und Entgrenzung des Organismus zur Umwelt. Die Resorption der Verdauung ist selektiv. Entweder wurden die falschen Stoffe gereicht oder die falsche Transparenz zur Umwelt zugelassen. Diese Transparenz könnte ein Irritationsfähigkeit sein, die Auswahl der eingenommen Stoffe richtig zu treffen. Oder die soziale Harmlosigkeit, nicht an eine Giftattacke des Kochs zu denken.

Leiden durch Nichtübereinstimmung folgt also der Spezifität eines durch Kultur definit gewordenen Menschen. Je spezifischer ein Mensch enkulturiert und sozialisiert ist, umso mehr werden Abweichungen von der kulturellen An-

---

[336] Vgl. die alten Schriften von Plessner, Helmuth: *Gesammelte Schriften IV*, S. 24; auch: Gehlen, Arnold.: *Anthropologische Forschung*, Reinbeck bei Hamburg 1961

[337] Marquard, Odo: Homo compensator, in: Gerhard Frey und Josef Zelger (Hg.), *Anthropologie der Gegenwart*, Bd. 1 Innsbruck 1983

gepasstheit (auch an deren Widersprüche) zu möglichen Leidensfaktoren. Mit der Ausbildung der *inneren* Verhältnisse durch Enkulturation (als subjektiv erlebte Prägung) wird auch der Umweltbezug spezialisiert. Gesellschaftliche Verhältnisse können umso mehr verletzen oder kränken je mehr in ihnen unvermittelt Werte und Ideen mitgelernt wurden, die selbst den Geist der übrigen Verhältnisse anklagen. Werden etwa marktwirtschaftliche Konkurrenzprinzipien zugleich mit christlichen Agape-Begriffen verinnerlicht, können die erlebten Widersprüche auch sozial erlebbar werden. Der Kränkungsmechanismus durch wirtschaftliches Unterliegen, soziale Abwertung und Stratifikation entsteht erst durch den kulturell transportierten Ideenkonflikt.

Zur Nichtübereinstimmung als Leidensursache zählen natürlich auch die konsumsymbolistischen (Status, Habitus), ökonomischen und werthaften Demütigungen, sozialen Segregationen und Ausschließungen. Missverhältnisse an zuerkannter Würde und zugesprochenem Wert bedeuten nichts anderes als fehlende Übereinstimmung mit der Ebenbildlichkeit des historisch ausdifferenzierten Allgemeinmenschlichen, wie sie im Ideenkanon der Menschen- und Grundrechte formuliert sind. Sozial ausgeschlossen, degradiert oder gedemütigt zu sein, schmerzt in der erfahrenen Nichtübereinstimmung, dem Identifikationsmangel mit der „Menschheit" (Schiller) in uns nur dann, wenn es ‚bessere' Andersheit gibt. Das Wesen dieser schmerzhaften Degradierung resultiert aus dem sichtbaren Missverhältnis der Lebenslagen zu einer gemittelten Norm.

Neben vermeidbarer Leidstiftung solcher Missverhältnisse und Unverhältnismäßigkeiten gibt es zweifellos auch Leidens- und Notarten, die als absolut, unvermeidbar und von keiner Gemeinschaftsformation schuldhaft oder leichtfertig verursacht worden sind. Diesen Leidens- oder Notmodus nennen wir *absolut*, lediglich weil ihm nicht der soziale Genesecharakter anhängt, den wir bei der „absoluten Armut" unterstellen. (Die globale Armut ‚wäre' weltpolitisch aufhebbar, gäbe es eine homogene Weltpolitik.) Ein Mensch wird mit einem Handicap geboren. Ein Unfall, eine Krankheit, eine Naturkatastrophe verringern die Lebensqualität eines Menschen, ohne dass dieser Verlust soziogenetisch wäre. Er/Sie nimmt irrtümlich einen falschen Weg, ein falsches Nahrungsmittel zu sich oder wählt einen falschen Beruf. Die Ursächlichkeit dieser gefällten Entscheidungen und Fehlentscheidungen sollten hier dem Individuum zugesprochen werden, um nicht die Substantialität der Person gänzlich systemtheoretisch zu verwässern.

Wenn distinktes Leiden *absolut* genannt werden soll, dann kann hier besonders der Ausschluss einer Soziogenese gemeint sein.

Natürlich beeinflusst die Bezugsgemeinschaft das *Schicksal* dieser Minderung der Lebensqualität. Sie kann sie lindern, kompensieren oder zu eleminieren versuchen. Dabei muss aber deutlich unterschieden sein, dass die als absolut geltenden Nöte nicht gesellschaftlich mitbedingt sind, wie etwa eine Hungerkatastrophe durch fehlende staatlich veranlasste Vorkehrungen.

Zu den absoluten Leiden können auch je nach spiritueller oder religiöser Auffassung die Existenzialien des Lebens zählen. Die Endlichkeit des Individuallebens, die Kontingenz der Geworfenheit eines Individuums in die Zusammenhänge und Konflikte einer historischen Epoche. Sind wir in Kriegs- oder Aufbauzeiten geboren? Haben wir eine Schulbildung genießen können, oder die Jugend in Bunkern verbracht? Kennen wir finanzielle Not oder lebten wir überwiegend in Zeiten der Prosperität? Umgibt uns eine lebens- und sinnenfrohe Kultur oder eine Transzendentalkultur mit Erlösungssehnsucht?

Das „absolute Leiden" hat diese Ursachen und Inhalte:

1. Das „Mängelwesen" unfertiger Mensch.
2. Seine Nichtübereinstimmung mit der inneren und äußeren Umwelt.
3. Die weitreichende Verwurzelung der Not- und Leidensursachen in der Kultur- und Gesellschaftsgeschichte, auch in der Erdgeschichte als Milieu, Lebensraum und Nahrungsspender.
4. Die Existentialien: Schicksale, Unfälle, kontingente Krankheiten, Verluste, Nihilisierung durch individuale Endlichkeit.

## 2 Das relationale Leiden

Leiden entsteht in einem Verhältnis, einer Beziehung, ist hier relativ. Es bezieht seine Schwere, (Un-)Erträglichkeit und Bedeutung aus der Beziehung vom Einzelnen zum Ganzen, eines Einzelwesens zum Wesen seiner sozialen oder physischen Umweltbedingungen. Wenn man allein erblindet, leidet man mehr als im Fall der Erblindung aller. Wenn alle hungern, schmerzt es alle. Aber Hungern angesichts von privilegiertem Überfluss lässt eine 'Leidensqualität' hinzutreten, die aus dem sozialen Ausschluss von der Praxisnorm der Sättigung resultiert.

Etwas über die Schwere einer Not oder eines Elends zu sagen, kann bedeuten, die Schwere dieser Not sachlich und semantisch zu beschreiben. Ein Beinbruch etwa kann rein medizinisch beschrieben sein oder auch von der Bedeutung für den, der ihn erleidet. Der Bezug zu den anderen Lebenserscheinungen ist also wichtig und erzeugt die Bedeutung des Schmerzes. Wollte ich gerade zu einem Freund gehen? Muss ich meine Hochzeit verschieben? Oder bleibe ich auf der Flucht im Bürgerkrieg am Straßenrand liegen, verliere meine Familie aus den Augen und falle Gnadenlosen in die Bluthände?

Die Bedeutung einer Situation ist entscheidend für den Empfindungsgrad. Schmerz wird beinahe unspürbar vergessen, wenn das Gegengewicht eines Glücks seine Bedeutung wird. Der Geburtsschmerz der Schwangeren steht hierfür. Eine unbedeutende Sache dagegen kann derart verletzen, wenn ihr Symbolwert eine Ungerechtigkeit ausdrückt, die der Missachtung einer Person als Mitmensch gleichkommt.

Auch die Wirkung von absoluter und relativer Armut kann damit unterschieden werden. Das Fehlen der einfachsten Subsistenzmittel, wie ein Dach über dem Kopf, wird schlimmer, wenn Paläste die soziale Abwertung des Obdachlosen ausdrücken. Sie wird erträglicher, wenn nach einem Orkan alle vor dem gleichen Nichts und Neuanfang stehen. Die Bedeutung der Not ist in relativer oder absoluter Armut eine andere.

Die Beispiele zeigen: Leiden verschlimmert sich oder entsteht erst in der Beziehung eines Einzelnen zu einem Ganzen. Der Bezug des Subjekts zur Gesamtheit bestimmt das Leidensmaß. Damit sind seine soziokulturellen Bezüge, seine metaphysisch-religiösen, seine pekuniären ‚Bezüge' gemeint. Das kann als Frage des Einzelnen heißen: Welcher Wert, welche moralische Bedeutung entsteht mir im sozialen Gefüge, welche Zukunftshoffnung bleibt meiner Kultur und Epoche, über welche ‚Mittel' verfüge ich, mein Leben angesichts der Verhältnisse des Ganzen zu gestalten?"[338]

J. Galtung definierte in Analogie Gewalt als den Unterschied zwischem dem, was sein könnte, und dem, was ist. Der ethisch neutralere Begriff des relativen oder relationalen Leidens konstituiert sich ebenso aus der Differenz.[339]

## 3   Leiden zwischen utopischer Arbeit und direkter Maßnahme

Auch absolute Leiden haben also verschiedene Genesen, wie persönliche, existentielle, kulturelle, theologische, rechtsphilosophische etc., die aus der Enkulturation des Individuums stammen. Ihre Genesen unterscheiden sich von der relationalen Genese in dem Punkt, dass das Verhältnis von Individuum und Gemeinschaft zu diesen Lebensdimensionen den Charakter des *Weitreichenden* hat. Diese Genesen haben eine langfristige Herkunftsdimension in der Natur, der Evolution, der Geistes-, Religions- und der Sozialgeschichte. Auch eine lindernde und utopische Arbeit ist in dieser Quellendimension zu Langfristigkeit verurteilt. Das Prinzip der Verhältnismäßigkeit muss auch zeitlich-utopisch angewandt werden. Denn welches Maß an utopischem Gegenwartsverbrauch rechtfertigt die mühebeladene Transzendierung der gegenwärtigen Lebensqualität ins Kommende? Welches Investment an Mühen und Kraft für eine humanere, leidreduzierte Welt verhält sich noch verhältnismäßig zum eigentlichen Zweck der immer gegenwärtigen Präsenz des Menschen? Man darf mit den Mitteln nicht den Zweck opfern. Ebenso darf nicht mit der Größe und Langfristigkeit der notwendigen Zukunftsaufgabe das Verhältnis zum gegenwärtigen Menschen und seinem Recht auf Glück und Freiheit geopfert werden. Nennen

---

[338]  Thomas, Veit: *Das Recht auf Erde*, a.a.O., S. 142 f.

[339]  Galtung, Johan: *Strukturelle Gewalt*. Beiträge zur Friedens- und Konfliktforschung, Reinbeck bei Hamburg 1975

wir dies die Verhältnismäßigkeit zwischen den utopischen und den direkten Mitteln, der heiklen Frage nach der humanen Verbindung von Prozess und Struktur der Veränderungen, die notwendig wären.

Es kann angesichts eines offensichtlichen Elends verhältnismäßiger sein, alle langfristigen Entwicklungsplanungen zu verwerfen und schlicht palliativ zuzupacken, zu helfen, um das Schlimmste, wie die täglichen Hunger- und Dursttoten, zu verhindern. Und ebenso wird der erfahrene Helfer wissen, dass das Prinzip der Feuerwehrhilfe ohne Systemwandel alle Ressourcen verschleißt und das schlimmere Ende bald in Sicht ist.

Wenn also die Leidminderung selbst in der utopischen und biografischen Arbeit bestimmte Leidensarten oder Lasten erzeugt und solch langfristiger Veränderungsprojekte bedarf, kann diese humane Vision nicht einfach Grund einer *generellen* Freiheits- und Gegenwartsbeschränkung sein. Das Verhältnis der menschlichen Lebenszeit zu seiner utopischen Pflicht, Arbeitsmühe und humanitären Leidminderungsarbeit darf nicht derart überzogen werden, dass das Gut der Freiheit und der Lebensqualität im Unterwegs verschwindet und unsichtbar wird. Und umgekehrt darf zur Aufrechterhaltung der Idee und Praxis der Freiheit nicht „unsägliche" Not akzeptiert werden. Die Anwendung der Verhältismäßigkeit für diese *zeitliche* Güterabwägung, zwischen Vorsorge und Spontanität, opfert einen Teil der zeitbeliebigen Freiheit dem Gut der *Gesamtwürde* aus Zukunft und sozialer Breite. Es ist ein syn- und diachronisches Abwägen, das für die Begriffsfindung der *Würde* wie der *Verhältnismäßigkeit* notwendig erscheint. Es erkennt in der Dringlichkeit und Handlungsaufforderung Richtung Notlinderung das schützenswertere höhere und zeitlich dringendere Gut, das in der interaktiven Würdestiftung im Rahmen der Verhältnismäßigkeit der Lebenslagen das Gut der Freiheit als Unbekümmertheit überragt.[340]

## 3.1 Utopie oder Tragik: Antworten auf das existentielle Leiden (Bloch, Camus)

Gibt es eine Entwicklung der Geschichte zum Guten? Gibt es Hoffnung auf den Sinn einer Arbeit am Utopischen? Ist es klug, den Augenblick in die Vision einer zukünftigen Menschengemäßheit der irdischen Verhältnisse zu investieren? Mit den Kosten eines Gegenwartverlustes? Das Bedürfnis nach Menschengemäßheit und einem leidreduzierten Dasein verbindet sich mit der Suche nach inneren und sozialen Ordnungen.

---

[340] Die dialektische Würdestiftung wird unten besprochen.

Der Mensch sei in einer permanenten Auflehnung gegen die misslichen Existentialien des Lebens, schrieb Camus.[341] Dazu zählten nicht nur die gesellschaftlichen Ungerechtigkeiten und Kränkungen, sondern besonders auch die geistige Erkenntnissituation des Menschen. Indem das Bedürfnis nach Sinn, Ordnung, unbegrenztem Leben selbstbewusst auf die Erkenntnis von der völligen metaphysischen Unverständlichkeit des Lebens stößt, wird die existentiale Situation absurd. Was sich als leidvolle Widersprüche und gesellschaftliche Kontingenzen darstellt, wird unter dem Aspekt der vollständigen, unbegreiflichen Unsinnigkeit, Zufälligkeit und Grausamkeit in Absurdität verwandelt. Die Absolutheit der Absurdität korrespondiert mit einem absoluten Leidensbegriff.

„So leite ich aus dem Absurden drei Schlussfolgerungen ab: meine Auflehnung, meine Freiheit und meine Leidenschaft."[342] Der Charakter der von Camus genannten menschlichen Freiheit meint primär ein Konzept der Umdeutung, nicht der biografischen oder politischen Agitation. Die Erkenntnis der Absurdität ist mit Freiheit zu begegnen. „Es gibt kein Schicksal, das durch Verachtung nicht überwunden werden könnte."[343] Die Erkenntnis des Absurden „vertreibt aus dieser Welt einen Gott, der mit dem Unbehagen und mit der Vorliebe für nutzlose Schmerzen in sie gedrungen war. Er macht aus dem Schicksal eine menschliche Angelegenheit, die unter Menschen geregelt werden muß."[344]

Diese dem Absurden innewohnenden Dynamik könnte auch einem utopischen Aufbruch entsprechen, für Camus ist sie eine perpetuierte Repetition ohne Aussicht auf finale Wandlung. Auflehnung bedarf es, um die ausgemachte Heil-, Trost- und Erlösungslosigkeit zu ertragen. Der revoltierende Mensch ist in erster Bestimmung ein Lastenträger. Seine Arbeit besteht nicht in der Verringerung der gesellschaftlichen Ungerechtigkeiten und Missstände, sondern individualethisch in der Entgegnung auf das Unausweichliche der Selbsterkenntnis: Tod, Kontingenz, Unbegreiflichkeit, metaphysische Einsamkeit. Zu diesen Existentialien treten die gesellschaftlichen Widersprüche und Leidstiftungen als Intensivierung des Absurden hinzu.

> Nun kann er [der Mensch] sich dazu entschließen, das Leben in einem solchen Universum anzuerkennen und aus ihm seine Kraft zu gewinnen, seinen Verzicht auf Hoffnung und die eigensinnige Bekundung eines Lebens ohne Trost.[345]

Der Bezug zum Absurden ist die Auflehnung ohne Änderungsabsicht. Sie ist eher weisheitlich zu nennen. Die existentielle Situation des Menschen ist durch ihre aporetische Geschlossenheit zu einem tragischen Stillstand des permanen-

---

[341] Camus, Albert: *Der Mythos von Sisyphos*. Ein Versuch über das Absurde, Düsseldorf 1967

[342] ebenda, S. 57

[343] ebenda, S. 57

[344] ebenda, S. 58

[345] ebenda, S. 54

ten Auflehnens ohne Wandlung verurteilt. Die ‚Haltung' der Akzeptanz zu diesem Schicksal macht aus dem Menschen mit suizidaler Berechtigung ein Subjekt der Freiheit, das sich zu seinem absurden, tragischen Schicksal selbst entschließt.

E. Bloch dagegen, als der eigentliche Opponent Camus', sieht überall, selbst in den Lagern der Menschenvernichtung, die Vorboten einer evolutiv möglichen Hoffnung auf Wandlung und Menschengemäßheit. Mit der Mantik der Augurenschau eines in die utopischen Möglichkeiten Blinzelnden sieht Bloch einen Geschichtsprozess des wesentlich offenen Unterwegs, der in seinem Wesen das Unvereitelte trägt. Es könnte vollständige Erfüllung und Erlösung vom Leiden bedeuten. Wie Camus sieht er die Tatsache des Todes, der menschlichen Endlichkeit als Antiutopie. Er hält jedoch fest an der Beobachtung, dass der Wille zur Hoffnung auf Änderung des Miserablen und Misslichen selbst ein Wesensmerkmal und ein Substrat der Geschichte und des Menschen ist.

In seiner wissenschaftsgeschichtlich genuin ontologischen Analyse der Kategorie der Möglichkeit arbeitete er die im Sein (Geschichte und Mensch) innewohnende Modalität der Möglichkeit heraus. Sie wird zur rationalen Beweisführerin einer noch nicht abgeschlossenen oder vereitelten Entwicklung zur Menschengemäßheit und einer noch zu suchenden *conditio* des Menschen.

Bloch findet im Menschen die Kraftreserven und die Gestaltungsfreiheit einer Selbst- und Geschichtsveränderung. Mit Bloch wird die Unterstellung schwer, die aus einer subjektiven Illusions- und Wunschdynamik fälschlicherweise auf eine entwicklungsoffene Geschichte schließt. Mensch und Gesellschaft bergen in sich die „Potentialität" zu einer Wandlung. Der Mensch als Promotor. Seine Ideen und Träume sind Werkzeuge der Gestaltung.

Während Camus vor der Größe der Menschen*un*gemäßheit der Welt und der existentialen Ungeborgenheit mit einem Kapitulations- und Notprogramm aufwartet, in dem Sisyphos den Stein, die Lebenslast ohne utopische Veränderung notorisch immer gleich bewegt, stapft Bloch mit jugendlichen Schritt, ganz in der säkularen Beerbung der christlichen Eschatologie, unermüdlicher und immer besser mit an der Realität geschulter Hoffnung durch die eröffneten Baustätten der Geschichte, der Ideale und Begriffe und liefert allen Architekten der Hoffnung Wandlungsbeweise. Überall seien noch Tore der Entwicklung zum Utopikum finaler menschlicher ‚Heimat' und irdischer Ankunft offen. Überall ließe sich noch hineinarbeiten in ein Unterwegs unbekannter Neugestaltung. Selbst der Tod als die größte Antiutopie sei in der Welt der Wünsche vielleicht einmal wissenschaftlich zu besiegen.[346]

---

[346] Bloch, Ernst: *Experimetum Mundi.* Frage, Kategorie des Herausbringens, Praxis, Frankfurt/M. 1975

Mit Blochs Analysen der Modalität der Möglichkeit und seiner Auffassung von der ontologischen Unfertigkeit allen Seins als „Experimentum mundi" muss sich jede Systemtheorie auseinandersetzen, die die intrasystemischen Dynamiken und intersystemischen Kopplungen prozessual verstehen will. Während Camus ein statisches Modell und eine statische Anwort auf die menschlichen Existenzialien vorlegte, verfügte Bloch ihre durchaus auch für ihn schlimme Bedeutung in den Wunschkosmos einer nur durch den Gegenbeweis der Unmöglichkeit zu widerlegenden Hoffnung. Die Arbeit am Utopikum versinnbildlichte das Selbstexperiment des Menschen an einer selbst als Experiment zu verstehenden Welt.

Camus' absurder Mensch versucht aus der freier Akzeptanz der permanenten Tragik Glück zu filtrieren. Die Größe dieses Schicksals ist seine bewahrte Freiheit angesichts einer ontisch, systemisch, strukturell oder wie auch immer entwicklungsverschlossenen Lebenswelt. Die Größe des Menschen der „realen Utopie" resultiert dagegen aus seiner unerschrockenen Lotung in den Modalitäten des Realen. Notwendig, wahrscheinlich, unmöglich, noch-nicht-möglich, noch-nicht-existent, noch-unversucht, noch-nicht-hervorgetreten - sind einige der Differenzierungen, die Blochs „Ontologie des Noch-Nicht-Seins" bezeichnen. Mit ihrem Instrumentarium differenziert Bloch die Schichten des Realen nach Modalitäten. In allen Seinsformen des Realen sieht er *Latenzen* einer noch nicht verwirklichten Möglichkeit und zugleich *Tendenzen* einer Evolution, die bislang weder Kern noch Ziel hervortreten gelassen hat. Was die Welt und der Mensch sein kann, ist weder aus einer definiten Genese oder aus einer bestimmbaren Teleologie ableitbar. In diesem „Noch-Nicht"[347] ist das Rätsel, der Grund und die Richtung der Welt- und Menschheitsentwicklung noch gar nicht herausgebracht. Für den selber utopisch offenen Prozess gilt: „processus cum figuris, figurae in processu."[348] Herkunfts- und Zielbestimmung sind noch offen, aber in der „Antizipation" einer Welt mit humanem Antlitz tendenziell unterwegs.

Tragik im Sinne Blochs wäre die modal erwiesene *Vereitelung* dieser Geschichtsutopie, die Unmöglichkeit, historisch oder biografisch an der Verwirlichung ihres Inhalts zu arbeiten. Wenn es tragisches Leiden gibt, dann ist damit nach Bloch seine Unausweichlichkeit gemeint. Die definitive Vereitlung ihrer Abschaffung müsste modal bewiesen sein. Auflehnung gegen solches Leiden wäre dann nicht im Sinne der sozialen oder persönlichen Revolution zu tätigen.

Obwohl Bloch die Offenheit der Bestimmung des Menschen, des Seins und der Welt konstatiert und sie an eine ontische Tendenz von Möglichkeiten übergibt, wüssten wir doch an jedem historischen Ort, was „unmenschlich" ist. „Weiß man noch nicht, was der Mensch ist, so weiß man doch, was unmensch-

---

347 ebenda, S. 124
348 ebenda, S. 171

lich ist. [...] Die Geschichte kann in ihrem eigenen gegliederten Verlauf lehren, was in ihr menschlich gelungen ist."[349] Damit wird die Beschreibung des Unterwegs des Menschen nicht zu einer neutralisierten Aussage. Leiden ist in dieser Welt des „Noch-Nicht" durchaus möglich. Sie bemisst sich an den Instituten und Institutionen, die im Laufe der Geschichte gegen es geschaffen wurden, wie die Vereinten Nationen und die Deklaration der Menschenrechte gegen das „unsägliche Leid" durch zwei Weltkriege. Das „Herausbringen" des menschlichen Wesens vollzieht sich gerade über die Experimentatoren Geschichte und Mensch. Mit der geschichtlichen und gesellschaftlichen Leiderfahrung definiert sich der Mensch *ex negatione*. Das Subjekt Mensch und das Objekt Welt treten als unfeste Wesen mit hier ungeklärter Natur und dort unverstandener und leidvoller Menschenun*gemäßheit* der Gesellschaft in einen Vermittlungsprozess.

> Das Ethische darf als Experiment doch kein uferloses bleiben, [...] sondern es muß sein Licht aus dem Klassenkampf der Mühseligen und Beladenen, Erniedrigten und Beleidigten erhalten.[350]

Der Charakter dieser Leiden hat eine ethische wie existentielle Natur. Für Bloch zählt auch das Leiden unter einer existentiellen Unbestimmtheit zu den Prozessen einer noch ins Unbestimmte treibenden Wandlung.

Camus' Arbeit einer permanenten Auflehnung ohne Hoffnung auf Änderung verweist auf fixe Entitäten der Erkenntnis. Camus' Position betont die existentielle Misere des Menschen und rät zu einer tragischen Haltung des absurden Menschenseins ohne einen selbst gesetzten Sinn, wie ihn Sartre als „Entwurf" im Rahmen einer immer noch vorhandenen Freiheit zur Sinnstiftung bezeichnet hat. „Unser Entwurf sind wir selbst."[351] Während Bloch und Sartre an die Gestaltbarkeit der menschlichen Lebens- und Sinnwelt glauben, thematisiert Camus die menschliche Auseinandersetzung mit den tragischen, unveränderbaren Unausweichlichkeiten und wurde deshalb von Sartre als unpolitisch bis konservativ diffamiert.[352]

Aus der Nichtübereinstimmung der menschlichen Bedürfnislage mit der vorgefundenen transzendenten Unsicherheit und den gesellschaftlichen ‚Missverhältnissen' können zwei Konzepte gefolgert werden, die sich ausschließen, aber auch ergänzen können: Die tragische Deutungsarbeit am Unausweichlichen oder die Gestaltungsarbeit mit dem Entwurf einer inneren und äußeren Menschengemäßheit.

---

[349] ebenda, S. 173

[350] ebenda, S. 184

[351] Sartre, Jean Paul: *Krieg im Frieden*. Reden. Polemiken. Stellungnahmen 1952-1956, Reinbeck bei Hamburg 1982, S. 40

[352] Vgl. den Briefwechsel zwischen Camus und Sartre.

Dieses Insverhältnissetzen zur vorgefundenen und erkannten menschlichen (historischen) Bedürfnislage beschreibt in beiden Fällen einen Stiftungsakt. Ob er im rechtsphilosophischen Sinn „würdevoll" ist, unterliegt, wie unten zu zeigen sein wird, den Kriterien der *Mangel- und Leidminimierung* und der Verteilung und Gestaltung der Aufgaben, Lasten, Gewinne und Lebenskosten sowie der Gewichtung von Rechten und Pflichten nach dem Prinzip der Verhältnismäßigkeit.

## 4  Das subjektive Leiden

Unter dieser Art der persönlichen Misere wollen wir Formen negativer Befindlichkeiten bezeichnen, die sich entweder einer objektiven Messbarkeit oder Kommunizierbarkeit entziehen oder als rein subjektive keine externe (Umwelt-) Genese haben können. Sie sind demnach entweder objektiv nicht vorhanden oder führen ein Dasein, das sie jeder sozialen Verantwortlichkeit entzieht. Wir differenzieren diese Art des Leidens hier, um ihren Charakter *jenseits* einer Ethik und Politik der „Würde der Verhältnismäßigkeit" ansiedeln zu können. Nicht alle Miseren sind Kompensationsaufträge für die Bezugsgemeinschaft. Nicht alle subjektiven Leidensquanten müssen bei der abwägenden Investitionsidee *des Prinzips der Verhältnismäßigkeit* berücksichtigt werden. So wie bei einer geselligen Seereise eine durch leichte Seekrankheit verstimmte Person nicht den Maßstab kompensatorischer Ausgleichshandlungen notwendig macht oder erzwingen können sollte. Erst wenn die Seekrankheit zu einer Bedrohung wird und kompensatorisches Handeln erforderlich macht, wechselt ihr ethisch relevantes Erscheinungsbild. Sie tritt in den Bereich der Sozialethik und der Rechtssysteme ein („Hilfeleistung", „Verhältnismäßigkeit der Mittel").

Zu solchen subjektiven Leiden zählt das Kränkeln, die Wehleidigkeit, seelische Dispositionen beim psychisch unökonomischen Umgang mit Schwierigkeiten, Handlungseinschränkungen durch endogene Phobien und Aversionen, Charaktereigenheiten etc. Was hier wie Krankheiten aussieht und möglicherweise einmal eine psychogenetische Ursache gehabt hat, entzieht sich solange dem interaktiven Handlungsauftrag - damit auch einer Ethik der Würde - wie die Person ihre Leidensvortellung aktiv kompensatorisch ‚behandeln' müsste und ausschließlich selbst behandeln kann.

Die Art dieser Leiden ist durch ihre das Soziale nicht erreichende Dimension subjektiv. Sie verlangt insofern auch keine soziale Revolte oder Reaktion.

Natürlich kann man gesellschaftliche Ursachen für die Entstehung einer bestimmten körperlichen oder seelischen Disposition anführen, die eine soziale Verantwortlichkeit suggerieren. Allein, wenn soziokulturelle Ursachen zuträfen, die Art der Inkorporation der subjektiven Leidensart (etwa Wehleidigkeit) erlaubte nur eine persönliche Kompensation und Gegenwehr. Die vom Subjekt zu führende Revolte wäre dann privat und würde durch keine ethische oder juristische Intervention verbessert werden können.

Andererseits soll dem subjektiven Leiden keine Selbstverschuldung unterstellt werden, die als Modell einer Nichtverantwortlichkeit der Gemeinschaft dient.

Generell wird hier keinem Revanchismus des Leids oder der Leidtragenden gegen die Ursachen und ihre Vertreter das Wort geredet. Die Analyse der Leidgenesen, wie schon in der „Relativitätstheorie des Leidens" entwickelt[353], hat den hermeneutischen Sinn, für eine Theorie des menschlichen Leidens Struktur- und Prozesszusammenhänge zu erkennen. Nach einer solchen Analyse der Dimensionen, Prozesse und Begriffe kann gefragt werden, welche Wandlungskapazitäten die Geschichte, die Gesellschaft und schließlich die Individuen in sich bergen.

Wenn dem subjektiven Leiden keine sozialethische und rechtsphilosophische Dimension zugesprochen werden kann, ist auch der Gefahr einer Übermoralisierung menschlicher Wirklichkeiten ein Zeichen gesetzt. Wenn Menschen an nur subjekiv wahrnehmbaren Dispititionen leiden, dann wird das Schicksal ihrer Menschenwürde als absoluter und interaktiver davon nicht unterminiert und ihr Spezifikum fällt nicht unter den Analysebereich der ‚Würde der Verhältnismäßigkeit'.[354]

## 5 Das gesellschaftlich gelinderte *absolute* Leiden

Was Menschen im sozialen Raum der Exklusionen, Segregationen und Privilegierungen an Leidreflexen ausbilden, hat rechtsphilosophische und ethische Relevanz. Was aber geschieht mit den oben sogenannten *absoluten* Leiden unter sozialen Bedingungen? Welches Schicksal haben die Existentalien, die anthropologischen Mängeln des Menschen? Als solche entziehen sie sich (wie die subjektiven) einer ethischen Behandlung. Könnten unwürdiges Sterben, kontingente Schicksale und Unfälle durch eine Kultur der Würde abgeschafft werden? Es müsste deutlich werden, dass bestimmte Lebensverhältnisse sie mindern, kompensieren und lindern könnten. Der physiologische Tod des Individuums lässt sich leichter ertragen, wenn er in einem intakten sozialen Raum geschieht. Sterben unter Segregation, Vereinsamung, Hunger etc. hat eine verschlimmernde Qualität. Auch eine drohende Krankheit erhält eine andere Semantik, wenn ein zugängliches Gesundheits- oder Sozialsystem einspringen wird.

---

[353] Thomas, Veit: *Das Recht auf Erde*. Die wirtschaftsethischen Konsequenzen der Menschenrechte, Hamburg/Münster 1994

[354] Die sozialethische Frage, wie auf solche subjektive Dispositionen reagiert werden soll, unterliegt als Folge schon Verhältnismäßigkeitsüberlegungen.

Für die Linderung von absoluten Leiden spielen also die allgemein vorgefundenen Lebenslagen und Verhältnisse eine Rolle. Und zwar in dem doppelten Sinne, dass sie jedem Individuum seine *absolute* Stellung (etwa in Bezug auf die Mittel gegenüber einer Krankheit) und seine *relative* Stellung in Bezug auf das Niveau der allen oder nur wenigen zugänglichen Mittel vorführen. Die absoluten Leiden könnten also durch eine Kultur hoher Kompensationsmittel und durch eine Sozialkultur „verhältnismäßigen" Zugangs zu diesen Mitteln gemindert werden, lautet unsere These.

Dies entspricht der Erfahrung, dass sich Leiden erstens „kulturell" durch *absolute* Gegenmittel (Nahrung, medizinische Versorgung, Wissenschaft, Sicherheiten) und zweitens durch *relationale* Zugangsmittel (Verteilungen unter Gerechtigkeit/Ungerechtigkeit) lindern, mindern, beseitigen oder verschlimmern lassen. Die Stellung des Menschen gegenüber den Existentialien des Lebens ist geprägt durch die Art und Qualität der Gegenmittel und durch die soziale (gerechte/ungerechte) Zugangsverteilung zu den Mitteln. Sie könnten dem Prinzip der Verhältnismäßigkeit oder Unverhältnismäßigkeit folgen. Ein Schicksal ist leichter zu ertragen, wenn es im Rahmen der gemeinschaftlichen Programme und Mittel ernst genommen und relevant wird.

Es zeigte sich also, dass auch den absoluten Leiden durch eine Weltkultur der Würde ein Stachel genommen werden könnte. Dieser Stachel ist die Individualisierung des Schicksals Menschsein. Die Risiken und Lasten dieses Menschseins sind tragbarer in Lebensverhältnissen, in denen die Lasten, Mühen, Kosten, Gewinne und Glücksbedingungen nach einem vergleichenden Prinzip ins Verhältnis gesetzt würden. Was ethisch derart als absolutes Leiden *nicht* die Allgemeinheit beträfe und zum Handeln aufruft, aber jedes Individuum erfährt, würde in einer Kultur der Verhältnismäßigkeit der Lebensverhältnisse dennoch *milder*.

## 6 Das ‚sinnlose' Leiden.

Im Begriff des „sinnlosen Leidens" liegt ein doppelter Sinn. Er unterstellt, wie oben gesehen, dass es sinnvolles Leiden geben kann. Dies könnte bedeuten, dass die persönliche Linderung eines Leids durch die Instrumentalisierung einer anderen Mühe oder leidvollen Handlung für etwas Überragendes oder ein weiteres Ziel gerechtfertigt und damit semantisch mit Sinn aufgeladen wird. Dieses Ziel könnte utopisch eine langfristige Humanitäts- oder Zivilisierungsidee sein oder biografisch ein verbessertes Leben. Bemessen an der deutlichen negativen Wertung „sinnlos", und auf reale soziogen oder strukturell verursachte Leiden bezogen, hieße *sinnlos*: Interaktive Vermeidbarkeit. Dann kämen folgende Aspekte des Sinnlosen zusammen:

1. Die absolute Uninstrumentalisierbarkeit und Ungewolltheit eines Leids.

2. Seine reale historische oder biografische Veränderbarkeit, die aber ausbleibt oder verhindert wird.
3. Die daraus folgende sachliche und theoretische zukünftige Vermeidbarkeit, die aber nicht im politischen oder biografischen Willen zu sehen ist.

Sinnlos bedeutete dann: Was wäre vermeidbar, ist für höhere Zwecke nicht gewollt, wird aber real nicht verhindert? Darin läge auch die Suche nach der Verhältnismäßigkeit einer Leidstiftung auf dem instrumentalisierenden Weg einer generellen oder späteren Leidminimierung. Ein Mensch, der im Elend lebt, welches keinen überragenden subjektiven Sinn und keine zeitliche Funktionalität für eine Besserung hat, damit für ihn auch zukünftig und für andere positiv instrumentalisiert sinnlos ist, erlebt existentielle Vergeblichkeit.

Diese Vergeblichkeit unterscheidet sich von der Erfahrung, die sozial *gemeinsames* Erleiden bedeutet und eher als schicksalhaftes Leiden empfunden wird. Ihm fehlt das Leid der sozialen Lagendifferenz oder Diskrimination. Leiden wird angesichts der Möglichkeit seiner Vermeidbarkeit sinnlos. Wird diese Vermeidbarkeit in der Demonstration der leidfreien Bessergestellten und des Bessergestelltseins vorgeführt, entsteht Sinnlosigkeit als werthafte soziale Nihilisierung. Lebensstildemonstrationen leidfreien Bessergestelltseins demütigen Menschen in Leidsituationen, bis zur existentiellen Sinnlosigkeitserfahrung. Leidvoll zu leben wird eine entwürdigende Schmach.

Sinnlos leiden meint deshalb auch im Sinne einer Relativitätstheorie des Leidens: Unverhältnismäßige, diskriminierende, die Würde der Ebenbildlichkeit verlassende *Lagendifferenz* sozial erfahren. Insofern *zwischenmenschliche* Lebenslagenverhältnisse nicht als Schicksalsbestimmungen aufgefasst werden, kann ein *veränderbares* Leid, wie das der sozialen Degradierung, als *sinnloser* erfahren werden als ein unveränderbares, gemeinsam geteiltes Leid.

Rawls und auch Margalit hatten diesen Sachverhalt der sozialen Nihilisierung schon beobachtet, die zur Zerstörung menschlicher Selbstachtung führen kann. Sie beschreiben den Bourdieu'schen Sachverhalt der sozialen Exklusion:

> Jemand kann [...] so schlecht gestellt sein, daß seine Selbstachtung verletzt wird; dann kann man Verständnis dafür haben, daß er sich zu kurz gekommen fühlt. Man kann es geradezu moralisch übelnehmen, daß man neidisch gemacht wird, wenn nämlich die Gesellschaft Ungleichheit [...] zuläßt, daß das nur die Selbstachtung herabsetzen kann. (John Rawls: *Eine Theorie der Gerechtigkeit*, a.a.O, S. 579)

> Allerdings haben die Begriffe „Demütigung", „Entwürdigung" oder „Erniedrigung" auch in der Alltagssprache gelegentlich die von mir hier verwendete Bedeutung von „Ausschluss aus der Menschengemeinschaft". Häufig werden sie in diesem Sinne verwendet, wenn es um die Degradierung von Menschen geht, die bereits auf der

untersten Sprosse der sozialen Leiter stehen und eigentlich nicht mehr „herabge-
stuft" werden können.[355]


## V Globalität ohne ethischen Universalismus

„Die heutige Gesellschaft ist Weltgesellschaft."[356]

Mit der doppelten Unterstellung der Wünschbarkeit einer global verwalteten
und regulierten Welt und der Absicht menschlicher Leidreduzierung liegt es nahe, die Vision eines politischen Begriffs vom Menschen zu untersuchen, der als
Basis für rechtsphilosophische Derivate und politische Implikationen dient.
Dieser Begriff vom Menschen muss sich mit einem ‚fundamentalen' Wesens-
zug des Menschen oder der Wünschbarkeit einer kulturellen Selbsterschaffung
zumindest definitorisch so verbinden lassen, dass ihn die Verschiedenheit der
Enkulturationen nicht partikularistisch verhindert.

Menschen haben sich stets verschiedene Zielsetzungen und Wertsysteme geschaffen und sich damit in vielen Fällen leidenschaftlich bekämpft. Die positive
Festsetzung einer conditio-Beschreibung des Menschen gerät gerade deshalb
immer wieder zu einer totalitären oder dogmatischen Zumutung. Ebenso wird es
jeder philosophischen Ethik ergehen, die universalisierend auftritt und die
Grenzbereiche von Pluralität und Autonomie überschreitet.

Andererseits verlangt jedes Ordnungsgefüge Strukturierungen anhand von
Maßstäben und Richtlinien, die konventionalisiert in konkreten positiven
Rechtsgrundsätzen und Institutionen auftauchen. Die Entstehung einer globalen
Rechtsordnung wird lange Zeit den Mangel haben, dass sie in bedeutenden Le-
bensbereichen keine konventionalisierbaren und regulierenden Grundsätze *fin-
det* und deklarieren kann.


Systemtheorien verstehen Gesellschaften als sich ausdifferenzierende Teilsysteme, deren Differenzen die Frage nach ihrer internationalen, staatlichen,
rechtlichen oder institutionellen Integration stellen. Die Ausdifferenzierung geht
immer mit einem Entbindungsschub einher, der überkommene Ordnungen zerstört und neue Kopplungen fördert. Bei der momentanen Ausdimensionierung
alter Ordnungen in offene globale Verhältnisse, wäre ein ordnender und kon-
ventionalisierbarer Grundbegriff ohne partikularistische Nutzung über das Wesen und die Gemeinschaft des Menschen hilfreich. Er böte ein Korrektiv für:
- die Entstaatlichung des Handels[357]
- die Lockerung der arbeitsteiligen Bindungskräfte

---

[355] Margalit, Avishai: *Politik der Würde*, a.a.O., S. 330
[356] Luhmann, Niklas: *Soziale Systeme*, a.a.O., S. 557, 585 f.
[357] Unter dem Namen AMI (Accord Multilatéral sur l'Investissement) zeichnet sich in der OECD
ein Projekt ab, das die ungehinderte Investitionsfreiheit anstrebt.

- „die Abschaffung der institutionalisierten Solidarität"[358]
- die sozialmoralische Begriffskrise und Anomie
- die Deregulierung der Märkte
- die wachsende Exklusion von der monetären Arbeit
- die weltstaatliche ökonomische Führungslosigkeit
- die Krise des wohlfahrtstaatlichen Kapitalismus´ zugunsten eines globalen Aktionärskapitalismus
- ein den Gesellschaftsgedanken aufgebenden Besitzindividualismus mit dem Hang zur Externalisierung von Negativeffekten
- den partikularistischen Wertekampf der Begriffe und Kulturen zwischen fundamentalistischer Modernität und Konservatismus
- eine bestrittene Universalität der Menschenrechte als globale, ethische Leitbegriffe
- das „verstümmelte Wissen"[359] der Ökonomie um die Zusammenhänge und Güterhierarchien des Lebens
- die eklatanten Diskrepanzen in der globalen Güterverteilung
- das Dasein von Menschen auf allen Luxus- und Vegetierebenen der Marlow'schen Bedürfnispyramide[360]

Seit der Antike verfolgen philosophische Ethik und Axiologie, die Religionen und die Weisheitslehren die Suche nach Werten. Was hat Wert, ist wichtig? Wonach, nach welchem inneren oder materiellen Gut streben Menschen? Ist es die Lust (hedoné), die Tugend (aretè), die Gemütsruhe (ataraxia), die Leidlosigkeit (apatheia), die Weisheit (sophia), die Erlösung (in der christlichen Soteriologie), die Vervollkommnung, die Freundschaft und Menschenliebe (philia), die Unbekümmertheit oder sind es materielle Werte? Aus dieser menschlichen Selbstgewichtung von Lebenszielen bildet sich je eine anthropologische Selbstbestimmung.

I. Kant schrieb: „Nach dem Weltbegriff ist Philosophie die Wissenschaft von den letzten Zwecken der menschlichen Vernunft. Dieser hohe Begriff gibt der Philosophie Würde, d.i. einen absoluten Wert. Und wirklich ist sie es auch, die allein nur inneren Wert hat, und allen anderen Erkenntnissen erst einen Wert

---

[358] Dubiel, Helmut: *Der utopische Realismus der Demokratie*, in: Merkur, Kapitalismus als Schicksal, Zur Politik der Entgrenzung, Heft 9/10, Sept/Okt. 1997, nennt als Beispiel für Deregulierung: 1944 gab es das Bretton-Woods-Abkommen, das zum IWF führte und bis 1974 hielt. Die USA kündigten, 1979 England, 1980 Japan, 1988 der EG-Binnenmarkt, 1990 Frankreich und Italien ebenfalls. (ebenda: Heft 9/10, Heft 9/10, Sept/Okt. 1997, S.797)

[359] Bourdieu, Pierre: *Rede zu den Streikenden am Pariser Gare du Lyon*, Le Figaro vom 12.12.1995

[360] Maslow, Abraham A.: *Psychologie des Seins*. Frankfurt/M. 1985; ders.: *Motivation und Persönlichkeit*, Reinbeck bei Hamburg 1981

gibt."[361] "Weisheit ist theoretisch betrachtet, die Erkenntnis des höchsten Guts, und praktisch die Angemessenheit des Willens zum höchsten Gut."[362] "Weisheit aber ist der Zusammenhang des Willens zum Endzweck".[363]

Offenbar vermag diese Wissenschaft die letzten Zwecke und höchsten Ziele des Handelns weder zu finden noch zu setzen. Globalität muss insofern ohne ethischen Universalismus auskommen. Kann der Begriff der Würde diese Lücke schließen?

## 1 Würde als Schutzgut gegen intraspezifische Aggression?

Der Begriff der Würde scheint z. Z. das Gut mit der größten Chance zu sein, die breiteste Anerkennung in politischen, moralischen und gesellschaftlichen Wertsystemen zu erhalten. Wir müssen deshalb untersuchen, welche Konnotationen ihm beigemessen werden.

Eine der ersten Konnotationen war die eines Schutzgutes. Das Schutzgut Menschenwürde bietet gegen intraspezifische Aggression allgemein oder diejenige durch institutionalisierte Herrschaftssysteme Abwehrfunktionen, wie die drei folgenden Textstellen aus verschiedenen Epochen deutlich machen:

> Offenbar ist das Böse für den Menschen attraktiver als das Gute – ganze Gesellschaftssysteme wurden darauf errichtet. Ethnologen analysieren die Opferrituale fremder Völker, Psychologen setzen ihre Probanden Streßsituationen aus und protokollieren, ob deren Aggressionspegel steigt; Soziologen ermitteln, aus welchem sozialen Milieu Schlägertypen hervorgehen; Endokrinologen messen die Testosteronkonzentration im Blut von Fußballfans, während ihre Mannschaft Tore einfängt oder schießt. [...] Zwar kennen weder Grausamkeit noch Raffinesse in der Natur Grenzen, wenn es ums Töten geht. [...] Eine Regel jedoch, so glauben die Biologen, sei universell: Als Gegner im Kampf ums Leben kämen nur Beutetiere oder natürliche Feinde in Frage, das Ermorden seinesgleichen sei, außer in extremen Streßsituationen, für jede Art von Kreatur tabu.[364]

> Die Natur hat die Menschen hinsichtlich ihrer körperlichen und geistigen Fähigkeiten so gleich geschaffen, daß trotz der Tatsache, daß bisweilen der eine einen offensichtlichen stärkeren Körper oder gewandteren Geist als der andere besitzt, der Unterschied zwischen den Menschen alles in allem doch nicht so beträchtlich ist, als daß der eine aufgrund dessen einen Vorteil beanspruchen könnte, den ein anderer nicht ebensogut für sich verlangen dürfte. Denn was die Körperstärke betrifft, so ist der Schwächste stark genug, den Stärksten zu töten – entweder durch Hinterlist oder

---

361  Kant, Immanuel: *Logik*, a.a.O, A 23
362  Kant, Immanuel: *Kritik der praktischen Vernunft*, a.a.O., A 195
363  Kant, Immanuel, *Metaphysik der Sitten*, a.a.O., A 104
364  Der SPIEGEL, Nr. 29 vom 29.06.98, S. 82 f.

durch ein Bündnis mit anderen, die sich in derselben Gefahr wie er selbst befinden.[365]

„Aber der Grad ihrer [der Menschen] Begabung mag sein, wie er will, er stellt nicht das Maß für ihre Rechte dar", schrieb Thomas Jefferson sein Bekenntnis zur menschlichen Gleichheit, mit der die Amerikanischen Unabhängigkeitserklärung beginnt.[366]

Die drei Textausschnitte deuten das Dilemma des Begriffs der Würde zwischen Wesensaussage und Idealität an. Konstitutionell und naturalistisch ist er ein utopischer Begriff. Geschichtlich dagegen fordert er eine rechtskulturelle Konstruktion. Seine Genese ist kreisargumentativ legitimiert. Aus der intraspezifischen Aggression und Leidstiftung folgert er einen Verbesserungsnotstand der Bedingungen menschlicher Lebenslagen und Verhaltensweisen. Durch seine conditio ist der Mensch zugleich als Kulturwesen Täter und konstitutionelles Opfer. Der Mensch verursacht die intraspezifische Aggression und muss vor ihr geschützt werden. Mit der Idee der Würde schützt er sich spezifisch gegen sich selbst. Die Aufwertung seiner Natur zum Würdewesen delegiert deren Konstituierung und Kontrolle an die Rechtskultur. Die kulturelle Bandbreite und institutionelle Formbarkeit von Gesellschaften schaffen sich mit dem Begriff der Würde eine zivilisierende und pazifizierende Selbsterziehung. Dabei soll, wie an Jeffersons aber auch Hobbes' Diktum gesehen, die Rechtsgleichheit der Individuen nicht durch deren Überlegenheitspotentiale verhindert werden. Recht reduziert den Machtkampf auf definierte Richtlinien.

Während im Tierreich die Aggression aus Konkurrenz gegen Artgenossen zumeist gewaltreduzierend ritualisiert wird und nur die Beute getötet wird, ist der Mensch das Lebewesen, dass intraspezifisch seine Artgenossen tötet. Auf der Grausamkeitsskala des homo sapiens stehen körperliche Folter und Tortur, wirtschaftliche Ausbeutung, Wirtschaftssklaverei, rechtliche und strukturell verhärmte Privilegierung, Segregation und Stratifikation, sozialer Ausschluss, Erbarmungslosigkeit und Demütigung.[367] Die *barbarie humaine* aus der Tiefe der tierischen Herkunft war Legion und Naturtiefenwurzel. Sie entsprach der Herrschaft des Machtgefühls, des Willens zum Machtgefühl und war der Rechtsgeschichte vorgelagert. Als vorläufiger Endpunkt dieser Geschichte sind

---

[365] Hobbes, Thomas: *Leviathan,* übers. v. W. Euchner, hg. u. eingel. von Iring Fetscher, Darmstadt/Neuwied 1966, Neuausgabe, Frankfurt/Berlin, Wien 1976, S. 5 f.

[366] Jefferson, Thomas: A Summary View of the Rights of Brtisch America, Virginia 1774; Wasser, Hartmut: Die große Vision. Thomas Jefferson und der Amerikanische Westen, Wiesbaden 2004, S. 73 f.

[367] So treffend in Erich Frieds Gedicht: „Fast alle Menschen haben anderen fast alles angetan". Fried, Erich: *Liebesgedichte*, Berlin 1978

die abendländisch geprägten und universell auftretenden Menschenrechte in ihrer Wirksamkeit, ideengeschichtlichen Ungeschlossenheit und Anwendungsdisziplin fraglich. Neben der Leugnung der Bedeutung der Menschenrechte und auch des Schutzes der Menschenwürde durch viele nicht-westliche Staaten, besonders durch kollektivistische oder totalitäre Gesellschaften, findet die Verletzung der (wirtschaftlichen, aber auch politischen) Menschenrechte im Sinne der UN-Deklarationen in der *Überzahl* der Länder der Welt trotz Paraphierung heute noch statt.

## 2 Würde als Bestimmungsaussage zum Menschen

Der Begriff der Würde ist ein ideengeschichtlicher Versuch, eine minimale Bestimmungsformel zu konstruieren, die den Menschen seinem Wesen nach definitorisch ins Menschsein heben soll. Damit ist zugleich der modale Charakter des Begriffs angezeigt. Als ideengeschichtliche Würde-Zuschreibung liegt er im Bereich der *res fictae* mit dem Anspruch auf faktische Relevanz und Parusie. Dieses modale Überschreiten kann und soll die *besondere* Würde-Natur des Menschen im Vergleich zur Natur des übrigen Lebendigen ausdrücken. Die Würde-Natur als menschenrechtliche Überpositivierung soll zugleich ihre Genese in der animalischen Dimension des Lebendigen und in der Herkunft des Lebendigen aus der Natur der Erde haben. Wenn die Würde des Menschen thematisiert ist, geht es zugleich auch um die Natur seiner Herkunft aus dem Lebendigen und seiner Sonderstellung. Wer im Menschen ein besonderes Gut schützen und naturrechtlich gesetzt sehen will, kann dieses Gut, die Würde, ihre Legitimation, Deklaration und Überpositivierung nicht voneinander trennen. Die Legitimation der Würde aus der *conditio* der Natur des Menschseins wird unweigerlich zu ihrer Deklaration. Darin liegt ihre modale Doppelnatur.

Nun zeigt aber die Natur des Lebens nicht den humanisierten Würdecharakter, den wir in der naturrechtsgeschichtlichen Evolution begonnen, idealiter verwirklicht oder noch unvollendet sehen. Vielmehr ist der Würdebegriff gerade gegen die Erfahrung gestellt, dass in der Natur oder Kultur des Lebendigen der Schutz des Individuums und der Schutz von Spezies vor dem zerstörerischen Zugriff anderer kein angelegtes Gut ist. Das Gegenteil ist der Fall. Verwertung, Benutzung, Verdrängung, Vertreibung, Ausrottung, Parasitentum, Mutation, Variation etc. gehören mit zu den beobachtenden Instinkten und genetischen Grundprogrammen des Lebens.

J. J. Rousseaus Ruf nach dieser *Natur* als dem heilsamen Korrektiv einer barbarischen Kultur, in der der Mensch in Ketten liegt, hat historisch als kompensatorischer Idealbegriff für die französische Revolution Wirkung gezeigt.[368]

---

[368] Besonders in seiner Schrift „Emil" von 1762

Obwohl dieser Naturbegriff idealistische Funktion hatte[369], machte ihn die französische Revolution zu einem Vehikel der Menschenrechtsdeklaration, in der auch unser heutiger rechtsphilosophischer Stand der ‚Würde' angelangt ist.

Der Mensch sei anders, als das, was die Kultur aus ihm gemacht habe: Ein geknechtetes, in kapitale, machtpolitische und deshalb auch menschliche Wertklassen geknechtetes Wesen. Seine wesenhafte Selbstschöpfung und sein Bezug zum Anderen seien in eine Art Entfremdung geraten: Die Ideale der Vermenschlichung sind gesellschaftlich nicht erreicht. [370]

Wenn Kulturen diese, in der biologischen Erbschaft des Menschen noch unspezifizierte Instinktrudimente nicht Richtung Zivilisiertheit modulieren, würde auch die menschliche Gesellschaft eine Kultur der ‚natürlichen' Barbarei, der Grausamkeit, der Ausbeutung, des Missbrauchs sein. Wir verstehen unter Zivilisierung eben jene interaktive Verfeinerung der Spezies Mensch, die statt einer intra- und interspezifischen Aggressivität eine Kultur der Würdeschöpfung und ihrer Achtung hervorbringt. Die Selbstzivilisierung der Menschheit versucht neben der Schaffung von materiellen Gütern, die der Lebensvorsorge und Erleichterung dienen, auch eine Schaffung von Bildern über sich selbst, eine Selbstbestimmung. Diese Bilder unterscheiden sich dia- und synchronisch und konkurrieren mit den verschiedensten Mitteln (Mit Waffengewalt, Moralismus, sozialer Exklusion, Stigmatisierung, Pejoration, Rhetorik etc.).

Was mit dem Begriff und dem Rechtsgut der Würde bislang bezeichnet und geschützt wird, nämlich die überragendste der anthropologischen Bestimmungen des Menschen, ist heute die *Sinngrundlage* der Menschenrechte. Menschenrechte existieren, weil sie der Verwirklichung der Würde hinreichend oder als *conditio sine qua non* dienen.

Die diversen geistesgeschichtlichen Auslegungen zur Würde schwanken zwischen der Idee der Gottesebenbildlichkeit des Menschen, „Imago dei" (Gen 1,26), der Idee sittlicher Autonomie (Kant, Wertphilosophie), einer christlichen Naturrechtsbestimmung oder einem säkularen Rechtspositivismus.

## 3 Würdekommentierungen des Bundesverfassungsgericht

„Die Menschenwürde als Wurzel aller Grundrechte ist mit keinem Einzelgrundrecht abwägbar."[371]

Das Bundesverfassungsgericht betont die „Situationsabhängigkeit der Würde"[372], die sich immer am „konkreten Fall" bilden müsse. Art. 1 des deutschen

---

[369]  Der Jugendstil um die Jahrhundertwende (1900) prägte einen Naturbegriff, der kulturkorrektive Funktion haben sollte.

[370]  Rousseau, Jean-Jaques: *Contrat social*, a.a.O.

[371]  BVerGE 93 266 f.

Grundgesetzes (GG) sei deshalb wandlungsfähig, wie die Verfassung selbst. Andere Definitionen der Würde nennen als Gehalt, „was den Inhalt der Persönlichkeit ausmacht", den „Eigenwert, die Wesenheit, die Natur des Menschen",[373] „was den Menschen ausmacht", den „Kern der menschlichen Persönlichkeit". Der Angriff auf die Menschenwürde führe zur Zerstörung der Solidarität zwischen den Menschen.

Das Bundesverfassungsgericht mahnt in seiner Objektformel, dass der Mensch nicht zum Objekt gemacht werden darf oder bloßer Gegenstand des staatlichen Handelns wird.[374] „Der Mensch darf nicht Objekt staatlicher Verfahren noch zum Objekt gesellschaftlicher Verfahren gemacht werden."[375]

Das Bundesverfassungsgericht grenzt die Objektformel dann selbst ein, weil Recht selbst den Menschen zum Objekt macht.[376] Es betont aber, dass die „Empfindung des Betroffenen" (als Würdeverletzung) zählt und nicht nur der objektivierte Tatbestand. Der einzelne Mensch, nicht das Urteil anderer zählt. Zur Würdeverletzung gehöre die Verachtung des *Wertes* durch andere, die dem Menschen kraft seiner Persönlichkeit zukommt.

Würde begründe sich auch darin, dass jedes Individuum zugleich das Allgemeinmenschliche darstellt. Dieser Kern des Menschlichen werde in eine anthropologische Aussage gefasst, in der die Würde das Unterscheidungsmerkmal zu allem anderen Kreatürlichen ausmacht. Sie ist die Grundnorm des Rechtssystems und der „höchste Rechtswert"[377].

In Art. 1 des deutschen Grundgesetzes (GG) wird die Menschenwürde als höchstes Schutzgut deklariert. Die Würde sei unantastbar. „Sie zu achten und zu schützen ist Verpflichtung aller staatlichen Gewalt." Das Deutsche Volk bekenne sich darum (in Art. 1 (2)) zu den „unverletzlichen und unveräußerlichen Menschenrechten als Grundlage jeder menschlichen Gemeinschaft, des Friedens und der Gerechtigkeit in der Welt."[378] Ebenso kommt das Würdepostulat in § 1 BSHG vor. Auch § 2 SGB XI (Pflegeversicherung) nimmt in semantisch eingeschränkter Weise die Postulierung der Würde auf.

Bei diesen Beschreibungen handelt es sich lediglich um semantische Aussagen. Die Bedeutung und Hilfestellung des Begriffs der Würde im Rechtssystem wird beschrieben. Es wird unterschieden zwischen:

---

[372] BVerfGE 30, 1 25

[373] Maunz, Theodor: *Deutsches Staatsrecht: ein Studienbuch*, 30. Aufl., München, § 14 II, 1

[374] BVerfGE 1, 159, 161

[375] Häberle, Peter: *Rechtstheorie* 11, Düsseldorf 1980, S. 389

[376] BVerfGE 30, 1, 25

[377] BVerfGE 45, 187, 227

[378] Zitiert nach: Düring, Günter (Hg.): *Grundgesetz mit Zwei-Plus-Vier-Vertrag, Menschenrechtskonvention u.a.*, 26. neubearb. Aufl., München 1991

- *politischen* Grundwerten in der Familien- und Steuerpolitik: Das Verhältnis zwischen Staat, Gesellschaft und Individuum.
- *ethischen* Grundwerten: Würde, Willensfreiheit, Solidarität, Gemeinwohlgedanken, Tugendlehren.
- *institutionellen* Grundwerten: Familie, staatlichen Institutionen, Eigentum, Freiheiten, Presse etc.[379]

Über ihre inhaltliche und anthropologische Füllung der Würde erfahren wir dagegen wenig, einem auffälligen Merkmal der philosophischen Literatur und der juristischen Kommentierung des Begriffs. In der deutschen Rechtsliteratur taucht allerdings immer wieder die Auffassung auf, dass die Grundrechte, wenn nicht das gesamte Rechtssystem, eine Kommentierung des zentralen Begriffs der Würde sind. Dann müsste das Wesen des Rechtssystems mit der Natur des Menschen korrespondieren und einer sich rechtlich definierenden Menschengemäßheit gleichkommen.

## 4 Die Unantastbarkeit

In der deutschen Rechtsliteratur wird die Formel, dass die Würde „unantastbar" sei, als Abwehrrechtsbestimmung gegen staatliche Zugriffe und private Ansprüche verstanden. Würde sei durch interpersonale Verträge, Gesetze oder Regelungen nicht aussetzbar. Sie sei ein Ist-Zustand und kein Instrument eines Rechtsanspruchs von und gegen andere. Außerdem könne selbst der Geschundene seine Würde nicht verlieren, auch wenn sie offensichtlich und grundrechtlich verletzt wurde.[380] Wir haben es hierbei zunächst mit der Auffassung einer *absoluten* Würde zu tun. Zudem öffnet das Bundesverfassungsgericht dem Staat für die Auslegung des Art. 1 GG einen breiten Raum, wenn es die Formulierung auslegt, dass die Würde „Verpflichtung aller staatlichen Gewalt" sei. Der Wesensgehalt müsse gesichert und der Grundsatz der Verhältnismäßigkeit bei der Gesetzgebung gewahrt werden. Schon die Frage und Höhe der Sicherung eines relativen wirtschaftlichen Existenzminimums unterliegt dem Gesetzgeber.

Deutlich wird dabei, dass diese vertikale Würdesicherung abstrakt bleibt und eine rechtsphilosophische *Verlegenheit* darstellt, die besonders den wirtschaftspolitischen und wirtschaftsethischen Fragen der Verteilung ausweicht. Die eingeschränkt historische Dimensionierung der Würdesicherung kann also nur aus dem Naturrechtsgedanken verstanden werden, der es sich zur Aufgabe gemacht hatte, den beliebigen Zugriff auf den Menschen durch positive staatliche Gesetzgebung einzugrenzen und einem für Eliten missbrauchenden Etatismus einen Gegenbegriff zu setzen, der das Individuum vor totaler Willkür schützt.

---

[379] Bielefeldt, Heiner: *Würde und Recht des Menschen*, München 1992, S. 111 f.
[380] Häberle, Peter: *Rechtstheorie 11*, Düsseldorf 1980

## 5  Würde und Ungleichheit

Würde und politisch-bürgerliche Gleichheit werden immer wieder in den Gesetzestexten assoziiert. Der Gleichheitsgrundsatz im Art. 3 Abs. 1 des deutschen Grundgesetzes verlangt einen Vergleich. Was darin gleich sein soll, entscheidet der Gesetzgeber.[381] Der Gleichheitsgrundsatz sei als allgemeines rechtsstaatliches Prinzip zu beachten.[382]

Dabei dient dieser Gleichheitsgrundsatz nicht einer konstitutionellen Ungleichheitskompensation, sondern nur der Gleich*behandlung*. Da Menschen, Erbschaften und Lebenslagen aber verschieden sind, haben wir es nur mit einem Gleichbehandlungsgrundsatz zu tun, der auch Ungleiches gleich behandelt wissen will.


## 6  Würde- und Wertverletzung in der Objektformel.

Das Bundesverfassungsgericht gibt negativ Hinweise, was es unter Würde versteht, indem es Würdeverletzungen definiert.

„Es widerspricht der Menschenwürde, den Menschen zum bloßen Objekt im Staat zu machen".[383] Der Einzelne „darf in der Regel nicht lediglich Gegenstand staatlichen Handelns sein."[384] „Der Mensch darf weder zum Objekt staatlicher Verfahren noch zum Objekt gesellschaftlicher Verfahren gemacht werden."[385]

Eine Verletzung der Menschenwürde eines Betroffenen ist gegeben, wenn er/sie „einer Behandlung ausgesetzt wird, die seine Subjektqualität prinzipiell in Frage stellt, oder [...] in der Behandlung im konkreten Fall eine willkürliche Mißachtung der Würde des Menschen liegt. Die Behandlung des Menschen durch die öffentliche Hand [...] muß also, wenn sie die Menschenwürde berühren soll, Ausdruck der Verachtung des Wertes, der dem Menschen kraft seines Personseins zukommt, also in dem Sinne eine ‚verächtliche Behandlung' sein."[386]

---

[381] BVerfGE 6, 280 10; 73, 21, 23 f.

[382] BVerfGe 21, 84; 34 146; 37, 143; 42, 305; 49, 233

[383] BVerfGE 27, 1, 6; vgl. auch BVerfGE 45, 187 228

[384] BVerfGE 1, 159, 161

[385] Häberle, Peter: *Rechtstheorie 11,* Düsseldorf 1980, S. 389 [422]

[386] BVerfGE 30, 1, 26

Die Verletzung der Menschenwürde wird auch als Beeinträchtigung des Persönlichkeitswertes verstanden.[387] Oder sie ist ein „Ausdruck der Verachtung des Wertes, der dem Menschen kraft seiner Person zukommt."[388]

Hier für uns bedeutsam ist der Hinweis, dass Würde direkt mit dem Persönlichkeitswert und mit der Wertproblematik allgemein in Verbindung gebracht wird. Zudem fordert die Objektformel deutlich, dass auch strukturell oder systemisch bedingte gesellschaftliche Verfahren nicht legitimatorisch dazu dienen können, Depravierung des Persönlichkeitswertes eines Menschen zu erlauben. Der Mensch darf nicht „Objekt gesellschaftlicher Verfahren" sein.

Wenn etwa Arbeitslosigkeit in Arbeitsgesellschaften entwürdigend ist, weil sie Menschen ihres sozialen Wertes beraubt, dann wäre es von großer Bedeutung zu klären, ob strukturelle Arbeitslosigkeit Produkt eines gesellschaftliches Verfahrens ist. Wenn dies zuträfe, instrumentalisierten die Marktgesetze ihre Akteure durch die strukturelle Unausweichlichkeit mangelnder Arbeit zu Objekten. Die Verachtung des persönlichen Wertes eines Menschen kann demnach nicht nur intentional von Subjekten oder institutionellen Handlungen ausgehen, sondern sich auch systemfunktional ergeben. Wenn ein bestimmtes soziales und genetisches Erbe zu einer exkludierten Lebenslage eines Menschen führt, also eine relative soziale Wertdegradierung stattfindet, dann kann diese prekäre Lage als Folge einer Erbschaft subjektiviert werden oder als struktureller Mangel an einer kompensatorischen Gesellschaftsstruktur aufgefasst werden. Im ersten Fall obläge sein gesellschaftliches Schicksal immer dem Einzelnen. Der Mensch könnte deshalb nie „Objekt gesellschaftlicher Verfahren" werden und die Objektformel zur Würde wäre überflüssig. In der Umkehrung bedeutet das, es muss eine gesellschaftliche Verpflichtung nach Art. 1 GG geben, zunächst negativ formuliert, dass das Gut der Würde nicht unter systemischen, funktionalen oder strukturellen Bedingungen untergeht.

## VI Das kulturhistorische Pendant der Würde: Die Zivilisiertheit

Der Mensch wird je nach geistesgeschichtlicher Vorliebe als Kooperations- oder als Konfliktwesen aufgefasst. Platon sprach noch von der Lebenserleichterung des Zusammenlebens, Aristoteles sah darin schon für das *zoon politikon* eine Notwendigkeit. Dass Menschen unter Konflikten zusammen-, nebeneinander- und gegeneinander leben und gelebt haben, kann aus Alltag und Geschichte als belegt gelten. Dabei bleibt es für eine ethische Diskussion unerheblich, von einem Urzustand oder vorrechtlichen Zustand auszugehen, um von ihm dann

---

[387] Bay. VGHE 1947/48, 32, 53

[388] BVerfGE 30, 1, 26; Vgl. auch Münch; Ingo: *Grundrechtskommentierung*, München 1980, S. 72

entweder auf die anthroplogischen oder gesellschaftlichen Ursachen dieser Konflikte zu schließen. [389]

Durch Extrempositionen der politischen Anthropologie, wie „a war of every man against every man" von Thomas Hobbes und der natürlichen Güte des Rousseau'schen vorgesellschaftlichen Menschen, wird die Tatsache immer schon enkulturierter sozialer Konflikte und Interessenkollisionen zwar legitimatorisch anders, aber pragmatisch gleich zu handhaben sein. Es interessiert nicht, wie der Mensch in einem abstrakt und virtuell gedachten „Naturzustand" konstitutionell ausfällt. Der naturalistisch fehlgeschlossene Transfer vom natürlichen „Eigentlichsein" auf ein verborgenes, noch zu korrigierendes „Kultiviertsein" landet immer in der Pragmatik der Konfliktregulationen durch Moral, Recht und Institution. Alle Diskussionen sind überflüssig, die aus einem Anthropologem oder einer Natur des vorgesellschaftlichen Menschen rechtsphilosophische Schlüsse ziehen wollen. Selbst das hier vertretende negative *Minimalanthropologem,* dass es eine transkulturelle Erfahrung wurde, dass Menschen nicht leiden wollen, bezieht sich immer auf enkulturierte Menschen. Was Menschen noch werden könnten, muss keinem ‚Urbild' folgen. Es kann vielmehr aus der Sammlung menschlicher Erfahrung abgelesen werden. Menschen wollen nicht (bedingungs-, sinn- oder funktionslos) leiden. Aus dieser Tatsache entstanden alle positiven Ideale wie Freiheit, Glück, Gesundheit, Eigentum, Bindung, Integration etc.

Durch biografische und historische Erfahrung deuten sich Menschen und ihre eigene Natur. Naturbegriffe sind immer zeitgeistig oder persönlich abhängige Konstrukte und deshalb berechtigte Grundlage der wissenschaftlichen Wahrnehmung. Die Empirie der Befreiung von Unterdrückung, des Gefühls der persönlichen Freiheit, des Urhebergefühls der Früchte seiner Arbeit, selbst der positiven Mühe formt eine Weisheit, die sich als Ethik, Recht, Religion und Institutionalisierung niederlegt. Aber ebenso werden die Erfahrungen der Unterdrückung anderer, des Machtgefühls, der Herrschaft und Verfügungsgewalt erlebt und bewertet. Die menschliche Erfahrungswelt bietet die Variation, negative und positive Freiheit zu erleben, positives Leid (Mühe) und negatives Leiden (Unrecht) zu erfahren.

Es sind diese transportierten und ausgewerteten Erfahrungen, die die (sich wandelnden) Ideen von Gerechtigkeit und Zusammenleben formen, und nicht die als Konstrukte und Theoreme projizierten „Naturzustände." Insofern versteht sich diese Arbeit konsequentialistisch und nicht normativ.

Die in der Kulturgeschichte vollzogene Pazifizierung, Affektmodulation (Elias), interaktive Habituation, allgemein, das zur Sublimation und Distinktion sich gewandelte Ethos, die Institutionalisierung des Rechts mit Gewaltentei-

---

[389] Vgl. Höffe, Otfried: *Politische Gerechtigkeit,* Frankfurt/M. 1987, S. 300 f.

lung, die staatliche Gewaltmonopolisierung, die Rechtsstaatlichkeit, die (zumindest militärische) Pazifizierung des Wirtschaftens und Handelns etc., ermöglichen erst eine spezifische Füllung des Würdeinhalts. Mit dem Wandel des
sozialen Umgangs etwa vom affektiv und rechtlich Unkontrollierten zur Regu-
lation veränderte sich die Möglichkeit, Menschenwürde zu definieren. Der Begriff der Zivilisierung muss dabei der überragende Begriff sein. Nur unter der
spezifisch abendländischen Zivilisierung – mit der Gesamtheit des kulturellen
Wandels der Konfliktregularien, zu dem auch der Rechtswandel mit seiner Entdeckung der individualen Freiheitsrechte entsteht – konnte sich diejenige Auffassung menschlicher Würde entwickeln, die heute individualistisch ausgelegt
wird.

Wenn Würde im deutschen Rechtsraum als Bestimmungsaussage des Menschen durch die Grundrechte definiert sein soll, durch bürgerlich-politische
Freiheitsrechte, dann wird deren historische Gewordenheit deutlich. Das Verhältnis von Zivilisierung und Würde ist ein komplementäres. Ohne den Prozess
der Zivilisation wäre der Begriff der Würde nicht von der Bedeutung des Würdenträgers zur naturrechtlichen Wert- und Zieldefinition des Menschlichen gelangt.

Ebenso wie der Begriff der Würde einem ideengeschichtlichen Wandel unterliegt, gibt es keinen fixen gesetzten Sinn von *Zivilisation*. In diesem Begriff
verknüpfen wir eine Summe von positiven Begriffen, die je nach nationalen und
sprachlichen Traditionen die Gesamtheit der Lebenskultur bezeichnen.

Der französische Begriff „civilisation" etwa spiegele das „soziale Schicksal
des französischen Bürgertums", wie der Begriff der „Kultur" das des deutschen.[390] Der Begriff Zivilisation stelle zunächst ein „Instrument oppositionel-
ler, mittelständischer Kreise, vor allem der mittelständischen Intelligenz, in der
inneren, gesellschaftlichen Auseinandersetzung dar."[391] Während der französischen Revolution spielt der Begriff „civilisation", der ja auf eine Evolution
hinweist, keine bedeutende Rolle unter den Parolen. Erst danach nimmt er seinen Weg als Schlagwort durch die Welt der nationalen Kolonisationsbestrebun-
gen.[392] Das heißt, dass sich die Nation im Zeitalter des Kolonialismus intern als
*auszivilisiert* empfunden hatte und zur kolonialen Mission übergeht. Das (totalitäre) Bewusstsein von der eigenen abgeschlossenen Evolution der Zivilisation,
das Bewusstsein von der eigenen nationalen Überlegenheit der Lebenskultur
beginnt sich im Abendland auszubreiten. Jahrhunderte zuvor hat der Gegensatz
von Christen- und Heidentum ein konfessionelles Selbstbewusstsein geschaffen,
das sich nicht weniger zu kolonialen Exkursen aufmachte. In den Kreuzzügen

---

[390] Elias, Norbert: *Über den Prozeß der Zivilisation.* Bd. 1, a.a.O., S. 63

[391] ebenda, S. 63

[392] Napoleon benutzte den Begriff schon 1798 auf dem Weg nach Ägypten. „Soldaten, Ihr unter-
nehmt eine Eroberung, deren Folgen für die Zivilisation unberechenbar sind." Zit. n. Elias,
Norbert: *Über den Prozeß der Zivilisation.*, Bd. 1, a.a.O., S. 63

des Mittelalters spiegelt sich das Suprematiebewusstsein einer konfessionell begründeten ‚Zivilisiertheit'.

Die Vorgeschichte des Begriff „civilisation" liegt in einem anderen Begriff, der der „civilité", und erhielt seine Ausprägung im zweiten Viertel des 16. Jahrhunderts. 1530 erscheint die Schrift „De civilitate morum puerilium"[393] von Erasmus von Rotterdam. Erasmus gab dem bekannten lateinischen Wort *civilitas* eine neue Bedeutung oder Intensivierung, die sich auch in anderen Sprachen als „civility", „civiltà", „civilité" und „Zivilität" niederschlug. Die Nutzung veränderter Zentralbegriffe, wie sie mit „Zivilität" zum Ausdruck kommt, spricht immer für eine Veränderung des Lebens und der Selbstinterpretation des Menschen, eine „Substanzialisierung gesellschaftlicher Vorgänge".[394]

Erasmus' Buch ist zunächst nur ein Benimmbuch für den Menschen in Gesellschaft. Er unterrichtet darüber, wie man zu blicken habe. Das äußere Verhalten des Körpers, der Kleidung, des Gesichtsausdrucks, sei Ausdruck des ganzen Menschen. An den Nasenlöchern soll kein Schleim sein. Man nehme zum Wischen die Mütze oder den Rock, dezenter sei jedoch ein Tuch zu nehmen und sich abzuwenden. Wenn es etwas auf den Boden fällt, muss es sofort mit dem Fuß ausgetreten werden.

Erasmus beobachtete auch die für soziale Schichtung eingesetzten Distinktionsmittel, die eine soziale Unterscheidung und Zugehörigkeit ermöglichten. Etwa beim Waschen der Hände vor dem Essen, erkenne man den vornehmen Menschen daran, dass er nicht die ganze Hand oder gar beide Hände, sondern nur drei Finger ins Wasser eintaucht.

Erasmus spricht viele Lebensbereiche direkt an, etwa körperliche Verrichtungen auf der Toilette, die für uns heute selbstverständlich, tabuisiert und peinlich geworden sind.

Für die Idee der „Zivilisiertheit" kann man daraus entnehmen, dass soziale Verhaltensänderungen stattgefunden haben, die aus der je neuen Perspektive der als richtig angenommen Umgangsarten als „barbarisch" oder „unzivilisiert" eingeschätzt werden. Die abendländische Gesellschaft – und andere Kulturgeschichten lassen in der Regel die Vermutung auf Veränderung ebenfalls zu – gelangte also von einem Standard zum nächsten Verhaltensstandard. Es geht dabei nicht eigentlich um einen Gegensatz von „zivilisiert" und „barbarisch", sondern um eine Graduation und Qualifizierung der Zivilisation. Wenn wir uns je auf einer historischen Stufe als zivilisiert einschätzen, dann handelt es sich immer um eine punktuelle Wahrnehmung in einem bestimmten dia- und synchronischen Prozess, der zudem noch verschiedene soziale Positionen gemäß ihrer Distinktion ausdrückt.

---

[393] Erasmus von Rotterdam: *De civilitate morum puerilium*, (Neudruck) Leiden 1961-1962; Eckert, W. P.: *Erasmus von Rotterdam. Werk und Wirkung*, Köln 1967; Gail, Anton J.: *Erasmus von Rotterdam in Selbstzeugnissen und Bilddokumenten*, Reinbeck 1974

[394] Elias, Norbert: *Über den Prozeß der Zivilisation*, Bd. 1, S. 68

Der Wandel und der Auffassungswandel von Zivilisierung kann in ihrem je erreichten Stand nicht als mehr oder weniger sinnvoll erklärt werden. Der Zweck dieser Verhaltensänderungen kann nicht eindeutig bestimmt werden. Dazu bedarf es einer Theorie des Prozesses der Zivilisation, wie wir sie beispielhaft unten anfügen werden. Es ist aber beobachtbar, dass Zivilisierungsschübe innere und äußere Haushalte verändern. Damit ist gemeint, dass mit neuen Verhaltensrestriktionen oder Modulationen sich auch neue seelische Dispositionen ausbilden, die wiederum die Art der Sozabilität verändern. Etwa nicht mehr gezeigte Affekte und innere Bewegungen verändern selbstverständlich auch die Semantik und Gestalt kommunikativer Handlungen. Zurückgenommene oder sublimierte Affekte wie Aggressionen, veränderte Gewohnheiten, das Spucken, Schneuzen, Schlagen, prägen eine andere Interaktionskultur oder „Zivilität".

Außerdem scheint unzweifelhaft, dass Zivilisierungsschübe zumindest mit einem sozialen Distinktionsmechanismus begleitet werden, ohne zu unterstellen, dass dies ihr eigentlicher Sinn ist.

Die Gabel als Tischgerät zur Herübernahme der Speisen aus der gemeinsamen Schüssel taucht gegen Ende des Mittelalters auf. Im 16. Jahrhundert gelangt die Gabel von Italien nach Frankreich, dann England und Deutschland. Heinrich III. brachte sie wahrscheinlich aus Venedig mit nach Paris. Als seine Höflinge sie zu benutzen beginnen, verspottet man sie mit der Schrulle, dass die Hälfte der Speisen doch auf dem Weg von der Schüssel zum Teller verloren gehen würde. Noch im 17. Jahrhundert war die Gabel Luxusgegenstand der Oberschicht. Menschen, die mit Fingern Fleisch aus einer Schüssel aßen, barbarisierten sich aus der neuen zivilisierten Perspektive. Zur gleichen Zeit tritt der Begriff der „courtoisie" zurück, der Höflichkeit des Hofes, und gibt dem der „civilité" Raum. Gutes Benehmen ist eine Frage der Zivilisiertheit geworden und nicht länger der Höflichkeit.[395]

Erasmus verfasste seine Schrift nicht im Sinne eines Distinktionsmittels sozialer Unterscheidung, wie wir sie als Habitusinterpretation aus den Schriften des französischen Soziologen Pierre Bourdieu kennen, sondern als allgemein gültigen Verhaltenskodex, der Zugleich ein Erziehungswerk darstellen konnte.

Der Zwang, den Menschen mit diesen Regelwerken elementarer Vorschriften ausdrücken, wird, unter der Perspektive der Intensivierung der Gefühls- und Affektregularien, immer stärker. Menschen formen sich seit dem Mittelalter durch immer größer werdende, für die Verhaltens- und Erziehungsaufgaben zugängliche Lebensbereiche. Schon die höheren Ansprüche an die affektive und emotionale Rücksichtnahme, die der eine vom anderen erwartet und erwarten kann, wenn dieser sich nicht disqualifizieren will, steigert einen Prozess der

---

[395] ebenda, S. 100

152

Verinnerlichung, der Scham- und Peinlichkeitsstandards. N. Elias bezeichnet ihn als „Änderung der Tonart, das Wachstum der Empfindsamkeit, die Intensivierung der Menschenbeobachtung und das stärkere Verständnis für das, was in dem Anderen selbst vor sich geht."[396]

Am Beispiel der Angriffslust zeigt N. Elias, wie das Leben der mittelalterlichen Gesellschaft von der noch unverfeinerten Beutelust nach Raub, Kampf, Jagd auf Tiere und Menschen geprägt ist. Plündern, Weinstöcke abhauen, Burgen verwüsten, Brunnen verschütten, Leute fangen und töten, Kirchen zerstören, Pilger anfallen und Leute zu verstümmeln gehörten zu den vitalisierenden Affekten dieser Zeit. „Man verstümmelte gewöhnlich nur die Ärmeren und Niedrigerstehenden, für die kein beträchtliches Lösegeld zu erwarten war, und verschonte die Ritter, für die man Lösegeld zu erhalten hoffte."[397]

„Die Toten mit den aufgerissenen Flanken und die todbringenden Lanzen, die wiehernden Pferde, die ihren Herrn verloren haben, die Schreie ‚Vorwärts' und die Hilfeschreie der Unterliegenden [...] erzeugen einzig die Lust am Leben, am Essen, Trinken und Schlafen."[398] So beschreibt ein französischer Historiker die französische Gesellschaft des 13. Jahrhunderts als Kriegergesellschaft dieser Zeit. Die Freude zu quälen und zu töten, außer in einer kleinen distinguierten Herrschafts- und Oberschicht, ist verbreitet. Allgemein führte die Oberschicht des Mittelalters das Leben von Bandenführern.

Heute würde uns dieses Konglomerat aus Emotionen als unvermittelbar erscheinen: Intensive Frömmigkeit, Gefühle der Schuld und Bußfertigkeit, immense Ausbrüche von Freude und Lustigkeit, plötzlicher unendlicher Hass und Aggressivität zeugten für uns heute von einer geradezu zerrissenen Emotionalität. Oder, in der Umkehrung, wir interpretierten unsere egalisierte und sublimierte Emotionalität als eine Form von Devitalisierung und Quietismus. Das extreme Beieinander von Hass, Liebe und wild aufflammenden Passionen und Ideen erschiene uns aus der neueren Interpretation ihrer Konsequenzen, nämlich des unsäglichen Leids, das diese Emotionen und unsteten Mentalitäten über die Menschheit gebracht haben, als die kulturanthropologische Wurzel der Miseren, die wir heute immer noch abschaffen wollten.

Es scheint mit diesem nur beispielhaften historischen Rückblick, als sei es ein Prinzip der Zivilisierung, dass der menschliche Gefühlshaushalt nach einem Ordnungsprinzip aufgeräumt würde, das die Spitzen und blinden Wogen der Passioniertheit kappt, um sie dann von ihrer ungestümen asozialen Triebhaftigkeit in einen inneren aufgeschlossenen psychischen Raum zu sperren, in dem sie

---

[396] ebenda, S. 104

[397] ebenda. S, 267

[398] Luchaire, Achille: *La Société française au temps de Philippe-Auguste,* Paris 1909, S. 273 [übers. d. Verf.]

Kämpfe und Krämpfe austragen, aber notgedrungen auch Selbsterkenntnis, Fremdbeobachtung und Selbstrelativierung erzeugen.

Mit dem Prozess der Zivilisierung ergeben sich einige theoretische Fragen. Welche Veränderungen betreibt die Initiation zu den spezifischen Zivilisierungsschüben, die sich als Affekt- und Verhaltensänderung dann manifestieren? Was ist ihr Wesen? Verlagert sie die Vormacht der Privilegierten, im Sinne Nietzsches, dass die Sublimation die fürchterlichste Kampfstrategie sei? Kann sie gesellschaftliche Asymmetrien kompensieren, um das *Kräftemissverhältnis der Verhältnisse* abzubauen? Oder handelt es sich um eine Entwicklung, die als Teil und Konsequenz eines ungewollten historischen Prozesses aufzufassen ist?

Die von uns oben beobachtete Rechtstendenz zu weniger Leidstiftung könnte nur eine Perspektive, zudem eine deontologische, eines humanistischen Optimismus sein. Die Evolution der Zivilisiertheit könnte ganz andere Wege gehen, die sich jedem teleologischen Handlungsversuch widersetzen, weil die Spezifität des persönlichen, politischen oder internationalen Handelns selbst nur eine Konsequenz von autonomen und gekoppelten Prozessen ist, die, wie am Beispiel der Zivilisationsdynamik gezeigt, keiner menschlichen Willenserklärung entspricht, sondern als eine unerkannte Spielart der Geschichte der Affekte auftaucht. Eine Affektgeschichte, die auch die Barbarei des Nationalsozialismus möglich machte.

Wenn es aber kein globales politisches Handeln geben kann, weil die strukturelle Komplexität der Abhängigkeiten, unabhängigen Faktoren und Systeme keine zentralistisch zu denkende Politik ermöglichen, dann entfallen einige theoretische Denkmodelle:

- eine Deontologie, die sucht, was sein soll.
- eine normative Anthropologie für eine wünschenswerte *conditio humana exspectata* oder *conditio humana minima*.
- eine Rechtsphilosophie für eine Theorie verbesserter Gerechtigkeitsbegriffe.
- eine Entwicklungstheorie für die Erreichung der noch utopischen Zielbegriffe.
- ein humanitärer Sinn der Zivilisiertheit.

## 1 Norbert Elias' Theorie vom Ende des Zivilisationszwangs

„Zivilisierung ist - kurz gesagt – die bewusste Aggressionsbeherrschung und Gewaltregulierung der Individuen bzw. der Gesellschaften mit Hilfe gewaltfreier/-armer Strategien der Konfliktbearbeitung zum Zwecke einer nachhaltigen

Friedensmodellierung. Zivilisierung muß zugleich als Prozess, Prinzip und Produkt betrachtet werden."[399]

Mit seinen historisch-soziologischen Untersuchungen über den „Prozeß der Zivilisation" verbindet Norbert Elias sozio- und psychogenetische Prozesse. Im Wandel der *Soziogenese* komme es zu einer Ausweitung und Befriedung der territorialen Einheiten und der öffentlichen Räume. Im Verlauf der *Psychogenese* komme es zur Pazifizierung der Individuen durch eine wachsende Affektkontrolle.[400]

Nach N. Elias besteht die *psychogenetische* Zivilisierung in einer Sublimation der menschlichen groben, direkten und brachialen Affekte und Triebe. Diese Verfeinerung dient aber nicht einer gewollten Humanisierung und Würdepraxis, sondern ist Resultat aus „Verflechtungszusammenhängen", aus der wachsenden „funktionalen Abhängigkeit" der Schichten und Metiers.[401] Der Sinn dieser Sublimation ist wiederum soziale Segregation, Absonderung, Ausgrenzung nach bestimmten, immer wieder geänderten Maßstäben und Lebensbereichen.[402] Die Verfeinerung und Modulation der menschlichen Emotionen in eine historisch sich intensivierende Distinktion hat nicht den Sinn noch den Effekt, Herrschafts- oder Machtansprüche zu egalisieren, sondern den Sinn, ihre Methoden und Mittel zu verbessern. Indem eine gesellschaftliche Schicht versucht aufzusteigen und sich die Distinktionsmittel und den Habitus der höheren Schicht aneignet, verbessern sich der Zivilisations- und Lebensstandard.[403] Die Funktionsteilung gesellschaftlicher Aufgaben fördert die funktionale Abhängigkeit. Sie verlangt „eine größere Zurückhaltung des Einzelnen, eine genauere Regelung seines Verhaltens und seiner Affekte; sie fordert eine stärkere Triebbindung und – von einer bestimmten Stufe ab – einen beständigen Selbstzwang."[404]

Diese Assimilationsphase, in der die jeweils untere, schwächere Kohorte und breitere Schicht sich noch anpasst und noch unterlegen ist, bezeichnet Elias als *Kolonisation* vom gesellschaftlichen Oben. In einer zweiten Phase würde die aufsteigende Gruppe Selbstbewusstsein gewinnen und provozierte eine stärkere Schließung der sozialen Schichten. Die Spannungen würden wachsen, die Kontraste würden stärker und die Mauern höher. Mit Auftreten und Ausbrechen der neuen Konflikte käme es zu gewaltsamen Austragungen, und ein neuer Schub von Verflechtungszusammenhängen wäre das Ergebnis.

---

[399] Vogt, Wolfgang R. (Hg.): *Frieden durch Zivilisierung. Probleme- Ansätze – Perspektiven.* Schriftenreihe des Östereichischen Studienzentrums für Frieden und Konfliktforschung - ÖSFK, Bd. 1, Münster 1996, S. 113

[400] Elias, Norbert: *Über den Prozeß der Zivilisation,* a.a.O., Bd. 1, S. 93 f.

[401] Elias, Norbert: *Über den Prozeß der Zivilisation,* a.a.O., Bd. 2, S. 422

[402] Elias: Norbert: *Über den Prozeß der Zivilisation,* a.a.O., Bd. 2, S. 420 f.

[403] ebenda, S. 422

[404] ebenda, S. 423

Mit einer Zwangsläufigkeit hält Elias die kleinen sozialen Kriege und Auseinandersetzungen für die „unvermeidlichen Stufen und Instrumente der Pazifizierung von größeren".[405]

Unausgetragene Spannungen sind unabgeschlossene Verflechtungszusammmenhänge, die dem Individuum immer höhere Verhaltensreglements abverlangen würden. Die Tendenz ginge auch zu der „Beschränkung und Aufhebung der freien Konkurrenz."[406] Erst wenn die Verflechtungszusammenhänge durch Konfliktaustragung sich vervollkommnen würden, könnten auf der subjektiven Verhaltensseite diejenigen Restriktionen von Emotionen „abfallen", die zuvor noch zur Überlegenheit, Segregation und zur sozialen Unterscheidung dienten.

Erst mit dem Abbau der Widersprüche, Spannungen und Ungleichheiten zwischen den menschlichen Verhältnissen und Lagen, könnten sich auch die „Widersprüche *in* den Menschen mildern."[407] Denn dann bedarf es nicht mehr des besonderen Habitus und Affektes, um sich sozial zu positionieren. Das Gleichgewicht der Seele entstehe mit dem gesellschaftlichen Gleichgewicht der Aufgaben- und Arbeitsverteilung. Mit der Ankunft einer Soziogenese verflochtener menschlicher Aufgabenteilung zur Bedürfnisbefriedigung kann auch erst die Psychogenese einer Harmonisierung der Existenzdimensionen geschehen. Die Anforderungen der sozialen Existenz stimmen mit der subjektiven seelischen Bedürftigkeit überein. Der Mensch muss sich im sozialen Unterminierungskampf nicht mehr emotional ‚verbiegen', um nicht gesellschaftlich zu unterliegen.

„Erst wenn sich diese zwischenstaatlichen und staatlichen Spannungen ausgetragen haben und überwunden sind, werden wir mit besserem Recht von uns sagen können, daß wir zivilisiert sind."[408] Der einzelne Mensch findet jenes „optimale Gleichgewicht seiner Seele", das wir mit den großen Worten wie „Glück" und „Freiheit" beschwören.[409]

Elias' Theorie konstatiert eine Analogie von sozialen Interessenkonflikten und inneren Trieb- oder Affektkonflikten. Seine utopische Vorstellung vom *Ende des Zivilisierungsprozesses* betont die Notwendigkeit, dass erst mit dem Prozess der Ausdifferenzierung und Kopplung aller gesellschaftlichen und sozialen Verflechtungen die Chance entsteht, dass auch die damit verbundenen inneren, seelischen Haushalte von ihrem Zwangscharakter befreit werden können. Wenn diese Ausdifferenzierung gesellschaftlicher Kräftegegensätze abgeschlossen ist

---

[405] ebenda, S. 452
[406] ebenda
[407] ebenda, S. 453
[408] ebenda
[409] ebenda, S 454

und der Mensch nicht länger die ‚Verinnerlichung' der äußeren Widersprüche und Gegenkräfte sein muss, hat der Prozess der Zivilisation die Funktion erfüllt, über das Mittel der Sublimierung von Konflikt- und Gewaltstoffen und über die Imprägnierung breiter Schichten mit Verhaltensformen und Triebmodellierungen, die zuerst nur Unterscheidungsmittel waren, eine soziale und seelische *Pazifizierung* zu erreichen. Der seelische Haushalt des Individuums leidet nicht mehr unter der die gesellschaftlichen Antagonismen vermittelnden Tätigkeit und Verhärmung.

## 1.1  Kritik an N. Elias' Theorie der Zivilisation

Der Gegensatz von Zivilisation und Barbarei, wie ihn Elias unterstellt, besteht in modernen Gesellschaften nicht. In der „Dialektik der Aufklärung" haben Adorno und Horkheimer[410] herausgearbeitet, dass sich wissenschaftlich-technologischer Fortschritt und gesellschaftspolitische Barbarei in der Moderne nicht ausschließen. Barbarei sei kein Rückfall, vielmehr ein innerer Ausdruck der modernen Zivilisation. Barbarei und Zivilisation sind ineinander verwoben, wie die Katastrophen des 20. Jahrhundert zeigen. Darin besteht ein „Selbstwiderspruch der Zivilisation".[411] Sie scheint soziogenetisch Formen der Friedfertigkeit zu ermöglichen, akkumuliert scheinbar aber tiefenpsychologisch ein ungeheures Gewaltpotential.[412] Auch Z. Baumann untersucht in seiner Studie „Postmoderne Ethik" die Ambivalenz der Postmoderne. Er möchte eine Revitalisierung des ethischen Denkens und Handelns, die trotz aller Rationalisierung zu einer emotionalen „Neuverzauberung" führen kann. Es wäre wichtig, besonders die *Ambivalenzen* der Zivilisation zu leben.[413]

Dass eine Affekt- und Triebregulierung in der Zivilisation stattgefunden habe, stellt H.-P. Duerr in Frage. Die Affektmodellierung nach Elias und seiner historischen Schwellentheorie gäbe es gar nicht. Gefühle seien immer restringiert worden, wie Duerr am Beispiel der ländlichen Großfamilienstruktur zeigen will. Die Affektkontrollen seien in modernen Gesellschaften durch ihre familiären Entflechtungen sogar geringer als in der feudalistischen Zeit. Elias' Theorie

---

[410]  Adorno, Theodor W. u. Max Horkheimer: *Dialektik der Aufklärung*, Amsterdam 1968

[411]  König, Helmut: *Zivilisationsprozess und Frieden*, in: Jopp, Matthias (Hg.): Dimensionen des Friedens – Theorie, Praxis und Selbstverständnis der Friedensforschung, Baden-Baden 1992, S. 120

[412]  Jan Philipp Reemtsma plädiert dennoch für die Beibehaltung des Zivilisationsbegriffs, um ihn zur Untersuchung der zeitgenössischen Kriege zu nutzen. Vgl. Reemtsma, Jan Philipp: *Die Wiederkehr der Hobbesschen Frage. Dialektik der Zivilisation*, Berlin 1998

[413]  Baumann, Zygmunt: *Dialektik und Ordnung: Die Moderne und der Holocaust*, Hamburg 1992, ders: *Moderne und Ambivalenz. Das Ende der Eindeutigkeit*, Hamburg 1992

sei ein Mythos, dem kein realer Abbau empirischer Gewalt durch Affektmodellierung entspräche, sondern nur eine Wandlung der Gewaltstrukturen.[414]

G. Zellentin bemängelt an der Zivilisationstheorie, dass sie sich nur auf Verfeinerung der sozialen Interaktionen bezieht und das destruktive „Verhältnis zwischen Gesellschaft und Natur außer acht" lässt.[415]

Eine weitere Kritik schlägt vor, den überladenen Begriff der Zivilisation wieder auf die höfisch-aristokratische Interaktion der Affektmodellierung zu reduzieren, um mit dieser begrifflichen Einengung eine Differenzierung zu ermöglichen. Damit könnten Entzivilisierung und Rebarbarisierung der Moderne erst in den Blick kommen. Nicht Rationalisierung oder Affektmodulation soll Zivilisierung einzig meinen.[416] Dabei bleibt die Frage, ob nicht die Gewalt in postmodernen Gesellschaften nur sublimer, kaschierter und subtiler auftritt, etwa als strukturelle oder symbolische Gewalt und Destruktivität. Wenn dies zutrifft und heuristisch zu erkunden ist, dann findet Zivilisation als eine *Transformation von Gewalt in Destruktionspotentiale* der Geräte, Techniken, Systeme und Strukturen statt. Die Verfeinerung der Affekte hat scheinbar auch eine Verfeinerung der Gewalt und Destruktivität gebracht. Gewalt (gegen Menschen und die Natur) bliebe das Grundproblem zivilisierter Gesellschaften. Zivilisierung könnte nur eine Oberflächenkosmetik habitueller Sublimation sein, deren Tiefenprägung aber keine Wirkung gezeigt hat. Die Gewaltbereitschaft nimmt in vielen Lebensbereichen zu, in Familie, Schule, Öffentlichkeit.[417]


## 2 Dieter Senghaas' „Zivilisatorisches Hexagon"

Das „zivilisatorischen Hexagon" von Senghaas nennt sechs Zivilisationskriterien. Es ist normativ-konfigurierend. Nach Ansicht Senghaas' sind mit diesen sechs Eckpunkten die Bearbeitungs- und Beschreibungskriterien für eine Zivilisierung genannt, die Gesellschaften in Richtung Friedfertigkeit und Gewaltreduzierung bringen.[418]

- Eine friedensstiftende Wirkung des Gewaltmonopols

---

[414] Duerr, Hans-Peter: *Der Mythos vom Ziviliationsprozess*, 3 Bde., Frankfurt/M. 1988

[415] Zellentin, Gerda: *Mit Gewalt zum Frieden*, in: Vogt, Wolfgang R. (Hg.): Frieden als Zivilisierungsprojekt – Neuere Herausforderungen an die Friedens- und Konfliktforschung, Baden-Baden 1994

[416] Breuer, Stefan: *Über die Peripetie der Zivilsation*. Eine Auseinandersetzung mit Norbert Elias, in: König, Helmut (Hg.): Politische Psychologie heute, Opladen 1988; ders.: *Die Gesellschaft des Verschwindens*. Von der Selbstzerstörung der technischen Zivilisation, Hamburg 1992

[417] Vgl. Heitmeyer, Wilhelm u.a.: *Gewalt*. Schattenseiten der Individualisierung bei Jugendlichen aus unterschiedlichen Milieus, Weinheim bei München 1995

[418] Senghaas, Dieter: *Friedensforschung und der Prozeß der Zivilisation*, in: Moltmann, Bernhard (Hg.): Perspektiven der Friedensforschung, Baden-Baden 1988.

- Die eurozentristische Universalisierbarkeit des Zivilisationsmodells
- Die demokratische Teilhabe an Entscheidungsprozessen
- Die Bändigung destruktiver Affekte durch Affektkontrolle
- Chancen- und Verteilungsgerechtigkeit, soziale Gerechtigkeit
- Konfliktkultur

## 2.1 Kritik an D. Senghaas

Die Entprivatisierung der Gewalt, schreibt Ropers, kann zwar Bürgerkriege verhindern, akkumuliert aber Gewaltmittel und Gewaltmechanismen.[419] Diese Konzentration könnte gerade ein Hinweis auf ihre internationale oder politische Unkontrollierbarkeit sein. Gewaltmonopol und Affektkontrolle können destruktive Wirkungen zeigen.[420] Ein Monopol dient oft der Stabilisierung staatlicher Herrschaft. Bürokratische Willkür und staatliche Repressionen werden möglich.

Lange Handlungsketten durch strukturelle und funktionale Verflechtungen verhinderten, dass Paragrafentäter und Strukturopfer immer weniger Verantwortlichkeit und Leidzufügung verbinden können.

Affektkontrolle erhöhe die „Peinlichkeitsschwellen" (N. Elias) und verursache durch Selbstdisziplinierung emotional gestaute, deshalb aggressive Triebhaushalte.[421] Außerdem bleibt fraglich, ob das Konzept zivilisierender Konfliktbearbeitung für nichtwestliche Kulturen zutreffen kann, es nicht hypostasierend borniert ist und andere Kulturen nicht zu ganz anderen Lösungen kommen.

Die Selbstunterdrückung der Einzelnen in Pflichten und Selbstkontrollen, wie Hygiene, Steuerpflicht, Wehrpflicht, Schulpflicht, Leistungspflicht, rigide Affektregulierungen, Affektbändigungen mit der Anfälligkeit zur Regression in faschistoide Verhaltensweisen waren ein Kritikpunkt Adornos und Horkheimers.[422] Zivilisierung könnte auch als gesellschaftliche Kolonisation und Unterwerfung der Schwachen und Unterprivilegierten verstanden werden, wie die zwischenstaatlichen Massenschlächtereien im 19. und 20. Jahrhundert, der Kulturimperialismus, wie die ökonomische ‚Unterwerfung' der Natur zeigt.[423]

---

[419] Ropers, Norbert u. Tobias Debiel (Hg): *Friedliche Konfliktbearbeitung in der Staaten- und Gesellschaftswelt*, Bonn 1995, S. 333

[420] Vgl. Zellentin, Gerda: *Mit Gewalt zum Frieden*, in: Vogt, Wolfgang R. (Hg.), Jahrbuch AFK 1993, Baden-Baden 1994, S. 57

[421] Zellentin, Gerda: *Mit Gewalt zum Frieden*, a.a.O.

[422] Adorno, Theodor W. und Max Horkheimer: *Dialektik der Aufklärung*, Amsterdam 1968

[423] Schmidt, Hajo: *Durch Reform zu Recht und Frieden*? Zur politischen Philosophie Immanuel Kants, in: Archiv für Rechts- und Sozialphilosophie, Vol. LXXI/Heft 3, 3. Quartal Wiesbaden/Stuttgart 1985, S. 297-318

Das „zivilisatorische Hexagon" Senghaas' sei auch nicht genetisch zu deuten und geschichtsphilosophisch in der Wechselwirkung und Dependenz der Eckpunkte ausgelegt. Außerdem stehen die sechs Faktoren in einem ungeklärten Verhältnis zueinander. Es wird keine Unterscheidung zwischen dem Akteur- und Systemtheoretischen vorgenommen. Affektkontrolle etwa bezieht sich auf akteurtheoretische Aussagen und Einstellungen, Rechtsstaatlichkeit dagegen auf die systemische Struktur westlicher Gesellschaften. Außerdem entsprächen die Wirklichkeiten von Marktgesellschaften mit ihren sozialen Stratifikationen und Exklusionen der strukturellen Wertverteilung. Die Emanzipation von Staat und Gesellschaft führe zu Disparitäten und enormen kapitalen Konzentrationen. Der demokratische Verfassungsstaat sichere auch den ungleichen wirtschaftlichen Tausch.[424]

Insgesamt könnte man von der Ambivalenz und Duplizität der Zivilisierung sprechen. Das „zivilisatorische Hexagon" stelle keinen Fortschritt für die „systematisch-differenzierte" Konzeptualisierung einer Friedenstheorie dar, „weil es von einem – inzwischen überholten – normativ-konfigurativen Zivilisationsansatz ausgeht und die „krisenhaften Paradoxien" westlicher Gesellschaften nicht erkläre. Es ist eben deshalb nicht in der theoretischen Lage, die „modernen Barbareien als Regression ins Archaische zu begreifen oder als „entzivilisierende Rückbildungsprozesse" (Senghaas). Man kann sie nicht aus dem Wesen der Zivilisierung selbst begreifen.[425]

Seit dem ideologischen Wegfall der Kaschierungsmöglichkeiten der Schwächen westlicher Zivilisation durch das Ende des kalten Krieges, seit das „Reich des Bösen" (Ronald Reagan) zu einem Partner geworden sei, „brechen die Systemwidersprüche auf", enorme soziale Spannungen, Armutswanderungen, Verteilungskriege um Lebenschancen.[426]

## 3 Zivilisation nach Wolfgang R. Vogt und Erich Kitzmüller

Vogt entwirft einen Strukturplan für die Zukunftsvisionen von Zivilisierung, ein „Funktionsmodell zu einer kritisch-reflexiven Theorie der Zivilisierung". Er unterscheidet darin:

- die Sinnlogik des kulturellen Systems mit ihrer Identitäts- und Sinnfindungsfunktion, die sich innerhalb der Evolutionslogik bewähren muss

---

[424] Schmidt, Hajo: *Durch Reform zu Recht und Frieden?*, a.a.O., S. 65

[425] Vogt, Wolfgang R.: *Zur Theorie zivilisierter Friedensgestaltung*. Zivilisierung und Frieden. Entwurf einer kritisch-reflexiven Friedenstheorie, in: Frieden durch Zivilisierung. Neuere Herausforderungen an die Friedens- und Konfliktforschung, hg. von Mader, Gerald u. a., Baden-Baden 1994, S. 105

[426] Leicht, Robert, in: DIE ZEIT, 12.6.1995

- die Marktlogik des ökonomischen Systems mit seiner Funktion der Güterproduktion, -versorgung und -verteilung
- die Machtlogik zur gesamtgesellschaftlichen Steuerung und
- die Funktionslogik des technologischen Systems als Mittel zur Lebensbewältigung und -erleichterung.[427]

Er unterscheidet Ziel-, Rahmen- und Einflussvariablen für den Prozess der Zivilisation. Ziel sei der Schutz vor Gewalt, Krieg, Not, Elend. Die *Rahmenvariablen* bildeten Dilemmata, die sich aus unüberwindbaren Widersprüchen ergäben, die Zivilisierung nicht abbauten, sondern nur „intelligent" entschärfen und ausbalancieren könnten. Nicht „Entweder-Oder"-Entscheidungen machten Zivilisierung aus, sondern „Sowohl-als-auch"-Entscheidungen und „Und-Strategien". Die *Einflussvariablen* sind die bekannten Steuerungsgrößen, mit denen die Zivilisierung beeinflusst werden kann. Diese sind:
- Denationalisierung und Systeme nationaler Sicherheit
- Demokratisierung, Rechtsstaatlichkeit, Gewaltmonopol
- Versorgungssicherheit und Verteilungsgerechtigkeit
- Konfliktkultur und Identitätsbalance
- Defensivstruktur und Konversion
- Umweltverträglichkeit und Nachhaltigkeit[428]

Aus diesen Punkten ergäbe sich eine politische Partizipation an Entscheidungen, eine ökonomische Überwindung der Welt-Klassengesellschaft, eine technologische, ökologieverträgliche, kulturelle und gewaltfreie Konfliktbearbeitung, die individuelle (kognitive, emotionale und soziale) Gewaltvermeidung und ein ökologisches Gleichgewicht der Natur, als „Marshallpläne für die Natur".[429]

E. Kitzmüller setzt sich mit dieser Frage der Gewaltregulierung für die Zivilgesellschaft auseinander. Die moderne Antwort auf Gewalt soll sich nicht mehr in einer Opferungskultur ausleben, sondern zu einer Zivilisierung der Rache werden. Die Durchsetzung des Prinzips ‚Aug um Aug - Zahn um Zahn' soll schon eine Rationalisierung und Eindämmung der Rache gebracht haben. Die Sakralgemeinschaft, die rituell ein Opfer benennt, organisiert ein Rachemonopol, das zugleich als legitimiertes Gewaltmonopol funktioniert. Legitimierte Herrschaft begründet und rechtfertigt sich sakrifiziell, d. h. nach der Frage, wer wird das Opfer der Rache. Soziale Hierarchien dienen insofern nicht nur als ordnende Beziehungen innerhalb der Gemeinschaft, sondern ordnen auch die

---

[427] Vogt, Wolfgang R.: *Frieden durch Zivilisierung*, a.a.O., S. 121

[428] ebenda, S. 127

[429] Gore, Al: *Wege zum Gleichgewicht*, a.a.O.

(polemischen) Beziehungen zur Außenwelt. Nach innen wird somit Identität gestiftet und Gewalt unterbunden. Nach außen hin herrscht Feindschaft.

„Kein Opfer soll sein."[430] Das Kunststück nun der (un-)zivilisierten Marktgesellschaft, in der gegenseitige personale Gewalt zurückgedrängt wird, besteht darin, die „Opferung aus der Wahrnehmung auszublenden und zugleich in größtem Umfang Opferung zu vollziehen."[431] Das Wesen dieser strukturellen oder ökonomischen Gewalt besteht in ihrer Kaschierung durch Abstraktheit.

> „Die mimetisch vermittelten Leidenschaften - Gier, Neid, Rivalität - werden nicht so sehr zurückgedrängt als vielmehr mobilisiert als Antriebe einer ökonomisch-technisch-wissenschaftlichen Expansion. Die Gewalt der Leidenschaften wird nun überwiegend nicht mehr gegen einzelne Opferungsgegenstände und Sündenböcke gerichtet. Vielmehr wird sie in sachlicher Funktion auf beliebige Objekte gelenkt, die zu Ressourcen eines unbegrenzten Aneignungs- und Verbrauchsprozesses verwandelt sind. Die Opfer dieser Expansion, ob Mensch oder sonstiger Naturteil, werden nicht als Opfer wahrgenommen. [...][432]

Die neuzeitliche Gesellschaft pflegt Empfindlichkeiten gegenüber Opferungen - wo sie als solche kenntlich werden. Als Marktgesellschaft jedoch trainiert sie Menschen zugleich zur systematischen Rücksichtslosigkeit gegenüber den Opfern ökonomischer Gewalt, zur Gleichgültigkeit gegenüber Opfern des „Wir-sind-quitt-Spiels".[433]

Zusammenfassend kann der Begriff der Zivilisierung soziomorph Gewaltreduktion oder Konfliktsublimation bedeuten. Soziale Konflikte werden statt mit roher Gewalt mit differenzierteren Strategien oder Reglements bestritten. Nicht die Konflikte gehen, sondern die Lösungsstrategien simpler Gewalt. Strukturelle Gewalt kann an ihre Stelle treten. Die Reduktion der Brachialgewalt zur psychischen Sublimation, zur institutionalisierten Gewalt beweist nicht, dass Gewaltlosigkeit als Zielkategorie der Zivilisierung erreicht ist.

Elias hatte zu zeigen versucht, dass Kämpfe verinnerlicht werden können, solange die Strukturkonflikte nicht endgültig gelöst sind. Erst mit der auch strukturellen Lösung der Gewaltkonflikte könne die Gefahr gewaltbedingter

---

[430] Kitzmüller, Erich: *Zivilgesellschaft als Gewaltregulierung*, in: Vogt, Wolfgang R.: Frieden durch Zivilisierung, a.a.O., S. 168

[431] ebenda, vgl.: Kitzmüller, Erich: *Woher kommt die Destruktivität des siegreichen Wirtschaftsstils?* Wirtschaft als problematische Gewaltregulierung, in: Kurswechsel (Wien), Heft l/ 1994, Alternative Ökonomie, S. 47-56. Vgl. ders.: *Europa - aber welche Moderne?* Die versäumte Debatte um das politische Vorhaben Europa, in: Österreichische Zeitschrift für Politikwissenschaft (Wien), Heft l. 1994, S. 89-l03.

[432] Kitzmüller, Erich: *Woher kommt die Destruktivität des siegreichen Wirtschaftsstils?* Wirtschaft als problematische Gewaltregulierung, in: Kurswechsel (Wien), Heft l/ 1994, Alternative Ökonomie, S. 55

[433] Kitzmüller, Erich, in: Vogt, Wolfgang R.: *Frieden durch Zivilisierung*, a.a.O., S. 167

Emotionen beseitigt werden. Die seelische Sublimation der Gewalt könne zurückgenommen werden.[434]

Die Analogie zur Würdeproblematik wird deutlich: Strukturelle Gewalt als Folge der Zivilisierung berührt auch die Wesenssubstanz der Würde, indem diese etwa durch einen sublimen Wertekampf um soziale Anerkennung (A. Honneth) eine Demütigung und Degradierung erfahren kann. Die verinnerlichten, sublimierten und strukturellen sozialen Kämpfe attackieren das Schutzgut, dessen Idee, Wert und Begriff als unantastbar angelegt war. Statt als gewürdigtes erlebt sich das Individuum als ein um seinen sozialen Wert kämpfendes und trägt diese Kämpfe individualisiert und privatisiert-seelisch aus. Statt Grundlagengut allen Rechts zu sein, kämpft das Individuum um einen Mindestgrad an relativer und sozial stratifizierter Würde.

Der sich öffnende Widerspruch ergibt sich aus der menschenrechtlichen und grundrechtlichen Idee von Würde, als per se gestiftete, und der wirtschaftlichen Kampfzone, in der Würdegrade errungen werden können.

---

[434] Der Gewaltforscher Johan Galtung kannte als abstrakteste Gewaltform diejenige, die zugleich „strukturell", als auch „latent", als auch „nicht intendiert", als auch „objektlos" erscheint. In diesem Punkt treffen sich Elias Sublimationsbegriff des Zivilisatorischen und Galtungs Idee abstraktester Gewaltverortung. Auch Nietzsche hatte schon diese Vorstellung einer unter sublimen Strategien leidenden aber erfolgreich operierenden Seele, ohne allerdings den Begriff der Zivilisation zu torpedieren. Was sich ihm als erfolgreiche Machtstrategie des Sublimen darstellte, war auf der psychogenetischen Seite affektive, weil „asketische" Selbstquälerei. Wie Elias suchte auch Nietzsche nach einem affektiv „gesünderen" Seelenzustand als *psychisch* scheinpazifizierte und scheinzivilisierte Gesellschaften hervorbringen.

# C Absolut definierte und relational verletzbare Würde

## I Von der dignitas homini zur dignitas gentis humanae

In den USA arbeiten über 12 Mio. Menschen in Vollbeschäftigungsverhält-
nissen und liegen mit ihrem Verdienst unterhalb der offiziellen Armutsgrenze.[435] Welches Ethos von Verteilungsgerechtigkeit innerhalb einer
arbeitsteiligen Gesellschaft erlaubt eine Entlohnungssumme, die per se zur relativen Armut verurteilt? Und wie kann eine als *absolut* definierte Menschenwürde davon unberührt bleiben? Jährlich sterben 3.000.000 Kinder an
Infektionskrankheiten, „obwohl Impfstoffe und potente Arzneien verfügbar wären", […] „45 Prozent aller Todesfälle in den Entwicklungsländern sind auf Infektionskrankheiten zurückzuführen [...]".[436] „Nach Angaben der WHO
investieren die Pharmafirmen weltweit jährlich 56 Milliarden Mark in die medizinische Forschung, doch nicht einmal ein Zehntel der Mittel werden eingesetzt,
um jede Krankheit zu erforschen, unter denen 90 Prozent der Menschheit leiden. [...] 8-10 Euro (15-20 D-Mark) geben die ärmsten Länder der Welt pro
Kopf für die medizinische Versorgung der Bevölkerung aus, die Industrienatio-
nen investieren dagegen mehr als 6000 Euro (12000 Mark)."[437]

Unsere Hypothese weist insofern auf diese Differenz hin. Der Begriff der
Würde entstand funktional als *absoluter* Begriff. Aber sowohl die historische
als auch die gesellschaftlich-positivierende Generierung der Menschenwürde
geschah und geschieht interaktionistisch, so unser Theorem, d. h. sie folgt intersubjektiven (institutionell, staatlich und rechtlich geregelten oder noch ungeregelten) Beziehungsformen. Dabei unterscheidet sich die Verortung des
Schutzgutes (der Würde) ‚als' *Individuum* erstens vom *konflikttheoretischen*
Generierungsprozess dieses Gutes (aus vertikalen und horizontalen Macht- und
Interessenkonflikten) und zweitens von ihrer Positivierung in institutionalisierten Verhältnissen.[438] D.h., weil Menschen unter ungleichen Machtverhältnissen
in Krieg und in wirtschaftliche Abhängigkeit und Zwangsarbeit gepresst worden
sind, war es sinnvoll, mit der Menschenwürde das Individuum als solches zu
schützen. Man sieht die Leiden und Ungerechtigkeiten in den vertikalen Machtverhältnissen und entscheidet sich, Menschen als Individuen mit unverletzbarer

---

[435] Sendung des WDR 3 vom 11. 4. 99, 19.00 Uhr, Prof. Eißert.

[436] Sentker, Andreas: *Pillen für die Welt*. Wo Seuchen schlimmer als Kriege wüten, ist eine neue
Medizin gefragt, in: DIE ZEIT, Nr.5 v. 27. Januar 2000, S. 39.

[437] ebenda, S. 40

[438] Die Dominanz der subjektivistischen Auffassung der Würde hat zweifellos ihre Herkunft auch
ganz allgemein im abendländischen Subjektivismus. Erinnert zu werden braucht nur an die
christliche Dichotomie Gott-Mensch, die den Menschen zum Pendant einer subjektzentrierten
Beziehung erklärt.

Würde zu begreifen und diese dann gegen Missbrauch zu schützen. Aus ihnen entstehen bestimmte Rechte und später Pflichten. Die so definierte absolute Würde darf durch Willkür und positive Gesetzgebung nicht abgeschafft, verletzt und manipuliert werden. Die historische Idee der Menschenwürde stellt sich also auf einen künstlichen Standpunkt des Individuums, um das unterste Schutzgut aller menschlichen Verhältnisse und Rechtsverhältnisse zu definieren. Sein Begriff konstruiert Gesellschaft und Recht vom Unteilbaren aus. Würde darf durch keine Rechtsvorhaben verletzt werden.

Der Geist dieser Begriffsschöpfung (der Würde) muss sich aber nur deshalb auf den individualistischen, *absoluten* Standpunkt stellen, weil es ohne Würde, als Archimedischer Punkt und Basisanthropologem, wieder nur Beliebigkeit in den sich wandelnden historischen Rechts- und Unrechtsverhältnissen geben könnte. Dagegen firmt ein absoluter Begriff als Basis aller Rechtskonstruktionen.

Konzis könnte man zusammenfassen, dass die Notwendigkeit des absoluten Würdebegriffs aus Missverhältnissen entstanden ist. Missverhältnisse oder Unproportionen als Unrecht und leidvolle Ungerechtigkeit haben ihn erzeugt. Damit ist die Schutzidee des Würdebegriffs *absolut*, der soziale und staatstheoretische Entstehungsanlass aber war *relational*, weil er Verhältnisse derart ordnen will, dass Menschen in diesen Verhältnissen nicht (würde)verletzt oder schlicht entrechtet werden. Schon die Tatsache, dass die Menschenrechte als unterste Ordnungsidee von menschlicher Gemeinschaft aus der Würde abgeleitet werden, zeigt den Geist der Verhältnisregulation. Menschen müssen ihre „Verhältnisse" zueinander und nebeneinander im Sinne der Menschenrechte ordnen, um den Geist ihrer Würde zu etablieren. Folglich ist eine Konsequenz des Würdekonzepts und der aus ihr abgeleiteten Menschen- und Grundrechte die *relational* zu ordnende Gesellschaft, so wie Grundrechtsgüter in ihren Schranken definiert werden müssen. Wie schwer wiegt das Gut der Freiheit etwa gegenüber dem Gemeinschaftsinteresse. Hier werden Relationen hergestellt, weil ein Gut das andere beschränken müsste.[439]

Sieht man sich die Entwicklung des Würdebegriffs an, wird die funktionale Konzeption als absolut-überzeitlichen Begriff auch in ihrer ideengeschichtlichen Entwicklung deutlich. Trotz wechselnder inhaltlicher Füllungen bleibt er rechtslegitimatorisch ein naturrechtlicher Begriff. Ihr Geist der absolut verankerten Würde bleibt in seiner *Konsequenz* kein rechtstranszendenter oder ontischer, sondern trägt sein Schutzgut in die gesellschaftliche Immanenz. Das Gut der Würde wird erst im historischen Entwicklungsprozess ihrer Positivierung und Säkularisierung durch Praxis und Institutionalisierung etabliert. Ihre historische *absolute* Idee ist eine naturrechtliche Legitimation als unantastbares Rechtsinstitut. Ihre Substanz ist *relational*: Menschenwürde wehrt Macht- oder

---

[439] Zur „Schrankendivergenz" der Grundrechte s. u. Kap. E, IV: Der Grundsatz der Verhältnismäßigkeit im Deutschen und Europäischen Recht.

Rechtsverhältnisse ab, die legitimatorische Beliebigkeit auszeichnet. Sie ist von ihrem Wesen her nicht subjektivistisch, sondern relational generiert und generierbar. Sie will schützen, Macht, Politik und Rechtsprechung begrenzen.

Lediglich die *Erfahrbarkeit* der Würdeverletzung liegt aus Gründen der offensichtlichen primären Reduktion auf Leid- und Noterfahrung im Zentrum der Subjektivität. Selbst diese Subjektivierung der Leiderfahrung in der Würdeverletzung ist aber von Begriffen abhängig, die eine vorethische Position und *Vorgesellschaftlichkeit* voraussetzen.

Hier begegnet sich die überpositive (anthropologische oder naturphilosophische) Legitimation des Begriffs mit seiner vorgesellschaftlichen Verortung. Das Menschenbild der *absoluten* Würde etabliert gerade sein Schutzgut in Opposition zu Staat und Gesellschaft. Insofern verwundert es nicht, wenn bei der Generierung des Würde*inhalts* innerhalb von rechtlichen und gesellschaftlichen Konflikten, die Substanz der Würde genetisch als vorgesellschaftliche, nahezu ontologisch aufgefasst oder belassen wird. Würde verstanden als relationales *Praxisresultat* wird dabei differentiell unterschlagen. Nicht zuletzt deshalb, weil mit der Entstehung von Grundrechten immer ein libertärer Machtverlust verbunden ist. Man denke nur an das aus der Menschenwürde deduzierte Verbot der Sklaverei, der Apartheid und Zwangsarbeit. Wie viele wirtschaftliche ‚Nachteile' sind bestimmten Gesellschafts- und Interessenkreisen wie Adel, Kirche, Großindustrie entstanden, sich nicht länger durch unbezahlte Fremdarbeit (Der Zehnt, der Kirchenzehnt[440], Zwangsarbeit, Kinderarbeit), alimentieren und luxurieren zu lassen.

Der Grundkonflikt des Würdebegriffs drückt sich in dieser Indifferenz aus, den Begriff vom Menschen weder rein individualistisch noch vergesellschaftet anlegen zu können. Würdeverletzung wird nur deshalb individualistisch erfahren, weil der Verletzungsgegenstand *subjektiviert* verstanden wird. Erst mit einer Auffassung des Menschen und seiner Würde als *wertrelational* vergesellschaftetem Wesen wandelt sich auch der Verletzungsbegriff in eine gesellschaftliche Angelegenheit. In diesem Moment erst stimmt die Kausalitätsdimension der Würdeverletzungen mit ihrer Verletzungs*dimension* überein. Mit der Einsicht in die gesellschaftliche oder staatliche Genese der Würdeverletzungen wandelt sich auch der Begriff des Subjekts der Verletzung zu dem der Interaktionsgemeinschaft. Würdeverletzt ist insofern in seiner Erfahrbarkeit nicht nur das (leidende) Subjekt, sondern auch das Würde generierende soziale *Verhältnis*. Erst mit der Idee der *Würdegemeinschaft* löst sich das Paradoxon des alten Würdebegriffs: Hier die historische Subjektivierung des Menschen und des

---

[440] Zehnt (Dezem), etwa seit dem 5. Jh. von der Kirche geforderte Abgabe (ursprünglich des 10. Teils vom Getreide, Vieh u.a.) an die Bischöfe zum Unterhalt des Klerus; kam ab dem 9 Jh. auch an die Grundherren; etwa seit dem 13. Jh. bis zur Bauernbefreiung auch als Geldleistung. Vgl.: *Leges Alemannorum I und II, Germanenrechte NF*, hg. v. Eckhardt, K. A., Westgermanisches Recht, Bd. 5, 1958 und Band 8, 1966

Würdebegriffs und dort die nur interaktionistisch mögliche Gewährleistung der Unverletzbarkeit. Legitimation, Geschichte und Generierung in einer positivierten Rechtspraxis fallen differentiell auseinander.

Es scheint also, dass in der Menschenwürde alter *absoluter* Provenienz die *relationale* Menschheitswürde steckt, in der *dignitas homini* die *dignitas gentis humanae* bereits angelegt ist. Erst mit dieser inklusiven Menschheitswürde, die sich durch soziale Verhältnisnahme konstituiert, könnte von einer gelingenden Positivierung ihrer Idee gesprochen werden.[441] Dem Nachweis dieser Ausführung soll nun nachgegangen werden.

## II Die Geschichte des Würdebegriffs

Um sich der Entwicklungsmöglichkeit des Würdebegriffs zu nähern, soll zunächst nun auf seine Begriffsgeschichte, dann auf seine Position in den wichtigsten Theorien eingegangen werden.

## 1 Die Begrifflichkeit in der Antike

In der Antike verstand man unter Würde zunächst einen Begriff des politischen Lebens. Er war immer an eine Person gebunden, nicht an das Verhältnis zwischen Personen. Er hatte eine Nähe zum Begriff des Prestiges. Prestige kommt ursprünglich von *praestigia*, Blendwerk, Gaukelei. Die heutige Bedeutung von Prestige ist erst im 18. Jh. in Frankreich entwickelt worden. Prestige de l'art, prestige de la royauté findet sich bei Diderot und Tocqueville. Vom Zauber als Blendwerk änderte sich das Verständnis zum Zauber als Faszinosum. Cäsar machte noch alle Eingeständnisse, wenn er nur seine *dignitas* behalten konnte. Heute verbietet Demokratie und die *Egalité* diese Überbetonung einer Person.

In Griechenland gab es keinen Begriff, der der römischen *dignitas* entsprach. Vergleichbar ist nur der Begriff der äußeren Ehre (gr. $\dot{\eta}$ $\tau \dot{\iota} \mu \dot{\eta}$) des Würdenträgers. Im Lateinischen wird oft *dignitas* und *honor* zusammen genannt. Auch gr. $\dot{\alpha} \xi \dot{\iota} \bar{\alpha}$ oder $\dot{\alpha} \xi \dot{\iota} \omega \mu \alpha$ (Würde, Geltung, Ansehen), $\dot{\alpha} \xi \dot{\iota} o \varsigma$ heißt würdig. Würdigkeit lautete griechisch $\tau o$ $\dot{\alpha} \xi \bar{\iota} o \nu$.

Thukydides lässt Perikles in der Leichenrede sagen:[442]

„Mit dem Namen heißt die Verfassung Demokratie, weil sie nicht auf wenige, sondern auf eine größere Anzahl ausgerichtet ist. Nach den Gesetzen haben zwar alle in

---

[441] Vgl. Bayertz, Kurt: *Die Idee der Menschenwürde. Probleme und Paradoxien,* in: Archiv für Rechts- und Sozialphilosophie ARSP, Vol. 81, 1995, 4. Quartal, Heft 4, S. 470 f.

[442] Thukydides 2, 37

ihren persönlichen Angelegenheiten gleiches Recht, nach der Würdigkeit (κατα τὴν ἀξίωσιν) aber genießt jeder, soweit er auf irgend einem Gebiet in Ansehen steht, in den Angelegenheiten des Gemeinwesens weniger auf Grund des regelmäßigen Ämterwechsels als auf Grund seiner Tüchtigkeit den Vorzug, und auch wenn er arm ist, aber der Polis etwas Gutes tun kann, ist er durch das Fehlen an Würde nicht behindert."

Das Wort ἀξίωμα taucht bei Pausanius (1,134), Themistokles (1,138,2) und in Platos Symposium (220e) auf. Bei Plato im Sinne von Geltung, Ansehen.

In der Mittleren Stoa muss ἀξίωμα als Stellung des Menschen im Kosmos oder den Rang der Seele und des Geistes bezeichnen. Àxia hieß bei den alten Stoikern[443] noch Wert. Die Aufgabe von moralischem Verhalten wäre die Frage, welcher Wert jeder Sache zukomme. Bei Seneca heißt dies dann: „pretia rerum nosse" (ep. 89,15)

Die Vulgata verwendeten häufig das Wort *dignitas*. Im griechischen Original stand aber δόξα oder τίμή (Ehre) (z.B.: Gott hat den Menschen mit δόξα und τίμή bekränzt.) (Ps. 8.6) Τίμή und δόξα stand bei den Griechen auch für den Sieger von sportlichen Wettkämpfen bereit. Alkibiades spricht davon in seiner Rede an die Athener (Thuk. 6,12) Wenn Platon von der Würde Athens spricht, meinte er Ruhm. In Rom ist die politische Leistung die Voraussetzung, *dignitas* zu erhalten.

Die Würde des Einzelnen findet ihre Grenze an der Freiheit des anderen. (Livius, 7., 33,3) Die *dignitas* war also nicht von sozialen Verpflichtungen zu trennen. Je höher die Würde, um so mehr Verpflichtung gehörte zu ihr. Ohne politisches Amt gab es auch keine Würde. Traten die *homines novi* ohne adelige Herkunft in den Senat ein, erhielten sie *dignitas* und vererbten sie auf ihre Nachkommen. Politische und soziale Position und *Leistung* schuf dignitas. Soziale Herkunft, persönliche Ambitionen, Grundbesitz und finanzielles Vermögen galten als Bedingungen im antiken Rom, als Person mit Würde zu gelten.

Andere mit dignitas verbundene Begriffe waren: *auctoritas*, Autorität, *gratia*, der Anspruch auf Dank, den der Diener dem Patron und das Volk dem Staatsmann schuldet, dann *fides,* die Treueverpflichtung, und *maiestas*, besonders einer selbstübernommenen Verpflichtung. Anspruch auf Reputation und Ämter waren immer an eine schuldende Verpflichtung gebunden.

Cicero (106-43 v. Chr.) benutzt zum ersten Mal den Begriff der Würde als *dignitas* nicht mehr im Sinne des sozialen Rangs, den er erworben hat, sondern um die besondere Stellung des Menschen (excellentia) zu bezeichnen, die dem Menschen kraft seiner Natur zukommt. Mit der Formel „in natura excellentia et dignitas" (De off. 1. 105 f.) tritt zum ersten Mal ein Begriff von Würde in Erscheinung, der alle Menschen gleich betreffen *soll*.

---

[443] Stoicorum veterum fragmenta (SVF), hg. v. H. Arnim, 3,264, Fragment Nr. 22

Cicero erwähnt deutlich, dass Würde graduiert war. Es gab Stufen der Würde, sichtbare Abstufungen, die selbst bei Hinrichtungen eine gewisse Reihenfolge einhalten lässt. (Plutarch, Cic. 22,2) „Die Gleichheit selbst ist ungleich, wenn sie keine Abstufungen der Würde kennt." (Cicero, De rep. 1,43) Die *honestiores*, wie Senatoren, erhielten bei gleichen Delikten geringere Strafen als die *humiliores*. Bei Brandstiftung etwa gab es Verbannung für die einen, Zwangsarbeit, Bergwerk für die anderen. [444]

Wie im Strafrecht so wurden auch im Zivilrecht die Angehörigen des gehobenen Standes bevorzugt. Eine niedriger stehende Person, niederer Würde, konnte gegen eine höhere Person nicht prozessieren. Die Strafe hatte neben dem Sinn der Sühne und Abschreckung auch die Aufgabe, die Würde wieder herzustellen.

Nach Cicero gibt es drei Möglichkeiten der *dignitas*, in denen sie sich verwirklichen kann:

- man kann eines Amtes würdig sein
- man kann eines Amtes für würdig gelten
- man kann schließlich dieses Amt auch wirklich erlangen

Würde war an Freiheit gebunden. Würde und Knechtschaft waren unvereinbar. Der Sklave hatte keine Würde. Man war besser tot als in Knechtschaft. Deshalb konnte der Freie im „ehrenhaften" Tod die Würde bewahren. Scipio Aemilianus (185-129 v. Chr.) schrieb: „Aus Untadeligkeit erwächst Würde, aus Würde eine Ehrenstellung, aus der Ehrenstellung die imperiale Gewalt, aus der imperialen Gewalt Freiheit."[445]

*Dignitas* wird der Leitbegriff der *Sittenlehre*, wie sie Cicero in „De officiis" (1,141) entwickelt. Das Begehren muss der Vernunft gehorchen. Der Aufwand an Sorge und Mühe muss im richtigen Verhältnis stehen zu dem, was man erreichen will. Er darf weder zu groß noch zu klein sein.

Das römische Selbstbewusstsein lautete: Alles was man tut, muss auf den Eindruck, den der Vornehme machen muss, und auf seine Würde abgestimmt sein, besonders Größe und Selbstdisziplin. Das Animalische und Emotionale muss man in sich bezwingen.

Männliche Selbstbeherrschung, Zurückdrängen der Emotionen prägen den römischen Würdebegriff und auch die Ethik der Mäßigung. Würde und Zorn sind unvereinbar. Der Geist der Großzügigkeit bei den Römern verlangte eine hohe Gesinnung. Die *dignitas artium*, die Würde der Künste richtete sich gegen eine mit Quisquilien beschäftigte Jurisprudenz (Cic., Mur. 25) Von Cicero stammen auch Beschreibungen, gewissermaßen Habitusstudien, wie sich der

---

[444] Nach dem Juristen Paulus: E. Levy: *Paulus und der Sequenzenverfasser*, Savignyzeitschrift 50, 1930, 272 f.; vgl. auch: Cohen, B.: *Zum römischen Ordo-Begriff*, Darmstadt 1975

[445] Macovati, M. (Hg.): *Oratorum Romanorum fragmenta*, Turin 1955, Nr. 32 [übers. d. Verf.]

freie Mann würdevoll bewegen und kleiden muss. (Plautus: Poen., 522 ff.) Aus dem Handeln mit Würde und Anmut, „agere cum dignitate et venustate" (de or. 1,142) wird 1793 bei Schiller „Anmut und Würde". „Anmut liegt in der Freiheit der willkürlichen Bewegung, Würde in der Beherrschung der unwillkürlichen." „Will der Starke geliebt sein, so mag er seine Überlegenheit durch Anmut mildern, will der Schwache beachtet sein, so mag er seiner Ohnmacht durch Würde aufhelfen."[446] Das Begriffspaar Würde und Anmut findet sich auch bei Dionys von Halikarnass (Demosthenes).

Zudem musste in der Rede ein bestimmter Rhythmus sein, um ihr Würde zu verleihen. Das ‚decorum' gehört zur Würde. Alles Taktlose, Gemacklose, Übertriebene, Gekünstelte, Aggressive, Possenreißerische, Hämische widersprach der römischen Idee von Würde.

Eine der Wurzeln des modernen Begriffs der Menschenwürde liegt also bei Cicero. Zum ersten Mal wird zwischen *voluptas* (Vergnügen, Freude, Genuß) und *dignitas* unterschieden. Tugend (aretè) ist das, was dem Menschen Würde verleiht. Man könnte sich, schreibt Cicero, entweder an der *dignitas* oder an der *utilitas* orientieren. Aber der *utilitas* folgt die *dignitas*, das Nützliche gehe der Würde voraus.

Die Pflichtenlehre Ciceros ist maßgebend bei der Entwicklung des Begriffs der modernen Menschenwürde beteiligt. Erstes Zeugnis ist in *De officiis*, in der er die Pflichtenlehre entwickelt. Der Mensch habe eine Sonderstellung. Ein übergeordnetes *decorum* binde den Menschen. (De off. 1,105 f.) Tiere streben nach Lust. Der Mensch sieht, lernt, hört und schämt sich der Lust, wenn er sich auch von ihr leiten lässt. „Daraus kann man entnehmen, daß die körperliche Lust der hervorragenden Stellung des Menschen nicht genügend würdig ist, wenn wir bedenken, welche Vorrangstellung und welche Würde unserer Natur eignet, dann verstehen wir, wie schimpflich es ist, im Wohlleben zu versinken." Der Mensch sei durch die „animi excellentia" bestimmt. Selbsterkenntnis ist Erkenntnis des Göttlichen in uns (Cicero, de off., 1,59).

Auch Boethius (480-524), noch antik-heidnisch denkend, schreibt in der „consolatio philosophiae"[447], dass das Menschengeschlecht über allen irdischen Dingen stehe. Er ist nicht mehr weit entfernt von der Gottesebenbildlichkeit des christlichen Menschen. Der Mensch zeichnet sich durch seine ihm auferlegten Pflichten aus.

Bei Sallust, in seiner Monografie „Die Verschwörung des Catilinia" (1,3), findet sich ein Hinweis auf die Bestimmung des Menschen: „Man muß Ruhm erwerben und etwas leisten, was in der Erinnerung möglichst lange lebendig bleibt."

---

[446] Schiller, Friedrich: Über Anmut und Würde, Frankfurt/M. 1967

[447] Boethius: *Consolatio Philosophiae*. Edited, with a Commentary, by James J. O'Donnell, Vienna 1935

Bei den Griechen der Antike folgte aus der Würde eine der vier Kardinaltugenden: Die *sophrosyne*, die Besonnenheit.[448] Insgesamt sind die Griechen weniger förmlich im Vergleich zu den Römern, die abfällig als konformistische Togaträger bezeichnet wurden. „Hochgesinnt ist der derjenige", sagt Aristoteles, „der sich großer Dinge für würdig hält und ihrer auch würdig ist." „Die Hochgesinntheit hat es mit großen Dingen zu tun."[449]

## 2 Würde und Misere im frühen Christentum

Die Menschenwürde und das menschliche Leid, *dignitas hominis* und *miseria hominis*, gehören nach christlicher Auffassung zu einer Natur. Trotz der Niedrigkeit hat Gott dem Menschen die Würde seiner Kindheit verliehen.

Der Mensch sei Staub und Asche (Gen 18,27). Heu nach Isaias (Is. 40,6), Grasähnliches nach David (Ps 36,6), Eitelkeit nach dem Ekklesiastes (1,2) und Elend nach Paulus (1 Kor 15,19). Früheste Belege in der schon christlich geprägten Spätantike sind: Theophilos von Antiochien (2. Hälfte des 2. Jh.; ad Autolycum 2,18) „Als erstes deutet (Gott) die Würde des Menschen an [...], denn nur die Erschaffung des Menschen hält er für würdig, ein Werk seiner eigenen Hände zu sein".

Der Mensch hat die Verpflichtung, in seiner Vernunft und seiner „Liebe", dem *logos* und der *agape* Gottes nachzustreben. Auch Philon von Alexandrien gibt der Seele den Vorrang vor dem Leib: „Der Schlechte hält die Dinge des Körpers für ehrwürdiger, der Kultivierte aber die der Seele, die auch in Wahrheit zwar nicht dem Alter nach, aber nach ihrer Macht und Würde ehrwürdiger sind [...]"[450].

Die frühen griechischen Kirchenväter kennen ebenso einen Würdebegriff. Bei Augustinus heißt es: „Welche große Würde Gott dir verliehen hat, erhellt am meisten daraus, daß Gott, der allein von Natur aus dein Herr ist, andere Götter geschaffen hat, über die du Herr bist." (Contra epistulam fundamenti 37) Augustinus erwähnt, dass Adam durch die Sünde seine *dignitas* verlor, aber durch die Menschwerdung, der Ebenbildlichkeit und der Erlösungstat Christi wiedererlange (quaest. Evangel. 2,33).

Die Idee der Würdegenese durch die Erlösungstat Christi findet sich im ganzen Mittelalter. Bei Alkuin wie auch bei Paulinus von Aquileia. Bei der Hl. Katharina von Siena (1347-1380) wird die christliche Menschenwürde mit der

---

[448] Platon: *Politik*, 4, 427e, 430d-e

[449] Aristoteles: *Nic. Ethik* 4, 1123a 34

[450] Cohn, Leopold, Heinemann, Isaak, Adler, Maximilian und Theiler, Willy (Hg.): *Philo von Alexandrien. Die Werke in deutscher Übersetzung*, 7 Bde., Berlin 1909-1938 und (Bd. 7) 1964, Legum Allegoriae 3,191

spätplatonischen Vorstellung verknüpft, dass der Mensch sich im Spiegel Gottes erkenne.[451]

## 3 Der Würdebegriff im Mittelalter und in der Neuzeit

In den berühmten Traktaten des 15. Jh., die für das Menschenbild der italienischen Renaissance bahnbrechend geworden sind, beginnt der Begriff der Menschenwürde sich wieder von der christlichen Heilslehre zu lösen, ohne sie aufzugeben und in ihr in Widerspruch zu geraten. Der Akzent liegt jetzt auf der platonisch-stoischen Vorstellung.

Die wichtigsten Abhandlungen sind zunächst B. Fazio, „De excellentia et praestantia hominis", um 1450 erschienen. Für Fazio besteht die Würde des Menschen in seiner Bestimmung für die Seligkeit. Seine Aufgabe ist es, Gott zu verehren. Der König von Neapel, Alfons I, fühlt sich durch die Vergeistlichung dieses Würdebegriffs vernachlässigt und bittet einen anderen, noch einmal über die Würde nachzudenken. Aus dem Jahre 1452 stammt deshalb die Schrift und Replik in vier Büchern von G. Manetti: „De dignitate et excellentia hominis".[452] Im dritten Buch des Werkes findet sich die Aussage, dass Gott die Welt nicht für sich selbst, sondern einzig für den Menschen geschaffen hat. Dieser könne sich, dadurch legitimiert, alles unterwerfen. Die Aufgabe und besondere Bestimmung des Menschen sei das Denken und Handeln. Gott habe dem Menschen die Pflicht zum Denken und Handeln auferlegt. Manetti ergänzt dann noch artig und opportun für seinen Auftraggeber die menschliche Bestimmung zum Regieren, Herrschen, Lenken und Befehlen. Die Würde besteht für den Menschen in seiner Bestimmung zur *vita activa*.

Die berühmte Rede von G. Pico della Mirandolla „De dignitate hominis" aus dem Jahre 1487 spricht vom alleinigen Vorrang des Menschen und seiner Stellung im Kosmos.[453] Der Mensch sei der „Mittelpunkt des Universums. Darin gründet die ihm eigene Würde." Als eigenständiger Mikrokosmos steht der Mensch dem Makrokosmos gegenüber und kann und muss darin seine Stellung und seine eigene Natur bestimmen. Entartung ins Tierische und Annäherung an das Göttliche sind in gleicher Weise im Auftrag der Selbsterschaffung möglich. Pico della Mirandolas Mensch ist von Gott in das Risiko der Autonomie gesetzt worden, seine Unbestimmtheit als Bildner und Former seiner selbst zu überwinden. Im Unterschied zu Fazio gibt Pico jedoch der *vita contemplativa* zur Schau

---

[451] Catarina da Siena, S.: *Il dialogo della Divina Providenza*. Nella redazione aggiornata del Angiolo Puccetti, Siena 1980, S. 52

[452] Gianozzo Manetti: *Über die Würde und Erhabenheit des Menschen*, hg. v. August Buck, Hamburg 1990

[453] Pico della Mirandola: *De dignitate hominis,* hg. v. E. Garin, Pisa 1985, dt.: Über die Würde des Menschen. Lateinisch/Deutsch, Stuttgart 1997

der Herrlichkeit Gottes den Vorrang und kann das Argument monieren, dass die Beschäftigung mit Philosophie nicht notwendig ketzerisch sein muss. Dennoch bleibe die Würde philosophisch begründet, besonders in der Zusammenschau der gegensätzlichen Philosophenschulen. Die Philosophie der Philosophien selbst helfe dem Menschen, der Sichtung der himmlischen Herrlichkeit entsprechend Wege zu bahnen. Der philosophierende Mensch der *vita contemplativa* sei auf dem Weg der Vollendung.

Während durch den Schöpfungsakt - so auch Pico della Mirandola - jedem Lebewesen eine bestimmte Dimension des Wollens und Schaffens vorgeschrieben ist, erschließt sich der Mensch durch sein Wirken immer neue Kreise.

> Dem Menschen hat sein Vater bei deiner Geburt die Keime jeglichen Lebens gegeben. [...] Dich allein bindet keine Schranke, es sei denn, daß du selbst nach Deinem Willen, den ich dir verlieh, sie dir vorschreibst [...] Du kannst den Platz, das Aussehen und alle die Gaben, die Du Dir selber wünschst, nach deinem eigenen Willen und Entschluß erhalten und besitzen. [...] Du kannst zum Tier entarten und zum Göttlichen dich wiedergebären. [...]Folgt er der Sinnlichkeit wird er zum Tier, bildet er die Anlage der Vernunft in sich aus, wird er zum himmlischen Wesen, folgt er der Intelligenz, wird er zum Engel und zum Sohn Gottes.[454]

Diese Hierarchie Pico della Mirandolas entsprach den vier Seinsstufen der Philosophie Plotins. Welche Stufe der Mensch erreicht, liegt bei ihm selbst. Dass er aber diese Möglichkeiten hat, darin liegt seine Würde und Auszeichnung. Dies bedeutet, dass der Begriff der Würde aus einer Schenkung Gottes in den Bereich der Individualethik gelangt ist. Die Würde verlangt vom Menschen ein Verhalten, das seine Sonderstellung im Kosmos ausmacht. Er kann wählen und muss sich definieren und bestimmen. Die sozialethische Vorstellung, dass es die Pflicht des Staates und seiner Amtsträger sei, für die Sicherung der Würde zu sorgen, ist noch nicht entwickelt.

Die politische Deutung und Füllung des Begriffs der Würde, die bis heute transportiert ist, beginnt bei den spanischen Neuscholastikern. Besonders F. Suárez (1548-1617) und der Begründer des Völkerrechts, der Dominikaner F. de Vitoria (ca.- 1490- 1546) lehnen sich stark an die naturrechtlichen Überlegungen des römischen Rechtsdenkens an, um damit für eine menschliche Behandlung der Indianer einzutreten und um gegen die Suprematie des Papstes zu opponieren. Ungläubigkeit der Indianer, Menschenopfer und aus okzidentaler Sicht angedichtete Laster seien kein Grund, die Indianer zu bekriegen, zu versklaven und zu töten. Der Begriff der Menschenwürde ist in den Texten der Spanier noch nicht zu finden. Erst S. Pufendorf (1632-1694), von 1661-1670 Professor des Natur- und Völkerrechts in Heidelberg, führt aus, dass eine ge-

---

[454] Pico della Mirandola: *De dignitate hominis,* hg. v. E. Garin, Pisa 1985, dt.: Über die Würde des Menschen. Lateinisch/Deutsch, Stuttgart 1997, S. 7 f.

wisse Würde, die der Mensch habe, in der Pflicht bestehe, die alle Menschen verpflichtet, sich gegenseitig als gleichberechtigt zu betrachten.[455] Pufendorfs Idee der Gleichheit aller Menschen gelangt dann über J. Wise in die *Virginia Bill of Rights,* die wiederum in die amerikanische Erklärung der Menschenrechte von 1776 gelangt.

Das in der aristotelischen Tradition als Gewissen gedeutete Selbstverhältnis des sittlichen Individuums wird bei J. Locke (1632-1704) zum Selbstbewusstsein, dem Bewusstsein über die eigene Einheit. Moralisches und subsistentielles Sollen treffen sich in der Sorge um die Selbsterhaltung und das Gelingen des Lebens. Die Erhaltung der (Bewusstseins-)Einheit und der identischen und lebensweltlichen Kontinuität bilden einen Kontext sittlicher und praktischer Interessen.

Typisch dann für Rousseau (1712-1778) ist, dass der Begriff der Menschenwürde bei ihm nicht erscheint. Rousseau kämpft für Gleichheit und die Befreiung von jeder Unterjochung des Menschen. *Dignitas* war für ihn immer noch, wie in der Spätantike, im Christentum und der Renaissance, durch die Bedeutung des Aristokratischen belastet. *Dignitas* war zudem ein Privileg des Menschen innerhalb der Schöpfung und forderte vom Menschen ein besonderes Handeln, nämlich sich zu vervollkommnen. An dieser in der römischen Tradition stehenden Individualethik konnte Rousseaus Gesellschaftskritik nicht ausschließlich interessiert sein. Für ihn lag die Bestimmung des Menschen und seiner konstitutionellen Ambivalenz im Spannungsfeld von Natur- oder Gesellschaft, bzw. möglicher Würde als Naturrecht oder im Sinne des Würdenträgers. „Man bekämpft dann entweder die Natur oder die sozialen Einrichtungen und muß wählen, ob man einen Menschen oder einen Bürger erziehen will: beides zugleich ist unmöglich."[456]

Der Enzyklopädist A. Condorcet (1743 – 1794), der sich 1789 der Französischen Revolution anschloss und die Beseitigung der Klassenunterschiede im Bildungswesen, sowie Autonomie gegenüber Kirche und Staat forderte, vertrat einen Geschichtsoptimismus ohne Prädestination und Entelechie. Der Mensch und seine Würde unterliege keiner heteronomen Bestimmung, sondern bilde sich in einem geschichtlich offenen Akt des zunehmenden Selbstentwurfs, einer Selbstschöpfung.[457] Die Generierung der Menschenwürde aus der Fähigkeit zur Selbstgesetzgebung und normativen Bestimmung des Menschen hatte schon Diderot betont.[458]

---

[455] Pufendorf, Samuel: De officio hominis et civis iuxta legem naturalem. 1,7,1, a.a.O.

[456] Rousseau, Jean-Jacque: *Emil oder Über die Erziehung,* Paderborn/München/Wien/Zürich 1981, S. 12, vgl. auch ders.: *Discours sur l´inegalité,* Paris 1984

[457] Condorcet, Antoine: *Entwurf einer historischen Darstellung der Fortschritte des menschlichen Geistes,* Frankfurt/M. 1976

[458] Diderot, Denis: *Enzyklopädie.* Philosophische und politische Texte aus der „encyclopédie" sowie Prospekt und Ankündigung der letzten Bände, München 1969

Der moderne Begriff der Menschenwürde bei Kant folgt noch der Tugendlogik der Antike und stellt die Pflicht des Individuums als Würdeverwirklichung dar. Als ein Annex zum Anderen und zur Gesellschaft wird die Würde aber noch nicht sozialethisch gesehen: „Daraus, daß wir zu einer inneren Gesetzgebung fähig sind, dass der physische Mensch den moralischen Menschen in seiner eigenen Person zu verehren sich gedrungen fühlt, folgt die höchste Selbstschätzung als Gefühl seines inneren Wertes, dank welcher er eine unverlierbare innere Würde (dignitas interna) besitzt, die ihm Achtung (reverentia) gegen sich selbst einflößt."[459]

Die sittliche Selbstbestimmung bestehe in einer Unterwerfung unter das selbst auferlegte Gesetz, indem wir „unter dem Begriff von Pflicht uns eine Unterwürfigkeit unter dem Gesetz denken, wir uns dadurch doch zugleich eine gewisse Erhabenheit und Würde an derjenigen Person vorstellen, die alle ihre Pflicht erfüllt."[460]

„Die Menschheit selbst ist eine Würde, denn der Mensch kann von keinem Menschen [...] bloß als Mittel, sondern muß jederzeit zugleich als Zweck gebraucht werden, und darin besteht eben seine Würde [...].[461] Über die Pflicht gegen sich selbst heißt es in seinen Vorlesungen „Über Pädagogik" vom Wintersemester 1776/77, es komme darauf an, „daß der Mensch in seinem Inneren eine gewisse Würde habe, die ihn vor allen Geschöpfen adelt, und seine Pflicht ist es, diese Würde der Menschheit in seiner eigenen Person nicht zu verleugnen."[462]

„Der Mensch ist zwar unheilig genug, aber die Menschheit in seiner Person muß ihm heilig sein. In der ganzen Schöpfung kann alles, was man will, und worüber man etwas vermag, auch bloß als Mittel gebraucht werden; nur der Mensch, und mit ihm jedes vernünftige Geschöpf, ist Zweck an sich selbst."[463]

Die Ableitung der Würde aus der menschlichen Vernunftbegabtheit wird zu einem Topos, der später noch im utilitaristischen Denken J. St. Mills auftaucht.[464]

Der Mensch steht für Kant nicht mehr, wie in der Antike bei Cicero, dann bei Pico della Mirandola, in einer kosmischen Ordnung, innerhalb der er eine Aufgabe zugewiesen bekommt und eine soziale Positionierung. Auch wird der Mensch nicht primär relevant in einer staatlichen und sozialen Gemeinschaft,

---

[459] Kant, Immanuel: Werkausgabe, Bd. VI, hg. v. Weischedel, Frankfurt/M. 1977, S. 436

[460] Kant, Immanuel: *Grundlegung zur Metaphysik der Sitten,* Werkausgabe IV, a.a.O., S. 439

[461] ebenda, Bd. VI, S. 462

[462] Kant, Immanuel: *Über Pädagogik,* Bochum 1967

[463] Kant, Immanuel: *Kritik der praktischen Vernunft,* hg. v. K. Vorländer und F. Meiner, Hamburg, unveränd. Nachdruck der 9. Aufl von 1929, S. 102

[464] Mill, John Stuart: *Über die Freiheit,* Stuttgart 1974

sondern der Einzelne erringt die innere *dignitas*, indem der physische Mensch sich dem moralischen *unterwirft*. Der moralische Aspekt der römischen *dignitas* erscheint hier losgelöst von allen politischen, sozialen und kosmischen Zusammenhängen. Auf politische Folgen der Würde ist Kant nicht eingegangen. Dennoch hält er die Beziehung von Menschheit als Spezies und Individuum würdekonstitutiv für wichtig.

Bei Schiller wird im *Don Carlos* beim berühmten Gespräch zwischen König Philipp und Marquis v. Posa Menschenwürde in einen politischen Zusammenhang gestellt.

[...] Stellen Sie der Menschheit
verlorenen Adel wieder her. Der Bürger
sei wiederum, was er zuvor gewesen,
der Krone Zweck, ihn binde keine Pflicht,
als seiner Brüder gleich ehrwürdige Rechte.[465]

Hier wird zum ersten Mal die Pflicht staatlicher Gewalt literarisch formuliert, die Menschenwürde zu schützen. Sie wird ein politisches Postulat. Kants *dignitas* und die christliche Menschenwürde kommen 1789 neu zur Geltung. Die Menschenwürde wird zum Fundament der Menschenrechte, die eine ältere Geschichte haben!

„Nur in politischer Freiheit", so verkündet Schiller, „kann der Mensch zum Gefühl seiner Würde erwachen." Freiheit wird eine Forderung der Menschenwürde. „Es ist des Menschen nichts so unwürdig, als Gewalt zu erleiden, denn Gewalt hebt ihn auf", schrieb Schiller.[466] Würde wird ihm zu einem Leitwort.[467]

„Die Menschheit hat ihre Würde verloren, aber die Kunst hat sie gerettet und aufbewahrt [...] Die Wahrheit lebt in der Täuschung fort, und aus dem Nachbilde wird das Urbild wieder hergestellt werden."[468] Im Gedicht *Der Künstler* mahnt Schiller die Dichter, dass sie sich prädestiniert für die Würde engagieren müssen. „Nichts halb zu tun ist großer Geister Art".

„Der Menschheit Würde ist eure Hand gegeben,
bewahret sie, sie sinkt mit euch,
mit euch wird sie sich heben."

Die Idee der Menschenwürde nimmt nicht zuletzt durch die Wirkung Schillers im 19. Jahrhundert eine wachsende Bedeutung an. Der Voluntarist Scho-

---

[465] Schiller, Friedrich: *Don Carlos*. Infant von Spanien, Ditzingen 1986
[466] Schiller, Friedrich: *Über die ästhetische Erziehung des Menschen*, Stuttgart 1975, 9. Brief
[467] Schiller schrieb ebenda: „Würde ist der Ausdruck einer erhabenen Geisteshaltung."
[468] ebenda

penhauer, der in seinem System des blinden Wollens der Natur keinen Raum für ästhetischen Moralismus lässt, schreibt: „Es scheint mir der Begriff der Würde auf ein am Willen so sündliches, am Geiste so beschränktes, am Körper so verletzliches und hinfälliges Wesen, wie der Mensch ist, nur ironisch anwendbar zu seyn."[469]

Der klassische Utilitarismus von Jeremy Bentham und John St. Mill betrachtet Handlungen von ihren Folgen her, konsequentialistisch. Die Handlungsfolgen sollen dem Nützlichkeitsprinzip und dem Sozialprinzip folgen, einer möglichsten großen Zahl von Menschen größten Nutzen zu bringen. Es wird also vom menschlichen Eigeninteresse ausgegangen. In der Leid-Lust- oder Kosten-Nutzenbilanz fehlt ein direktes Kriterium, Menschenwürde sittlich unmittelbar anzusteuern. Der Utilitarismus zeichnet sich auch durch seine Neigung aus, eine Gesamtnutzenoptimierung anzustreben, die im individualen Fall Härten und Verletzungen hervorrufen können. Schon der Begriff Gesamtnutzenoptimierung stellt die Frage nach einer distributiven Gerechtigkeit, denn der Gesamtnutzen kann quantitativ hoch entwickelt sein, aber durch elitäre und exklusive Verteilungsmechanismen ungeheure absolute und relative Not beinhalten. Der Präferenzutilitarismus versucht zur Vermeidung eines utilitaristischen Relativismus ein nicht subjektives Kriterium zu etablieren, das der Idee der Würde, der Schützwürdigkeit des Lebens etc. gleichkommt.[470]

Auch Nietzsche, als Altphilologe, übernimmt den antiken aristokratischen Würdebegriff für seinen Geniekult und spricht verächtlich über die sklavische „Würde des Menschen" und „Würde der Arbeit". „Auf welcher Stufe und in welcher Höhe erst ungefähr von ‚Würde' gesprochen werden kann, dort nämlich, wo das Individuum völlig über sich hinausgeht und nicht mehr im Dienste seines individuellen Weiterlebens zeugen und arbeiten muß."[471] Die buddhistischen Elemente aus dem Erbe Schopenhauers veranlassen auch Nietzsche, erst jenseits des blinden Wollens, losgelöst vom Gängelband der Naturtriebe, ein klassisches überhistorisches Schaffen zu wünschen.


## 4 Zusammenfassung

Die Entwicklung des Würdebegriffs zeigt also - über die Stationen der antiken, aristokratischen Tugendlehre, einer verpflichtenden Gottesebenbildlichkeit des frühen Christentums, der platonisch-stoischen Philosophie vom Seinsauf-

---

[469] Schopenhauer, Arthur: *Parerga und Paralipomena*: kleine philosophische Schriften, Züricher Ausgabe, Frankfurt/M./Zürich 1977, Kap. VIII, Zur Ethik, § 109

[470] So wie etwa Peter Singer (1984) Person und damit Menschsein mit Selbstbewusstsein und Rationalität erklärt und ethische Ableitungen ankoppeln kann, die bis zur Euthanasie bei geistig Behinderten oder Pathologien gehen.

[471] Nietzsche, Friedrich: *Fünf Vorreden zu fünf ungeschriebenen Büchern*, a.a.O., S. 126

stiegs des Menschen, der verpflichtenden Wahlfreiheit des Renaissancemenschen, der ästhetischen Moralisierung des Begriffs durch Schiller, der kantischen Formalethik, - dass die politische Konnotation des Begriffs seit der Französischen Revolution und Schillers „Don Carlos", zur Idee eines Abwehr- und Schutzrechts innerhalb der Menschenrechte führt. Würde wird zum höchsten politischen Gut, ohne jedoch, selbst nicht im Deutschen Grundgesetz, zu einem Anspruchsrecht zu werden. Auch wenn die deutschen Grundgesetzartikel den Begriff der Würde kommentieren, wie es auch der langjährige deutsche Außenminister Genscher vertreten hat, erwachsen aus dem Grundgesetz und seiner Würdegewährung keine sozialethischen Pflichten und Anspruchsrechte. Menschenwürde wird zum Zweck der individualen Abwehr gegen staatlichen suprematischen Missbrauch. Ihre Wirkungsweise ist vertikal aus dem Machtmissverhältnis zwischen Obrigkeit und Bürger bzw. Untertan abgeleitet.[472]

Zunächst wird, wie die Geschichte der Menschenrechte gezeigt hat, mit dem Begriff der Würde den ‚Untertanen' überhaupt erste Gegengewichte zur Machtdominanz staatlicher Akte gesetzt. Erst später – mit der ideengeschichtlichen Entdeckung des Menschen als Individuum - kehrt sich die Zweck-Mittel-Relation von Individuum und Gesellschaft um. Nun ist es die Superiorität des Individuums vor dem Staat, die mit dem Begriff der Würde gesichert werden soll. „Der Staat ist um des Menschen willen da, nicht der Mensch um des Staates willen."[473] Im Deutschen Grundgesetz wird die Würde ein Gut, das einen universellen Rechtscharakter des positiven Nationalrechts bekommt. Nicht die Würde des Deutschen oder der Bürger, sondern aller Menschen wird geschützt. Die irische Verfassung von 1937 war die erste, die von der Würde des Individuums spricht, „seeking to promote the common good, with due observance of Prudence, Justice and Charity, so that the dignity and freedom of the individual may be assured, true social order attained [...]."[474] Die soziale Ordnung ist auch schon das, was der Würdesicherung folgt.[475]

Der Glaube an die fundamentalen Menschenrechte, an Wert und die Würde, findet sich sowohl in der Charta der Vereinten Nationen von 1945 („in the

---

[472] Vgl. Benda, Ernst u.a (Hg.): *Handbuch des Verfassungsrechts der Bundesrepublik Deutschland,* Berlin 1994

[473] Art. 1 des Herrenchiemseer Entwurfs zum Grundgesetz

[474] Chubb, Basil (Hg.): *A Source Book of Irish Government,* Dublin 1964, S. 20

[475] Auch andere Verfassungen erwähnen die Menschenwürde. Sie bleibt aber staatlich manipulierbar, also positives Rechtsgut. Art. 6 der Verfassung der Portugiesischen Republik von 1933: „Es obliegt dem Staat [...] allen Bürgern einen mit der menschlichen Würde zu vereinbarenden Lebensstandard zu garantieren." (zitiert nach: Mayer-Tasch u.a. (Hg.): Die Verfassung der nicht-kommunistischen Staaten Europas. 2., neubearb. Auflage, München 1975, S. 499) Die Verfasssung der Italienischen Republik von 1947, Art. 41: „Die privatwirtschaftliche Initiative [...] darf nicht im Gegensatz zum Gemeinwohl oder in einer Weise ausgeübt werden, die der Sicherheit, der Freiheit und der Würde des Menschen schadet." (ebenda, S. 321) Die Verfassung der Türkischen Republik erklärt in Art. 14,4: „Auch eine mit der Menschenwürde unvereinbare Strafe darf nicht anerkannt werden." (ebenda, S. 731)

dignity on worth of human person") als auch in der „Allgemeinen Erklärung der Menschenrechte" von 1948: „Tous les êtres humains sont naissent libres et égaux en dignité et en droits".

Die Folgerungen aus dem Art. 1 des deutschen Grundgesetzes, in der eine universelle, naturrechtlich angelegte Menschenwürde angesprochen ist, wurde mit folgenden Attributen und Normen versehen:

- Erhaltungs- und Entfaltungsbedingungen des Menschen sichern
- Individuelle Freiheit und Sicherheit in einem Rechtsstaat
- Wohlfahrt und Gerechtigkeit in einem Sozial- nicht Elitärstaat
- Politische Selbst- und Mitbestimmung[476]

In der „Gemeinsamen Erklärung" der Sowjetunion und Deutschlands von 1989 heißt es im ersten Kapitel: „Der Mensch, mit seiner Würde und seinen Rechten, und die Sorge um das Überleben der Menschheit, müssen im Mittelpunkt der Politik stehen."[477]

## 5 Der Begriff der Würde in der „Allgemeinen Erklärung der Menschenrechte" und den späteren Pakten und Konventionen

Wenn man die Resolution 217 (III) der Generalversammlung der Vereinten Nationen von 1948, die als „Allgemeine Erklärung der Menschenrechte" durch weitgehende Ratifizierung globalen Rang erhalten hat, befragt, wozu sich die Völkergemeinschaft bekennt, dann erfahren wir, dass alle Menschen „frei und gleich an Würde und Rechten geboren" sind, dass sie „mit Vernunft und Gewissen begabt" sind und dass sie sich „im Geiste der Brüderlichkeit begegnen" sollen. (Art 1.) Die Nennung der Würde in direktem Zusammenhang mit Rechten legt es nahe, von einer Kommentierung der Würde durch die einzelnen Rechte auszugehen. Es entsteht eine substantielle Füllung der Würde durch Grundrechte.

Der Art 2 der „Allgemeinen Erklärung der Menschenrechte" erläutert, dass niemand von diesen ausgeschlossen werden darf und Diskriminierung verbietet[478]. Art. 3 sichert das Recht auf Leben, Freiheit und Sicherheit. Art. 4 verbietet Sklaverei und Sklavenarbeit. Art. 7 gewährleistet die Gleichheit aller Menschen vor dem Gesetz.

---

[476] Maihofer, Werner: *Verfassungsrecht und Verfassungswidrigkeit*. Schriftenreihe der Niedersächsischen Landeszentrale für Politische Bildung, Heft 1a, 1967

[477] In: Münch, Ingo von (Hg.): *Der deutsche Einigungsvertrag. Ausgewählte Texte.* Frankfurt/M./Leipzig 1990, S. 105

[478] Zitiert werden die Menschenrechte nach: Simma, Bruno u. Ulrich Fastenrath (Hg.): *Menschenrechte. Ihr internationaler Schutz*, 2., neubearbeitete Auflage, Münschen 1985.

Art. 22 bespricht die soziale Sicherheit: „Jeder Mensch hat als Mitglied der Gesellschaft Recht auf soziale Sicherheit; er hat Anspruch darauf, durch innerstaatliche Maßnahmen und internationale Zusammenarbeit unter Berücksichtigung der Organisation und der Hilfsmittel des Staates in den Genuss der für seine Würde und seine freie Entwicklung seiner Persönlichkeit unentbehrlichen wirtschaftlichen, sozialen und kulturellen Rechte zu gelangen."

Die für seine Würde unentbehrlichen wirtschaftlichen Rechte erläutert Art. 23 der Erklärung: „Jeder Mensch hat das Recht auf Arbeit, auf freie Berufswahl, auf angemessene und befriedigende Arbeitsbedingungen sowie auf Schutz gegen Arbeitslosigkeit." Darin wird zudem „gleicher Lohn für gleiche Arbeit" garantiert und das Recht auf „angemessene und befriedigende Entlohnung, die ihm und seiner Familie eine der menschlichen Würde entsprechende Existenz sichert und die, wenn nötig, durch andere soziale Schutzmaßnahmen zu ergänzen ist." Art. 25 sichert im Falle des unverschuldeten Verlustes der Unterhaltsmittel, wie Krankheit, Arbeitslosigkeit, das Recht auf Unterstützung.

Art. 28 stellt dem Bürger und Menschen den Anspruch auf „eine soziale und internationale Ordnung", in der die bereits genannten Rechte und Freiheiten voll verwirklicht werden können. Art. 29 hebt dann das Verhältnis von Rechten und Pflichten hervor und betont die soziale Verantwortung und das soziale Wesen des Menschen. „Jeder Mensch hat Pflichten gegenüber der Gemeinschaft, in der allein die freie und volle Entwicklung seiner Persönlichkeit möglich ist."

Auch das deutsche Grundgesetz erwähnt in Art. 2 die Pflicht, seine Freiheiten und Rechte nur soweit zu beanspruchen, soweit nicht „die Rechte anderer verletzt" und nicht gegen „das Sittengesetz" verstoßen wird.

Die beide Menschenrechtspakte der Vereinten Nationen von 1966 „über bürgerliche und politische Rechte und über die wirtschaftlichen, sozialen und kulturellen Rechte" betonen in Abs. 2 ihrer Präambel, dass sich die Menschenrechte „aus der den Menschen innewohnenden Würde herleitet". Genau dies wird auch in die KSZE-Akte übernommen. Es wird eine Verbindung zwischen Menschenrechten und Menschenwürde, dem positiven Recht und einer überpositiven Ethik hergestellt.

In Art. 13 des Pakts für wirtschaftliche, soziale und kulturelle Rechte wird das Recht auf Bildung zur Entfaltung der menschlichen Persönlichkeit und des Bewusstseins der Würde hervorgehoben. In der Konvention über die Rechte des Kindes steht in Art. 7, dass „[...] im Geist der in der Charta der Vereinten Nationen verkündeten Ideale und insbesondere im Geist des Friedens, der Würde, der Toleranz, der Freiheit, der Gleichheit und der Solidarität erzogen werden soll."[479]

In den Spezialkonventionen der Vereinten Nationen wird Würde und Gleichheit immer wieder assoziiert. In der Deklaration über sozialen Fortschritt

---

[479] Vgl. auch Art. 29 (1) (IPwirtR)

vom Dezember 1969 (Declaration of Social Progress and Development) lautet Art. 2: "Social Progress and development shall be founded on respect for the dignity and value [!] of the human person and shall ensure the promotion of human rights and social justice."

Der Begriff Würde bringt in den Deklarationen zum Ausdruck, dass jeder Mensch in gleicher Weise mit Achtung, Gerechtigkeit und Respekt behandelt werden sollte.

## III Die soziale Wirkung der Menschenwürde und der Grundrechte

### 1 Würde als relationaler Begriff

#### 1.1 Die interaktionistische Generierung der Würde

Es ist eine der konsequentialistischen Hauptthesen dieses Buches, dass der Begriff der Würde ideen- und menschenrechtsgeschichtlich als Reaktionsbildung interaktiver Konfliktstoffe entsteht und seine *Substanz* gesellschaftlich antastbar bleibt bzw. die Generierung der Unantastbarkeit nur durch relational zu beschreibende Vorgänge geschieht. Er hat sich ab dem 18. Jahrhundert als Korrektur missbrauchender Machtverhältnisse zwischen Staat und Individuum entwickelt. Als deklariertes Schutzgut wurde er protegierend ein- bzw. entgegengesetzt. Genetisch ist er also interaktionistisch zu verstehen, wenn auch an seinem historischen Anfang die vertikale Staat-Bürger-Beziehung stand. Spätestens seit den beiden Pakten von 1966 ist deutlich, dass sich aus dem Begriff der Würde eine Rechtsordnung konstruieren lassen soll, die aus bestimmten Verhältnissen zwischen Nationen entsteht, aber auch sozialethische Konsequenzen ergibt.

Das Schutzgut des Wertes und der Würde des Menschen wird sowohl in der vertikalen Staat-Bürger-Beziehung als auch in der interpersonalen horizontalen Praxis als verletzbar angesehen. Insofern Würde dasjenige Gut bezeichnet, das in seiner Verletzbarkeit schutzbedürftig ist, betrifft es auch *horizontale* gesellschaftliche Kränkungs-, Erniedrigungs-, Bewertungs- und Exklusionsstrukturen. Ein absoluter Würdebegriff schließt Entwürdigung rechtssystematisch aus. Soziale Entwürdigung als interaktionistisches Handlungsresultat kann jedoch werthaft und durch Verletzungen von Rechtsgrundsätzen, etwa des Gleichheitsgebots, stattfinden. Die Verletzbarkeit oder soziale Ent*würdigung* des Menschen beschränkt sich nicht nur auf seine *vertikale* Stellung zum Staat und dessen Aktionen, sondern berührt mit gleicher Substanz die Beziehungsmuster und intersubjektiven Verhältnisse und Prozesse. Dabei spielt der Begriff des sozialen Wertes eine zentrale Rolle, wie unten noch zu zeigen ist.

Die relationale Substanz bildet sich aus Begriffen wie „Unantastbarkeit", „Wert der menschlichen Person", universelle „Gleichheit", „Brüderlichkeit" (in

Art. 1 der Allg. Erkl. der Menschenrechte), Gleichwertigkeit innerhalb der „menschlichen Familie", der „Schrankensuche" in der Auslegung der Grundrechte etc.

Innerhalb des durch die verfassungs- und naturrechtlichen Schranken der Würde definierten menschlichen Schutzgutes befindet sich also auch die durch *interpersonale* Antastbarkeit verletzbare Substanz. Neben der ersten Idee der Würde als einer absoluten etabliert sich Würde in einer gesellschaftlichen Dimension. Bestimmte interaktive (auch zivilrechtlich relevante) Beziehungsmuster, die konstitutiv für die interpersonalen Verhältnisse der Lebenslagen sind, müssen den Modus der Generierung von Würde ausmachen.[480]

## 1.2 Die Rechtsdurchdringung der Idee der Menschenwürde

Wird die Idee der Würde und des besonderen menschlichen Wertes durch die bekannten verfassungsrechtlichen Grundrechte hinreichend rechtssystematisch garantiert, geschützt und etabliert? Ihr Protektions*anliegen* wird legitimiert und grundgelegt. Die historisch sinnvolle Konzeptualisierung einer *absoluten*, zudem unantastbaren Würde aus der Geschichte der politisch-bürgerlichen Menschenrechte und deren Einbettung in die staatstheoretische Entwicklung, vom staatlichen Souveränitätsdenken, über den Gesellschaftsvertragsgedanken bis zum souveränen unantastbaren Rechtssubjekt der Würde, wird nicht das eklatante Dilemma überdecken, dass erst durch eine *relational* sich definierende Lebenslage des Menschen die Substanz der Würde *hinreichend* etabliert wird.

Auch wenn die Idee sich als absoluter Abwehrbegriff formulieren musste, das Gut der Würde meinte als Schutzgut ideengeschichtlich immer auch ein kontraktuelles *Verhältnis* zwischen Instanzen. Es ist als solches die menschenrechtliche Replik auf die das Individuum betreffende, staatstheoretisch formulierten und leidvoll gescheiterten Herrschaftsverhältnisse. Insofern entsteht Würde erst als ein axiologisch reziproker und relationaler Stiftungsakt. Sie formuliert *Proportionalitäten*.

---

[480] Die *erste* Würde wird in ihrer vorrechtlichen und vorgesellschaftlichen Substanz milieutheoretisch nicht berührt. Erst unter dem Blickwinkel des Schicksals dieser ersten Würde jenseits ihrer vorrechtlichen und vorgesellschaftlichen Unantastbarkeit und ihrer begrifflichen intendierten Ahistorizität, also unter den interaktiven, rechtlichen, systemischen oder gesellschaftlichen Bedingungen taucht die Frage auf, ob es reicht, dass die ursprüngliche Idee der Würde und ihr Schutzgut sich substantiell mit Unantastbarkeit legitimatorisch menschen- und verfassungsrechtlich im Sinne und Geist ihrer Schutzgutes etabliert hat. Damit steht gerade nicht ihr Interdikt in Frage, mit ihrer partiellen Wesensbestimmung als Unantastbarkeit den positivrechtlichen Zugriff legitimatorisch zu unterbinden. Im Gegenteil sichert die Konstruktion der Unantastbarkeit den Angriff des doppelten Relativismus durch positive Rechtsprechung und neue naturrechtliche Theoreme, wie sie aus Soziobiologie und Genetik bekannt sind.

Es ist gerade dieser Paradigmenwechsel von der staatstheoretischen und menschenrechtlichen Vorgeschichte des Begriffs zu einem interaktiven und *intersubsistenziellen* Begriff, der die Idee des Schutzgutes der Würde in einer sozialphilosophisch und anthropologisch sinnvollen Ergänzung vervollständigt. Offene Rechtsentwicklungen, wie die der *Drittwirkung der Grundrechte*, die Gerechtigkeitsdiskussionen etc. deuten auf eine Entwicklung dieser Art hin. Würde und Wert des Menschen würden dann auch durch Missverhältnisse verletzt. Dazu passte, dass die menschliche Werterfahrung aus erlebten Wert-*Verhältnissen* entsteht. Dazu zählte auch die relationale materielle und soziale Situation.

So sinnvoll es historisch war und systematisch ist, Menschenwürde dimensional zunächst als eine abstrakte vorstaatliche Größe, die gegen positivrechtliche Antastung immun gehalten werden musste, zu etablieren, so unzureichend könnte es theoretisch sein, ihren *Wesensgehalt* in einer beliebigen positiven Rechtsprechung und -praxis untergehen zu sehen, die keinen zivil-, verteilungs-, leistungs- oder einkommensrechtlichen Diskurs auf der Grundlage ihres Fundamentalwertes aufnimmt. Eine Unterlassung dieser Paradigmenerweiterung von der absoluten zur relationalen Würde muss sich der Kritik ausgesetzt sehen, am Wesensgehalt der Würde nur insofern interessiert zu sein, als keine Konsequenzen und (wirtschaftlichen) Kosten entstehen. Besonders der Wille zur unbekümmerten Neoliberalität des Wirtschaftens bezeugt das Desinteresse am Wesensgehalt der Würde und qualifiziert sich in seiner *indifferenten* Perspektive gegenüber strukturell bedingten menschlichen Einzelschicksalen und der Marginalisierung ganzer sozialer und ethnischer Kohorten. Die verfassungsrechtliche Idee der Würde wird kulturrenommierend gefeiert und exportiert, ihr *Wesensgehalt* angesichts der extremen menschlichen Wert- und Lebenslagen scheint aber in praxi ungesichert.

Wenn der Begriff der Menschenwürde primordial als Fundamentalbegriff der Schutzwürdig- und Schutzbedürftigkeit einer Wesenszuschreibung oder Wesenskonzeptualisierung des Menschen fungierte, dann sucht dieses Konzept und sein Schutzgut historisch seine gesellschaftliche Positivierung.[481] Dabei fällt auf, dass sich eine Deontologisierung der Würdesubstanz vollzieht. Das Konzept der Würde beinhaltet sowohl ein Menschenbild als auch eine gesellschaftliche Ordnungsidee, worauf schon die Schrankenfunktion der Grundrechte

---

[481] Diese Formulierung ist nicht normativ, sondern beschreibt heuristisch nur einen Entwicklungsprozess, der gesellschaftlich und rechtsphilosophisch unterwegs oder substanziell angelegt ist. Es taucht die Frage auf, ob die Bedingungen für die Unterscheidung der vorrechtlichen und der positiv-rechtlichen Würde einmal überflüssig werden. Das wäre dann der Fall, wenn das Schutzgut der Würde sich historisch deutlicher herausprozessiert hat und in seinem Protektionsanliegen mit allen gesellschaftlichen Dimensionen abgeglichen und institutionalisiert würde.

hindeutet.[482] Die aus dieser „allen Mitgliedern der menschlichen Gemeinschaft innewohnende Würde"[483] substanziell abzuleitende Rechtsordnung kollidiert mit den verfahrenstechnisch politisch und bundesverfassungsrechtlich *beliebig* gewichteten Güterabwägungen. Sie bevorzugt kulturgeschichtlich begründet das Prinzip der individualen Liberalität vor dem der Verantwortung und substanziell diskutierter Verhältnismäßigkeit. Ein *relationales* Würdeverständnis wird den Unmut eines Gesellschaftsbildes hervorrufen, das den Autonomiebegriff des hermetischen Individualismus ohne Handlungsfolgeabschätzung vertritt, also den kulturrenommierenden Würde*gehalt* möglichst von seiner wirtschaftsorganisatorischer Konsequenz trennt.

Die vorrechtliche oder vorgesellschaftliche Sicherung der Würde hatte eine legitimatorische Funktion, die in der *Unantastbarkeit* zugleich den Zugriff auf ihr (vorgesellschaftliches) Institut beabsichtigte als auch ihren Wesensgehalt gegen positiv-definitorische Beliebigkeit schützte. Aus diesem untersagten Zugreifen auf Legitimation und Substanz der Würde folgt aber nicht ihre Unverletzbarkeit durch eine nicht hinreichend strukturierte interaktive Praxis. So wichtig die Modalität und der Modus der *ersten*, absoluten Würde legitimatorisch und rechtssystematisch ist, so unvollkommen wird sie ohne eine Positivierung etabliert sein.

Andererseits ist mit dem Hinweis auf die Offenheit des anthropologischen Bezugs der Würde (durch gentechnische Keimbahnkonzepte) für definitorische Willkürakte auch noch nicht das andere Extrem der Beliebigkeit gelöst, nämlich in eine sozialphilosophische und anthropologische Arbitrarität zu verfallen, die in der lebensweltlichen, existentiellen oder substanziellen Konsequenz einer *Unterlassung* gleichkommt. Diese Unterlassung hätte die leidvolle Konsequenz, die *erste* Würde dort als gesichert zu denken, wo eine soziale Praxis die menschlichen Wertdifferenzen längst akzeptiert oder die Würde soziologisch stratifiziert hat: In Hochwürde und Herabwürde.

## 2  Die „Drittwirkung" der Grundrechte

Die aktuelle Entwicklung der Würde innerhalb des Kanons der Grundrechte besteht im Wandel einer ausschließlich vertikal wirksamen, verfassungsrechtli-

---

[482]  In der Konventionalisierung der Menschenrechtspakte nach 1945, besonders im Doppelpakt von 1966 über „bürgerliche und politische Rechte" und „wirtschaftliche, soziale und kulturelle Rechte" (IPbürgR und IPwirtR), zeigte sich die unabgeschlossene gesellschaftstheoretische Diskurs (damals noch zwischen Vertretern des Westens und des Ostens) über die Tragweite der in den Menschen- und Grundrechten inhärierten sozialen Ordnungsmomente.

[483]  In der Präambel des IPwirtR von 1966, in: Simma, Bruno u. Ulrich Fastenrath (Hg.): *Menschenrechte. Ihr internationaler Schutz*, München 1985, S. 60

chen Auffassung. Grundrechte sollen nicht nur eine Bedeutung im Verhältnis Bürger-Staat, sondern auch eine Komponente haben, die den Bürger vor den Konsequenzen der „übermäßigen" oder unverhältnismäßigen Nutzung der Grundrechte durch andere schützen soll. Diese Entwicklung zeigt sich im deutschen Recht besonders in der wachsenden Anwendung der Grundrechte im Arbeitsrecht. Es ist klar, dass durch die Gewährung von allgemeinen Rechten eine Schrankenproblematik entsteht, sowohl bei Gewährung gleicher als auch konkurrierender Grundrechte. Eine übermäßig genutzte Freiheit oder ein übermäßig genutztes Recht kann das gleiche Rechtsgut eines Anderen verletzten und unterminieren. Ebenso verhält es sich bei verschiedenen, aber divergierenden Freiheiten. Um diesem Dilemma Herr zu werden, wird der Grundsatz der Verhältnismäßigkeit verfassungs- und ordnungsrechtlich seit dem Preußischen Polizeirecht angewendet.

Unter „Drittwirkung der Grundrechte"[484] versteht nun die Judikatur des deutschen Verfassungsrechts die Geltung von Grundrechten auch im Privatrechtsverkehr der Bürger als juristische Person. Sie thematisiert die horizontale Beziehung und Kollision von Grundrechten. Mit dem Terminus Drittwirkung wird ein Verhältnis verstanden, nämlich das der Grundrechtsgüter in der deutschen Verfassung zu den privatrechtlichen Beziehungen aller Bürger untereinander und ihrer Privatautonomie.

Art. 19 Absatz 3 GG regelt, ob juristische Personen überhaupt Träger von Grundrechten sind. Die Grundrechte, um die es hier geht, die auch für juristische Personen gelten oder als solche angesehen werden, sind der allgemeine Gleichheitsgrundsatz (Art. 3 GG), das Grundrecht auf freie Meinungsäußerung, Presse- und Rundfunkfreiheit (Art. 5 Abs. 1 GG), die Vereinigungsfreiheit (Art. 9 Abs. 1), Unverletzlichkeit der Wohnung (Art. 13 Abs. 1), das Grundrecht auf Eigentum (Art. 14 Abs. 1).

Strittig dagegen sind vor dem BVerfG, ob das Grundrecht der freien Entfaltung der Persönlichkeit, das in Verbindung steht mit dem ‚Grundrecht' der Würde des Menschen, als allgemeines Persönlichkeitsrecht auch auf juristische Personen anwendbar ist.[485] Ausgeschlossen sind explizit Art. 4 GG, das Recht auf Kriegsdienstverweigerung, Entzug der Staatsangehörigkeit durch Art. 16, das Verbot der Auslieferung von Deutschen ins Ausland durch Art. 16 und das Asylrecht in Art 16a.

---

[484] Die Literatur zur Drittwirkung ist unübersehbar: Aus deutscher Sicht vgl. Hager, Johannes: *Grundrechte im Privatrecht*, JZ 1994, S. 373 f.; Lerche, Peter: *Grundrechtswirkung im Privatrecht,* Einheit der Rechtsordnung und materiellen Verfassung, in: Festschrift für W. Odersky, Berlin – New York, 1996, S. 215ff; Oeter, Stefan: *"Drittwirkung" der Grundrechte und die Autonomie des Privatrechts*, Archiv des öffentlichen Rechts (AöR) 199 (1994), S. 529 f.

[485] Vgl. Münch, Ingo von: *Zur Drittwirkung der Grundrechte*, Frankfurt/M., Berlin/Wien/New York/Paris/Bern 1998, S. 8; auch dazu das BVerfGE, Neue juristische Wochenschrift, NJW 1994, S. 1784

Es ist also sinnvoller, von einer Drittwirkung bestimmter, ausgesuchter Grundrechte zu sprechen. Die Drittwirkung behandelt die Geltung von Grundrechten im Privatrecht. Auch der Staat kann in bestimmten Formen des Privatrechts handeln. Tut er dies, handelt es sich nicht um eine Drittwirkung der Grundrechte, sondern um die sogenannte „Fiskalgeltung der Grundrechte", nämlich der Frage, ob der Bürger sich auch dann auf Grundrechte berufen kann, wenn eine privatrechtliche Rechtsbeziehung vorliegt, ob also der Staat dem Bürger (als juristische Person) in Form des öffentlichen Rechts oder in Form des Privatrechts gegenübertritt. In der Hauptsache ist jedoch mit Drittwirkung der Grundrechte nicht dieses Verhältnis von Staat und Bürger, sondern die Frage gemeint, wie und ob die Grundrechte für den privatrechtlichen Verkehr gelten.

Die Geschichte des Begriffs der „Drittwirkung der Grundrechte" (DrittGR) ist noch sehr jung. Sie konnte erst beginnen, als die Anerkennung von Grundrechten überhaupt im endenden 18. Jahrhundert einsetzte. In den 50er Jahren entstand in Deutschland der Begriff Drittwirkung folgerichtig erst nach der Anerkennung der Grundrechte in der Verfassung von 1949.

Die Lehre von der „mittelbaren" Drittwirkung wurde 1954 von Carl Hans Nipperdey, dem Präsidenten des Bundesarbeitsgerichts, entwickelt. Diese abgeschwächtere Theorie vertrat die Ansicht, dass Grundrechte in den privatrechtlichen Rechtsbeziehungen nur eine „mittelbare" Drittwirkung hätten. Das Wertsystem der Grundgesetze beeinflusse das Zivilrecht wie die übrigen Rechtsordnungen. Es müsse bei den gerichtlichen Auslegungen berücksichtigt werden, jedoch weniger direkt. Es reichten die Generalklauseln des BGB wie „guter Glaube", „gute Sitte", „Moral".[486]

Die *unmittelbare* Drittwirkung vertrat dagegen die unmittelbare Anwendung der Grundrechte auf private Rechtsbeziehungen und verlangt bei Streitigkeiten von den Gerichten keine Auslegungsarbeit und Abwägung anhand der Generalklauseln. Es geht bei der Frage der Auffassung der Drittwirkung als mittelbare oder unmittelbare auch um die Zuständigkeit der Gerichte. Soll das Problem verfassungsgerichtlich behandelt werden oder der allgemeinen ordentlichen Gerichtsbarkeit unterliegen?

Die horizontale Bedrohung der Grundrechte durch Privatpersonen kam erst spät in den Blick. Klassisch dienten die Grundrechte als Abwehrrechte gegen

---

[486] In: Maunz, Theodor (Hg.): *Grundrechte und Zivilrechtsprechung*, Festschrift Nawiavski, München 1965, S. 157 f.

den Staat. Besonders durch die Herrschaft privater Verbände wurde die Grundrechtgefährdung durch private juristische Personen deutlich.[487]

Die Idee der Drittwirkung ist in Deutschland geboren. Die Beschäftigung mit Grundrechten nach dem Naziterror hatte im Nachkriegsdeutschland hohe wissenschaftliche Priorität. Es gab eine regelrechte Grundrechtsdogmatik. Die Entwicklung der Drittwirkung wurde dann von anderen Ländern (Spanien, Portugal, Irland und Italien, Belgien, Holland, Österreich, Schweiz, Japan, Südafrika) aus Deutschland übernommen.[488] In einigen Ländern wird der Begriff Drittwirkung durch den Begriff „horizontale Wirkung" (span.: „vigencia horizontal", engl.: „horizontal application") ersetzt.[489] Im angelsächsischen Raum wird die Drittwirkung z.T. als Privatisierung der Grundrechte, „privatisation of State functions"[490] geführt. Die US-amerikanische „State-Action-Doktrin" intendiert, den Staat als Grundsatzverpflichteten mit der Idee der Zurechenbarkeit („imputability") in eine privatrechtliche Rechtsbeziehung zu binden. Es soll sich um die „Abgrenzung kollidierender Freiheitsbereiche von Privaten" handeln.[491] Die Grundrechte werden in der amerikanischen Verfassungslehre heute meist als „Constitutional rights und liberties" oder „individual rights", im Zusammenhang der Rassendiskriminierung, als „civil rights" bezeichnet. Mit „fundamental rights" werden Gesetze mit einer besonderen und hochrangigen Wirksamkeit bezeichnet. Sie binden den Gesetzgeber an eine besondere richterliche Kontrolle, während die Doktrin der englischen Parlamentssouveränität diese Bindekraft nicht kennt. Die amerikanischen Verfassungsgeber sahen die größte Gefahr einer Bedrohung der Freiheit des Einzelnen immer noch durch die Legislative und nicht durch die Rechte des anderen begründet!

In parallel steps the Suprime Court narrowly defined the duty and power of the Federal Government to protect individuals from violation of their constitutional rights by private persons. [...] They [Supreme Court und Congress] had recognized that this was the only way of giving those rights practical effect in everyday life.[492]

---

[487] In der Literatur war es Theodor Eschenburg, der 1955 mit einem Buch über die „Herrschaft der Verbände" auf dieses Problem aufmerksam machte. Quelle: Münch, Ingo von.: *Zur Drittwirkung der Grundrechte*, a.a.O., S. 10,

[488] Vgl. die Übersicht von K. Stern: *Staatsrecht,* Bd. III/1, München 1988, § 76 I 5

[489] Clapham, Andrew: *The „Drittwirkung" of the convention*. London o.J.; St. J. Macdonald, F. Matsch u. H. Petzold (ed.): *The European System of Protection of Human Rights*, Dordrecht/Boston/London 1933, S. 163; zit. n.: Münch: Zur Drittwirkung der Grundrechte, a.a.O, S. 12

[490] Gieferich, Thomas: *Privatwirkung der Grundrechte in den USA*. Die State Action Doctrine des U.S. Supreme Court und die Bürgerrechtsgesetzgebung des Bundes, Berlin 1992, S. 461-462

[491] ebenda, S. 5

[492] ebenda, S. 462

Die horizontale Geltung von Grundrechten lebt nicht von der Hierarchie im Verhältnis zwischen Staat und Bürger, in der der Bürger der Untergeordnete ist, sondern von der Gleichgeordnetheit der Bürger. Der Topos des Unterordnungsverhältnisses ist eigentlich nicht mehr zeitgemäß, weil es aus der staatstheoretischen Geschichte der vordemokratischen Zeit stammt und ein staatliches Verfassungsrecht war. Die Entdeckung der Drittwirkung vollzog sich kasuistisch durch Grundsatzkommentare bestimmter Urteile.

## 2.1 Beispiele von Drittwirkung in Urteilen deutscher Gerichte

Das berühmte Urteil des Bundesarbeitsgerichts (BAG) vom 5. Mai 1957 bezog sich auf eine Klägerin, die als Krankenschwester einen Arbeitsvertrag mit der Klausel hatte, dass im Fall ihrer Heirat das Arbeits- und Ausbildungsverhältnis gekündigt werden könne. Die Klägerin machte dagegen geltend, dass diese Art der Kündigung sowohl gegen Art. 6 Abs. 1 GG (Schutz von Ehe und Familie), Art. 1 Abs. 1 GG (Würde des Menschen) und Art. 2 Abs. 1 GG (freie Entfaltung der Persönlichkeit) verstieße. Das Gericht hatte der Klage stattgegeben und die Vertragsklausel wegen Verletzung der genannten Grundrechte für nichtig erklärt. Es begründete sein Urteil mit der unmittelbaren Drittwirkung der Grundrechte in Rechtsverhältnissen zwischen Privatpersonen.[493]

In einem anderen Urteil eines Landesarbeitsgerichts des Landkreises Hamm ging es um den Fall einer weiblichen Angestellten, die von einem Apotheker vertraglich dazu verpflichtet wurde, Verhütungsmittel zu benutzen. Der Apotheker wollte damit für den Fall einer Schwangerschaft der Angestellten das Mutterschaftsgesetz unterlaufen. Das Gericht sah in dieser Vereinbarung eine Verletzung von Grundrechten und erklärte den Passus für nichtig.

Andere Fälle der Anwendung von Grundrechten auf privatrechtliche Verträge kreisen um das Grundrecht des Post- und Fernmeldegeheimnisses, das von Arbeitgebern durch Registrierung von Telefonnummern und Gesprächszeiten unterlaufen werden sollte.[494]

Ein Beispiel der Drittwirkung von Grundrechten im Familienrecht behandelte eine Vereinbarung zwischen Eheleuten, die diese bei der Eheschließung getroffen hatten. Der Ehemann hatte sich verpflichtet, für die Zeit der Minderjährigkeit der gemeinsamen Tochter seinen Wohnsitz aus der Stadt zu verlegen, in der seine geschiedene Ehefrau und Tochter wohnten. Der Bundesgerichtshof (BGH) sah darin eine Verletzung des Grundrechts der Freizügigkeit des Ehemanns (Art. 11 Abs. 1 GG) und annullierte die Vereinbarung nach § 138

---

[493] BAG NJW 1957, S. 1688 ff
[494] BAG NJW 1987, S. 674 f.

BGB in Verbindung mit Art. 11 GG. § 138 BGB erklärt eine Willenserklärung für nichtig, wenn sie ein Verstoß gegen die guten Sitten darstellt.[495]

In einem anderen Urteil erkannte der BGH einen Scheidungsgrund nicht an, der aufgrund der Konvertierung einer Ehefrau in eine andere Konfession während der Ehe vom Ehemann angeführt wurde. Mit Art. 4 Abs. 1 GG, dem Grundrecht der Glaubens- und Bekenntnisfreiheit, negierte der BGH dieses Scheidungsersuchen.[496]

Die berühmteste Entscheidung zur Drittwirkung der Grundrechte betraf zivilrechtliches Deliktrecht. Dabei ging es um einen Boykottaufruf des Erich Lüth gegen einen Filmemacher mit antisemitischer Vergangenheit. Der Filmemacher klagte unter Berufung auf § 826 BGB (Bei vorsätzlich und gegen die guten Sitten zugefügtem Schaden kann der Schädigende zum Schadensersatz gezwungen werden). Die Instanzgerichte hatten der Klage des Filmproduzenten stattgegeben, während das BVerfG das Urteil aufgrund von Art. 5 Abs. 1 GG (Recht auf freie Meinungsäußerung) wieder aufhob.[497] In der Urteilsbegründung zum Fall Lüth findet sich dann die für die Etablierung der Drittwirkung der Grundrechte bedeutende Formulierung:

[...]daß das Grundgesetz, das keine wertneutrale Ordnung sein will, [...] in seinem Grundrechtsabschnitt auch eine objektive Wertordnung aufgerichtet hat und daß gerade hierin eine prinzipielle Verstärkung der Geltungskraft der Grundrechte zum Ausdruck kommt [...] Dieses Wertsystem, das seinen Mittelpunkt in der innerhalb der sozialen Gemeinschaft sich frei entfaltenden menschlichen Persönlichkeit und ihrer *Würde* findet, [Hervorh. d. Verf.] muß als verfassungsrechtliche Grundentscheidung für alle Bereiche des Rechts gelten; Gesetzgebung, Verwaltung und Rechtsprechung empfangen von ihm Richtlinien und Impulse. So beeinflußt es selbstverständlich auch das bürgerliche Recht; keine bürgerlich-rechtliche Vorschrift darf in Widerspruch zu ihm stehen, jede muß in seinem Geiste ausgelegt werden.[498]

Folglich müssen die Grundrechte auch auf die gesetzlichen Regelungen einwirken. Seit dem Lüth-Urteil spricht das BVerfG von der „mittelbaren Drittwirkung" der Grundrechte für die Rechtsprechung. Sie ist seitdem in Deutschland geltendes Recht.

Zu unterscheiden sind Grundrechte in der Funktion als Schutzpflichten und in der Funktion als Abwehrrechte. Die Schutzpflichten zwingen den Staat, bei nicht durch ihn selbst, sondern von anderen Seiten verursachten Grundrechtsverletzungen einzugreifen. Solche anderen Seiten können Privatpersonen oder die Judikaturen anderer Staaten sein.

---

[495] BGH NJW 1972, S. 1414
[496] BGHZ, S. 145 ff [152]
[497] BVerfGE 7, S. 198 ff
[498] BVerfGE 7, S. 198ff 8 [205]

Die Verpflichtung des Staates, die Grundrechte zu schützen, ist in einigen Artikeln des Grundgesetzes geradezu gefordert. Hinsichtlich des hier für uns wichtigen Begriffs der Würde formuliert Art. 1 Abs. 1 Satz 2 GG über die Würde: „Sie zu achten und zu schützen ist Verpflichtung aller staatlichen Gewalt." Heute besteht Konsens über die Auffassung, dass die Übertragbarkeit der Schutzpflicht des Staates auf alle Grundrechtsgüter trotz der differenten Formulierungen existiert, in denen der Begriff Schutz nicht vorkommt. [499]

## 2.2  Drittwirkung und Privatautonomie

Wie verhält sich aber die Drittwirkung der Grundrechte zur Idee der Privatautonomie? Es bestand die Angst, dass die Drittwirkung der Grundrechte das Privatrecht insgesamt aushebeln könnte. Man sprach von einer „Überflutung des Privatrechts",[500] in der die Grundrechte zu Herrschern über das Privatrecht werden. Das Verhältnis der Wirkung von Drittwirkung und Privatautonomie müsse abgewogen werden.

Eine totale Anwendung der Drittwirkung der Grundrechte wird nunmehr allgemein als totalitaristische Gefahr eingestuft und ist mit keinem Privatrechtssystem vereinbar. Die Wirksamkeit soll sich nach der herrschenden gegenwärtigen Auffassung je nach privatrechtlicher Beziehung unterscheiden. Die Wirksamkeit sollte sich um so mehr erhöhen, je größer die gesellschaftliche Macht einer Vertragsseite über die andere ist.[501] „Das Kriterium der wirtschaftlichen und sozialen Machtstellung löst eine gewisse horizontale Wirksamkeit eines Grundrechts zugunsten des Individuums gegenüber der Gruppe [...], die es aus seiner Mitte stößt, aus."[502]

Dennoch bleibt die Frage nach der Schranken- oder Grenzbestimmung offen, die jede private Intention der Lebensorganisation angesichts der Interessenkollision mit den Grundrechten anderer herbeiführt. Deutlich entsteht mit der Drittwirkung der Grundrechte ein Impetus, auch die Wirkweise der Würde horizontal, interaktiv und zivilrechtlich zu sehen. Es ist das Indiz, dass durch den Zwang der Schrankenbestimmung von divergierenden Grundrechten durch Abwägung oder Verhältnismäßigkeitsüberlegungen auch die Würde semantisch

---

[499] Entspechend kommentiert das BVerfGE: „Art 12 Abs. 1 GG kann gebieten, daß der Gesetzgeber im Zivilrecht Vorkehrungen zum Schutz der Berufsfreiheit gegen vertragliche Beschränkungen schafft, namentlich wenn es an einem annähernden Kräftegleichgewicht der Beteiligten fehlt" (BVerfGE 81, S. 242 f.)

[500] Hesse, Konrad: *Verfassungsrecht und Privatrecht*, Heidelberg 1988, S. 35 f.

[501] Vgl. Isensee/Kirchhoff (Hg.): *Handbuch des Staatsrechtes der Bundesrepublik Deutschland*, 10 Bde., Heidelberg 1987-2000 (A III b-2913), § 117, RN. 78. S. 560

[502] Ferreriba, Josep, Pablo Salvador Coderch: *Vereinigungen, Demokratie und Drittwirkung*, in: Münch, Ingo von: Zur Drittwirkung, 1998, S. 83

in eine relationale Bestimmung gerät. Der Kern der Drittwirkung wird ein Vorgang der Relationalität in der Beurteilung aller Handlungen. Dann erschiene auch die Würde nicht mehr als absoluter, von den Bedingungen der sie umgebenden Lagen und Handlungen anderer losgelöster Begriff.

Erst dann käme der Sinn des Begriffs der Verhältnismäßigkeit als Kern eines Abwägens und Vergleichens – rechtssystematisch und historisch von der Position verfassungsrechtlicher Grundrechte völlig unterschieden – für die Auslegung der Würde in Betracht.

Die Funktion der Drittwirkung garantierte eine *Limitierung* der Privatautonomie. Sie könnte einmal den Missbrauch privater Macht, juristischer Personen und Organisationen limitieren. Handlungen in Privatautonomie bedürften, insofern sie einen Dritten übermäßig belasten, besonderer Rechtfertigungen. So wie „Verträge zu Lasten" Dritter unmöglich sein sollten, thematisiert die Drittwirkung von Grundrechten das grundrechtliche *Belastungsverhältnis* privatrechtlicher Verträge, Strukturen und Handlungen. Diese horizontale Wirkung der Wertsphären der Grundrechte stände vor einer Entwicklung der Metrisierung ihrer eigenen Verhältnismäßigkeit. Es könnten hinsichtlich der Würde *interaktive* Grundrechtsbeschränkungen entstehen.

# IV Theorien zum Begriff der Würde

## 1 Die Antastung der Menschenwürde: Zerstörung der Personalität und der Solidarität (W. Maihofer)

### 1.1 Die Zerstörung der Personalität

Für W. Maihofer ist die Unantastbarkeit der Menschenwürde eine Sollensnorm und keine Seinstatsache. Die postulierte Würde ist als solche verletzbar und antastbar. Maihofer fragte, welches Gut mit der Antastbarkeit der Menschenwürde getroffen werden könne. Das Faktum einer Antastbarkeit der Würde gehe aus dem Schutzanliegen und der Verfassungsgarantie ihrer „Unantastbarkeit" hervor.[503] Maihofer behauptet, dass es sich bei jeder „Antastung der Menschenwürde" um nichts „weniger als um die Vernichtung der Personalität des Menschen oder um die Zerstörung der Solidarität zwischen Menschen handle."[504]

Maihofer definiert Personalität als „prinzipielle Unverfügbarkeit des Menschen durch die anderen". Allein das Selbst hätte die personale „Autorität und Souveränität" über sich selbst.[505] Entscheidend für eine Würdeverletzung sei, dass ein Erdulden oder Erleiden sich nicht „nach Belieben und Willkür" vollziehe, sondern nach „gegenseitig und wechselseitig verbindenden, informell durch die Sitte oder formell durch das Recht gesicherte Erwartungen". Das Erdulden also von durch Sitte und Gewohnheit geschaffenen Fremdbestimmungen zählt Maihofer nicht zu den Würdeverletzungen.[506]

Der Einbruch des Anderen in die Sphäre als Subjekt ist dann nicht würdeverletzend, wenn ihm die geeigneten Mittel bleiben, diese Grenzverletzung abwehren zu können. In dieser Notwehr erfährt sich das Subjekt als „Zweck an sich selbst". Es weiß, was es sein und nicht sein will, was es werden und was es nicht werden will. Die „prinzipielle Verfügbarkeit" einer Person durch sie selbst und nicht durch andere macht die Unantastbarkeit ihrer Würde aus.[507]

---

[503] Maihofer, Werner: *Rechtsstaat und menschliche Würde*, Frankfurt/M. 1968, S. 17
[504] ebenda
[505] ebenda
[506] ebenda, S. 18
[507] ebenda, S. 19

## 1.2 Die Zerstörung der Solidarität zwischen Menschen

In Situationen des „wehrlosen Überwältigtseins", in denen das Subjekt sich vor dem Übergriff des Anderen nicht mehr wehren kann, bleibt für Maihofer eine letzte Hoffnung auf die Solidarität anderer, die es verteidigen können. Durch die Würdeverletzung können die Prinzipien der Gerechtigkeit, der Gleichheit, des Gesellschaftsvertrags und der Gegenseitigkeit zerstört werden, wie sie durch die beiden großen demokratischen Revolutionen entwickelt wurden. Wenn Menschen sich nicht durch Selbstbeschränkung der eigenen Freiheit einem Ethos oder einem Gesetz unterwerfen, dann wird nicht diejenige Vermittlung stattfinden, die die Interessenkonflikte egalisieren.[508] Freiheit wird also hier als interaktives Resultat verstanden. Maihofer spricht sogar verdoppelnd von „Intersolidarität".[509] Die Achtung der Würde basiere auch auf der Achtung einer durch Ethos und Recht austarierten „Interpersonalität", die sich wiederum in einer gegenseitigen, aktiven Bindung in Solidarität, oder „Intersolidarität" verfestigt.

> Wo darum in einer solchen Grenzsituation der äußeren Gewalt und Willkür sich der Andere mir selbst gegenüber zu nichts mehr verbunden, verpflichtet weiß, und auch von den Anderen überhaupt ihm jede Gewalt und Willkür nicht nur nicht verwehrt, sondern gestattet oder gar aufgetragen ist, da ist nicht mehr nur die Basis meiner Personalität vernichtet, sondern das Fundament jeder Solidarität zwischen Menschen.[510]

Dieses hilflose Verlassensein von Anderen trifft das Individuum in seinem Weltvertrauen. Verlassen und überwältigt von den Anderen, „erfährt der Mensch in solcher Ohnmacht, angesichts der Übermacht der Anderen, die tiefste Erniedrigung des Menschen durch den Menschen."[511] Er leidet an dem Mangel des „Fürmicheinstehen"[512] des Anderen.

Existenz und Koexistenz treffen sich bei Maihofer zu einer essentiellen Aussage über Menschenwürde. Das „Füranderedasein" und das „Füreinandereinstehen" nennt Maihofer, das „höchste Gut des Menschen".[513] Der Zustand der Menschenwürde ist demnach keine Folge eine Naturzustandes oder eines Naturrechtes, sondern ein Ergebnis kultureller Anstrengungen gegen den natürlichen

---

[508] Kant sprach von einem angeborenen Recht der Freiheit und Gleichheit, das „jedem Menschen kraft seiner Menschheit" zusteht und dies unabhängig von allem positivem Recht, also von Natur aus. (Kant: *Metaphysik der Sitten*, S. 43, a.a.O.)

[509] Maihofer, Werner: *Rechtsstaat und menschliche Würde*, a.a.O., S. 23

[510] ebenda, S. 23

[511] ebenda, S. 24; Maihofer spricht auch vom „Gegenmenschen".

[512] ebenda, S. 27

[513] ebenda, S. 28

Lauf körperlicher und gesellschaftlicher Suprematie. Negativ gesprochen handelt es sich für Maihofer beim Anliegen der Menschenwürde um die Abschaffung „gesellschaftlicher Erniedrigung und wirtschaftlicher Versklavung Einzelner ebenso wie die von Gruppen einer Gesellschaft und der Gesellschaft im Ganzen".[514]

Die Frage der Legitimation der Würde führt bei Maihofer aber zu keinen idealistischen Genesen. Die Proklamation von überhistorischen Naturrechten lehnt er ab.

„Wie alles Recht, ist auch diese zum Recht des Menschen erhobene Würde damit jedoch nicht Ausfluß einer Naturbestimmung [...], sondern ist Ausdruck der Selbstbestimmung des Menschen."[515] Der Mensch bestimmt – wie das Recht und das Naturrecht – auch seine Natur selbst. Die in dieser Beliebigkeit aufgehende conditio des Menschen schafft sich historisch die Würde als Selbstbestimmung.

## 2 Probleme und Paradoxien des Würdebegriffs (K. Bayertz)

Aus der geistesgeschichtlichen Geburt des Begriffs der Würde entstehen nach K. Bayertz folgende drei Hauptprobleme:

(1) Durch den philosophischen Würdebegriff entsteht eine Hoch- oder Überschätzung des Menschen, der ihn von der Natur trennt. Die Problematik, die ihm als „übernatürliches" Wesen entsteht, könnte als Mensch-Umwelt-Dichotomie sichtbar werden. Was sich selbst als Zweckwesen definiert, wird alles andere zum Mittel instrumentalisieren.[516]

(2) Der Begriff „Würde" kann als Individuum oder als Gattung dimensioniert sein. Er ist politisch-rechtlich jedoch nur auf das Individuum in seiner vertikalen Abgrenzung nach oben oder unten bezogen und nicht auf die Gemeinschaft oder die Gattung.[517] Bayertz stellt jedoch fest, dass auch auf einer horizontalen Ebene „Beschränkungen, die ihren Ursprung im Handeln von (anderen) Menschen haben und in den vom Menschen selbst gemeinsam geschaffenen sozialen Verhältnissen und Institutionen",[518] abgewehrt werden sollen. Die Ambivalenz des Begriff läge in der funktionalen Begrenzung und Entgrenzung der Subjektivität.[519]

---

[514] ebenda, S. 33

[515] ebenda, S. 31

[516] Bayertz, Kurt: Art.: *Die Idee der Menschenwürde. Probleme und Paradoxien,* in: Archiv für Rechts- und Sozialphilosophie ARSP, Vol. 81, 1995, 4. Quartal, Heft 4

[517] ebenda, S. 470

[518] ebenda

[519] ebenda, S. 472

(3) Der politisch-rechtliche Begriff der Menschenwürde zielt nicht auf die Menschheit als kommunitäres Wesen. Für das Wohl des Ganzen soll nicht das Individuum geopfert werden, etwa im Sinne einer Gesamtnutzenoptimierung.[520] Bei Kant noch sollte im Sinne der *Menschheit* gehandelt werden. So lautet die Objektformel des kategorischen Imperativs, die zugleich das Individuum und die Menschheit immer als Zweck sehen wollte. „Handele so, daß Du die Menschheit sowohl in deiner Person, als in der Person eines jeden anderen jederzeit zugleich als Zweck, niemals als Mittel brauchst."[521]

Die Ablehnung der Sklaverei zeige, so Bayertz, dass wir uns für den Schutz der individuellen Menschenwürde entschieden haben und nicht für die Gesamtnutzenoptimierung.[522] Die Mittel der Subjektivitäts- und Machtentfaltung sind klassenspezifisch verteilt. Die soziale Ungleichverteilung der Mittel bedeute immer eine Gefahr, Menschen als Objekte zu degradieren.[523] Je effektiver die Mittel gegenüber der Natur werden, um so mehr steigen die Möglichkeiten, diese auch als Kontrolle und Unterdrückung gegen Individuen einzusetzen. Das Prinzip der Bedrohung sei: Mit der Fortentwicklung der Gattung wüchse die Bedrohung individualer Selbstbestimmung. Die Gefahr der Spannung zwischen Individuum und Gattung läge eben darin, dass für einen ordnenden Staat das Individuum nur noch zu einem Zählwert wird.

Mit der Zweckzuschreibung habe der Mensch sich einen anthropozentrische Utilitarismus geschaffen. Er vertritt die Superiorität und macht sich zum Herrn über die Natur. Natur ist Mittel seines Daseins. H. Arendt hat den begrifflichen Zusammenhang von „Menschenwürde", „Anthropozentrismus" und „Naturbeherrschung" als Kritik des Zweck-Mittel-Denkens dargestellt und die Vernichtung von „Sinn" konstatiert.[524] Sollten es gerade diejenigen Eigenschaften und Fähigkeiten sein, fragt Bayertz, die des Menschen Würde ausmachen, die seine Existenz (ökologisch) untergraben. Die Sonderstellung der Menschen mit Würdeattribution in der Natur könnten den „ökologischen Selbstmord" herbeiführen und die Würde tragisch dementieren.[525]

Zwischen dem Interesse des Überlebens der Gattung und dem des Individuums besteht eine Spannung, die mit Begrenzungen der Interessen der Individuen einhergehen müsste. Jede Prioritätssetzung hat deshalb einen hohen Preis. Es könne die Spannung Individuum-Gattung nicht für „allemal" gelöst werden.[526]

---

[520] ebenda, S. 472

[521] Kant, Immanuel: *Grundlegung zur Metaphysik der Sitten*, a.a.O., S. 429

[522] Bayertz, Kurt: *Die Idee der Menschenwürde*, a.a.0., S. 472

[523] ebenda

[524] Arendt; Hannah: *Vita Activa oder Vom tätigen Leben*, München/Zürich 1981, S. 142 f.

[525] Bayertz, Kurt: *Die Idee der Menschenwürde*, a.a.O., S. 474

[526] ebenda

Die Spezies Mensch trennt nur geringe Schranken vom Tier. Descartes *res extensa* macht unseren Körper schon zur Materie wie alles übrige. Wie steht es um die Menschenwürde? Die Distanz zwischen unserer und der übrigen Natur wird wissenschaftlich und besonders systemtheoretisch gesehen immer geringer.[527] Menschenwürde wird zu einem Postulat ohne empirischen Gründe.

Aber auch die *res cogitans*, das Denken, wird heute ebenso aus physiologischen, genetischen und milieutheoretischen Determinanten erklärt. Skinners Position hält Bayertz für extrem. Er wolle alle dem Ich zugeschriebenen Eigenschaften auf die Umwelt beziehen. „Eine Person wirkt nicht handelnd auf die Welt ein, sondern die Welt wirkt handelnd auf die Person ein."[528] Die Differenz zwischen Subjektivität und Natur verschwindet. Der Mensch wird Objekt der Wissenschaften, der Kontrolle.

Wenn zur Würde die Selbstbestimmung (Rationalität und moralische Autonomie) gehört und gerade keine inhaltliche Festlegung des Menschseins vorgenommen werden soll und einer gentechnischen Manipulation keine Schranken gesetzt werden, dann wird mit der Ablehnung der Selbstveränderung des Menschen das Grundprinzip der Menschenwürde aufgegeben.

Man kann also den Menschen (gentechnisch konstitutionell) opfern, um die Prinzipien seiner Würde zu bewahren, oder die Würde opfern, um die menschliche Konstitution zu bewahren.

Zusammenfassend ergäbe sich die Schwierigkeit, den Begriff der Menschenwürde in der Vieldeutigkeit des Begriffs Mensch zu verorten: Wie beim Begriff des „Menschen" bliebe auch beim Begriff der Würde unklar, ob ein Individuum, die Gattung, die biologische Art „homo sapiens" (als menschliche Natur) oder das durch Vernunft und Autonomie ausgestattete Subjekt gemeint sei.

Die Gentechnik stellt zudem die neue Frage, ob wir uns als evolutiv und historisch spezifisch erhalten oder modifizieren sollen. Der Begriff der *conditio humana* verflüssigt sich in den Möglichkeiten utopischer, selbst erzeugter Konditionierung. Daraus entsteht schließlich ein weiteres Paradox der Selbstobjektivierung: Die Deutung als Natur konterkariert die Idee der Menschenwürde als (nunmehr auch gentechnische) Autonomie. Die konstitutionelle Anthropozentrik muss zugunsten eines essentiellen Konstruktivismus zurückgenommen werden. Der Mensch wird Objekt und Subjekt seiner selbst. Die Autonomie zur wissenschaftlichen Objektivierung und zur konstitutionellen Selbsterschaffung untergräbt die Idee einer naturrechtlich generierten oder legitimierten Würde.[529]

---

[527] Die DNA-Differenz zu höheren Primaten liege bei 3%, in: DER SPIEGEL, Nr. 3, 14.01.02, S. 180

[528] Skinner, Burrhus Frederic: *Jenseits von Freiheit und Würde*, Reinbek bei Hamburg 1973, S. 216

[529] Bayertz, Kurt: *Die Idee der Menschenwürde*, a.a.O., S. 480

Es entsteht das (konstitutionsethische) Dilemma der nunmehr bis in die Physiologie reichenden Möglichkeiten der Selbsttranszendierung: Sollen die Ideen der „Autonomie" und der Selbstgenerierung gelten oder die Rekurrenz auf eine normativ verbindliche, aber bald medizintechnisch obsolete Natur? Sollten wir für die Wahrung einer naturrechtlichen legitimierten Würde die Selbstbestimmung des Menschen opfern? Oder gehört es gerade zur ethischen Diskussion des Würdebegriffs, die Limitierung der Beliebigkeit der Interaktionen, aber auch der Selbsterschaffung zu bestimmen?[530]

## 3  Die „Politik der Würde" (A. Margalit)

Avishai Margalit verbindet in seinem Buch "Politik der Würde" Überlegungen zum Wert des Menschen mit denen der Achtung dieses Wertes durch die Bezugsgesellschaft. Er fasst sein Buch nicht als wissenschaftlichen Versuch auf. Es soll hier erwähnt werden, weil es als einer der wenigen Versuche gewertet wurde, die Verwirklichung der Menschenwürde zu repolitisieren.

„Was ich hier liefere, [...] ist überhaupt keine Theorie, sondern eine Geschichte über die anständige Gesellschaft. Die Protagonisten dieser Geschichte sind Begriffe."[531] „Das Bild, das ich zeichne, ist eine Utopie, mit deren Hilfe die Realität kritisiert wird."[532] „Die zentralen Begriffe dieses Buches sind allesamt Begriffe mit Empfindungsgehalt. Solche Begriffe lassen sich für die Theoriebildung nur unter großen Schwierigkeiten benutzen."[533]

Auch Margalit fragt nach den politischen und gesellschaftstheoretischen Konsequenzen eines zunächst individual angelegten Begriffs der Würde. Dabei stellt er allgemein die Frage, ohne das übliche wirtschaftsethische Primat der Verteilungsgerechtigkeit, wie eine Gesellschaft organisiert sein muss, dass sie ihre Mitglieder nicht entwürdigt, indem sie sie in demütigende, fremd- oder selbstverachtende Situationen bringt. Damit ein Bürger ein „vollwertiger Mensch"[534] sein kann, müsse eine Gesellschaft Bedingungen schaffen, die ihn nicht demütigen und verachten. Die Einhaltung der allgemeinen Menschenrechte allein sei keine hinreichende Bedingung für Würde, wenn man gleichzeitig die Bürgerrechte beschneidet.

---

[530] Vitzthum, Wolfgang: *Die Menschenwürde als Verfassungsbegriff*, in: Juristenzeitung, Bd. 40 (1985), S. 201

[531] Margalit, Avishai: Die Politik der Würde, a.a.O., S. 330

[532] ebenda, S. 331

[533] ebenda, S. 332

[534] ebenda, S. 59

Es ist nämlich durchaus denkbar, daß sie ihre Mitglieder als Bürger demütigt, ohne dabei die Menschenrechte zu verletzen.[535]

Margalit leitet Würde, als Gegenteil von Demütigung, aus dem Begriff der Ehre ab. Eine würdevolle Gesellschaft ist die, in der jedem gebührende Ehre zuteil wird.[536] Er knüpft damit an den alten Begriff des Würdenträgers an. Würde sei aus *dignitas* hervorgegangen, was an sich „soziale Ehre" hieße.[537] Hebräisch für Ehre oder Respekt stehe das Wort „kavod", auf das Adjektiv „kaved" rückführbar, das „schwer (mit Besitztümern)" bedeutet.[538] Er unterscheidet zwischen der Demütigung eines Menschen und der Herabsetzung seiner Achtung.

Demütigende Gesten verletzen die Würde eines Menschen, während die Verletzung seiner Rechte seine Selbstachtung herabsetzt.[539]

Würde sei die nach außen sichtbare Selbstachtung. Margalit versteht sich aber nicht als Förderer einer Gleichwürde oder sozialen Gleichachtung. Es müsse nur ein Mindestmaß als Grundlage einer sozialen Wertschätzung geben.

Dieser Grenzwert garantiert die grundlegende Achtung, auf die alle Menschen einen Anspruch haben, während alles, was ihn übersteigt, mit Fug und Recht nicht egalitaristisch zugesprochen wird.[540]

Er unterscheidet also eine grundlegende Minimalachtung des Menschen von einer differenten sozialen Bewertung.

Daß die Gründe dann entsprechend ihrer Qualität in eine Rangfolge gebracht werden können, die wiederum als Grundlage für unterschiedliche Bewertung von Menschen dient, darf nicht mit der grundlegenden Achtung vor dem Menschen verwechselt werden.[541]

Margalit findet daneben auch eine *negative* soziologische Begründung der Menschenwürde.[542] Menschen würden durch schmerzhafte Akte, durch symbolische Akte verletzt. „Demütigung stellt eine besondere Form der Mißhandlung dar."[543] Menschlicher Wert würde stratifiziert, Menschen zu Untermenschen

---

[535] ebenda, S. 60

[536] ebenda, S. 61

[537] ebenda, S. 63

[538] ebenda, S. 64

[539] ebenda, S. 73

[540] ebenda, S. 86

[541] ebenda

[542] ebenda, S. 108

[543] ebenda, S. 112

degradiert. Meistens würden Menschen dadurch ausgeschlossen, indem man sie als Untermenschen behandelt. Der Sinn dieser Exklusion sei immer eine identitätsstiftende Funktion einer inklusiven Gruppe.

Identitätsstiftende Gruppen verkörpern verschiedene Formen des Menschseins. Wenn man einen Menschen zurückweist, indem man ihn entwürdigt, bedeutet das, daß man die Art und Weise zurückweist, in der er sich als Mensch zum Ausdruck bringt.[544]

Gruppierung zur Identitätsstiftung sei immer auch der Wille zum Ausschluss, der Ausschluss aus der menschlichen Familie[545] oder der „Menschengemeinschaft".[546]

Ein Bürger zweiter Klasse ist nicht nur unterprivilegiert, er wird auch gedemütigt. Ein ‚Bürger zweiter Klasse ist auch ein Mensch zweiter Klasse'.[547]

Margalit geht davon aus, dass eine Kultur den Menschen nicht entwürdigen darf. „Die Kultur einer anständigen Gesellschaft muß eine nicht demütigende sein."[548] Margalit kennt aber auch die generelle „Entwürdigung", nicht die graduelle, relationale Demütigung des Menschen zu Würdeklassen und Menschseinsgraden. „Entwürdigung heißt, Menschen so zu behandeln, als wären sie keine Menschen, sondern Tiere, Dinge oder Maschinen."[549]

Am Beispiel der Entwürdigung durch Armut[550] führt Margalit seine eigentliche theoretische Hilflosigkeit oder seinen politischen Unwillen vor. Er kann *relative* Armut in sein System der Würdesicherung durch Nicht-Demütigung nicht erklären und einordnen.

Er bleibt bei der Frage, ob (absolute) Armut überhaupt entwürdigend sein kann und nicht der Mensch besser ganz in christlicher Tradition allem Materialismus entsagt. Er erwähnt die erhabene Armut in Buddhismus und Christentum. Dazu zitiert er das Deuteronomium: „Es werden allzeit Arme sein im Lande" (Dtn 15, 11, Jüdische Interpretation.) und Vers 4: „Es soll allerdings kein Armer unter Euch sein." (Dtn 15, 4; Die Christliche Interpretation.)

Der Wohlfahrtsstaat versuche genau dies: „die Armut selbst abschaffen".[551]

---

[544] ebenda, S. 174

[545] ebenda, S. 175 u. 236

[546] ebenda, S. 187

[547] ebenda, S. 186 f.

[548] ebenda, S. 186 f.

[549] ebenda, S. 252

[550] ebenda, S. 260

[551] ebenda, S. 271

Die Leiden unserer Mitmenschen zu ignorieren bedeutet aber nichts anderes, als diese aus der menschlichen Gesellschaft zu verstoßen - und das wiederum ist ein Akt der Entwürdigung.[552]

Ist nun also eine Gesellschaft gerecht und würdestiftend, wenn sie keine demütigende Institutionen zulässt? Genaues kann man bei Margalit nicht erfahren.

Wenn unter Demütigung die Verletzung der Selbstachtung zu verstehen ist, dann liegt es auf der Hand, daß eine Gesellschaft, um als gerechte gelten zu können, ihre Mitglieder nicht erniedrigen darf.[553]

Ob es sich um relativ-graduelle Erniedrigung oder um absolute erniedrigende Gesten handelt, bleibt bei Margalit undifferenziert. Gerade die Beantwortung dieser Frage würde aber klären, ob eine große materielle Lebenslagenungleichheit und symbolische Wertklassifizierung zulassende Gesellschaft noch würdevoll heißen kann.

## 4 Andere Konzepte des Würdebegriffs

Christoph Enders[554] findet und analysiert in der Literatur vier verschiedene Konzepte des Würdebegriffs.

(1) Das *Evidenz*konzept. „Der Begriff der Würde des Menschen bedarf keiner weiteren juristischen Definition. Es handelt sich um den Eigenwert und die Eigenständigkeit, die Wesenheit, die Natur des Menschen schlechthin [...]"[555]

(2) Das *materiale* Konzept (Hauptvertreter: Günter Dürig[556]): alles was die Menschenwürde rechtlich ausmacht, stammt aus ihr selbst. Aus dem Begriff wird der rechtliche Inhalt deduziert. Jede Interpretation sei Deduktion. Die rechtliche Wirkung der Menschenwürde bestimme sich aus seinem Begriffsinhalt. Der normative Gehalt der Menschenwürde wird aus ihrem Wesen geschlossen. (Vertreten von Wintrich und Nipperdey[557]; Maihofer[558]; Krawietz[559]; Starck[560] oder Häberle[561])

---

[552] ebenda, S. 303

[553] ebenda, S. 303 f.

[554] Enders, Christoph: *Die Menschenwürde in der Verfassungsordnung,* Tübingen 1997

[555] Nipperdey, Hans C.: *Die Würde des Menschen,* in: Neumann, F. L., H. C. Nipperdey u. U. Scheuer (Hg.): Die Grundrechte, Band II, Berlin 1954, S. 1

[556] Dürig, Günter: *Die Menschenauffassung des Grundgesetzes, in:* JR 1952, S. 259

[557] Wintrich, Josef M.: *Über Eingenart und Methode verfassungsgerichtlicher Verwaltung in Theorie und Wirklichkeit, Festschrift für Wilhelm Laforet (1952),* S. 227, 231, 235; vgl. Nipperdey, Hans C.: *Die Grundrechte II,* S. 1 f.

[558] Maihofer, Werner: *Rechtsstaat und menschliche Würde,* a.a.O., s. 41 f.

(3) Das *formale* Konzept: Die normativen Funktionen der Menschenwürde. Sie werden aus Teilen zusammengefügt. Diese Funktionen sind oft losgelöst für sich. Aus den Teilbereichen heraus wird jeweils argumentiert. Podlech z. B. teilt Menschenwürde in 5 Komponenten: Freiheit von Existenzangst, allgemeine Menschengleichheit in Art 3. GG, persönliche Freiheit, Begrenzung der öffentlichen Gewalt, die Leiblichkeit mit dem Recht auf körperliche Unversehrheit.[562] Für Geddert-Steinacher bleibt auch für den rechtlichen Würdebegriff als Bezugsgröße der vorrechtliche Würdebegriff.[563] Auch Hofmanns und Gröschners Konzeptionen induzieren formal den rechtlich normativen Gehalt der Menschenwürde aus einer nicht mehr zu interpretierenden Begrifflichkeit von Würde.[564]

(4) Das *metaphysikkritische* Konzept wird durch Hoerster vertreten.[565] Er bezeichnet Menschenwürde als Leerformel, die sich durch Scheinbegründungen zu jeder beliebigen Wertung benutzen lässt.

Darüber hinaus lassen sich noch folgende Differenzierungen des Würdebegriffs finden:

(a) Der positive Leerbegriff der Selbstbestimmung: Dürigs „Grundrechtssatz von der Menschenwürde",[566] war lange Zeit maßgebend für die Auffassung über die Hauptkonnotation des Begriffs der Würde. Jeder Mensch besitzt Würde „Kraft seines Geistes, der ihn abhebt von der unpersönlichen Natur und ihn aus eigener Entscheidung dazu befähigt, seiner selbst bewusst zu werden, sich selbst zu bestimmen und sich und die Umwelt zu gestalten."[567] Der Mensch ist das Wesen, das sich Zwecke setzt: Seine Würde ergibt sich aus der Selbstbestimmung, seiner Freiheit.

Luhmann hatte versucht, den Begriff der Würde von der Statik zu befreien, ihn stärker als Prozess menschlicher Selbstverwirklichung zu begreifen. Würde sei ein Wunschbegriff, der die gelungene Selbstidentifikation bezeichnet.[568]

---

[559] Krawietz, Werner: *Gewährt Art. 1 Abs. 1 GG dem Menschen ein Grundrecht auf Achtung und Schutz der Würde?* In: Gedächtnisschrift für Friedrich Klein, München 1977, S. 245-287

[560] JZ 1981, S. 457

[561] Häberle, Peter: *Menschenwürde und Verfassung am Beispiel von Art. 2 Abs. 2 Verfassung Griechenland 1975*, Rechtstheorie 11, Düsseldorf 1980, S. 389

[562] Podlech, Adalbert u. a. (Hg.): *Kommentar zum Grundgesetz*, Berlin 1989

[563] Geddert-Steinacher, Tatjana: *Würdebegriff als Verfassungsbegriff – Aspekte der Rechtsprechung des Bundesverfassungsgerichts*, Berlin 1990

[564] Hofmann, Hasso: AöR 118 (1993), S. 353, 363 f.; Gröschner, Rolf: *Menschenwürde und Sepulkralkultur in der grundgesetzlichen Ordnung – Die kulturstaatlichen Grenzen der Privatisierung im Bestattungsrecht*, Stuttgart 1995, S. 28

[565] Hoerster, Norbert, JuS 1983, S. 93

[566] Dürig, Günter: AöR 81 (1956), S. 117

[567] Dürig, Günter: AöR 81 (1956), S. 125

[568] Luhmann, Niklas: *Grundrechte als Institutionen*, a.a.O., S. 68

Würde müsse konstituiert werden. Häberle (mit Wintrichs Ansatz verknüpft) greift diese Position auf und sieht in der Würde den Aspekt, bei dem es um die Identifikationsfindung und -bildung des Menschen gehe.[569] Auch Podlech sehe Momente des Prozesshaften im Würdebegriff.[570]

(b) Statik und Dynamik, Differenz von Innen und Außen: Mit Würde wird eine Eigenschaft, eine Befähigung, ein Prozess oder ein Schutzgegenstand (Schutzgut: Freiheit, Persönlichkeit, Person, Identität) synonym gesetzt. Es sind vorrechtliche Umschreibungen, die nichts über ihre Verrechtlichung sagen. „Nur ein dynamischer Würdebegriff, der Würde als Leistung in ihrer Labilität voll aufdeckt, kann den Boden bereiten, für eine wirklichkeitsnahe, problembezogene juristische Abwehrtechnik."[571] Ebenso unterscheide Nipperdey Statik und Dynamik: „Art. 1 Abs. 1 [GG] schützt den Menschen als solchen, in seiner Wesenheit, in seinem statischen Dasein. Art 2 Abs. 1 garantiert die Dynamik des Einzelnen, seine Initiative, sein tatkräftiges Handeln."[572] Es entsteht die Unterscheidung, wie bei Luhmann, einer *inneren* und *äußeren* Würde. „Die Würde bezieht sich auf die innere, die Freiheit auf die äußeren Bedingungen und Probleme der Selbstdarstellung als individuelle Persönlichkeit."[573] Menschliche Persönlichkeit bilden sich erst in der Innen/Außen-Differenz. Er spricht von der Unterscheidung zwischen innerer und äußerer Darstellung der Würde. Mit dem Begriff des nur absoluten *Werts* käme man nicht weiter.[574] Man habe auch in der Würde einen „sozialen Wert- und Achtungsanspruch positiviert gefunden".[575]

(c) Das Menschenbild der Würde: Mit Würde seien die Grunddaten menschlichen Wesens gemeint. Wintrich hat darauf hingewiesen, dass über Art. 1 GG jede Verfassungsauslegung immer mit einem Bein auf der Basis der Anthropologie steht.[576] Dass das GG von einem festen Menschenbild ausgehe, sei fester Bestandteil der Argumentation. Menschenwürde sei nicht weltanschaulich neutral.[577] Die Subjektqualität als Anlage hebt den Menschen vom Tier ab und prä-

---

[569] Häberle, Peter: Rechtstheorie 11, Düsseldorf 1980, S. 389

[570] Podlech, Wassermann (Hg.): *Kommentar zum Grundgesetz*, Art, 1 Abs. 1 GG

[571] Luhmann: *Grundrechte als Institutionen*, a.a.O., S. 68

[572] Nipperdey: *Die Grundrechte II*, a.a.O. S. 1, 15

[573] Luhmann: *Grundrechte als Institution*, a.a.O., S. 77

[574] Enders, Christoph: *Menschenwürde*, a.a.O., S. 16

[575] Wintrich, Josef M.: *Zur Problematik der Grundrechte*, a.a.O., S. 31; vgl. auch: Nipperdey, Hans Carl: *Die Grundrechte* II, S. 1, 38; Coing, Helmut, SJZ 1947, Sp. 641, 644; BVerfGE 27, 1, 6; 28, 386, 391; 45, 187, 228; 72, 105, 115; 87, 209, 228

[576] Wintrich, Josef M.: *Zur Problematik der Grundrechte.*, a.a.O., S. 5, auch: Häberle, Peter: *Handbuch Staatsrecht* I, § 20, Rn. 56; Höfling, Wolfram u. Michael Sachs (Hg.): Grundgesetze, Art. 1, Rn 43;

[577] Häberle, Peter: *Rechtstheorie 11,* Düsseldorf 1980, S. 389, 404 in Fn. 79, bezogen auf BVerfGE 30, 12, 1; auch Zippelius: Bonner Kommentar, Art. 1, Rn. 4,7, 10 f.

feriert in der abendländischen Folge das Individuum, anstelle einer Würde der Gemeinschaft.

(d) Der negative Begriff, die Definition der Würde vom Verletzungsvorgang her: Durch negative Formulierungen wird versucht, der Menschenwürde Konturen zu verleihen. Dürig etwa fand zuerst dies verwirklicht in seiner Objektformel: „Die Menschenwürde als solche ist getroffen, wenn der konkrete Mensch zum Objekt, zu einem bloßen Mittel, zur vertretbaren Größe *herabgewürdigt* (Hervorh. d. Verf.) wird."[578]

Es ist also wieder ein Synonym für Subjektivität, die als Selbstzweck zu achten ist (Kant). Diese hat sich als „Definition vom Verletzungsvorgang her" in die Diskussion um die Menschenwürde integriert.[579] Diese Definition muss zwangsläufig kasuistisch sein. Das BVerfG hat die Dürig'sche Objektformel übernommen, indem sie „nur in Ansehung des konkreten Falls", also durch kasuistische Technik zur Geltung käme. In der Definition der Würde „von der Verletzung her" kann die Nahtstelle zwischen materialer und formaler Begriffsbestimmung gesehen werden.[580]

Die Unbestimmtheit der Menschenwürde hindere nicht, sie als Wesensbestimmung des Menschen teleologisch im Verfassungsrecht zu benutzen. Würde wird allem Recht voraus gestellt.[581] Es besteht die Parallele zu Art. 1: „Der Staat ist um des Menschen willen da, nicht der Mensch um des Staates willen."[582] Der Begriff der Würde ist eher ein Korrelativ als eine primäre Erkenntnisquelle. Er *formalisiert*, wie auch die neueren Menschenwürde-Konzepte, statt Aussagen über den Menschen machen zu können. (vgl. Fn. 2)

## 5 Das „Zeitalter der Menschenrechte" (N. Bobbio)

Der italienische Philosoph Noberto Bobbio weist in seinem Buch „Das Zeitalter der Menschenrechte"[583] auf den historischen Wandel und die Wandlungsfähigkeit der Menschenrechte hin. Es gäbe rechtshistorische Stufen der Menschenrechte und auf dem Weg *zu* den Menschenrechten. Darin werde deutlich, dass Menschenrechte als überhistorisch geglaubte Rechtsinstitute dennoch einem ständigen Wandel unterworfen sind. Weil ihr Zielinhalt - der Schutz des Menschen in historischen Unwägbarkeiten - als universell und überzeitlich an-

---

[578] Dürig, Günter: AöR 81 (1956), S. 117

[579] Vitzthum, Wolfgang: JZ 1985, S. 201, 202, vgl. Herzog, Roman (Hg.): *Gentechnologie - Chancen und Risiken*, Band 11, Frankfurt/M. 1992, S. 23; Münch, Ingo v. (Hg.): *Grundgesetzkommentar*, Art. 1, Rn. 14 f., a.a.O.

[580] Vgl. Enders, Christoph: *Menschenwürde*, a.a.O., S. 20

[581] Dürig, Günter: JR 1952, S. 259; Häberle, Peter: *Handbuch des Staatsrechts* I, § 20, Rn. 56 f.

[582] Krawietz, Werner: *Gedächtnisschrift Klein*, a.a.O., S. 245, 279

[583] Bobbio, N.: *Das Zeitalter der Menschenrechte. Ist Toleranz durchsetzbar?* Berlin 1998

gesehen wird, vergessen wir, dass Rechtsinhalte und Rechtsziele historischem Wandel unterworfen waren und immer noch sind.[584]

Eine der wichtigsten Entwicklungen sei der Paradigmenwechsel vom Staat zum Individuum und der Übergang vom Holismus zum Individualismus. Bobbio nennt dies die „Kopernikanische Revolution".[585] Die individualistische Sicht hält eine Handlung dann für gerecht, wenn der Einzelne seine Bedürfnisse befriedigen und seine Ziele erreichen kann.

Nach dem Sinn der Geschichte will Bobbio fragen, eine der „großen Erzählungen". (J.-F. Lyotard) suchen und im Sinn die Verbesserung der Legalität sehen, nicht der Moral. Es ist der Kantische Gedanke des Fortschritts in der Rechtsentwicklung. Zu begreifen sei die Entwicklung der „Menschenrechte als Indikator des historischen Fortschritts". Menschenrechte seien das Mittel des Fortschritts. Wie bei J. Dewey gibt es keine Endziele mehr, sondern nur „anvisierte Ziele, „Ends-in-view", Ziele, die gleichzeitig Mittel sind und situations- und kontextabhängige Ideen.

Menschenrechte haben ein Janusgesicht. Sie seien der Moral und dem Recht zugewandt. Fortschritte bestehen nur darin, die Menschenwürde institutionell zu schützen. Alle Rechtsfortschritte wehrten zunächst Freiheitsbedrohungen ab. Menschenrechte seien auf dem Weg zu einem überstaatlichen *ius kosmopoliticum*. Nationale Selbstbestimmung gehöre nicht zu den Menschenrechten. Die *nation une et indivisible* sei obsolet. Menschenrechte haben normativen Vorrang vor den Bedürfnissen nach nationaler Staatlichkeit. Der Konflikt um Rechtsansprüche entspricht nach Bobbio dem alten Imperativ, „alle Verhältnisse umzuwerfen, in denen der Mensch, ein erniedrigtes, ein geknechtetes, ein verlassenes, ein verächtliches Wesen ist."[586]

Nach Bobbio ist die Debatte um die Menschenrechte „ein signum prognosticon des moralischen Fortschritts der Menschheit".[587] Immer waren es Vorschriften, die Gebote und Verbote enthielten. Der Held der klassischen Antike sei der Gesetzesstifter wie Minos, Lykurg und Solon. Sie begrenzten nach Bobbio die Freiheit, wie es schon der Kodex von Hammurabi im zweiten Jahrtausend vor Christus versuchte.[588]

Die Menschenrechtsentwicklung sei zu unterscheiden nach Theorie und Praxis. Die Entwicklung der Theorie seit dem zweiten Weltkrieg habe zwei Charakteristika: Die *Universalisierung* und die *Vervielfachung*. Die Universalisierung vollzieht sich mit der Entnationalisierung des Rechts als Menschenrecht. Es entstand das Recht des Individuums, seinen eigenen Staat zu verkla-

---

[584] ebenda, S. 63 f.

[585] ebenda, S. 49

[586] ebenda, S. 41 f.

[587] ebenda, S. 41

[588] Kodex von Hammurabi, siehe Fn. 148

gen, vom Bürger zum Weltbürger zu werden. Die Vervielfachung vollziehe sich in drei Schritten:

1. Die Zahl der schutzwürdig gehaltenen Rechtsgüter sei größer geworden. Gemeint ist der Übergang von den frühen positiven Freiheiten (Religion, Meinung, Presse) zu den politischen und sozialen Rechten, die einen direkten Eingriff des Staates fordern.

2. Die Rechtsansprüche auf einige typische Menschenrechte haben sich ausgedehnt. Bei diesem zweiten Prozess gibt es einen Übergang von den Rechten des Subjekts zu den Rechten kleinerer Gemeinschaften. Es werden Familie, ethnische und religiöse Minderheiten, reale Gemeinschaften, Tiere einbezogen. Sogar ein Recht der Natur auf Respekt und Nichtausbeutung wird erwogen.

3. Der Mensch ist nicht mehr nur Gattungswesen, sondern Bewohner besonderer Lebensumstände, z. B. als Kind, als alter und kranker Mensch. Dieser dritte Prozess betrifft den Übergang vom natürlichen Menschen zum spezifischen Menschen, besonders in seinem sozialen und lebenszyklischen Status. Die Situation der Frau war anders als die des Mannes (1952 Konvention über die politischen Rechte der Frau) und die des Kindes (Erklärung über die Rechte des Kindes 1971) Es entsteht die Gesund-krank-Differenzierung (Erklärung der Rechte der Behinderten). 1982 findet der Weltkongress über die Rechte der Alten statt.

Diese Spezifizierung vollzieht sich besonders in den Sozialrechten. Die negativen Freiheitsrechte galten für einen abstrakten Menschen. Menschen haben gleiches Recht auf Freiheit und ein Recht auf gleiche Freiheit. In Art. 3 der italienischen Verfassung – mit dem Abschnitt über die gleiche soziale Würde aller Menschen – finde sich das Diskriminierungsverbot aus ethnischen, sprachlichen, religiösen und anderen Gründen. (s. Art. 2 Abs. 1 der Allgemeinen Erklärung der Menschenrechte der UN)

Die Praxis der Menschenrechte habe folgende Übergänge hervorgebracht: Zunächst gab es den Übergang vom schwachen System der Naturrechte in ein starkes System, von den angelsächsisch so genannten „moral rights" zu den „legal rights", dann die Transformation in das juristische System der Nationalstaaten. Heute vollzieht sich umgekehrt der Übergang vom starken System der Nationalstaaten zu einem universalen Recht.

1. Menschenrechte begannen als Freiheitsrechte. Als Freiheit vom Staat. Menschenrechte waren in diesem Sinn als Naturrechte Abwehrrechte und Widerstandsrechte gegen staatliche Willkür, Einmischung und Instrumentalisierung des Individuums zu Staatszwecken. Für diese Initiation steht unter anderem der Name J. Lockes.[589]

---

[589] Locke, John: *Zwei Abhandlungen über die Regierung*, Frankfurt/M. 1977

2. Es folgen die ‚Politischen Rechte': Die Freiheit im Staat als Nicht-Behinderung, Autonomie und Liberalisierung.
3. Schließlich die ‚Sozialen Rechte': Freiheit durch oder mit Hilfe des Staates.

Es ist die „Allgemeine Erklärung der Menschenrechte" der Vereinten Nationen von 1948, die historisch gesehen den Beginn der sozialen Schutzrechte hinzunimmt. Das Verständnis von Menschenrechten wird hinsichtlich der Zielgruppen und ihrer Eigenproblematik spezifizierter.

Beispiele sind:[590]

- Die Erklärung der Rechte des Kindes vom 20. Nov. 1959, ein *ius singulare* im Verhältnis zum *ius commune*.
- Die Konvention zu den politischen Rechten der Frau vom 20. Dez. 1952, die das Diskriminierungsverbot der Allgemeinen Erklärung spezifiziert.
- Die Konvention zum Thema Arbeit und Gewerkschaftsfreiheit.
- Die Konvention zur Verhinderung und Abschaffung des Völkermordes von 1958. In ihr werden die individualen Rechte der Allgemeinen Erklärung auf Völker übertragen: ‚Recht auf Leben', Persönliche Unversehrtheit'.
- Die Erklärung gegen Diskriminierung aus rassischen Gründen vom 20. November 1962.
- Die Erklärung gegen Apartheid von 1964. Darin besonders Art. 5.
- Die Erklärung zur Gewährung der Unabhängigkeit für die Länder und Völker in kolonialer Abhängigkeit vom 14. Dez. 1960 (Kolonialisierungsverbot). In der Allgemeinen Erklärung in Art. 2 Abs. 2 sind es noch die Individuen, die vor Diskriminierung geschützt werden.
- Die Grundrechte und die Idee der Selbstbestimmung der Völker folgten auch aus den beiden Pakten von 1966. „Alle Völker haben das Recht auf Selbstbestimmung." (Art. 3 beider Pakte.)

Außer dieser ideengeschichtlichen Rechtsentwicklung der Deklaration und Promotion der Menschenrechte hat sich eine Entwicklung ihrer Garantie und Kontrolle vollzogen. Diese rechtsorganisatorische Entwicklung bildet die Garantie der Menschenrechte nach einem erkennbaren Prinzip:

- Die Ersetzung von nationalen durch internationale Schutzrechte.
- Die Ersetzung von nationaler Rechtsprechung durch internationale, die überragt.
- Garantien innerhalb eines Staates müssen sich in Garantien gegenüber dem Staat verwandeln. Durch die „Europäische Menschenrechtskonvention" von Rom vom 4. Nov. 1950 können auch private Personen Eingaben an die Europäische Kommission machen (Art. 25).[591]

---

[590] Simma, Bruno u. Ulrich Fastenrath (Hg.): *Menschenrechte. Ihr Internationaler Schutz*, München 1985

[591] Die heutigen Sozialwissenschaften, meint Bobbio, hätten die individualistische Zentrierung der Menschenrechte übernommen. Sie unterschieden den rein methodologischen Individualismus vom ontologischen Individualismus, in dem die Autonomie des Individuums und seine

Der historische Einzug der Menschenrechte in Verfassungen und Rechtssysteme vollzog sich in diesen Schritten: Sie übernehmen moralische Regeln, werden naturrechtliche Instanzen, etablieren globale Konventionen und manifestieren sich schließlich in nationalen Rechtssystemen.

## V  Der Institutionalismus

Die Beschäftigung mit dem Institutionalismus hat für unsere Zwecke besonderen Rang, weil er einen Ort der politischen und gesellschaftlichen Verwirklichung kultureller Leitbegriffe bezeichnet, wie ihn der Begriff der Menschenwürde darstellt. Institutionen verkörpern das Maß der Konkretion und Politisierung grundrechtlicher Leitbegriffe. Institutionelle Verfahren und Handlungen folgen bei intakter Politisierung den verfassungsrechtlichen Grundwerten und Normen.

Bezogen auf ein Ergebnis dieser Untersuchung, den Beweis des besonderen Verpflichtungszusammenhangs der beiden Titelbegriffe Würde und Verhältnismäßigkeit, bedeutet die Auseinandersetzung mit Institutionen die Prüfung, inwieweit sie die normativen Vorgaben der Grundwerte in praktische Verfahren

---

prinzipielle Gleichwertigkeit erklärt würde. Sowie den ethischen Individualismus, der jedem Individuum eine moralische Persönlichkeit zuspricht. Der Individualismus bilde die philosophische Basis der Demokratie: One man, one vote. Das Primat des individualen Rechts (*ius*) über die Pflicht ist ein Charakteristikum des Römischen Rechts, so wie es in der klassischen Antike ausgearbeitet wurde.

Geistesgeschichtlich sieht Bobbio wichtige Stufen der Entwicklung zu den Menschenrechten in Platons Nomoi: „Liebe Freunde, ist's ein Gott oder ein Mensch, den man als Begründer eurer Gesetzgebung annimmt?" Von Cicero stamme die Auffassung über das Naturrecht als *vetare et iubere*, verbieten und befehlen. Montesquieu habe erklärt: „Zwar ist es [das Menschenwesen] zum Leben in der Gesellschaft geschaffen, aber es konnte dabei die anderen vergessen; durch die Staats- und Zivilgesetze haben die Gesetzgeber es zu seinen Pflichten zurückgebracht." (Montesquieu, Ch.: *Vom Geist der Gesetze*, Stuttgart 1965, S. 100)

Der ältere historische Rechtsstandpunkt sei der der Regierenden. Wie erhält man Macht? Der Machiavellismus stehe hierfür. Ebenso bezögen sich Gesetzgebungen auf die Pflichten der Untergebenen. Es entstünde die Idee der Legitimation politischer Macht und politischer Pflicht. Die Wende sei mit dem Christentum und dem naturrechtlichen Denken gekommen. Das Individuum steht nun in der Mitte. Menschenrechte bestünden in der Säkularisierung der christlichen Ethik. Die Aufklärung und dazu Kant hätten versucht, die Freiheit von der Bevormundung anderer zu erkämpfen.

Der römische Dichter Lukrez (Titus Lucretius Carus), ca. 97 v. Chr., gest. 55 v. Chr., stellt in seinem Hexameterepos "De rerum natura" (Die Natur der Dinge) die Naturphilosophie Epikurs dar und meinte, Menschen lebten im Naturzustand „more ferarum". Nach Cicero seien Menschen „in agris bestiarum vagabuntur, nach Hobbes gilt „homo homini lupus". Für Locke war der Mensch in „vollkommener Freiheit". (Locke, John: *Zwei Abhandlungen über die Regierung*, Frankfurt/M. 1977, S. 201)

umsetzen.[592] Wenn etwa das Bundesverfassungsgericht eine Gesetzesvorlage auf Verfassungsgemäßheit prüft, dann nicht nur die Wertekonformität der Vorlage mit den Grundnormen, sondern auch die Frage, inwieweit der Gesetzgeber eine Handlungsverpflichtung oder -unterlassung übernehmen muss. Speziell aber ist das Thema des Institutionalismus auch der Raum, in dem wirtschaftspolitische Implikationen der Menschen- und Grundrechte verankert sein müssten. Insofern dienen auch Institutionen der Gewaltreduktion und -modifikation, wie wir sie im Zusammenhang mit dem Begriff der Zivilisierung gefunden haben.

Der Begriff Institution hat seine Herkunft im Wort *instituere,* einrichten. Institutionen sind also nicht einfach faktisch gegeben, sondern werden von Menschen geschaffen. Das theologische Verständnis von Institution unterscheidet sich demnach hinsichtlich des Stiftungssubjekts.

Im „Corpus Iuris Civilis", 533, unter dem byzantinischen Kaiser Justitian entstanden, trägt der erste Teil der Kodifikation des Rechts den Titel „Institutiones". Es handelte sich um Rechtssätze über Ehe und Eigentum. Als einheitliche Kodifizierung sollte die Sicherheit des Reiches gewährleistet werden. Sie war eine ordnende Kraft. Der heutige Institutionsbegriff im Zivilrecht entspricht der altrömischen Begrifflichkeit und der Pandektenwissenschaft des 19. Jahrhunderts. Im deutschen Verfassungsrecht meint Institution den Staat mit seinen Ministerien und seiner Regierung. Insbesondere sind es die Grundrechte als Grundprinzipien der staatlichen Ordnung.[593] Die Institutsgarantien sichern den Bürgern subjektive Rechte.

Als Grundsätze des Verwaltungshandelns tauchen sie im Verwaltungsrecht auf.

Alle menschlichen Beziehungsformen wie Ehe, Familie, Freundschaft, Vereine, Handelsgesellschaften, der Staat, die Vereinten Nationen könnten als Institutionen bezeichnet werden.[594] Eingegrenzt meint der Institutionsbegriff nur die Beziehung von Individuum und Gesellschaft. Er kann auch nur eine Strukturierungsform sein, um Komplexität zu reduzieren.


## 1  Zur Systematik

Der Institutionalismus geht davon aus, dass Recht und sein System von Menschen geschaffen und von keiner transzendentalen oder naturrechtlich vor-

---

[592] Staatliches und institutionelles Handeln muss das „Untermaß-" und „Übermaßverbot" befolgen. D.h. staatliches und institutionelles Handeln darf weder zu wenig noch zu viel intervenieren. Dazu weiter unten.

[593] Vgl. Luhmann, Niklas: *Grundrechte als Institutionen,* Berlin 1965

[594] Bydlinski, Franz: *Juristische Methodenlehre und Rechtsbegriff,* New York/Wien 1991

gestellten Ordnung ableitbar sind. Recht gestaltet Lebenswelt. Es ist Teil der gesellschaftlichen Realität.

Zwar kann Rechtswandel hinter den vielseitigen gesellschaftlichen Veränderungen zeitlich zurückstehen (z. B. die Diskriminierung eheähnlicher Lebensgemeinschaften), sozialer Wandel und Rechtswandel korrespondieren jedoch grundsätzlich, wenn auch zeitverzögert.

Dem institutionalistischen Denken zufolge gehört es zum Wesen des Rechts, daß zwischen den Rechtsnormen und der gesellschaftlichen Lebenswelt ein untrennbarer Zusammenhang besteht.[595]

Die Spezifität der praktizierten Lebensweisen, Wertungen und Vorstellungen beeinflusst die Gestaltung des Rechts. Die Werke Schelskys zeigen den Zusammenhang von soziologischen und rechtsphilosophischen Konzeptionen.[596] J. M. Buchanan versuchte eine ökonomische Begründung rechtlicher Institutionen.[597]

Institutionelles Rechtsdenken unterscheidet sich in Norminterpretation und eine allgemeine Theorie des Rechts. Das institutionelle Rechtsdenken wurde von F.C. v. Savigny entwickelt.[598] Geltendes Recht ergibt sich aus dem Volksgeist. Dieser wird nicht durch die Rechtsnormen, sondern durch die hinter diesen stehenden Rechtsinstitute geprägt. Man versucht in der Rechtsprechung die hinter der Norm stehende historische Vorstellung zu finden. Gleichermaßen versucht Rechtsprechung durch Auslegung die Anpassung des Rechts an die gegebenen sozialen Beziehungen, besonders um zeitaufwendige Gesetzgebungsverfahren zu vermeiden. Beispiel eines Instituts, das verschieden verfahrensmäßig ausgelegt werden kann, ist die Ehe. Geht es dabei einfach um zwei Menschen, die zusammenleben wollen, oder um zwei heterosexuelle Menschen. Je nach Auslegung werden homosexuelle Ehen legalisiert oder nicht.

Erfinder des Institutionalismus und der französischen Institutionslehre ist Hauriou.[599] Seine Grundthese lautet, dass Handlungen keine bewussten Wil-

---

[595] Bischoff, Dirk: *Norm und Rechtswirklichkeit im institutionalistischen Rechtsdenken.* Inaug.-Diss. der rechtswiss. Fakultät der WWU Münster, Rheine 1995

[596] Kaulbach, Friedrich und Werner Krawietz (Hg.): *Recht und Gesellschaft.* Festschrift für Helmut Schelsky zum 65. Geburtstag, Berlin 1978; Stadler, Markus: *Institutionalismus heute,* Frankfurt/M./New York 1983

[597] Buchanan, James M.: *Grenzen der Freiheit,* Tübingen 1984, vgl. auch: Blaas, Wolfgang: Zur Rolle der Institutionen in der ökonomischen Theorie, in: Leipert, Christian (Hg.): *Konzepte einer humanen Wirtschaftslehre,* Frankfurt/M. 1982

[598] Savigny, Friedrich Carl v.: *System des Römischen Rechts,* 1. Band, Berlin 1840

[599] Hauriou, Maurice: *Sozialordnung, Gerechtigkeit und Recht,* in: Schnur, Roman (Hg.): Die Theorie der Institutionen, Berlin 1965

lensakte sind, sondern auf „Ideen" zurückgehen, die im Unterbewussten einer Anzahl von Menschen zugrunde liegen.[600]

Die auf objektiven Regeln beruhende Institutionen bilden somit die Quelle des Rechts. Sie sind Rechtsnormen.[601] Hauriou vermischt objektivistisch-faktische und ideelle Realitäten. Der Prozess der institutionellen Verkörperung beruht auf einem Gründungsvorgang. Die Gründung ist ein formal rechtliches Verfahren, in dem die Institution durch Vertrag, Gesetz oder Satzung gebildet wird. Voraussetzung solch einer Gründung ist für Hauriou eine Einigung über das Ziel der Institution, dann erst folgt die Abfassung einer Satzung. Danach muss die Rechtsverbindlichkeit der neuen Institution für alle Mitglieder hergestellt werden.

Für normativistische Rechtstheorien, wie etwa die von H. Kelsens[602], sind Rechtsordnung und Institution identisch. Der Begriff der Ordnung steht für ihn im Mittelpunkt. Die Institution ist als menschlicher Bereich der Treffpunkt des Rechts, eine objektive Ausprägung der Ordnung und des sozialen Lebens. Diese Auffassung wird als *positivistische Institutionstheorie* bezeichnet.

W. Krawietz hielt das zeitgenössische institutionalistische Rechtsdenken für nachpositivistisch. Es gehe um ein „Neubestimmung und Neubegründung der Institutionentheorie".[603] Recht wurde immer mehr unter handlungstheoretische und soziologische Forschungsaspekte gestellt.


## 2   H. Schelskys Institutionstheorie des Rechts[604]

Schelsky kritisierte die Soziologie, weil sie das Recht überhaupt nicht in ihre Überlegungen einbezogen hätte. Die Spannung zwischen subjektiver Autonomie und objektiven sozialen Rechtszwängen sei nicht grundlegend erarbeitet worden. Die Rechte verkörperten aber gerade den Freiraum, in dem das Individuum seine Autonomie innerhalb der Sachzwänge verwirklichen könne.[605]

---

[600] Hauriou, Maurice: *Die Theorie der Institution und der Gründung.* Essay über den sozialen Vitalismus, in: Schnur, Roman (Hg.): Die Theorie der Institutionen, Berlin 1965

[601] Hauriou, Maurice: *Die Theorie der Institution und der Gründung,* a.a.O., S. 35

[602] Kelsen, Hans: *Reine Rechtslehre,* 2. Aufl., Wien 1960

[603] Krawietz, Werner: *Ansätze zu einem Neuen Institutionalismus in der modernen Rechtstheorie der Gegenwart,* Juristenzeitung 1985, S. 708 f.

[604] Schelsky, Helmut: *Die Soziologen und das Recht,* Opladen 1980

[605] Schelsky, Helmut: Soziologie – wie ich sie verstand und verstehe, in: Ders.: *Die Soziologen und das Recht. Abhandlungen und Vorträge zur Soziologie von Recht und Institution und Planung.* Opladen 1980; zuerst veröffentl., in: Ders. (Hg.): Zur Theorie der Institutionen, Düsseldorf 1970, S. 9-22

Anthropologische Grundlagen des Institutionalismus sind die Theorien von Gehlen und Malinowski.[606] Menschen handeln in gemeinschaftlichen Zusammenhängen. Ursache und Folgen des individualen Handelns liegen im sozialen Umfeld. Handeln ist umweltbezogen. Die Institution ist „Bindeglied zwischen Individuum und Gesellschaft."[607] Recht ist der „freiheitlich-institutionelle Grund" des Lebens, es ist ein „sozialer Kreisprozess" als die Summe aller sozialen Beziehungen. Subjekt und Institution beeinflussen sich reziprok.[608] Das Recht lebt von der Motivation der Subjekte, etwa Eigentumsansprüche zu vertreten und dadurch das Institut des Eigentums zu verstärken. Die Rechtssubjekte werden andererseits durch die Institutionen motiviert, sodass „die objektivierte institutionelle Rechtsordnung, die Verfassungen, Gesetze, Anordnungen und ihre Durchsetzungs- und Verwaltungseinrichtungen, ständig eben die sogenannten Bewusstseinszustände der Personen, ihre Zielvorstellungen und Wertungen, Entscheidungen und Verzichte, ihrerseits bestimmt und beeinflusst."[609]

Die Frage, ob die den Institutionen zugrundeliegenden Normen auch jene initiieren oder die Institutionen die Normen ausbilden und festigen, wird in der Literatur kontrovers diskutiert.

Das normativistische Verständnis leitet die Existenz der Institutionen aus Normen ab und unterscheidet sich dadurch vom metaphysischen Institutionsbegriff, der die Idee der Institution voraussetzt. Das normativistische Verständnis geht von der institutionsbildenen Funktion der Norm aus. Vertreter dieser Auffassung sind O. Weinberger und N. MacCormick.[610]

Weinberger unterscheidet definitionsartige und normative Regeln. Institutionen legen nicht nur die Bedeutung von Gegenständen und Personen fest, sie bestimmen auch, welches Verhalten erwartet oder erlaubt ist. Zur Bildung einer Institution ist definitorische Arbeit nötig, jedoch erst durch die Verhaltensfestlegung wird eine Institution verbindlich. „Institutionen sind zu etwas da", konstatiert Weinberger[611] und hebt damit die Finalität der Institutionen hervor, die

---

[606] Malinowski, Bronislaw: *A scientific Theory of Culture and other Essays*, North Carolina 1944, dt. Zürich 1949; Gehlen, Arnold: *Urmensch und Spätkultur*, Frankfurt/M./Wiesbaden 1986; ders.: *Probleme einer soziologischen Handlungstheorie*, in ders.: Studien zur Anthropologie und Soziologie, Neuwied/Berlin 1971; ders.: *Mensch und Institutionen*, in: Dierkes, Hans (Hg.): Philosophische Anthropologie, Arbeitstexte für den Unterricht. Für die Sekundarstufe II., Stuttgart 1991

[607] Weinberger, Ota: *Recht, Institution und Rechtspolitik - Grundprobleme der Rechtstheorie und Sozialphilosophie,* Stuttgart 1987, S. 188

[608] Schelsky, Helmut: *Die Soziologen und das Recht,* a.a.O., S. 77 f.

[609] ebenda, S. 78 f.

[610] Weinberger, Ota: *Recht, Institution und Rechtspolitik - Grundprobleme der Rechtstheorie und Sozialphilosophie,* Stuttgart 1987; ders.: *Norm und Institution.* Eine Einführung in die Theorie des Rechts, Wien 1988; MacCormick, Neil: Das Recht als institutionelle Tatsache, in: Ders. und Ota Weinberger: *Grundlagen des Institutionalistischen Rechtspositivismus,* Berlin 1985

[611] In: Weinberger, Ota: *Recht, Institution und Rechtspolitik,* S. 188 f.

schon Hauriou als „ideé directrice" bezeichnet hat.[612] Eine Institution habe einen Zweck, der ihr von außen aufgegeben worden sei, und eine Leitidee, die in ihr selbst liege.[613] Mit Leitidee meint er den ideellen Kern der Institution, wie er sich aus dem normativen Kontext ergibt. Der Zweck ergibt sich aus den Absichten und Willenserklärungen ihrer Mitglieder. Der Zweck ist der Institution von außen aufgegeben.

Institutionen werden nach MacCormick von drei Regeln geschaffen. Die „intuitiven" Regeln bestimmen, welche Ereignisse oder Handlungen konstitutiv für die Existenz einer Institution sind. Dann bestimmen sie die „konsequentiellen Regeln", die rechtlichen Folgen, wie Rechte und Pflichten. Die „terminativen Regeln" bestimmen den Zeitpunkt des Erlöschens von Regeln.[614]

MacCormick trennt außerdem Rechtsinstitutionen, wie Gerichte, von „sozialen Institutionen", wie Spitäler, Waisenheime, Universitäten, Schulen, deren Betrachtung er der Soziologie zuschreibt.[615]

## 3 Die Funktion des Rechts

Schelsky legte einen systembezogenen Begriff der Funktion für das institutionalistische Rechtsdenken zugrunde. Geistesgeschichtlich geht der Begriff auf E. Durkheim zurück.[616] Die Funktion des Rechts diene der Aufrechterhaltung und der Integration der Struktur des Systems.[617]

Der Institutionalismus geht davon aus, dass Recht ein integraler Bestandteil des menschlichen Zusammenlebens ist, während die Rechtslehre etwa H. Kelsens betont, dass alle Aspekte menschlicher Praxis und menschlichen Handelns nicht zum rechtstheoretischen Gegenstand gehören. Recht ließe sich nur auf formale Strukturen hin untersuchen. Es wäre die Summe der positiv festgelegten Normen.[618] Diesen „Setzungspositivismus" hält das institutionalistische Rechtsdenken für unzutreffend, weil die „Regelhaftigkeit des menschlichen Verhaltens [...] als Ergebnis fortlaufender normierender Akte" zu begreifen ist, „mit deren Hilfe die Rechtsordnung sich selbst produziert und reproduziert."[619]

---

[612] Hauriou, Maurice: *Theorie der Institution*, a.a.O., S. 36 f.

[613] ebenda, S. 36

[614] MacCormick, Neil: *Das Recht*, a.a.O., S. 80 f.

[615] ebenda, S. 85

[616] Durkheim, Emile: *Die Regeln der soziologischen Methode,* Neuwied 1961

[617] Vgl. Schelsky, Helmut: *Systemfunktionaler, anthropologischer und personfunktionaler Ansatz der Rechtssoziologie.* Jahrbuch der Rechtssoziologie und Rechtstheorie, Bd. 1, Düsseldorf 1970, S. 100

[618] Kelsen, Hans: *Reine Rechtslehre*, 2. Aufl., Wien 1960, S. 72 f.

[619] Krawietz, Werner: *Der soziologische Begriff des Rechts*, in: Rechtshistorisches Journal 1988, S. 157-177

Der Unterschied des normativistischen und des institutionalistischen Rechtsdenkens beruhte schon auf einer Unterscheidung von Searle und Anscombe, nämlich zwischen „brute facts" und „institutional facts".[620] Rohe und institutionelle Tatsachen unterscheiden sich in der Art und Weise, wie Menschen Beschreibungen von Wirklichkeiten vornehmen. Ein Gegenstand kann in seinen physikalischen Eigenschaften naturwissenschaftlich beschrieben werden. Die „brute facts" meinen Tatsachen unabhängig und unberührt von der menschlichen Interpretation. Dem gegenüber stehen die institutionellen Tatsachen. Es geht um die Regeln der Wirklichkeit und um ihre Semantik des menschlichen Handlungs- und Funktionsrahmens.[621]

Es kann dadurch von einem „realen Dasein von Normensystemen" gesprochen werden, ohne normativistisch zu argumentieren.[622] Alles ist real, ob ideelle oder materielle Gegenstände, was in der Zeit existiert.[623] Die Realität des Rechts wird an beobachtbaren Ereignissen der Lebenswelt sichtbar. Die institutionellen Tatsachen sind solche Berührungspunkte von Recht und Rechtswirklichkeit. Sie sind ontologisch identisch. Die Rechtswirklichkeit bildet einen Ausschnitt aus der sozialen Realität. Menschenwürde zu etablieren gehört zur Rechtswirklichkeit.

## 4 Theorie der Rechtsveränderung

Recht ist nicht starr, sondern ein dynamisches Normensystem, das sich mit den Elementen der Lebenswelt verändert. Rechtliche Normen entstehen neu, verändern sich, werden aufgehoben.[624] Wie finden aber Normsetzungsverfahren statt?

Kelsen hatte schon statische von dynamischen Systeme unterschieden. Das System der Moral war danach statisch, das des Rechts dynamisch.

Weinberger kennt zwei Arten der Rechtsnormentstehung:

Als Derivat einer allgemeinen oder generellen Norm können automatisch Teilsätze auftreten, die ohne Willenserklärung des Einzelnen entstehen. Die aktabhängige oder sekundäre Normerzeugung vollzieht sich in allen Bereichen des Rechtslebens, eben auch im privaten Bereich. Rechtsnormen werden dadurch geschaffen, dass Rechtssubjekte Handlungen anstreben, die die Neugrün-

---

[620] Weinberger, Ota: *Die logischen Grundlagen der erkenntnistheoretischen Jurisprudenz*, in: Rechtstheorie 9, Düsseldorf 1978, S. 125-142

[621] Weinberger, Ota: *Norm und Institution. Eine Einführung in die Theorie des Rechts*, Wien 1988, S. 77

[622] ebenda, S. 131

[623] Hartmann, Nicolai: *Der Aufbau der realen Welt*, Berlin 1940

[624] Weinberger, Ota: *Verfassungstheorie vom Standpunkt des neuen Institutionalismus*, ARSP 76 (1990), S. 100, 102 f.

dung von Normen beabsichtigen. Voraussetzung dazu wäre eine Regel, eine Rechtserzeugungsregel und eine Kompetenzregel.[625] Diese „Ermächtigungs-regel" bestimmt, welches Rechtssubjekt ermächtigt ist, neue Rechtsnormen zu erzeugen. Dabei muss noch unterschieden werden, ob es zu dieser Neuschöp-fung verpflichtet ist, oder sein Normsetzungsakt nur erlaubt ist.[626] Es handelt sich also um eine autoritative Ermächtigungsregel.

Andererseits können Normen obsolet, durch Derogation verändert oder ganz abgeschafft werden. Nach Weinberger gibt es drei verschiedene Derogationen: die formelle, die materielle Derogation und das Obsoletwerden von Rechtsre-geln. Die formelle Derogation ersetzt eine alte Norm durch eine neue. Die mate-rielle Derogation folgt dem Grundsatz, dass eine später entstandene Rechtsnorm mit der alten in Widerspruch geraten kann und jene aufhebt: „Lex posterior de-rogat legi priori". Obsolet schließlich wird eine Norm, wenn sie von staatlichen Institutionen nicht mehr angewandt wird.[627]

## 5  Die anthropologischen Grundlagen des Institutionalismus: Die Institu-tion als Instinktsubstitution

Die Kulturtheorie Malinowskis leitet Institutionen anthropologisch aus dem menschlichen Bedürfnisprofil ab.[628] Die Funktion der Kultur liegt in der Be-dürfnisbefriedigung. Institutionen organisieren und bedienen menschliche Be-dürfnisse jeweils segmentär. Institutionen ändern sich dann, wenn aus der Befriedigung der Grundbedürfnisse durch eben diese Institutionen abgeleitete „Kulturbedürfnisse" entstehen.[629]

Die von A. Gehlen als „anthropologisch-philosophisch" bezeichnete Theorie versucht, die Instinktreduziertheit des Menschen durch Institutionen zu erset-zen.[630] Die „biologische Sonderstellung" des Menschen sieht Gehlen nicht als eine finale Entwicklung der Natur, sondern als eine teleologisch neutral zu be-schreibende Konstitution, die sich durch „Instinktreduktion" und durch Anpas-

---

[625] Weinberger, Ota: *Norm und Institution*, S. 107

[626] Weinberger Ota: *The Theory of Legal Dynamics Reconsidered*, in: Ratio Juris. Vol. 4, No. 1, 1991, pp 18-35

[627] Weinberger, Ota: *Norm und Institution*, a.a.O., S. 111

[628] Malinowski, Bronislaw: *A scientific Theory of Culture and other Essays*. North Carolina 1944, dt. Zürich 1949; ders.: *Crime und Custom in Savage Society*, 3. Aufl., London 1940

[629] Krawietz, Werner: *Begründung des Rechts – anthropologisch betrachtet*: Zur Institutio-nentheorie von Weinberger und Schelsky, in: Ders.: Helmut Schelsky u.a. (Hg.): Theorie der Normen. Festrede für Ota Weinberger, Berlin 1984, S. 541-556

[630] Gehlen, Arnold: *Der Mensch*. Seine Natur und seine Stellung in der Welt, Wiesbaden 1986; ders: *Urmensch und Spätkultur*, Frankfurt/M./Wiesbaden 1986; ders.: *Probleme einer sozio-logischen Handlungstheorie*, in: Ders.: Studien zur Anthropologie und Soziologie, Neu-wied/Berlin 1971

sungsoffenheit (kein Fell) auszeichnet.[631] Er lebt in keinem festen Umweltmilieu, sondern zeichnet sich durch „Weltoffenheit" aus.

Nun muss sich der Mensch von seiner Mangelbedingung als umwelt*unge*bundenes Wesen entlasten. Er greift dazu in seine Umwelt ein, um sich als zweite Natur eine Kultur zu schaffen, die seine Unspezialisiertheit ersetzt.[632] Handeln dient damit einem System von Selbstorientierung und Überlebenskonstituenten.

Aus Handlungen werden dann zur Stabilisierung eigens geschaffener Milieus Institutionen, wie Familie, Staat, wirtschaftliche Regelsysteme. Institutionen sind es, die dem instinktentbundenen Wesen Stabilität verleihen. „Alles gesellschaftliche Handeln wird durch Institutionen effektiv, auf Dauer gestellt, normierbar, quasi-automatisch und voraussehbar."[633]

Recht wird als institutionelle Selbst- und Handlungsbestimmung des Menschen verstanden, als Selbsteinpassung in die biologische und kulturelle Umwelt. Menschenwürde kann als eine Selbstdefinierung und Zivilisierung des Menschseins verstanden werden.


## 6  Helmut Schelskys Rechtssoziologie

Recht wird von Schelsky als Element normativer Handlungs- und Verhaltensdetermination aufgefasst. Auch er geht wie Malinowski und Gehlen davon aus, dass Institutionen als Ersatz und Überformung des Instinktmangels fungiert. Jedoch unterscheidet er den objektiven Charakter der Institutionen stärker vom Recht.

Über die von den Institutionen gelieferte Organisation der Bedürfnisbefriedigung kommt ihnen noch die Rolle der Leitbildfunktion zu. Die Institutionen fördern die Freiheit, eigene subjektive Zwecke zu verfolgen. Ihre Leitideen stehen für bewusste und freiheitliche Setzungen zu Verfügung. Schelsky sieht das Recht personenfunktional als einen „Hort der Subjektivität in den Institutionen".[634] Er bildet einen Gegenpol zum systemtheoretischen Ansatz. Das auf Bedürfnisbefriedigung gerichtete zweckhafte subjektive Handeln als Hauptintention wird immer mehr aus dem Bewusstsein verdrängt. Der Mensch schafft sich dadurch kulturell neue sekundäre Bedürfnisse und Normen, die sich zu einem Ethos verfestigen.

---

[631] Gehlen, Arnold: *Der Mensch*, a.a.O., S. 20 f.

[632] ebenda, S. 37

[633] Gehlen; Arnold: *Urmensch und Spätkultur*, a.a.O., S. 42

[634] Mestmäcker, Ernst Joachim: *Schelskys Theorie der Institutionen und des Rechts*, in: Rechtswissenschaftliche Fakultät Münster (Hg.): Recht und Institution. Helmut Schelsky-Gedächtnissymposium Münster 1985, Berlin 1985, S. 19-31

Recht enthält nach Schelsky drei Endziele, die „personalen Leitideen des Rechts":

- „Gegenseitigkeit auf Dauer" als institutionale Sicherung der Sozialität des Gebens und Nehmens überhaupt.
- „Gleichheit bei Verschiedenheit", wodurch Machtteilung garantiert und privatfinalisierende Freiheit garantiert wird.
- Integrität und Autonomie der Person gegenüber Organisationen.[635]

Recht garantiert Freiheit und Entfaltung subjektiver Lebensgestaltung. Dieses „freiheitssoziologische" Rechtsdenken hielt Schelsky selbst für einen programmatischen Entwurf, der auf eine Normentheorie abzielen sollte.[636] Es hebt sich von Ordnungsmodellen Gehlens und Malinowskis ab und wertet die Subjektivität des Menschen auf. Schelsky will die Institutionslehre „anthropologisch" begründen. Auch W. Lipp[637] sieht Schelskys Arbeit als „Freiheitssoziologie", die für den Menschen transzendental alternative Möglichkeiten sah. Institution und Freiheit gehen nach Lipp nicht ineinander auf, klären sich nicht wechselseitig auf.[638]

Schelsky rückt oberhalb der Institutionen - vergleichbar mit Haurious Leitideen – die Kategorie des „Geistes", der „Reflexion" und „Dauerreflexion", der „Freiheit" in den Vordergrund. Die Institutionen werden zugunsten von Bewusstsein, „schöpferischem Subjekt" und „Person" begrenzt und dethematisiert.

Die menschliche Freiheit entsteht nach Schelsky „durch Lebensführung, durch Umweltbewältigung jenseits von Selbsterhaltung und Umweltanpassung [...]. Freiheit ist das kontrafaktische Lebensziel der menschlichen Existenz."[639]

Aufgabe des Menschen sei es, „Integrität und Autonomie der Person" angesichts der Kontrollzwänge der Institutionen durchzusetzen, deren Verwirkli-

---

[635] Schelsky, Helmut: *Systemfunktionaler, anthropologischer und personfunktionaler Ansatz der Rechtssoziologie*, a.a.O., S. 123 f.

[636] Krawietz, Werner: *Die Normentheorie Helmut Schelskys als Form eines Neuen Institutionalismus im Rechtsdenken der Gegenwart*, in: Baier, Horst (Hg.): Helmut Schelsky – ein Soziologe in der Bundesrepublik. Eine Gedächtnisschrift von Freunden, Kollegen und Schülern, Stuttgart 1986, S. 114-148

[637] Lipp, Wolfgang: *Institution, Reflexion und Freiheit – Wege in Widersprüche*. Helmut Schelskys Institutionenlehre, in: Horst Baier u a. (Hg.): Helmut Schelsky – ein Soziologe in der Bundesrepublik. Eine Gedächnisschrift von Freunden, Kollegen und Schülern, Stuttgart 1986

[638] ebenda, S. 79

[639] Schelsky, Helmut: *Die Erfahrung vom Menschen*. Was ich vom Bürger-Prinz gelernt habe, in: Hamburger Jahrbuch für Wirtschafts- und Gesellschaftspolitik 24, (1979), S. 211

chung „Kampf ums Recht" bedeutet.[640] Damit bog er auf den soziologischen Weg, wie M. Weber, „Kampf" als zentralen Begriff zu nehmen.[641]

Die soziokulturelle Lage war geprägt durch Automatisation, Bürokratisierung, Technisierung, Versorgungssysteme. Daniel Bell hatte das „Ende der Ideologie" verkündet, Hans Freyer die Lehre von den „sekundären Systemen", Arnold Gehlen die Theorie „kultureller Kristalisation" vertreten. Max Webers pessimistische Prognose, dass aller Fortschritt in ein „Gehäuse der Hörigkeit" münden würde, erscheint 1964. „The Lonely Crowd" von David Riesman erschien 1958 in Deutschland und kann auch wie eine Anklage gegen die institutionelle Verwaltung des gesellschaftlichen Lebens gesehen werden. Insofern pointierte Schelsky weniger die anthropologische Hilfs- und Kontrollfunktion von Institutionen zur Sicherung sozialer Interaktionen, sondern verlagert den Blickwinkel auf Werte wie Autonomie, Solidarität und Sicherheit der Person gegenüber Institutionen. Sie waren für Schelsky die Leitideen des Rechts.

## 7 Schelskys Bedeutung für den Institutionalismus (Werner Krawietz)

Schelskys Rechtssoziologie wurde besonders durch die rechtstheoretischen Schriften Werner Krawietz' aufgearbeitet.[642] Krawietz unterscheidet Institutionen des Rechts (Ehe, Familie, Vertrag, Eigentum) von der Institutionstheorie des Rechts.

Schelsky kann, indem er die Arbeiten der Anthropologen Malinsowski, Margaret Mead und Ruth Benedict sowie die Philosophie des amerikanischen Pragmatismus von William James und John Dewey aufgreift, von der Tatsache ausgehen, dass eine „ontologisch eindeutige Natur des Menschen nicht mehr gegeben werden kann", weil Bedürfnisse variabel auftreten.[643] Mangels dieser Instinktfestlegung besteht die Leistung der Institutionen in der „Kontrolle und Führung" menschlichen Verhaltens.[644]

Alle modernen Richtungen stimmen heute darin überein, „daß die Regeln des Rechts – ihrer Struktur, Funktion und Wirkungsweise nach – nicht ohne Be-

---

[640] Ihering, Rudolf von: *Der Kampf ums Recht*, München 1872; vgl. Schelsky, Helmut: Das Ihering-Modell des sozialen Wandels durch Recht. Ein wissenschaftsgeschichtlicher Beitrag, in: Jahrbuch der Rechtssoziologie und Rechtstheorie 3, Düsseldorf 1972, S. 47 –86, Wiederabdruck in: Ders.: Die Soziologen und das Recht, Opladen 1980, S. 167 f.

[641] Weber, Max: *Wirtschaft und Gesellschaft*, 2 Halbbände, Köln 1964

[642] Krawietz, Werner u. Ota Weinberger (Hg.): Helmut Schelsky als Soziologe und politischer Denker, Stuttgart 1985

[643] Krawietz, Werner: *Die Normentheorie Helmut Schelskys*, in: Horst Baier u. a. (Hg.): Helmut Schelsky – ein Soziologe in der Bundesrepublik. Eine Gedächtnisschrift von Freunden, Kollegen und Schülern, Stuttgart 1986, S. 125

[644] Krawietz, Werner: *Helmut Schelsky – ein Weg zur Soziologie des Rechts*, a.a.O., S. XLVI f.

zugnahme auf die bereits sozial etablierte menschliche Rechtspraxis inhaltlich gedeutet, beschrieben und erklärt werden können".[645]

Für Schelsky „lebt" die Institution nur in einer „intersubjektiven Kommunikation". Sie ist ein informatives „Kommunikationssystem" oder auch ein „organisiertes Gruppenverhalten".[646]

Die institutionalistischen Strukturtheorien des Rechts gehen davon aus, dass alles Recht und seine Entwicklung nicht als Sprung oder Transformation von vorrechtlichen zu rechtlichen Systemzuständen gesehen werden kann. Es handelt sich vielmehr um eine „fortschreitende, funktionale Ausdifferenzierung und organisatorische Verselbstständigung des Rechtssystems in der Gesellschaft."[647] Krawietz kritisiert die skandinavischen Rechtslehren von Aarnio, Alexy und Peczenik als „Theorie der Transformationen"[648] und „Theorie der Sprünge". Weinberger habe dagegen festgestellt, dass von außerrechtlichen Normfestschreibungen „kein gedanklicher Weg zum Recht" führt.[649]

Es gibt in der Rechtsgenerierung „programmierende" Entscheidungen des Gesetzgebers und die „programmierten" Entscheide der rechtausübenden Stellen und Gerichte. Krawietz sieht die Generierung des Rechts als intrasystemisches Wechselspiel an.

> In den staatlich organisierten Rechtssystemen der modernen Gesellschaft steht somit *jede* politisch-rechtliche Entscheidung – sei es des Gesetz- oder Verordnungsgebers, sei es der Regierung, der Verwaltung oder der Rechtsprechung – in einem *arbeitsteiligen Erzeugungszusammenhang* mit anderen derart, dass selbst die letztendlich zu treffende *Einzelentscheidung eines Falles* sich stets auf andere systemeigene Operationen bezieht, die – wie die Glieder einer Kette – miteinander verbunden sind.[650]

Krawietz sah die philosophischen und soziologischen Voraussetzungen zu diesem juristischen Positivismus als ungeklärt an. Schelskys soziologische Institutionstheorie gründe, so Krawietz, auf einer philosophischen Anthropologie und Bioanthropologie. Eine feste, ontologische Natur des Menschen sei nach Schelsky nicht gegeben, weil auch die Bedürfnisse in ihrem biologischen Kern

---

[645] Krawietz, Werner: *Die Normentheorie Helmut Schelskys*, in: Horst Baier u. a. (Hg.): Helmut Schelsky – ein Soziologe in der Bundesrepublik. Eine Gedächtnisschrift von Freunden, Kollegen und Schülern, Stuttgart 1986, S. 133

[646] ebenda, S. 134

[647] ebenda, S. 135

[648] Aarnio, Aulis, Robert Alexy und A. Pecznik: *The Foundation of Legal Reasoning*, in: Rechtstheorie 12, Düsseldorf 1981, S. 133-150; 257-279. Dt.: Krawietz, Werner u. R. Alexy (Hg.): Metatheorie juristischer Argumentation, Berlin 1983, S. 9-87

[649] Krawietz, Werner: Die Normentheorie Helmut Schelskys, in: Baier; H. (Hg.): *Helmut Schelsky*, a.a.O., S. 135

[650] Krawietz, Werner: Die Normentheorie Helmut Schelskys, in: Baier, H. (Hg.): *Helmut Schelsky*, a.a.O., S. 139

variabel sind. Die Institutionen übernehmen die „Kontrolle und Führung" des Verhaltens. Der Mensch muss sein Handeln mit einem kulturellen Überbau normieren, standardisieren und stabilisieren. Die Institutionen überformen das vom Individuum zu erlernende Verhalten, das ohne soziale Organisation sich nicht stabilisieren könnte.

Die Bedeutung des Rechts für die Strukturgesetze der Gesellschaft wollte Schelsky erkennen. Recht tritt dem Individuum von der Wiege an als „Ergebnis und Objektivierung sinnkonstituierender Aktivitäten vorangegangener Generationen mit spezifischen, auch normativ geprägten Bewusstseinsansprüchen gegenüber."[651]

Recht gilt als normative Struktur des Handelns. Die soziologische Institutionentheorie unterscheidet sich von der philosophischen Anthropologie (Max Scheler, Helmuth Plessner, Arnold Gehlen) und der Kulturtheorie von Bronislaw Malinowski, Margaret Mead, Ruth Bendict. Krawietz nennt Schelskys Position einer Theorie und Soziologie des Rechts „nachpositivistischen Rechtsrealismus". [652]

Die Institutionstheorien von Weinberger und Schelsky gehen also jeweils von der philosophischen Anthropologie und Bioanthropologie aus. Weinberger sucht jedoch die Begründung des Rechts in der Philosophie der Sprechhandlung. Schelsky gründet seine Theorie auf der Soziologie des Rechts. Recht integriert Gesellschaft und wird soziologische Theoriebildung. Schelsky will die *Bedeutung* des Rechts für die Strukturgesetze der Gesellschaft erkennen und nicht nur beschreiben.[653]

Recht werde dem Menschen von Geburt an vermittelt. „Rechtssoziologie ist für Schelsky somit eine Theorie der Institutionen, in denen das Recht als normative Struktur menschlichen Erlebens und Handelns fungiert."[654]

Schelsky wehre sich gegen die Vorstellung, alle jene Kräfte hervorzuheben, die den Menschen von außen steuern, wie es die philosophische Anthropologie in der Funktion der Institutionen sieht, welche fehlende Instinktsteuerung ersetzen. Ebenso spricht er sich gegen eine Soziologie aus, die die „sozialen Gesetzmäßigkeiten" zur Außensteuerung des Menschen erhebt. Die Gleichung, dass für den Instinktmangel die Institution einspringt, erweitert Schelsky um den Hinweis, dass Menschen frei und bewusst handeln können. Dennoch gäbe

---

[651] Krawietz, Werner: *Über die Fachgrenzen der Soziologie hinaus: Helmut Schelskys „transzendentale" Theorie von Recht und Gesellschaft*, in: Weinberger, Ota und Werner Krawietz (Hg.): Helmut Schelsky als Soziologe und politischer Denker, Stuttgart 1985, S. 18

[652] ebenda, S. 22

[653] Krawietz, Werner: *Begründung des Rechts – anthropologisch betrachtet*, in: Ders. u.a. (Hg.): Theorie der Normen. Festgabe für Ota Weinberger zum 65. Geburtstag, Berlin 1984, S. 552

[654] ebenda

es ein anthropologisches Bedürfnis nach Recht, als „abgeleitetes Kulturbedürfnis."[655]

Die „Bewusstheit des Zweckhandelns" wird zum „anthropologischen Kennzeichen des Rechts", als bewusstes und freies Zweckhandeln und nicht als Instinktsurrogat.[656]

> Das Recht schafft in den Institutionen den Bereich des bewussten Zweckhandelns, d. h., den Ansatz, die menschlichen Institutionen jeweils unabhängig von den in ihm erfüllten Instinkt- oder Instinktmangelbedürfnissen zum Gegenstand und Ziel immer erneuten, aktualisierten bewussten Zweckhandelns zu machen.[657]

Recht sei nach Schelsky ordnungsgestaltendes und bewusstes Handeln. Recht wird „gesetzt". Im Rechtscharakter der Institutionen liegt ihre Veränderbarkeit, ihre Anpassungsfähigkeit gegenüber neuen Umweltsituationen. Es sind Kreisprozesse wechselwirkender Motivations- und Institutionssysteme. Eine Dialektik von ‚Recht' handelnden Personen und dem Einfluss der Institutionen auf das menschliche Handeln.[658]

Weinberger bekennt sich dagegen zu einem „Normatismus", was für eine Institutionstheorie unüblich ist.[659] Krawietz fragt, ob es ein Programm eines „normativistischen Institutionalismus" im Sinne Weinbergers geben kann, in dem „normative" Regulative reale Wirkweisen zukommen.[660] Der Übergang von Sein und Sollen wäre erklärbar. Außerdem wäre der Rechts- und Gesetzespositivismus damit überstanden.[661].

Für unsere Thematik erhebt sich die Frage, ob Handlungen, die unter der Maßgabe der Menschenwürde vollzogen werden sollen, eine institutionelle Korrelation ausbilden oder ausbilden müssten. Wenn Institutionen Regulative für instinktiv ungesicherte Interaktionen sind, dann müssten sie entweder den Wesensgehalt kultureller Leitideen (Würde, Verhältnismäßigkeit) abbilden, sie pragmatisch generieren oder ihnen doch zumindest strukturierend folgen. Dann

---

[655] Schelsky, Helmut: *Systemfunktionaler, anthropologischer und personfunktionaler Ansatz der Rechtssoziologie*, in: Jahrbuch für Rechtssoziologie und Rechtstheorie 1, Düsseldorf 1970, S. 37-89

[656] Schelsky, Helmut: *Die Soziologen und das Recht,* a.a.O., S. 122 f.

[657] Schelsky, Helmut: *Die Soziologen und das Recht,* a.a.O., S. 123

[658] Krawietz, Werner: *Begründung des Rechts – anthropologisch betrachtet*, in: Ders. u.a. (Hg.): Theorie der Normen. Festgabe für Ota Weinberger zum 65. Geburtstag, Berlin 1984, S. 552

[659] Weinberger, Ota: *Normentheorie als Grundlage der Jurisprudenz. Eine Auseinandersetzung mit Hans Kelsens Theorie der Normen*, Berlin 1981, S. 169 f.

[660] Weinberger, Ota: *Logische Analyse als Basis der juristischen Argumentation*, in: Krawietz, Werner u. Robert Alexy (Hg.): Metatheorie juristischer Argumentation, Berlin 1983, S. 159 - 232

[661] Krawietz, Werner: *Recht als Regelsystem*, Wiesbaden 1984, S. 57 f.

nämlich wären Institutionen Arme des Rechts und ihrer *zivilisatorischen* Unternehmen, Gewalt zu sublimieren, zu eliminieren oder zu regulieren.

Ein staatlich-institutionelles Reglement der Wirtschaft unter Zivilisierungsabsicht wäre dann nur noch eine notwendige Folge und Frage der Zeit. Ob marktwirtschaftlich und privatfinalisiert organisierte Gesellschaften diesen gewalt- und leidreduzierenden Zivilisierungsimpuls oder aber einen Kampfimpuls (für Wohlstand um jeden Preis) in sich tragen, bleibt noch zu klären.

## 8 Institutionelle Ökonomie

Seit 1870 muss von einer Art institutionaler Bewegung in den USA ausgegangen werden.[662] Der Höhepunkt politischen Einflusses lag während des New Deal von Roosevelt 1933 und hat dann an Einfluss verloren. Die Neu-Institutionalisten beziehen sich auf die in der klassischen Tradition von A. Smith erhobenen institutionellen Fragestellungen. Ziel ist es, die materielle und kollektive Wohlfahrt zu fördern.

Die Abweichungsprofile des Institutionalismus sind je nach Spielart verschieden. Es gibt den „mainstream neo-institutionalism", dessen Anforderung hinsichtlich Umfang des Erkenntnisgegenstands, des Untersuchungszeitraum, der Interdisziplinarität, der evolutionären Ausrichtung im Vergleich zur neoklassischen Wirtschaftstheorie erheblich sind. Lediglich die theoretische Formalisierung fällt deutlich geringer aus. Davon zu unterscheiden ist der mit der Neoklassik eher zu vereinbarende „general neo-institutionalism" und der „new institutionalims", der sich von der Neoklassik absetzt, aber deren Erkenntnisgegenstand verkürzt hat.[663]

Die Persönlichkeiten des amerikanischen Institutionalismus sind Veblen, Commons und Mitchell und werden als dessen Begründer bezeichnet. Veblens Doktrin kann man so verkürzen: Die Reichen verschwenden durch ihren demonstrativen Konsum die Ressourcen der Gesellschaft.[664]

Der ökonomische Institutionalismus zeichnet sich durch eine radikalere Ökonomie aus, die die Grundvoraussetzungen oder Hauptprämissen der modernen Wirtschaftswissenschaft in Frage stellt. Außerdem schlägt sie eine wirklich

---

[662] 1872 wurde der „Verein für Socialpolitik" gegründet.

[663] Molinaro-Huonder, Remo: *Institutionalismus und Dritter Weg*. Ein Beitrag zum besseren Verständnis, Diss. der Hochschule St. Gallen für Wirtschaftswissenschaften, Luzern 1991, S. 70-71

[664] Veblen, Thorstein: *Theorie der feinen Leute*. München 1981; Orig.: Theory of the Leisure Class, New York 1899

alternative, wenn nicht subversive Wirtschaftstheorie und -politik vor.[665] Die Nähe dieses Institutionalismus zum Marxismus wird besonders deutlich.

> For Marxism, the control of technology by the ruling class is an alien and alienating force which the development of technology tends always to destroy. For institutionalism, the vested interests or absentee owners represent a similiary alien force in conflict with the rational development and deployment of the productive forces.[666]

Institutionalismus und Marxismus stimmen in ihrer Analyse der Arbeits- und Produktionsbedingungen und in der Vorstellung über den Menschen überein. Sie verwerfen das statistische Modell des homo oeconomicus, das sowohl natürlich als auch unveränderlich sein soll. Aus institutioneller Sicht ist der Mensch ein soziales Wesen, das im historischen Entwicklungskontext sich zum spezifischen kapitalistischen Individuum entwickelt hat. Der eigennützige Mensch ist nicht die Ursache, sondern nur die Folge der Ablösung der Feudalherrschaft durch den Kapitalismus. Auch für Velben verändert sich das menschliche Verhalten im Laufe der Jahrhunderte oder Jahrtausende wesentlich.

Die Hauptexponenten der radical economics sind neben Gurly und Reich, besonders S. Bowles, R. Edwards, D. M. Gordon und T. E. Weisskopf.[667] Bowles, Gordon und Weisskopf hatten in der wirtschaftlichen Reagankrise ein 24-Punke-Programm als Alternative zur Wirtschaftspolitik der USA vorgelegt.[668]

Oliver R. Williamson führte 1975 mit „Markets and Hierarchies" den Begriff der „new institutional economics ein.[669] Mit deren Instrumentarien sollte das sogenannte Marktversagen erklärt und behoben werden. Erkenntnisse der Wirtschaftsgeschichte, der Eigentumstheorie, der Ordnungstheorie, Wettbewerbstheorie sollten in Übereinstimmung gebracht werden. Williamson sieht die Hauptursache des Marktversagens in den Transaktionskosten, die eine effiziente Ressourcenallokation durch den Markt verhindern. Die Unternehmen versuchten nicht Profite zu optimieren, sondern Transaktionskosten zu minimieren.

Die „Mainstream" oder „South-Western institutionalists" versuchten den Wert eines Produkts nach dem Maß des Beitrags für die soziale Wohlfahrtsstei-

---

[665] Zu einer weltweit aktiven Bewegung, die sich außerhalb der USA als Radikale Schule bezeichnet und die amerikanischen radical economists einschließt, gehört Gorz, André: Abschied vom Proletariat, Frankfurt/M. 1980, ders.: Wege ins Paradies, Berlin 1983; vgl. auch Sik, Ota: Wirtschaftssysteme, Berlin 1987.

[666] Stanfield, J. Ron: Radical Economics, Institutionalism and Marxism, The Social Science Journal, Bd. 15, Nr. 1 (Januar) 1978, S. 49

[667] Bowles, Samuel, Davis M. Gordon, und Thomas E. Weisskopf: Beyond the Waste Land, New York 1983

[668] Weisskopf, Thomas E.: The Current Economic Crisis in Historical Perspective. Socialist Review, Bd. XI Nr. 3 (Mai-Juni) 1981

[669] Williamson, Oliver E.: Markets and Hierarchies, Houston 1980

gerung zu bestimmen.[670] Diese Sozialwerttheorie orientierte sich immer klar am Nutzen, den ein Gut stiftet und nicht, wie bei Marx, an der Arbeit, die zu seiner Herstellung erforderlich ist.

## 9 Der „Dritte Weg" von Ota Sik (Neoinstitutionalismus)

Es waren persönliche Erfahrungen mit dem „real existierenden Sozialismus" in der Tschechoslowakei, der Marktwirtschaft in Deutschland und der Schweiz, die Ota Sik motiviert haben, einen dritten Weg zwischen Kapitalismus und Sozialismus vorzuschlagen. Diese Geschichte beginnt etwa um 1960, in dem historischen Moment, wo sich die Industrieländer vom Keynesianismus abwenden. Für Sik sind die neoklassischen Makroökonomien keine ausreichenden Instrumentarien. Die Reformvorschläge des Institutionalismus wurden zu Beginn unseres Jahrhunderts ausgearbeitet und teilweise auch während Roosevelts New Deal in den USA verwirklicht.

O. Sik sieht die Offenheit der Geschichte und die Möglichkeit, die menschliche Freiheit stetig zu verbessern. Sein Dritter Weg lehnt sowohl den Kapitalismus als auch den sowjetischen Kommunismus ab.[671] In Siks Analysen werden Gründe für die Entstehung von Krisen im Kapitalismus mit der Überzeugung verbunden, dass der Marktmechanismus allein nicht in der Lage ist, für eine ausgewogene Allokation und Verteilung von Ressourcen und Arbeit zu sorgen. Massenarbeitslosigkeit und hohe soziale Kosten wären die Folge von uneingeschränktem Eigeninteresse und A. Smiths „unsichtbarer Hand". Eigeninteresse allein könnte makroökonomisch kein Gleichgewicht herstellen.[672]

Er schlägt eine Makroplanung vor, die nicht die Marktmechanismen ersetzen sollen, sondern lediglich ergänzen, um die Verteilung des Volkseinkommens gerecht, mit „Vollbeschäftigung", „stabilen Preisen" und ohne „Störungen" zu gewährleisten.[673]

Die Aufgabe des Staates läge in steuernden Subventionierungen. Über die Fiskal- und Geldpolitik des Keynesianismus hinaus schlägt Sik eine Einkommenspolitik vor. „An incomes policy is easy to define, but difficult to construct and implement."[674] Die wichtigste Aufgabe bestehe in der Steuerung von Einkommen.

---

[670] Veblen, Thorstein: *The Place of Science in Modern Civilisation and Other Essays*, New York 1930 S. 29 f.

[671] Sik, Ota: *Wirtschaftssysteme*, Berlin 1987

[672] Sik, Ota: *Ein Wirtschaftssystem der Zukunft*, Berlin 1985, S. 98

[673] Sik, Ota: *Humane Wirtschaftsdemokratie: Ein dritter Weg,* Hamburg 1979, S. 454-455

[674] Peterson, Wallace C.: *Macroeconomic Theory and Police in an Institutionalism Perspective*, in: Tool, Marc R.: (Hg.) Evolutionary Economics II: Institutional Theory and Policy, Journal of Economic Issues, Bd. XXI, Nr. 4, 1987, S. 1614

# 10 Zusammenfassung

Die Sicherung der Würde unter sozialen Bedingungen, diesseits von Marktversagen und hohen sozialen Kosten, hat immer wieder die Frage nach einer
Korrektur oder Alternative zu den (reinen oder verzerrenden) Marktgesetzen
gestellt. Wenn Institutionen andere soziale Konfliktstoffe regulieren, warum
sollten sie nicht in der Lage sein, das wirtschaftliche Handeln des Menschen so
zu lenken, dass offensichtliche Störungen der kulturellen Leitbegriffe nicht auftauchen? Auch hier aber gilt die Gegenfrage, ob diese Störungen und Versagen
nicht Folgen einer zwiespältigen Leitkultur sind, die zugleich anomisches Wirtschaften und zivilisierte Lebens- und Interaktionsverhältnisse erzeugen möchte.
Es könnte also sein, dass der politische und wirtschaftliche Liberalismus sich
noch nicht integrieren konnten. Der Mangel an institutionellem Reglement der
Ökonomie wäre dann ein Beweis für ein ambivalentes Wertsystem, und nicht
ein Beweis für die institutionelle Unmöglichkeit wirtschaftlicher Würdesicherung.

## VI Systemtheorie der Würde nach Niklas Luhmann

Wenn Würde als ein absolutes Rechtsinstitut gedacht wird, das sich als
unantastbar, überpositiv und unveränderlich ausgibt, wie verhält sich ihr
Wesensgehalt dann zum rechtssystemischen Wandel? Wenn gerade zum
Begriffszentrum der Würde verschiedenste Aspekte des Werts des Menschen
gehören, dann ist deutlich, dass viele Teilsysteme der Gesellschaft mittelbar mit
der Wertgenese der Würde verbunden sein müssen oder jene auf die Existenz
der Würde Einfluss nehmen. Das Rechtssystem ist, systemtheoretisch gesprochen, nicht *autark*. Wert und Würde des Menschen sind insofern nicht nur an
das Rechtssystem gekoppelt, sondern auch an alle disziplinär verschieden zu
beschreibenden Gesellschaftsteilsysteme wie Wirtschaft, Kultur, Kunst, Wissenschaft und Institutionen. Der Begriff des Werts (des Menschen) tangiert deshalb, sozialwissenschaftlich sehr offensichtlich, psychische, rechtliche und
ökonomische Teilaspekte der Wirklichkeit. Menschenwürde ist „gekoppelt" an
verschiedenste soziale Systeme. Wenn wir untersuchen wollen, wie eine Wechselwirkung zwischen Ökonomie und Verfassungsrecht stattfinden kann, dann
muss zuerst geklärt sein, ob die Kommunikationen dieser Teilsysteme sich ü-
berhaupt aufeinander beziehen können bzw. sich berühren und beeinflussen.

Diese Fragen sollen uns nun aus der Sicht der Systemtheorie beschäftigen.
Diese kann mit ihrer Auffassung der Gesellschaft als Teilsystemkonglomerat
die Untersuchung leiten, ob es überhaupt Rechtsbegriffe geben kann, die sich
einem ‚intersystemischen' Austausch und Wandel entziehen. Kann ein nur ab-

solut verstandener verfassungsrechtlicher Begriff der Menschenwürde Relevanz haben, wenn er nicht in der kommunikativen und effektiven Lage ist, sich zu positivieren, d. h. in anderen Gesellschaftsdimensionen wirksam zu werden?

## 1 Die systemtheoretische Deutung der Würde

Die Theorien gesellschaftlicher Differenzierung unterscheiden sich je nach ihrer Perspektive auf die Stellung und Bedeutung des gesellschaftlichen Subjekts. Die Soziologie unterscheidet die ungleichheitstheoretische und die differenzierungstheoretische Perspektive. Dazu zählen auch die Systemtheorie und die Akteurtheorie.

Die vier große Schritte der differenzierungstheoretischen Perspektive können mit folgenden Autoren verbunden werden:[675]

1. Marx, Simmel, Durkheim, Weber
2. Parsons
3. Luhmann
4. Elias und die „Neofunktionalisten", die Akteurtheoretiker.

Ebenso könnte man vier Abstraktionsstufen gesellschaftlich-theoretischer Analyse unterscheiden:

1. Die Analyse historischer Vorgänge: „historical sociology"[676]
2. Die gesellschaftlichen Entwicklungsphasen mit der Gefahr der monothematischen Verallgemeinerung. (z.B. „Risikogesellschaft")
3. Die Analyse der generellen Merkmale einer der großen Entwicklungsstufen von Gesellschaft
4. Die höchste Abstraktionsstufe sucht Konzepte und Modelle jeder Art gesellschaftlicher Dynamik und Struktur. (Etwa durch Parsons mit der Gefahr der Sozialphilosophie und der „grand theories")[677]

Unmittelbar abgeleitet entstand insofern eine strukturfunktionalistische Soziologie, die Konflikttheorie, die Austauschtheorie und die Ethnomethodologie. Im Unterschied zu den meisten Systemen der klassischen Physik, die statisch und unhistorisch aufgefasst werden, zeichnen sich biologische, soziale, psychische oder Kommunikationssysteme durch ihre prozessuale Selbstorganisation aus. Als Prozesse sind diese Systeme autologisch.

Hinsichtlich der Perspektive auf den Menschen und damit auch der Menschenwürde kann entweder vom Subjekt (Weber) ausgegangen werden oder von

---

[675] Kreckel, Reinhard: *Politische Soziologie der sozialen Ungleichheit,* Frankfurt/M. 1992

[676] Abrams, Philip: *Historical Sociology.* Ithaca, New York 1982

[677] Merton, Robert K.: *On Sociological Theories of the Middle Range,* in: Robert K. Merton: Social Theory and Social Structure, New York 1986 (3rd Ed.): The Free Press 13, pp. 164-168

der Gesellschaft (Durkheim). Weber will „soziales Handeln deutend verstehen und dadurch in seinem Ablauf und seine Wirkungen ursächlich erklären."[678] Mit dieser *idiografischen* Wissenschaft will er die kulturelle Leistungen nachzeichnen, interpretieren und verstehen. Diese *nomothetische* Wissenschaft sucht nach allgemeinen Gesetzen. Soziale Handlungen sollen immer auf Adressaten, soziale Wirkung und gesellschaftliche Ursachen hin untersucht werden. Der „subjektiv gemeinte Sinn", die Intentionen und Handlungen, sollen verstehend rekonstruiert werden. Es bildet sich die *Verstehende Soziologie*.

Durkheim dagegen untersucht die Wechselwirkung sozialer Tatsachen, etwas dem Subjekt Äußerliches, wie das Kollektivbewusstsein, den kollektiven Sinn, statt nur subjektive Sinnkonstrukte.[679] Beispiel eines Untersuchungssubjektes ist etwa der *Vertrag,* die Einhaltung von allgemeinen Regeln, das interaktive Einverständnis. Der kollektive Konsensus ermöglicht erst den Vertrag und nicht umgekehrt.[680] Durkheim untersucht die Formen der Solidarität, als soziale Tatsache, die der psychischen Dimension *vorausgeht*. Das subjektive Handeln wird nicht als Basis genommen, sondern die Formen sozialer Tatsachen, die zum subjektiven Handeln führen (*Holistische Soziologie*).

Wichtige soziologische Unterscheidungen stammen aus der Geschichte der Systemtheorie. Die strukturell-funktionale Systemtheorie der 30er Jahre von T. Parsons, dem eigentlichen Lehrer Luhmanns, hat den Begriff der Struktur akzentuiert. Struktur heißen die Elemente, die von kurzfristigen Schwankungen im Verhältnis System-Umwelt unabhängig sind. Dagegen meint *Funktion* den dynamischen Aspekt eines Systems. Meist sind es die für die Strukturerhaltung notwendigen Funktionen. Nach Parsons haben soziale Systeme vier elementare Funktionen: Anpassung, Zielerreichung, Integration, Strukturerhaltung.

Luhmann versteht unter Recht auch die „Struktur eines sozialen Systems, die auf kongruenter Generalisierung normativer Verhaltenserwartungen beruht."[681] Jedes System ist selbstreferentiell und autopoietisch. Es bezieht sich auf sich selbst, weil es über sich selbst theoretisiert. Die Rechtstheorie nimmt Bezug auf sich selbst. Einflüsse anderer Systeme sind lediglich mittelbar. Bevor ein System, wie das Recht, auf die Veränderungen anderer Systeme reagiert, wird in der internen Semantik geprüft, welche Bedeutung die Systemumweltveränderung für das eigene System hat. Impulse anderer Systeme übernimmt das Rechtssystem nach einer der eigenen Systemlogik folgenden Selektion. Diesen

---

[678] Weber, Max: *Wirtschaft und Gesellschaft*, Tübingen 1976, S. 1

[679] Durkheim, Émile: *Über soziale Arbeitsteilung. Studie zur Organisation höherer Gesellschaften*, Frankfurt/M. 1988

[680] ebenda, S. 450

[681] Luhmann, Niklas: *Rechtssoziologie*, 3. Aufl., Opladen 1987, S. 105

Vorgang der Selbststeuerung nennt Luhmann auch hier Autopoiese. Das Rechtssystem kann seine eigene Reproduktion regeln, es „gibt keine externen Instanzen oder Autoritäten, die Recht in das Recht eingeben könnten."[682]

Systeme bilden Ausschnitte der Wirklichkeit, die sich zu komplexen Systemen zusammensetzen. Die daraus entstehende Komplexität gehört zu den zu bewältigenden Handlungs- und Erlebenswelten. Diese müssen zur Reduktion von Komplexität überschaubar gemacht werden. Soziale System helfen dabei.[683] Jedes System kann einen Konflikt nur in seiner Semantik bearbeiten. Ein Problem wird überschaubarer, weil es systemreduziert behandelt wird. Jedes System wird von Fragen, die nie zu ihm gehören, entlastet, wie etwa moralische, politische Fragen oder betriebswirtschaftlichen Profitentscheidung-en.

Ebenso werden Entscheidungen von jedem System so durchgeführt, dass die Informationsverarbeitung selektiv nur die Fakten und Faktoren berücksichtigt, die für das jeweilige System „Sinn" erzeugen. Durch diese Entlastungsfunktion wird Komplexität auf den systemimmanent zu verarbeitenden Grad vereinfacht. Enttäuschungen über abweichende Informationen oder Verhalten werden reduziert.

Ein System kann sich entweder an die neuen System-Umwelt-Einflüsse anpassen oder es lebt „im Protest gegen die enttäuschende Wirklichkeit".[684] Aus kognitiven Erwartungen könne man lernen, aus normativen nicht, weil der Erwartende trotz Enttäuschung festhält.[685] Normen sind für Luhmann deshalb Verhaltenserwartungen. Der Handelnde weiß, dass abweichendes Handeln nicht hingenommen wird. Die zeitliche und soziale Generalisierung als Institutionalisierung zeigt vom Einzelnen, dass sein Verhalten von Dritten als Konsens über die allgemeine soziale Geltung erwartet wird.

Luhmann verändert gegenüber Parsons das Verhältnis von Funktion und Struktur. Er ordnet die Struktur den Funktionen unter oder nach. Es entsteht die funktional-strukturelle Systemtheorie. Soziale Systeme haben keine interaktive einheitliche Wertstruktur, sondern aufeinander verweisende Handlungen. Wenn Handlungen miteinander verknüpft werden, entsteht eine ausgegrenzte Umwelt. Alle Handlungen, die nicht sinnhaft in die übrigen, aufeinander bezogen Handlungen integriert sind, gehören zur Umwelt dieses Systems. Etwas ist entweder System oder Umwelt. Daraus entsteht die „System-Umwelt-Differenz".

Soziale Systeme bieten die Verringerung von Komplexität. Sie sind Orientierungshilfen, „Inseln geringerer Komplexität".[686] Die Umwelt ist stets kom-

---

[682] Luhmann, Niklas: *Die soziologische Betrachtung des Rechts,* Frankfurt/M. 1986, S. 25 f.

[683] Luhmann, Niklas: *Soziale Systeme, Grundriß einer allgemeinen Theorie,* 4. Aufl. Frankfurt/M. 1991, S. 45 f.

[684] Luhmann, *Rechtssoziologie,* a.a.O., S. 41

[685] ebenda

[686] Luhmann, Niklas: *Funktion und Kausalität,* in: Niklas Luhmann, Soziologische Aufklärung 1, Aufsätze zur Theorie sozialer Systeme, Opladen 1970, S. 116

plexer als das System. Innerhalb des Systems wird die Reduktion der Komplexität organisiert.

Für Luhmann gibt es drei Arten von Systemen:

- Interaktionssysteme (Beispiel: Seminar, temporäre Handlungen der Teilnehmer)
- Organisationssysteme (Universität als Ganzes, man kann ein- und austreten)
- Gesellschaftssysteme (Gesellschaft, Summe aller Interaktions- und Organisationssysteme)

Die geschichtliche Entwicklung der Systemtheorie mündet mit Luhmann in den Begriff der Autopoiesis. Während Parsons noch vom Ganzen und seinen Teilen ausging, zeichnen sich die autopoietischen Systeme (Maturana, Varela) durch die Idee der selbstorganistorischen Systemkonstruktivität aus. Im Gegensatz zu nicht lebendigen Maschinen, wie Motoren, ist die biologische Zelle ein autopoietisches Modell der Selbsterzeugung und Geschlossenheit. Sie bezieht sich auf sich selbst, ist selbstreferentiell. Geschlossene Systeme zeichnen sich durch diese Rekursivität aus: Der Reproduktionsprozess wird vom System selbst hergestellt. Alles zur Erhaltung erzeugt es selbst.

Kennzeichen eines offenen Systems ist sein Umweltkontakt (Offenheit), die durch systemische Geschlossenheit erst ermöglicht wird. Die Zelle steuert ihren Umwelt-Austausch selbst. Das System bestimmt den Austausch mit der Umwelt. Autopoietische Systeme sind autonom, aber nicht autark.

Darin lag der Hauptgedanke H. Maturanas und seiner konstruktivistischen Kognitionstheorie des Nervensystems. Bei der Untersuchung der Farbwahrnehmung von Tauben stellte er fest, dass es keine Korrelation zwischen dem Aktivitätszustand des Lichts und der neuronalen Tätigkeit gibt. Folglich ist das Nervensystem ein geschlossenes System. Es *konstruiert* ein eigenes Bild der umgebenden Welt.[687]

Das menschliches Gehirn ist danach ein geschlossenes, selbstreferentielles System. Es hat keinen direkten Zugang zur Umwelt im Sinne eines Mediums für spezifischen Informationsaustausch. Das wird durch die Tatsache deutlich, dass die Sinneseindrücke die gleiche bioelektrische Einheitssprache für Sehen, Hören, Riechen, Fühlen benutzen. Wahrnehmung wird dadurch zur systeminternen Konstruktion einer systemexternen (Um-)Welt.

Luhmann generalisiert nun den Autopoesis-Begriff auf alle Systeme, wie lebende, bewusste (Psyche, Mens), soziale Systeme. Gesellschaft sei aber kein dialogisches Lebewesen, sondern habe also eine „je eigene Weise der Autopoie-

---

[687] Maturana, Humberto und Francisco J. Varela: *Autopoietische Systeme: Eine Bestimmung der lebendigen Organisation*, in: Humberto Maturana: Erkennen: Die Organisation und Verkörperung von Wirklichkeit. Braunschweig/Wiesbaden 1982, 170-235

sis."[688] Als Beispiel führt er die Differenz von Gehirn und Gedanken an. Beides ist dem anderen unzugänglich. Das Bewusstsein bildet gegenüber dem Gehirn eine emergente *Ordnungsebene*. Gehirn und Bewusstsein operieren überschneidungsfrei. Sie verschmelzen nicht. Das Verhältnis von Bewusstsein und Gehirn bezeichnet Luhmann mit *struktureller Kopplung*. Ebenso sind die Elemente sozialer Systeme nicht die Subjekte, sondern *Kommunikationen*. Das soziale System besteht nicht aus Subjekten, sondern aus Kommunikationen. Menschen kommen nur in der Umwelt sozialer Systeme vor! Menschen sind keine Urheber von Kommunikationen. Kommunikation ist das Ergebnis sozialer Systeme, nicht menschlichen Handelns. „Der Mensch kann nicht kommunizieren, nur die Kommunikation kann kommunizieren."[689]

„Am" Menschen gebe es verschiedene Prozesse und Systeme, aber es gäbe keine diese verschiedenen Systeme übergreifende autopoietische Einheit. Die unterschiedlichen Systeme des Menschen arbeiten selbstreferentiell geschlossen. Es gibt weder eine kommunikative Beziehung zu anderen Systemen eines anderen Menschen noch ein Kontakt etwa zwischen Bewusstseinsebenen. Kein Bewusstsein kann an den Gedanken eines anderen Systems anschließen. Der Mensch kommuniziert nicht. Die Geschlossenheit organischer, neuronalen und psychischer Systeme macht einen direkten Kontakt eines Menschen mit einem anderen unmöglich.

Menschen kommunizieren durch die Konstitution von sozialen Systemen. Kommunikation bildet dabei eine emergente Ordnungsebene.

## 1.1 Der Systemsinn Würde?

Im Unterschied zu allen denkbaren Systemen entwickeln nach Luhmann nur psychische und soziale Systeme „Sinn". Sie „haben" ihn, sie operieren sinnhaft. Lebewesen oder Nervensysteme haben keinen „Sinn". Im Mittelpunkt des Sinngeschehens steht der Verweis auf Möglichkeit. Sinn ist die Einheit von Aktualisierung und Virtualisierung. Dazu zählt auch die Re-Aktualisierung und Re-Virtualisierung als ein sich selbst produzierender Prozess.

Jede Sinnform zwingt zur Selektion, zwingt zur Wahl von Anschlussmöglichkeiten. Luhmann unterscheidet drei Sinndimensionen:

Sachdimension: Dinge, Theorien, Meinungen

Sozialdimension: wer Dinge, Meinungen, Theorien thematisiert

---

[688] Luhmann, Niklas: *Soziologische Aufklärung 3*, Soziales System, Gesellschaft, Organisation, Opladen 1981, S. 26

[689] Luhmann, Niklas: *Geschichte als Prozeß und die Theorie soziokultureller Evolution,* in: Ders.: *Soziologische Aufklärung 3*. Soziales System, Gesellschaft, Organisation, Opladen 1981, S. 31

Zeitdimension: wann dies geschieht.[690]

Unter Kommunikation versteht Luhmann kein Sender-Empfänger-Modell, sondern einen dreistelligen Selektionsprozess: alle drei Bedingungen für Kommunikation bilden die Synthese der drei Selektionen: Information, Mitteilung, Verstehen.

Eine Struktur übernimmt die Selektion für Anschlussmöglichkeiten. Sie bewirkt, dass durch Autopoiesis das System sich durch bestimmte Elemente fortsetzt. Struktur ist kein Produktionsfaktor, sondern ein Eingeschränktsein der Qualität und der Verknüpfbarkeit der Elemente. Strukturen sozialer Systeme sind Erwartungsstrukturen und dies meint „Sinnformen".

Systemtheoretisch wäre das Verfassungsgut der Würde ein Umweltbegriff, an den ein Mensch oder eine gesellschaftliche Formation ankoppeln könnte oder nicht. Die Durchdringung der Gesellschaft mit Würde findet nicht statt. Ein Systemsinn „Würde" oder Würdesicherung gehört zweifellos zur Verfassung. Ob daran aber andere gesellschaftliche Systeme, wie das der Wirtschaft, ankoppeln, hängt nicht vom System „Verfassungsrecht" ab, sondern von der Funktionalität der anderen Systemsinne. Einen primordialen gesellschaftsübergreifenden Systemsinn „Würde" kann es systemtheoretisch nicht geben.

## 1.2 Soziale Prozesse

Soziale Prozesse sind Kommunikationssequenzen, weil sie temporal anknüpfen. Folglich bauen sie konkrete selektive Ereignisse zeitlich aufeinander auf, schließen aneinander an vorherige oder zu erwartende Selektionen. Sie bauen die Selektionsprämisse in die jeweilige Einzelselektion ein. Strukturen treffen eine Vorauswahl. Prozesse versuchen das Gleiche durch Anschlussversuch.

Aus der Tatsache der Sinnkonstruktion psychischer und sozialer Teilsysteme ergibt sich die Unmöglichkeit alter holistischer semantischer Konstruktionen, was als Erkenntnis besonders für die Geschichte der philosophischen Ethik relevant ist.

Die philosophisch-wissenschaftliche, als metasystemische Perspektive gedachte Beobachtung, die Vollständigkeit beansprucht, verstrickt sich, sobald sie sich selbstreferentiell mit einbezieht, in eine Paradoxie. Die Beobachtung kann ihre beobachtungsleitende Unterscheidung nicht beobachten, ohne in Paradoxien der Selbstanwendung zu geraten. Jede Beobachtung braucht ihren blinden Fleck, ist als paradox konstituiert.

Luhmann zeigt an Beispielen des Wandels sozialer Systeme, dass auch ihre wissenschaftliche *Systemdifferenzierung* in Sub- und Teilsysteme umorganisiert werden muss. Die Teilsysteme sind dann in einem je neuen oder anderen wech-

---

[690] Vgl. Luhmann, Niklas: *Soziale Systeme*, a.a.O.

selseitigen System-Umwelt-Verhältnis. Die Differenzierung in Teilsysteme fällt immer anders aus. Autopoietische Systeme haben ‚nur‘ eine „dynamische Stabilität".[691]

Luhmann weist auf die *segmentäre Differenzierung* (1) archaischer Gesellschaften nach Familien, Stämmen, Dörfern hin. Die Differenz von Interaktion und Gesellschaft war historisch nicht erlebbar. Die Anwesenheit von Personen war das Kriterium dieser Gemeinschaft. Es handelte sich um eine Gesellschaft aus gleichen Schichten.

Mit der *stratifikatorischen Differenzierung* (2) ungleicher Schichten der Gesellschaft entsteht die Leitdifferenz: *oben/unten*.[692] Stratifizierte Gesellschaften beobachten sich nach dem Leitsatz oben/unten. Alles wird auf die Folgen und Nebenfolgen der Hierarchie hin beobachtet. Weniger die Sachdimension oder Sozialdimension steht im Vordergrund. Nicht was gesagt wird, sondern wer es sagt, ob oben oder unten, ist entscheidend. Ein Beispiel ist die Standesehe, nicht Liebesehe als Grundsymbolik der Hierarchie und der Reziprozität.[693] Die Sinnauslegung der Welt als Hierarchie wird durch Religion legitimiert.

Mit der *funktionalen Differenzierung* (3) in ungleiche Teilsysteme wie Wirtschaft, Recht, Politik, Religion, Erziehung, kommt es zu Funktionsbezügen, als dem Gesamtsystem Gesellschaft. Die Leitunterscheidung der funktionssystemspezifischen Kommunikationen in der modernen Gesellschaft sind in *binären Codierungen* gebaut. Es sind unhintergehbare erste Unterscheidungen: Zahlen/Nicht zahlen; Regierung/Opposition; Recht/Unrecht; Macht/Ohnmacht; wahr/unwahr; schön/hässlich etc. Kodierungen sorgen für operative Schließung der Teilsysteme. Programmierungen öffnen das System für externen Sinn. Die Teilsysteme entscheiden mit Programmen über die Zuweisung von Codewerten. In der Wissenschaft etwa über wahr oder falsch.

Es gibt keine zentrale Instanz gesamtgesellschaftlicher Reichweite, die sinnhaft verbinden könnte. Aus Monokontextualität aller ontologischen Werte wird Polykontextualität teilsystemspezifischer Welten. Die Auflösung holistischer Semantik ist systemtheoretisch beschlossen. Die multizentrische Gesellschaft verliert jede zentrale Perspektive für die Deutung der Welt.

Während für Habermas Lebenswelt immer noch als *geteilte* Welt von Normen, Werten, Einsichten, Urteilen, Geschmacksurteilen gilt, negiert Luhmann diese Vorstellung. Das Gut der Würde wird nicht geteilt. Dies sei nur der Horizont, der einem Beobachter erscheint. Lebenswelt ist je ein Resultat von polykontextuellen Beobachtungen. Für Luhmann meint Lebenswelt nur noch die Kommunikation über die Kodierung „vertraut/unvertraut". Für jedes System ist

---

[691] ebenda
[692] ebenda, S. 126
[693] ebenda, S. 127

die „Welt die Einheit der eigenen Differenz von System und Umwelt."[694] Es bleibt eine unhintergehbare Differenz der Perspektiven. Die ethische Implikation einer relativistischen Multimoralität ist deutlich. Die holistische oder gar überhistorische Zentrierung ist verloren. Der Pluralismus der Funktionen einer systemischen Gesellschaft macht ethische Prinzipiensuche im Sinne der Diskursethik von Habermas unmöglich. Die Multiplizität der Codes der Teilsysteme und die Multizentrizität der systemischen Kommunikationsorte unterbinden eine Einheitssemantik. Statt dessen gilt Luhmann die kommunikative Selbst- und Fremdreferenz als systeminterne Operation. Jeder Code wird also unhintergehbar im Sinne der eigenen (Teil-)Systemsprache sein und gleichzeitig kontingent, weil die Welt auch anders beschrieben werden kann, was sich gelegentlich in semantischem Unverständnis ausdrückt.

Wie aber ist soziale Ordnung möglich, wenn es keine gemeinsame Perspektive, „keine gesellschaftliche Gemeinschaft", kein gemeinsames Handlungsziel aller Mitglieder, wenn keine intersystemische Abstimmung zwischen den Teilsystemen herrschen kann?

Die umweltbeobachtenden Teilsysteme stellen sich aufeinander ein, ohne sich aber in ihren Zielen, Werten und Normen zu verstehen. Die wechselseitigen *Limitierungen* der Teilsysteme sind es, die letztendlich Ordnung herstellen und nicht eine Moral. Das hieße auch, dass sich Verfassungsrecht und Ökonomie nicht verstehen und kein Wertaustausch stattfindet. Der Begriff „Wert" hier und dort wäre der Garant für Verständnisdifferenzen.

Unter *Moral* kann systemtheoretisch eine besondere Art der Kommunikation mit den Codes gut/böse und gut/schlecht, menschliche Achtung/Missachtung verstanden werden. Philosophische *Ethik* wäre dann die Reflexionstheorie der Moral und nicht ihre Begründung. Begründung ist nach Luhmann ein paradoxes Unternehmen und führt nur zu weiteren Differenzierungen, also zu Paradoxien. Luhmann verweist deshalb darauf, dass moderne, differenzierte Gesellschaften durch moralische Kommunikation nicht integriert werden können. Die Funktionssysteme sind primär über binäre Codes ausdifferenziert. Das politische System orientiert sich an Regierung/Opposition, Wissenschaft an wahr/falsch usw.

> Die Funktionscodes müssen auf der Ebene höherer Amoralität eingerichtet sein, weil sie ihre beiden Werte für alle Operationen des Systems zugänglich machen müssen.[695]

Funktionscodes sind also moralisch indifferent strukturiert. Zudem polykontextual, eine irreduzible Vielfalt von Beobachtungsmöglichkeiten. Moral kann kein Archimedischer Standpunkt sein. Die klassische Ethik und Soziologie hatte der Moral eine gesamtgesellschaftliche Integration noch zugetraut. Statt dessen

---

[694] ebenda, S. 106
[695] ebenda, S. 23

unterliegt auch die moralische Kommunikation und Beobachtung ihrer Paradoxie. Man kann nicht unterscheiden, ob die Unterscheidung gut/schlecht ihrerseits gut oder nicht vielmehr schlecht ist. Luhmann warnt vor der Moral als Konfliktstoff und Konflikttreiber. Sie droht mit Missachtung von Personen. Philosophische Ethik muss deshalb vor Moral warnen. Damit übernimmt sie aber selbst einen moralischen Impetus.

Eine Kritik an Luhmanns Systemtheorie lautet deshalb auch, dass die konservative Verwaltung des Menschen durch die Theorie sozialer Systeme gefördert werde und nicht den Abbau von Herrschaft und Ungerechtigkeit als Paradigma der Leidvermeidung fördert. Diese Kritik kann nur greifen, wenn sie nicht systemtheoretisch immanent als teilsystemische Kodierung aufgefasst wird, sondern als Theoriekritik.

Die Aufgabe der Theorie sozialer Systeme bestehe dagegen in der Aufklärung, „wo ein System in bezug auf seine eigenen strukturellen Erfordernisse inkonsequent und selbstgefährdend operiert."[696]

Damit wäre unsere Frage nach einer wirtschaftsethischen Konsequenz verfassungsrechtlicher Grundbegriffe zwar eine systemtheoretische Unmöglichkeit, aber der Aspekt der immanenten Selbstgefährdung der Verfassungsbegriffe Würde und Verhältnismäßigkeit, etwa durch Mangel an institutionellen Anweisungen, wäre um so aktueller. Das Verfassungssystem könnte sich selbst negieren, etwa im Verlust der Wesenssubstanz der Würde, wenn es bestimmte Umweltwahrnehmungen ignorierte, die dieses System torpedierten. Es ginge aus Mangel an einer konsequentialistischen Transformation und Ausdifferenzierung zugrunde.

## 2  Die Würde im „Recht der Gesellschaft"

Weil Menschen verschieden begabt sind, also Überlegenheit herrscht, kann Recht nur den Sinn haben, Freiheit durch Einschränkungen zu begrenzen. Recht wird also grundsätzlich in diesem Sinne zur Ungleichbehandlung der Verschiedenen eingesetzt.[697]

Um der Frage nach der Stellung der Würde in der Systemtheorie des Rechts nachzugehen, ist es bedeutend zu erfahren, ob die Legitimitätsgenese aus dem Naturrecht haltbar ist. Insbesondere die Unterscheidung Naturrecht, positives Recht und Menschenrecht steht zur Debatte.

Die Soziologie beobachtet das Recht von außen. Der Jurist von innen. Jedes System folgt den eigenen Bindungen und Codes. Die Soziologie wird, nach

---

[696] Luhmann, Niklas: *Das Recht der Gesellschaft,* Frankfurt/M. 1995, S. 233
[697] ebenda, S. 234

Luhmann, als Fremdbeschreibung des Rechtssystem diesem nur gerecht, wenn sie es als ein sich selbst beschreibendes System wahrnimmt. Das Sicheinlassen auf die Selbstbeschreibung eines System ist eine Bedingung einer soziologischen Theorie. Daraus entsteht eine empirisch adäquate Theorie. Die Einheit des Rechts ist in einer Hierarchie der Rechtsquellen gedacht: Ewiges Recht, Naturrecht, positives Recht.

In einer stratifizierten Gesellschaft war Rang das Differenzierungselement. Im 18. Jahrhundert kommt es zum Zerfall der Ständeordnung und zur Verzeitlichung, der Historisierung von Strukturbeschreibungen. Von *Rangordnung* als Einheit stiftende Differenz wird auf *Fortschritt* umgestellt. Andererseits ist Recht nach Kant, Hume, Rousseau oder Linguet, die historische Zivilisierung der Gewalt.[698] Die Rechtslehrer erhielten dazu Konkurrenz in der Beschreibung von gesellschaftlicher Sozialstatistik, den Sozialwissenschaften. Seit der Mitte des 19. Jh. zieht man sich auf Werte als Begründung zurück. Die Leitdifferenz lautet: Sein und Geltung. Die Systemtheorie ersetzt die *Prinzipien* Gewalt, Gerechtigkeit, Nutzenkalkül durch die *Unterscheidung*: System-Umwelt.[699] Unterscheidungen zu unterscheiden führe zu wissenschaftlich brauchbaren Begriffen.[700]

Das alte europäische Naturrecht arbeitete mit einer statischen Weltarchitektur und mit der Unterscheidung oben/unten, als Rang- und Qualitätsdifferenz. Es gab eine kosmologische Begründung der Hierarchie der Dinge und sozialen Verhältnisse. Naturrecht beruht also auf einem ontologischen Weltverständnis, einer zweiwertigen Logik. Unrecht und Nichtrecht können nicht unterschieden werden und fallen zusammen. Dieses Nichtunterscheidenkönnen stützt die Unausweichlichkeit einer Rechtsordnung.

Nach Luhmann gibt es deshalb kein „übergesetzliches Recht" oberhalb des positiven Rechts. „Vielmehr prüft das Recht sich selbst, und soweit dies nicht geschieht, geschieht es nicht."[701] Geltung des Rechts will Luhmann nicht in einem normativen Sinn verstanden wissen, so als sei impliziert, „daß das, was gilt, auch gelten soll"[702]. „Wir schneiden jeden Rekurs auf eine ‚höhere Ebene' der Sollwertzuteilung ab. Recht gilt, wenn es mit dem Geltungssymbolen als geltend bezeichnet wird – und wenn nicht, dann nicht."[703] Es gibt für Luhmann auch keine teleologische und normative Sinnbeimischung. Recht hat keine bin-

---

[698] ebenda, S. 21
[699] ebenda, S. 26
[700] ebenda, S. 27
[701] ebenda, S. 32
[702] ebenda, S. 32
[703] ebenda, S. 32

dende Gewalt, es besteht nur aus Kommunikationen und „Strukturablagerungen von Kommunikationen"[704].

Luhmann spricht von der Zeitbindung des Rechts.[705] Recht sei ein autopoietisches, sich selbst unterscheidendes System.[706] Recht produziere alle Unterscheidungen selbst.

Insofern scheint auch eine rechtssystemexterne Zugabe von rechtsrelevanten Begriffen, wie dem der Würde, unmöglich. Die Frage, wie die Idee der Würde entweder in die Gesellschaft oder ins Rechtssystem gelangt, hängt von der Ausdifferenzierung des Rechts selbst ab:

> Einerseits ist die Gesellschaft Umwelt ihres Rechtssystems, andererseits sind aber alle Operationen des Rechtssystems immer auch Operationen in der Gesellschaft, also Operationen der Gesellschaft. Das Rechtssystem vollzieht Gesellschaft, indem es sich in der Gesellschaft ausdifferenziert. Es legt anders gesagt, mit den eigenen Operationen einen eigenen Schnitt in die Gesellschaft, und erst dadurch entsteht in der Gesellschaft eine gesellschaftsinterne Umwelt des Rechts, so daß man daraufhin fragen kann, wie Einflüsse dieser Umwelt auf das Recht ausgeübt werden können, ohne daß dies dazu führte, daß Recht und Gesellschaft nicht mehr zu unterscheiden sind.[707]

Mit Luhmann wird deutlich, dass der Wesensgehalt der Würde zwar rechtssystemimmanent ausdifferenziert werden kann, dass eine Wirkung in andere gesellschaftliche Systeme aber nur dann erwartet werden kann, wenn diese mit dem Gehalt der Würde in ihrer Umwelt selbstreferentiell etwas anfangen können. Das bedeutet, dass die verwendbaren Konnotationen der Würde nicht länger aus dem Rechtssystem selbst stammen müssen, sondern in dem System entwickelt werden, das das Recht zu seiner Umwelt hat. Die lineare Figur eines simplifizierten Konsequentialismus, aus den Generalklauseln und Hauptbegriffen des Rechts Folgerungen für andere Gesellschaftssysteme ableiten zu können, scheitert, nach Luhmann. Wenn Armut, als Beispiel, eine Konsequenz des Wirtschaftssystems ist, die das Rechtssystem abschaffen möchte, entsteht erst Irritation, wenn es intersystemische Kopplungen und Interessen gibt, die beide Systeme verfolgen.

---

[704] ebenda, S. 33
[705] ebenda, S. 33
[706] ebenda, S. 30
[707] ebenda, S. 34

# 3  Das Verhältnis von Würde und Freiheit

Jedes Individuum muss, nach Luhmann, sein Handelns auf mehrere soziale Systeme beziehen und deren Anforderungen synthetisieren.[708] Der andere Mensch wird verstanden „als ein[] besondere[s] System"[709] Und was bedeutet „Würde" des Menschen? Welchen Sinn können diese Begriffe in einer industriell-bürokratischen Gesellschaft haben?

Die menschliche Persönlichkeit wird nach wie vor als Substanz gedeutet.[710] Im Sinne der Schulphilosophie als individuelle Substanz rationaler Natur.[711] Der Mensch ist zwar frei bzw. zur Freiheit berechtigt, aber er hat die Rechte anderer zu respektieren. Er hat zwar Eigentum, muss aber im Gebrauch seines Eigentums soziale Bindungen akzeptieren.

Die Wesensgehaltssperre des Art. 19 Abs. 2 GG bietet kaum eine Hilfe, denn der Wesensbegriff ist ebenfalls durch die Auflösung der ontologischen Denkvoraussetzungen unseres Philosophierens betroffen und zur Leerformel geworden. Das Wesen des Wesens ist unbekannt.[712]

Der Mensch wird zu der Persönlichkeit, die er darzustellen bemüht ist.[713] Eine Wesensverletzung liegt nach Düring vor, wenn der Grundrechtsträger vom Staat lediglich als Objekt behandelt wird. Dies erweist sich als Leerformel, da er den Menschen immer als Objekt behandeln muss. Der Sinn des Identischen des Subjekts liegt nicht in einem In-Sich-Ruhen, sondern in seiner Kraft, andere Möglichkeiten zu ordnen. Freiheit und Würde sind Vorbedingungen, dass der Mensch sich als Individuum sozialisieren kann.[714] Andererseits ist die Abhängigkeit des Rechtssystems von systemexternen Einflüssen deutlich:

„Keinesfalls können für den Begriff der Autonomie Kausalbeziehungen den Ausschlag geben, denn da für alle internen Operationen, wenn man nur weit genug blickt, immer auch externe Ursachen angegeben werde können, würde diese Fassung den Begriff zerstören."[715] Es gibt also Selbsreferenz und Fremdreferenz.[716]

---

[708] Luhmann, Niklas: *Grundrechte als Institution,* Berlin 1974, S. 53

[709] ebenda, S. 56

[710] ebenda, S. 58

[711] Vgl. Thomas von Aquin: *Summa Theologiae*, I q. 29 Art. 1, der sich auf Boethius beruft. Die Frage des Unterschieds des Menschen zum Tier liegt immer zugrunde. Seit Heidegger ist diese Abgrenzung zum Tier fragwürdig geworden.

[712] Luhmann, Niklas: *Grundrechte als Institution*, Berlin 1974, S. 60

[713] Düring, Günther: *Der Grundrechtssatz von der Menschenwürde*, Archiv des öffentlichen Rechts 81 (1956), S. 117-157

[714] Luhmann, Niklas: *Grundrechte als Institution*, a.a.O, S. 63

[715] ebenda, S. 65

[716] ebenda, S. 66

Selbstdarstellungen sind in sich selbst schwierig und stets dem Scheitern nah. Mit jeder Kommunikation riskiert der Mensch seine Würde. In Anwesenheit anderer muss er sich zusammennehmen. Er muss sich schützen.[717] Mehr noch als Freiheit ist „Würde" ein Wunschbegriff.[718]

Sie stellt keinen Wert dar, den der Mensch hat oder „in sich trägt"[719] (Düring verstand unter Würde eine angeborene Wertqualität). Luhmann hält aber nichts von unveränderlichen Wertideen. „Nur ein dynamischer Würdebegriff, der Würde als Leistung in ihrer Labilität voll aufdeckt, kann den Boden bereiten für eine wirklichkeitsnahe, problembezogene juristische Abwehrtechnik".[720]

Die „Würde muß konstituiert werden."[721] Sie ist Ergebnis von Darstellungsleitungen, Ergebnis ständiger sozialer Kooperation – aber keiner offenen Kommunikation. Sie ist eines der empfindlichsten menschlichen Güter, weil sie so stark generalisiert ist, dass alle Eigenschaften den ganzen Menschen betreffen. Sie ist eine der wichtigsten Schutzgegenstände unserer Verfassung. Selbstdarstellung ist jener Vorgang, der den Menschen in Kommunikation mit anderen zur Person werden lässt und ihn damit in seiner Menschlichkeit konstituiert.[722]

Ohne Erfolg in der Selbstdarstellung, ohne Würde, kann er seine Persönlichkeit nicht nutzen. Er scheidet als Kommunikationspartner aus. Bei Würdeverlust zieht der Betroffene seine Persönlichkeit aus dem Verkehr. Er verzichtet auf die Freiheit der Kontaktwahl, führt seine Freiheit sozusagen auf das Maß seiner Würde zurück.

Würde und Freiheit bedingen sich.[723] Sie sind keine angeborenen Qualitäten oder implizierte Werte, sondern die inneren und äußeren Vorbedingungen der Selbstdarstellung, eine Haltung zu sich selbst und ein kommunikatives Verhalten

Luhmann sieht in Freiheit und Würde nicht nur Grundrechte, sondern auch Verstand und Erfahrung, seine Persönlichkeit richtig zu handhaben. Also etwas wie Lebensweisheit und Selbsterkenntnis.

Luhmann betont die besondere Bedeutung der Trennung von Würde und Freiheit im Art. 1 und Art. 2 GG. „Die Würde bezieht sich auf die innere, die Freiheit auf die äußeren Bedingungen und Probleme der Selbstdarstellung als individuelle Persönlichkeit."[724]

---

[717] ebenda, S. 67
[718] ebenda, S. 68
[719] ebenda
[720] ebenda, S. 68, Anm. 44
[721] ebenda, S. 68
[722] ebenda, S. 69
[723] ebenda, S. 70
[724] ebenda, S. 77

Der Mensch bedarf also einer bestimmten Handlungsfreiheit, sich „in den symbolischen Implikationen seines Handelns sozial zu konstituieren."[725] Freiheit ist Handlungsfreiheit.

In Art 2. GG wird Würde von Juristen als Generalklausel gesehen, „als Grundsatzbekenntnis zur Freiheit".[726] Generalklauseln und Grundsätze stellen die Frage nach der Bedeutung von Normen. Welche Rolle spielen sie neben der faktischen Positivität der rechtssystemischen Kommunikation. Sind sie justiziabel?

Normen sind kontrafaktische stabilisierende Erwartungen.[727] Kognitive Erwartungen sind mithin durch eine nicht notwendig bewusste Lernbereitschaft ausgezeichnet, normative Erwartungen dagegen durch die Entschlossenheit, aus Enttäuschungen nicht zu lernen.[728]

Scheinbar haben Normen eine systemstabilisierende oder auch eine systemevolutiv hemmende Wirkung, eine homöostatische Funktion gegen zu schnelle Einflüsse und historische Beliebigkeiten.[729]

Hier finden wir bei Luhmann den Hinweis, dass Würde an Kommunikation und soziale Kooperation gebunden ist. Er lehnt eine ontische Wesenheit von Würde ab und sieht ihr Erscheinen als interaktives Produkt individueller Freiheiten.

## 3.1 Ist intersystemische Beeinflussung möglich?

Die Frage der *intersystemischen Beeinflussung* beantwortet Luhmann teils differenziert, teils missverständlich widersprüchlich. Einerseits gibt es keinen intersystemischen Transfer von Informationen, weil es nur intrasystemische Informationsbildung gibt.

„Es gibt also keinen Input von rechtlicher Kommunikation in das Rechtssystem, weil es überhaupt keine rechtliche Kommunikation außerhalb des Rechts-

---

[725] ebenda, S. 78

[726] ebenda, S. 80

[727] ebenda, S. 55

[728] Luhmann, Niklas: *Soziologiekritische Bemerkungen zu gewissen Tendenzen von Rechtssoziologen*, in: Ders.: Die Soziologen und das Recht. Opladen 1980; S. 43, vgl.auch E. Blochs Perspektive auf die Erwartung und Utopie.

[729] Kap. III, S. 54 in „Das Recht der Gesellschaft" zeigt eine gute Systematik der Generierung des Rechtssystems. Vgl. Berman, Harold J.: *Recht und Revolution: Die Bildung der westlichen Rechtstradition*, dt. übers., Frankfurt/M. 1991; darin die These, dass im 11. Jahrhundert in Europa die Umstellung des Rechtssystems auf Autonomie eine Revolution der Rechtskultur gewesen sei.

systems gibt."[730] „Und das ist eine Konsequenz der These, daß nur das Rechts-system selbst eine Schließung bewirken, seine Operationen reproduzieren, seine Grenzen definieren kann, und daß es keine andere Instanz in der Gesellschaft gibt, die sagen könnte: Das ist Recht und dies ist Unrecht."[731]

Dagegen findet sich später[732] eine Höherbewertung der Umwelt des Rechts-systems. Die Rekurrenz auf sie sei aber nur möglich, weil das System durch seine Geschlossenheit Offenheit erzeuge. „Offenheit ist nur auf Grund von Ge-schlossenheit möglich."[733]

Das System operiert „normativ geschlossen" und zugleich „kognitiv offen". Hier relativiert Luhmann seine strikte Schließung rechtlicher Kommunikation außerhalb des Rechtssystems.

„Die These normativer Geschlossenheit richtet sich vor allem gegen die Vorstellung, Moral könne im Rechtssystem *unmittelbar* [Herv. d. Verf.] gel-ten."[734] In alten Rechtssystemen wurde dies durch die Unterscheidung Gerech-tigkeit und Billigkeit ausgeführt.

Zwar gebe es einen binären Moralcode, „aber die Moralprogramme, also die Kriterien der Unterscheidung von gut und schlecht, bzw. gut und böse seien nicht mehr konsensfähig. „Eine moralische Rechtskritik bleibt möglich, und es ist nicht zu erwarten, daß die Moral für jeden Fall Rechtsgehorsam verlangt. Aber daraus folgt nicht schon, dass entsprechende Argumente rechtlich über-zeugen; und vor allem darf man nicht unterstellen, daß eine Moral, die sich ge-gen das Recht stellt, universellen Konsens findet."[735]

Noch klarer formuliert Luhmann den Aspekt der autopoietischen Rekon-struktion der „Umwelteinflüsse' im Sinne einer aktiven, konstruktiven Rekur-renz.

„Das Recht kann normative Vorgaben zwar aus der Moral oder aus anderen gesellschaftlichen Quellen übernehmen, aber dies muß durch explizite Trans-formationen geschehen."[736] „Mit nicht geltenden Normen kann man im System nichts anfangen."[737] „Geltung ist ein von Moment zu Moment neu zu erarbei-

---

[730] Luhmann, Niklas: *Grundrechte als Institution*, a.a.O., S. 69

[731] ebenda

[732] ebenda, S. 76

[733] ebenda

[734] ebenda, S. 78

[735] ebenda

[736] ebenda, S. 85; Nach David Lyons folgt dies schon aus der Tatsache, dass das Rechssystem die Gerichte zu Entscheidungen zwingt, obwohl mit geltendem Recht keine eindeutige, deduktiv anwendbare Entscheidungsregel zu finden ist. Alle Rechtssysteme bedürften einer morali-schen Rechtsfertigung. (Lyons, David: *Justifikation and Judical Responsibility*. California Law Review 72 (1984), S. 172-199) Selbst wenn Lyons recht hätte, würde immer noch gelten, schreibt Luhmann, dass es eine rechtliche (und nicht nur moralische) Begründung für die Re-levanz der Moral für das Recht gibt, nämlich das Justizverweigerungsverbot.

[737] Luhmann, Niklas: *Grundreche als Institution*, a.a.O., S 106

tendes Produkt des Systems."[738] „Es gibt dafür keinen anderen Letztgrund als den Modus und die Einschränkung des Modus der Produktion."[739]

Deutlich wird, dass systemexterne Inputs in ein System für Luhmann ohne jede Chance sind. Das Rechtssystem muss mit sich selbst kommunizieren, um, sich verändernd, als Umweltsystem anderer System verändert zu erscheinen bzw. veränderlich von diesen kommuniziert zu werden.

Wenn diese Arbeit auf eine wirtschaftsethische Konsequenz des Rechtssystems setzte, dann kann diese nach Luhmann nur darin bestehen, dass rechtssysteminterne Begriffe kommunizieren. Wir verfolgen dies mit den Hauptbegriffen des Titels der Arbeit. Eine Generalklausel (mit Verfassungsrang) kommuniziert mit einem Verfassungsbegriff und entwickelt Rechtsmodifikationen.

## 3.2  Die Evolution des Rechts[740]

Unmittelbar nach Luhmanns Konzeption der System-Umwelt-Transformationen taucht die Bedeutung der Möglichkeit systemischer Veränderung auf, insbesondere hier des Rechts. Gibt es selbsttransformative Inputs in ein System, dann wird es auch eine Evolution des Systems geben. Es stellt sich die Frage, „welche Eigenschaften eines Systems Evolution ermöglichen."[741] Luhmann sieht in der „Erhaltung der Autopoiesis als eine conditio sine qua non"[742] die Tatsache, dass ein System auch für Änderungen von Strukturen kompatibel ist.

Evolution würde demnach eintreten, wenn verschiedene Bedingungen erfüllt sind und konditional aneinander gekoppelt sind, *Variation* eines autopoetischen Elements im Vergleich zum bisherigen Muster der Reproduktion, Selektion der damit möglichen *Struktur* als Bedingung weiterer Reproduktionen.

Es gäbe ein *Stabilhalten des Systems* im Sinne der dynamischen Stabilität, also eine Weiterführung der autopoietischen, strukturdeterminierten Reproduktion in dieser „*geänderten* Form."[743] Variation betrifft dabei die Elemente, Selektion die Strukturen. Die Stabilisierung betrifft die Einheit des Systems, das sich autopoietisch reproduziert.[744] „Die Gesellschaft ist auf strukturelle Kopplung mit Bewusstseinssystemen angewiesen. Das Rechtssystem auch."[745]

---

[738] ebenda, S. 109

[739] ebenda, S. 110

[740] Luhmann, Niklas: *Das Recht der Gesellschaft*, a.a.O., S. 239

[741] ebenda, S. 241

[742] ebenda, S. 242

[743] ebenda, S. 241-242

[744] ebenda, S. 242

[745] ebenda, S. 242-243

„Evolution ist keine allmähliche, kontinuierliche, bruchlose Steigerung vom Komplexität, sondern ein Modus von Strukturänderungen, der durchaus durch sprunghafte Umbrüche (‚Katastrophen') und mit langen Zeiten der Stagnation (‚Stasis') kompatibel ist."[746]

Die Stabilität und der Wandel des Rechtssystems hängt von der Möglichkeit zur Komplexitätssteigerung ab, dem Begriff, den Luhmann als latentes Formaltelos seines Evolutionsbegriffs einführt.[747] Entweder sei es stabil oder es „weicht vom bestehenden Ausgangspunkt ab und baut mit immer neuem distinguishing und overruling [...] höhere Komplexität auf."[748] Die Evolution operiere dabei zirkulär, indem sie „teils mit Variation auf Außenanstöße reagiert und teils die Stabilisierung zur Motivierung von Innovation" wiederverwendet. Der evolutive Verlauf sähe dann folgendermaßen aus: Stabilisierung – Selektion – Variation.[749]

Es handelt sich dabei um ein zirkuläres und nicht sequentielles Modell der Evolution. Luhmann unterlässt dabei keine Möglichkeit, auf die intrasystemische Organisationskraft der Evolution hinzuweisen. Es gibt nur systeminterne Evolution und primär keine der intersystemischen oder operativen Kopplung.

„Als Resultat dieser Evolution gilt für das Rechtssystem - Moralphilosophen mögen darüber anders urteilen - nur noch positives Recht. Das heißt: nur noch Recht, das vom Rechtssystem selbst durch Verfügung über das Symbol der Rechtsgeltung in Geltung gesetzt ist."[750] „Die Evolution ‚sucht', könnte man sagen, Lösungen für das Problem der strukturellen Kopplung des Rechtssystems, die dessen Evolution nicht behindern, oder, was auf dasselbe hinausläuft, einen Aufbau rechtseigener Komplexität durch eine Sonderrevolution des Rechtssystems ermöglichen."[751] Die Evolution versuche, „solange es geht, Unwahrscheinlichkeiten" zu normalisieren - „Unwahrscheinlichkeiten begriffen als Grad der Abweichung von einem Ausgangszustand." Erst dann gelte: „Neues Recht annulliert altes Rechts."[752]


## 3.3 Strukturelle Kopplung

Wenn Evolution nur als intrasystemisches Produkt aus Stabilisierung – Selektion – Variation innerhalb der systemischen Schließung aufgefasst werden

---

[746] ebenda, S. 243

[747] ebenda, S. 272

[748] ebenda, S. 272

[749] ebenda, S. 277

[750] ebenda, S. 280

[751] ebenda, S. 283

[752] ebenda, S. 290

kann, und die intersystemische Kommunikation als strukturelle und operative Kopplung stattfindet, dann interessiert uns hier besonders die Möglichkeit des ‚Einflusses' (natürlich ohne faktischen und substanziellen Einfluss, nach Luhmann) auf die Semantik des Systemsinns des Rechtssystems.[753]

Geschlossenheit des Systems heißt, dass die Reproduktion des Systems nur mit eigenen Operationen geschehen kann. Einflüsse werden also zu systemeigenen Operationen.[754] Luhmann unterscheidet dazu zunächst einmal zwei Arten von Kopplung.

*Die Strukturelle Kopplung:* Wenn ein System bestimmte Eigenarten seiner Umwelt voraussetzt und sich darauf verlässt. Was die strukturelle Kopplung einschließt, ist ebenso wichtig, wie das, was sie ausschließt: Einschließen – Ausschließen als Prinzip.

*Die Operative Kopplung* meint Kopplungen von Operationen durch Operationen. Es gibt zwei „Varianten":

*Autopoiesis*: Produktion von Operationen des Systems durch Operationen des Systems.

*Gleichzeitigkeit* von System und Umwelt: Kopplung von eigenen Operationen mit denen der Umwelt.

Als Resultat dieser Differenzierung ergibt sich eine reziproke Einflussmöglichkeit gesellschaftlicher Systeme. Luhmann sieht im Bewusstseinssystem den Meridian der kommunikativen ‚Vermittlung' der Systeme. „Das Kommunikationssystem Gesellschaft ist in diesem Sinne auf strukturelle Kopplung mit Bewusstseinssystemen angewiesen. Nur über Bewusstsein lässt sich die Gesellschaft von ihrer Umwelt beeinflussen."[755] Luhmann hält also Einflüsse auf das Rechtssystem für möglich. Der Begriff der strukturellen Kopplung steht hierfür bereit. „Teilsysteme werden verknüpft."[756]

„Erst der Übergang zu funktionaler Differenzierung schafft die Bedingungen für eine strukturelle Kopplung zwischen verschiedenen Funktionssystemen."[757] Die Kopplung von Teilsystemen wird möglich. „Erst im 20. Jahrhundert wird deutlich, daß es auch strukturelle Kopplungen zwischen Wirtschaftssystem und politischem System gibt."[758] Luhmann zeigt auch historisch, wie die Systeme Wirtschaft und Recht, bzw. Politik und Recht sich koppeln. Wirtschaft und Recht durch die Entwicklung des systemüberragenden Vertragswesens, Politik

---

[753] ebenda, S. 440
[754] ebenda, S. 440
[755] ebenda, S. 440
[756] ebenda
[757] ebenda, S. 447
[758] ebenda, S. 451

und Recht durch die Entstehung der politiküberschreitenden Verfassungs-idee.[759]

Eine Einflussnahme des Rechts auf das Wirtschaftssystem schließt Luhmann also nicht aus. Insbesondere entstehen durch Ausdifferenzierungen Ansatzpunkte struktureller Kopplungen. Der Vertrag entspringt dem Rechtssystem und dem Wirtschaftssystem zugleich. Der Grundsatz der Verhältnismäßigkeit könnte sich ebenso auf politische und auf ökonomische Freiheiten beziehen.

## 3.4 Die widerrufbare Würde

Luhmann betrachtet das Teilsystem Recht in Bezug auf die nationale Gesellschaft und die Weltgesellschaft. Internationale und intersystemische Wechselwirkungen hält er für eine theoretische Analogie.

Intersystemische Einfluss*nahmen* hält Luhmann insofern für möglich, als durch die Geschlossenheit des Rechtssystems zugleich eine Öffnung als autopoietischer Vorgang möglich wird. Gesellschaft als umfassendes System aller sozialen Operationen gilt Luhmann deshalb als „offen, adaptiv, mit internen Selbstregulationen"[760]. Es findet eine Anpassung der Gesellschaft an ihre Umwelt statt. Recht steht in diesem Dienste der Anpassung der Gesellschaft an ihre Umwelt.[761] Variation und Konstanthalten bestimmter Zustände ergänzen sich.

Der Vorgang der Veränderung durch Teilsystemkopplungen wird von Luhmann immer wieder als selbstorganisatorische interne (Rechtssystem-)Leistung gesehen und nicht als mechanistische Re-Aktion oder passive Modulation, als Zwang zur Adaption.

„Es gibt keinen Transport von Informationen aus der Umwelt in das System. Das System reagiert nur auf eigene Zustände, dies allerdings mit einer intern benutzten Unterscheidung von System und Umwelt, also mit einer Bifurkation kausaler Zurechnung."[762]

Die Evolution eines Systems kann andererseits aber als Wertewandel verstanden werden, einem ursprünglich kulturhistorischen Begriff, der auf Nietzsches Agitation der „Umwertung aller Werte" zurückgeht. Das Rechtssystem reagiert auf diesen Wertewandel.

Es kann keine Rede davon sein, daß das Recht auf die pure Tatsache und Häufigkeit abweichenden Verhaltens durch Normänderung reagiert. [...] Gemeint ist nur, daß Normen mit Realitätsunterstellungen ausgestattet sind, die sich im Rechtssystem

---

[759] ebenda, S. 470; Vgl. auch Luhmann, Niklas: *Verfassung als evolutionäre Errungenschaft.* Rechtshistorisches Journal 9 (1990), S. 176 - 220

[760] Luhmann, Niklas: *Das Recht der Gesellschaft*, a.a.O., S 551

[761] ebenda, S. 551

[762] ebenda, S. 555

selbst als Irrtum erweisen oder durch Änderung der Verhältnisse inadäquat werden können.[763]

Das Gleiche muss auf intersystemischer Ebene der Nationen gelten. Evolution oder Veränderungen von Systemen bedeutet, „daß Störungen und Systembrüche je nach negativem oder positivem Feedback und je nach regionalen Besonderheiten sehr verschiedene Auswirkungen haben können. Eine funktional differenzierte Gesellschaft ist alles andere als eine harmonische Gesellschaft mit inhärenten Stabilitätsgarantien."[764]

Zu den wichtigsten Indikatoren einer Evolution zu einem weltgesellschaftlichen Rechtssystem gehört die zunehmende Aufmerksamkeit für Menschenrechtsverletzungen.[765] Ihre Idee „ist im Zerfall des alteuropäischen Naturrechts und in Zusammenhang mit Sozialvertragskonstruktionen entstanden."[766] Es entstand im 18. Jahrhundert ein Konflikt der Sozialvertragsmodelle mit dem Naturrechtsdenken. Die Geltung des Vertrags musste jetzt darauf beruhen, dass in ihm auf die Naturrechte verzichtet wurde oder später rückwirkend die Individuen mit natürlichen Rechten auszustatten seien, deren Bedeutung und Form für das Zivilrecht um so schwieriger zu bestimmen war.

Pufendorf war es, der versucht hatte, die unterschiedlichen Vorstellungen des Naturrechts von Grotius, Hobbes und Spinoza zu integrieren. Er kam zu der Formulierung der Idee angeborener Menschenrechte. Traditionelle Unterscheidungen konnten damit abgeschafft werden. So wurde die Unterscheidung von Menschen *mit* ,dignitas' und *ohne* Menschenwürde überwunden. Menschenwürde wurde jedem Menschen eigen. Das Zivilrecht erhält eine Schrankenbestimmung spezifischer Differenzierung – eben Menschen mit und ohne Würde nicht mehr begrifflich auszuweisen.[767]

Die paradoxe Problematik bestand immer darin, dass überpositives Recht als positives Recht in Geltung gesetzt werden soll. Die Übertragung der zunächst nur in Deklarationen und Konventionen vertexteten naturrechtlichen Richtlinien

---

[763] ebenda, S. 537

[764] ebenda, S. 573

[765] Kühnhardt, Ludger: *Die Universalität der Menschenrechte: Studie zur ideengeschichtlichen Bestimmung eines politischen Schlüsselbegriffs*, München 1987; Luhmann erinnert an „die semantische Erfindung des Singularmenschen am Ende des 18. Jahrhunderts, die Wiederkehr des Menschen" – „etwa in der Reanthropologisierung des Subjekts um 1800 oder in der Reanthropologisierung des Heideggerschen „Daseins" in Frankreich", womit nunmehr Ausländer inbegriffen sind. In: Luhmann, Niklas: Das Recht der Gesellschaft, S. 574, Anm. 42

[766] Luhmann, Niklas: *Das Recht der Gesellschaft*, a.a.O., S. 574

[767] Bei Pufendorf heißt es: „In ipso hominis vocabulo iudicatur inesse aliqua dignatio". Pufendorf, Samuel v.: De jure naturae et gentium libri octo 3.II.I., Frankfurt/Leipzig 1744. Luhmann verweist auf die bewusste Differenzierungsabsicht Pufendorfs, indem er statt der üblichen „dignitas" nun von *dignatio* spricht.

hat zudem die Schwierigkeit, in ein weltgesellschaftliches Rechtssystem übertragen zu werden, obwohl sie bereits als Anforderung an die nationalen Rechtssysteme existieren. Dabei sind, nicht ganz systemlogisch notwendig, Nationalstaat und Menschenrechte parallel entstanden.

Trotz der Diskussion zwischen Relativisten und Universalisten über die Legitimation, die Reichweite und die Präsenz von Menschenrechten bezweifelt
niemand den Sinn „eines letzten Rechtsschutzes gegen staatliche Willkür".[768]

Luhmann hält es trotzdem zugleich für wichtig, durch regionale nationalstaatliche Besonderheiten bedingt, Abweichungen von Rechtsgeneralisierungen
zuzulassen, aber auch der Willkür regionaler Politikprozesse zu überlassen.[769]
Politik und Recht dürften nicht beliebig divergieren. Die definitorische Negati-
vität der Menschenrechte erschwert ihre positivrechtliche Transformation, aber
auch ihre zivilrechtliche Verlässlichkeit. Das Recht der Menschenrechte profitiert insofern mehr von der „Evidenz der Rechtsverletzungen" als von der Präzi-
sion entsprechender Texte.[770] „Angesichts von Horrorszenen der verschiedensten Art sind weitere Diskussionen überflüssig."[771] Luhmann verweist auf
die Wertungsaspekte hinter allem Recht, im Gegensatz zu den kognitiven Versuchen rationaler Begründung.

> Weitgehend wird die liberale Tradition der bürgerlichen Gesellschaft und ihrer Ver-
> fassungsrechte fortgesetzt. Grundrechte wie Freiheiten und Gleichheit sind nach wie
> vor anerkannt – zugleich aber mit dem Wissen, wie stark sie legal modifiziert wer-
> den können und wie wenig sie den tatsächlichen Verhältnissen entsprechen.[772]

Es genügt nach Luhmann nicht, sich auf positives Recht der Staaten zu berufen, denn das positive Recht kann auch zu Menschenrechtsverletzungen benutzt
werden. Auch reicht es nicht aus, Menschenrechte als subjektive Rechte zu begreifen und es dem Einzelnen zu überlassen, ob und wie er diese einfordert.
Luhmann hofft auf eine Internalisierung der Menschenrechtsfragen.[773]

Zusammenfasssend sieht Luhmann in der Entwicklung der Doktrin der Menschenrechte die Entfaltung einer „fundamentalen Paradoxie" ihrer Legitima-
tonsvorstellungen.[774] Der Zirkel besteht sozialgeschichtlich darin: Die Bindung
der Vertragsparteien an den Vertrag konnte nur aus dem Vertrag selbst erklärt
werden. Bei der Menschenrechtsfrage bleibt dieser Zirkel ebenfalls bestehen:

---

[768] Luhmann, Niklas: *Das Recht der Gesellschaft*, a.a.O., S. 576

[769] ebenda, S. 577

[770] ebenda

[771] ebenda

[772] Vgl. auch Hofmann, Hasso: *Menschenrechtliche Autonomieansprüche: Zum politischen Gehalt der Menschenrechtserklärungen*, Juristenzeitung 47 (1992), S. 165 u. 173

[773] Luhmann, Niklas: *Das Recht der Gesllschaft*, a.a.O., S. 560

[774] ebenda, S. 581

Dass das überpositive Recht positivierungsbedürftig sei, ist ein offenes Paradox. Ebenso beruft man sich auf eine ‚Natur' des Menschen nur substanziell dann, wenn sie als verletzt gilt. Darin liegt ihr definitorisches Paradox als Definition ex negativo. Auch ist es eine paradoxe Sophistikation, dass Rechte erst durch ihre Verletzung in Geltung gesetzt werden.

Es hat sich oben gezeigt, dass Luhmann sowohl die Substanz der ‚Würde' als auch ihre rechtssystemische und weltrechtssystemische Stellung innerhalb der Menschenrechte als intersystemisches Problem ansieht. Einerseits spricht er von der Evidenz ihrer substanziellen Wichtigkeit gegen Übergriffe auf das Individuum durch Obrigkeiten. Andererseits konstatiert er die intersystemische Problematik eines Metarechtssystems (der Menschenrechte), das sich paradox mit dem positiven Recht koppeln müsste, um seine Relevanz zivilrechtlich zu entfalten. Dabei sah Luhmann in der Entwicklung des vertragsrechtlichen Denkens parallel zu dem naturrechlichen eine Konfrontation von libertärer Vertragsfreiheit und zivilrechtlich Freiheit beschneidenden Grundrechten. Es handelt sich um zwei Paradigmen: Die menschenrechtlich eingeräumten negativen (Schutz-)Freiheiten torpedieren die uneingeschränkte Vertragsfreiheit. Die Problematik der allgemeinsten „Drittwirkung" der überpositiven Menschenrechte auf zivilrechtliche Belange positiven Rechts ist damit berührt. Die Vertragsautonomie muss sich substantiell durch menschenrechtliche Leitideen reduzieren lassen. Verträge zu Lasten Dritter, Verträge zu Lasten oder zur Negierung der eigenen Würde werden unmöglich. Gerade aber bei der Frage nach der Tragweite und Dimensionalisierung des Lastenbegriffs zeigen sich die definitorischen Grenzen. Wie das Beispiel der Zerstörung der Marktchancen des Konkurrenzproduktes innerhalb der Marktwirtschaft zeigt, damit manche Existenzvernichtung und soziale Zerrüttung und Exklusion einschließt, die zum Ordnungsprinzip wirtschaftsrechtlicher Vorgaben der Marktwirtschaft gehört, stellt sich das alte Problem der Schrankendimensionierung der Spät-, Fern- und Fremdwirkung jeder wirtschaftlicher Handlungsfreiheit. Die Grenzen der Vertragsfreiheit sind fraglich.

„Das Prinzip der Schädigung anderer wird gewährt, weil das Wirtschaftssystem auf Konkurrenz aufbaut und ohne Konkurrenz, so vermutet man wenigstens, nicht gleich gute Resultate erzielen würde."[775] Der synergetische Effekt von Firmenfusionen verdeutlicht dagegen kontrafaktisch, dass das Prinzip Konkurrenz nicht unangefochten effektiv sein muss. Die Synergie der Fusion deutet natürlich zunächst auf ein Machtsteigerungspotential hin, das auf dem Feld der freien Konkurrenz Vorteile verspricht. Gleichzeitig ist mit der aktuellen ‚Fusionsbewegung' aber auch, trotz der sozialen Exklusion durch Stellenabbau, sequentielle Konkurrenz in Solidarität überführt. Das heißt, dass aus dem Gleichgewichtsverlust wirtschaftlicher Kräfte Integrationsmomente entstehen

---

[775] Luhmann, Niklas: *Das Recht der Gesellschaft*, a.a.O., S. 465

können, die hier Fusion, dort Solidarität oder bei Luhmann wahrscheinlich Komplexitätssteigerung heißen würden.

Interessant scheint uns, dass die Problemreduktion der Paradoxien aus naturrechtlichen und positivrechtlichen Systemen, zu dem auch die Definition der Würde zählt, zu einem alten Grund- und Schrankenkonflikt zwischen der Idee oder dem Rechtsgut der Freiheit und der Freiheitsfolgenbewertung führt. Die Beschränkung der Freiheit (des Vertrags) zur Sicherung anderer Rechtsgüter (Würde, würdige Lebensverhältnisse) gerät in eine Güterabwägungsprozedur zwischen Freiheitsverlustkosten und Würdegewinn. Diese ist scheinbar weder rationalistisch noch überhistorisch zu führen, sondern entstammt der Positivität der historischen Relativität, besonders der Machtverhältnisse zwischen den Interessenklientelen. [776]

Systemtheoretisch kann man mit Luhmann auf die Schwierigkeiten schließen, die sich aus der Unmöglichkeit semantischer Transferierung von Gütern und Werten intersystemisch trotz autopoietischer Kopplung auch für die Vermittlung teilsystemische Sinn- und Wertsphären abzeichnen. Die Kalibrierung einer intersystemischen Verständigung (zwischen den Teilsinnkonstrukten) jenseits der Machtsphäre wäre dann genauso unmöglich wie die eines (Rechts-) Gütervergleichs intra- oder intersystemischer Herkunft. Sowie die Systemsemantiken sich intransigent in der System-Umwelt-Differenz verhielten, misslänge auch die praxisrelevante und De-facto-Kopplung des naturrechtlichen Begriffs der Würde in die zivil- und wirtschaftsrechtlichen, also positivrechtlichen Konsequenzen. In der Summe dieser Paradoxien und Schranken sieht Luhmann die überpositiven Menschenrechte dennoch agieren, besonders dann, wenn ihr Bezug zu einem historischen Wertsystem ‚evident' ist.

Die konsequentielle Etablierung von naturrechtlichen Begriffen ins positive Recht, wie dem der Würde, sieht Luhmann als Ergebnis einer Legitimation durch Verfahren. Zwar „produziert" das Rechtssystem diese Positivierung nicht ohne operative und strukturelle Kopplung an andere Teilsysteme der Gesellschaft, doch wird die Generierung eines neuen positiven Rechts oder Gesetzes immer autopoietisch systemintern vollzogen. Als Rechtssystem kommuniziert und modelliert dieses nur mit seinem internen Sinn.

Als Ergebnis einer systemtheortischen Generierung von positivem Recht ergibt sich ein Institutionalismus, der die ‚Einflüsse' der intersystemischen Kopplungen zu vergessen scheint. Institutionen werden als sozial normierte Erwartungsstrukturen aufgefasst.

---

[776] „Neues Rechts annulliert altes Recht". Im Mittelalter bestand eine Rechtsbindung an die Lebenszeit eines Menschen. Rechtsgrenzen waren mit Bezug auf Personen fixiert. Tribale Gesellschaften kannten Kollektivstrafen, wir dagegen setzen „juristische Personen" für Organisationen ein. (Luhmann, Niklas: *Das Recht der Gesellschaft*, a.a.O., S. 292)

Das vielleicht deutlichste Beispiel ist die volle Positivierung des Rechts. Sie besagt, dass alles Recht seine Geltung durch bindende Entscheidungen hat, die in geregelten Verfahren erarbeitet und legitimiert werden. Damit ist alles Recht als kontingent und änderbar postuliert; selbst die Änderbarkeit höchstrangiger Änderungsverbote (Art. 79 Abs. 3 des Grundgesetzes) kann zwar negiert, aber aus dem Möglichkeitshorizont des Rechts nicht mehr ausgeschlossen werden. Und nicht nur normative, sondern auch kognitive Erwartungen sind positiviert durch den hypothetischen und falsifizierbaren Charakter wissenschaftlicher Wahrheiten; zur Institution wissenschaftlicher Forschung und zu ihrem Begriff von Theorie gehört die explizite Vorläufigkeit und Wiederrufbarkeit aller Aussagen.[777]

## VII Sozialphilosophische Modelle: Würde im Kampf um Anerkennung

## 1 Anerkennungskonflikte als Würdekonflikte (A. Honneth)

Die Debatte um Liberalismus und Kommunitarismus in den USA berührte unmittelbar die Frage nach dem Verhältnis von Gesellschaft und Individuum, bzw. kritisiert die in ihrer Differenzierung zugrunde liegenden Anthropologeme und Wesensbeschreibungen.[778] Hier unterliegt auch der Würdebegriff der Frage nach seiner individuellen oder sozialen Verortung. Gemeinschaft kann als Austragungsort individualer „Selbstverwirklichung"[779] aufgefasst werden, sodass die essentielle Beschreibung des Menschen subjektzentriert ausfällt, im Sinne des vorpolitischen aristotelischen *zoon politikon*, oder Gemeinschaft wird identitätstheoretisch als sozial dimensioniertes Menschenwesen verstanden. Die identitätstheoretische Perspektive erzeugt die Diagnose und Definierung des Menschen.

Besonders die in den Menschenrechten und auch im Begriff der Würde implizierte Forderung nach uneingeschränkter Akzeptanz des Menschen, trotz vieldimensionaler Differenz (vgl. Art. 1 der Charta der Vereinten Nationen), scheint die Akzentuierung gerade aus der Sicht von individual ausgelegten Schutz- und Abwehrrechten Richtung personaler Identität zu verschieben. Die Internationalisierung und Globalisierung, damit Dezentrierung von regionalen Bezugsgemeinschaften verstärkt diese rechts- und ideengeschichtliche abendländische Verortung des Menschen als Unteilbares und in sich Definites. Der postmoderne Individualisierungsschub als Befreiung von sozialen, stratifikatorisch-sozialen

---

[777] Luhmann, Niklas: *Institutionalisierung – Funktion und Mechanismus im sozialen System der Gesellschaft*, in: Schelsky, Helmut (Hg.): Zur Theorie der Institutionen, Düsseldorf 1970, S. 38

[778] Vgl. Joas, Hans: *Gemeinschaft und Demokratie in den USA. Die vergessene Vorgeschichte der Kommunitarismus-Diskussion*, in: Brumlik, Mischa u. Hauke Brunkhorst (Hg.): Gemeinschaft und Gerechtigkeit. Frankfurt/M. 1993, S. 49-62

[779] Honneth, Axel: *Kampf um Anerkennung. Zur moralischen Grammatik sozialer Konflikte*, Frankfurt/M. 1992, S. 278

und biografischen Mustern[780] legitimiert sich mit der Rationalisierung der Bedeutung der negativen Freiheit.[781] Das rechtshistorische Pendant des Prozesses gesellschaftlicher Individualisierung (in Wirtschaft, Familie und Biografie) war die Entwicklung der Naturrechtsgeschichte bis hin zur Entstehung der Idee der Menschenrechte. Andererseits weist der in den Sozialwissenschaften geführte Diskurs über die Relation von Identität, Gemeinschaft, Differenz und Anerkennung darauf hin, dass eine gelungene Identitätsbildung nicht ohne den sozialen Wertbildungsprozess entstehen kann.[782]

Die Kritik am Kommunitarismus, dass die Idee einer Gemeinschaft ohne Differenz „repressiv" sei, beantwortet die Gegenseite mit dem Hinweis, dass die Wertbildungs- und Wertschätzungsmomente einer Gemeinschaft identitätskonstitutiv sind.[783] Nur eine Gemeinschaft könne die für die Identitätsstiftung notwendigen Anerkennungspotentiale und Profile bieten.

Es scheint, dass dieser Konflikt zwischen der sozialwissenschaftlichen und der liberalistischen Position eine methodische Differenz zwischen Normativität und Deskription ausmachen würde. Es zeigt sich aber, dass beide Positionen Stellung gegen eine Gefährdung des Menschen beziehen. Dort gegen die Auslöschung der Differenz, des Pluralismus in einem Kollektivismus oder Totalitarismus (wogegen die individualen Schutzrechte opponieren sollen) und hier die Zerstörung der die menschliche Identität ausmachenden Gemeinschaftsstrukturen und wertbildenden Anerkennungsverhältnisse. Andererseits vollzieht sich mit beiden Positionen eine wechselseitige Kontrolle von normativ und empirisch geführten Diskussionen. Die in den Perspektiven transportierten Anthropologeme haben bei genauer Betrachtung immer diesen normativ-empirischen Doppelcharakter.

Honneths zentrale These lautet, dass jedes Individuum nur dann zu seiner unverwechselbaren Identität gelangen kann, wenn Gesellschaften eine wechselseitige Anerkennung gewährleisten, die ein stabiles Selbstwertgefühl erzeugen. Intersubjektive Anerkennung entsteht nur in einer Gesellschaft, in der drei Anerkennungssphären ermöglicht sind: Das Prinzip der wechselseitigen Liebe und Zuneigung, das Prinzip der rechtlichen Anerkennung und Gleichstellung, und

---

[780] Beck, Ulrich u. Elisabeth Beck-Gernsheim: *Individualisierung in modernen Gesellschaften – Perspektiven und Kontroversen einer subjektorientierten Soziologie*, in: dies. (Hg.): Riskante Freiheiten, Frankfurt/M. 1994, S. 10 f.

[781] Dazu kritisch; Tayler, Charles: *Negative Freiheit? Zur Kritik des neuzeitlichen Individualismus*, Frankfurt/M. 1988

[782] Keupp, Heiner: *Bedrohte und befreite Identitäten in der Risikogesellschaft*, in: Annette Barkhaus u.a. (Hg.): Identität, Leiblichkeit, Normativität. Neue Horizonte anthropologischen Denkens, Frankfurt/M. 1996, S. 380 f.; vgl. dazu: Kamper, Dieter: *Die Auflösung der Ich-Identität*, in: Friedrich A. Kittler (Hg.): Austreibung des Geistes aus den Geisteswissenschaften: Programme des Poststrukturalismus, Paderborn 1980, S. 79 f.

[783] Benhabib, Seyla: *Demokratie und Differenz. Betrachtungen über Rationalität, Demokratie und Postmoderne*, in: Brumlik, Mischa und Hauke Brunkhorst (Hg.) Gemeinschaft und Gerechtigkeit. a.a.O., S. 100

das Prinzip der Leistung, das Menschen ermöglicht, durch Arbeit ihre soziale Wertschätzung zu erreichen. Anerkennung vollzieht sich demnach in Intim-, Rechts- und wirtschaftssozialen Beziehungen.

Axel Honneth zeigt mit seinem Werk „Kampf um Anerkennung" einen geschichtlichen Abriss über die Entwicklung des menschlichen Selbstverhältnisses. Er kann zeigen, dass die Ausbildung von positiven Freiheiten von integralen Anerkennungsverhältnissen begleitet sein müssen. Bei den von ihm behandelten klassischen Autoren kann er immer wieder verdeutlichen, wie deren theoretischen Paradigmenwechsel zwischen Individuum und Gesellschaft aus der theoriemotivationalen Lage stammen, die Einheit von menschlicher Selbstdefinition, die Erstellung von Selbstverhältnissen (personale Identität) und die interaktive Verortung (soziale Identität) zwischen Subjekt und Gemeinschaft zu versuchen.

Wir greifen hier einige von Honneth angeführte Autoren auf und führen weitere Anerkennungsaspekte auf.

## 1.1 Die Verletzung der Anerkennungsbeziehung nach Hegel

Die neuzeitliche Sozialphilosophie tritt geistesgeschichtlich genau dann auf, als soziales Leben grundbegrifflich als Verhältnis des Kampfes um Selbsterhaltung bestimmt worden war. Diese These vom dauerhaften Interessenkonflikt war die Machiavellis. Auch Descartes epistemologische Sicherstellung des Individuums im *cogito ergo sum* führte zu einer rational legitimierten Subjektzentuierung, die sozialphilosophisch eine sozial- oder tugendorientierte antike oder scholastische Auffassung der Soziabilität des Menschen ablöste.[784]

Bei Hobbes mutiert diese *erkenntnistheoretische* Vorstellung, nach Honneth, zu einem Modell des „Kampfes um Selbsterhaltung" im natürlichen, vorgesellschaftlichen Zustand des Menschen. Zentralstück der materialistisch-mechanistischen Anthropologie von Hobbes war die Lehre von der Unfreiheit des Willens und von dem alles menschliche Handeln steuernden Selbsterhaltungstrieb. Richtungsweisend wirkte seine auf dem Naturrecht beruhende Staats- und Gesellschaftstheorie: Im Naturzustand sind alle Menschen mit dem gleichen Recht auf alles ausgestattet; es herrscht der Kampf aller gegen alle (homo homini lupus). Der Rechtsverzicht zugunsten des Staates (Leviathan, 1651) dient der Sicherung des Friedens und der Rechtsgüter. Er ist Grundlage des Gesellschaftsvertrages.

Von Aristoteles bis zum christlichen Naturrecht des Mittelalters war der Mensch grundsätzlich ein „gemeinschaftsfähiges Wesen", ein *zoon politikon*, von seiner Natur her auf ein politisches Gemeinwesen angewiesen. In der sittlichen Gemeinschaft der *polis* oder *civitas* lebte der Mensch nicht nur in ökono-

---

[784] Descartes, René: *Discours de la Méthode suivi des Meditationes,* Paris 1963

mischen Funktionszusammenhängen, sondern durch intersubjektiv geteilte Tugenden. Nur so konnte, nach dieser Vorstellung, sich die menschliche Natur verwirklichen.[785]

Für Hobbes zeichnete sich das Wesen des Menschen durch seine Bemühungen aus, die Zukunft zu sichern, einem antizipierenden Verhalten. Das Streben nach präventiver Machtsteigerung ist die Folge. Menschen müssen sich demnach unter Naturverhältnissen gegenseitig fremd und unberechenbar erscheinen. Unter Natur versteht Hobbes keine anthropologische Aussage, sondern den gedachten Zustand, der entstehen würde, wenn jede staatliche Steuerung und Ordnung entfallen würde.[786] Da die menschliche Einzelnatur vom Prinzip der Selbstoptimierung und Machtsteigerung geleitet wird, entstünde ein sozialer Krieg, ein Dauerkrieg unter Menschen. Furcht und Misstrauen erzeugen einen Impuls der Unterwerfung aller Subjekte unter eine souveräne Herrschaft eines Staatssystems. Der Staatsvertrag findet in der Theorie von Hobbes seinen entscheidenden Rechtfertigungsgrund, den permanenten Krieg aller gegen alle zu unterbinden.

Die Durchsetzung des Modells des Individuums folgt einem sozialen Strukturwandel im Mittelalter. Dazu zählt die Einführung neuer Autonomie von Städten. Das politisch-ökonomische Leben hatte den Rahmen schützender Sitten verlassen. Machiavelli sieht nunmehr im Menschen, in radikaler Wandlung der anthropologischen Prämissen, ein egozentrisches, privatnutzenoptimierendes Wesen. Die sozialphilosophischen Prämissen wandeln sich zu einem auf Machterhalt zielenden Subjekt oder Gemeinwesen. Menschen sind vom steten Ehrgeiz erfolgsorientierten Handelns getrieben. Um das permanente Konkurrieren wissend misstrauen sie sich.[787] Machiavelli treibt den Gedanken, durch Macht alle möglichen Konflikte immer wieder zu unterbinden, zu der Forderung, den Machthaber von allen normativen, rechtlichen und moralischen Richtlinien frei zu setzen. Der Gesellschaftsvertrag erhält eine autoritäre Legitimation und Realisierungschance uneingeschränkt einsetzbarer Machtmittel.

Hegel knüpfte nach Honneth hier an. Er macht zum einen vom Hobbes'schen Modell des zwischenmenschlichen Kampfes Gebrauch. Die Gedanken Hobbes und Machiavellis geraten aber in einen anderen Kontext. Unter dem Einfluss der Vereinigungsphilosophie Hölderlins war Hegel die individualistische Morallehre Kants suspekt geworden. Er stand außerdem noch unter dem Einfluss der Schriften Platos und Aristoteles', ebenso der Rezeption der engli-

---

[785] Vgl. Habermas, Jürgen: *Die klassische Lehre von der Politik in ihrem Verhältnis zur Sozialphilosophie*, in: Ders.: Theorie und Praxis, Frankfurt/M. 1971, S. 55 f.

[786] Vgl. Buck, Günther: *Selbsterhaltung und Historizität*, in: Hans Ebeling (Hg.): Subjektivität und Selbsterhaltung. Beiträge zur Diagnose der Moderne, Frankfurt/M. 1976

[787] Machiavelli, Niccolò: *Der Fürst,* Stuttgart 1961, XVII. Kap.; s. auch: Münkler, H.: *Die Begründung des politischen Denkens der Neuzeit aus der Krise der Republik Florenz*, Frankfurt/M. 1984, Kap. I u. II

schen Nationalökonomie. Das Sein des Einzelnen wird von Hegel als das Höchste vorausgesetzt.[788] Dabei lehnt er naturrechtliche Ansätze ab, die von fiktiven anthropologischen Bestimmungen ausgehen, um aus ihnen eine vernünftige Organisation des Gesellschaftlichen zu entwerfen. Für Hegel ergibt sich die Folgerung, dass im neuzeitlichen Naturrecht Gesellschaft nur als Vereinigung von „Vielen"[789] gedacht wird und nicht als sittliche Einheit. Er verfasst dazu mit Schelling und Hölderlin eine programmatische Schrift, die als das „Älteste Systemprogramm des deutschen Idealismus" in die Geistesgeschichte eingegangen ist.[790]

Hegel rekurriere auf die griechische *Polis*. Über Plato und Aristoteles gehe er insofern hinaus, als er die *Polis* anders begreift:

1. als Organismus, nicht als Einschränkung individueller Freiheitsräume, sondern als Chance einer Erfüllung privater Freiheitsräume.
2. als Sitte, als intersubjektive Praxis, indem er die Kommunikation hervorhebt.
3. als institutionelle Organisation der Polis, die wir heute als Institutionalismus bezeichnen würden.

Für Hegel existierte das Volk und nicht der Einzelne „eher der Natur nach". „[...] denn wenn der Einzelne abgesondert nichts Selbständiges ist, so muß er gleich allen Teilen in seiner Einheit mit dem Ganzen sein."[791]

Eine Gesellschaftstheorie sollte also nicht von den von Handlungsbezügen isolierten Subjekten, sondern von den sittlichen Verbindungen ausgehen, in dem Rahmen, in dem sich Individuen immer schon bewegen. Er ist also gegen eine atomistische Gesellschaftstheorie. Es geht ihm um die Frage der Genese der Gesellschaftsbindung überhaupt.

Hegel wendet, nach Honneth, dazu die durch Machiavelli und Hobbes sozialphilosophisch eingeführten Modelle des sozialen Kampfes vom Paradigma des Selbsterhaltungsmotivs zu dem der moralischen Antriebe. Durch ihn wird aus dem Modell individualistisch sich gegenüberstehender Einzelwesen, die in einem ständigen Konkurrenzkampf um ihre eigene Selbstoptimierung stehen, das Modell eines auch von Natur sittlich zu verstehenden Menschen. Sittlich meint hier, dass der Entwurf des Menschen von Natur aus nicht mehr quasi-solipsistisch ausfällt, sondern genetisch auf ein *Gemeinwesen* zurückgeführt

[788] Hegel, G.W.F.: *Über die wissenschaftliche Behandlungsarten des Naturrechts*, in: Ders.: Jenaer Schriften 1801-1807, in: Werke in 20 Bänden, hg. v. Karl Markus Michel u. Eva Moldenhauer, Bd. 2, Frankfurt/M. 1970, S. 475

[789] ebenda, S. 448

[790] Hegel, Georg Wilhelm Friedrich: *Das Älteste Systemprogramm des deutschen Idealismus*, in: Ders.: Werke in 20 Bänden, Bd. 1, a.a.O., S. 234 f.

[791] Hegel, Georg Wilhelm Friedrich: *Über die wissenschaftlichen Behandlungsarten*, in: Jenaer Schriften, a.a.O., S. 505

werden muss, das dem Individuum seine Selbstachtung und Selbstschätzung verleiht.

Damit konnte er umgekehrt dem Handlungsgeschehen des sozialen Kampfes die spezifische Bedeutung einer Störung und Verletzung sozialer Anerkennungsbeziehung geben. Erst später, in seiner „Phänomenologie des Geistes", wurde für Hegel aus diesem Kampf das zentrale Medium eines sittlichen Bildungsprozesses des menschlichen Geistes.[792]

Das Thema der menschlichen Vergesellschaftung berührt die Frage, wie die Grundvorstellungen über die Entfaltung der menschlichen Sittlichkeit beschaffen sein sollen. Sind sie in den ersten Bedingungen der sozialen Praxis angelegt, und wie entwickeln sie sich? Wie entstehen die normativen Gehalte der Vergesellschaftung, sodass aus ihnen eine Zunahme der individuellen Freiheit entsteht? Es ist die Frage nach dem ‚Werden der Sittlichkeit'. Die Auflösung dieser Fragen findet Hegel erst, nachdem er die Anerkennungslehre Fichtes uminterpretiert hat, die auch dem Hobbes'schen Begriff des Kampfes eine andere Bedeutung gab.[793]

Fichte hatte in seiner Schrift „Über die Grundlagen des Naturrechts"[794] die Anerkennung zwischen Individuen als Wechselwirkung aufgefasst, als Aufforderung zum freien Handeln und gleichzeitiger gegenseitiger Begrenzung der Handlungssphären. Es bildet sich ein gemeinsames Bewusstsein, das in Rechtsverhältnissen objektiviert wird. Es entsteht eine Theorie des reziproken Handelns.

Für Hegel ist die Struktur wechselseitiger Anerkennung folgende: ein Subjekt weiß sich in bestimmten Eigenschaften oder Fähigkeiten durch andere Subjekte anerkannt und ist darin mit ihnen versöhnt. Es kann seine einzigartige Identität kennenlernen und dem anderen entgegensetzen.[795]

Die weitere innere Dynamik der Anerkennung liegt nach Hegel in der Dialektik von Versöhnung und Konflikt. Durch die sich fortsetzende Intensivierung der Identifizierung durch die Anerkennung des anderen muss sich jede Person von alten Identitäten lösen und kann diese Ablösung intra- und interpersonell

---

[792] Hegel, Georg Wilhelm Friedrich: *System der Sittlichkeit*, (von 1802/1803) Hamburg 1967; ders.: „Jenaer Realphilosophie I", das System der spekulativen Philosophie (von 1803/1804), Hamburg 1967

[793] Vgl. zur Anerkennungslehre Hegels: Siep, Ludwig: *Der Kampf um Anerkennung*. Zu Hegels Auseinandersetzung mit Hobbes in den Jenaer Schriften, in: Hegel-Studien (1974), Bd. 9, S. 155 f.

[794] Fichte, Johann Gottlieb: *Grundlagen des Naturrechts nach Prinzipien der Wissenschaftslehre*, in: Fichte, Johann Gottlieb: *Fichtes Werke*, hg. von Immanuel Hermann Fichte, Bd. III, Berlin 1971.

[795] Vgl. zur Aufforderungslehre Fichtes: Siep, Ludwig: *Anerkennung als Prinzip der praktischen Philosophie*. Untersuchungen zu Hegels Jenaer Philosophie des Geistes, Freiburg/München 1974

nur als Konflikt austragen. Aus dem ursprünglichen Prinzip des Kampfes aller gegen alle wird die Ablehnung einer unterstellten Natur des Menschen. Der Kampf aller gegen alle, als theoretischer Beginn der neuzeitlichen Sozialphilosophie, wandelt sich zu einer Auffassung, dass Konflikte zwischen Subjekten von Anfang an ein sittliches Geschehen sind, das auf interpersonale Anerkennung der menschlichen Individualität zielt.[796]

Nicht also ein Vertrag beendet den Überlebenskampf, sondern es ist der Kampf, der als moralisches Medium von einer sittlich unterentwickelten Stufe zu einer reiferen Stufe der Sittlichkeit führt. Dieses Modell des Sozialen integriert den Aspekt sozialer Spannungen und begreift den Konflikt als Austragungsort und Genese des Gesellschaftlichen. Dennoch unterschied Hegel von Beginn an Konflikte im Sinne einer „natürlichen Sittlichkeit" vom „Verbrechen".

Aus dem Modell der wechselseitigen Anerkennung folgt ein System von negativen und positiven Freiheiten.[797] Die Etablierung von Rechtsverhältnissen schafft einen sittlichen Zustand. Wenn sich zwei Personen gegenüberstehen, dann versuchen sie, ihr Gegenüber von der Anerkennungswürdigkeit der eigenen Persönlichkeit zu überzeugen. Sie demonstrieren sich gegenseitig die Bereitschaft, ihr Leben zu opfern. Sie möchten zeigen, dass ihnen ihre Ziele mehr wert sind als ihr Leben.[798]

Die Konflikte machen den Prozess aus, der den Übergang von der natürlichen zur absoluten Sittlichkeit vorbereitet. Er stattet die Individuen mit dieser Sittlichkeit aus, Konflikte zwischen Menschen überhaupt auf eine Anerkennungsproblematik zu verstehen. Dem Kampf kam für Hegel nicht nur eine negativ-transitorische, sondern auch eine bewusstseinsbildende Funktion zu. Später, in seiner Philosophie des Geistes, weicht die aristotelische Naturteleologie der philosophischen Theorie des Bewusstseins. Hegel versteht jetzt die Entstehung der Sittlichkeit nicht mehr als eine konflikthafte Entfaltung von basalen Grundstrukturen der „natürlichen Sittlichkeit", sondern als aus dem Prozess der Bildung des Geistes entstammend.[799] Zuvor als Konflikt oder Kampf verstanden, muss der Geist nun zu einer Erfahrung gelangen, dass er sich am anderen erst erkennen kann; einer transzendentalen Dezentrierung der Ich-Perspektive. Der Geist wird selbst nun Medium der Verallgemeinerung und der Selbstbewusstwerdung. Der Mensch sieht „an ihm [dem Anderen, Erg. d. Verf.] selbst

---

[796] Vgl. Siep. Ludwig: *Kampf um Anerkennung*, a.a.O. und ders.: *Anerkennung als Prinzip der praktischen Philosophie*, a.a.O., 1974

[797] Hegel, Georg Wilhelm Friedrich: *System der Sittlichkeit*, a.a.O., S. 18

[798] ebenda, S. 47

[799] ebenda, S. 114 f., siehe auch: Ludwig Siep: *Anerkennung als Prinzip der praktischen Philosophie*. a.a.O., S 182 f.

zugleich das Andere seiner selbst."[800] Der Bildungsprozess des Sittlichen wird an den Bewusstwerdungsprozess gekoppelt. Er wird mit dieser transzendental-philosophischen Selbsterfahrung des Individuums beginnen. Im Sich-im-Anderen-Wissen erkennen Menschen sich wechselseitig wieder. Die Liebesbe-ziehung in der kindlichen Erziehung ist demnach das erstes Verhältnis der wechselseitigen Anerkennung.

Das sozialphilosophische Hauptproblem bleibt aber nach Honneth die Frage, „wie gelangen die Individuen in einer sozialen Situation, die durch Beziehungen wechselseitiger Konkurrenz geprägt ist, zu einer Idee von intersubjektiven ‚Rechten und Pflichten'".[801] Die Bestimmung des Rechts werde bei Hegel im-mer von außen gebracht, als Gebot der Klugheit (Hobbes) oder als Postulat der Moral (Kant, Fichte).

Recht ist die *Beziehung* der Person in ihrem Verhalten zum anderen, das allgemeine Element ihres freien Seins oder die Bestimmung, Beschränkung ihrer leeren Frei-heit. Diese Beziehung oder Beschränkung habe ich nicht für mich auszuhecken oder hereinzubringen, sondern der Gegenstand ist selbst dieses Erzeugen des Rechts überhaupt, d. h. der *anerkennenden* Beziehung.[802]

Das bedeutet, Recht entsteht selbst noch unter Kampfbedingungen aus vor-vertraglichen Verhältnissen, die selbst schon die Wirkweise der gegenseitigen Anerkennung in sich haben. Das moralische Potential muss schon in den vor-vertraglichen Konkurrenzkämpfen liegen.

In dem Anerkennen hört das Selbst auf, dies Einzelne zu sein, es ist rechtlich im Anerkennen, d. h. nicht mehr in seinem unmittelbaren Dasein. Das Anerkannte ist anerkannt als unmittelbar geltend, durch sein Sein, aber eben dies Sein ist erzeugt aus dem Begriffe; es ist anerkanntes Sein. Der Mensch ist notwendig anerkannt und ist notwendig anerkennend. Als Anerkennen ist er selbst die Bewegung und diese Bewegung hebt eben seinen Naturzustand auf: Er ist Anerkennen.[803]

Anerkennen meint Bejahung zwischen Subjekten. Werden sich Subjekte ih-rer Anerkennungsbeziehungen bewusst, vollziehen sie einen Gesellschaftsver-trag. Subjekte lernen sich dadurch als Rechtssubjekte kennen. Insofern interpretiert Hegel auch die revoltierende Reaktion jedes sozial oder ökono-misch Ausgeschlossenen nicht als aggressiven Akt, sondern als Rückgewinnung der Aufmerksamkeit des anderen.

---

[800] Hegel; Georg Wilhelm Friedrich: *Jenaer Realphilosophie*, Hamburg 1969, S. 43
[801] Honneth, Axel: *Kampf um Anerkennung. Zur Moralischen Grammatik sozialer Konflikte*, Frankfurt/M. 1992, S. 255
[802] ebenda, S. 25
[803] ebenda, S. 24

Der Ausgeschlossene verletzt den Besitz des Anderen, er setzt sein ausgeschlossenes Fürsichsein darein, sein Mein. Er verdirbt etwas daran, - ein Vernichten wie das der Begierde, um sein Selbstgefühl sich zu geben, aber nicht sein leeres Selbstgefühl, sondern sein Selbst in einem anderen Selbst setzend, in das Wissen eines anderen.[804]

Die Subjekte müssen wechselseitig die Rechtmäßigkeit ihres durch Arbeit erzeugten Besitzes anerkannt haben. Sie müssen füreinander zu Eigentümern geworden sein. Die Schaffung von rechtlich abgesicherten Vertragsverhältnissen für den Warentausch schafft und bedingt einen materialen Gehalt der institutionalisierten Form der Anerkennung.

## 1.2 Anerkennung und Vergesellschaftung nach G. H. Mead

Auch bei Mead findet sich, wie Honneth vorführt, ein Theorem, das Rückschlüsse zulässt, neben der rechtshistorischen auch eine interaktionstheoretische Genese eines Begriffs von Würde anzunehmen. Das sozialphilosophische Nebenprodukt ist auch hier die These, dass die rechtsgeschichtlich entstandene Definition der Würde nicht der tatsächlichen Genese der Schutzinhalte entspricht, die mit dem traditionellen Begriff protegiert werden sollen.

Mit Mead könnte insofern eine Doppelkritik am Rechtsgut der Würde formuliert werden: Weil die Definition des Schutzgutes der Würde fälschlicherweise auf die Vorstellung eines isolierten Subjektes abzielt, sind sowohl seine Rechtsträger falsch verstanden als auch die Zielinhalte des Schutzgutes falsch oder defizitär verstanden worden. Simplifiziert könnte man sagen, dass statt aller interaktiver Handlungen und Kommunikationen nur die atomistisch gedachten Individuen geschützt werden. Mit dem Begriff des ‚Mich' oder der sozialen Identität wird durch Mead aber deutlich, das essentialistische Beschreibungen den Menschen adäquater nur systemisch oder interaktionstheoretisch vorgenommen werden sollten. Ein Neuverständnis der Würde kann auch hier sozialpsychologisch ankoppeln.

Mead knüpft an den pragmatischen Grundgedanken von Dewey bis Peirce an. In seiner Sozialpsychologie untersucht er die soziale Genese der Ich-Identität. Er übt Kritik am Atomismus der vertragstheoretischen Tradition. Identität baut sich beim Heranwachsenden durch die Verinnerlichung der normativen Einstellungen der Bezugspersonen auf.

Das ist jene Identität, die sich in der Gemeinschaft halten kann, die in der Gemeinschaft insoweit anerkannt wird, als sie andere anerkennt.[805]

---

[804] ebenda, S. 209 f.

[805] Mead, George Herbert: *Geist, Idenität und Gesellschaft,* Frankfurt/M. 1973, S. 240

256

Der Heranwachsende übernimmt die sozialen Normen. Er erwirbt das Wissen um Rechte und Verpflichtungen. „Dadurch erhält man eine Position, erreicht man die Würde, Mitglied der Gemeinschaft zu sein."[806] Das Maß der Selbstachtung hängt von dem Maß ab, wie die Eigenschaften und Fähigkeiten jeweils individualisiert sind, in denen das Subjekt Bestätigung durch seine Interaktionspartner findet.

Bei Mead ergibt sich eine Dreiteilung der Anerkennungsverhältnisse:
- Primärbeziehungen: affektive Bedürfnisse (wie Liebe, Freundschaft), Selbstvertrauen (negativ als Misshandlung, Missbrauch)
- Rechtsverhältnisse: moralische Zurechnungsfähigkeit (Rechte), Selbstachtung (negativ als Entrechtung, Exklusion)
- Wertgemeinschaft: Eigenschaften/Fähigkeiten (Solidarität), Selbstschätzung (negativ als Entwürdigung und Beleidigung)[807]

Die Anerkennung oder allgemeiner die Bedeutung, die ein Subjekt intrapsychisch aufbaut, stammt aus einer sozialen Resonanz. Damit relativiert sich der Begriff der Psyche als Individualpsyche. Ein Subjekt kann über die intersubjektive Bedeutung seiner Handlungen nur verfügen, wenn diese in den Anderen etwas auslöst oder bewirkt. Die Bedeutung subjektiver Handlungen und Gesten für Andere können nur ins Bewusstsein kommen, wenn ‚Ich' das Antwortverhalten des Anderen auch in mir selbst erzeuge. Diese Fähigkeit der subjektiven Bewusstmachung der im anderen durch mein Verhalten induzierten Reaktionen bildet erst menschliche Kommunikation und die Möglichkeit ihres Wandels. Gleichzeitig will Mead die Identitätsbildung als sozialen Kommunikationsprozess verdeutlichen. Seine Hauptthese über die Genese von Anerkennung meint diese semantische Selbstinduktion als feed back sozialer Reaktionswirkung.[808]

Die Tatsache, daß das Naturwesen Mensch sich selbst ebenso wie andere reizen und auf seine Reize ebenso wie auf die Reize anderer reagieren kann, fügt in sein Verhalten die Form eines sozialen Objektes ein, aus dem ein ‚Mich' entstehen kann."[809]

Das in diesem Mich sich selbst in den Blick kommende „Subjekt" ist folglich nach Mead der sich selbst wahrnehmende Interaktionspartner. Dieser Wandlung von „Ich" zum „Mich" kann auch dem Auffassungswechsel zu einem interaktionalen Würdebegriff korrespondieren.

---

[806] ebenda, S. 242

[807] Mead, George Herbert: *Soziales Bewußtsein und das Bewußtsein von Bedeutung*, in: Ders.: Gesammelte Aufsätze, Bd. I, hg. v. Hans Joas, Frankfurt/M. 1983, S. 210 f.

[808] Mead, George Herbert: *Der Mechanimus des Sozialen Bewußtseins*, in: Ders.: Gesammelte Aufsätze, Bd. I, hg. v. Hans Joas, Frankfurt/M. 1983, S. 235

[809] ebenda, S. 238

## 1.3 Der Kampf um die Anerkennungsbeziehung: Arbeit (Karl Marx)

Mit seinem Vorschlag, den Konflikt zwischen Herr und Knecht als einen Kampf um die Anerkennung von Identitätsansprüchen zu verstehen, hat Hegel dieses Denkmodell initiiert, in der die Entzweiung zwischen Menschen (entgegen Machiavellis und Hobbes' Auffassung) auf die Verletzung von moralischen oder sittlichen Dimensionen zurückgeführt war. Es handelte sich um eine Neubestimmung der Auffassung des Sozialen.

Marx' Lehre vom Klassenkampf knüpft nach Honneth an die moraltheoretischen Anfänge Hegels in den Pariser Manuskripten an, nämlich als Dialektik von Herr und Knecht. Er reduziert Anerkennung auf die Selbstverwirklichung in der Arbeit.[810]

Arbeit ist der Zentralbegriff der Marx'schen Anthropologie. Der Akt des Produzierens wird zentral konstitutiv für die intersubjektive Anerkennung. Im Sinne einer ganzheitlichen Arbeit und künstlerischen Tätigkeit soll sich die Erfahrung einer Vergegenständlichung der persönlichen Fähigkeiten und Eigenschaften vollziehen.[811] Und zwar erst im Austauschverhältnis mit dem Konsumenten oder Käufer. Der Mensch könne sich, so liest Honneth Marx, erleben als jemanden, der zur Befriedigung der Bedürfnisse der Interaktionspartner beiträgt und vier funktionale Fähigkeiten erfüllt:

1. Seine Individualität zu vergegenständlichen.
2. In seiner Arbeit ein menschliches Bedürfnis zu befriedigen.
3. Ein Mittler zwischen dem Anderen und der Gattung zu sein.
4. In seiner Lebensäußerung durch Arbeit die Lebensäußerung des Anderen als Nachfrage geschaffen zu haben.[812]

---

[810] Vgl. Meyer, Thomas: *Der Zwiespalt in der Marx'schen Emanzipationstheorie*, Kronberg/Ts. 1973, besonders Kap. A 2, S. 44 f.

[811] Honneth, Axel: *Arbeit, Handlung, Normativität*, Frankfurt/M. 1980, S. 185

[812] „Gesetzt, wir hätten als Menschen produziert: Jeder von uns hätte in seiner Produktion sich selbst und den anderen doppelt bejaht. Ich hätte 1. in meiner Produktion meine Individualität, ihre Eigentümlichkeit vergegenständlicht und daher sowohl während der Tätigkeit eine individuelle Lebensäußerung genossen, als im Anschauen des Gegenstandes die individuelle Freude, meine Persönlichkeit als gegenständliche, sinnlich anschaubare und darum über allen Zweifeln erhabene Macht zu wissen. 2. In deinem Genuß oder deinem Gebrauch meines Produktes hätte ich unmittelbar den Genuß, sowohl des Bewußtseins, in meiner Arbeit ein menschliches Bedürfnis befriedigt, also das Menschliche vergegenständlicht und daher dem Bedürfnis eines anderen menschlichen Wesens seinen entsprechenden Gegenstand verschafft zu haben. 3. Für dich der Mittler zwischen dir und der Gattung gewesen zu sein, also von dir selbst als eine Ergänzung deines eigenen Wesens und als ein notwendiger Teil deiner selbst gewußt und empfunden zu werden, also sowohl in dem Denken wie in deiner Liebe mich bestätigt wissen. 4. In meiner individuellen Lebensäußerung unmittelbar deine Lebensäußerung

Der Kapitalismus mit seiner ungleichen Verfügungsgewalt über Kapital zerstöre die Anerkennungsbeziehung zwischen Menschen. Durch die Trennung der Produktionsmitteln werde der Arbeitende der Möglichkeit beraubt, sich als wechselseitiger Kooperationspartner in einem gemeinschaftlichen Lebenszusammenhang zu sehen. Demnach werde der geschichtliche Konflikt, den der Kapitalismus hervorruft, als Kampf um Anerkennung begriffen. Marx konnte deshalb an die Herr-Knecht-Dialektik Hegels anknüpfen.

Selbstverwirklichung ist für Marx auch affektiv zu verstehen. Anerkennung hat neben der sittlichen auch diese psychische Dimension. Marx nimmt damit eine produktionsästhetische Reduzierung des Begriffs der Anerkennung vor. Alle Kämpfe um Anerkennung finden über den Lebensbereich der Arbeit statt. Mit seinem Begriff der „entfremdeten Arbeit" hat er den Blick auf das Phänomen der „Entwürdigung" gelenkt.[813] Damit wurde zumindest die Möglichkeit geschaffen, in der Dimension der Arbeit ein interaktives Modell für Entwürdigung zu sehen. Die utilitaristische Perspektive auf den Kampf verlagert sich zu einer nur noch ökonomisch gehaltenen, der objektiven Interessenlage des Proletariats entsprechend. Der interaktiv gehaltene Begriff der Anerkennung wird auf Klassenlagen und auf klassenspezifische Belange ausgedehnt.[814]

Das Konfliktverhalten der Arbeitenden wird als „expressivistisch" bezeichnet. Trotz der relationalen Begründung der Anerkennung als Interaktion geht es Marx um eine „sittliche Entzweiung".[815] Klassenkampf ist Auseinandersetzung um die Form der Selbstverwirklichung. Es ist fraglich, ob in diesem sozialphilosophisch anmutenden Projekt ein deskriptives oder ein normatives Projekt des sozialen Prozesses intendiert ist. In der Dimension der Arbeit und ihrer selbstwertschaffenden Funktion liege nach Marx das Potential zu Entwürdigungen. Der Begriff der Würde tritt aber hinter den der Entfremdung zurück.

---

geschaffen zu haben, also in meiner individuellen Tätigkeit unmittelbar mein wahres Wesen, mein menschliches, mein Gemeinwesen bestätigt und verwirklicht zu haben."

Marx, Karl: *Auszüge aus James Mills* Buch *„Éléments d'économie politique"*, in: Marx/Engels: Werke, Ergänzungsband, 1. Teil, Berlin 1956-68, S. 462 f.

[813] Wildt, Andreas: *Die Anthropologie des frühen Marx.* Studienbriefe der Universität Hagen 1987

[814] Vgl. Wellmer, Albrecht: *Naturrecht und praktische Vernunft. Zur aporetischen Entfaltung eines Problems bei Kant, Hegel und Marx,* in: Angehrn, E. u. G. Lohmann (Hg.): Ethik und Marx. Königstein/Ts. 1986; Lohmann, Georg: *Indifferenz und Gesellschaft. Eine kritische Auseinandersetzung mit Marx.* Frankfurt/M. 1991, Kap. VI.

[815] Honneth, Axel: *Kampf um Anerkennung. Zur Moralischen Grammatik sozialer Konflikte,* Frankfurt/M. 1992, S. 241

## 1.4 Der Kampf um das Recht nach G. Sorel

George Sorel[816] habe es unternommen, führt Honneth vor, die Theorie gesellschaftlicher Veränderung aus der rein ökonomischen Eindimensionierung in der Marxrezeption (wieder) unter die Perspektive eines Kampfes um Anerkennung zu bringen. Er sei von Bergson und Vico stärker beeinflusst als von Hegel. Besonders gegen die utilitaristischen Tendenzen in der Tradition des historischen Materialismus habe er angekämpft. Sorel neige zu einem Eklektizismus der Denkströmungen und wechsele gerne und leichthin die politischen Fronten. Sein Projekt ist die Überwindung des Utilitarismus'. Die Vorstellung, dass menschliches Handeln zweckrational sein soll, verkenne die grundsätzlichen moralischen Antriebe. Er gelangt zu einem moralischen Konfliktmodell.

Soziales Handeln orientiert sich nach Sorel an der kreativen Produktion eines Neuen. Die menschliche Kreativität bringt die Ideen, was sittlich gut oder schlecht ist, hervor. Weil keine Einigung zwischen Klassen besteht über die Art des sittlich Guten, vollzieht sich die Hervorbringung neuer Ideen in Form eines Kampfes der Klassen. Er nimmt Formen der rechtlichen Auseinandersetzung an.

> Die Geschichte vollzieht sich in Gruppenkämpfen. Vico hat aber gesehen, daß diese Kämpfe nicht von gleicher Art sind, was die zeitgenössischen Marxisten oft vergessen. Es gibt Konflikte, die den Zweck haben, sich der politischen Gewalt zu bemächtigen. [...] es gibt andere, um Rechte zu erwerben. Diese letzteren Kämpfe dürfen allein in Betracht kommen, wenn man im Marxschen Sinn von Klassenkampf spricht. Es wäre, um Mißverständnisse zu vermeiden, vielleicht gut, dies mit dem Ausdruck: Klassenkampf ums Recht zu bezeichnen, um zu zeigen, daß sie als Prinzip die Existenz von Konflikten zwischen juridischen Auffassungen haben.[817]

Das Verhältnis von Moral und Recht bleibt ungeklärt. Die sittlichen Normen werden von den unterdrückten Klassen immer wieder von ‚unten' in die rechtliche Auseinandersetzung eingebracht. Hegel hatte diese Normen die „natürliche Sittlichkeit" genannt. Innerhalb der Familie erhält der Mensch durch „gegenseitige Zuneigung und Achtung"[818] ein sittliches Instrumentarium, das den Kern für alle späteren Auffassungen bildet. Es sind affektiv verankerte Maßstäbe. Moral bestimmt negativisch dann die Summe aller Gefühle der Kränkung, mit denen wir auf etwas, eine Handlung oder jemanden reagieren.

Sorel sieht in der Entstehung von kollektiven Gefühlen auch solche des Unrechts und erlittener Entwürdigung. Aus den familiären Erfahrungen werden basale soziale Unrechtsempfindungen. Aus dem moralischen wird ein historischer

---

[816] Auch wenn er als ein Wegbereiter des Faschismus angesehen wird, soll er hier erwähnt sein.

[817] Sorel, George: *Die Ethik des Sozialismus*, in: Sozialistische Monatshefte 8 (1904), S. 386 f.

[818] ebenda, S. 371

Rechtsgrund. Sorel sucht den Grund zu finden, warum die Sittlichkeit überhaupt das moralische Niveau der Rechtsbeziehungen und der gesellschaftlichen Praxis überragen kann.

Aber es kommen immer Fälle vor, wo die Klagen des unterdrückten Individuums uns heiliger erscheinen als die Tradition, auf denen die Gesellschaft beruht.[819]

Jede Rechtsordnung kann daher nur die Verkörperung von Unrechtsempfindungen darstellen, die die herrschende Klasse aus politisch offensichtlichen Gründen als Machtgaranten verfügt.

Es handelt sich um einen machttechnischen Begriff des Rechts, der jede universalistische Begründung und Geltung verneinen würde. Recht bindet sich an Macht und deren opportune und partikuläre, wenn nicht sogar utilitaristische Sittlichkeit. Der Rechtsbegriff wird relativistisch. Bezogen auf Hegel und Mead haben wir es auch bei diesem Autor mit einer Entdifferenzierung dreischichtiger Anerkennungsformen zu tun. In der Konsequenz fehlt Sorel jedes Kriterium, zwischen moralisch gerechtfertigten und ungerechtfertigten Rechtssystemen zu unterscheiden, also die Differenz zwischen Legalität und Legitimität zu bestimmen. Er kann die moralischen Errungenschaften einer Gesellschaft nie von den klassenspezifischen Anwendungsweisen unterscheiden. Insofern war Sorel konsequenterweise immer auf der politischen Seite zu finden, die sich die Dekonstruktion der Sittlichkeit der Gegenseite zur Aufgabe gemacht hat.

Sorels indirekter Schüler H. de Man verbindet den sozialen Widerstand der Arbeiterklasse ebenso nicht mit ökonomischen Interessen, sondern mit verletzten Ehrgefühlen. Auch er nimmt Recht nicht als universalistisches Anliegen war, sondern als das immer von partikularen Interessen schwankende Gebilde.[820]

Als Sorel später unter den Einfluss Bergsons gerät, entwickelt er aus dessen Lebensphilosophie den Begriff des sozialen Mythos, der den Prozess der Generierung neuer Rechtsideen besser verständlich machen soll. Soziale Mythen sollen das „brennende Empörungsgefühl" für die unterdrückten Klassen transparent machen. [821]

---

[819]  ebenda, S. 21

[820]  De Man, Hendrik: *Zur Psychologie des Sozialismus*, Jena 1927; Seine Affinität zur politischen Rechten hat wahrscheinlich diesen methodischen und zeitkontingenten Hintergrund.

[821]  Berding, Helmut.: *Rationalismus und Mythos. Geschichtsauffassung und politische Theorie bei George Sorel*, Minden/Wien 1969

## 1.5 Die Unwürde der Macht innerer Unterdrückung (F. Nietzsche)

Für Nietzsche reduzierte sich, ganz in der Fortentwicklung des Voluntarismus Schopenhauers, alles menschliche Streben auf die Zielkategorie „Macht". Sein Ansatz war zeittypisch biologistisch und physikalistisch.

> „Leben" wäre zu definieren als eine dauernde Form von *Prozessen der Kraftfeststellung*, wo die verschiedenen Kämpfenden ihrerseits ungleich wachsen.[822]

Dieser in der Tradition des Sozialdarwinismus stehende physiologische oder biologistische Reduktionismus sieht in jeder kulturellen und wertphilosophischen Auseinandersetzung den Ausruck von Machtkämpfen.

„Alles Geschehen aus Absichten ist reduzierbar auf die Absicht der Mehrung von Macht."[823]

Dazu zählen auch weltanschauliches, ideologisches, wissenschaftliches, ethisches und ästhetisches Arbeiten. „In Wahrheit ist Interpretation ein Mittel selbst, um Herr über etwas zu werden."[824] Da Nietzsche die Idee von universalen Menschenrechten, wie auch die „Sklavenmoral" des Christentums, nur als Kampfform bestimmter, sozial relativ schwacher Kräfterepräsentationen ansah, ergab sich für ihn auch sozialethisch nur die Deutung, dass eine natürliche Selektion als Machtkampf von Individuen stattfindet, mit dem Ziel einer „Zucht" verbesserter, kraftvollerer Individuen.

> Grundirrtümer der bisherigen Biologen: es handelt sich nicht um die Gattung, sondern um *stärker auszuwirkende* Individuen. (Die Vielen sind nur die Mittel.)[825]

Eine „neue Aristokratie" sei das Ziel.[826] „Ich schreibe für eine Gattung Menschen, welche noch nicht vorhanden ist: für die ‚Herren der Erde'".[827] Seine Idee von „Zucht" und „Züchtung" will den „großen Mensch[en]".

Interessanterweise strukturiert und definiert Nietzsche den „großen Menschen" als Zielkategorie so, wie nach seinem Organismusmodell allen Lebens auch eine pluralistische Gesellschaft gebaut ist. Denn das Individuum selbst ist für ihn eine Organisation von gegensätzlichen Impulsen und Trieben. Wir würden heute sagen, er beschreibt ungewollt unter individualistischer Perspektive eine von ihm abgelehnte zivilisatorische Leistung der Integration des Gegen-

---

[822] Nietzsche, Friedrich: *Der Wille zur Macht. Versuch einer Umwertung aller Werte*, Stuttgart 1964, S. 433

[823] ebenda, S. 443

[824] ebenda, S. 433

[825] ebenda, S. 458

[826] ebenda, S. 635

[827] ebenda, S. 640

sätzlichen, die tolerante und pluralistische Gesellschaften auszeichnet. Lediglich von der darwinistischen Vorgabe der Rangordnung konnte er nicht lassen und muss sein (individuales und gesellschaftliches) Organismusmodell in Unkenntnis von systemtheoretischen Differenzierungen und in alter absolutistischer und christlicher Manier rangpyramidal anlegen. Alles diene einem Höheren. Jedes Organ des Körpers diene einem höheren Zweck. Wenn dieses Höhere seinen Willen nicht durchzusetzen verstehe, zerfalle die Gesellschaft des Körpers in seine Organe und wäre der Dekadenz preisgegeben. Antidemokratischer kann Denken kaum sein. Nietzsche wird hier selbst Opfer seiner monologischen Existenz, die den Diskurs, den Kompromiss, den Vertrag, die Rechtskonvention, die Güterabwägung, besonders aber die Freiheitsvorteile durch Freiheitsbeschränkung, nicht kennt. Der Andere ist für Nietzsche immer nur Behinderung der eigenen Interessen. Der Andere müsse im eigenen Organismus dienstbar gemacht, d. h. instrumentalisiert werden. Nietzsche ging, mit Luhmann gesprochen, von nur *einem* privaten (Ordnungs-)System und nur *einem* Systemsinn aus.

Grundsätzlich liegt in diesem (a)sozialen Organismusmodell die Idee der Verbindung der Interessengegensätze zu einem Gesamtwesen, einer Gesellschaft. Vordemokratisch und vormenschenrechtlich ist die Ablehnung, einen Sozialkörper imaginieren zu können, in denen gleichberechtigte Individuen private Systemsinne und -interessen verfolgen können und dennoch ein übergreifendes Wertsystem (als Recht und Institution) regeln könnten.

> Der höchste Mensch würde die größte Wahrheit der Triebe haben, und auch in der relativ größten Stärke, die sich noch ertragen lässt. In der Tat: wo die Pflanze Mensch sich stark zeigt, findet man die mächtig gegeneinander treibenden Instinkte z. B. Shakespeare, aber gebändigt.[828]

Änderte man die individuale Lesart Nietzsches, sein Großmenschendenken in ein Gesellschaftsmodell, dann wäre diejenige Gemeinschaft die mächtigste, in der die gegensätzlichsten Interessen zu einer Lebenseinheit integriert werden könnten. Ohne aber den Menschenrechtsgedanken hinzuzufügen, von menschlicher Gleichwertig- und Gleichwürdigkeit ausgehend Gesellschaft zu entwerfen, ließe sich aus der „organischen" Bindung der Interessenkonflikte nicht die Autokratie, die Tyrannei, der Absolutismus, die Sklavengesellschaft oder ein funktionaler Rassismus ausschließen. Dass Nietzsche in diesem Sinne rezipiert werden könnte, dafür ist er verantwortlich.

Unter zivilisationstheoretischen Gesichtspunkten beschreibt Nietzsche in seiner Kritik des Christentums die leidvollen Wirkungen innerer Verachtung und Unterdrückung individualer Kräfte und Neigungen. Freud verwandelte dies zu seiner Sublimationstheorie. Weil Nietzsche die psychischen Kämpfe der mo-

---

[828] ebenda, S. 644

ralistischen Zivilisierung (auch biografisch) kannte, lehnt er Zivilisierung generell als Humanisierungsprogramm kommender Gesellschaften ab. Er bleibt damit in sich widersprüchlich. Was er zielkategorial als Merkmal des „großen Menschen" der Zukunft ausgibt, nämlich die höchstmögliche Diversifikation bei gleichzeitiger Integration und „Zähmung" des inneren personalen Interessenpluralismus, bekämpft er gesellschaftstheoretisch als Krankheit und Dekadenz.[829]

Nietzsche unter dem Aspekte der Würdesicherung und der Verhältnismäßigkeit zu lesen, bedeutete, ihn zivilisationstheoretisch zu interpretieren. Die Begrenzung der positiven Freiheit zur Optimierung negativer (Schutz-)Freiheiten in gesellschaftlichen Rechtssystemen, unter dem Abwägungsgebot der Verhältnismäßigkeit, gelangt auch mit Nietzsche erstens an die Kalibrierungsfrage, wie viel Leid aus rechtszivilisatorisch unterdrückter Freiheit dem Individuum entsteht und entstehen sollte. Und zweitens müsste untersucht und dagegen gehalten werden, wie viel Leid aus dem rechtshistorisch ‚unzivilisierten' Freiheitsgebrauch entsteht und bereits entstanden ist.

## 1.6 Asymmetrische Interaktionsmuster (J.-P. Sartre, E. P. Thompson, B. Moore)

Jean-Paul Sartre hat die Theorie des „Kampfes um Anerkennung" für seine Sozialtheorie genutzt. Nicht ohne Verachtung hat er sich auf das Werk Sorels bezogen. Er teilt aber mit ihm die Auffassung, dass alle Störungen sozialer Beziehungen auf Anerkennungsasymmetrien zurückzuführen sind. In „Das Sein und das Nichts" war Sartre noch ganz existenzphilosophisch überzeugt, dass menschliche Interaktionen scheitern müssen. Auch später bleibt für ihn der „Kampf um Anerkennung" ein Existentiale gewordenes Überzeitliches der menschlichen Existenz. Seine Begründung ist transzendental-ontologisch: Weil jedes menschliche Subjekt seine eigenen Handlungsentwürfe lebt, muss es durch den Blick des Anderen, der dadurch sein Selbstbewusstsein hervorruft, die Partikularität seines Wesens als einmalig erkennen. Jedes Subjekt verkörpert nur eine Existenzmöglichkeit. Um dieser Festlegung durch den Blick des Anderen wenigstens zum Teil zu entgehen, legt er nun diesen durch seinen erwidernden und umgekehrten Blick auf dessen Spezifität fest. Sartre wolle damit aussagen, dass in der Dynamik der gegenseitigen Festlegung und Verdinglichung Konflikte in alle interaktiven Prozesse einfließen. Eine soziale Versöh-

---

[829] Vgl. Thomas, Veit: *Die Bedeutung des Leidens. Nietzsches Modell einer tragischen Moderne.* Frankfurt/M./Bern/New York/Paris 1988

nung ist gewissermaßen durch die Zumutung der wechselseitigen Ontologisierung unmöglich.[830]

Die Schwächen dieser Theorie unmöglicher konfliktfreier Intersubjektivität ist hinreichend untersucht worden und wurde auch von Sartre später mit einem historischen Ansatz fallen gelassen.[831]

Sartre wechselte vom Paradigma des Individuums zum Kollektiven. Die Kommunikationsverhältnisse werden anders aufgefasst. Der Kampf um Anerkennung bleibt für Sartre nicht länger eine Aporie von in ihrer Existentialität gefangenen Subjekten, sondern die Kommunikationsverhältnisse werden veränderbar, Konflikte überwindbar, weil sie nun die asymmetrischen Beziehungen von sozialen Gruppen ausdrücken. Sartre beweist dies am Beispiel seiner Ablehnung des Kolonialismus. Dieser wird als Beispiel einer sozialen Deformation gesehen. Durch die gewaltsame Entwürdigung der kolonisierten Völker müssen die Kolonisatoren sich selbst gegenüber jede Würde verlieren.[832] Asymmetrische Kommunikationsmuster von der Art der Kolonisation stellen für beide Seiten eine leugnende Anerkennung dar. Sartre zieht dafür den Begriff der „Neurose" heran.[833] Neurotisch meint nicht eine individuelle, seelische Verhaltensstörung, sondern eine pathologische Verzerrung der Interaktionsverhältnisse, die sich aus fehlenden oder, wie im Fall des Kolonialismus, wechselseitig verleugneten Anerkennungsbeziehungen bilden. Der Mangel an sozialen Bedeutungssymmetrien bildet diese Art der Sozialneurose.

Unklar bleibt auch bei Sartre, welche substantiellen Anerkennungsmodi eigentlich gemeint sind. Er nennt für die Kolonisierten die Missachtung durch die Aussetzung der Menschenrechte, was ihren Universalismus voraussetzt und von Sartre an anderer Stelle als „nur eine verlogene Ideologie, die ausgeklügelte Rechtfertigung der Plünderung" abgelehnt wird.[834]

Andererseits würden dem Eingeborenen im Kolonialsystem nicht seine spezifische Selbstverwirklichung und damit die Eigenart seines Menschseins ermöglicht.

Das Modell der Anerkennung findet sich bis in die Spätwerke Sartres, es wird aber theoretisch nie ausreichend ausgearbeitet. Auch Sartre kann zwischen rechtlichen und sittlichen Formen wechselseitiger Anerkennung keine genaue

---

[830] Sartre, Jean-Paul: *Das Sein und das Nichts.* Reinbeck bei Hamburg 1962, Dritter Teil, 1. Kap.

[831] Theunissen, Michael: *Der Andere. Studien zur Sozialontologie der Gegenwart.* Berlin/New York 1977, VI. Kap. Vgl. auch hier: Tayler, Charles: *Was ist menschliches Handeln?* In: ders.: Negative Freiheit? Zur Kritik des neuzeitlichen Individualismus, Frankfurt/M. 1988, S. 9 f.

[832] Sartre, Jean-Paul: *Wir sind alle Mörder. Der Kolonialismus ist ein System,* Reinbeck bei Hamburg 1988

[833] Sartre, Jean-Paul: *Die Verdammten der Erde,.* in: Ders.: Wir sind alle Mörder. Der Kolonialismus ist ein System. Reinbeck bei Hamburg 1988, S. 151-152

[834] ebenda, S. 155

Differenzierung liefern. Insofern vermischen sich die Ideen der individualen und der kollektiven Selbstverwirklichung. Auch hier fehlt die von Hegel und Mead vordifferenzierte Dreiteilung der Anerkennung.

Das Verdienst Sartres mit seinem Begriff der „objektiven Neurose" ist es, Herrschaftsstrukturen als pathologische Anerkennungsstrukturen aufzufassen.[835]

Zwischen den persönlichen Verletzungserfahrungen und den Zielrichtungen und Ideologien wird ein Zusammenhang bestehen. Auch liegt es nahe, zwischen den Dimensionen personaler Würde, Recht und Sittlichkeit eine Interdependenz zu sehen, die sich konflikttheoretisch ausdrückt.[836] Eine semantische Brücke muss zwischen sozialer und personaler Identität bestehen, wenn die spezifische Sittlichkeit der gesellschaftlichen Praxis sich auch als Rechts-, Wirtschafts- und Kommunikationsverhältnisse verstehen lässt. Die gesellschaftlichen Muster der Anerkennung im Rechts-, Wirtschafts- und Öffentlichkeitsraum werden sich ebenso individualisieren, wie die persönlichen Geltungsansprüche in die genannten Räume personal oder gruppenspezifisch eingebracht werden. Wirtschaftlich geht es um die Konkurrenz um knappe Güter, psychologisch um die intersubjektiven Entstehungsbedingungen sozialer Identität. Obwohl mit Wirkungen und Wirkursachen aller Gesellschaftsdimensionen verbunden, akzentuiert das anerkennungstheoretische Konfliktmodell natürlich die Wirkweise der Beziehungsmuster auf der Kontrollebene der subjektiven Befindlichkeiten. Der Verdacht einer subjektiven Expressionstheorie ist aber genauso wenig gegeben, wie etwa der Untersuchungsgegenstand der Sozialpsychologie einen Begriff von Seele entwickelt, der individualistisch gemeint ist. Die Messbarkeit der Befindlichkeit von systemisch verflochtenen „Individuationen" lässt auf ein Theoriekonzept vom Menschen stoßen, das seinen Begriff individual und gesellschaftlich zugleich auffasst, so wie sich Subjekte oder Gruppen von Subjekten sittlich ausdrücken und etwas über den Stand ihrer Anerkennung vermitteln können.

Thompson hat in diesem Zusammenhang unterstrichen, dass soziale Revolte keine direkte Äußerung wirtschaftlicher Not sein kann, sondern durch die *moralischen* Erwartungen entsteht, die an ein Gemeinwesen herangetragen werden. Zur Revolte kommt es dann, wenn mögliche wirtschaftliche oder distributive

---

[835] Für Honneth liegt in der durch Hegel und Mead vordifferenzierten Dreiteilung ein theoretisches Konstrukt, das sich weder Marx, Sorel noch Sartre zunutze machen konnten. Deren Explikationen bauten immer nur auf einer dieser drei Stufen auf. (Honneth, Axel: *Kampf um Anerkennung*. Zur Moralischen Grammatik sozialer Konfikte. Frankfurt/M. 1992, S. 255) Die drei Theorien von Marx, Sorel und Sartre zeichneten sich durch eine negative Gemeinsamkeit aus: Sie nähmen nur auf einen der drei Aspekte (Liebes- bzw. Rechtsverhältnisse und Sittlichkeit) der Anerkennungsdimension Bezug.

[836] Coser, Lewis u. A. Coser: *Theorie sozialer Konflikte*, Neuwied und Berlin 1972

Änderungen nicht mehr dem Moralkonzept einer Gemeinschaft entsprechen.[837] Neben den gesellschaftlichen Bedingungen müssten daher immer auch die moralischen Leitbilder untersucht werden.

Barrington Moore schließt mit seiner Idee des „impliziten Gesellschaftsvertrages"[838] an Thompsons Idee einer „moral economy" an. Moore spricht von einem Gesellschaftsvertrag zwischen kooperierenden Gruppen eines Gemeinwesens. Kommt es zur *Missachtung* der Identität ganzer Teilgruppen, entstehen Widerstand und Revolten. Diese These wird empirisch durch Untersuchungen bestärkt, die politischen Widerstand eindeutig auf die gruppenspezifischen Ehrverletzungen (auch in der Progression Selbstvertrauen, Selbstachtung und Selbstschätzung) zurückführen lassen. Zwischen den Anerkennungsverhältnissen, den Enttäuschungen und den an Ehrenkodizes gemessenen Kränkungen besteht ein Zusammenhang.[839]

Unter Moral wird die Tendenz verstanden, allen Individuen gleichen Respekt entgegenzubringen. Hegel hatte die Primärbeziehung innerhalb der Familie zu einer Apotheose der bürgerlichen Familie gemacht.[840]

Anerkennungstheoretisch ergibt sich für die Bildung der intersubjektiven Struktur der persönlichen Identität, dass Individuen aus der Perspektive zustimmender oder ermutigender Anderer lernen, sich positiv auf sich selbst zu beziehen. Mit dem Umfang solcher positiver Interaktionen wächst auch der Grad der positiven Selbstbeziehung. Ganz im Sinne der Dreiteilung Meads wächst in der Erfahrung von Liebe das *Selbstvertrauen*, in der Erfahrung von rechtlicher Anerkennung die *Selbstachtung* und in der Erfahrung von Solidarität die *Selbstschätzung*.[841]

Es liegt deshalb auch anerkennungstheoretisch nahe, unter Würde einen gesellschaftlichen *Stiftungs*vorgang zu sehen, in dem die rechtlichen, moralischen und wirtschaftlichen Abhängigkeiten zivilisierten Handelns den menschlichen Wertaspekt und seiner Arbeitsprodukte ausdrücken. Anerkennung und Würde beschreiben genetisch interaktive Vorgänge und soziale *Verhältnisse*. Diesem Gedanken wenden wir uns nun zu.

---

[837] Thomson, Edward P.: *Plebejische Kultur und moralische Ökonomie. Aufsätze zur englischen Sozialgeschichte des 18. und 19. Jahrhunderts,* Frankfurt/M. /Berlin/Wien 1990

[838] Moore, Barrington: *Ungerechtigkeit. Die sozialen Ursachen von Unterordnung und Widerstand.* Frankfurt/M. 1982; dazu: Honneth, Axel: *Moralischer Konsens und Unrechtsempfinden. Zu Barrington Moores Untersuchung „Ungerechtigkeit",* in: Almanach. Suhrkamp Wissenschaft. Weißes Programm, Frankfurt/M. 1984

[839] Grießlinger, Andreas: *Das symbolische Kapital der Ehre. Streikbewegungen und kollektives Bewußtsein deutscher Handwerksgesellen im 18. Jahrhundert,* Frankfurt/M. /Berlin/Wien 1981

[840] Vgl. Neuhäuser, Gabriele: *Familiäre Sittlichkeit und Anerkennungformen bei Hegel,* Magisterarbeit, Frankfurt/M. 1992

[841] Vgl. auch: Tayler, Charles: *Der Irrtum der negativen Freiheit,* in: Ders.: Negative Freiheit? Zur Kritik des neuzeitlichen Individualismus, Frankfurt/M. 1988

# D  Von der absoluten Würde zum sozialen Würdeverhältnis

Aus der Geschichte des Würdebegriffs wissen wir, dass dieser sich ideenge-schichtlich von einem sozial *relational* definierten (des „Würdenträgers") in ei-nen natur- und menschenrechtlich *absoluten* verwandelt hat und seit der zweiten Hälfte des 20. Jahrhunderts im Rahmen der Entwicklung der Menschen- und Grundrechte wieder begann, zivilrechtliche und gesellschaftliche Interaktionen und Implikationen mitzubestimmen. Allgemein schwankt seine Bedeutung zwi-schen einer vorgesellschaftlichen, ontisch-anthropologischen und einer soziolo-gischen Auffassung, wie wir sie im Begriff des Würdenträgers aus der Antike oder in Begriffen wie äußere Ehre (gr. ἡ τῑμή, Würdenträger), *dignitas* und *ho-nor,* gr. ἀξῑᾱ oder ἀξῑωμα (Würde, Geltung, Ansehen) kennen.

Ein soziologischer Begriff der Würde beschreibt die Stellung eines Men-schen innerhalb einer Bezugsgemeinschaft, die diesem über Ämter, Pflichten, Aufgaben, Kapitalien und soziale Stellung Wert, eben ‚Rang und Würde', ver-leiht. *Dignitas* kann auch, wie Margalit es vornimmt, mit „soziale Ehre" über-setzt werden.[842] Die ratifizierten Menschenrechtserklärungen postulieren neben den Freiheitsrechten, der Befriedigung von Grundbedürfnissen auch *soziale Rechte* als wesentlich für das System der Menschenrechte. Es sind Rechte und Pflichten der Teilhabe auf „angemessenen Lebensunterhalt".[843] Aus der men-schenrechtlichen Ethik der universellen egalitären Achtung vor dem Menschen folgen die sozialen Rechte und Pflichten als Verteilungsgerechtigkeit.[844] Sie sind bislang eher moralisch als positivrechtlich etabliert.[845] Das deutsche Grundgesetz kennt keine direkten sozialen Grundrechte, sondern formuliert sie rudimentär über das Sozialstaatsprinzip, das Sozialgesetzbuch und das Bundes-sozialhilfegesetz. Diese formulieren keine subjektiven Anspruchsrechte.[846]

Es scheint in gegenwärtigen Gesellschaften mit grundrechtlichen Verfassun-gen eine ungeklärte (auch politische) Spannung zwischen diesen beiden Würde-begriffen zu bestehen. Aus der Substanz des (ersten) Würdebegriffs gelangt über den Weg der aus ihr stammenden Menschen- und Grundrechte eine politi-sche Wirkung in die institutionelle und rechtliche Praxis. Die Idee der Würde

---

[842]  Margalit, Avishai: *Politik der Würde. Über Achtung und Verachtung,* a.a.O., S. 72 f.

[843]  Art. 7 a (ii) „Internationaler Pakt über wirtschaftliche, soziale und kulturelle Rechte", in: Menschenrechte, a.a.O.

[844]  Vgl. Wiener Entwurfs des „InterAction Councils" von 1997 zur *„Allgemeinen Erklärung der Menschenpflichten".*
http.//www.asiawide.or.jp/iac/UDHR/GrmDec11.htm, gesichtet Okt. 2001, auch: Gosepath; Stefan: *Zur Begründung sozialer Menschenrechte,* in: Ders. (Hg.): Philosophie der Menschen-rechte, Frankfurt/M. 1999

[845]  Hart, Herbert L. A.: *Are There Any Natural Rights?,* in: Jeremy Waldron (Hg.): Theories of Rights, Oxford 1984. Er unterscheidet zwischen „special" und „general rights" .

[846]  Dazu Art. 29 Abs. 1 und Art 28 Abs. 1 GG.

überformt besonders die Rechtspraxis. Die Generalklauseln (Treu und Glauben), das Übermaßverbot und der Grundsatz der Verhältnismäßigkeit folgen ihr darin.

Armut ist entwürdigend.[847] Demütigende Gesten verletzen die Würde eines Menschen, während die Verletzung seiner Rechte seine Selbstachtung herabsetzt.[848] Ich bin mir durchaus bewusst, daß wir unter ‚Demütigung' normalerweise nicht den Ausschluß von Menschen aus der Menschheitsfamilie verstehen, sondern die Herabsetzung einer Person.[849]

Diese Idee der besonderen Würde und Werts jedes Menschen ist an die wirtschaftssoziale Wertpraxis einer Gemeinschaft gebunden. Unsere Würde- und Würdeerfahrung im Alltag hängt von ganz bestimmten Verhältnissen und Beziehungen ab. Werden wir geachtet, respektiert, haben wir Ansehen und Wert für andere. Die Werterfahrung innerhalb des Sozialen bestimmt eine ethische Substanz, die sich mit der Idee der absoluten Würde deckt. Ihr gemeinsames Wesen ist die Wertzuschreibung an das Individuum. Der *erste* Würdebegriff vollzieht dies mit scheinbar ontischen und anthropologischen Aussagen. Der *zweite*, soziale Würdebegriff entsteht durch den Integrations- und Wertungsgrad des Einzelnen innerhalb der Bezugsgemeinschaft.

Zwischen der Menschenwürde und dem sozialen Würdenträger bestehen gemeinsame Anliegen, sobald man den Gleichheitsgrundsatz bedenkt, der der Menschenwürde innewohnt: Negativ gesprochen, im Schutz des Menschen vor staatlicher Willkür und Machtmissbrauch. Positiv gesehen, in der Verwirklichung von sozialen, wirtschaftlichen, politischen und kulturellen Lebensbedingungen, die den Gleichheitsgrundsatz der *ersten* Würde nicht verletzen. Wenn Menschen universell und ausnahmlos gleichen Wert und gleiche Würde haben, warum sollte diese Würde innerhalb der gesellschaftlichen Handlungen, Institutionen und Güter- und Ungüterverteilungen (Kapital und Arbeit) enden? Welchen Sinn hätte die Deklaration der Menschenwürde, wenn sie innerhalb der Handlungspraxis nicht gelten sollte? Wenn Menschen unter ‚unverhältnismäßigen' Chancendifferenzen in einem *sozialen* Status relativer Wertdifferenzen leben, wie sollte die Beraubung oder Privilegierung des sozialen Werts nicht die Substanz der Würdegleichheit, des Diskrimierungsverbotes, der Verhältnismäßigkeit und des Gleichheitsgebots berühren, trotz der gegenteiligen Proklamation, Unterschiede „der Rasse, der Hautfarbe, des Geschlechts, der Sprache [...]

---

[847] Margalit, Avishai: *Politik der Würde*, a.a.O., S. 266

[848] ebenda, S. 73

[849] ebenda, S. 330

der sozialen Herkunft, des Vermögens, der Geburt"[850] zu keiner Ungleichheit werden zu lassen.

Warum dürfen die wirtschaftssozialen Verhältnisse Grundrechte (das Recht auf Leben), Grundsätze (Vorrang der Hilfeleistung bei Not), die Goldene Regel und menschenrechtliche Gleichheitsgrundsätze verletzen? Dient denn das Verständnis der *unantastbaren* Menschenwürde dazu, soziale, internationale und ethnische Machtkämpfe mit ihren sozialen Verlierern, Unterminierten und Verhungernden zu rechtfertigen? In dem Sinne: In welchen (unterschiedlichen) Verhältnissen Menschen auch leben, ihre Würde kann niemals Schaden nehmen.[851] Dann wäre der Würdebegriff das Feigenblatt der anomisch wirtschaftlichen Machtkämpfe um soziale Auf- und Abwertung, um Leben und Hungertod.

Dass ein Mensch stirbt, weil ihm eine Impfung nicht zugänglich wird, während gerade die Begriffswelten des Liberalismus dafür zeichnen, dass die Mittel zur Impfung zwar vorhanden sind, aber es keine wirtschaftsrechtliche und wirtschaftspolitische Verantwortung gibt - dies soll per definitionem nicht die Würde des am fehlenden Impfstoff Sterbenden verletzen?

Die Idee der Menschenwürde trat an zum Schutz des Menschen gegen staatlichen Missbrauch und später gegen die Beliebigkeit im sozialen Umgang. Menschen sollten Schutz- und Freiheitsrechte zugesprochen werden, die niemand übertreten durfte. Weil diese Menschenwürde zunächst abwehrrechtlich negativ definiert wurde, hat sie den systematischen Nachteil, dass aus ihren Buchstaben nur wenige soziale Integrationsverpflichtungen geschlossen werden können. Dies aber historisch zu entwickeln, so unsere konsequentialistische These, folgt aus ihrem Geist und ihrem Wesen.

Ihr Mangel besteht gerade historisch noch darin, dass sie den Entwurf einer menschlichen Lebensgemeinschaft zunächst nur *individualistisch* versuchte. Aus negativen Schutzrechten und *nur politischen* Freiheitsrechten und Pflichten entsteht noch keine umfassende Ordnung, die der Idee der Würde entspräche. Zu viele Lebensbereiche sind von der Idee der Würde noch nicht konsequentialistisch und „drittwirkend" durchdrungen. Offensichtlich entstehen die größten Würdeverletzungen durch die eklatanten weltweiten und gesellschaftlichen Unterschiede an Lebenschancen. Der Lebensbereich der Güterteilhabe an den kulturellen und irdisch ererbten Ressourcen ist am wenigsten ‚würdevoll' rechtlich strukturiert.

---

[850] Art. 2, Teil II des „Internationale[n] Pakt[es] über wirtschaftliche, soziale und kulturelle Rechte", a.a.O.

[851] Vgl. Budde, Constanze: *Menschenwürde aus heutiger Sicht*. Ökologische und wirtschaftsrelevante Ausprägungen, Frankfurt/M. 1998

# I   Kulturwert contra Marktwert der Würde

Wenn Würde nicht nur ontisch, sondern auch als auf ein *Verhältnis* begründet aufgefasst werden kann, wird zugleich an ihre historische Wurzel erinnert. Sie war als Gegengewicht zu einer unverhältnismäßigen Machtbeziehung zwischen Staat und Bürger entstanden. Das Individuum unterlag der staatlichen Willkür.

Menschenwürde ist von ihrem Wesen her schon ein *Verhältnisbegriff*, auch dann, wenn sie Ihr Schutzkonzept über die Idee des Naturrechtlichen und Vorpositivrechtlichen *absolut* installiert hat. Es ging um vertikale, später dann auch um horizontale Verhältnisse, bis hin zu sozialen Rechten. Der Würdebegriff wird besonders durch das Ende der nationalstaatlichen und völkerrechtlichen Souveränität historisch immer mehr als Ordnungsbegriff des Rechts eingebracht. Die Konstruktion des Sozialen und Gesellschaftlichen wurde nicht mehr über die staatsphilosophischen Begriffe und Vertragstheorien versucht, sondern aus der individualen Position eines Menschenrechtsbegriffs.[852] Wir nennen das die menschenrechtliche Wende des nationalstaatlich orientierten Völkerrechts. Sie betont den Wert jedes Menschen.

Wir wollen nun die Analogie beschreiben, die zwischen dem Wertbegriff der Würde und den ökonomischen Werttheorien besteht. Die Spannung zwischen *absoluter* Würde und *relationaler* Würde hat eine Parallele im Wertsubjektivismus und Wertobjektivismus. Sie beschreibt vergleichbar die soziale Erfahrung, dass Menschen wirtschaftssozial (auf dem Markt) mit verschiedenem Wert ‚gehandelt‘ und behandelt werden.[853]

Der Wertschöpfungsprozess eines Produkts oder einer Arbeitskraft korrespondiert in marktwirtschaftlich orientierten Gesellschaften unmittelbar mit dem sozialen Wert der sie herstellenden Person. Der soziale Wert eines Menschen lässt sich in ökonomischen Analogien ausdrücken. Die Kapitalpartizipation eines Menschen wird zum entscheidenden Kriterium seiner sozialen Wertpositionierung. Das Maß dieses sozialen Wertes ist auch das Maß der von der Gemeinschaft gestifteten *sozialen* Würde. Die Wertrelationalität erfährt ihre Analogie in der Würderelationalität.

Außerdem binden sich an den sozialen Wert eines Menschen reale Lebenschancen, die den Wertbegriff nicht einfach zu einer ideellen Größe machen. Risikofaktoren wie körperliche und seelische Gesundheit, Partnerschaft, Integration, Arbeitsplatz und Lebensraum sind unmittelbar an die Verfügbarkeit

---

[852] Vgl. die „Stationen der Vorgeschichte der Menschenrechte", in: Thomas, Veit: *Das Recht auf Erde*. Die wirtschaftsethische Konsequenz der Menschenrechte, Münster/Hamburg 1994, Kap. C, S. 29 f.

[853] Zur Tatsache dieser Erfahrung vgl. die umfangreiche empirische Studie des französischen Soziologen Pierre Bourdieu, *Das Elend der Welt*, a.a.O.

der genannten Kapitalformen gebunden.[854] So korrespondiert der soziologische Begriff des sozialen Wertes zugleich mit dem ökonomischen Wertbegriff und verweist auf die relative Würdesituation eines Menschen zu seiner Bezugsgemeinschaft.[855] Der soziologische und der ökonomische *Wert*begriff sind nicht zu trennen.

Die Begriffe Wert, Würde und Recht beschreiben gleichermaßen ein statuiertes Absolutum als auch ein Verhältnis. Der Mensch ist als soziales ein Verhältniswesen aus Sprache, Sozialisation, Enkulturation, Ökologie, Ressourcen und Lebensraum. Auf zwischenmenschliche Regulationen beziehen sich zugleich Rechtsnormen als auch kulturelle Werte wie Tugenden. Die Rechtsnormen und Generalklauseln sind selbst Ausdruck eines kulturellen Wertdenkens. Der „Gleichheitsgrundsatz", der „Grundsatz der Verhältnismäßigkeit", der Grundsatz von „Treu und Glauben" drücken ein zugleich absolut gedachtes und interaktiv relational wirkendes Wertdenken aus. Insofern kann auch der Begriff der Würde sowohl eine absolute Wertidee als auch eine Proportion meinen, wie sie etwa als Gerechtigkeitsdenken vorliegt. Die menschlichen Handlungsbezüge sind Verhältnisse bestimmt durch als unantastbar definierte Grundsätze, Normen und Rechte. Dazu zählen sowohl die Konventionen des Völkerrechts, Seerechts, die UN-Charta, die Menschenrechte und die nationalen Verfassungen als auch die „underlying forces" der religiösen Mythen und Habitate einer Kultur.

## 1 Die gesellschaftlich gefährdete relationale Würde

Menschenwürde ist als absoluter Wert etabliert, jenseits von allen Unterschieden an Rasse, Geschlecht, Herkunft, Religion, Eigentum usw. Der absolute Wert jedes Menschen ist verfassungs- und menschenrechtlich gesichert und unterliegt keiner positiv rechtlichen Willkür. Kein Parlament kann legitim die Menschenwürde per Gesetz abschaffen.

Es fehlt aber damit etwas, dass das Dilemma der sozialen Frage löst. Wenn ein Mensch in der gesellschaftlichen Wirklichkeit unter den Verhältnissen *leidet*, etwa unter relativer Armut, Arbeitslosigkeit, wie kann seine Würde und sein sozialer Wert davon unberührt bleiben?

---

[854] Beck, Ulrich: *Risikogesellschaft*, a.a.O.; ders. und Anthony Giddens, Scott Lash: *Reflexive Modernisierung*, a.a.O.; Bolte, Karl Martin u. Stefan Hradil: *Soziale Ungleichheit in der Bundesrepublik Deutschland*, Frankfurt/M. 2005; Bourdieu, Pierre: *Der Tote packt den Lebenden*. Schriften zur Politik und Kultur 2, Hamburg 1997

[855] Der Begriff Bezugsgemeinschaft wurde von liberalistischen Positionen abgelehnt, weil er das vergleichende Verhältnis zu sehr betont. Sie pointieren die Freiheit des Einzelnen, rekurrieren aber gerne auf die makrostrukturellen Vorgaben von Staat, Gesellschaft und Arbeitsteilung, in denen ihre Vorteile privatfinalisierten Handelns gedeihen.

Deutlich wird mit dieser Frage, dass Würde auch relativ, also in Bezug zu der Situation anderer verstanden werden kann. Ein Beispiel aus der Rechtsprechung:

> Eine Mutter und Sozialhilfeempfängerin aus Delmenhorst wollte nicht akzeptieren, dass ihre Tochter einen minderwertigen Schulranzen zu 50, - DM vom Sozialamt bezahlt bekommen sollte, während alle anderen Kinder mit einem Lifestyle-Produkt ausgerüstet waren, das viel teurer ist. Die Mutter verklagte das Sozialamt. Das Niedersächsische Oberverwaltungsgericht gab der Mutter recht. [Zitat] ‚Ein Billigranzen sei mit der Würde des Menschen nicht vereinbar. Die Schülerin dürfte mit dem Billigprodukt nicht als Sozialhilfeempfängerin erkannt werden.[856]

Dieses Urteil des Gerichts kann instruktiv den Keim einer Entwicklung des Würdebegriffs ausdrücken: der (wirtschaftliche) Vergleich, die wirtschaftssoziale Ungleichheit, kann die Würde verletzen.[857] Zu große wirtschaftssoziale Unterschiede können die Menschenwürde verletzen, weil sozialer Wert und soziale Würde auch relative Begriffe sind. Dieses Kind leidet relativ, an einer Differenz, dem wirtschaftlichen Unterschied. Dieses Leiden entsteht aus dem Vergleich, wie bei der relativen Armut. Es ist relatives Leiden. Die Lebenslage des einen im Vergleich zum anderen. In diesem Urteil sagt das Gericht deutlich: relativ arm sein, Sozialhilfeempfänger sein, ist ein Stigma, das die Würde, also Art. 1 des deutschen Grundgesetzes verletzt.

Es ist deshalb sinnvoll - im Vorausblick auf die Analyse des Begriff der Verhältnismäßigkeit unten - mit zwei zusammengehörigen Würdebegriffen zu operieren: Dem Absoluten, der jedem Menschen per Menschenrecht einen absoluten Wert zuspricht. Er ist wichtig, um Menschen vor Willkür und Beliebigkeit der Gesetzgebung und staatlicher Institutionen zu schützen. Menschenwürde und die aus ihr resultierenden Grundrechte unserer deutschen, europäischen und globalen Verfassung können durch kein Gesetz und keine Regierung abgeschafft werden. Das Wesen dieser Würde wird durch unsere Grund- und Menschenrechte ausgedrückt. Und zweitens haben wir den marktwirtschaftlichen, wertrelativen Würdebegriff, durch den eine Person einen bestimmten sozialen Rang einnimmt und auch einen statussymbolisierten oder sozialräumlichen Würdegrad erhält.[858]

Die menschliche Würde kann, mit dieser Differenzierung und Definition, nicht nur politisch-bürgerlich, sondern auch dann als verletzt gelten, wenn die menschlichen Lebenslagen und Lebensverhältnisse extrem und ‚unverhältnismäßig' ausfallen. Unser höchstes ethisches Gut der absoluten Würde und die li-

---

[856] DER SPIEGEL, vom 14.08.2000, Nr. 33

[857] Es gab in Deutschland (2001) über eine Million Kinder in Sozialhilfehaushalten.

[858] Erst vergleichbar ausgewogene Lebensverhältnisse scheinen vor Demütigung, Herabwürdigung und Degradierungen zu schützen, wie es der israelische Philosoph Margalit genannt hat. (A. Margalit, 1996, S. 246)

beralistische Idee der Gleichwertigkeit aller Menschen werden immer dann angetastet, wenn zwischenmenschliche Zeichen, Gesten, Symbole und Lebensunterschiede Verächtlichkeit bedeuten. [859]

## 2 Definition und Bedeutungen des *relationalen* Würdebegriffs

- Das ethisch höchste Gut der Menschenwürde, als Gleichwürde aller Menschen, wird durch eine soziale Wertpraxis relativiert, d. h. verletzt oder gesichert. Es gibt so große wirtschaftssoziale Wertunterschiede (Armut-Reichtum, Ohnmacht-Macht, Bedeutungslosigkeit-Bedeutung, arbeitsfähig/jung - krank/alt) innerhalb einer Bezugsgesellschaft, dass Menschen auch verschiedene Würdegrade erhalten.[860] Die großen sozialen Wertunterschiede relativieren die Menschenwürde. Sie wird durch wirtschaftliche und damit soziale Wertunterschiede zu einem nur relativen Begriff.
- Wollen wir die Idee der Würde aber nicht relativiert untergehen lassen, ergibt sich eine Folgerung: Der Würdewert eines Menschen hängt von der (Anerkennungs-)Situation und den allgemeinen Lebensverhältnissen auch der anderen ab. Die Lebenslage eines Menschen und eines zu Pflegenden kann erst im Vergleich mit dem wirtschaftssozialen Umfeld als würdevoll beschrieben werden. *Die Verhältnisse (Proportionen) der Lebenslagen konstituieren Würde.* Diese können demütigend, erniedrigend, herab- oder entwürdigend sein, oder Gleichwürde als menschliche Gleichwertigkeit wollen.
- In der gesellschaftlichen Praxis wird Würde erst durch bestimmte Verhältnisse gestiftet.
- Würde verwirklicht sich nur in einer gegenseitigen Stiftung.

Würde auch relativ zu begreifen ist eine konsequentialistische rechtssystemimmanente Aussage. Würde ist nicht immun gegen die Praxis menschlicher Lebenslagen. Sie generiert sich in ihrem Kern als auch wertrelativ aus den Verhältnissen menschlicher Lebenslagen und hat deshalb einen Normbezug.

So bestätigt das Gericht im Beispiel (Schultasche) oben, dass das Kind würdeverletzt wird, wenn es für seine soziale Umwelt im Status des Sozialhilfehaushalts erkannt wird. Die Demütigung des Kindes liegt im Ethos der Gesellschaft begründet. Sie stuft den Menschen in relativer Armut als sozial minderwertig ein und lässt diese großen Unterschiede zwischen Reichtum und Armut praktisch und semantisch zu. Gerade diesen Mangel kann ein nur absolut verstandener Würdebegriff nicht ausräumen.

---

[859] Die ökonomische Definition des relativen Würdebegriffs kann lauten: Ein Mensch hat nur so viel Würde, wie er für den Arbeitsmarkt wert ist.

[860] Der Begriff Bezugsgesellschaft deutet an, dass in ihm das Problem der Dimensionierung von Verantwortlichkeit, Relativität und Verhältnismäßigkeit liegt.

Die Idee der absoluten Würde ist unabdingbar, um nicht zurückzufallen in die Beliebigkeit des menschlichen Wertes. In der Idee der *relativ* erwogenen Würde wird aber Menschsein und Wertsein sozial gestiftet. Menschsein ist dann *Wertsein für andere* und unter anderen. Relative Würde meint: sozial wechselseitig gestifteter Wert. In diesem erweiterten Sinne stiftet erst ein bestimmtes Verhältnis der menschlichen Lebenslagen Menschenwürde.

## 3 Das Wertdenken zwischen Würde und Markt

Es gibt in nachmodernen, scheinbar entideologisierten Marktgesellschaften ein deutliches Tabuthema: Die Gewichtung von natürlichen oder tradierten Vorteilen ungleicher Menschen in Bezug auf die Zivilisierung des menschlichen Wirtschaftens.

Die These dieser Schrift fußt auf der wissenschaftlich bestätigten Erfahrung, dass sowohl die persönliche Selbstachtung und die menschliche Selbstwertbildung ebenso wie die soziale Selbstachtung innerhalb wirtschaftlich wertverteilenden – und generierenden Gesellschaften einen eminent paradoxien- und leidproduzierenden Faktor bilden. Die ökonomische Wertlehre und das wirtschaftliche Wertschöpfungsgeschehen verstehen Wert relationistisch als kompetitiven, erstrittenen Marktwert. Es gibt keine absolute Wertinstanz. Der soziale Wert eines Menschen ist ökonomisch und politisch (d. h. verfahrenstechnisch) erzeugt. Er hängt von seiner relativen (sozialen, ökonomischen, kommunikativen, politischen, Bildungs-) Kapitalstärke ab. Diese Kapitalformen sind zum Teil selbst kompatibel und austauschbar. Aus Kapital entsteht sozialer Einfluss und politische Macht. Aus der sozialen Bedeutung erwächst die Möglichkeit zum sozialen Selbstwert, der Erfolgsbedingung jeden gesellschaftlichen Handelns. Wert dieser relationalen Art entsteht aus einem Verhältnis, nämlich der Lebenslage des einen Menschen im Verhältnis zum anderen.

Die eigentliche historische Auseinandersetzung des Marktrelativismus' liegt in der schwindenden Existenz von absolut definierte und geglaubten Werten. Werden absolute Kulturwerte wie die Menschenrechte für möglich gehalten oder nur die wertrelationalen und wertobjektivistischen (Markt-)Bewertungen akzeptiert? Diese Frage nach der wertspendenden Marktstruktur oder der ‚metaökonomischen' Fixierung, einer historisch entstandenen Idee, nämlich der vom gleichen Wert und der Würde aller Menschen, konterkariert den marktwirtschaftlichen Wertbegriff. Wenn Menschen „gleich an Würde" und Wert geboren sind, wie steht es dann um die Auswirkungen der relativen Ent- und Bewertung durch marktwirtschaftliche Verteilungs- und Wertschöpfungsprozesse? Wann ist die Gleichheit der Wertigkeit aller Menschen das eigentliche Wertabsolutum? Konkurriert dieser *meta*ökonomische Wertbegriff ideell mit dem Marktwertbegriff?

Dann folgte aus der metaökonomischen, ideellen Gleichwertigkeit aller Menschen das Postulat ihrer sozialen und ökonomischen Gleichbewertung. Aus der Idee der *politisch-bürgerlichen* Gleichwertigkeit und Würde wäre die Idee der Verhältnismäßigkeit aller Wert- und Unwertverteilung eine rechtsgeschichtliche *Konsequenz*. Das größte Marktversagen läge in der beliebigen Verteilung von Werten und Gütern nach Kontingenzen, Kraft- und Machtverhältnissen, weil Menschen durch die *wirtschaftssozialen* Wertkämpfe in ihrer Wert- und Würdegleichheit verletzt werden. Sie erlitten die relative und die absolute Armut, indem ihr geringer oder letaler Lebensstandard sie sowohl subsistenziell als auch sozial bedroht. Ökonomische und soziale Demütigung haben den gleichen Wesenskern.

Diente das Wirtschaften der Herstellung menschenwürdiger Verhältnisse, dann hätten materielle Werte neben der Bedürfnisbefriedigung ihre größte Aufgabe in der Sicherung der sozialen Würde- und Wertgleichheit. Dann läge in der *ausgewogenen* Verteilung der Wertverhältnisse der Schlüssel aller Pazifizierung und Zivilisierung des Handelns und Handels.

Die wirtschaftliche Liberalisierung und die Idee der Menschenwürde und Würdegleichheit stehen in einer historischen Konfliktstellung zueinander. Mit der wichtigen historischen Befreiung von standespolitisch oder klassengesetzgeberisch geführten Herrschaftskämpfen wurde die Grundfrage nach dem Umgang mit Machtdifferenzen nur *politisch-bürgerlich* gelöst. Die natürliche, vorhistorische konstitutionelle Ungleichheit (Begabungen, Talenten, Erbschaften) ist politisch-bürgerlich weitgehend durch die Ideen der Gleichheit, Brüderlichkeit und Freiheit kompensiert und auch überwiegend verfassungsrechtlich grundgelegt. Die *wirtschaftlichen* Machtdifferenzen dagegen sind weiterhin in großen Bereichen noch (von den ehemaligen standespolitisch geschaffenen Ungleichheiten) ‚liberalisiert'. D.h. in der Ökonomie gelten *keine* oder zu wenige die (natürliche und tradierte) menschliche Ungleichheit *kompensierenden* Rechtsgrundsätze.[861] Es fehlen Rechtsgrundsätze, die die strukturelle ökonomische Gewalt der Unverhältnismäßigkeit zivilisieren.

Dem Zivilisierungsgedanken, soziale Kämpfe zu befrieden, und dem Humanisierungsgedanken, natürliche menschliche Ungleichheiten ideell zu kompensieren, wie es in der Anerkennung der politisch-bürgerlichen Menschenrechte geschehen ist, fehlt noch die letzte Konsequenz. Sie ist im Wesen zugleich *Analogie* und *Konsequenz*. Die Pazifizierung sozialer Kämpfe in Rechtssysteme hat den Sinn der Leidreduktion. Wenn Leid das eigentliche menschliche Negativum ist, dann ist es konsequent, auch das Wertbildungs- und Abwertungsgeschehen der Marktwirtschaft auf leidbildende Faktoren hin zu untersuchen. Ergibt sich dabei, dass die Ursachen leidbildender Faktoren in der Akzeptanz der unkorrigierten menschlichen Machtdifferenz liegt, dann ist es nur noch eine rechtsphilosophische Analogie zu den politisch-bürgerlichen Menschenrechten, die

---

[861] Vgl. Ulrich, Peter: *Integrative Wirtschaftsethik,* Wien 2001

Rechtsgleichstellung auch wirtschaftlich zu versuchen. So wie ein Sklave, ein Kind, eine Frau, ein Andersfarbiger, ein Andersgläubiger rechtsgeschichtlich einmal keine Person, keine Rechtsperson war, im Vergleich zum steuer- oder eigentumsfähigen Mann, Weißen oder Adeligen, dann aber qua rechtsphilosophischer Deutung gleichberechtigt, rechtsgleich etc. wurde, so könnte der wirtschaftlich sozial Schwache, an Kapital Arme als gleichwertig deklariert werden.

Wir wollen weiter unten untersuchen, welche Konsequenz dies für das Motiv der Leistungsgerechtigkeit hat. Nicht ohne zu verdeutlichen, wie viel privilegiert-tradierter Vorsprung als persönliche „Leistung" bezeichnet wird und wie viel persönliche Mühe unter markt*un*opportunen Verhältnisse ‚unterbewertet' bleibt.

Um die Idee der Würde zu stiften, so unsere Heuristik, müssten Wirtschaftsgesetze entstehen, die die Idee der anomischen Liberalisierung der Kräfte historisch überwinden und die Idee der freien Kräfte durch wirtschaftsorganisatorische Rechtsgrundsätze ablöst.

Die oben genannte Idee der *Ausgewogenheit* ist so alt wie das Suchen nach Gerechtigkeit, Tauschgerechtigkeit, Preisgerechtigkeit, Verteilungsgerechtigkeit etc. und nach Frieden. Wir wollen deshalb nicht auf einen Abriss der Geschichte des abendländischen Wertdenkens zwischen Poesie und Markt verzichten.

## 4 Die Systematik des Wertdenkens

In der Zeit vom 7. bis 4. Jahrhundert v . Chr. war alles wertbezogene Denken noch der Poesie zugeortnet. Ökonomisches Denken war dann in der klassischen Antike und im Mittelalter ein Zweig der Ethik. Myrdal vertritt die Auffassung, dass der Haupteinfluss des ökonomische Denkens von der Naturrechtsphilosophie und vom Utilitarismus ausgeht.[862] Ästhetische Vorstellungen wie die Idee von der natürlichen Ordnung, des natürlichen Wertes, die Idee der Maximierung der Bedürfnisbefriedigung oder die Bedeutung des Gleichgewichts bei vollkommener Konkurrenz erweisen sich als Abkömmlinge dieser philosophischen Strömungen. Die Wirtschaft war bis ins 17. Jahrhundert auf eine philosophische Problemstellung konzentriert. Denker des 17. und 18. Jahrhunderts wie John Locke, David Hume oder Adam Smith finden sich noch in der Geschichte von Philosophie und Ökonomie.

Philosophy and economics are both children of the same Greek spirit of rationalization of world view and conduct of life.[863]

---

[862] Myrdal, Karl Gunar: *Das politische Element in der nationalökonomischen Doktrinbildung*, Bonn-Bad Godesberg 1976, S. 19

[863] Koslowsky, Peter: *Philosophy and Economics*. An Introduction, in: Koslowski, Peter (Hg.): Economics and Philosophy, Tübingen 1985, S. 1

Erst später haben Ökonomie und Philosophie sich voneinander gelöst. Die ökonomische Werttheorie betont erst spät den Zusammenhang mit dem Begriff des Nutzens. Die Wertphilosophie hat sich im Laufe der Geschichte immer wieder mit dem Problem der absoluten und relativen Werte auseinander gesetzt. Auch dabei wurde der soziale Wert des Menschen oft an seine relative ökonomische Position innerhalb einer Gemeinschaft gebunden.

## 4.1 Wertdenken im Verhältnis zur antiken Ökonomie und Chrematistik

Von der Antike an bis ins späte Mittelalter befasst sich die Philosophie mit wirtschaftlichen Fragen ausschließlich unter dem Gesichtspunkt des Sollens als Angelegenheit der Ethik und Politik. „Eine in theoretischer Betrachtungsweise des Wirtschaftslebens als eine von ethischen oder politischen Forderungen unabhängige Erkenntnis lag ihr jedoch fern."[864] Auch Myrdal konstatiert sinngemäß: „Im aristotelischen Wirtschaftssystem hatte die Nationalökonomie ihren Platz als eine Unterabteilung der Politik oder der Lehre von der Staatskunst, die ihrerseits ein Teil der Ethik im weiteren Sinne oder der praktischen Philosophie war."[865] Dieser ethisch begründeten Ökonomie geht es nach Spahn darum, die negativ bewerteten sozialen Folgen der marktabhängigen Ökonomie, der sogenannten Chrematistik, zu vermeiden.[866]

Auch Schumpeter sieht bei den Griechen keine eigenständige Wirtschaftslehre.

Ungleich ihren Leistungen auf jenen Gebieten: Mathematik, Geometrie, Astronomie, Mechanik, Optik errang ihre Wirtschaftslehre niemals eine Eigenständigkeit oder auch nur eine eindeutige Bezeichnung. Der Begriff oikonomicus (oikos, Haus und nomos, Gesetz oder Regel) bedeutet lediglich 'kluge Hauswirtschaftsführung'. Die Aristotelische Chrematistik (chrema, Besitz oder Reichtum), die einer solchen eigenen Bezeichnung am nächsten kommt, bezieht sich in erster Linie auf die monetären Aspekte des Wirtschaftslebens.[867]

So führt auch Brunner aus, dass die Vorgeschichte der Nationalökonomie nicht in der Ökonomie, sondern in der Chrematistik liege, und die darum so kümmerlich bleibe, weil sie im Grunde als verwerflich angesehen werde[868].

Brunner zeigt in seiner Schrift, dass von der Antike bis zum 18. Jahrhundert - also inklusive des merkantilistischen Denkens - unter dem Begriff ‚Wirtschaft'

---

[864] Stavenhagen, Gerhard: *Geschichte der Wirtschaftstheorie,* Göttingen 1993

[865] Myrdal, Karl Gunnar: *Das politische Element in der nationalökonomischen Doktrinbildung,* a.a.O., S. 51

[866] Spahn, Peter: *Die Anfänge der antiken Ökonomie,* in: Chiron, Band 14, 1984, S. 301-321

[867] Schumpeter, Joseph A.: *Geschichte der ökonomischen Analyse,* Göttingen 1965, S. 92

[868] Brunner, Otto: *Die alteuropäische „Ökonomik",* in: Zeitschrift für Nationalökonomie, Band 13, 1952, S. 114-139

etwas ganz anderes verstanden wird. Die Nationalökonomie als eine Schöpfung der zweiten Hälfte des 18. Jahrhunderts unterscheidet sich von der antiken Ökonomie dadurch, dass sie von den Gesetzen der Marktwirtschaft bestimmt und im wesentlichen eine Lehre vom Handel ist. Die alteuropäische Ökonomik ist die Lehre vom *Oikos*, vom Haus, im umfassendsten Sinn; sie bezieht sich auf die Gesamtheit der menschlichen Beziehungen oder Tätigkeiten im Haus, das Verhältnis von Mann und Frau, Eltern und Kindern, Hausherrn und Sklaven und die Verrichtung der in Haus und Landwirtschaft gestellten Aufgaben.[869]

> Nur moderner Fortschrittswahn könnte glauben, die Erkenntnisse heutiger Wissenschaft seien dem antiken wie dem mittelalterlichen Menschen unerreichbar geblieben und in der kapitalistischen Wirtschaft und Wirtschaftslehre offenbare sich der allgemeine Fortschritt der Jahrhunderte und die besondere Überlegenheit der Gegenwart. Was sie tatsächlich vollzogen hat, ist - abgesehen von der Veränderung der Wirtschaftsform und der hierdurch bedingten Veränderung des Lehrinhalts - ein Wandel in der Einstellung des Menschen zur Wirtschaft und zur Wissenschaft.[870]

Allgemein kann zusammengefasst werden, dass die Tendenz vorherrscht, das Subjektive, Relative, zeitlich und räumlich Spezialisierte, eher als ein Objektives, Absolutes und Allgemeines zu interpretieren. Das relativistische Denken ist geistesgeschichtlich eine späte Entwicklung und kein ‚natürlicher Ansatz‘. Relative Werte und die Idee *relationaler* Wertgenesen scheinen das ontologische Denken des Abendlandes zunächst zu verletzen.[871]

„Die eigentliche Seinsweise der Werte sind Gebilde einer ethisch idealen Sphäre“.[872] Die „Relativität auf das Subjekt“, um die es sich hier handle, sei nicht gleichzusetzen mit der Wertrelativität. „Die Relativität der Güterwerte auf das Subjekt ist eine absolute, im Inhalt dieser Werte enthaltene Relation.“[873]

Die Herstellung einer gegenseitigen Beziehung zwischen einer realen und einer idealen Wertsphäre wiederholt den Konflikt der Ethikgeschichte, Absolutheit, Universalität und Relativität des Wertdenkens zu verbinden. Im Grunde hat der Versuch, absolute Werte und Begriffe zu definieren oder zu finden, nach Nietzsche in den Wertrelativismus und Perspektivismus geführt. Die Wertidee kennt also zwei Arten von Vorstellungen, eine empirisch-quantitative, traditionell der ökonomische Wertbegriff, und eine normativ-qualitative, die eher die ontologische Ethik abbildet und auch zum Naturrechtsdenken des absoluten Würdebegriffs zählt.

Alle ökonomischen Werttheorien sind entweder Kosten- oder Nutzentheorien oder daraus gebildete eklektizistische Verbindungen. In der klassischen

---

[869] Vgl. Brunner, Otto: *Ökonomik*, a.a.O., S. 115 f.

[870] Salin, Edgar: *Geschichte der Volkswirtschaftlehre*, Bern 1951, S. 11

[871] Ehrenfels, Christian von: *System der Werttheorie*, Leipzig 1897, Bd. 1, S. 45 f.

[872] Hartmann, Nicolai: *Ethik*, Berlin 1962, S. 32

[873] ebenda

Theorie wird der Wert eines Gutes durch die Kosten bestimmt, die zu seiner Herstellung notwendig sind. Kosten werden dabei auf Opfer zurückgeführt, wobei die Lohnkosten den Ausdruck für die Arbeitsmühe ausdrücken. Dabei ist der in den Gütern verkörperte Wert entweder ein dem Gegenstand anhaftendes Phänomen, das unabhängig von einer wertenden Beurteilung seitens der Wirtschaftssubjekte besteht. Oder der Wert wird zweitens durch die zur Produktion des Gutes aufgewendeten Realkosten, insbesondere durch den Faktor Arbeit, ausgedrückt.

## 4.2 Die subjektive Wertlehre

Die subjektive Werttheorie bezieht sich auf ein wertendes Subjekt. Durch Einführung der subjektiven Wertfunktion könne es keinen „objektiven‟ Wert mehr geben, weil sie Schätzungen eines Menschen sind.[874] Wert wird den Gütern von den Menschen beigelegt, die Güter begehren und nachfragen. Der Begriff vom ökonomischen Wert kann also entweder die Lehre meinen, die den Wert der Güter aus objektiv-physischen Elementen entstanden denkt oder den Wert der Güter in subjektiv-psychischen Elementen begründet sieht. Wert existiert im zweiten Fall nur in der Beziehung zwischen Subjekt und Objekt. Es sind dabei die subjektiven, aber allgemeinmenschlichen Bedürfnisse, die einem Gut deshalb Wert verleihen, weil sie einem Subjekt eine Lebensfunktion sichern, einen Nutzen bieten oder nur für ihn eine Wertdimension darstellen.

## 4.3 Das Prinzip der marxistischen Wertlehre

Die marxistischen Wertlehre kennt nur Werthaftes, wenn menschliche Arbeit in ihm materialisiert ist. Die Tauschwerttheorie von Marx ist eine Arbeitsmengentheorie. Alle Tauschwerte besitzen etwas Gemeinsames, das nicht in deren Nützlichkeit oder Gebrauchswert liegt. Das einzige ihnen Gemeinsame sei die Eigenschaft der Waren, dass sie Arbeitsprodukte seien. Der Unterschied zur klassischen Schule besteht darin, dass der Beitrag des Arbeiters zum Ergebnis der Produktion den Wert der Arbeitskraft ausmacht, während er sich in der marxistischen Arbeitswerttheorie gemäß den Reproduktionskosten des Arbeiters ergibt.[875]

---

[874] Schumpeter, Joseph A.: *Geschichte der ökonomischen Analyse*, Göttingen 1965, S. 108

[875] Dietzel, Heinrich: *Vom Lehrwert der Wertlehre und vom Grundfehler der Marxschen Verteilungslehre*, Leipzig 1921, S. 11 f.

## 4.4 Tauschwert und Gebrauchswert

Der *Tauschwert* wird als jene Gütermenge verstanden, welche im Austausch durch Hingabe der Einheit eines anderen Gutes erworben wird. Dieser Wertbegriff beinhaltet beobachtbare quantitative reale Austauschverhältnisse. Inhaltlich fällt die Tauschwertlehre mit der Preistheorie zusammen.

Schon seit Aristoteles gibt es den Versuch, ein Maß zu finden, um den inneren oder natürlichen Wert der Güter zu bestimmen. Im Unterschied zum Tauschwert sucht man den inneren Grund, das Einheitliche, Beständige des Wertes.[876]

Der *Gebrauchswert* kann subjektiv oder objektiv verstanden werden: Subjektiv im Sinne der nutzenstiftenden Funktion, objektiv als Eignung für einen bestimmten Zweck (z. B. Heizungsvermögen eines Ofens). Im allgemeinen denkt man jedoch beim Gebrauchswert an den subjektiven Wert .

## 4.5 Objektiver und subjektiver Wert

Der objektive Wert ist die Fähigkeit eines Gutes, menschliche Bedürfnisse zu befriedigen. Wert als Gebrauchswert. Der objektive *Gebrauchswert* ist die Fähigkeit eines Gutes, dem Wohlstand oder der Bedürfnisbefriedigung der Menschen zu dienen. Der objektive *Ertragswert* ist die Fähigkeit eines Gutes, durch seine Verwendung in der Produktion einen Ertrag zu erzielen. Der objektive *Tauschwert* meint die Fähigkeit eines Gutes, sich im Tauschverkehr gegen andere Güter einzutauschen. Dieser Wertbegriff kann mit dem des Preises identifiziert werden. Der Preis kann als ein Reflex des Wertes gedeutet werden. Der Wert soll die Begründung des Preises geben.[877]

Aus dem Gegensatz von Gebrauchs- und Tauschwert entspringt die klassische Wertantinomie. Der Wert richtet sich nach dem Nutzen der letzten Teilquantität, dem sogenannten *Grenznutzen*. Je mehr Güter zur Verfügung stehen, um so geringer wird erstens seine Knappheit und zweitens der aus der Konsumption zu ziehende Nutzen. Der Wert eines Massenprodukts bestimmt sich immer aus dem Nutzen, den das letzte Stück auf dem Markt noch an Nutzen für Nachfrager erzielen kann. Dies ist das erste klassische Wertparadoxon der Grenznutzenschule von H. H. Gossen.[878]

---

[876] Myrdal, Karl Gunnar: *Das politische Element in der nationalökonomischen Doktrinbildung*, a.a.O., S. 53 f.

[877] Amonn, Alfred: *Objekt und Grundbegriff der theoretischen Nationalökonomie*, Wien 1911 (Neudruck 1996), 330 f.

[878] Rost, Bernard: *Die Wert- und Preistheorie mit Berücksichtigung ihrer dogmengeschichtlichen Entwicklung*, Leipzig 1908, S. 13 f. Der subjektive Gebrauchswert bezieht sich auf die Bedeutung eines Gutes zur Förderung der persönlichen Wohlfahrt. Der subjektive Ertragswert bezieht sich auf die Bedeutung eines Gutes, bei persönlicher Verwendung zu produktiven

Je größer die zur Verfügung stehende Menge Güter und je kleiner die Intensität der zu befriedigenden Bedürfnisse ist desto geringer ist der subjektive Wert. Gütern kommt also nur so lange *subjektiver* Wert zu, bis sie an die Bedarfsgrenze des betreffenden Subjekts stoßen. Die Begriffe des subjektiven Gebrauchs- und objektiven Tauschwertes sind fundamentale Größen. Die neoklassische Wertlehre hat den subjektiven Gebrauchswert zum Zentrum der Werterscheinungen überhaupt gemacht.

## 4.6 Die Nutzwertlehre

Vertreter dieser Lehre wollen den Nachweis erbringen, dass sich der Tauschwert durch den Gebrauchswert erklären lässt. Nach L. Walras werden Angebots- und Nachfragefunktionen durch subjektive Werte bestimmt.[879] Die veränderlichen Preise entsprechen dann den angebotenen und nachgefragten Mengen. Das Fundament für die Größe des Preises wird daher durch die Größe des Wertes belegt, die durch den Grenznutzen bestimmt wird.[880] Diese neoklassische Richtung definiert Wert- und Preisbildung, indem sie sie aus individuellen Wertschätzungen ableitet, was einer subjektiven Werttheorie entspricht. Die historische Entwicklung, die *substanzielle* Wertkonzeption (Wert als intrinsische Eigenschaft wirtschaftlicher Güter) zugunsten der *relationistischen* (Wert als Erscheinung der Subjekt-Objekt-Beziehung) aufzugeben, war langfristig.

Für eine Theorie der Verhältnismäßigkeit ist die Nutzwertlehre und die Grenznutzenschule insofern von Bedeutung als sie zwei Aspekte ethisch abwägen muss.
1. Sie muss als Ziel des Wirtschaftens eine Nutzenoptimierung aller (knappen) Werte im Sinne der menschlichen Bedürfnisbefriedigung versuchen.
2. Sie muss Nutzenoptimierung als Verteilungsoptimierung verstehen, die dem relationalen Würdebegriff wirtschaftsethisch genügt.

Gehen wir vor den Ausführungen zur Grenznutzenschule in die Geschichte und verfolgen ökonomisches bzw. werthaftes Denken. Es bereitet das Verständnis für das ökonomische Wesen des Grundsatzes der Verhältnismäßigkeit vor.

---

Zwecken einen Ertrag abzuwerfen. Der subjektive Tauschwert ist die Bedeutung, die persönlich einem Gut hinsichtlich seiner Fähigkeiten beigelegt werden, andere Güter gegen es einzutauschen.

[879] Walras, Léon: *Mathematische Theorie der Preisbestimmung der wirtschaftlichen Güter*, 4 Denkschriften, Stuttgart 1972

[880] Morgenstern, Oskar: *Die drei Grundtypen der Theorie des subjektiven Wertes*, in: Spiethoff, A. (Hg.): Probleme der Wertlehre, München 1931, S. 22 f.

## II Ansätze der Wertökonomie in der Antike

## 1 Äußerungen über den Wert von der homerischen bis zur platonischen Zeit

### 1.1 Der Gabentausch bei Homer

Zur Zeit Homers (8. Jh. v. Chr.) versteht man unter Tausch nicht den Warentausch, sondern den Gabentausch. Gaben sind Symbole sozialer Beziehungen und gleichzeitig Ausdruck von Reichtum. Charakteristika des Gabentausches sind Reziprozität und Äquivalenz .[881]

Obwohl der Wert wie der Tausch an Freundschaft, Ehre und Ruhm gebunden ist, finden sich Passagen in Homers Werk, wo der Wert einer Sache oder einer Person in Rindern oder Ochsen gemessen wird.[882]

Dass sich die Tauschrelation aufgrund gemessener Arbeitsquanten ergäbe, lässt sich - außer an einer Stelle, die auf eine solche Fassung hindeutet - in den Epen Homers nicht nachweisen.[883] Erst von Plutarch ist bezüglich der Solonischen Zeit eine Tauschrelation überliefert: 1 Wolf = 2 Drachmen = 1 Ochse und 1 Jung-Wolf = 1 Drachme = 1 Schaf.[884] Wert meinte zur homerisch-archaischen Zeit nur eine Funktionsbeziehung im Hinblick auf das Bewertete sowie im Hinblick auf Äquivalenz und Reziprozität.[885]

### 1.2 Vom Gabentausch zum Warentausch

Der Wechsel vom Gabentausch zum ökonomischen Warentausch, der Grund für den Übergang des Gabentausches - und damit der archaischen Gesellschaft wird in der *Pleonexie* der politischen Führer gesehen. Πλεονεξία meint ‚Mehr-haben-wollen‘, ‚Unersättlichkeit‘, ‚Habgier‘. Dies betont auch Platon, der in dem maßlosen Begehren nach Reichtum die größte Bedrohung menschlicher Gemeinschaft sieht.[886] Die Entstehung des Warentausches aus dem Gabentausch impliziert die Übernahme der Wertbildungsmotive des Gabentauschs in den

---

[881] Wieland, Josef: *Markt, Tausch, Preis und Ethik.* Gastvortrag gehalten an der Hochschule zu Gallen im Nov. 1988, Handgabe

[882] Homer: *Illias*, 6, 234-236

[883] Vgl. Homer: *Illias*, 20, 105-110

[884] Plutarch: *Solon*, in Plutarch: Große Griechen und Römer. Übers. v. K. Kiegler, München 1954, S. 23

[885] Vgl. Wieland, Josef: *Die Entdeckung der Ökonomie,* Bern 1989, S. 56

[886] Platon: *Gesetze*, 690d – 690e

Warentausch, zumindest für eine gewisse Zeit.[887] Das kommt zum Beispiel im griechischen Begriff für Preis ($\acute{\eta}$ $\tau \acute{\iota} \mu \acute{\eta}$) zum Ausdruck. $T \acute{\iota} \mu \acute{\eta}$ bezeichnete zu homerischen Zeiten auch Achtung, Würde und Ehre, die sich durch Gabe und Gegengabe ergibt. Beim Warentausch wird daraus der zu zahlende Preis.[888]

Von Epicharmos in der Mitte des 5. Jahrhunderts sind folgende Worte überliefert: „Mühe ist der Preis, um den uns die Götter alle Güter verkaufen."[889]

Der Gabentausch beruht auf einem subjektiven und personalen Wertbegriff, wie Herodot (ca. 490 - 420 v. Chr.) ihn als stummen Tauschakt zwischen den Karchedoniern (eine tyrische Gründung in Nordafrika) und einem libyschen Stamm aus dem siebten oder sechsten vorchristlichen Jahrhundert schildert.[890] Die Wertbildungsmotive des Gabentausches werden in den Warentausch übernommen. Denn die Gleichwertigkeit stellt sich aufgrund einer subjektiven *Angemessenheit* ein.

Hierin zeigt sich, dass der antike Wertbegriff nicht den Waren immanent vorgestellt wird, sondern dass die Wertbildung durch die wertsubjektivistische Einschätzung und Gebrauchsmöglichkeit des Besitzers entsteht. Der Wert eines Gegenstandes liegt in seinem Nutzen und im richtigen Gebrauch derselben. Objektive Faktoren, wie etwa die Arbeit, haben keinen Einfluss auf die Wertbestimmung. Der Wertbegriff ist personal und nicht funktional, d. h. ein Ding erhält seine Werthaftigkeit erst durch ein Individuum, welches auch nach ethischen Kriterien handelt.

> Subjektive Bestimmung des Werts heißt in der Antike gerade nicht die bloße Äußerung einer Präferenz, sondern diese ist eingebunden in ethische und sachliche Kompetenzansprüche, deren Einlösung dann aus einer Handlung ein Schöngutes werden lassen.[891]

Der Wert eines Gegenstandes liegt somit in der Fähigkeit seines Besitzers zum sittlich guten und sachgerechten Gebrauch. Geld wird wertlos, wenn es für Unsinn oder Unnützliches ausgegeben wird. Der neoklassische subjektive Nutzenbegriff würde die Verwendung von Unnützlichem dennoch als ökonomischen Prozess auffassen. Ein Gegenstand erhält seinen Wert somit erst durch seinen Besitzer. Er verfügt nicht über einen objektiven Wert.

Zum Thema der Warenzirkulation gibt des bei Heraklit nur ein Fragment: „Wechselweiser Umsatz des Alls gegen das Feuer und des Feuers gegen das All, sowie der Waren gegen Gold und des Goldes gegen Waren."[892]

---

[887] Vgl. Wieland, Josef: *Die Entdeckung der Ökonomie*, a.a.O., S. 224

[888] ebenda, S. 218 f.

[889] Diels, Hermann u. Walther Kranz: *Die Fragmente der Vorsokratiker*, Zürich 75, 23 B 36

[890] Herodot: *Geschichten und Geschichte*. Übers. von W. Marg, München 1973, IV, S. 196

[891] Wieland, Josef: *Die Entdeckung der Ökonomie*, a.a.O., S. 225

[892] Diels, Hermann u. Walther Kranz: *Die Fragmente der Vorsokratiker*, a.a.O., 22 B 90

Von Xenophon stammt das erste Werk, das ausschließlich ökonomische Gedanken beinhaltet. Sein Werk „Oikonomikos" setzt sich mit Geldfragen und dem Agrarwesen auseinander. Hierin kommt das subjektive Element zum Ausdruck. Xenophon besteht darauf, dass Besitz die Eigenschaft des Nützlichen aufweisen muss, was allerdings nicht bedeutet, dass die Nützlichkeit den Dingen inhärent ist, sondern vielmehr, dass dem Besitzer die Fähigkeit zum richtigen Gebrauch zu eigen sein muss.[893]

Xenophon beschäftigt sich mit dem Problem des Wertes auch in seinem Werk über die Staatseinkünfte. Er stellte fest, dass sich der Tauschwert je nach Angebot und Nachfrage verändert.

## 1.3 Wertbegriff und antike Ontologie

Die Frage, was ein Wert bedeutet, im ethischen wie im ökonomischen Sinn, war in der Antike unmittelbar mit der Frage nach dem Sein, dem Allgemeinen und dem Speziellen verbunden. Wenn es etwa eine ontologische Vorstellung eines Ewigseienden gab oder die eines Ewigvergehenden, fällt ein Wertbegriff absolut determiniert oder relativistisch aus. So betonte die Metaphysik der Pythagoreer ausschließlich das Gemeinsame, das allem Sein zugrunde liegt, vernachlässigen jedoch die Erklärung der individuellen Eigenart der Einzeldinge. Nicht nur die Frage, woraus die Dinge werden, sondern auch, was aus dem Urstoff wird, soll in die Betrachtung einfließen. Die Pythagoreer hoben zum ersten Mal die Form, die den Stoff gestaltet, hervor. Die ontologische Frage, was der Stoff der Dinge ist, überlagert die Frage nach dem Wert für ein Ding. Das Denkmuster, Sein und Wert zu trennen, war nicht ausgebildet, so wie es nicht selbstverständlich ist, von der Deskription zur Wertung (Axiologie), zur Semantik oder Deontologie zu kommen. Dieses Denken war mit den Fragen beschäftigt, was ist, wie sich das Gemeinsame zum Speziellen verhält, welche Ordnung es bildet oder abbildet etc.

Heraklit (um 540 - 480 v. Chr.) behauptete, das eigentlich Wirkliche sei der Wandel. Diese Veränderung, das Werden bestehe in einer fortwährenden Spannung zwischen Gegensätzen, die die Einheit des Ganzen bewirken: „Das widereinander Strebende zusammengehend; aus dem auseinander Gehenden die schönste Fügung."[894]

Der Hauptbegriff Parmenides' (um 520 - 450 v. Chr.) ist das „Seiende". Aus seinem Prinzip zieht er den Schluss, dass es kein eigentliches Werden und Vergehen geben kann. Was ihn schließlich zu der Unterscheidung kommen lässt, eine Welt der wahren Erkenntnis, in der es nur ein ewiges und überall gegen-

---

[893] Xenophon: *Oikonomikos,* übers von K. Fieyer, Marburg 1975

[894] Diels, Hermann u. Walther Kranz: *Die Fragmente der Vorsokratiker*, Zürich 1974, 28 B 8

wärtiges Sein gibt, und die Welt der *dóxa*, als die Welt des Scheins, anzunehmen.[895]

Ebenso leugneten Empedokles, Anaxagoras und die Atomisten die Möglichkeit von Entstehen und Vergehen. Platon spricht die parmenideischen Seinsprädikate den Ideen zu. Aristoteles verwendet sie für seinen Gottesbegriff. Die Atomisten gebrauchen sie für die letzten materiellen Bausteine der Wirklichkeit. Es kann hierin eine Linie von Parmenides zur den Naturwissenschaft und zum Materialismus der Neuzeit gesehen werden.

## 1.4  Das mechanistische Weltbild

Empedokles (492 - 432 v. Chr.) bildet den Übergang vom ontologischen Monismus zum Pluralismus. Er geht von vier unveränderlichen Urelementen aus: Erde, Wasser, Luft und Feuer. Als Grund für die Verbindung und Trennung der Stoffe gibt Empedokles die bewegenden Kräfte Liebe und Hass an. Er unterscheidet zwischen den an sich unbewegten Stoffen und der bewegenden geistigen Kraft. Die Lebewesen funktionieren nach streng kausal-mechanischen Regeln. „Der Gedanke an eine Zweckmäßigkeit belebter Körper wurde dabei ausgeklammert, vielmehr konturierte sich bei Empedokles zum ersten Male die Denkfigur, das Zweckvolle durch das Zwecklose [...] erklären zu wollen."[896] Das war eine deutliche Abkehr vom Hylozoismus. Wert und Zwecklosigkeit werden konfrontiert.

Die Atomistik Demokrits (um 460 - 370 v. Chr.) unterscheidet eine physikalische Unteilbarkeit: Darunter ist die Unmöglichkeit zu verstehen, auf mechanischem Wege einen Körper weiter zu teilen. Diese theoretische Unteilbarkeit führt zur zwingenden Forderung, dass die letzten Grundelemente der Dinge unteilbar sein müssten. Schließlich die mathematische Unteilbarkeit. Darunter wird das Postulat verstanden, dass auch mathematische Größen nicht ad infinitum geteilt werden können, sondern sich aus letzten unteilbaren Elementargrößen aufbauen. Er wollte die beobachtete Bewegung erklären; dafür brauchte er eine bewegte und eine bewegende Kraft. Das Atom sei notwendig bewegt: „Das sich bewegende Atom ist naturphilosophisches Prinzip."[897]

Werttheoretisch lassen sich Demokrits atomistische Aussagen nur dahingehend negativ kommentieren, als für ihn ein Wertschöpfungsprozess überhaupt nicht in seinen hylozoistischen Fragebereich gehörte. „Aus Nichts wird Nichts; nichts, was ist, kann vernichtet werden. Alle Veränderung ist nur Verbindung und Trennung von Teilen."[898] Zudem sind alle ethischen Fragen, selbst die mit

---

[895] ebenda

[896] Wuketits, Franz M.: *Zustand und Bewußtsein.* Leben als biophilosophische Sysnthese, Hamburg 1985, S. 77

[897] Löbl, Rudolf: *Demokrits Atomphysik*, Darmstadt 1987, S. 129

[898] Diels, Hermann u. Walther Kranz: *Die Fragmente der Vorsokratiker*, Zürich 1974, 68 A 39

absoluter Legitimationsfigur, zu denen auch die Wertfragen zählen, im Rahmen seines Materialismus unmöglich. Nichts geschieht zufällig, sondern, alles aus einem Grund und mit Notwendigkeit.[899] „Nichts existiert als die Atome und der leere Raum.“[900]

## 2 Platons Wertlehre

Platons Ideenlehre ist eine semantische Theorie ohne axiologische Auslegung. Sie versucht die Frage nach der Bedeutung genereller Termini zu beantworten. Die semantische Theorie führt zur seinstheoretischen Fragestellung. Ein absoluter und ein relativer Wertbegriff konnte für Platon nur durch die Idee zweier Welten möglich werden. Differenzierungselement des platonischen Denkens ist die Trennung ($\chi o \rho \iota \sigma \mu \acute{o} \varsigma$) zwischen der Welt der zeitlichen Dinge und der ewigen Welt überzeitlicher Ideen. Die Beziehung zwischen beiden Welten wird auf vierfache Weise erdacht: Erstens als Teilhabe ($\mu \acute{e} \theta \varepsilon \xi \iota \varsigma$) der sinnlichen Dinge an den Ideen, zweitens als Gegenwärtigkeit ($\pi \alpha \rho o \upsilon \varsigma \acute{\iota} \bar{\alpha}$) der Ideen in den Dingen; drittens als Vorbild ($\pi \alpha \rho \acute{\alpha} \delta \varepsilon \iota \gamma \mu \alpha$) zum Abbild, viertens als Nachahmung ($\mu \acute{\iota} \mu \eta \sigma \iota \varsigma$) der Ideen durch die Dinge.[901]

Der Wertbegriff bei Platon wird nur in den *Nomoi* durch ein eher wirtschaftsethisch zu nennendes Gesetz vertreten, nach welchem der Verkäufer nicht versuchen soll, einen höheren Preis zu fordern, als die Sache tatsächlich wert ist.[902] Trever gelangt aufgrund dieser Tatsache zur Ansicht, dass Platon die Arbeit oder die Produktionskosten als hauptsächliches Element der Wertbildung betrachtet.[903] Platon sieht den Wert nicht allein im nutzenstiftenden Gegenstand, sondern auch in der Knappheit der Güter einen wertbildenden Faktor.[904] Subjektive Wertungen als auch Knappheitsfaktoren hält er für wertbestimmend und lässt sich damit in die Reihe der Vorläufer der subjektiven Wertlehre einordnen.

## 3 Aristoteles' Chrematistik

Bei Platon liegt das Sein nicht im Individuellen, sondern im Allgemeinen. Aristoteles (384 - 322 v. Chr.) dagegen begreift den Ursinn des Seins von unten, vom Konkreten her. Alles in der Welt Erscheinende ist geformte Materie. Form und Materie führt Aristoteles ein, um das von Natur aus Seiende als Sichverän-

---

[899] ebenda

[900] ebenda, 68 B 9

[901] Jaspers, Karl: *Die großen Philosophen*, München 1988, Bd. 1, S. 271

[902] Platon: *Nomoi*, 921 b

[903] Trever, Albert A.: *A History of Greek Economic Thought*, Philadelphia 1978

[904] Platon: *Euthydemos*, 304b

derndes erklären zu können, ohne aus logischen Gründen zur eleatischen Verneinung der Veränderung oder zur heraklitischen Leugnung der Substantialität des Seienden zu gelangen.

Die Stoff-Form-Metaphysik wird als Hylemorphismus bezeichnet ($\H{υ}λη$: Stoff, Materie; $μορφή$: Gestalt, Form). Das Ganze ist hier immer früher als der Teil. Die Teile sind durch das Ganze, nicht das Ganze durch die Teile. Man könnte Aristoteles gerade als einen der ersten Systemtheoretiker bezeichnen, indem er kausalistisch differenziert.[905] Seine Lehre von den vier Gründen des Seienden unterscheidet causa materialis, causa formalis, causa efficiens und causa finalis. Die Wirklichkeit entsteht aus dem Zusammenwirken dieser vier Seinsfaktoren. Das dritte Prinzip der Seinserklärung ist das Bewegungsprinzip, die sogenannte Wirkursache. Er unterscheidet drei Arten der Bewegung: eine quantitative Bewegung, welche in der Zu- und Abnahme besteht, eine qualitative, die in der Umwandlung, und eine räumliche Bewegung, die in der Ortsbewegung besteht. Diese dynamischen Begriffe müssen als ideengeschichtliche Voraussetzung eines Wertbegriffs gesehen werden, der von der absoluten, seinshaften Vorstellung in eine relationale verwandelt wird.

Das Wesen des Werdens und jeder Bewegung liegt nun darin, dass dieses Mögliche nun wirklich wird. Werden wird somit erklärt durch den Begriff der *Verwirklichung*. Das vierte Prinzip der Seinserklärung ist der Zweck, die causa finalis. Die Wesenheit der Dinge ist immer ein Für-Etwas-Geworden-Sein. „Denn das Werk ist Zweck, die Wirklichkeit aber ist das Werk. Daher ist auch der Name Wirklichkeit von Werk abgeleitet und zielt hin auf Vollendung."[906] So kann Aristoteles das Wesen eines Seienden als Entelechie bezeichnen, etwas, das ein Ziel in sich hat. Leibniz gebraucht später den Ausdruck bei der Beschreibung der Monaden in ähnlichem Sinne; sie sind substantielle Formen, „erste Entelechien".[907]

Die aristotelische Teleologie erhält daher ihren Sinn aus der Existenz überempirischer Wesensbegriffe, obwohl die Wesenheiten - im Unterschied zur platonischen Ideenphilosophie - an die Seinsvorstellung gebunden sind, die aus einer untrennbaren Einheit von Existenz und Essenz besteht. Eine Ausnahme existiert für Aristoteles: Gott als der Inbegriff des schöpferischen Geistes, dem unbewegten Beweger.[908]

---

[905] Vgl. Engels, Eve-Marie: *Die Teleologie des Lebendigen,* Kritische Überlegungen zur Neuformulierung des Teleologieproblems in der angloamerikanischen Wissenschaftstheorie. Eine historisch-systematische Untersuchung, Berlin 1982, S. 71 f.

[906] Aristoteles: *Metaphysik*, IX 8

[907] Vgl. Mittelstrass, Jürgen: *Die Möglichkeit von Wissenschaft,* Frankfurt/M. 1974

[908] Aristoteles: *Metaphysik*, XII 7

## 3.1 Aristoteles' ökonomischer Wert- und Gerechtigkeitsbegriff

Keiner ist je tiefer in die materielle Organisation des menschlichen Seins eingedrungen. Im Effekt stellte Aristoteles umfassend die Frage nach dem Stellenwert der Ökonomie in der Gesellschaft.[909]

Die aristotelische Analyse des ökonomischen Wertes austauschbarer Güter wird zur Auffassung eines ethisches Problems. Der Austausch von Gütern, verstanden als die materielle Ausprägung menschlicher Beziehungen, existiert nur solange, wie der Austausch von Äquivalenten gewährleistet ist, denn „wäre das nicht möglich, so gäbe es weder Tausch noch Gemeinschaft."[910]

Aristoteles diskutiert das Problem des gerechten Austauschs unter dem umfassenderen Thema der Gerechtigkeit. Es gibt verschiedene Arten von Gerechtigkeit. Er unterscheidet zwei Arten: Das Streben nach Tugend und das nach Ehre, Geld oder Selbsterhaltung. Es entstehen für Aristoteles zwei Formen der „besonderen" Gerechtigkeit: die *verteilende* und die *regelnde* Gerechtigkeit. Um verteilende Gerechtigkeit handelt es sich dann, wenn Geld oder Güter in der Gemeinschaft verteilt werden sollen. Dabei werden Gerechtigkeit und Gleichheit als identisch betrachtet, Gleichheit verstanden hier als geometrische Proportion. Für Aristoteles wäre es somit ungerecht, die Verteilung gleicher Anteile unter ungleiche Personen oder ungleiche Anteile unter gleiche Personen vorzunehmen. „Sind diese [die Menschen] nicht gleich, so werden sie auch nicht Gleiches erhalten."[911]

Der verteilenden Gerechtigkeit unterliegt das Prinzip des Ausgleichs mit dem Wert der Person.[912] Die regelnde Gerechtigkeit folgt dem Muster der arithmetischen Proportionalität, die an folgender Gleichung verdeutlicht werden soll: 10 - 6 = 6 - 2. Die Gleichheit in solchen Proportionen ergibt sich aus der Tatsache, dass die Summe der mittleren Terme gleich ist der Summe der äußeren Terme : 10 + 2 = 6 + 6.

Die ausgleichende oder korrektive Gerechtigkeit befasst sich dagegen mit dem Auffinden der Mitte zwischen den Extremen, denn die „Mitte" stellt das ausgleichende „Gerechte" dar. „Das Gleiche ist also die Mitte zwischen dem zu Großen und dem zu Kleinen nach der arithmetischen Proportion."[913] Der wesentliche Unterschied zwischen den zwei Formen von Gerechtigkeiten ist nicht nur der Unterschied geometrischer und arithmetischer Proportion. In ihm kommt die ethische Antithese von „Natur" und „Konvention" zum Ausdruck. Die verteilende Gerechtigkeit stellt dabei das „natürliche Recht" dar, welches das Qualitative (die Würde und den Verdienst einer Person) mit berücksichtigt,

---

[909] Polanyi, Karl: *Ökonomie und Gesellschaft,* Frankfurt/M. 1979, S. 150

[910] Aristoteles: *Nikomachische Ethik*, übers. v. O. Gigon, München 1986

[911] ebenda, 1131 a 20 f.

[912] Soudek, Josef: *Aristoteles Theory of Exchange*, in: Proceedings of the American Philosophical Society, 1952, Band 96, 45-76

[913] Aristoteles: *Nikomachische Ethik,* 1132 a 25 f.

im Gegensatz zur regelnden Gerechtigkeit, die nur auf das Quantitative abstellt (nur der Schaden, nicht die Person ist relevant) und auf Gesetzen der Gesellschaft und Abmachungen zwischen den Völkern beruht.[914]

Über den Begriff der Gerechtigkeit versucht Aristoteles das *Verhältnismäßige* im Tauschverkehr zu bestimmen. Das Verhältnismäßige beim Tauschverkehr bestimmt sich weder ausschließlich nach der geometrischen noch nach der arithmetischen Proportion. Worin besteht nun aber die Verhältnismäßigkeit beim Tauschverkehr? Soudek wie auch Schumpeter sprechen von einer dritten Form von Gerechtigkeit: von der sogenannten *kommutativen* Gerechtigkeit, die nach dem Prinzip der Reziprozität funktioniert.[915] Aristoteles schreibt: „in der Gemeinschaft des Austausches [...] umfasst das entsprechende Gerechte die Wiedervergeltung, und zwar nach Proportionalität und nicht nach der Gleichheit. Denn durch die proportionale Vergeltung bleibt der Zusammenhang des Staates gewahrt."[916] D. h. dass unterschiedliche Gegenstandsquanten auch ungleiche Personen voraussetzen.

Es ist Archytas von Tarent, dem zuerst die „Theorie der Proportionen" (die geometrische, arithmetische und harmonische) zugeschrieben wird, obwohl sie wahrscheinlich schon von Pythagoras stammen könnte. Die kommutative Gerechtigkeit drückt sich arithmetisch so aus: 12 - 8 : 8 - 6 = 12 : 6. Oder: A - B / B - C = A / C, wobei B die „harmonische"' Mitte darstellt. Diese „taxonomische Proportionalität" bildet die Grundlage für die aristotelische „reziproke Proportionalität", die als Regel den gerechten Austausch von Waren gewährleisten soll. Insofern kann Aristoteles betonen, dass nur so „jeder das Seinige" erlangt und dabei die Gerechtigkeit vorherrscht.

Aristoteles kombiniert diese proportionale Gerechtigkeit, die nur relational operiert, dennoch mit absoluten Reichtumsgrenzen, die sich aus der proportionalen Verhältnismäßigkeit ergeben. Es müsse ein wirtschaftliches Handeln geben, welches sich auf die Ergänzung und Vervollständigung der natürlichen Selbstgenügsamkeit bezieht, als ein Teil der Haushaltskunst oder Ökonomik. Der naturwidrige Handel (in Abgrenzung zum Tauschhandel) oder die sogenannte Chrematistik, die sich vor allem auf die Geldwirtschaft und Handelsgeschäfte bezieht und allein auf Umsatz und Gewinnmaximierung ausgerichtet ist, wird von Aristoteles verurteilt und für den Bestand der politischen und sittlichen Gemeinschaft als gefährlich betrachtet. „Sie ist schuld daran, dass man meint, es gebe für Reichtum und Besitz keinerlei Grenze."[917]

---

[914] Soudek, Josef: *Aristoteles*, a.a.O., S. 52

[915] ebenda, S. 49; vgl. auch Schumpeter, Joseph A.: *Geschichte der ökonomischen Analyse*, a.a.O., S. 100 f.

[916] Aristoteles: *Nikomachische Ethik*, 1132 b 30 f.

[917] Aristoteles: *Politik,* 1, 257 a

## 3.2 Aristoteles wertsubjektiver Ansatz

Der Gebrauchswert einer Sache entsteht, wenn sie einen Beitrag zum persönlichen Wohlbefinden liefert. Hierzu eine Stelle aus der aristotelischen Topik: „So verhält sich lustbringend zur Lust, wie nützlich zur Güte. Beides bewirkt beides. Wenn also die Lust wesenhaft gut ist, wird auch das Lustbringende wesenhaft nützlich sein. Denn es muss offenbar, da die Lust gut ist, Gutes bewirken."[918]

Wert wird also subjektrelational definiert. „Der Nutzen bleibt aber nicht, sondern ist bald dieser, bald jener."[919] Das heisst, dass ein und derselbe Gegenstand und ein und dieselbe Menge von Gütern für verschiedene Personen unterschiedliche Werte haben. Für Aristoteles gilt, dass der Gebrauchswert zu sinken beginnt, sobald die Menge eines Gutes zunimmt. „Die äußeren Güter nämlich haben als eine Art Werkzeug ein Maß, und alles was nur zum Gebrauche dient, zählt unter die Dinge, deren Übermaß ihrem Herrn entweder schaden muss oder doch keinen Vorteil bringen kann."[920] Die Nachfrage wird von Aristoteles als eine Funktion des Gebrauchswertes angesehen. „Ferner wird höher geachtet, was zu vielen Dingen nützlich ist [...]".[921] Eine Analyse der Bedürfnisbefriedigung und des Preisbildungsprozesses ist bei Aristoteles nicht zu finden. Für die Wertbildung ist das Phänomen der Seltenheit zuständig. „Ferner hält man höher, was seltener ist als das, was im Überfluss vorhanden ist, wie z.B. Gold gegenüber Eisen, obwohl es unbrauchbarer ist".[922]

Dieser wertsubjektive Ansatz kehrte dann später in den Schriften der Scholastiker wieder und bildete einen Bestandteil der marginalen Nutzentheorie der österreichischen Ökonomen des 19. Jahrhunderts. Für O. Kraus gilt, dass der griechische Philosoph weiter gegangen ist als moderne Vertreter der Grenznutzentheorie.[923]

## 3.3 Aristoteles' wertobjektiver Ansatz

Aristoteles kann somit als der eigentliche Begründer der beiden großen Traditionen der ökonomischen Werttheorie gesehen werden. Einer der bedeutendsten unter den frühen Kommentatoren, welcher Aristoteles Elemente einer Arbeitskostentheorie zuschreibt, ist der Schüler von Albertus Magnus, Thomas von Aquin. Aristoteles sehe den Austausch von Gütern in einem solchen Ver-

---

[918] Aristoteles: *Topik,* 124 a

[919] Aristoteles: *Nikomaische Ethik,* 1156 a, 20 ff.

[920] Aristoteles: *Politik,* 1323 b

[921] Aristoteles: *Rhetorik,* 1365 b 38

[922] ebenda, 1364 a 14 f.

[923] Kraus, Oscar: *Die Aristotelische Wertheorie,* in: Zeitschrift für die gesamte Staatswissenschaft, Heft 1, 1905, S. 573-592

hältnis, dass die aufgewendeten Arbeitszeiten und Fähigkeiten ausgeglichen werden. In der aristotelischen Darstellung des Wertproblems lassen sich also zwei wertbestimmende Faktoren nachweisen, was gleichbedeutend heisst, dass sowohl der „Nutzen-" als auch der „Kostengedanke" theoretisch berücksichtigt wird.

> Die Frage besteht, ob man die Gegenleistung nach dem Nutzen, den die Leistung für den Empfänger hatte, bemessen soll, oder nach der Leistung, die es für den Gebenden war.[924]

Marx hatte schon festgestellt, dass die aristotelische Analyse am Mangel des Wertbegriffs gescheitert ist, da er das in den ausgetauschten Waren enthaltene gemeinsame Dritte, was sie kommensurabel mache, nicht in der menschlichen Arbeit gesehen habe.

> Das Geheimnis des Wertausdrucks, die Gleichheit und gleiche Gültigkeit aller Arbeiten [...] kann nur entziffert werden, sobald der Begriff der menschlichen Gleichheit bereits die Festigkeit eines Volksvorurteils besitzt. Das Genie des Aristoteles glänzt gerade darin, dass er im Wertausdruck der Waren ein Gleichheitsverhältnis entdeckt. Nur die historische Schranke der Gesellschaft, worin er lebte, verhindert ihn herauszufinden, worin denn ‚in Wahrheit' dies Gleichheitsverhältnis besteht.[925]

Und tatsächlich wird die Frage, wie der Bedarf zwischen den Tauschpartnern und ihren Arbeitsfähigkeiten ausgeglichen wird, nicht beantwortet. Die wertsubjektive und die wertobjektive Korrelation zwischen Nutzen und Lohnkosten wird nicht geklärt. Dadurch musste auch jede Marktpreisbildungstheorie entfallen. Der Wert der Arbeit und der Arbeitskraft wird nicht bestimmt. Die Korrelation zwischen Wert der Arbeitskraft und sozialer Würde kann bei Aristoteles nicht unmittelbar gezogen werden, obwohl sich Würde an kapitalen Besitz und soziale Rolle band. Deutlich wird aber bei ihm die wirtschaftsethische Frage nach der Proportionalität innerhalb der Gerechtigkeitstheorie angesprochen.

## 4 Die Stoa

Einen Wandel in der Auffassung der sozialen Würde vollzieht die Stoa. Sie pointiert wie der Hedonismus individualethische Positionen. Durch sie wird der Grundbegriff der Hellenisten, die *Eudämonie*, die Glückseligkeit mit der Gemütsruhe, der $\grave{\alpha}\tau\bar{\alpha}\rho\alpha\xi\acute{\iota}\alpha$, verbunden wird.[926]

---

[924] Aristoteles: *Nikomachische Ethik*, 1163 a 10 f.

[925] Marx, Karl: *Das Kapital*, Bd. 1, a.a.O., S. 74

[926] Seneca, Lucius Annaeus: *Vom glücklichen Leben*, in: Seneca, Lucius A.: *Philosophische Schriften*, hg. von Otto Apelt, Hamburg 1993, S. 58

Die stoische Tugendlehre tendiert zur Verwirklichung der Apathie, zur Leidenschaftslosigkeit. „Gleich sein der Klippe, an der sich pausenlos die Wellen brechen. Sie aber steht fest, und um sie herum beruhigt mich die Brandung."[927]

Die Eudämonie wird im Hellenismus negativ definiert: Glück wird als Freisein von Leid und in der Freiheit von innerer Erregung gesehen: „Glück und Seligkeit hängen nicht ab von großen Reichtümern, von einer glanzvollen Stellung, von Ämtern und Machtpositionen, sondern vom Freisein von Leid, Mäßigung der Leidenschaften und einer Seelenverfassung, die die von der Natur gegebenen Grenzen zu bestimmen versteht."[928]

Dieser Zustand wird bei den Epikureern mit Ataraxia ($\dot{\alpha}\tau\alpha\rho\alpha\xi\dot{\iota}\alpha$) bei den Stoikern mit Apathie ($\dot{\alpha}\pi\dot{\alpha}\theta\epsilon\iota\alpha$) bezeichnet. Gemeint ist in beiden Fällen die Abwesenheit von Affekten wie z. B. Aggression, Begierde, Zorn oder Habgier. Der epikureische Hedonismus vertritt eine individualethische Position, die negativ über die Abwesenheit von Unlust und Schmerz zu einem positiven Lebensgefühl der Freude kommen will.

„Von den Begierden sind die einen naturbedingt und notwendig, andere naturbedingt und doch nicht notwendig, und wieder andere sind weder naturbedingt noch notwendig, sondern einfach leerem Wahn entsprungen."[929]

Der deutliche Unterschied zur technokratischen Neuzeit besteht in der Beherrschung der Innenwelt, während seit der Entstehung der Naturwissenschaften die Analyse, Beherrschung und Instrumentalisierung der Außenwelt unternommen wird. Ziel ist eine Bedürfnisreduktion. Die Entdeckung des emotiven und affektiven Individuums seit dem 4. Jahrhundert v. Chr. löst in der Stoa die politische oder ökonomische Position zugunsten einer individual- oder gesinnungsethischen ab. Erstes Problem der Stoiker ist die ethische Prinzipienfrage, worin das sittlich Gute bestehe. Ethisch und naturgemäß leben halten die Stoiker für identisch. Außerdem findet ein Pradigmenwechsel vom kontemplativ-theoretischen Platonismus zur praktischen Tugendlehre statt. Der Stoiker ist ein Willensmensch des vita actica, während der Epikureer dem Grundsatz folgt: „Lebe im Verborgenen".[930]

## 5 Die Idee vom *justum pretium* in der Scholastik

Immer wenn es um die Frage nach Art der sozialen Würde geht, spielt die Vergleichbarkeit der Werte eine Rolle. Der soziale menschliche Wert, der Wert seiner Arbeit, der Wert der Arbeitsprodukte, der Wert oder Grad seiner Würde

---

[927] Marc Aurel: *Wege zu sich selbst*. Übers. von R. Nickel, München 1990, Kap. IV, S. 49

[928] Jürss, Fritz (Hg.): *Griechische Atomisten*, übers v. W. Jürss, in: Das Europäische Buch, Berlin 1984

[929] Epikur: *Philosophie der Freude*, übers. von J. Mewaldt, Stuttgart 1973

[930] Jürss, Fritz u. a. (Hg.): Griechische Atomisten. Texte und Kommentare zum materialistischen Denken der Antike, Berlin 1984, S. 316

hängen eng voneinander ab. Kernproblem sowohl der Sozialethik als auch der Wirtschaftsethik ist die Vergleichbarkeit der Güter, Leistungen, Aufgaben, Risiken, insgesamt der Modus, wie Wert*maßstäbe* entwickelt werden können. Dabei kann unter dem Begriff Wertmaßstab ein absoluter Begriff gemeint sein, der als Ableitungsinstanz dient und selbst ein Konstrukt, eine Thesis oder Annahme ist. Oder aber man versteht unter Wertmaßstab die Art der Vergleichbarkeit verschiedener Güter und schafft damit einen relationalen Begriff, der die Wertgenese nicht derivativ, also absolut-ableitend, sondern reziprok versteht, als wechselseitigen Vorgang. Wir nennen diese zweite Art der Wertschöpfung die relationale Wertgenese im Gegensatz zur absoluten.

Kennzeichen der scholastischen Philosophie ist ihre Methode der *lectio* und der *disputatio*. So entstehen aus der *lectio* die Kommentare, besonders zu Aristoteles. Aus ihnen gehen die Summen hervor, die sich mehr und mehr vom Text befreien und zu einem zusammenfassenden System der Welterkenntnis werden. Aus der Disputatio entsteht die Quaestionenliteratur.

Die augustinisch-platonische Tradition der Franziskaner, als erklärte Anhänger Augustinus', vertraten Lehren, die sie von den Dominikanern und den Aristotelikern scharf trennen. Es sind dies die Lehren von der Vorherrschaft des Willens vor dem Intellekt, von der relativen Selbständigkeit der Seele gegenüber dem Leib, von der Existenz einer ‚geistigen' Erleuchtung, durch welche von Gott her die Wahrheit dem Geist eingestrahlt wird (Illuminationstheorie).

Mit der nominalistischen Denkweise hat sich geistesgeschichtlich eine neue Differenzierung ergeben: Sein im Bewusstsein und Sein außerhalb des Bewusstseins, Subjekt und Objekt sind getrennt. Die Subjekt-Objekt-Spaltung beginnt. Der menschlichen Erfassung als Subjekt steht eine Erfassung der Welt als Objekt gegenüber.[931] Dilthey sieht in der Zeit vom beginnenden 14. Jahrhundert bis ins 17. Jahrhundert einen Vollzug der Interessenverschiebung: „Aus der Jenseitigkeit in das Diesseits der Selbsterkenntnis, der Erfassung des Menschen, des Studiums der Natur, der Anerkennung des selbständigen Wertes der Wirklichkeit, des Wertes der Arbeit [...]".[932] Diese Verschiebung der Interessen geht einher mit drei großen Bewegungen dieser Jahrhunderte: Erstens mit der Ausbildung des Städtewesens und der nationalen Staaten; zweitens mit der Ausbildung der europäischen Kunst und Dichtung; drittens mit der Bewegung innerhalb der christlichen Religion und Kirche.

---

[931] Vgl. Gebser, Jean: *Ursprung und Gegenwart*. Schaffhausen 1978, Bd. 2, S. 38 f.

[932] Dilthey, Wilhelm: *Weltanschauung und Analyse des Menschen seit der Renaissance und Reformation*, Stuttgart 1957, S. 322

## 5.1 Das Postulat des *justum pretium*

Die Vergleichbarkeit der Werte unterschiedlicher wirtschaftlicher Güter kann nur aufgrund eines *tertium comparationis* oder eines gemeinsamen Etwas vollzogen werden. Aristoteles lehnte es noch ausdrücklich ab - im Gegensatz zur objektiven Werttheorie der Moderne und der bei Marx - dieses gemeinschaftliche Etwas in den Gütern selbst zu finden, d. h. für ihn bestand die Tauschgerechtigkeit nicht in der Wiedervergeltung von Arbeit und Kosten. Er spricht sogar davon, dass es in Wirklichkeit für so verschiedene Dinge kein gemeinschaftliches Maß geben könne, obwohl sich alle Gegenstände des Austausches vergleichen lassen müssten. Der einzige Maßstab könne nur der Bedürfnisbegriff sein.[933]

Der Preis soll den gerechten Ausgleich der Leistungen innerhalb der Wirtschaftsordnung gewährleisten. Er soll jedoch nicht nur „gerecht" in bezug auf die tauschenden Individuen sein, sondern „gerecht" im sozialethischen Sinne, ausgerichtet auf die Ziele des Ganzen. Der Preis muss sich innerhalb der gesamten wirtschaftlichen Ziele rechtfertigen lassen. Diese Ziele unterliegen im Gegensatz zur Forderung nach der Gerechtigkeit des Austausches im Laufe der Jahrhunderte grundlegenden Änderungen. Bei der Festsetzung des gerechten Preises müssen also zwei unterschiedliche Komponenten berücksichtigt werden: die sozialethisch-gesamtwirtschaftliche und die individualethische Seite. Der Preis kann nur dann ein *justum pretium* sein, wenn er die Faktoren Arbeit und Kosten berücksichtigt und ihnen entspricht. Dieser Gedanke macht deutlich, dass das *justum pretium* weniger ein ethisches Postulat als vielmehr eine ökonomische Grenze und somit Voraussetzung für die Existenz der auf Arbeitsteilung und Tausch beruhenden Gesellschaft darstellt.

## 6 Der Tausch bei Albertus Magnus

Wenn menschliche Wertverhältnisse sich interaktiv durch Handel und Handeln einstellen, dann kann durch einen gerechten Tausch von Werten, Arbeitsmühen, Leistungen und Gütern auch eine soziales Wertungsverhältnis entstehen, das der Idee einer sozialen, weil relationalen Würde entspricht.

Nach Albertus muss beim Tausch Gerechtigkeit herrschen, sowohl im Sinne der *justitia commutativa* als auch des *justum contrapassum*. Die *justitia commutativa* befindet sich in der Mitte von Gewinn und Verlust, wobei die Mitte bestimmt ist durch das Prinzip der Wertgleichheit. D.h. es darf im Tausch auf

---

[933] Aristoteles: *Nikomachische Ethik*, 1133 a 19 f.

keiner Seite Gewinn oder Verlust entstehen, die Gerechtigkeit erfordert eine *aequitatem rei ad rem*.[934]

Die Gleichheit, aus der die *justitia commutativa* besteht, ist ein *medium inter maius et minus*, das bedeutet, dass dem Tausch eine arithmetische Proportion zugrunde liegt. Wie schon bei Aristoteles aufgezeigt, verfährt sie nach dem Muster: x - y = y - z . Von Wertgleichheit wird dann gesprochen, wenn sowohl auf Seiten des Käufers wie Verkäufers Gleichheit von Arbeit und Kosten herrscht.[935]

„Ein Tausch [...] vollzieht sich nur nach Gleichheit der Proportion. Es müssen also von einander verschiedene Dinge gleich gemacht werden unter Zugrundelegung der Proportion. Das ist aber in allen Handwerken so.“[936]

Der Begriff des Gerechten als einer Wiedervergeltung scheint sich vom eben Gesagten nicht allzusehr zu unterscheiden. Doch ist der Begriff des *contrapassum* etwas umfassender, denn nicht bei jedem Tausch wird nach Wertgleichheit vergolten. Eine Wiedervergeltung fordert jedoch einen Tausch nach Wertgleichheit *ad rei paritatem*. Da ganz verschiedene Dinge einander gleichgesetzt werden müssen, erfordert die Wiedervergeltung eine Proportion, eine *aequalitas proportionis*.

Die Literatur ist nicht eindeutig, ob Albertus damit versucht hat, eine Erklärung für eine Arbeitsmengentheorie zu geben. Eine Arbeitsstunde könnte dabei als vergleichende Einheit genommen werden, was andererseits jedoch noch keine Werttheorie der Arbeitsmenge impliziert, solange es für diese Einheiten nicht möglich ist, gleiche Produktwerte hervorzubringen. (Etwa eine Stunde Brotbacken verrechnen gegen ein Stunde Steine aufschichten.) Denn das würde bedeuten, dass die Nachfrage den Wert der Arbeit bestimmt, statt die Arbeit den Wert des Produkts.

Als Aristoteles die Ursache für den Tausch zwischen Baumeistern, Schustern und anderen Gewerben suchte, benutzte er den Ausdruck *chreia*, d. h. das Bedürfnis, welches die Einzelnen für die anderen Produkte empfanden. Ebenso legt Albertus das Bedürfnis als Nachfragefaktor zugrunde, indem ein Tausch „unter Zugrundelegung einer Proportion des Wertes der einen Sache zum Werte der anderen“[937] erfolgt. Die Proportionsfindung findet in Beziehung auf das Bedürfnis statt, das der Grund des Tausches ist.[938]

Das Bedürfnis kennt bei Albertus aber noch eine andere Funktion. Es bildet die Einheit, nach welcher alle Gegenstände des Austausches gemessen werden.

---

[934] Vgl. Langholm, Odd: *Scholastic Economics*, in: Lowry, S. T. (Hg.): Pre-Classical Economic Thought, Boston 1987, 14 f.

[935] Vgl. Diehl, Karl u. Paul Mombert (Hg.): *Ausgewählte Lesestücke zum Studium der politischen Ökonomie*, Karlsruhe 1912

[936] Albertus Magnus: *Ethica*, zit. nach Diehl/Mombert, a.a.O., Bd. 4, S. 34 f.

[937] ebenda, S. 32

[938] ebenda

Es bleibt also für ihn ein Dualismus übrig für die Bestimmung des Tauschwertes. Auf der einen Seite will er Wert durch die objektiven Faktoren Arbeit und Kosten bestimmen, andererseits bindet er das subjektive Moment der Bedürfnisse an die objektiven Komponenten. Damit lässt er Wertsubjektivismus und –Objektivismus unvermittelt.

## 7  Die Wertlehre bei Thomas von Aquin

Die Wertlehren dieser Zeit sind nicht analytisch, sondern normativ angelegt. Sie gehen von der Suche nach einem Prinzip der Gerechtigkeit aus. Gesucht werden nicht wirtschaftliche Gesetzmäßigkeiten, sondern Verhaltensnormen. Für die Entwicklung der Wirtschaftslehre Thomas von Aquins erweist sich die Wirtschaftsethik Augustins als bedeutend, die dieser in seinem Werk *De civitate Dei* entwickelt hatte. Die Bestimmung des *justum pretium* und besonders seiner Maßfindung wird von Augustin nicht weiter verfolgt. Der thomistische Wertbegriff dagegen bemisst aufgrund der ökonomischen Konstellation des Mittelalters den Faktor ‚Arbeit' eine andere Bedeutung zu als noch Aristoteles. Im Gegensatz zur Antike, wo die Arbeit aufgrund der Sklavenhaltergesellschaft keine kommensurable Größe war, begreift die Lehre der Kirchenväter die Arbeit als ethisch wertbezogen. Zur Zeit des Aquinaten tritt allerdings neben der ständischen Zunftwirtschaft kapitalistisches Gedankengut. Beide ‚Wirtschaftssysteme' dieser Übergangszeit spiegeln auch in den ökonomischen Theorien Thomas'. Seine Wertlehre fußt noch auf der statischen Wirtschaft der Zünfte, obwohl sich schon Elemente einer neuen Wirtschaftsauffassung bemerkbar machen.[939] „Dieses Modell einer nicht-expansiven Wirtschaft ist als Nullsummenspiel zu denken, in welchem der Gewinn des einen erkauft wird durch den Verlust des andern.[...]"[940]

Im Neuplatonismus gab es noch abstrakte zeitlose Wesenheiten. Die Scholastiker sind eher aristotelisch orientiert und verlagern die Perspektive auf das konkrete Sein und Werden. Wesenheiten - damit auch die Frage nach Werten - sind an die Einheit von *existentia* und *essentia* gebunden.[941]

Aristoteles benutzte die Begriffe Substanz und Wesen als Synonyme.[942] Der aristotelische Substanzbegriff diente dem scholastischen Ansätze als Grundlage zur Lösung ökonomischer Probleme. Die thomistische „Ökonomie" wurde zudem durch die Unterscheidung bestimmt, welche Aristoteles zwischen dem na-

---

[939] Vgl. Kaulla, Rudolf: *Staat, Stände und der gerechte Preis*, Basel 1951

[940] Waibl, Elmar: *Ökonomie und Ethik*, Stuttgart 1984, S. 45

[941] Vgl. Sandvoss, Ernst R.: *Geschichte der Philosophie*, München 1989, S. 320 f.

[942] Akzidens meinte den qualitativen Gegenpol des Seienden.

türlichen Recht und dem auf menschlicher Satzung beruhenden (positiven) Recht getroffen hatte.[943]

Aristoteles unterschied natürliche Erwerbsarbeiten wie Jagen, Fischen, Ackerbau von den „chrematistischen" Formen. Die aristotelischen Scholastiker sprechen dem Geld keinen eigenen inneren Wert (*valor intrinsecus*) zu, sondern nur einen durch menschliche Konvention bestimmten Wert (*valor impositus*) und betrachten Geldtransaktionen als rechtliche Akte, die dem Grundsatz der kommutativen Gerechtigkeit unterliegen. Dieser Grundsatz garantiert die Gleichwertigkeit der Tauschgüter (*aequalitas rei ad rem*) und verlangt, dass der intrinsische Wert der Güter in deren Preisen repräsentiert wird.[944]

Eben weil die Scholastiker in abstrakten Entitäten denken, wird der Wert der Güter nach der inneren Güte bestimmt, der *bonitas intrinseca*. Auch Augustinus sah den letzten Grund der Wertbildung im Bedürfnis. Dennoch spielt neben dem Tauschwert und dem Gebrauchswert einer Sache ein *valor naturalia* eine Bedeutung, der in der marktwirtschaftliche Ökonomie verschwinden wird, wie die Massenvernichtung von Gütern zur Preisstabilisierung zeigt.


## 7.1 Contrapassum und Restitutio

Nach Thomas besteht das Prinzip des Tausches in der Wiedervergeltung von Leistung und Gegenleistung. Es gibt zwei grundsätzlich verschiedene Formen der Wiedervergeltung: *contrapassum* und *restitutio*. Mit *contrapassum* mein Thomas die exakte, gleichwertige Gegenleistung für eine angebotene Sache.[945] Der Begriff der Wiedervergeltung erfordert also eine *aequalitas actionis et passionis*. Actio und passio sind die beiden Tauschakte, wobei mit actio der Verkauf und unter passio der Kauf gemeint wird. Mit *restitutio* sind alle Arten von Wiedererstattung gemeint. Sie beschränkt sich auf die Fälle, wo eine Sache gegen dieselbe Sache wiedererstattet bzw. zurückgegeben wird. Der Tausch qualitativ verschiedener Dinge ist ausgeschlossen.[946] Zwischen der wiederzuerstattenden und der geleisteten Sache muss eindeutig Gleichheit bestehen. „Nomen restitutionis, inquantum importat iterationem quamdam, supponit rei identitatem."[947]

Dieses Äquivalenzprinzip aus Leistung und Gegenleistung muss im Tausch durch ein proportionales Verhältnis gewährleistet werden. Der Tausch besteht also in der Gleichheit von *actio* und *passio*.

---

[943] Schumpeter, Joseph A.: *Geschichte der Ökonomischen Analyse*, Göttingen 1965

[944] Schreiber, Edmund: *Die volkswirtschaftlichen Anschauungen der Scholastik seit Thomas von Aquin*, Jena 1913, S. 43 f.

[945] Thomas von Aquin: *Summa*, II 2, qu. 61, art. 4

[946] ebenda, II 2, qu. 62, art. 1

[947] ebenda

Die Gerechtigkeit innerhalb des Wirtschaftslebens zu gestalten, bedeutet nach Thomas, die horizontalen und vertikalen Beziehungen zu erkennen. Es muss sowohl die Pflicht des Einzelnen dem Wohl der Gemeinschaft gegenüber formuliert sein, was eine *virtus generalis* ausmacht, als auch die Rechte des Einzelnen als Privatperson gegenüber anderen.[948]

Sinn der Gerechtigkeit ist Ausarbeitung derjenigen Rechte, die eine besondere Tugend, eine *virtus particularia* betreffen.[949] Beim Kauf und Verkauf besteht nach Thomas das Wesen darin, dass zwischen den Tauschkontrahenten ein *contractus non gratuitus* geschlossen wird. Gerechtigkeit verlangt eine *aequalitas rei ad rem*, die Gleichheit von Leistung und Gegenleistung. Die Gleichheit des *justum commutativum* liege in einem *medium inter maius et minus*. Ein Tausch wird nach einer arithmetischen Proportion abgehandelt.

Auch bei Thomas löst sich die Diskrepanz zwischen Tausch- bzw. Verteilungsgerechtigkeit und einem Wertbegriff für Arbeit und Güter nicht, weil Wert sich aus dem Wesen des Bedürfnisses ableitet. Die mittelalterliche Wirtschaft geht vom Bedarfsdeckungsprinzip aus. Dabei kommt aber noch ein drittes, normatives Moment in die Wertbestimmung hinzu. Die restitutio von Arbeit und Kosten sollte einen *standesgemäßen* Lebensstil möglich machen. „Homo secundum aliquam mensuram quaerit habere exteriores divitas, prout sunt necessaria ad vitam eius secundum suam conditionem".[950] Diese Forderung, dass sich die zur Verfügung stehende Gütermenge auch nach der Bedürftigkeit der Stände richten soll, bringt die Idee einer egalitären Verteilungsordnung und die Idee eines gerechten Tauschwertbegriffs wieder zum Erliegen.[951] Denn dann wird der Gleichheitsgrundsatz der Proportion zwischen Arbeit und Wert durch einen soziologisch-stratifikatorischen Ständebegriff ad absurdum geführt.

„Patet ergo quod conjunctio A cum C, id est rei duplae cum persona duplo digniore et B cum D, id est dimidii cum dimidio, est iustum distributivum et tale iustum est medium."[952] Hier legt Thomas die Arbeitszeit als Wert-Maßstab zugrunde, was noch in der aristotelischen Zeit aufgrund der Abwertung aller (Sklaven-)Arbeit und der Hochschätzung der Kontemplation nicht vorstellbar war. Die Ökonomisierung des Lebens hat zur Zeit Thomas' noch nicht stattgefunden. Weil er noch keine marktwirtschaftliche Nachfrageproduktion kennt, kann er sich auch in einer wirtschaftsgeschichlich naiveren Art auf die Bedürfnisse als natürliche „Werte" beziehen.

Diese Wandlung in der Wertschätzung der Arbeit ragt bis in die Fragestellung des heutigen Leistungsbegriffs hinein. Was soll zählen zur Wertbildung einer Arbeit oder Sache und auch das Wesen einer „Leistung" ausmachen: Die

---

[948] ebenda, II 2, qu. 58, art. 5

[949] ebenda, II 2, qu. 58, art. 7

[950] ebenda, II 2, qu. 118, art. 1

[951] Vgl. Sombart, Werner: *Der moderne Kapitalismus*, München 1916, S. 183 f.

[952] Thomas von Aquin: *Summa*, II 2, qu 118, art. 2

Arbeitszeit[953], die Mühe, das Bedürfnis, die Idee des Talents, die Nachfrage, die Knappheit, die Riskobereitschaft des Börsenplayers?

## 7.2 Thomas von Aquins soziologische Begründung ungleicher Bewertung von Arbeit

Der Begriff der *conditio* meinte ursprünglich die gesellschaftliche Stellung, in die der Mensch gemäß göttlicher Fügung hineingeboren wird. Die Wertung und die Leistung einer Person wurden bestimmt durch die jedem Stand zukommende gesellschaftliche Bedeutung. Sozialer Wert und Arbeitswert korrespondierten. Das Produkt eines Baumeisters wurde im Gegensatz zu dem des Schusters aufgrund dessen besserer gesellschaftlichen Stellung höher bewertet.[954]

Die qualitative Verschiedenheit der Arbeitsprodukte sollte, um dem Äquivalenzprinzip zu genügen, quantitativ ausgeglichen werden. Nur qualitativ und quantitativ gleiche Arbeitsprodukte können getauscht werden.

Thomas ist kein reiner subjektiver Werttheoretiker, obwohl er dem standesgemäßen Bedürfnis einen großen Stellenwert zumisst und ihn an die Faktoren Angebot und Nachfrage bindet.[955] Das Bedürfnis ist Bedingung des Tausches, und Thomas unterscheidet somit deutlich zwischen Preis und Wert.

Bezogen auf die Gerechtigkeit gibt er der distributiven (nach Standesbedürfnissen) den Vorrang vor der kommutativen Gerechtigkeit (nach den Faktoren Arbeit und Kosten). „[...] there are strong grounds for contending that St. Thomas believed that both utility and cost of production were relevant in value determination."[956]

> Sie [Albertus und Thomas] tragen nebeneinander vor, daß Arbeit und Kosten, und dann wieder, daß das Bedürfnis der Maßstab des Wertes sei, und zwar so, als ob beides dasselbe wäre.[957]

Auch Schumpeter glaubte nicht, dass die scholastischen Theoretiker eine Arbeitswerttheorie vertreten hätten, weil keine theoretische Verbindung zwischen ethischen und wirtschaftlichen Werten hergestellt worden war.[958]

---

[953] In der mittelalterlichen Naturalwirtschaft richtete sich die Produktion nach dem Rhythmus des Naturkreislaufs. Insofern spielte die wirtschaftszyklische Produktionszeit keine so große Rolle wie im Zeitalter der Industrialisierung. (Waibl, Elmar: *Ökonomie und Ethik*, a.a.O., S. 52.) Arbeit war noch nicht generell an das Zeitmaß gebunden.

[954] Thomas von Aquin: *Summa*, II 2, qu. 61, art. 2

[955] Vgl. Endemann, Wilhelm: *Studien in der romanisch-kanonischen Wirtschafts- und Rechtslehre*, Berlin 1883, S. 35 f.

[956] Gordon, Barry: *Economic Analysis before Adam Smith*, New York 1975, S. 177

[957] Brentano, Lujo: *Die Entwicklung der Wertlehre*, München 1908, S. 15

Dann finden sich in den thomistischen Wirtschaftsreflexionen Grundgedanken objektiver Werttheorie, ohne aber schon von einer Arbeitswerttheorie sprechen zu können. Die thomistische Wertlehre gründet sich auf das Prinzip der *restitutio* von Arbeit und Kosten und will gleichzeitig die standesgemäßen Reproduktionskosten und Lebensstile berücksichtigen. Dennoch wird die Idee eines objektiven Produktwertes für ein funktionierendes Gemeinschaftsleben für notwendig gehalten: In einer arbeitsteiligen und sozial differenzierten Gesellschaft sei es gerecht, wenn jeder in einem vergleichbaren Maß für den anderen arbeitet. Eine Arbeits- und Kostenwerttheorie nimmt also auch schon den Standpunkt der Gemeinschaft ein.[959]

Soziologisch bedeutet die aufkommende Idee von der Wertbildung durch Arbeit eine Revolte der arbeitenden Schichten gegen den grundbesitzenden Adel. Die Scholastiker können deshalb die am Gewinnstreben orientierte Arbeitskraft zum Maßstab der Tauschwertverhältnisse machen. Der gerechte Wert einer Arbeit wird in der Lehre vom *justum pretium* (neben den *expensae*) über einen quantifizierten und zugleich soziologisch stratifizierten Arbeitsbegriff definiert. Er ist ein Beispiel für die ungleiche Bewertung von Arbeitsquanten aus Gründen von metier- oder standesspezifischen Reputationen. Aus der Sicht des Gleichheitsgrundsatzes des gegenwärtigen absoluten Würdebegriffs graduiert er menschliche Arbeit, weil menschliche Gesellschaft werthaft graduiert ist. Weil es ‚höhere' Stände gibt, gilt ihr Arbeitsquantum mehr. Bei zeitquantitativ gleicher Arbeit ‚profitieren' sie mehr und reproduzieren ihre materielle gesellschaftliche Vormachtstellung über die Wertpraxis der Ungleichheit.

## 8 Johannes Buridanus, Antonius von Florenz, Berhardin von Siena

Für Burdanus bestimmt sich der Wert einer Sache zunächst durch die menschliche Bedürfnislage, nicht durch Arbeit und Kosten. Maßstab des Wertes sei die *causa finalis*, der Endzweck, die menschliche Bedürfnisbefriedigung. Grundlage des Bedürfnis sei *indigentia communis*, das allgemeine Bedürfnis im Sinne des Normalen. Der Tauschwert wird für ihn insofern zur *indigentia communis*, während das individuelle Bedürfnis eine *indigentia particulares* nennt.

Durch die allgemeine Nachfrage des Marktes stellt sich der Marktpreis eines Gegenstandes ein. Aus dem Verhältnis von individualen Nachfragemitteln und dem Marktangebot ergibt sich die persönliche Wertzumessung des für ein individuelles Bedürfnis erwerbbaren Produkt.

Wenn der Arme für Getreide genau soviel bezahlt wie der Reiche, dann investiert er budgetbezogen tatsächlich mehr. Die höhere Bewertung des Produkts

---

[958] Schumpeter, Joseph A.: *Geschichte der ökonomischen Analysen*, Göttingen 1965, S. 136 f.

[959] Schreiber, Edmund: *Die volkswirtschaftlichen Anschauungen der Scholastik seit Thomas von Aquin*, Jena 1913, S. 63 f.

durch den Armen käme jedoch im Marktpreis nicht zum Ausdruck. Der Reiche könnte somit den Gütern einen geringeren Wert zumessen, sogar dann, wenn es sich schon bezogen auf den Standard um Luxusbedürfnisse handelt.[960]

Also bestimmt auf dem Markt nicht das dringendste Bedürfnis einzelner den Preis, sondern die Summe aus Bedürfnis- und Nachfragemitteln der Bessergestellten. Und damit sind Preis und Wert (*valor commutabilium*) nicht mehr identisch, weil der Marktpreis auch durch die monetären Mittel des Nachfragedurchschnitts bestimmt wird und nicht allein durch das Bedürfnis der Bedürftigsten. Damit kann Buridanus schon über Aristoteles hinaus das Gesetz des abnehmenden Nutzens erfassen.

Antonius von Florenz (1389 - 1459) glaubte, dass eine Preisbindung aus ethischen Gründen nötig wäre. Nicht jeder tatsächlich erzielte Preis könne gerecht sein, sondern nur der einer *communis aestimatio* entspricht, einer allgemeinen Wertschätzung. Auf der Suche nach dem Prinzip der Preisgerechtigkeit findet Antonius zwei Faktoren: Wert wird bestimmt durch die Seltenheit (*raritas*) und die Schwierigkeit (*difficultas*) der Beschaffung. Außerdem müsse angenommen werden, dass das Produkt auch die Eigenschaft des Nützlichen kennt.[961] Die Kosten sollen insofern als wertbestimmend gelten, als sie sich auf die Angebotsgröße auswirken. Wert und Marktpreis werden zu einem Faktor der Angebots- und Nachfragelage in einer Gesellschaft. Auch erkennt er daneben die wertsubjektivistische Bedeutung der individuellen Schätzung für den Tausch.[962] Daraus folgt nach Antonius, dass der Käufer oder der, der tauschen will, den Wert des Gutes höher einschätzt als seinen Preis. Auch Antonius hat das Wertparadoxon erkannt. Die Bedingungen der Marktpreisentstehung müssen nicht der individualen Bewertung des Befriedigungsmaßes eines Gutes entsprechen. Markt- und Bedürfniswert (Nutzen) können auseinander fallen. Der Nutzen haftet weder rein dem Begriff des Bedürfnisses an noch seiner Bestimmung über den Marktpreis. Er bezieht sich zudem auch noch auf die Gütermenge und die monetäre Situation der Wirtschaftsgemeinschaft und der sozialen monetären Verteilung. Eine brotlose und finanzlose Bevölkerungsschicht kann wegen der Nachfrageschwäche wenig Einfluss auf die Marktpreisbildung des Brotes nehmen, obwohl der Nutzen des Brotes hoch ist.

Bernhardin von Siena (1380-1444) will eine behördliche Preisfestsetzung unter bestimmten wertbildenden Prinzipien: normaler Gebrauchswert des Gutes,

---

[960] Buridanus Johannes: *Quaestiones super decem libros Ethicorum Aristotelis ad Nicomachum*, Frankfurt/M. 1968, Lib. V, qu. 16.

[961] Gordon, Barry: *Economic Analysis before Adam Smith*, New York 1975

[962] Vgl. Schumpeter, Joseph A.: *Geschichte der ökonomischen Analyse*, a.a.O., S. 44

Knappheit und Überfluss, Quantität und Qualität der Arbeit und das Risiko. Er nimmt zum ersten Mal die Dienstleistung zu den Produktionskosten hinzu.[963]

Für die Spanischen Jesuiten galt der gerechte Preis als unter freier Konkurrenz zustande gekommener Marktpreis, der Wettbewerbspreis (pretium currens).

Die scholastische Wertlehre hatte noch kein klares Konzept eines objektiven Wertbegriffs, zumal dem irdischen Leben in der scholastischen Metaphysik, der theologischen Transzendentalität, noch kein eigner Wert zugesprochen wird.[964] Ethik ist immer noch religiöse Ethik und keine Wirtschaftsethik. Es verwundert deshalb auch nicht, dass die Ständegesellschaft mit ihrer wirtschaftlichen Privilegierung nicht in Frage gestellt wird, obwohl ebenso die Zeit des kapitalistischen Geistes in den Städten beginnt. Der Preis eines Gutes resultiert aus den „intrinsischen" Eigenschaften oder aber aus der Qualität, die es zur Bedürfnisbefriedigung hergibt. Die analytische Bestimmung eines objektiven Preises konnte sich nicht vor Ende des Mittelalters vollziehen, weil Preise dominant an moralische Qualitäten gebunden waren. Erst die Spätscholastik entkoppelte mit der ersten beginnenden Säkularisierung zur Renaissance hin Moralität und Preis.

## 9 Die Wertlehre in der Renaissance

Die Anfänge der Renaissance, der Kopernikanischen Wende, der lutherschen Reformation und Bewegung des 15. und 16. Jahrhunderts akzentuieren die Bewusstwerdung der Individualität und seiner spezifischen Freiheit. Der Mensch strebt nach Mündigkeit, befreit sich vom geistlichen Denken und erneuert die antiken Ideale der auf Vernunft und Erfahrung aufbauenden Wissenschaft. Diese Wende zu den Erfahrungs- und mathematischen Geisteswissenschaften führt zu technischen Erfolgen und naturwissenschaftlichen Erkenntnissen.

Für unsere Wertfrage interessant ist die Abwendung vom ontologischen Substanzbegriff zur Tätigkeit oder zum Funktionsbegriff. Die Hinwendung vollzieht sich zum Voluntarismus, Rationalismus und Nominalismus.[965] Die neuplatonische Schule in der Florentiner Akademie um Marsilius Ficinius (1433-1499) verbindet die antike Kosmologie mit der Ästhetik des Vollkommenen und der göttlichen Genese der Natur.

Erst die weltliche Lehre der Humanisten lehnt die Verbindung von Theologie und Natur ab und versucht die Einheit von intellektueller Freiheit, stoischer

---

[963] De Roocer, R.: *Bernardino of Siena and Sant. Antonio of Florence. The two Great Economic Thinkers of the Middle Ages*, Boston 1967, S. 16 f.
Andere Theoretiker waren Johannes Nider (ca. 1380-1438), Gabriel Biel, Juan de Lugo (1583-1660), Ludovico Violina (1535-1600).

[964] Waibl, Elmar: *Ökonomie und Ethik*, Stuttgart 1984, S. 36

[965] Vgl. Mittelstrass, Jürgen: *Neuzeit und Aufklärung*, Berlin 1970, S. 62 f.

Ethik und sozialem Reformdenken. Die Übereinstimmug mit sich selbst, der eigenen Vernunft und der Natur wird das stoische Gebot. Prinzipiell ist die Welt vernünftig. Der Mensch folgt nicht seinen Affekten, sondern den Tugendgeboten. Materieller Reichtum und Armut sind wertneutrale Begriffe, die die Glückseligkeit nicht tangieren.[966]

Es entsteht ein pantheistischer Monismus eines Giordano Bruno oder auch Spinozas und Descartes.[967] Bruno hatte schon über Kopernikus hinaus das Universum als Unendlichkeit ohne Grenzen und ohne Mittelpunkt mit unzähligen Sonnensystem angenommen.

Die antike Idee der Sphärenharmonie und einer synthetischen Naturbetrachtung reicht bis in die Kepler'sche Geometrie. Die Harmonie der Natur besteht aus geometrischen Proportionen. Es gibt nur quantitative Unterschiede der Phänomene, keine qualitativen. Aus dem qualitativ-eidetischen Denken des Aristoteles wird eine quantitativ-mechanistische Naturbetrachung bei Galilei. Natur wird von der Substanz in eine Gesetzmäßigkeit der Bewegung überführt. Die *metodo risolutio*, die analytische Methode entsteht. Sie löst die *metodo compositivo* ab, die synthetische Lesart der Welt dominiert nicht mehr.[968]

## 9.1 Subjekive Wertkonzepte der Renaissance

Der Aristoteliker Gian Francesco Lottini (um 1549) hat in seinem Werk *Avvedimenti civilis* öffentliche und private Güter unterschieden. (*il ben publico* und *bene in particulare*)[969] Sie sind aufeinander bezogen insofern, als die öffentliche Wohlfahrt der individualen dienen wird.

Der Florentiner Bernardo Davanzati (1529 - 1606) entwickelt in seinem Werk „Lezione delle monte" eine subjektive Werttheorie. In seiner Preislehre behauptet Davanzati, dass keine proportionale Beziehung zwischen dem Preis, der dem Tauschwert der Güter entspricht, und deren natürlichen Qualitäten bestehe.[970] Die hedonistische Bedürfnisbefriedigung ist dabei das Prinzip, wie Menschen nach Glückseligkeit streben. „Tutti gli uomini travagliano per essere felici, la felicità credon trovare nel soddisfare a tutte lor voglie e bisogni".[971]

Der Wert einer bestimmten Menge Wasser ergibt sich aus der Bedürftigkeit des Durstenden, „perochè si gode tanto del bere, quanto è grande la sete".[972]

---

[966] Gebser, Jean: *Ursprung und Gegenwart*, Bd. 2, Schaffhausen 1978, 38 f.

[967] Dilthey, Wilhelm: *Weltanschauung und Analyse des Menschen seit der Renaissance und Reformation*, Stuttgart 1957

[968] Mittelstrass, Jürgen: *Neuzeit und Aufklärung*, a.a.O., S. 296 f.

[969] Kauder, Emil: *A History of Marginal Utility Theory*, Princeton, 1965, S. 20

[970] Davanzati, Bernardo: *Lezione della moneta*, zit. nach A. Graziani: Storia critica della teorie del valore in Italia, Milano 1989, S. 30.

[971] ebenda

[972] ebenda, S. 31, „ [...] weil die Freude am Trinken so groß ist wie der Durst".

Zwischen Preis und dem Gebrauchswert eines Gutes gibt es keine proportionale Beziehung.

Ein Ei, welches den Preis eines halben Kornes Gold ausmacht, reicht aus, den Grafen Ugolino zehn Tage im Hungerturm am Leben zu erhalten, während das ganze Gold der Welt dazu nicht imstande gewesen wäre.[973]

In diesem Beispiel, welches lebensnotwendige Güter weniger wertvoll als das für die Lebenserhaltung nicht verwendbare Gold erscheinen lässt, sieht Davanzati das Resultat menschlicher Wertschätzung, aus dem der subjektive Gebrauchswert entsteht. Der objektive Tauschwert wird über die subjektive Wertschätzung und die Knappheit (Seltenheit) der Güter bestimmt. Wert haftet den Gütern nicht an.

Aus dieser Konventionstheorie des Geldes folgt, dass der Preis eines Gutes proportional zum Gesamtbetrag der Güter ist, und damit gleich der Proportion, welche das Wohlbefinden des einzelnen Konsumenten zum gesamten Wohlbefinden eines Volkes in Beziehung setzt. Der Gedanke der Relativität aller Dinge gegenüber dem Menschen, der sich bereits in der nominalistischen Philosophie des Mittelalters vorfindet, kommt nun auch im ökonomischen Bereich zur Anwendung.[974]

Auch wird hier zum ersten Mal deutlich formuliert, dass der Nutzen eine Funktion der Gütermenge und des Verlangens (Bedürfnisse) ist. Der objektive Tauschwert kann nur im Zusammenhang mit den subjektiven Wertschätzungen der individuellen Wirtschaftssubjekte erklärt werden. Nützlichkeit und Wert entstehen in Relation zu den Faktoren Nachfrageanzahl, Seltenheit der Güter und Einschätzung der Bedürfnisbefriedigung pro Produkteinheit. Durch das Produkt dieser Faktoren und ihrer Gewichtungsverschiebung unterliegt jeder der Begriffe einer Relativität. Sinkt etwa die Seltenheit eines Gutes, sinkt auch die Nutzenmenge zur Bedürfnisbefriedigung pro Einheit.[975] Die Renaissance war damit von der Idee des Grenznutzens nur wenig entfernt.

Nach dem vorwiegend subjektiven Wertkonzept der Italiener treten in der Folgezeit vermehrt die englischen Arbeitswerttheoretiker auf. Die Werttheorie ge-

---

[973] ebenda, S. 30

[974] „Eine Ratte ist eine widerliche Sache; allerdings ist während der Besetzung von Casalino aus Gründen der Knappheit eine für 200 Florentiner verkauft worden, wobei der Preis dafür nicht teuer war, denn derjenige, der sie verkaufte, ist gestorben, und derjenige, der sie kaufte, konnte entfliehen." Davanzati, Bernardo: *Lezione della moneta*, zit. nach A. Graziani: Storia critica della teorie del valore in Italia, a.a.O., S. 30

[975] Es gilt, dass „data la stessa quantità di monete in commercio, al mutar la stima che fanno gli uomini di una cosa, muta il lore prezzo, diventando piu care se ne cresce il disiderio, piu vili se ne vengono in disprezzo." Montanari, Geminiano.: *La zecca in consulta di stato*, in: Graziani, A. (Hg.): Economisti del cinque e seicento, Bari 1913, S. 266 (Gegeben sei die Geldmenge im Umlauf. Indem sich die Schätzung der Menschen für Dinge ändert, ändern sich auch die Preise, sie erhöhen sich, wenn das Bedürfnis steigt, sie sinken, wenn die Güter in Missgunst fallen.)

rät unter den Einfluss naturwissenschaftlicher Positionen des 17. und 18. Jahrhunderts. Der neue Empirismus kennt keine Metaphysik mehr, keine Transzendenz und vor allem keine Wahrheiten. Der Unterschied zwischen Rationalismus und Empirismus besteht in der Bewertung der Erfahrung. Für den Rationalismus ist sie nur Material. Wissenschaft und Wahrheit sind geistige und notwendige Einsichten. Der Empirismus betont in der Sinneserfahrung das Konzept des Ganzen. Über dem Intellektuellen steht die Sensualität, über dem Idealen die Utilität, über dem Universellen das Individuelle. Der Empirismus hat seine ersten Ansätze in der Naturphilosophie der Renaissance. F. Bacon (1561 - 1626) betonte die Induktion und die Methode der Ausschließung.[976]

„Nihil est in intellectu, quod non prius fuerit in sensu." Mit diesem Ausspruch bekundet J. Locke (1632-1704) den Grundsatz des Empirismus. Mit D. Hume (1711-1776) findet der englische Empirismus seine Vollendung.[977]

## III  Arbeit als wertbildendes Maß

Wenn Güter und Werte verglichen werden sollen, braucht man ein Maß oder ein Maß innerhalb eines Kriteriums, das den Aspekt der Vergleichung ermöglicht. Adam Smith beschäftigte sich vorrangig mit der Frage, welches das ‚richtige Maß' für den Tausch sein kann. In seiner Arbeitswerttheorie kam er zu dem Ergebnis, dass die Arbeit „demnach ganz offensichtlich das einzige allgemein gültige und auch das einzige exakte Wertmaß oder der alleinige Maßstab [ist], nach dem man die Werte der verschiedenen Waren immer und überall miteinander vergleichen kann."[978]

Der Wert einer Ware ist „gleich der Menge der Arbeit, die ihm [dem Menschen] ermöglicht, sie zu kaufen oder darüber zu verfügen."[979] Arbeitsmenge versteht Smith dabei entweder als Zeitquantum oder als Mühequantum. Wenn es doppelt so schwer oder zeitaufwendig ist, einen Biber zu fangen, wie einen Hirsch, dann „sollte natürlich im Tausch ein Biber zwei Hirsche wert sein."[980] Diese Arbeitstauschgesellschaft versteht Smith noch als vorkapitalistische. Erst später suchte er nach einer Produktionskostentheorie. Waren entstehen jetzt nicht nur durch Arbeit, sondern auch durch Rente und Gewinn.[981] Er unterscheidet also zwischen einer Subsistenz- und einer kapitalistischen Wirtschaft.

---

[976] Bacon, Francis.: *Neues Organ der Wissenschaften,* Darmstadt 1974, S. 19

[977] Hume, David.: *Eine Untersuchung über den Verstand* , übers. von H. Herring, Stuttgart 1982

[978] Smith, Adam: *Der Wohlstand der Nationen.* Eine Untersuchung seiner Natur und seiner Ursachen. Hg. von H. C. Recktenwald, München 1996, S. 33

[979] ebenda, S. 28

[980] ebenda, S. 41

[981] ebenda. S. 48

Ebenso kann er den Angebot und Nachfrage abhängigen Marktpreis vom Produktionspreis unterscheiden.

Erst bei David Ricardo tritt die Einsicht auf, dass auch der Wert der Arbeit relativ und marktabhängig sein muss, während Smith ihn noch nach Zeit und Mühequanten absolut gesetzt hatte.[982] Ricardo kann auch Arbeitsquantität (Zeit) von Arbeitsqualität unterscheiden. Der Wert eines Gutes hängt nicht nur von dem in ihn eingegangenen Arbeitsquantum ab, sondern auch von der gesellschaftlichen Qualitätsbemessung dieser Arbeit, die sich zumeist in der Arbeitslohnhöhe widerspiegelt.[983]

Bei Marx wird die Arbeit wieder zum einzigen wertbildenden Faktor. Das Arbeitswertgesetz gilt auch für Marx nur in den primitiven Anfängen der Warenprodukt und wird, je mehr in der kapitalistischen Entwicklung andere wertbildende Faktoren (wie Kapital) hinzukommen, von der Theorie des Mehrwertes verdrängt.[984]

Unsere Frage nach dem Wert des Menschen in marktwirtschaftlich organisierten Gesellschaften ist eng gebunden an die zugrundeliegende Wertbemessungsfrage. Wenn Arbeit verschieden belohnt wird, dann kann man davon ausgehen, dass sie auch verschieden bewertet wird. Der wirtschaftssoziale Wert eines Menschen ist ein unmittelbarer Faktor der Wertbemessung seiner Arbeit, die er ausübt. Arbeitsart und Metiers werden extrem verschieden vergütet oder entlohnt. Zudem gibt es Gewinnbereiche, die kaum noch an Arbeit gebunden sind. „Job without money, money without job."[985]

Unter welchem Kriterium lassen sich also Arbeitsqualitäten vergleichen? Gibt es Unterschiede der Arbeitsbewertungen, die noch ‚verhältnismäßig' sind? Wertentstehung und Wertbemessung folgen historisch gewachsenen Mustern, die ihre Wurzeln in irrationalen, machtpolitischen Gründen haben. Arbeitswertbemessung jenseits der wertobjektiven Beschreibungen ist das am wenigsten rationalisierte und am besten durch Politisierung tabuisierte Thema der Wertlehre.[986]

---

[982] Ricardo, David: *On the Principles of Political Economy and Taxation*, Cambridge 1951, S. 15: „Is not the value of labour equally variable; being not only affected, as all other things are, by the proportion between the supply and demand [...]."

[983] ebenda, S. 30

[984] Marx, Karl: *Das Kapital,* Bd. 1, in: Marx-Engels, Werke, Bd. 23-25, Berlin 1972, S. 76 und S. 539

[985] Martin, Hans-Peter u. Harald Schuman*: Die Globalisierungsfalle. Der Angriff auf Demokratie und Wohlstand,* Hamburg 1997, S. 14 f.

[986] Auch Marx fand keinen verschiedene Arbeitsqualitäten vergleichenden Maßstab. Er spricht von „abstrakt menschlicher, gesellschaftlich durchschnittlicher Arbeit", ohne klären zu können, warum bestimmte Arbeiten höher bewertet und vergütet werden als andere. (Marx, Karl: *Das Kapital*. Kritik der politischen Ökonomie, Bd. 1, in: Ders. u. Friedrich Engels: Werke, Bd. 23-25, Berlin 1964, S. 539 f.)

Weder die Arbeitszeit noch die Arbeitsmühe lassen sich einfach als Vergleichmaßstab für eine Wertschöpfung aufgreifen, da persönlicher Zeitverbrauch pro Arbeitseinheit und Mühe subjektiv variable Größen sind. Menschen unterscheiden sich durch Leistungsfähigkeit und Intensität.[987] Die Bewertung der Güter und der sie produzierenden Menschen vollzieht sich durch den Markt. Die Kapitalverfügbarkeit muss sich noch nicht einmal an Arbeit binden. Sie kann auch aus Erbschaften oder Spekulationen herrühren. Das Zugrundelegen von absoluten Wertmaßstäben scheint eine volkswirtschaftlich nicht zu vertretende Operation zu sein, da sich alle (Markt-)Werte relational und reziprok auf andere Wertvariablen faktoriell beziehen. Ein vollkommener Relativist, als Kritiker eines absoluten Wertes, war bereits S. Bailey (1791-1870). Er schrieb: „Value denotes consequently nothing positive or intrinsic, but merely the relation in which two objects stand to each other as exchangeable commodities."[988]

Werte und Güter sind innerhalb des Marktgeschehens zwar *kommensurabel*, doch vollzieht sich diese Vergleichbarkeit unter dem Marktgesetz (Angebot/Nachfrage), dass alle Werte und Güter bezogen auf ihren Gebrauchswert, ihren Tauschwert, selbst ihrer preisabhängigen Nützlichkeit für den Menschen wertbeliebig bleiben und definiert werden können. Dazu zählt auch die Wertbeliebigkeit des Menschen als Produzent und Konsument auf dem Arbeitsmarkt. Denn die Arbitrarität dieses Wertbegriffs verzichtet auf einen Substanzbegriff und ist deontologisiert. Die Schwäche eines ausschließlich substanzlosen Wertbegriffs liegt in seiner lebensweltlichen Korrespondenz auf ein menschliches ‚Wesen', das anthropologisch und auch sozial als *nicht vollständig beliebig,* sondern ab einem bestimmten Schwellenübertritt als noch lebens- aber auch leidensfähig aufgefasst wird: Idealisiert im Begriff der Würde. Die Geschichte der Natur- und Menschenrechte, aber auch der politisch-bürgerlichen Rechte will diese menschliche Versehrbarkeit schützen. Beliebigkeit im Wertumgang mit dem Menschen führt zu erheblichen ‚Risiken', wie soziale Versehrungen durch Abwertungen und Minderbewertungen, psychosoziale Kränkungen wie ökonomische Ausnutzung und wirtschaftliche Beraubungen der Subsistenzmöglichkeiten. Der Relativität des menschlichen Wertes innerhalb des Marktgeschehens wurde deshalb immer wieder durch politische Programme (Soziale Marktwirtschaft) entgegen gearbeitet. Ihr marktkompensatorischer Kern beruft sich immer auf wertsubjektive Theoreme. Die anthropologische Sicht auf die Bedürftigkeit, die Bedürfnisse und die menschlichen Lebensbedingungen wird dabei ins Zentrum der Wertgenese gestellt.

---

[987] Kruse, Alfred: *Geschichte der volkswirtschaftlichen Theorien*, Berlin 1959, S. 139

[988] Bailey, Samuel: *A Critical Dissertation on the Nature, Measure and Causes of Value*, New York 1967, S. 4 f.

# 1 Die subjektive Werttheorie

Die subjektive Werttheorie hat ihren Ursprung in der utilitaristischen Ethik. Auf Platon und Aristoteles geht die Vorstellung zurück, dass das menschliche Leben erstens einem Ziel folgt und dass zweitens dieses Ziel in der Eudämonie, im Glück liegt. Das Nutzenprinzip steht also unter einer teleologischen Prämisse und wird deshalb moralisch oder ethisch aufbereitet. Die Entfaltung des Utilitarismus durch J. Bentham, J. St. Mill und H. Sidgwick machte aus ihm eine Gesellschaftstheorie, die sich vom ökonomischen, objektiven Wertbegriff durch ihre Zielkategorien unterscheidet. Freude sollte optimiert und Leid minimiert werden. Insofern könnte der Utilitarismus ein Naturrechtssystem sein, wie es Schumpeter gesehen hat.[989] Das teleologische und das hedonistische Prinzip verbinden sich zu einer Art Lebensphilosophie elementarer Werte und Bedürfnisse, die stark auf der Erfahrung menschlichen Strebens nach Glück aufbaut. Die ihr immanente Ethik ist zugleich individual- als auch sozialethisch angelegt. Das Glück der größten Zahl ist ihre Prämisse. Nutzenberechnungen nach Bentham sind immer auch soziometrisch angelegt. Es wird nicht nur für ein Individuum abgewogen, welche Handlungen wie viel Freude, Mühe und Leid bringt, sondern auch die soziale Wechselwirkung aller Handlungen soll sozial bedacht werden.[990] Nützlichkeitsüberlegungen waren in ihrer geschichtlichen Genese zunächst immer sozialethisch angelegt und kannten keine Zweckrationalisierung und Individualisierung, also die reine ‚Privatfinalisierung' des Lebens.[991]

Der Nutzenbegriff der subjektiven Wertlehre wird substantiell und verliert seinen relationalen Charakter. Gab es bei Aristoteles noch die drei nachrangig aufgestellten Güter des *bonum honestum*, des *bonum utile* und des *bonum delectabile*, setzt Bentham alle Güter gleich. Nützlichkeit wird identisch mit Ehre, Lust und Glück. Die Nützlichkeit hat keinen teleologischen Verweisungscharakter mehr, etwa indem es Glück oder Lebensfreude eintreffen lässt, sondern wird „an sich selbst und um ihrer selbst willen erstrebt."[992] Nützlich ist nicht mehr relational zu verstehen, sondern aus der Beziehung des Individuums zum individuellen Gut.

---

[989] Schumpeter, Joseph A.: *Geschichte der ökonomischen Analyse*, Göttingen 1965

[990] Bentham, Jeremy: *Eine Einführung in die Prinzipien der Moral und der Gesetzgebung*, in: Otfried Höffe (Hg.): Einführung in die utilitaristische Ethik, München 1975, S. 35 f.

[991] Vgl. Koslowski, Peter: *Philosophy and Economics*. An Introduction, in: Koslowsky, Peter (Hg.): Economics and Philosophy, Tübingen 1985

[992] Mill, J.S.: *Der Utilitarismus,* Stuttgart 1976, Kap. 4

Die Bedürfnisse sind der letzte Grund, die Bedeutung, welche ihre Befriedigung für uns hat, das letzte Maß, die Sicherstellung ihrer Befriedigung das letzte Ziel aller menschlichen Wirtschaft.[993]

Die Ophelimität wird für die subjektive Wertlehre die direkte Verbindung zwischen Tausch- und Gebrauchswert, den Adam Smith noch nicht theoretisch vermitteln konnte. Der Begriff des Grenznutzens diente den neoklassischen Utilitaristen dazu, das Problem von Wert und Tausch zu lösen. Geht man von einer bestimmten Geldeinheit eines Einkommens aus, dann muss der Grenznutzen bei allen Gütern, die konsumiert werden, gleich groß sein. D. h. ein Mensch gibt nur soviel seines Einkommens für ein bestimmtes Gut aus, wie das finanzielle und berufliche Opfer, das er für die Bereitstellung der Konsumtion aufwenden muss, im positiven Verhältnis zum erzielten Nutzen der letzten konsumierten Einheit dieses Gutes und der anderen Güter steht. Würde er sein Einkommen auf eine andere Weise, nicht im Sinne der Grenznutzung seiner Ressourcen verwenden, würde der Totalnutzen seines Einkommens fallen. Etwa indem er in ein Produkt übermäßig investiert und der Nutzen der letzten Konsumeinheit im Vergleich zum Nutzen in eine anderen Investition geringer ist. Das Maß des subjektiven Nutzens lässt sich dabei nur noch psychologisch erklären. Die Wahrnehmung von Nutzen folgt einer persönlichen Bewertungsskala, aber auch kulturell vorgegebenen Werthierarchien. Diese Vorstellung entspricht dem *homo-mensura-Satz* des Protagoras von Abdera (480 - 410 v. Chr.). Er nimmt schon deutlich die utilitaristische Abwägungslehre von Bentham und die Idee des Grenznutzens voraus.

[...] wenn ihr doch behauptet, das Wohlbefinden selbst sei in dem Fall übel, wenn es größere Lust raubt, als es selbst enthält, oder größere Unlust herbeiführt, als seine eigene Lust nicht war.[994]

Gegenwärtiger Nutzen muss mit zukünftigen Schäden abgewogen werden.

Wie ein des Abwägens Kundiger lege das Angenehme zusammen und das Unangenehme zusammen, und auf der Waage das Entfernte und das Nahe abschätzend, sage dann, welches das größere ist.[995]

Der Utilitarismus ist insofern für die Idee der Würde durch Verhältnismäßigkeit von Interesse, als er über Nutzenrelationen und Nutzenabwägungen nachdenkt. Wenn soziale Würde auch durch einen relationalen Stiftungsakt entsteht, in dem Menschen ihre reale Lebenssituation hinsichtlich von Lasten und

---

[993] Menger, C: *Grundsätze der Volkswirtschaftslehre. Hölder – Pichler – Tempsky,* Wien 1923. S. 1 f.

[994] Platon: *Protagoras.* übers. von Fr. Schleiermacher, Darmstadt 1977, 354 f.

[995] ebenda, 356, f.

Gütern ausgleichen, dann wird eine Klärung des Begriffs des Nutzens bzw. Wertes von Gütern wichtig.

## 2 Die Grenznutzenschule

Das Problem der Messbarkeit von Nutzen, wie wir es für eine Wirtschaftsethik der Menschenwürde aufwerfen müssen, wird von zwei gegensätzlichen Positionen besetzt. Den „Kardinalisten" und den „Ordinalisten". Die erste vertritt die Ansicht, dass sich Nutzen als messbare Größe darstellt. Dazu zählen Autoren wie Menger, Marshall, Walras.[996] Die Messbarkeit des Nutzen hängt dagegen nach Pareto nicht nur von der Funktion der Menge eines Gutes ab, sondern auch von der Funktion aller anderen Güter. Dazu zählt auch die Beobachtung, dass der Nutzen eines Gutes sinkt, wenn ein Mangel eines anderen Gutes zu überwiegen beginnt und den Nutzen des ersten Gutes relativiert.[997] Also ist weder die Messbarkeit des Nutzens noch seines Grenzwertes möglich. Die persönliche Präferenz wird zum Kriterium des Nutzens. Dieser relative oder *ordinale* Stellenwert des Nutzens kann nur noch formale Nutzenverhältnisse ausdrücken, ohne die Messbarkeit des Nutzens zu kennen. Er wurde die Basis der modernen Werttheorie.[998]

Die Grundidee der Grenznutzenschule liegt in der Subjektivität von Wert- und Nutzenvorstellungen. „Der Nutzen einer Bedürfnisbefriedigung wird als arithmetisch schätzbar betrachtet."[999] Der Nutzen eines Gutes hängt umgekehrt proportional von der zur Verfügung stehenden Menge dieses Gutes ab. Der Nutzen, der durch die letzte Einheit eines (Massen-)Gutes gestiftet wird, also noch ein Bedürfnis befriedigt, wird zum Nutzenwert für alle vorausgegangen Einheiten. Je mehr Tassen Kaffee jemand trinkt, um so geringer wird der Nutzen einer weiteren Tasse Kaffee für ihn. Und zwar pro Tasse rückwirkend und auch für folgende Tassen verstanden.[1000]

Der Grenznutzen bestimmt nicht nur den Nutzenwert der letzten Gütereinheit, sondern er ist auch das Maß des Wertes des gesamten Gütervorrates. Der Wert eines Gutes hängt nicht nur von der subjektiven Wertschätzung, sondern auch von dessen Seltenheit oder Knappheit ab. „Damit Wert entstehe, muss sich

[996] Marshall, Alfred: *Principles of Economics*, London 1961; Walras, Léon: *Eléments d'économie politique pure*, Paris 1874; Menger, Carl: *Grundsatze der Volkswirtschaftslehre*, Saarbrücken 2006; Pareto, Vilfredo: *Allgemeiner Soziologie.* Kapital – Bibliothek der Wirtschaftsklassiker, München 2006

[997] Kruse, Alfred: *Geschichte der volkswirtschaftlichen Theorien,* Berlin 1959, S. 196

[998] Schumpeter, Joseph A.: *Geschichte der ökonomischen Analyse,* Göttingen 1965, S. 291 f.

[999] Cassel, Gustav: *Theoretische Sozialökonomie*, Leipzig 1932

[1000] Kruse, Alfred: *Geschichte der volkswirtschaftlichen Theorien,* Berlin 1959

zur Nützlichkeit auch Seltenheit gesellen."[1001] Damit wird jeder rein nicht-ökonomische Charakter von Wert abgelehnt. Nützlichkeit und Seltenheit müssen zusammenkommen.

Von H. H. Gossen (1810-1858) stammt die Grundlage der subjektiven Bedürfnistheorie. In seinem *Sättigungsgesetz* verweist er auf die Abnahme des Nutzens bei Fortführung der Konsumtion eines Gutes. „Die Größe eines und desselben Genußes nimmt, wenn wir mit Bereitung des Genußes ununterbrochen fortfahren, fortwährend ab, bis zuletzt Sättigung eintritt."[1002]

Dieses Gesetz des sinkenden Grenznutzens wird das *Erste Gossen'sche Gesetz* genannt. Ein zweites Gesetz, das *Genussausgleichsgesetz* besagt, dass ein Subjekt auch seine Nutzenressourcen zwischen verschiedenen Gütern ausgleichen muss, weil es verschiedene Güter nachfragt. Wird von einem Gut zu viel konsumiert, sinkt bezogen auf die Nutzung der *Ressourcen* für ein anderes Gut der Wert der Einheiten des ersten Gutes bereits wieder. Die Ressourcen hätten bei einem parallel nachgefragten Gut mehr Nutzen erzielt.[1003]

Das *Zweite Gossen'sche Gesetz* betont die Wechselwirkung der Nutzenquanten. Gossen übertrug dieses individuale Verbrauchersystem auf das gesellschaftliche System, wodurch eine sozial- und wirtschaftsethische Komponente innerhalb der Grenznutzenschule entsteht. Der Wert eine Gutes wird festgesetzt durch den Grenznutzen des letzten Verbrauchers, der das Gut noch konsumiert. Der Übergang zu einer Wohlfahrtsökonomie wird damit möglich gemacht, da ein Ausgleich der Grenznutzen nicht nur individual sondern auch sozial erzielt werden könnte. Der Nutzen einer Gütermenge wird dann sozial optimiert, wenn die Grenznutzen aller relevanten Güter *intersubjektiv* abgewogen werden. So kann die Verfügbarkeit einer Geldeinheit dann den größten Nutzen erzielen, wenn sie Richtung größter allgemeiner Bedürfnisbefriedigung investiert wird. Der Ausgleich zwischen den Wirtschaftssubjekten schafft gesamtgesellschaftliche Nutzenoptimierung. Die Abnahme des Nutzen einer weiteren investierten Geldeinheit wird *abnehmender Grenznutzen* genannt.[1004]

Die subjektive Werttheorie spaltet sich in die Österreichische Grenznutzenschule, die den Wert mit Grenznutzen gleichsetzt, und in eine *Grenzleidlehre*, die die Ursache des Wertes auf die Grenzmühe oder das Grenzleid bei der Produktion der Güter zurückführt. Es war bereits J. Bentham, der die Idee eines hedonistischen Kalküls gemacht hat. Freude und Leid könnten quantitativ nach

---

[1001] Böhm von Bawerk, Eugen: *Kapital und Kapitalismus,* Jena 1921, S. 167

[1002] Gossen, Herman Heinrich: *Entwicklung der Gesetze des menschlichen Verkehrs und der daraus fließenden Regeln für menschliches Handeln,* Berlin 1927, S. 4 f.

[1003] ebenda, S. 12, „Der Mensch [...] muss die Summe seines Genusses zum Größten [...] bringen, [...] und zwar in einem solchen Verhältnis, daß die Größe eines jeden Genusses in dem Augenblick, in welchem seine Bereitung abgebrochen wird, bei allen noch die gleiche bleibt."

[1004] So schon in J. Bentham: *Value of a pain or Pleasure*, in: Parekh, B.: Benthams Political Thought, London 1973

den vier Kriterien: Intensität, Dauer, (Un-)Gewissheit und Nähe/Ferne festgelegt werden. So erzeugt ein Freudequantum vielleicht auf der anderen Seite ein Leidquantum, das gegen das Nutzenquantum der Freude gerechnet werden muss. Auch kann ein Leidquantum etwa in Form einer mühseligen Arbeit späteren Nutzen erzeugen. Nutzen und Leid (*pain*) sollen nach Bentham intrasubjektiv und auch intersubjektiv abgewogen werden.[1005]

Jevons übernimmt das Freude-Leid-Kalkül (pleasure und pain) von Bentham und *reduziert* zunächst einmal auf zwei Beschreibungskriterien, nämlich Intensität und Dauer von Freude und Leid. „Jedes Gefühl muß irgend eine kürzere oder längere Zeit dauern; und während es anhält, kann es mehr oder weniger stark und heftig sein.“[1006] Menschen bewerten nach Jevons Freude und Lust als positive und negative Quantitäten. Er hegt aber Zweifel, ob man sie bemessen kann.

Das *Bernoullische Prinzip* bildet die Grundlage der Theorie der moralischen Hoffnung. „Multipliziert man die einzelnen möglich erscheinenden Vorteile mit der Anzahl der Fälle, in denen sie eintreten können und dividiert das Aggregat dieser Produkte durch die Anzahl aller möglichen Fälle, so erhält man einen mittleren Vorteil, und der diesem Vorteil entsprechende Gewinn stellt das Wertmaß für den fraglichen Glücksfall dar.“[1007] Auch für Bernoulli gilt, dass der Nutzen einer Sache schlicht von den Bedürfnis- und Kaufkraftverhältnissen einer Person abhängt. Er ersetzt die Seltenheit des Gutes durch die Knappheit des individuellen Einkommens. Der Nutzen eines Gutes ist auch eine Funktion der Knappheit der Mittel, dieses Gut zu erreichen.

Den Wandel von der unmathematischen klassischen Methode zur neoklassischen exakten Darstellung ökonomischer Wertfragen vollzieht Cournot (1801-1877). Er entdeckt die Nachfragekurve. Wenn der Preis um einen bestimmten Betrag sinkt, kann die Nachfrage entweder im gleichen, in einem geringeren oder einem größeren Maß steigen.[1008] Ohne sie zu benennen, entwickelt Cournot die Idee der Nachfrageelastizität.

Es gibt für ihn nur relative Werte von Gütern. Sie beziehen sich auf andere Güter. In seiner Preistheorie entwickelt er die empirisch feststellbare Relation zwischen Preisschwankungen und Veränderungen der abgesetzten Gütermenge. Er untersucht nicht Preisursachen, sondern Preisbeziehungen.

---

[1005] ebenda, S. 120

[1006] Jevons, William S.: *Theorie der politischen Ökonomie*, Jena 1924

[1007] Bernoulli, Daniel: *Versuch einer neuen Theorie der Wertbestimmung von Glücksfällen*, Leipzig, 1886, S. 29

[1008] Cournot, Antoine-Augustin: *Untersuchungen über die mathematischen Grundlagen der Theorie de Reichtums*, Jena 1924, S. 37 f.

# 3 Die Österreichische Schule

C. Menger (1840-1921), E. Böhm von Bawerk (1851-1914) und Fr. Wieser (1851-1926) begründeten die Österreichische Schule. Menger sucht die Basis seiner Werttheorie in den Bedürfnissen. Er unterscheidet Güter erster, zweiter und höherer Ordnung, die die Nähe zur Konsumtion ausdrücken. Diejenigen erster Ordnung befriedigen unmittelbar Bedürfnisse. Zu den Gütern zweiter Ordnung zählen alle die Güter, die für die Herstellung der Güter erster Ordnung nötig sind. Außerdem kennt er ökonomische und nicht-ökonomische Güter.[1009]

Der Wert eine Gutes ist „in der Beziehung der Güter zu unseren Bedürfnissen begründet, nicht in den Gütern selbst."[1010] Wert ist kein objektiver Faktor, wie ihn die objektive Werttheorie in der Summe der Produktionskosten sieht. Ziel der Wirtschaft muss es nach Menger sein, einen maximalen Nutzenzuwachs zu erreichen. Menger verwendet den Begriff Grenznutzen noch nicht, meint aber sinngemäß deren Sachverhalt.

Böhm von Bawerk formulierte schon eine Vermittlung der subjektiven Bedürfniswertlehre mit einer Preistheorie. Sein *Gesetz der Grenzpaare* zeigt die Begrenzung des Marktpreises eines Gutes durch die subjektive Wertschätzung und dem Willen, bei vollständiger Konkurrenz eine Optimierung des Tauschnutzens zu versuchen.

> Bei beiderseitigem Wettbewerb stellt sich der Marktpreis innerhalb eines Spielraums fest, der nach oben begrenzt wird durch die Wertschätzung des letzten noch zum Tausch kommenden Käufers und des tauschfähigsten ausgeschlossenen Verkaufsbewerbers: Nach unten durch die Wertschätzungen des mindest-tauschfähigen noch zum Tausch gelangenden Verkäufers und nach oben durch den tauschfähigsten vom Tausch ausgeschlossenen Kaufbewerbers.[1011]

Der Tauschnutzen begrenzt die Marktpreisspanne im Sinne der Grenznutzenlehre.

# 4 Die Lausanner Schule

Die Lausanner Schule tendiert zur Klärung der preistheoretischen Frage und der Erkenntnis, dass die Faktoren Seltenheit und Bedürfnis allein Marktpreise nicht erklären können. Sie betont im Gegensatz zur eher monokausalen Österreichischen Schule eine mehr funktionale Theorie der Preiserklärung.

Von L. Walras stammt die Idee des Gleichgewichtspreises. Er bezeichnet den Punkt, der die maximale Bedürfnisbefriedigung für beide Tauschpartner

---

[1009] Menger, Carl: *Grundsätze der Volkswirtschaftslehre. Hölder – Pichler – Tempsky*, Wien 1923

[1010] ebenda, S. 103

[1011] Böhm von Bawerk, Eugen: *Kapital und Kapitalzins,* Jena 1981, S. 279

von Gütern herstellt. Er unterscheidet einen extensiven und einen intensiven Nutzen. Der extensive meint den Bedarf nach einem Gut ohne die Berücksichtigung des Preises, also bezogen auf absolute Bedürfnisse. Der intensive Nutzen eines Gutes ist dagegen an die subjektive Bewertung der Bereitschaft gebunden, ein Gut zu einem bestimmten Preis nachzufragen.[1012]

Auch Walras drückt damit das Bestreben eines Wirtschaftssubjekts aus - wieder im Sinne der Grenznutzentheorie - solange zu tauschen, bis eine Nutzenoptimierung eintritt. Das Preisproblem wird bei Walras aber schon der objektiven Werttheorie zugesprochen.

## 5 Kritik an der subjektiven Wertlehre

Die Grenznutzenschule kann keine Preisentwicklung erklären. Nutzen hängt zudem auch von der Marktpreislage der Güter und der Kaufkraft der Nachfrager ab. Der Grenznutzen sagt nichts über den Preis und bildet keine Funktion zu ihm aus. Subjektive Bedürfnisse lassen sich nicht ohne anerkanntes Kriterium und Maß vergleichen und zu einem gesellschaftlichen Maximalnutzen bündeln.

Die subjektive Wertlehre vermag aber daran zu erinnern, dass jede Wertgenese - vor ihrer Vergesellschaftung und Vermarktung - *auch* von absoluten menschlichen Bedürfnissen ausgehen kann, die die Basis des wirtschaftlichen Handels bilden. Sie bietet eine Perspektive gegen die Arbitrarität marktrelativer Auf-, Ab-, Be- und Entwertungsprozesse. Obwohl der Marktwert der spezifizierten Arbeitskraft eines Menschen in einem aussterbenden Metier gegen Null gehen mag, bleibt dieser Mensch dennoch ein natürliches und sozial gebundenes, bedürftiges Wesen. Eine Verhältnismäßigkeitsprüfung der Verteilung von Kaufkraft kann sich immer daran erinnern, dass Menschen natürliche Grund- und Minimalbedürfnisse und sozialintegrative Wünsche haben. Diese Ansprüche sind als physiologisch und sozial berechtigte nicht einfach dem Marktrelativismus der objektiven Werttheorie auszusetzen, ohne eine würdeverletzende Spur zu hinterlassen.

## IV Zusammenfassung: Der Wert des Menschen und seiner Güter

Die Kurzgeschichte der Werttheorien zeigt, dass wirtschaftliche Überlegungen im Abendland aus ethischen Überlegungen hervorgegangen sind. Noch vor dem Warentausch hatte der Gabentausch die Funktion der Stiftung von Gemeinschaft, Freundschaft, Frieden oder auch Herrschaft. Seine Kriterien waren schon die Äquivalenz und Wechselseitigkeit der getauschten Güter. Austausch von Gaben hatte nicht nur eine symbolische, sondern auch eine werthafte Funktion.

---

[1012]Walras, Léon: *Eléments d'économie politique pure*, Paris 1874, S. 53 f.

Die Bindung der Gaben- und Tauschbeziehung an ein Weltbild, etwa des Kreislaufes oder einer kosmischen Ordnung, waren schon in der Vorsokratik bekannt. Aristoteles unterscheidet dann als erster konsequent den Gebrauchswert vom Tauschwert. Das Bedürfnis als wertbildender Faktor wird entdeckt. Die Frage nach dem gerechten Tausch taucht auf und wird von Aristoteles durch das *Verhältnismäßige* als geometrische Funktion bestimmt. Die Verhältnismäßigkeit wird schon von Aristoteles in der Nikomachischen Ethik als das Verhältnis zwischen Geben und Nehmen festgelegt. Die Werte der Güter des Warentausches werden nach geometrischen Proportionen bestimmt. Die Vergütung oder Vergeltung bestimmt sich nach der arithmetischen Proportion. Das Prinzip der Verhältnismäßigkeit ist für Aristoteles identisch mit dem Gerechten. In der gleichen Art war antikes Denken über wirtschaftliche Fragen normativ oder deontologisch. Gesellschaftliche Ordnung, Forderungen der Gerechtigkeit und der wertsubjektive Bedürfnisbegriff prägten die antike Chrematistik.

Erst mit dem Mittelalter und dem Ende der Sklavenarbeit, wenn auch nicht der (strukturellen) Fronarbeit, konnte die Arbeit als wertbildender Faktor entdeckt werden. Hier erst wird der Beginn der objektiven Werttheorie möglich, die Kosten, Mühe, Arbeit als Kriterien der Preisbildung einführt. Der natürliche Preis wird vom volkswirtschaftlichen Preis unterschieden. Außerdem wird das Gesamtwohl vom Eigennutzstreben unterschieden. Der *natürliche* Preis geht vom Individuum und seinem Nutzen aus, während der *gerechte* Preis das Gemeinwohl berücksichtigt.

Die Bestimmung des wirtschaftlichen Wertes erstreckt sich nicht nur auf Güter. Die ‚Güter' Arbeit, Dienstleistung und Kapital unterliegen ebenso einem Verwendungs- und Handelswert. Besonders der Preis der menschlichen Arbeit folgt volkswirtschaftlich und wirtschaftsgeschichtlich den beschriebenen Faktoren. Der Arbeitswert eines Menschen etabliert sich auf dem Markt und reflektiert deren wirtschaftssoziale Stellung und Wertigkeit. Dazu zählen die modernen Vergütungshierarchien wie auch die Existenz der Erwerbsarbeit und die Zulässigkeit von Kapitalgewinn, die die Attac-Bewegung kritisiert.[1013]

Ebensowenig wie ein Gut nur subjektiv-werttheoretisch nach psychischen Entscheidungen des Nachfragers beschrieben werden kann, können der wirtschaftssoziale Wert eines Menschen, seiner Arbeit und seiner gesellschaftlichen Position nicht nur als psychische Komponenten seines Wesens beschrieben werden. Die intrinsischen Werteigenschaften von Gütern korrespondieren in harmonischer oder paradoxer Weise mit denen der Menschen.

Der Wert eines Menschen und seiner Arbeit auf dem Markt hängt von seiner Kapital-, Einfluss- und Bedeutungsetablierung ab. Dieser Wert ist nicht absolut, wie die Verabsolutierung der Würde, sondern systemspezifisch beliebig und wandelbar. Er kann durch den Marktwertverfall eines anderen Subjekts oder

---

[1013] Grefe, Christiane u.a.: *Attac. Was wollen die Globalisierungsgegner?*, Berlin 2003

Konkurrenten steigen, ja, er generiert sich erst in der Differenz von ‚Mehr' und ‚Weniger'.

Diese *relationale Wertentstehung* braucht das weniger Wertvolle, die Knappheit und die konkurrierende Nachfrage- und Angebotsstruktur. Die Marktmechanismen garantieren weder die Dauer noch die ihr innewohnende Ideologie der Verteilungs*humanität*, nämlich dort wertbildend und wertverteilend zu werden, wo die Nachfrage nach Arbeit und Gütern, also auch Not und Armut, zu finden sind. Das humanitäre globale Marktversagen, auch in nationalen oder regionalen Differenzen, ist nach den im Anhang dieser Arbeit aufgeführten exemplarischen Daten offensichtlich.

Dagegen besetzt die subjektive Werttheorie eine anthropologische Perspektive. Das Bedürfnis sollte das Wirtschaften lenken. Die Verteilungsmechanismen dieser Bedürftigkeit zwischen verschiedenen Subjekten auf die Angebotsknappheit an Ressourcen bleibt aber ihr ungelöstes Problem.[1014]

Dennoch stellt sowohl der objektive als auch der subjektive Wertansatz eine in sich konsistente Theorie dar. Beide enthalten Ideen, die die Erklärung des Wertproblems voran gebracht haben. Keiner von ihnen jedoch kann für sich allein das Problem endgültig lösen, da jeder immer nur eine Seite der wirtschaftlichen Realität erfasst. Dieser Doppelcharakter ist dem Wert eigentümlich.

Die volkswirtschaftliche Werttheorie versucht den Gegensatz zwischen objektiven und subjektiven Wertansatz zu überwinden, indem sie Konzepte entwickelt, die beiden Seiten Rechnung trägt. Der Anbieter bemisst den Wert seines Gutes anhand der zur Herstellung des Gutes aufgewendeten Kosten, die objektiv messbar sind. Der Nachfrager misst ihn an der Stärke seines Bedürfnisses sowie an der Fähigkeit des Gutes, dieses Bedürfnis zu befriedigen.

Im Sinne der heute vertretenen Theorie errechnet sich die Höhe des Tauschwertes aus dem funktionalen Zusammenhang zwischen dem Angebot, determiniert durch den Kostenwert und der Nachfrage am Markt. Der Gebrauchswert muss berücksichtigend einfließen, kann aber sozial suggeriert sein. Das erwerbswirtschaftliche Prinzip wird uneingeschränkt anerkannt, käme es nicht mit den absoluten Kulturwerten (wie der Wahrung der Menschenwürde) in Konflikt. Gewinn ist die Leitmaxime der Unternehmen. Das *Gewinnprinzip*, nicht das *Versorgungsprinzip*, wird als fiskalisches unternehmerisches Ziel und aller privatwirtschaftlichen Marktwirtschaften gesehen. Demgegenüber steht die Nachfrage, das Streben der Wirtschaftssubjekte nach dem Erwerb von Gütern unter der Prämisse, gemäß den individuellen Präferenzstrukturen eine

---

[1014]Um ihre Konzeption in die Modellstrukturen der Neoklassik integrieren zu können, entwickeln die subjektiven Werttheoretiker einen humanoiden Prototyp, der zweckgerichtet (rational) handelt und seinen subjektiven Nutzen maximiert. Es entsteht ein "homo oeconomicus", dessen Präferenzen vorgegeben, nicht von der Umwelt beeinflusst werden können, und der sich gemäß seiner Präferenzstruktur individuell so anpasst, dass sein Nutzen maximiert wird. (Vgl. Kromphardt, Jürgen: *Methoden und Theoriebildung in der Volkswirtschaftslehre* (Art. Wirtschaftswissenschaft ll), in: Handwörterbuch der Wirtschaftswissenschaft, Band 9, Stuttgart/Tübingen/Göttingen 1982, S. 918)

maximale Bedürfnisbefriedigung (Nutzenmaximierung) zu erzielen. Die Befriedigung basaler subsistentieller Bedürfnisse in großer wirtschaftssozialer Asymmetrie ist dabei eingeschlossen.

Sowohl die subjektive als auch die objektive Werttheorie beziehen rechtsabsolutes Wertdenken, wie es im (ersten) Begriff der Menschenwürde vorliegt, nicht mit ein. Der objektive Wertrelativismus des Marktes kennt keine Wertkonstanz. Der Subjektivismus kann keine interpersonal garantiert verwendbare Bedürftigkeit garantieren. Kurz nach der Befriedigung der minimalsten physiologischen Lebensbedingungen gibt es keinen Konsens der Bedürftigkeit. Es gibt auch keine anthropologische Bedürfniskonstanz. Insofern ist der ‚Wertabsolutismus' der Menschenwürde kein ökonomisch transformierbarer Begriff, sondern nur ein Ordnungsbegriff. „Würde" und „Wert" des Menschen sind Leitbegriffe, aus denen alte und noch unbekannte wirtschaftsordnende Konsequenzen gezogen werden können.

Die *relationale* Wertbildung des Marktes betrifft eben nicht nur Güter, sondern auch den sozialen Wert jedes Menschen. Menschen erzielen auf dem Arbeitsmarkt sehr unterschiedliche Vergütungswerte oder sind sogar ganz von ihm ausgeschlossen. Die objektive Marktwert eines Individuums folgt relationalen Mechanismen und wird von einem nur politisch-bürgerlichen, wertabsoluten Begriff der Würde nicht tangiert. Dieser absolut verstandene Wert des Menschen ist ein Korrektiv und Ideal. Ein Korrektiv der Leidgeschichte. Erst wenn die marktwirtschaftliche Beliebigkeit der Taxierung des Menschenwertes mit dem Begriff der Würde konfrontiert wird, entsteht die konsequentialistische Analogie zwischen dem politisch-bürgerlichen Gedanken des menschlichen, absoluten Werts und der ökonomischen Aufgabe, dieses Werthandeln und Schöpfen in einem *Verhältnis* zu sichern. Aus der Idee des absoluten und gleichen Wertes jedes Menschen und der Menschenwürde ergäbe sich die Konsequenz, Menschen nicht durch die Markttaxierung mit extremen Wertunterschieden zu versehen.

Die wechselseitige soziale Selbstbewertung durch Arbeit und ihre Vergütung liegt in besonderer Weise im Wirkbereich der Idee der Würde und der wirtschaftlichen Menschenrechte. Um ihr zu genügen, müsste es, neben der ideellen Wertgleichheit, eine ökonomische Wertgleichheit im Sinne der Vergleichbarkeit aller Werte, etwa als Tauschgerechtigkeit der Arbeit geben. Schon um tradierte Privilegien und Vergütungshierarchien und natürliche Vorteile zu berücksichtigen, bedürfte es einer ‚Stunde Null' der Tauschgerechtigkeit.

Insofern wäre auch die wirtschaftliche Analogie zur „Würde" ein formal und rechtshistorisch etablierter Begriff der (Wert-)Gerechtigkeit, im Sinne von gerechtem Tausch von Gegenständen und Arbeitsbewertungen. Mit der Zielkategorie der Gleichwertigkeit aller Menschen bedeutete Würde wirtschaftsethisch, die natürliche und tradierte Ungleichheit zu kompensieren und zugleich das ökonomische Wertschaffen nicht *macht*prinzipiell zu belassen, sondern verhältnismäßig zu statuieren, d. h. mit ‚Recht' zu ordnen, zu verwandeln und *zivili-*

*siert* werden zu lassen. Darunter werden wir weiter unten den ethischen und wirtschaftsethischen Grundsatz der Verhältnismäßigkeit verstehen.

Der personale Markwert eines Menschen und der Handelswert einer Ware würden nach rechtlich grundgelegten Prinzipien korrigiert. Der Machtkampf um sozialen Wert und ökonomische Werte würde als letzte Konsequenz der menschlichen Zivilisierung pazifiziert. Aus der politisch-bürgerlichen Gleichheit folgte die wirtschaftliche Verhältnismäßigkeit. Tausch-, Partizipations- und Verteilungsgerechtigkeit würden durch den Grundsatz der Verhältnismäßigkeit ersetzt.

Aus der etablierten Idee der Würde folgte ein weiterer *Zivilisierungsschritt*, die *kompensatorische* Verhältnismäßigkeit. Kompensatorisch deshalb als Zusatz, weil die natürliche menschliche Ungleichheit mit einer differenzierten Leistungsgerechtigkeit beantwortet werden kann. Wird Leistung nur mit Marktmacht verwechselt, entstehen keine würdevollen Wert- und Lebens*verhältnisse*. Gerechtigkeit drückt sich in Verhältnissen aus. Gerechte Verhältnisse folgten dann dem Grundsatz der Verhältnismäßigkeit.

Aristoteles schon hatte das Wesen der Gerechtigkeit und des Tausches als *Verhältnismäßigkeit* erkannt und die Suche nach ihrem inneren Maß begonnen.[1015] Diesem Ansinnen soll nun gefolgt werden.

---

[1015] Aristoteles: *Nikomachische Ethik*, 1131 a.

# E Allgemeine Theorie der Verhältnismäßigkeit

## I Der doppelte Sinn des Begriffs „Verhältnis": Lebenslagen und ihre Proportionen

Wenn wir oben einmal von der „Verhältnismäßigkeit der Verhältnisse" gesprochen haben, dann taucht der Stamm des Wortes „Verhalten" in diesem Term doppelt auf. Außerdem hat jeder Begriff für sich mindestens zweifache Bedeutung.

Verhältnisse, haben wir gesehen, meinen zum einen in der alltäglichen, aber auch in der alten marxistischen Bedeutung die Lebenslage, den Lebensstil, die materielle und soziale Ausstaffierung, auch die Einkommenssituation eines Menschen oder einer Gruppe. Die Lebenslage oder der Lebensstil ist in der heutigen soziologischen Terminologie das, was zuvor unter Klassen-, Schichten- oder Kohortenzugehörigkeit homogenisiert beschrieben wurde. Besonders der Marxismus sah in einer beruflichen Klassenzugehörigkeit (abhängiger Arbeiter, selbstständiger Kapitalist, Bourgeois etc.) die Garantie für eine ähnliche Lebenslage und Mentalität. Diese Art der Verhältnisse bezeichnen dominant einen absoluten Beschreibungscharakter, obwohl der Begriff „Verhalten" einen relationalen semantischen Kern hat.

Genau diesen meint der Begriff „Verhältnis" als Proportion. Aspekte, Sachverhalte, Menschen, Lebenslagen etc. können aufeinander bezogen sein. Während der Begriff Proportion die Beziehung von zwei oder mehr Elementen beschreibt, die unter einem Kriterium, damit externen Aspekt betrachtet werden, deutet der Begriff Proportionalität wiederum auf die Abstraktion der eingegangenen oder vorhandenen Proportionen einer Sache hin.

Die Proportionen einen Hauses meinen das Verhältnis von bestimmten Größen, wie Höhe, Breite, Neigung des Daches, Versetzung der Fassade mit Fenstern etc. Von der Proportionalität eines Hauses zu sprechen, verlangt, externe Kriterien zur Beschreibung der Inbeziehungnahme von Teilaspekten (zum Beispiel nach ästhetischen Begriffen) und der Vergleichbarkeit zu unterstellen.

Unter dem Begriff der menschlichen Lebensverhältnisse kann also sowohl die absolute Beschreibung einer singulären Lebenslage gemeint sein als auch die relationale Beziehung differenter Lagen unter bestimmten Beschreibungskriterien. Die Lebenslage der Menschen des Metiers A (Zahnarzt) verhält sich zur Lebenslage des Metiers B (Schneider) in spezifischer Weise. Ein Zahnarzt verfügt möglicherweise über ein höheres Einkommen als ein Schneider. Seine Lebenslage ist in materieller Hinsicht besser ausstaffiert als die des Schneiders. Der Vergleich der Lebenslagen geschieht hier unter dem Kriterium der kapitalen Ausstaffierung.

Für unsere weitere Arbeit der Bestimmung des Prinzips der Verhältnismäßigkeit ist die Doppelbedeutung des Begriffs ‚Verhältnis' hier schon nützlich,
weil sie die Verschränkung von 'absoluter Lebenslage' eines Menschen oder einer Gruppe (‚in guten Verhältnissen') und der soziologischen Differenz zu anderen Lebenslagen aufzeigt. Zum Bestandteil einer (absoluten) Lebenslage
gehört danach die Beziehung zu anderen Lebenslagen und menschlichen Situationen. Unter bestimmten gesellschaftlichen Bedingungen gehört das Bewusstsein über die Lebenslage anderer ‚Bevölkerungsschichten' (mit anderen
‚Verhältnissen') mit zum Beschreibungskriterium der eigenen Lage. Der Vergleich der Lebenslage wird zu einem immanenten Bestandteil einer Lage.

Die Unterstellung soziologischen Bewusstseins, als Lagenbewusstsein oder
allgemein anzunehmender Grundkenntnis von Lebenslagenunterschieden, die
hier gemacht wird, kann als empirisch nachvollziehbar und gesichert betrachtet
werden. Gewisse Kenntnisse des Alltagsbewusstseins über Unterschiede der
menschlichen Lebenslagen können angenommen und soziologisch nachgewiesen werden.[1016] Damit soll nichts gesagt werden über die Tiefe und Breite dieser
Kenntnisse und Intuitionen im Alltagsbewusstsein. Es muss sogar als höchst-
wahrscheinlich gelten, dass der Horizont der Kenntnisse sehr differiert und mit
lagenspezifischen Vorurteilen und Projektionen zu tun hat.

Es gehört zum Wesen einer Lebenslage, das Verhältnis zu anderen Lebenslagen zu inhärieren bzw. zu reflektieren. Dabei wird dieser relational entstandene Wesensanteil (das Bewusstsein der Lebenslage A zu ‚meiner' Lebenslage B)
immanentes Absolutum, gewissermaßen fix. Die Beziehung, das ‚Verhältnis',
wird als Differenz oder Unterscheidung zu einer nahezu substantiellen Prägung.
Sowohl die wissenschaftliche Analyse als auch das subjektive, sicherlich ver-
zerrte Wissen um das Verhältnis (Proportion) zwischen den Verhältnissen (als
definite Lebenslagen) gehört zum Wesen der Lage.

Insofern befindet sich im Begriff ‚Verhältnis' sowohl die nach bestimmten
Beschreibungskriterien objektivierende (wissenschaftliche) *Analyse* als auch die
subjektive *Erfahrung* vergleichender Selbstbestimmung innerhalb der eigenen
Lebenslage.

Philosophisch haben wir es mit der relationalen Genese eines durchaus als
Substrat zu betrachtenden Gebildes zu tun. Wenn Menschen ihre ‚Lage' in einer
bestimmten Weise empfinden, dann muss es als legitim gelten, dass in dieser
Lagenempfindung ein relationaler Anteil steckt, der sich aus einer absoluten
und isolierten Beschreibung einer Lageneinheit nicht extrapolieren ließe.

---

[1016]Als Material kann hier die Studie des französischen Soziologen Pierre Bourdieu „La Misère
du monde" (a.a.O.) gelten. Die von ihm unternommenen qualitativen Interviews mit Reprä-
sentanten verschiedenster Lebenslagen und Metiers der französischen Gesellschaft zeigen
deutlich, dass ein vergleichendes Bewusstsein und bestimmte horizontale und analytische
Kenntnisse oder Wahrnehmungen über Unterschiede der Lebenslagen allgemein vorhanden
sind.

Systemtheoretisch muss die subjektive Innenrelationierung innerhalb der geschlossenen Eigenlage nicht mit der theoretischen Hyperperspektive von abstrakten Beschreibungsmodi übereinstimmen. Die innere Ausdifferenzierung der Lagenrelation unterliegt dem Systemsinn und muss semantisch nicht mit den Differenzierungen etwa des Theoriesystems übereinstimmen. Der interne Systemsinn wird aus der Zentralität der eigenen Semantik die Proportionen zu den anderen Lebenslagen verzerren, und zwar so, dass die systeminterne Relationierung (meine Lage zur anderen durch mich in Verhältnis gesetzt) auch meine Sicht in meine inneren Verhältnisse zu diesen Proportionen ausdrückt. Was sich mir als Subjekt dann noch als ‚Erkenntnis' der Verhältnisse der Lebenslagen bietet, hat die Relationierung bereits in eine zweite Dimension versetzt: Meine Lage bestimmt sich durch das vorgestellte Verhältnis meiner *Lagendifferenz* zu denen anderer.

## II Ist Verhältnislosigkeit ein Verhalten?

Wenn Verhältnisse durch ein Verhalten von A zu B unter einem Aspekt oder Kriterium X zustande kommen, stellt sich die Frage, ob auch Verhältnislosigkeit eine spezielle Form des Sich-Verhaltens ist? Wir stellen diese Frage immer mit ethischem, nicht mit sophistischem Interesse. Verhältnislosigkeit als Unbezüglichkeit (des Handels, des Investierens, der Verantwortung etc.) wird angesichts von Wissensbeständen um extreme, luxuriöse und notvolle Lebenslagen zu einem zentralen Begriff. Gerade das Sichberufen auf Nichtzuständigkeit, das Operieren mit Souveränitäts- und Freiheitsbegriffen, die Vorwürfe der Einmischungs- und der Unterlassungsdelikte (Sozialstaatliche Umverteilungen, Menschenrechtsverletzungen und Pflicht zur Hilfeleistung) berühren den zu bestimmenden Begriff der Verhältnislosigkeit.

*Verhältnislosigkeit* unterscheidet sich also wesentlich von der *Unverhältnismäßigkeit*, die ein „Verhalten" zu etwas anderem bleibt und sich ex negatione definiert, wenn bestimmte Kriterien der Verhältnismäßigkeit nicht erfüllt werden.

Wenn einem Sich-Verhalten eine aktive Intentionalität unterstellt werden kann, nämlich der Bezug zu einem anderen als Sache oder Person, dann könnte es auch eine aktive und eine passive Unbezüglichkeit geben. Die *passive* Art könnte auf echter Gleichgültigkeit, Unwissen bzw. lebensweltlicher Bezugslosigkeit beruhen. (‚Vom Sterben im Sudan weiß ich nichts und erlebe es auch nicht') Die *aktive* Art von Unbezüglichkeit wäre eine Art methodischer und zweckrationale Ignoranz und Agnosie, z.B. aus Entlastungsdenken, Verantwortungsflucht, Aversion, Antipathie, Freiheitsanspruch oder methodischer Konkurrenz entstanden.

*Passive* Verhältnislosigkeit wird also kein Verhalten darstellen. Sie entsteht nur aus der externen Sicht eines überragenden Beobachters, der subjektiv geglaubter Bezugslosigkeit objektive strukturelle, funktionale oder sachliche Verflechtungen nachweisen kann.

Diese Art der Unbezüglichkeit befindet sich in einem vorethischen Zustand. Die Frage, ob man einer Epoche oder einem Individuum diese Unbezüglichkeit als Mangel vorwerfen kann, erinnert noch einmal, neben der Freiheitsproblematik, an die Unterscheidung zwischen einem wissenden, theoretischen Sich-Beziehen auf einen Gegenstand und einer lebensweltlichen, wie wirtschaftlichen und rechtlichen Beziehung. Damit einher geht die alte Frage nach der in Verhältnisse setzenden praktischen Wirkung von Theorie und Wissen. Gibt es einen lebenspraktischen Übergang von Wissensbeständen in Verhalten, hier speziell, in die Ausweitung des Ins-Verhältnis-Setzen als politischer oder moralische Konsequenz?

*Passive* Verhältnislosigkeit (Unwissen des Verhältnisses etwa zwischen Autofahren und der Erhöhung der Bronchialasthmahäufigkeit bei Kindern) kann individualethisch nur mit moralistischen Argumenten zu einem Ärgernis erklärt werden. Der subjektive oder epochale Sinn der Verhältnislosigkeit (als Wissen, Theorie und Sozialverhalten) wird mit Forderungen aus deontologischen Wunschbegriffen nicht deutlicher.

Erst mit der *aktiven*, also intentionalen Verhältnislosigkeit erhält der Sachverhalt einen ethisch nutzbaren Rang. ‚Wir' wissen um 30.000 Menschen, die noch heute verhungern werden und ändern keine wirtschaftsstrukturellen Gesetze und Maßnahmen.[1017] Denn, wir kennen auch nicht dieses ‚Wir'. Aus einer Interessenfokussierung bestimmter Träger macht es Sinn, Verhältnislosigkeit zu fordern und zu praktizieren. Die Gründe sind utilitaristisch. Vorteile aus Unverantwortung durch intentionale Verhältnislosigkeit sind der Zweck. Erst mit dieser *Intentionalität* von Verhältnislosigkeit[1018] gelangen wir auch zu der Problematik der Unverhältnismäßigkeit, bzw. der Suche des Kriteriums der Verhältnismäßigkeit.

Wir sehen, dass der Begriff ‚Verhältnis' eine eminente Bedeutung für eine Theorie der Gerechtigkeit und einer Würdegenese durch Verhältnismäßigkeit bekommt. Wenn soziale Würde sich (auch) als ‚Verhalten' erfüllend konstituiert, dann spielen Kriterien für die würdestiftenden Proportionen die entscheidende initiatorische Rolle.

---

[1017] Siehe dazu die Datensammlung im Anhang.

[1018] Im dt. Recht stellt der Straftatbestand der „unterlassenen Hilfeleistung" den Hinweis dar, dass Menschen verpflichtet werden können, ihre Lebenslage ins Verhältnis zu setzen und bestimmte pragmatische Folgerungen daraus zu ziehen.

## III Über den doppelten Sinn des Begriffs der Verhältnismäßigkeit

Während „Verhältnisse" allgemein durch ein Verhalten zueinander unter bestimmten Gesichtspunkten entstehen, eine Bezogenheit von Gütern oder Werten, unterstellt der Begriff der Verhältnismäßigkeit, dass zwei oder mehr Güter oder Lagen unter dem Gericht eines Satzes, Gutes oder Wertes *verglichen* werden können. Die Verhältnismäßigkeit des Unvergleichbaren ist ausgeschlossen. Wenn die Beschaffung der Trinkwassermenge eines Monats für ein gerade verdurstendes Kind die gleiche Kapitalmenge braucht, die zur Bestellung einer weiteren Tasse Kaffee in einem Café nötig ist, dann tritt nach obiger Überlegung zuerst die Frage auf, ob sich die beschriebenen Lebenslagen zueinander verhalten, ob also ein Verhältnis zwischen den beiden Getränke- und Bedürfnissituationen besteht oder diese hier nur theoretisch zusammengesetzt sind.[1019] Unterstellen wir einmal, es herrschte keine *Verhältnislosigkeit*, sondern ein lebensweltlicher Bezug, die Lebenswelt des verdurstenden Kindes befände sich wirtschaftlich oder räumlich in Bezug zum Café-Besucher, dann stellte sich die Frage, ob aus dieser Beschreibung von zwei verschiedenen Lebenslagen überhaupt etwas folgte. Die Zusammenstellung der beiden Lebenslagen suggeriert zwar eine Graduation nach Dringlichkeit der zu unternehmenden Maßnahmen: Solange keinen Kaffee auszuschenken oder zu produzieren etc., bis das verdurstende Kind Wasser erhalten hat und überlebt. Diese *Zusammenschau* der Lebenslagen gehört aber *nicht* zur Notwendigkeit einer einzigen Lebenslage. Die Gleichzeitigkeit von extremen menschlichen Lebenslagen zeugte in der Historie immer von einem Übermaß an Unbezüglichkeit in Wissen und Handeln. Diese Unbezüglichkeit wird sich im Rahmen der Globalisierung immer mehr abbauen. Die rechtliche, wirtschaftliche und wissensmediale Integration der Welt wird einer weiteren strukturellen Verflechtungsdynamik folgen, wie die Historie zeigt. Die ethischen Folgerungen aus dieser Intensivierung von Verhalten *in* Verhältnissen sind dagegen keine zwangsläufigen Konformentwicklungen. Ethische „Brasilianisierung" ist ebenso wahrscheinlich.[1020] Sie nimmt die Position einer beabsichtigten, also aktiven Verhältnislosigkeit zu der ethischen Frage der Verhältnismäßigkeit der Lebenslagen ein. Sie verhält sich zum Elend hinter ihren Ghettomauern in einer aktiven, nämlich exklusiven Position.

Wenn wir die Zusammenschau der Lebenslagen aber (mit utilitaristischem Duktus) versuchen, müssen wir Kriterien der Vergleichbarkeit einsetzen, wie hier im Beispiel den Nutzen des investierten Kapitals in die teuere Tasse Kaffee im Vergleich zum Beschaffungskapital von simplem Wasser für das verdurstende Kind. Wir unterstellen heuristisch, dass sich das investierte Kapital hätte

---

[1019] Es verdurstet nach Schätzungen der UN ein großer Teil der ca. 30 000 täglichen Toten, die als verhungert gelten. Mehr als 100 Mio. Kinder leben auf der Straße. DER SPIEGEL v. 29. 12. 1997, Nr. 52

[1020] Gemeint ist die Selbstausgrenzung der Privilegierten in Luxusghettos.

‚besser' nutzen lassen. Zur Bestimmung des ‚besseren' Nutzens haben wir dabei intuitiv Dringlichkeitsaspekte unterstellt, durch die die Verhinderung eines Verdurstens angesichts einer relativen Vergnügungskonsumption zum überragenden Gut wird. Das Gut ‚Leben' überragt das Surplusgut Kaffeegenuss. Wir können dieses Vorgehen aber nicht aus der Sache der beiden Lebenslagen ableiten. Dass sich die beiden Lebenslagen lebensweltlich zueinander verhalten, sich also begegnen oder strukturell sogar mitbedingen, macht die Beziehung aus, die ein *Verhältnis* der Lebenslagen beschreibt. Sie berühren sich, wäre dann die These und *perspektivische* Synopse, oder sie sind *genetisch* verwoben oder bedingen sich. (Armut bedingte etwa den Luxus und umgekehrt.)

Zu fragen aber, ob das aus den beiden dargestellten Lebenslagen entstandene Verhältnis *verhältnismäßig* ist, unterstellt die Möglichkeit eines Prinzips der Beurteilung, das nicht innerhalb des Faktischen zu finden ist. Ist Verdursten verhältnismäßig angesichts von üppigem Kaffeekonsum in Cafés, angemessen in Anbetracht der Durstnot? Andererseits, ist es verhältnismäßig ein Individuum an einem beliebigen Ort der Welt mit den globalen Problemen zu belasten?
Damit verknüpft sind die beiden Hauptfragen der Verhältnismäßigkeit:
- Warum überhaupt Lebensbereiche, Güter, Werte, Lebenslagen ins Verhältnis setzen, um sie dann auf Verhältnismäßigkeit abklopfen zu können?
- Nach welchen Beurteilungskriterien soll das Maß gefunden werden, das als Verhältnis-Maß gelten soll?

## 1 Die Arten der Korrelationen

Die Operation mit dem Begriff der Verhältnismäßigkeit hat insofern den doppelten Sinn, als sie über zwei Möglichkeiten von Bezüglichkeit oder Korrelationalität aufklärt. Sachverhalte, Dinge, Personen, Lebenslagen müssen sich erstens zueinander verhalten, um sich für die Beurteilung ihres Verhaltens nach Verhältnismäßigkeit zu qualifizieren. Dass Menschen ‚Sozial-Verhalten' entwickeln und ausbilden, macht ihre Wesensbestimmung aus. Das sozial zu beschreibende Wesen, zudem sicherlich auch das seelisch-mentale Dasein des Menschen, gehört zu der allgemeinen Umweltkorrelation eines lebendigen Organismus'. Ebenso bildet zweitens die physiologische Dimension des Menschen ein Verhältnis zur organischen und anorganischen Umwelt.
Dieses Sichbeziehen kann eine *funktionale, strukturelle* oder eine *systemische* Existenzform haben. Dabei ist nicht ausgeschlossen, dass diese Wirklichkeitsverflechtungen kognitiv geleugnet werden können. Das Sichbeziehen muss auch keine aktivische Handlungs-, Wissens- oder Erkenntnisform sein. Der Bezug ist Teil der organismischen Verflechtung in allen Dimensionen des Lebens, der Gesellschaft und der Natur. Es kann erkannt oder nicht erkannt werden. Da-

bei spielt es für die Existenzbedingung und -form keine Rolle, ob diese reflektiert, gewusst oder bewusst sind. Erst die aufklärende oder wissende Hebung von realen Relationen und Bezügen, ihre geistesgeschichtlich allgemeine aber auch personale Sichtung, korrespondiert mit der Kognition und Reflexion dieser Verhältnisse.

Als objektiv erkannte, wissenschaftlich erforschte und ins Allgemeinwissen oder Empfinden gehobene Verhältnisse (Korrelationen) müssen sie nicht zu subjektiven Erkenntnissen führen. Insofern besteht zwischen der Erkenntnis und der Realität von Beziehungen selbst ein Verhältnis. Da auch die evolutive Erkenntnisgeschichte zugleich analytische Differenzierungen und synthetische Dependenzen hervorbringt, korrespondiert die Entwicklung der Lebenswelten und globalen Verflechtungen mit derjenigen ihrer abgelehnten oder aufgegriffenen Kognition. Es steht Menschen frei, Wissensbestände und ihre Beziehungen zur Kenntnis zu nehmen. Es bleibt sogar die Konsequenz einer immer begrenzten individualen Lebenswelt, die realen Verhältnisse der Beziehungen wahrzunehmen oder, wie es konstruktivistisch der Bewusstseinsbildung des Menschen näher liegt, interessenorientierte Konstrukte der Verhältnisse als Weltbild, Ideologie oder Vorstellung zu erstellen.

Die Selektion von Wissen und die Irrationalität von Erkenntnis- und Wissensbeziehungen zeichnet gerade die menschliche Orientierungs- und Identitätssuche im Universum des Faktischen und seiner Korrelationen aus. So kann ein Psychologe, mit der Spezialisierung in Autoritäts- und Emanzipationsproblemen, an einen strafenden Gott glauben, ohne mit seiner Theorie in Konflikt zu geraten.

Das Herstellen von Bezügen, Wissens- und Erkenntnisbeziehungen folgt also nicht immer am Leitfaden des Faktischen, sondern auch des Nützlichen. Ideologien, aber auch alle zeitgeistigen Weltbilder zählen dazu. Sie sind spezifisch und haben neben dem Sinn, selektive Wissens- und Erkenntnisformen auszubilden, auch die Aufgabe, die partiellen Bestände für Wertbesetzungen zu nutzen.

Es besteht scheinbar eine Einheit zwischen dem *Wertgeschehen* einer Wahrnehmung, der Kognition (oder eines Sozialverhaltens) und dem Sinn ihrer spezifischen Selektion. Die Akzentuierung von Wissen, überhaupt die Spezifität einer Person oder einer Epoche mit allen ihren funktionalen, strukturellen und systemischen Bezügen drückt sich in einer qualitativen Selbstabsicherung aus, die man das Wert- oder Orientierungsverhalten der Epoche oder jeweiligen Person nennen könnte. Was sich als Wertung legitimiert ausdrücken will, meint, die Spezifität der Selektion von Möglichkeiten, Korrelationen, Bezügen und Beziehungen herzustellen. Menschliche Kognition und Wertung zeichnen sich durch nicht vollzogene Verhältnissetzung von Fakten und Weltaspekten aus. Menschliche Spezifität scheint zu weiten Teilen aus dieser *Verhältnislosigkeit* von Informationsverarbeitung zu bestehen.

Neben dem selektiven Epochen- und Selbstverständnis bestehen aber noch objektive Beziehungen, die hier einmal aus der soziologischen Sicht beispielhaft differenziert werden sollen.

*Erkanntes* Sichbeziehen (Korrelation) kann als *funktionaler* Bezug zwischen den separierten Lebenslagen ‚Arm' und ‚Reich' bestehen, wenn Armut den soziologischen Sinn hat, das Bessersein der Lebenslage in Reichtum exklusivisch zu konstituieren. Oder der (unerreichbare) Reichtum hat für die Perspektive der Armut die Funktion, Leitwert zu sein und durch marktwirtschaftliche Versprechen an wachsenden Wohlstandsbeteiligungen antirevolutionär zu wirken. Erst durch den Bezug ganz verschieden erscheinender Lebenslagen taucht eine Funktion von Armut und Reichtum auf, die in einer nicht-relationalen Beschreibung nicht erkannt würde. Der Arme wäre nicht (relativ) arm. Zur Faktizität des Objektiven gehören demnach auch alle funktionalen Beziehungen, die nicht phänomenal der Sache angehören. Die Wörter *arm* und *reich* transportieren einen relationalen Sinn, auch dann, wenn ihr Bezug *nicht* sozial gemeint ist, sondern andere Vergleichsdimensionen hat (Die Leere des Alls, die Wüste, das Schlaraffenland). Funktional wird ihr Bezug erst dann, wenn er zu einer relationalen Wertschöpfung beiträgt: Der Mensch wird als reicher Mensch zum wertvolleren Menschen. Der arme Mensch wird degradiert, zum ‚Minderwertigeren', zum ‚Kleinen Mann', gehört zu den ‚Kleinen Leuten'.

*Strukturelle* Korrelation besteht etwa zwischen Selbstverwirklichungschancen und der persönlichen zweiten Sozialisation eines Menschen in seinem Elternhaus.[1021] Die Struktur objektiver Bildungschancen durch ein nutzbares Bildungssystem korrespondiert mit einem subjektiven Nutzungsprofil, das sich durch erlernte Kompetenzen wie Selbstwerteinschätzung, Kommunikabilität, Ausdauer, Intelligenz etc. auszeichnet. Die Objektivierung von Bildungschancen ist insofern falsch, wenn die Objektivität des subjektiven Response-Profils unterschlagen wird. Erst die Komplementarität der objektiven Bereitstellungs- *und* subjektiven Nutzungsstruktur ergibt die objektive Nutzungschance des Bildungssystems. Sie ist immer abhängig von der Korrelation zu einer bestimmten Person.

*Systemische* Bezüge existieren besonders als intersystemische Korrelationen und Kopplungen. Die Ausgrenzung von Weltaspekten zu einem System und seiner Umwelt, seine Sinnbildung und Substanzialisierung verhindert nicht, sondern verstärkt die Möglichkeit oder Notwendigkeit, mit anderen Systemen

---

[1021] Pierre Bourdieu benutzt das Beispiel des relationalen Elends innerhalb des frz. Schulsystems. Vgl. „Die intern Ausgegrenzten", in: Bourdieu, Pierre: *Das Elend der Welt*. Zeugnisse und Diagnosen alltäglichen Leidens an der Gesellschaft, Konstanz 1997

zu kommunizieren.[1022] So kommt das kaufmännische Handeln und sein Selbstverständnis nicht ohne Korrespondenz mit rechtlichen und vertragsrechtlichen Dimensionen aus. Gäbe es keine Vertragsgarantien, keine Warentransporte, keine Sicherheitsgarantien, wäre dieses kaufmännische Handeln nicht möglich. Die Möglichkeit und das Verständnis des Handelns eines Kaufmanns liegen in der Nutzung und Reflexion aller systemischen Verflechtungen und Korrelationen mitbegründet. Kaufmann zu sein korreliert mit anderen Systemen wie Recht, Politik und Verkehrswesen.

## 2 Von der Ontologie zur Relationalität

Die Bedeutung von Wissen für ein annäherndes Weltverständnis, anhand von Analysen und Differenzierungen kognitive Verbindungen und Bezüge herzustellen, kann als unabweisbar gelten und soll hier auch nicht in eine epistemologische Grundsatzpositionierung führen, ob es ohne Kognition eine Realität gibt und ob deren Vielfalt ohne eine entsprechende Wahrnehmung, Erkenntnis und mentale Reduplikation überhaupt existiert. Wichtig ist dabei nur, dass eine partielle Unterlassung oder Nichtdurchdringung von lebensweltlichen und wissenschaftlichen Korrelationen und ‚Verhältnissen' zu je differenten Weltbildern führt. Verstehen ist je exklusiv. Das Nichtgewusste, Nichterlebte und nicht in Beziehung Verstandene macht das Profil einer Wirklichkeitskonstruktion und Deutung aus.

Die Aufgabe, ‚Verhältnisse' im Sinne der Lebenslage zu erkennen, verbindet sich mit einer Erkenntnistätigkeit, die den Grad und die Art der Verflechtung im Sinne von Relationen und Proportionen zu anderen herstellt. Die Lagenbeschreibung und Erfahrung eines Menschen verändert sich mit der Ausdeutung und Analyse ihrer Relationalität zu anderen. Das Wesen einer Lage wird durch ihre Verhältnisse zu allen möglichen Lebensdimensionen beschrieben.[1023]

Das individuale Motiv eines Menschen, sich einen bestimmten Erkenntnishorizont zu erarbeiten oder bestimmte Wissens-, Beziehungs- und Erkenntnisbestände auszusparen, unterliegt übergeordneten Lebensdynamiken (Selbstverwirklichungssuche, Bestimmung der Belastungsgrenzen, Wissen und Erfahrungen zu verarbeiten etc.). Hier sollen nicht deren soziologische, psychologische oder kulturelle Spielarten beschrieben werden, sondern nur die Bedeutung erwähnt sein, die das Verstehen für die Entschlüsselung des verhältnismäßigen (unter Kriterien gestellten relationalen) Anteils von Lagenbestimmungen spielt.

---

[1022]Vgl. Luhmann, Niklas: *Soziale Systeme. Grundriß einer allgemeinen Theorie*, Frankfurt/M. 1988, S. 224

[1023]Zum soziologischen Begriff der Lage vgl.: Bourdieu, Pierre: *Der Tote packt den Lebenden. Schriften zu Politik & Kultur 2*, Hamburg 1997, S.102, und ders. Kap. „Ortseffekte" in: *Das Elend der Welt*, a.a.O., S. 159 f.

Ohne die Erkenntnis, die Erfahrung oder das Wissen um Beeinflussungszusammenhänge kann der *nicht* essentielle, sondern *relationale* Anteil einer Sache nicht genutzt werden.

Wenn der alte Begriff des *Wesens* ein Sein-an-sich suggerierte, dann beschreibt der Begriff der *Verhältnismäßigkeit der Verhältnisse* Wirklichkeiten als Korrelationen. An die Stelle der philosophischen Essenz tritt die Relationalität, die Spezifität der Relationen, die die Wirklichkeit bestimmen. *Verhältnismäßigkeit der Verhältnisse* meint in dieser ersten Bedeutung, dass Wirklichkeit bis hin in die Mikroprozesse der Atomphysik[1024] vorrangig als Bezüge, Relationen zu beschreiben ist.[1025] Verhältnismäßigkeit dieser *ersten* Bedeutung meint, dass das Maß der Wirklichkeitsmessung das ‚Verhältnis', die Relation ist und *nicht* die Suche nach einer Essenz, nach einer fixen menschlichen *conditio*, nach einer festen Bedürfnisstruktur, einer festen Ethik oder fixen Gerechtigkeits- und Wirtschaftssystemvorstellung.

Die im philosophischen Antiquariat liegende Ontologie, die, beginnend beim „unbewegten Beweger" Aristoteles', ein solitäres Sein, eine unteilbare Substanz, ein Atom suchte, muss erstens ersetzt werden durch die Frage nach der 'Verhältnismäßigkeit aller Verhältnisse' und zweitens durch ein Prozessmodell. Etwas, das sich *durch* Bezug, Interaktion, Wechselwirkung definiert und *bildet* (bis hin zur Ökologie) und zudem in ständiger Evolution und (hier: kultureller) Modifikation befindet, ist kein ontisches Etwas, hat kein Sein und existiert nicht *für sich* und nicht *an sich*. So der Mensch.

Die theoretische Durchdringung und Heuristik – als einem theoretischen Verhalten - ändert den unter diesem Beobachtungsinstrumentarium angetroffenen oder besser nicht angetroffenen Gegenstand. Mit dem ontischen Instrumentarium findet man Seinszustände. Mit dem relationalen ergeben sich nicht einfach nur Unschärfen, sondern eine Kasuistik von Variablen. Was sich ändert, verändert auch seine Bezüge und verursacht Fremdveränderungen. Das Anderswerden kann interne aktive Bezugs- und Verhaltensmodulation sein oder passive Erfahrung des Wandels von Bezugssystemen, Strukturen und Funktionen.

Die Beschreibung eines Menschen, der Natur, der Physis aus Relationen ergibt unter bewusst angewendeten Kriterien des Gütervergleichs Verhältnismäßigkeiten – als Art der Verhältnisse, des Verhaltens.

Die *zweite* Bedeutung des Begriffs der Verhältnismäßigkeit, die ethische, ist davon methodisch und theoretisch nicht zu unterscheiden. Sie beruft sich lediglich deontisch auf Güter, die auch ohne normative Perspektive aus Verhältnissen bestehen oder in Verhältnislosigkeit koexistieren. Die ethische Bedeutung

---

[1024] Vgl. Fritsch, Harald: *Die verbogene Raumzeit*. Newton, *Einstein und die Gravitation*, München/Zürich 1996; Thorne, Kip S.: *Gekrümmter Raum und verbogene Zeit. Einsteins Vermächtnis*, München 1996

[1025] Man bedenke nur die Konsequenz für einen jetzt relational verstandenen Begriff von Freiheit.

des Begriffs der Verhältnismäßigkeit ist nur ein Sonderfall der Korrelation, z.B. bestimmter tradierter Werte in der Realität des Rechts- oder Wirtschaftssystems. Was entsteht, wenn die Bergpredigt in Relation zum Kapitalismus gebracht wird?

Das Beziehungsdenken der Verhältnismäßigkeit operiert nicht prinzipiell anders als etwa die Ökotrophologie, die Aussagen über bestimmte Stoffe der Natur im Verhältnis zu ihrer Nutzung für die Ernährung des Menschen macht. Die ethische Diskussion um Verhältnismäßigkeit konfrontiert ebenfalls Aspekte der Wirklichkeit. Dabei wird der Realität von Werten, Moralen und rechtsphilosophischen Grundgütern die gleiche Fähigkeit zur Korrelation zugesprochen.

Spätestens mit M. Weber ist deutlich geworden, dass Wertsphären und kulturelle Leitideen alle wichtigen Lebensbereiche und Handlungen durchziehen und durch diese mitgeprägt sind.[1026] Weber hatte dazu vier Arten der Rationalität unterschieden: Die *Zweckrationalität*, die, im Gegensatz zu einem emotionalen, traditionellen und routinemäßigen Handeln, eine Mittel-Ziel-Relation herstellt. Die *theoretische* Rationalität, die nach wissenschaftlichen und nicht esoterischen Kausalzusammenhängen sucht. Die *formale* Rationalität, die die Bezugnahme zu universell anzuwendenden Regeln herstellt, um situative Idiosynkrasie und Erratik zu vermeiden. Dazu zählt der Bezug auf Gesetze, Rezepte, Regeln und Formeln. Schließlich viertens die *Wertrationalität,* die sich an einem Willensmaßstab orientiert, der durch die Mischung unterschiedlichster Beweggründe, wie Macht, Lust, Frömmigkeit, Tugend etc. geformt sein kann.

Die Nutzung der verschiedenen Rationalitäten stellt in unserer Idee zunächst analytisch Güter, wie Leiden und Luxus, gegenüber und fragt nach der Bedeutung ihres Verhältnisses. D. h. sie konfrontiert nichtkorrelierte Wirklichkeiten. Es findet die *ethische Ausweitung* des juristischen „Grundsatzes der Verhältnismäßigkeit" auf das *gesamte* Rechts- und Wirtschaftsleben statt. Die globale Analyse der Beziehung von ‚Luxus und Leiden' könnte dann mit dem „Grundsatz der Verhältnismäßigkeit" konfrontiert werden. Der Hauptbegriff dieses Grundsatzes verkörpert mehrere Bedeutungen und Dimensionen:

- Die Wirklichkeit der Wertwelten besteht aus Korrelationen.
- Die Verhältnismäßigkeit beschreibt allgemein den Grad der Verflechtungsdichte und -intensität nach den Modalitäten: bereits als Korrelation verwirklicht / noch historisch zur Korrelation offen.
- Die Verhältnismäßigkeit im engeren Sinne kann ein ethischer und rechtspolitischer Grundsatz sein und das gesamte Rechts- und Wirtschaftsleben durchdringen. Der ethische oder juristische Grundsatz der Verhältnismäßigkeit ist eine deontische Forderung nach Korrelation unter einem Abwägungs*maßstab.*

---

[1026]Weber, Max: *Die protestantischeWertethik und der Geist des Kapitalismus*, in: Ders.: Die protestantische Ethik 1. Eine Aufsatzsammlung, Hamburg 1975

Als Zwischenergebnis ergibt die Differenzierung des Begriffs der Verhältnismäßigkeit folgende Korrelationsarten:

(1) *Existente Korrelation*, wie etwa zwischen Arbeitslosigkeit und seelischer Stabilität, zwischen Luxus und Billiglohn, zwischen symbolischem Materialismus und der Graduation des menschlichen Würdewertes. Die bereits partiell existenten Korrelationen unterscheiden sich nach *objektiver* (funktionaler, struktureller und systemischer) Kopplung und den *subjektiven* und *epochalen* Erkenntnis- und Wissenslagen. Was wir über Beziehungen von Wirklichkeitsausschnitten wissen oder zu erkennen glauben, wird die Intensität und Menge der wirklichen Korrelationen wahrscheinlich weit *unter*schreiten. Das Wissen und das Verstehen der Welt ist rudimentär.

(2) Die *herzustellenden* oder *sich evolutiv herstellenden Korrelationen* ‚einer' eben nicht völlig integrierten und dependenten Welt. Dazu gehören bislang *nicht funktional* abhängige Tatbestände, sondern *systemisch* zu integrierende. Diese Position negiert quasi die Vorstellung einer Erde oder des Lebens als ganzheitlich dependenten Oikos (Der Hunger in der vierten Welt korreliert nicht mit der Situation des Verkehrswesens in Skandinavien). Die Varietät der Evolution schafft Nischen, Parallelwelten und geschlossene Teilbiotope.

(3) Ein totales *Korrelationsverhalten* als vollständige Arbitrarität von Wechselwirkungen im Sinne der Chaostheorien: Diese Position geht von umfassenden Wechselwirkungen aller Erscheinungen des Oikos Erde aus und unterstellt vollständige interdependente Beeinflussung. Es gibt keine Partition und Partitionierung von Wirklichkeit, die nicht das Totum modifiziert.

Nach dieser Differenzierung bleibt immer noch ungeklärt, was das Maß der Verhältnismäßigkeit ist. Aus der Tatsache, dass sich Lebensdimensionen zueinander verhalten und korrelieren, folgt noch kein Maßstab, ein vergleichendes Gut, die etablierten oder erst nur anvisierten ‚Verhältnisse' als ethisch wünschenswert zu beurteilen. Bevor wir zur Frage und Möglichkeit eines *Tertium comparationis*, des vergleichenden Dritten, kommen, oder eines *Primum comparationis*, also eines substanziell Gleichen im Verschiedenen, soll der Grundsatz der Verhältnismäßigkeit im Deutschen Recht dargestellt werden. Er führt uns zu der Wahrnehmung, dass sowohl in ihm als auch im Begriff der Würde das Gebot eines gemeinsamen Abwägungsvorgangs wirkt.

# IV Der Grundsatz der Verhältnismäßigkeit im deutschen und europäischen Recht

## 1 Systematik

Der rechtliche Grundsatz der Verhältnismäßigkeit (GdV) hat sich im deutschen Recht, besonders im deutschen Verfassungs- und Verwaltungsrecht am weitesten etabliert und wurde von dort mit Vorbildcharakter für die Rechtsprechung des Europäischen Gerichtshofes (EuGH) sukzessiv übernommen.[1027] Er ist ein Grundsatz des objektiven Verfassungsrechts und kein Individualrecht. Das deutsche Grundgesetz ist (noch) aus der Logik der Rechtsgeschichte auf das vertikale Verhältnis von Bürger und Staat eingestellt. Ansätze, das Grundgesetz auch in seiner „Drittwirkung" zu interpretieren, als horizontale Wirkung der Grundrechte auf eine soziometrische Gestaltung der Gesellschaft hinzuführen, werden nur zögerlich akzeptiert.[1028] Der Grundsatz der Verhältnismäßigkeit spielt jedoch wegen des engen Zusammenhangs zu den Individualrechten eine dominante Rolle bei der Aktualisierung und Effektuierung der grundrechtlichen Freiheit.[1029] Seine Hauptfunktion liegt in Bereich der Grundrechte. Die Verfassungsgerichtsbarkeit überwacht den Gesetzgeber hinsichtlich seiner Grundrechtsbindung mit Hilfe des Prinzips der Verhältnismäßigkeit. Die Lokalisierung des Grundsatzes kann in Art. 1 Abs. 3 gesehen werden.

Er wird auch als *Übermaßverbot* bezeichnet. Die Terminologie ist zum Teil immer noch unklar.[1030] Das Bundesverfassungsgericht verwendete anfangs Ausdrücke wie vertretbar, erforderlich, übermäßig, unangemessen, vernünftig, sachgerecht, unerläßlich und unbedingt notwendig. Ein Bedeutungsunterschied war ersichtlich.[1031] Insbesondere war lange unklar, welcher Begriff der Oberbegriff sein kann und nach welcher Reihenfolge die Teilsätze abgehandelt werden müssen.

Heute wird der Grundsatz der Verhältnismäßigkeit (im weiteren Sinne) nach drei Teilgrundsätzen behandelt, wobei der dritte die ,Verhältnismäßigkeit im

---

[1027] Über den Einfluss auf den EuGH siehe weiter unten.

[1028] Zur „Drittwirkung" vgl. Fn. 484, 485, 489, 502

[1029] Wendt, Rudolf: *Der Garantiegehalt der Grundrechte und das Übermaßverbot*, AöR 104 (1979), S. 414, 415 f.

[1030] Die Terminologie ist unklar. Das Bundesverfassungsgericht (BVerfG) benutzt den Terminus „Verhältnismäßigkeitsgrundsatz" (BVerfGE, 1958, Bd. 7, S. 377, Bd. 30, S. 292 f.) Die Deutschen Gerichte bedienen sich oft des Ausdrucks Übermaßverbot. (BVerfGE 1963, Bd. 16, S. 194)

[1031] Schneider, Hans: *Zur Verhältnismäßigkeitskontrolle insbesondere bei Gesetzen*, in: Bundesverfassungsgericht und Grundgesetz, Tübingen 1976, Bd. II, S. 390, 392

engeren Sinne' geworden ist. Dieser Teilgrundsatz trug früher auch den Namen Angemessenheit. Der erste zu prüfende Teilgrundsatz ist der der Erforderlichkeit, der zweite der der Geeignetheit.[1032]

Der Ausdruck Übermaßverbot für den GdV deutet gut an, dass es sich um eine Kollision von Rechtsgütern handelt, die der Grundsatz regulieren will. Insbesondere entwickelte sich der GdV als Schranke und Begrenzung der staatlichen oder hoheitlichen Macht gegenüber den Bürgern und Untertanen. Er verkörpert ursprünglich die Idee der Machtbegrenzung autokratischer Gesetzgebung.

> Die Polizei darf nicht mit Kanonen auf Spatzen schießen [...]. Das schärfste Mittel muß stets die ultima ratio sein. Der polizeirechtliche Eingriff muß den Verhältnissen angemessen, er muß verhältnismäßig sein.[1033]

Die Teilgrundsätze haben nach Auslegung des Bundesverfassungsgerichts Verfassungsrang.[1034] Ihr Ursprung liege in den Grundrechten und ist bei Auslegung und Anwendung stets zu beachten. Der GdV ist die „übergreifende Leitregel allen staatlichen Handelns".[1035]

## 2  Der Teilgrundsatz der Erforderlichkeit

Die Erforderlichkeitsprüfung von Gesetzen oder Regierungsmaßnahmen war der zuerst angerufene Grundsatz, der ein Verhältnis zwischen der Freiheitsbeschränkung oder der zu erwartenden Last des Bürgers und dem Nutzen der beabsichtigten Maßnahme herstellte. Er forderte, den angestrebten Zweck mit den am wenigsten in die Freiheit der Bürger eingreifenden Mittel zu erreichen. Ein vom Gesetzgeber eingesetztes Mittel ist dann für die Erreichung des Zwecks erforderlich, wenn der Gesetzgeber kein anderes gleich wirksames Mittel und das Grundrecht weniger oder gar nicht einschränkendes Mittel hatte wählen können.[1036] Das Mittel mit den geringsten nachteiligen Folgen ist zu wählen. Der

---

[1032]Erst nach 1945 wurden die ersten beiden Teilgrundsätze in Anbetracht des Naziterrors anerkannt. Vgl. Bender, Bern: NJW 1955, S. 938 f.; ders. in: DVBL 1957, S. 278 f.; Düring, Günter, in: JZ 1953, S. 193 f.

[1033]Fleiner, Fritz: *Institutionen des deutsche Verfassungsrechts*, 8. Auflage, Tübingen 1928, Neudruck Aalen 1963, S. 404. Unter polizeirechtlichen Maßnahmen verstand man seit dem 17. Jahrhundert, wie im Preußischen Landrecht, alle verwaltungstechnischen Aufgaben des Staates, die die Güter und Freiheiten des Bürgers einschränken konnten.

[1034]BVerfGE 19, 342, 348; BVerfGE 19, 242, 384 f.

[1035]ebenda

[1036]Vgl. die Rechtsprechung des BVerfGE, 25, 1, 17; 30, 292, 316; 33, 171, 187; Andere Formulierungen finden sich in: BVerfGE 37, 1, 21; 38, 281, 302; 39, 210, 230; 40, 196, 223; 40, 371, 383;

Grundsatz der Erforderlichkeit stellt die Forderung an den Gesetzgeber, eine Minimierung der Interventionen, die die Rechte der Bürger beeinträchtigen könnten, durchzuführen.

Der Staat sollte bei polizei- und verwaltungstechnischen Maßnahmen und Gesetzen abwägen, ob die Freiheitsbeschränkung des Bürgers erforderlich war, um das zu erzielende Gut (wie Sicherheit, Verbrechensbekämpfung) zu erreichen. Der rechtseinschränkende Effekt eines Mittels muss mit den Wirkungen anderer möglicher Mittel verglichen werden.[1037]

Es geht also diesem Grundsatz nicht um eine Einschränkung des Gesetzgebers, in dem Sinne, ihm die Erforderlichkeit seiner Gesetze und Maßnahmen strittig zu machen, sondern nur um die Frage, ob es mildere Mittel gibt, die noch weniger einschränkende Wirkungen zeigen.

Nicht also die Maßnahme, das Gesetz, der Eingriff soll an irgendeinem anderen Maßstab *relativiert* und bemessen werden, um etwa substanziell ein Gesetz zu Fall zu bringen, sondern die Relativierung der Erforderlichkeit bezieht sich nur auf das Element des Mittels.[1038] Die Bestimmung des mildesten Mittels ergibt sich aus dem subjektiven Grad der Einschränkungsbetroffenheit, die dem Bürger beim Ansetzen der Mittel zur entsprechenden Maßnahme widerfährt.[1039] Die Erforderlichkeitsprüfung hätte aber keinen Sinn, wenn nicht auch externe Kriterien mitgeprüft würden und der Zweck der Maßnahmen mit zum Prüfungsgegenstand gehörten.

Die Problematik dieses Teilgrundsatzes besteht in der Frage nach der Bestimmung des mildesten Mittels. Es könnten mehrere gleichminimierende Mittel existieren. Oder die objektive Einschätzung der Mittel differiert mit der subjektiven der Betroffenen, was sehr zu erwarten ist. Der Gesetzgeber sieht deshalb ein sogenanntes „Austauschmittel" vor, das er dem Adressaten der Einschränkung zur Wahl stellt. Der Bürger kann ein anderes vorgeschlagenes Mittel aussuchen, das er als geeigneter für sich hält.[1040]

Eine Maßnahme oder ein Mittel ist nur dann *nicht erforderlich*, wenn es ein besser wirksameres und milderes Mittel gibt, das im Vergleich zu anderen eine geringere Beschränkung verursacht.

---

[1037] BVerfGE 13, 231, 241

[1038] Gerade darin sehen wir einen der großen Mängel des Grundsatzes der Verhältnismäßigkeit. Er wird nur formalistisch und nicht substantiell verwendet. Er lässt dem Staat und dem Gesetzgeber alle inhaltliche Bestimmungsfreiheit und prüft nur die Optimierung bzw. die Minimierung der Mittel.

[1039] BVerfGE 30, 292, 320 f.; vgl. auch: Hirschberg, Lothar: *Der Grundsatz der Verhältnismäßigkeit*, Göttingen 1981, S. 70 f.

[1040] Zum „Austauschmittel" vgl.: Ossenbühl, Fritz: *Der polizeiliche Ermessens- und Beurteilungsspielraum*, DÖV 1976, S. 463 f.

# 3 Der Teilgrundsatz der Geeignetheit

Sollte die Erforderlichkeit bejaht werden können, müssen die Mittel auf ihre Geeignetheit begutachtet werden. War die Maßnahme erforderlich, entsprachen die eingesetzten Mittel der Zielsetzung und waren sie optimal minimiert im Sinne der geringsten Freiheits- und Grundrechteeinschränkung, dann stand die Prüfung der Zwecktauglichkeit der Mittel an. Es gelten naturwissenschaftliche und logische Verfahren zu dieser Tauglichkeitsprüfung. Diese Zwecktauglichkeitsprüfung der Gesetze durch das BVerfG kann die Urteilsgraduation: „objektiv untauglich"[1041], „objektiv ungeeignet"[1042], und „schlechthin ungeeignet"[1043] ergeben. Dabei wird die verfassungsgerichtliche Zurückhaltung zu inhaltlichen Fragen (judical self-restraint) gewährleistet und nur die ‚Unerreichbarkeit' des erstrebten Ziels konstatiert bzw. prognostiziert.

Die vorgestellte Kausalität der noch nicht vollzogenen Maßnahme muss stets im Ex-ante-Verfahren beurteilt werden, weil die Wirkung noch nicht existiert. Es handelt sich also um eine Prognose, die wissenschaftlich verifizierbar sein muss. Dabei kommt es dem BVerfG nicht darauf an, dass die Prognose sich in einer vollständigen Wirkung verifiziert. Es reichen auch Teilverwirklichungen, die bei einer Zwecktauglichkeitsprüfung als gesichert gelten können.[1044] Das BVerfG gesteht dem Gesetzgeber das Recht auf Irrtum zu, besonders über den Verlauf der zukünftigen Prozesse. Es handele sich immer um Prognoseentscheidungen.[1045]

Eine Maßnahme des Gesetzgebers ist dann unter dem Gesichtspunkt der Geeignetheit verfassungswidrig, wenn sie unter Bezugnahme des gesamten gesetzgeberischen Gestaltungsspielraums „von vornherein ungeeignet" oder „völlig ungeeignet" zur Zweckförderung ist.[1046] Der substantielle Handlungsspielraum, besonders der wirtschaftslenkenden Eingriffe des Gesetzgebers bleibt groß, weil

---

[1041] BVerfGE 16, 147, 181

[1042] BVerfGE 17, 306, 317

[1043] BVerfGE 19, 119, 126 f.

[1044] Hotz, Werner Friedrich: *Zur Notwendigkeit und Verhältnismäßigkeit von Grundrechtseingriffen*, Zürich 1977, S. 13 f.

[1045] Vgl.: BVerfGE, 50, 290, 331 f.
„Dabei ist zu berücksichtigen, daß dem Gesetzgeber bei wirtschaftsordnenden Maßnahmen, die den Freiheitsspielraum für die wirtschaftlich tätigen Individuen einengen, hinsichtlich der Auswahl und technischen Gestaltung dieser Maßnahmen ein weiter Bereich des Ermessens zusteht; nicht jeder einzelne Vorzug einer anderen Lösung gegenüber, der vom Gesetzgeber gewählten, muss schon zu deren Verfassungswidrigkeit führen. Die sachliche Gleichwertigkeit zur Zweckerreichung muß vielmehr bei dem als alternativ vorgeschlagenen geringeren Eingriff in jeder Hinsicht eindeutig feststehen." (BVerfGE 30, 292, 319)

[1046] BVerfGE 13, 97, 113; 19, 119, 126; 29, 402, 410 f.; auch 16, 147, 181

sich das BVerfG zu einer prognostischen vollständigen Ungeeignetheit einer zukünftigen Maßnahme nicht stellen kann.

Stellt sich aufgrund der zeitlichen Ferne einer Wirkung heraus, dass das Gesetz ungeeignete Mittel im Verhältnis zur Wirkung hervorgebracht hat, kann das BVerfG das Gesetz ex nunc als verfassungswidrig erklären.[1047]

## 4 Der Teilgrundsatz der Verhältnismäßigkeit im engeren Sinne

Erst viel später kam zu dieser Rechtspraxis der dritte Teilgrundsatz der ‚Verhältnismäßigkeit im engeren Sinne' dazu. Er verlangt eine angemessene, im Rahmen einer *Güterabwägung* zu ermittelnde Relation zwischen Zweck und Mittel und entstammt der Forderung, auch den Einzelfall gerecht zu entscheiden. Er ist verbunden mit einer Gerechtigkeitsidee. Sie besagt, dass die Maßnahme dann unverhältnismäßig ist, wenn die zu erwartenden Nachteile überwiegen. Dieses Gebot, immer Vor- und Nachteile abzuwägen, die Zweck-Mittel-Relation, stellt aber kein Kriterium, *wie* sich die Art der Nachteile mit dem Gut der Maßnahme vergleichen lassen kann. Nach welchem Maßstab etwa kann die Grundstücksenteignung eines Bürgers mit dem öffentlichen Nutzen eines Autobahnbaus relativiert werden. Der Wert der öffentlichen Verkehrsplanung müsste mit den subjektiven Verlusten (Heimat, Elternhaus) vergleich- und messbar gemacht werden. Dazu bedürfte es aber, angesichts der substantiellen Differenz der Güter und der Schwierigkeit, negative und positive Güter zu konfrontieren, eines vergleichenden Dritten. Auch in der genannten Konfrontation: Öffentlichkeit-Bürger, Eigentumsrecht und öffentliches Interesse wird deutlich, wie anspruchsvoll eine theoretische Güterabwägung ausfallen würde, die nicht nur formal und interpretativ ist.

Der Teilgrundsatz der Verhältnismäßigkeit, „das gewählte Mittel und der gewollte Zweck müssen in einem vernünftigen Verhältnis zueinander stehen"[1048], ist deshalb auch eine reine Leerformel, die keine objektiven und keine normativen Entscheidungskriterien liefert.

Während der Teilgrundsatz der Erforderlichkeit von einem feststehenden Zweck ausgeht und nur die Belastung der verschiedenen geeigneten Mittel für die Rechtsgüter prüft, integriert der Teilgrundsatz der Verhältnismäßigkeit im engeren Sinne den Zweck in eine Relativitätsprüfung. Diese gesetzgeberischen Zwecke werden aber nicht normativ und substanziell abgeklopft. Das BVerfG prüft für die Verfassungskonformität nur, ob der Gesetzgeber von unrichtigen Voraussetzungen ausgeht oder sich keine positiven Effekte der Maßnahme für

---

[1047] BVerfGE 34, 71, 78; 37, 1, 31; 40, 196, 223; 40, 371, 383
[1048] BVerfGE 10, 89, 117; 35, 382, 401

das Gemeinwohl erwarten lassen. Nur dann ist die Maßnahme verfassungswidrig im Sinne der Verhältnismäßigkeit im engeren Sinne.

Die Zwecksetzung der Maßnahme durch den Gesetzgeber wird durch das BVerfG an der *Wertordnung* des Grundgesetzes gemessen. Hierin liegt der einzige substantielle Anteil des Prüfungsverfahrens, das grundsätzlich dem Gesetzgeber, besonders in wirtschaftlichen Gestaltungsfragen, weitgehende Freiheiten zugesteht. Die Schranken und Begrenzung der wirtschaftslenkenden Gesetzgebung wird besonders im Art. 2 GG (Freiheitsrechte), aber auch in Art. 3 (Gleichheit vor dem Gesetz), Art. 9 (Vereinigungsfreiheit), Art. 12 (Freiheit der Berufswahl) und Art. 14 (Eigentum) gesehen.

Die Wirkung des Teilgrundsatzes der ‚Verhältnismäßigkeit im engeren Sinne‘ hat aber nur dann geringfügige Zwecksetzungskompetenz, wenn die Maßnahmen sich dem Hauptbereich der wichtigsten Grundrechte nähert und die Kollision deren Wertbestand attackiert. Bei der Abwägung zwischen Zweck und Belastung prüft der Teilgrundsatz auch nicht, in einem positiven Sinne, die absolute Gewinnsteigerung zwischen Einschränkungen und Vorteilen, sondern lediglich negativ die Frage, ob die Maßnahme oder das Gesetz zu einem Schaden (Nachteil) führt, der *offensichtlich* unverhältnismäßig zum erzielten Erfolg steht. Das Verfahren operiert also stets ex negatione, was um so mehr eine qualitative und substantielle Relationierung von Gütern verhindert.[1049]

Die Abwägung von Zweck und Mittel muss außerdem die quantitative Intensität des Eingriffs berücksichtigen. Je stärker in Grundrechte eines Einzelnen eingegriffen wird, desto größer müssen die Interessen des Gemeinwohls ein.

> Je mehr der Eingriff elementare Äußerungsformen der menschlichen Handlungsfreiheit berührt, um so sorgfältiger müssen die zu seiner Rechtfertigung vorgebrachten Gründe gegen den grundsätzlichen Freiheitsanspruch des Bürgers abgewogen werden.[1050]

Das Verhältnismäßigkeitsprinzip biete also kein inhaltliches Entscheidungskriterium oder Interpretationsinstrument. Es ist vielmehr eine Verfahrensdirektive, die den Sinn hat, Richtlinien zur Lösungsfindung zu stellen. Der vorgeschriebene Abwägungsvorgang prüft nicht die Qualität der konfrontierten Güter, sondern das Gewicht der Grundrechteeinschränkung und der zu erwartenden öffentlichen Nutzensumme. Es geht nicht um die Opferung eines Rechtsgutes für ein anderes, sondern um eine Schrankenbestimmung in der Konfrontation der Güter. Diese Grenzziehung muss im je konkreten Fall verhältnismäßig sein. Der Teilgrundsatz sagt nicht generell, welches Ergebnis eine Güterabwägung

---

[1049] Stein, Torsten: *Der Grundsatz der Verhältnismäßigkeit*, in: Madlener, Kurt (Hg.): Deutsche öffentlich-rechtliche Landesberichte zum X. Internationalen Kongreß für Rechtsvergleichung in Budapest, 23. – 28. August 1978, Tübingen 1978, S. 273, S. 282

[1050] BVerfGE 17, 306, 313 f.

für bestimmte Güter hervorbringt. Es muss immer konkret eine praktische „Konkordanz" beider Rechtsgüter hergestellt werden.[1051] Ein Rechtsgut darf im Fall der Kollision ein anderes nicht völlig verdrängen.

## 5 Die historische Ursprünge des Grundsatzes der Verhältnismäßigkeit

Der Weg der Rechtsentwicklung des GdV nimmt seinen Anfang in der Antike, entwickelt sich am stärksten im deutschen Recht und wird immer mehr in die nationalen Verfassungen der Länder der Europäischen Gemeinschaft und in die Rechtsprechung des Europäischen Gerichtshofes (EuGH) einbezogen.[1052]

Wir finden als historische Ursprünge des GdV drei grundsätzliche „Quellströme"[1053], die sich bis in die Antike zurückverfolgen lassen. Es sind der Gedanke der vergeltenden Gerechtigkeit als proportionale Tatvergeltung, die *iustitia vindicativa*; das Postulat der zuteilenden Gerechtigkeit, die *iustitia distributiva,* und die Vorstellung, das Recht habe dem Nutzen des Einzelnen und der Gesellschaft zu dienen.[1054]

Schon Aristoteles (384-322 v. Chr.) artikuliert bereits eine Idee, die dem „Übermaßverbot" auf der Ebene der Tugendlehre entspricht. In der Nikomachischen Ethik wird zwar kein Rechtsgrundsatz für die Polisverwaltung vertreten, jedoch das individualethische Postulat der ,rechten Mitte'. Es wird die ,Mediokrität' aller Handlungen gefordert. Aristoteles ging davon aus, dass alle Extreme zu meiden seien und der Mittelzustand auf der Skala aller extremen Bestrebungen die wünschenswerte Mäßigung und Besonnenheit hervorbrächte. „Das Gleiche ist eine Mitte zwischen dem Zuviel und Zuwenig."[1055]

Cicero (106-43 v. Chr.) deutete in seinen Schriften „Vom rechten Handeln" und „Vom höchsten Gut und vom größten Übel" die Beständigkeit, die Beherrschtheit und Mäßigung aller Worte und Taten als das Prinzip der anzustrebenden Individualtugenden. Das maßvolle Leben liege in der Praxis der Bescheidenheit und Ausgeglichenheit.[1056] Das Ziel seiner Kritik sind die Schu-

---

[1051] Hesse, Konrad: *Grundzüge des Verfassungsrechts der Bundesrepublik Deutschland*, 14. Aufl., Karlsruhe 1984, S. 27

[1052] Diese Entwicklung zeigt die Dissertation von Stephanie Heinsohn: *Der öffentlichrechtliche Grundsatz der Verhältnismäßigkeit*. Historische Ursprünge im deutschen Recht, Übernahme in das Recht der Europäischen Gemeinschaft sowie Entwicklungen im französischen und englischen Recht, Hamburg 1997

[1053] Luther, Marcus u. a. (Hg.): *Festschrift für Robert Fischer*, Frankfurt/M. 1984, S. 874 f.

[1054] Remmert, Barbara: *Verfassungs- und verwaltungsrechtsgeschichtliche Grundlagen des Übermaßverbotes,* Dissertation, Heidelberg, 1995

[1055] Aristoteles, *Nikomachische Ethik*, 1131 a.

[1056] Cicero: *De officiis/Vom pflichtgemäßen Handeln*. Lat./dt. (H. Gunermann) Stuttgart 1979; Ders.: *De finibus bonorum et malorum. Über das höchste Gut und das größte Übel*, lat./dt., übers. u. hg. von Harald Merklin, Stuttgart 1989; Ders.: *Über die Ziele des menschlichen*

len der Hedonisten und Kyrenaiker, deren Genuss an Sinnesfreuden er als Zügellosigkeit und Dekadenz deutet.

In ähnlicher, schon frühchristlich und von der Stoa beeinflusster Weise spricht L. A. Seneca (4-65 n. Chr.) in seiner Schrift „Über die Milde"[1057] vom Maß und Übermaß. Ein großer Geist verachte das Große und ziehe das Mäßige dem Ungemäßen vor.

Es ging auch diesen Vorstellungen also noch nicht um die Schrankenbestimmung des Staates, sondern um die Selbstbegrenzung des Individuums. Im Hintergrund stand aber schon die Idee, den Sinn des Staates in der Förderung des Gemeinwohls zu sehen. Der Staat hatte schon für Aristoteles neben der Sicherungsaufgabe den Sinn der Gemeinwohlförderung.[1058]

Die Säkularisierung der Naturrechtsvorstellungen, ihre Entbindung von theologischen Ordnungsgefügen, die etwa zwischen 1600 und 1800 stattfand, bedeutete einen freieren Umgang mit vormals autoritativen Vorgaben, die als unangreifbar galten. Mit dem Wegfall der uneingeschränkten göttlichen Macht als Instanz aller Ordnungsprinzipien konnte auch die Idee der Machtbegrenzung weltlicher Fürsten entstehen. Ohne die absolute Gottgewolltheit jeder Ordnung gerieten auch die moraltheologischen Grundbegriffe ins Schwanken und wurden in überpositive Naturrechtsbegriffe überführt.

So ging Thomas von Aquin in seiner ‚Ordo-Vorstellung' noch von drei Stufen des Rechts aus, die lediglich Erscheinungsformen des göttlichen Ordnungswillen darstellten: *lex aeterna, lex naturae, lex positiva.* Jedes Ding sei kraft göttlichen Willens am richtigen Ort. Auch das Naturrecht und das positive Recht des weltlichen Herrschers entstammten der Emergenz des göttlichen Willens.[1059]

Den Wandel der Legitimation des Naturrechts durch den Glauben hin zur Vernunft vollzieht sich zuerst am deutlichsten mit dem Holländer H. Grotius (1583 – 1645). Der göttliche Wille ist für ihn nicht länger die Quelle des Naturrechts. Naturrechtliche Schranken leitete er jetzt aus der Vernunft ab.[1060]

Der Calvinist J. Althusius behandelt 1603 mit seinem Werk „Politica methodice digesta" die Idee eines Herrschaftsvertrages zwischen Volk und fürstlicher Macht. Er hatte sich mit J. Bodins (1530 – 1596) Souveränitätslehre auseinandergesetzt. Dessen „Six livres de la République" von 1576 erhoben in seiner Souveränitätslehre angesichts der Glaubens- und Bürgerkriege die Sicherheit zum alleinigen Staatszweck. Die Sicherheit sei „la fin principale de la Républi-

---

*Handelns,* lat./dt., hg. und übers. von Olof Gigon und Laila Straume-Zimmermann, Düsseldorf/Zürich 1988

[1057] Seneca, *Werke,* 5 Bände, Philosophische Schriften, lat./dt., hg. v. M. Rosenbach, Darmstadt 1999

[1058] Aristoteles: *Atheniensium Republica,* § 1279

[1059] Thomas von Aquin: *Naturgesetz und Naturrecht,* übers. v. J. Groner, Bonn 1996

[1060] Grotius, Hugo: *De jure,* Vorrede Nr. 11, Paderborn 1973

que".[1061] Woher die Herrschaftsmacht stamme, danach fragt Bodin noch nicht. Althusius' Begründung fällt insofern ideengeschichtlich überraschend aus. Die staatliche Macht sei im Volk verankert. Durch einen Herrschaftsvertrag mit dem Fürsten sei sie diesem übertragen worden. Damit bot er eine säkularisierte Begründung des Verhältnisses zwischen Staat und Individuum. Gleichzeitig implizierte dieses Verhältnis, weil als vertragliche Bindung interpretiert, die Möglichkeit der Machtbegrenzung der Obrigkeit durch den Vertragspartner, das Volk. Die Idee der ‚Vergemeinschaftung' der Bürger wird hier von Althusius explizit angeführt.[1062]

Der Deutsche S. Pufendorf, (1632-1694) Professor für Naturrecht, führte die Idee der Gemeinschaftsentstehung durch Verträge weiter. Er ging davon aus, dass alle Menschen im Naturzustand frei sind, jedoch nicht allein in der Lage wären, für ihre Sicherheit zu sorgen. Um sich zu schützen, finden Menschen sich zu Gemeinschaften zusammen und binden ihren Zusammenschluss durch einen Gesellschaftsvertrag. Sie verpflichten sich gegenseitig. In einem zweiten Vertrag, dem *Unterwerfungsvertrag*, ordnen sich die einzelnen Individuen dem Staat unter und begrenzen im gleichen Schritt die Machtbefugnisse des Herrschers nach dem naturrechtlichen Grundsatz: *pacta sunt servanda*."[1063]

Wie Chr. Thomasius (1655 – 1728) sah auch Chr. Wolff (1679 – 1754) die Eudämonie, die Glückseligkeit, als primäres Ziel des Staates an. Diese Idee der Glückseligkeit aller Bürger als Staatszweck findet dann Anwendung im Preußischen Landrecht von 1794, das als gesicherte Vorstufe des Grundsatzes der Verhältnismäßigkeit in der polizeirechtlichen Literatur gilt. Das Glück des Menschen in seiner Vervollkommnung sei kein Recht, sondern als Pflicht des Menschen gegen sich, gegenüber anderen und Gott zu sehen[1064]. Aus den Pflichten leiten sich Rechte ab (Nicht umgekehrt). Die Rechte werden dem Menschen zur Erfüllung seiner Pflichten gegeben. Der Staat dient als Mittel für die Vervollkommnung des Individuums und der Förderung des Gemeinwohls. Dieses sei identisch mit der Glückseligkeit der Einzelnen und erfordere eine staatliche Handlungsbegrenzung und eine Begrenzung der natürlichen Freiheit des Einzelnen. Die Naturrechtstheorie der Gemeinwohlorientierung ergab eine theoretische Basis für die Problematisierung hoheitlicher Schranken.

Die „Schranke der Staatsherrschaft" formulierte Wolff so:

---

[1061] Althusius, Johannes: *Six Livres de la République*, Paris 1923, Livre I, chap I,

[1062] Althusius, Johannes: *Politica methodice digesta*, Mailand 1965, cap VI

[1063] Pufendorf, Samuel: *De jure*, lib. VII, cap. II, § 7. Pufendorf unterscheidet drei Arten Beschränkungen bei staatlichen Eingriffen: Sozialpflichtigkeit, Erhebung von Steuern, „dominium eminens", Eingriff des Staates im Notfall des öffentlichen Wohls.

[1064] Wolff, Christian: *Vernünftige Gedanken Theil I*, Gütersloh 1981, Cap. I, § 12 f.

Da die Herrschaft in einem Staate aus seiner Absicht ermessen werden muß, so erstreckt sie sich nicht weiter als auf die Handlungen der Bürger, welche zur Beförderung der gemeinen Wohlfahrt gehören.[1065]

Nach Wolff besteht die Aufgabe des Staates darin, den Bürger anzuhalten, seine Pflichten zu erfüllen. Der Fürst bestimmt dabei selbst die Mittel, die tauglich sind. Er muss sich dabei moralisch verpflichten, die Regeln der menschlichen Vernunft nicht zu überschreiten. Er nannte das die „Liebespflicht" des Regenten, eine eher moralische Formulierung des Übermaßverbotes.[1066] Die Eingriffe des Herrschers unterliegen aber nicht nur dem Maß der Vernunft, sondern auch einer Differenzierung zwischen angeborenem Recht (ius conatum) und den erworbenen Rechten (jura acquista). Danach gibt es eine von Natur aus gegebene Freiheit des Menschen, in welche der Staat nicht eingreifen dürfe. Wolff betont jedoch den Verlust der natürlichen Freiheit zugunsten des staatlichen Zusammenschlusses.

Gegen Ende des 18. Jahrhunderts ist das Prinzip der *Erforderlichkeit* umfassend anerkannt. Es findet eine Verknüpfung der Naturrechtslehren mit dem Kameralismus[1067] und Colbertismus statt. Unter der sogenannten Polizeiwissenschaft verstand man im Zeitalter des Merkantilismus die Wirtschaftspolitik der absolutistischen Staaten zwischen dem 16. und 18. Jh. Charakteristisch war die Verbindung von wirtschaftlichem Nationalismus und staatlichem Dirigismus. Hauptantrieb war der steigende höfische bzw. staatliche Geldbedarf. Dazu wurden in erster Linie Exportförderung, Vereinheitlichung von Maßen und Gewichten, Beseitigung der Binnenzölle und eine aktive Bevölkerungspolitik vorangetrieben. In Frankreich konzentrierte sich der Colbertismus[1068] mehr auf

---

[1065] ebenda: Grundsätze, § 980. Diese Formulierung ähnelt schon sehr dem Teilgrundsatz der Erforderlichkeit.

[1066] ebenda, Theil III, 2. Abt.
Schon der deutsche Rechtsgelehrte Johann Oldendorp (1480-1567) formulierte die Idee einer außerhalb des positiven Rechts liegenden Instanz der Vernunft, die rechtsstiftende Konsequenzen verlangt, die Billigkeit. „Was billig und recht ist." Billigkeit stehe in einem direkten Verhältnis zum Recht. Billigkeit sei sogar der allerbeste Teil des Rechts. Er spricht von der Billigkeit als der „natürlichen Vernunft". Was recht sei, sei nicht immer auch billig. Dadurch wird die Differenz von Legalität und Legitimität erschlossen. Geltendes positives Recht kann unbilliges Unrecht werden. Er scheint ein Vorläufer des Treu-und-Glauben-Prinzips des BGB zu sein.

[1067] Kameralismus, Kameralwissenschaften, Cameralia, Bezeichnung für die Wirtschaftswissenschaften in Deutschland während des Merkantilismus. Der K. war eine Lehre von der landesfürstlichen Verwaltung, die Rechtswissenschaft, Verwaltungs- u. Wirtschaftslehre (Finanzlehre) umfasste. Vertreter: Veit Ludwig von Seckendorf, Philipp Wilhelm von Hornigk, Johann Heinrich Gottlob von Justi, Joseph Freiherr von Sonnenfels.

[1068] Jean-Baptiste Colbert, Marquis de Seignelay, Reims * 29.8. 1619, † Paris 6.9.1683, war französischer Staatsmann. Seit 1661 war er Oberintendant der Finanzen und schuf durch grundlegende administrative, wirtschaftliche und finanzielle Reformen im Innern die Voraussetzungen für die Außen- und Kolonialpolitik Ludwigs XIV. Er war der bedeutendste

die staatlich gelenkte Entwicklung des Gewerbes, in England auf die Hebung der Nachfrage nach den Produkten der einheimischen Wollindustrie und auf die Kolonialpolitik. Der deutsche Kameralismus tendierte politisch zu der Erhöhung der Bevölkerungszahl und der Sicherung der Staatsfinanzen.

> Die Polizeiwissenschaft soll es lehren, wie ein Staat einzurichten sey, wenn dessen Einwohner ihre jährlichen Einkünfte nicht nur erhalten, sondern auch vernünftig vermehren sollen. [1069]

Im „Allgemeinen Landrecht" von 1794 wird im § 79 deutlich, dass man nunmehr von einer Unterscheidung von natürlichen, angeborenen und erworbenen Rechten ausging. Die erworbenen Rechte sind alle diejenigen, die Menschen durch ihre eigenen Fähigkeiten und durch Verträge mit anderen erworben haben, im Gegensatz zu den mit der Geburt schon existenten Rechten. Der dabei formulierte Teilgrundsatz der Erforderlichkeit wird auf die Verhältnismäßigkeit zwischen den Gesetzesinitiativen und Einschränkungen der Naturrechte und natürlichen Freiheiten bezogen.

Das von Friedrich Wilhelm II paraphierte Allgemeine Gesetzbuch für die Preußischen Staaten (AGB), das am 1.6.1794 als „Allgemeines Landrecht" in Kraft trat, sah die Wohlfahrtsförderung (§ 77) als den Staatszweck an. Es verband den Teilgrundsatz der Erforderlichkeit mit der gesamten Tätigkeit des Staates.

> Die Gesetze und Verordnungen des Staates dürfen die natürliche Freiheit und Rechte der Bürger nicht weiter einschränken, als es der gemeinschaftliche Endzweck erfordert. [1070]

C. G. Svarez (1746 – 1798) gilt als der Initiator des Allgemeinen Landrechts. Er hatte dem Kronprinzen Friedrich Wilhelm II in den sogenannten „Kronprinzenvorträgen" die Idee der allgemeinen Wohlfahrt nahegebracht. [1071] Die ersten beiden Grundsätze des Polizeirechts bringen Ansätze des Prinzips der Verhältnismäßigkeit.

---

Vertreter des Merkantilismus und förderte Industrie, Außenhandel und Schifffahrt. Er betrieb eine systematische Kolonialpolitik und war Begründer der französischen Seemacht.

[1069] Darges, Joachim Georg: *Cameralwissenschaften*, Bonn 1969, 3. Teil., 1. Auschnitt, § 1

[1070] Vgl. zum Allgemeinen Landrecht: Dilthey, Wilhelm: *Gesammelte Schriften*, Bd. 12, Berlin 1974, S. 133; Schwennicke, Andreas: *Die Entstehung der Einteilung des Preußisches Allgemeines Landrechts von 1794*, Frankfurt/M. 1993

[1071] Kleinheyer, Gerd: *Svarez*, in: Görres-Lexikon, Staatslexikon-Recht-Wirtschaft, Gesellschaft, 3. Auflage, Freiburg 1985-1989, Bd. V, Sp. 403 f.

1. Der erste Grundsatz des öffentlichen Staatsrechts ist, daß der Staat die Freiheit der einzelnen nur so weit einzuschränken berechtigt sei, als es notwendig ist, damit die Freiheit und Sicherheit aller bestehen könne [...]

2. Ein zweiter Grundsatz des Polizeirechts ist: Der Schaden, welcher durch die Einschränkung der Freiheit abgewendet werden soll, muß bei weitem erheblicher sein als der Nachteil, welcher das Ganze oder auch die einzelnen durch eine solche Einschränkung leiden.[1072]

Der Unterschied des staatstheoretischen Denkens eines Svarez zu dem einer philosophischen Ethik lässt sich an dessen Zeitgenossen I. Kant gut zeigen. Auch Kant ging von der Freiheit und Willkür des Menschen im Naturzustand aus. Der Sinn des Staates ist es, die angeborenen Rechte in ihrer pluralen Dissonanz in Einklang zu bringen, damit „die Willkür des einen mit der des anderen nach einem allgemeinen Gesetz der Freiheit zusammen vereinigt werden kann."[1073] Staatszweck ist nicht die allgemeine Glückseligkeit, sondern der weitgehendste Schutz der individualen Freiheiten. Deutlich ist der individualethische Standpunkt Kants von dem staatstheoretischen zu unterscheiden. Beiden gemeinsam ist jedoch der Versuch, erstens gegensätzliche Güter und zweites ihre Beschränkung durch Interessenkonflikte abzuwägen.

Zusammenfassend lässt sich sagen, dass das 17. und 18. Jahrhundert erste Handlungsmaximen formulierte, die mit den Teilgrundsätzen der Geeignetheit und Erforderlichkeit Ähnlichkeiten aufwiesen.

Das 18. Jahrhundert kannte im Polizeirecht nur die Zweckorientierung der Gefahrenabwendung. Später kam dann der allgemeine Wohlstand hinzu. In Art. 17 II § 10 des Allgemeinen Preußischen Landrechts war noch keine fixe Anerkennung des Grundsatzes der Erforderlichkeit zu finden. Erst im 19. Jahrhundert stellen wir eine zunehmende Bedeutung von Freiheitsrechten des Einzelnen gegenüber dem Staat fest. In der Verwaltungsrechtsprechung entwickelte sich Grundsatz der Geeignetheit und der Erforderlichkeit.

In G. H. von Bergs (1765-1843) „Handbuch des Teutschen Policeyrecht." taucht zum ersten Mal der Terminus „verhältnismäßig" auf. Aber nicht als Zweck-Mittel-Relation, sondern im Zusammenhang mit der staatlichen Entschädigungspflicht. Derjenige, der gezwungen würde, ein Opfer zu bringen, etwa durch Enteignung, müsse „verhältnismäßig entschädigt" werden.[1074] Mit von Berg verschwindet auch die im Polizeibegriff bislang gemeinte Kopplung des Wohlfahrts- und Sicherheitszwecks des Staates. Der Sicherheitsaspekt sei fortan nur noch das Hauptziel des Staates. Der Verhältnismäßigkeitsgrundsatz entwi-

---

[1072] Zit. n. Hermann, Conrad: *Die geistigen Grundlagen des ALR für die preußischen Staaten von 1794*, Köln/Opladen 1958, S. 486 f.

[1073] Kant, Immanuel: *Metaphysik der Sitten*, 2. Teil, Einleitung VI, a.a.O.

[1074] Berg, Günther Heinrich, von: *Policeyrecht*, Bd. I, S. 89 f., zit nach: Masumoto, Naoko: Studien zur Policey und Policeywissenschaft, Frankfurt/M. 1999

ckelt sich mit von Berg generalisierend, indem der Polizeibegriff eingeengt und die Entwicklung zu einem liberalen Rechtsstaat eröffnet wird.

25 Jahre später taucht zum ersten Mal der Terminus „Unverhältnismäßigkeit der Mittel" auf. In seinem Werk „Polizeiwissenschaften" differenziert von Mohl eine objektive und subjektive Unverhältnismäßigkeit.[1075] Objektive Unverhältnismäßigkeit liege vor, „wenn das Übel überhaupt kleiner ist, als das dagegen anzuwendende Mittel".[1076] Das entspricht etwa der heutigen ‚Verhältnismäßigkeit im engeren Sinne'. Von Mohl meinte mit Übel sowohl materielle als auch ideelle Schäden.

Subjektive Unverhältnismäßigkeit liege vor, „wenn im einzelnen Fall von mehreren gleich möglichen und wirksamen Mitteln das empfindlicher beschränkende angewendet wird."[1077] Von Mohl formuliert damit den Teilgrundsatz der Erforderlichkeit. Außerdem vollzieht von Mohl mit der Isolierung des Grundsatzes der Verhältnismäßigkeit von den rein verwaltungstechnischen Polizeiaufgaben die Trennung zwischen Verwaltungs- und Verfassungsrecht. Die polizeilichen Aufgaben werden von ihm im Unterschied zu von Berg jetzt mit „positiver Beförderung" und mit „Hülfe" beschrieben.[1078] Mit der Trennung der Verwaltungsaufgaben (Polizeiaufgaben) vom Staatszweck wird die Ausarbeitung des Rechtsstaatsgedankens möglich.

In der Literatur des beginnenden 20. Jahrhunderts[1079] vollzieht W. Jellinek in seiner Schrift „Gesetzesanwendung und Zweckmäßigkeitserwägung" eine weitere Differenzierung in Bezug auf den Grundsatz der Verhältnismäßigkeit. Jellinek kennt vier mögliche Fehlerquellen des polizeilichen Handelns: Übermaßverbot, Ungeeignetheit, Unzulänglichkeit und Schädlichkeit.[1080]

Die vier Fehlerquellen versinnbildlicht Jellinek mit dem Beispiel zweier Jäger, die im Wald einen Löwen schießen wollen. *Ungeeignet* ist der Luftschuß, *schädlich* der tödliche Schuß, der den Kollegen statt den Löwen trifft. Ein den Löwen nur verletzender Schuß wäre *unzulänglich* und mehr als *ein* tödlicher Schuß auf den Löwen *übermäßig*.

Unter Übermaß verstand Jellinek den Teilgrundsatz der Erforderlichkeit. Er ist der erste, der die Ungeeignetheit explizit erwähnt und nicht für selbstver-

---

[1075] Mohl, Robert von: *Polizeiwissenschaften*, Bd. III, S. 40 f., vgl. über Mohl: Stolleis, Michael: von Mohl, in: HRG Bd. III, Sp. 617 f.

[1076] Mohl, Robert von: *Die Deutschen Polizeiwissenschaften nach den Grundsätzen des Rechtsstaats*, Tübingen 1833, Bd. III, S. 40 f.

[1077] ebenda

[1078] ebenda, S. 235

[1079] Zur „Motivtheorie" und „Notwendigkeitstheorie" innerhalb der Rechtsliteratur des 19. Jahrhunderts, vgl. Heinsohn, Stephanie: Der *öffentliche Grundsatz der Verhältnismäßigkeit*, a.a.O., S. 42-51

[1080] Jellinek, Walter: *Gesetz, Gesetzesanwendung und Zweckmäßigkeitserwägung*. Tübingen 1913, S. 432 f.

ständlich hält. Unzulänglichkeit bedeutet, dass die Maßnahmen zur Erreichung des Ziels nicht ausreichen. Sie seien ein Unterfall der Ungeeignetheit. Die Schädlichkeit sei ein schwerer Fall der Ungeeignetheit.

Der Teilgrundsatz der ‚Verhältnismäßigkeit im engeren Sinne' wurde zuerst von R. Krauß in der 50er Jahren des 20. Jahrhunderts entwickelt. Von ihm stammt auch der Terminus[1081] und das Formalprinzip der *Abwägung* von Gütern durch die Zweck-Mittel-Relation. Das Prinzip wird allmählich vom BVerfG aufgegriffen und in der Rechtsprechung benutzt. Zielrichtung der Güterabwägung sei es, „konkurrierende Interessen miteinander in Einklang bringen."[1082] Seit dem sogenannten „Apothekerurteil" von 1958 wird der GdV im deutschen Recht anerkannt.[1083]

Seitdem verbindet das BVerfG den Grundsatz der Verhältnismäßigkeit mit dem Wesensgehalt der Grundrechte und gibt jenem Verfassungsrang. Diese Auffassung wurde im Zusammenhang mit dem „ersten Abhörurteil" 1965 formuliert.

In der Bundesrepublik Deutschland hat der Grundsatz der Verhältnismäßigkeit verfassungsrechtlichen Rang. Er ergibt sich aus dem Rechtsstaatprinzip, im Grunde bereits aus dem Wesen der Grundrechte selbst [sic], die als Ausdruck des allgemeinen Freiheitsanspruchs des Bürgers gegenüber dem Staat von der öffentlichen Gewalt jeweils nur soweit beschränkt werden dürfen, als es zum Schutz öffentlicher Interessen unerläßlich ist.[1084]

Der GdV bleibt seitdem ein formales Hilfsmittel, um zwischen Zweck und Mittel eines Gesetzes eine Relation herzustellen. Er vermag nach Deutschem und Europäischem Recht jedoch keine pluralistische Zweck-Zweck-Abwägung zwischen verschiedenen Gütern zu legitimieren.

Die Grundrechte sind Abwehrrechte gegen den Staat. Um aus ihnen Rechte und Pflichten gegenüber dem anderen Bürger abzuleiten, muss es zur Anerkennung der Drittwirkung der Grundrechte kommen.

Seit Ende der 50er Jahre wird der GdV in Deutschland vom BVerfG herangezogen. Der Europäische Gerichtshof (EuGH) kennt mittlerweile, nach anfänglicher Rückweisung des Grundsatzes an die Zuständigkeit der nationalen Judikaturen, alle drei Teilgrundsätze als Grenze hoheitlichen Handelns der Gemeinschaft an. Er akzeptiert dabei die Freiheit nationaler Modifikationen.[1085]

---

[1081] Krauß, Rupprecht: *Der Grundsatz der Verhältnismäßigkeit in seiner Bedeutung für die Notwendigkeit des Mittels im Verwaltungsrecht*, Hamburg 1955

[1082] BVerfGE 1974, 38, 61 f.

[1083] BVerfGE 1958, 7, 377 f.

[1084] BVerfGE 1965, 19, 343

[1085] Vgl. Kutscher, Hans u. a. (Hg.): *Der Grundsatz der Verhältnismäßigkeit Europäischen Rechtsordnungen*. Deutsche Sektion der Internationalen Juristen-Kommission, Heidelberg 1985

Parallel dazu nimmt die allmähliche Anerkennung des Grundsatzes in den einzelnen Mitgliedsstaaten zu. Damit steht die Entwicklung eines gemeinschaftrechtlichen Grundrechtschutzes für die EU in Aussicht.[1086]

## 6 Der Grundsatz der Verhältnismäßigkeit im Völkerrecht

Der Grundsatz der Verhältnismäßigkeit gilt auch im Völkerrecht. Er ist bei der Auslegung einer Friedensbedrohung als Schranke für ein Eingreifen des Sicherheitsrates der Vereinten Nationen anzuwenden. Er dient dem Menschenrechtsschutz und überragt das Gut der staatlichen Souveränität.

Der Grundsatz der Verhältnismäßigkeit galt zunächst für das gewohnheitsrechtliche Selbstverteidigungsrecht und die Anwendung von Repressalien.[1087] Seine Geltung für das Völkerrecht wird heute aber nicht mehr in Frage gestellt.[1088] Der Verhältnismäßigkeitsgrundsatz wird für die Limitierung und Feststellung einer Friedensbedrohung vom Sicherheitsrat der Vereinten Nationen benutzt.[1089] Die drei Teilgrundsätze des deutschen Rechts gelten auch dort. Die Friedenssicherung und die Beilegung von Streitigkeiten zwischen Ethnien werden etwa in Art. 33 der Charta der Vereinten Nationen genannt. Als Maßnahmen gelten: Verhandlung, Untersuchung, Vermittlung, der Vergleich, der Schiedsspruch, die gerichtliche Entscheidung durch den Internationalen Gerichtshof, Inanspruchnahme von Einrichtungen und Abmachungen. Schließlich heißt es noch in Absatz 1 des Art. 33 „[...] oder durch andere friedliche Mittel geeigneter Wahl".

Für die Auslegung von „Friedensbedrohung", die gerade die Verletzung von Menschenrechten mit Erga-omnes-Wirkung umfasst, müssen Handlungen gesucht werden, die, wenn sie auch ohne die Zustimmung der beteiligten Kon-

---

[1086] „Die Gemeinschaftsrechtsordnung hat ihre Basis in den nationalen Rechtsordnungen, was geradezu zwangsläufig heißt: in ihren gemeinsamen Struktur- und Rechtsprinzipien. Insofern ist in der Tat das nationale Recht die eigentliche umfassende Rechtsquelle einer Gemeinschaftsordnung. Der gemeinsame Kern der nationalen Rechtsordnungen bildet die eigentliche Basis der Gemeinschaft." Lechler, Helmut: *Neue Allgemeine Rechtsgrundsätze im Gemeinschaftsrecht*, Wien 1993, S. 149 f.

[1087] Gading, Heike: *Der Schutz grundlegender Menschenrechte durch militärische Maßnahmen des Sicherheitsrates – das Ende staatlicher Souveränität?* Berlin 1996. Im „Nicaragua-Fall" hat der Internationale Gerichtshof die Geltung des Grundsatzes der Verhältnismäßigkeit bestätigt. Vgl. I. C. J. Reports 1986, 14 (94).

[1088] Riphagen, Willem: *Vorläufiger Bericht zum zweiten Teil des Entwurfes zur Staatsverantwortlichkeit*. ILC Yearbook 1980, Band II, Teilband 2, 107 (123 f.)

[1089] Heike Gading untersuchte in ihrer Dissertation den Verhältnismäßigkeitsgrundsatz im Zusammenhang mit der Friedensbedrohung und dem Verhalten der Vereinten Nationen. S. Fn. 1087

fliktparteien legitimiert werden müssen, bei der Abwendung der Verletzung der Menschenrechte nicht unverhältnismäßige Opfer in Kauf nehmen.[1090]

## 7 Prinzipien der Güterabwägung des Bundesverfassungsgerichts

Grundrechte dienen der Selbstverwirklichung des Menschen. Güterabwägung bezweckt den Rangvergleich zweier Güter, deren Schutzbereich kollidiert, die aber in ihrer Qualität werthaft gleichkommen, da sie sich, wie alle Grundrechte, an der Würde des Menschen orientieren. Das Fehlen einer Güterabwägung bei einer konfliktmotivierten Grundrechtseinschränkung indiziert die Verfassungswidrigkeit.

Grundrechte können Konfliktgüter sein. Treffen sie in einem Grundrechtsträger zusammen, spricht das Bundesverfassungsgericht von Grundrechts*konkurrenz*. Grundrechts*kollision* dagegen meint, an Grundrechtskonflikten sind mehrere Grundrechtsträger beteiligt.

Grundrechtskonkurrenzen werden ohne Güterabwägung gelöst. Bei Grundrechtskollisionen werden Rangvergleiche der Grundrechtsgüter vorgenommen. Diese können nur vorgenommen werden, wenn beide Konfliktgüter *abstrakt* einander gegenüber gestellt werden.[1091] Diese abstrakten Abwägungen münden in konkrete Einzelfallentscheidungen. Dies meint das grundrechtliche Gebot der Abwägung des Einzelfalles.[1092] Die Einzelfallentscheidung steht unter dem Gebot des *Grundsatzes der Verhältnismäßigkeit*, der selbst Verfassungsrang hat.[1093] Das Gericht muss immer wieder neu mit Hilfe des Grundsatzes der Verhältnismäßigkeit entscheiden und darf keine generalisierenden Urteile zugrunde legen.

Dennoch werden abstrakte Vorentscheidungen getroffen, um „Inhalt, Bedeutung und Gewicht der Grundrechte und Rechtsgüter" auf Verfassungsebene vorzuklären.[1094] Dabei entsteht keine feste ‚Wertordnung', sondern im besten Fall eine ‚Güterskala', die sich aus der Urteilswirklichkeit abstrahieren lassen

---

[1090] Beispiele für die Anwendung des Grundsatzes der Verhältnismäßigkeit für friedenssichernde Resolutionen und Handlungen bei Heike Garding 1996. Darin die Konflikte: Kongo, Südrhodesien, Südafrika. Irak, Ehemaliges Jugoslawien, Somalia, Ruanda.

[1091] Schneider, Harald: *Die Güterabwägung des Bundesverfassungsgerichts bei Grundrechtskonflikten. Empirische Studie zu Methode und Kritik eines Konfliktlösungsmodells,* Baden-Baden 1979, S. 245

[1092] BVerfGE 15, 288, 296

[1093] BVerfGE 19, 342, 348 f.

[1094] Schneider, Harald: *Die Güterabwägung des Bundesverfassungsgericht bei Grundrechtskonflikten*, a.a.O., S. 247; siehe auch BVerfGE 20, 162, 213; 35, 202 f.

kann.[1095] Mit einer Wertrangordnung statt einer Einzelfallabwägung würde der Grundsatz der Verhältnismäßigkeit ausgeschaltet.[1096]

Treten vehemente Normbereichsdifferenzen zwischen den konfligierenden Grundrechten auf, werden vom BVerfG grundlegende abstrakte Analysen der Wertbereiche eines Grundrechts gefordert.

Jede Rangermittlung von Rechtsgütern soll primär keiner Einstufung in eine Wertrangordnung dienen, sondern sich am „grundsätzlichen Vorrang der Freiheit"[1097] messen. Die materielle Gewichtung des Freiheitsrechts nimmt einen hohen Rang ein und nur Rechtsgüter, „die es an Gewicht mit dem Freiheitsrecht aufnehmen oder sogar übertreffen, sind zur Grundrechtsbegrenzung geeignet".[1098]

Teilbereichsvergleiche von Grundrechten unterliegen also einer Einzelfallprüfung und dem Grundsatz der Verhältnismäßigkeit im weiteren Sinne. Sie unterscheiden sich von abstrakten Rangvergleichen.

Mit dem Operator des ‚Grundsatzes der Verhältnismäßigkeit im weiteren Sinne' benutzt das BVerfG die Teilsätze der Eignung, Erforderlichkeit, Proportionalität, des Übermaßverbotes und der Zumutbarkeit.[1099]

Grundrechtsgüter werden mit dem Grundsatz der Verhältnismäßigkeit auf ihre Begrenzungsmöglichkeit hin je im Einzelfall untersucht. Minderrangige Güter werden besonders das Schwergewicht des Vorrangguts der Freiheit im Abwägungsvergleich nicht überstehen. Es ist abgeleitet durch das Übermaßverbot aus Art. 19 Abs. 2 GG. Die Erforderlichkeit der Abwägung ergibt sich aus der Gefahrenlage und der Dringlichkeit.[1100]

Im Lebachmord-Urteil gab es drei Phasen der Abwägung: 1. Abstrakte Gleichwertigkeit zwischen dem Recht auf Persönlichkeit (des Straftäters) und der Rundfunkfreiheit. 2. Der Vorrang des Informationsinteresses der Öffentlichkeit gegenüber dem Persönlichkeitsrecht des Straftäters. 3. Vorrang des Privatinteresses des Straftäters vor der Öffentlichkeit im speziellen Fall durch Anwendung des Grundsatzes der Verhältnismäßigkeit.[1101]

Die Verschiedenartigkeit von Rechts- und Schutzgütern macht deutlich, dass es bedeutungsdivergente Wertinhalte gibt, die eine Wertrangordnung verlang-

---

[1095] ebenda

[1096] Knies, Wolfgang: *Schranken der Kunstfreiheit als verfassungsrechtliches Problem*, München 1967, S. 38 f.; Rüfner, Wolfgang: *Grundrechtskonflikte*, in: Bundesverfassungsgericht und Grundgesetz II. Band, S. 462

[1097] BVerfGE 13, 97, 105

[1098] Schneider, Harald: *Die Güterabwägung des Bundesverfassungsgerichts bei Grundrechtskonflikten*, a.a.O., S. 248

[1099] ebenda

[1100] BVerfGE 13, 97, 105; 15, 288, 296

[1101] BVerfGE 35, 202, 221 u. 225 f.

ten. Es gibt aber nur wenige anerkannte Gemeinschaftsgüter, die eine Freiheitsbegrenzung erlauben, wie Volksgesundheit, Arbeitsmarkt, Verkehrswesen etc.

Insgesamt werden die politischen Grundrechte, etwa der Meinungs- und Informationsfreiheit aus Art. 5 GG, höher bewertet als die wirtschaftliche Selbstverwirklichung. Das Geistig-Seelische wird höher bewertet als das Wirtschaftliche.[1102]

Das BVerfG benutzt Vokabeln mit rangermittelndem Inhalt: „vorrangig, höherrangig, höherwertig, überwiegen, zurücktreten" etc. Ohne Wertungselemente kommt die Güterabwägung nicht aus. Neben dem formalen Abwägungsvorgang gibt es immer auch materielle Bewertungen von Rechtsgütern und ihren Teilbereichen. Es kann aus der Rechtsprechung aber *kein* Regelwerk abgelesen werden. Es gibt keine Konkretisierung einer Rangordnung von Werten.

Grundrechtsabwägungen sollen in eine praktische Konkordanz führen. D. h. es wird kein einseitiges Zurücktreten eines Rechtsguts versucht, sondern die ausgleichende Optimierung der Rechtsgüternutzung. Deshalb muss der Grundsatz der Verhältnismäßigkeit benutzt werden. Hier ist auch die Verwandtschaft mit dem wirtschaftlichen Utilitarimus zu sehen.

Nach der Rechtsprechung des BVerfG beziehen sich alle Grundrechte auf den Wesensgehalt des Art. 1, auf die Menschenwürde. Die Gewichtung der Grundrechte untereinander geschieht im Einzelkonfliktfall mit dem Grundsatz der Verhältnismäßigkeit.

## 8 Verfassung und Wirtschaftsordnung

Deutschland verfügt laut Verfasssung über keine festgelegte Wirtschaftsordnung (Markt- oder Planwirtschaft). Aus diesem Zusammenhang entstehen die gesetzgeberischen Freiheiten.[1103] Dem deutschen Grundgesetz (GG) fehlen Bestimmungen zu einer bestimmten Wirtschaftsverfassung. Deshalb gibt es vier Meinungen über das Verhältnis von GG und Wirtschaftsordnung:

1. Neutralität des GG.
2. Wettbewerbsstörungen zu tilgen, sei Aufgabe des Staates. Subsidiarität und Proportionalität müssten gewährleistet sein. Begründet wird dies mit Art. 2 GG als Gewerbefreiheit.
3. Deutschland habe eine gemischte Wirtschaftsordnung, z.B. als Sozialstaatlichkeitskontrolle.
4. Die Auffassung des BVerfG: Das GG lege sich nicht auf ein bestimmtes System der Wirtschaft fest. Also kann der Gesetzgeber die ihm jeweils

---

[1102]BVerfGE 25, 256, 264

[1103]Dazu: Grabitz, Eberhard: *Der Grundsatz der Verhältnismäßigkeit in der Rechtsprechung des Bundesverfassungsgerichts*, AÖR 98 (1973), S. 96

sachgemäße erscheinende Wirtschaftspolitik verfolgen, wenn das GG beachtet ist.

Geschichtlich gesehen konnten sich die Gründungsmütter und -väter des GGs nicht einigen auf Markt oder Plan. Neuere Positionen betonen die wirtschaftsstrukturierenden Freiheitsrechte und die Eigentumsgarantie als weiteste Grenzen einer Wirtschaftsordnung. Das BVerfG hat aber auch entschieden, dass wirtschaftspolitische Maßnahmen am GG und nicht an den Leitlinien und Reglements der Wirtschaftsverfassung zu orientieren sind.

Seit der grundlegenden Entscheidung des BVerfG zum Investitionshilfegesetz wird die Frage, ob das Grundgesetz überhaupt die Wirtschaftslenkung gestattet, bejaht.[1104] Das Grundgesetz garantiere weder die wirtschaftspolitische Neutralität noch eine soziale Marktwirtschaft. Das BVerfG entnimmt die Idee der wirtschaftspolitischen Freiheit des Gesetzgebers dem Art. 70 GG. Danach kann er Regelungen treffen, die er im öffentlichen Interesse für erforderlich hält. Durch die Novelle des Art. 109 GG ist die Zulässigkeit einer staatlichen Wirtschaftslenkung legitimiert und zudem eine Verpflichtung zur Erhaltung des gesamtgesellschaftlichen Gleichgewichts der Wirtschaft vorgesehen.

Die Stufentheorie des BVerfG dient den Regelungsmöglichkeiten der Wirtschaft.[1105] Sie führt darin das Verhältnismäßigkeitsprinzip ein. Verfassungsrechtlich zulässig ist demnach etwa eine Berufsausübungsregel dann, wenn sie durch vernünftige Gründe des Gemeinwohls gerechtfertigt erscheint, die gewählten Mittel zur Erreichung des verfolgten Zwecks geeignet und erforderlich sind und die Beschränkung des Betroffenen im Verhältnis zum angestrebten Zweck ist.[1106]

Die Eigentumsgarantie nach Art. 14 GG ist für das BVerfG eine Institutsgarantie. Sie bedeutet einen Schutz des einzelnen Eigentümers als Inhaber subjektiven Rechts. Der Gesetzgeber ist dennoch ermächtigt, Gesetze zum Eigentum zu erlassen. Nach dem BVerfG bildet die Auferlegung von Geldleistungen keinen Eingriff in Art. 14. GG.[1107] Steuern sind also keine Enteignung. Die Eigentumsgewährleistung bezieht sich auch auf Produktionsmittel, Leistungs-, Nutzungs- und Dispositionsbefugnisse.

Trotz des Art. 3 GG zur Gleichheit konstatiert das BVerfG, dass der gesetzgeberische Wirtschaftsinterventionismus zwangsläufig bestimmte Gruppen benachteilige. Dennoch seien gesetzgeberische Zielvorstellugen aber zulässig.

---

[1104] BVerfGE 4, 7 ff.

[1105] BVerfGE 7, 377, 405 ff.

[1106] BVerfGE 16, 147, 163; 16, 286, 297; 37, 1, 18 ff.; 39, 210, 225; auch: BVerfGE 21, 245, 257 f.

[1107] BVerfGE 6, 290, 298; 8, 274, 330; 14, 221, 241; 19, 119, 128 f.

Eine besondere Rolle spielen bei Umverteilungsmaßnahmen soziale Gesichtspunkte.[1108]

---

[1108]BVerfGE 18, 315, 331 ff.; 36, 237, 248 f.

# F  Das ethische Prinzip der Verhältnismäßigkeit

Im Unterschied zur juristischen Verhältnismäßigkeitsprüfung kann ihre ethische Variante auf alles menschliches Handeln und jede wirtschaftliche Kapital- und Handelsbeziehungen ausgeweitet werden. Insofern trifft der Begriff der Verhältnismäßigkeit wieder mit seinen Ursprüngen zusammen, den bis in die Antike zurückreichenden Gerechtigkeitstheorien. Jedes menschliche Sozialverhalten gilt es dann unter einem ethischen Verhältnismäßigkeitssatz zu prüfen.

## I  Die Zivilisierung der Freiheitskonflikte durch Abwägen

## 1  Ethische Verhältnismäßigkeit als Abwägungsmodell

Das Wesen der *ethischen* Verhältnismäßigkeit ist ebenso, wie die Entwicklung des juristischen Grundsatzes der Verhältnismäßigkeit (GdV) und des Institutionalismus allgemein keine Folge einer rechtsphilosophischen Güterabwägung, sondern Produkt einer spezifischen historischen Rechtsentwicklung. Sie folgt darin der Logik der Entwicklung des Naturrechts zu den Menschenrechten.

Güter, Rechtsgüter oder Handlungen sollen verglichen werden. Das Selbstverständnis des Vergleiches geschieht unter der Prämisse und Akzeptanz, dass diese Güter oder Handlungen korrelativ aufzufassen sind. Es gehörte zum Prinzip der machtdominanten Strategien, Bezüge, Wirkungen und Korrelationen von ‚Verhältnissen' nicht wahrzunehmen. Armut und Hunger standen scheinbar in keinem Verhältnis zu privilegierten Standards, waren legitimatorisch als gottgewollte Naturkonstanten abgesichert.[1109]

Wenn die Rechtsgeschichte den Grundsatz der Verhältnismäßigkeit hervorgebracht hat, dann löst sie damit die Auffassung ab, dass die Perspektive der *Verhältnislosigkeit* bestimmte Konfliktpotentiale gar nicht erkennen und wahrhaben will.

Mit der rechtstheoretischen Verhältnis*nahme* der Konfliktgüter erscheint auch ein anderes Prinzip der Lösungssuche. Macht und Recht sind zwar geschichtlich immer eine Verbindung eingegangen. Aus der Konfliktdichte aber folgen die Forderungen nach allgemeinen Rechtsgrundsätzen, die die Machtinstanzen an sich binden und zum Teil kontrollieren. Aus Grundsätzen entstehen

---

[1109] Auch heute noch wird die Marktwirtschaft durch einige Theologien gerechtigkeitstheoretisch legitimiert. Vgl. Herfeld, Matthias: *Die Gerechtigkeit der Marktwirtschaft.* Eine wirtschaftsethische Analyse der Grundvollzüge moderner Ökonomie, Gütersloh 2001

selbst ethosprägende Autoritäten. Aus dem tatsächlichen Ethos einer Gemeinschaft bilden sich rechtswirksame Grundsätze.

Die Überführung von Konfliktlösungsstrategien unter Grundsätze, wie den des Gleichheitsprinzips, des ‚Treu und Glaubens' und der Verhältnismäßigkeit, führte zu korrelativen oder relationalen Schlichtungsbegriffen.

## 1.1 Vom Auskämpfen zum Abwägen

Die Rechtsentwicklung der Menschenrechte und auch der deutschen Verfassung zeigt einen Doppelcharakter: Einerseits eine Statuierung von Grundsätzen, Rechtsgütern und Grundwerten, wie die des Gleichheitsgrundsatzes und des absoluten Rechtswert der Würde, andererseits die Problematik, diese Grundsätze und Rechtsgüter bei Interessen- oder Güterkollision abwägen zu müssen. Rechtsgüter müssen in Schranken verwiesen werden, um erstens den Rechtsanspruch Dritter zu berücksichtigen und zweitens, um Gewichtung, Graduierung und Schranken gegeneinander zu klären.

Unter zivilisatorischen Aspekten hat sich das Auskämpfen von Konflikten um materielle Güter in ein (immer noch machtstrukturelles) Abwägen von Rechtsgütern verlagert. Die Kampfart um Güter ist rechts- und wirtschaftspolitisch geworden. Sie ist es auch in einem ideologischen und wissenschaftlichen Sinne, wie etwa die Ideengeschichte der Gerechtigkeits- und Wirtschaftstheorien zeigt.[1110]

Abwägen von Interessen wird zu einem immanenten Bestandteil der Politik und der Rechtskontrolle, wo sie nicht nur parteiische (‚ungerechte') Klientelpolitik ist. Das Zentrum des rechtlichen und ethischen Abwägens liegt im Begriff der Verhältnismäßigkeit selbst. Je weniger aber ihr inneres Maß nur beliebig und kommentatorisch benutzt bleibt, um so mehr kristallisiert sich in der Rechtsprechung ihr mögliches Wesen. Mit der zivilisatorischen ‚Mäßigung' des Auskämpfens von Konflikten kann auch ethisch und wirtschaftsethisch die *Maß*suche innerhalb des Grundsatzes der Verhältnismäßigkeit entstehen.

## 1.2 Wertungs- und Abwägungsprozess

Abwägungsprozesse arbeiten mit Wertungen, absoluten und relativen. Rechtsgrundsätze können solche absoluten Wertungen darstellen, wie das Recht auf Leben und das damit verbundene Tötungsverbot. Relative Wertungen bilden

---

[1110]Die Wirkung von Theorien auf die Rechtsentwicklung soll hier nicht untersucht werden. Die Sichtung der Kommentierungen der deutschen Verfassungsgerichtsurteile zeigt jedoch, dass die Rechtsentwicklung zu einem Teil dem sich wandelnden (globalisierten) Ethos folgt und zum andern Teil der Rechtspolitik.

unabdingbar Abwägungsprozesse. Sie bedingen sich, wie etwa die Bestimmung der relativen Armutsgrenze. Sie können sich aber auch auf absolut definierte Grundsätze beziehen und deren Reichweite, Wirktiefe und Anwendungsrelevanz gegeneinander abgleichen. Abwägungsvorgänge müssen auch *absolute* Grundsätze in ihrer Wertigkeit relativieren, ja sie bestimmen erst den ‚Grad ihrer Absolutheit'. So bleibt im Schwangerschaftskonflikt die Straffähigkeit durch das Recht unverfolgt, um die Würde der schwangeren Frau und das Recht auf persönliche Lebensgestaltung im Falle der Abtreibung zu berücksichtigen.

Divergierende oder konfligierende Werte werden, wie wir am Beispiel des Wertobjektivismus gesehen haben, durch Inbezugstellung, wie es der Satz der Verhältnismäßigkeit vornimmt, selbst graduiert und definiert. Wir hatten schon oben von der relationalen Wertbildung gesprochen und sie auch für die Konstruktion der Würde für relevant gehalten. Abwägungen transformieren und relativieren Werte. So wird etwa das Recht auf freie Entwicklung der Persönlichkeit (Art. 2 GG) durch das Gut der Unversehrtheit des Anderen in seine Schranken gewiesen. Die Abwägung zwischen Freiheit und Leidstiftung reduziert als Korrelation den Gewichtungsgrad dieser beiden Werte. Jeder Güterwert wird damit selbst relational und unterliegt der Abwägungs*breite*, d. h. der Frage, mit welchen Rand- und Bedingungsstrukturen er noch ins Verhältnis gesetzt wird. Die Relationierungs*weite* bestimmt die Verhältnisnahme und damit den eigentlichen Wertentstehungsprozess.

Das Gut der Freiheit kann in seinem Wert und Gewicht gemindert werden, wenn etwa ihre Kosten und die Nebenwirkungen berücksichtigt werden.


## 1.3 Institutionalismus und Zivilisierung als Abwägungs- und Regulationsprozess

Zum Programm der Zivilisierung gehört, wie wir oben gezeigt haben, dass Institutionen den Bezug jedes Individuums zur Gemeinschaft formell regulieren. Hier interessieren uns besonders nun die Konfliktregulationen, die, wie oben das Beispiel der Fehde gezeigt hat, aus der Hand der Autonomie der Akteure in Recht verwandelt und institutionalisiert wurde.[1111] Der Prozess der Institutionalisierung und der der Zivilisierung betreiben konflikttheoretisch ein gemeinsames Ziel. Sie vermitteln Güterkollisionen und den Konflikt der Nachfrage durch mehrere Aspiranten. So könnten Eigentums- und Gemeinschaftsrecht als Rechtsgüter in Konflikt geraten. Aber auch die Verteilung jedes dieser Rechtsansprüche auf mehrere Rechtspersonen kann zu einem Abwägungskonflikt werden. Wie die Grundrechtsartikel der deutschen Verfassung zeigen, ver-

---

[1111] Natürlich war die Entwicklung der ritualisierten Fehde selbst schon der Beginn einer Institutionalisierung, wie die spätere Ankündigung einer Feindschaft durch das Werfen des Fehdehandschuhs gezeigt hat.

weisen sie sich untereinander in Schranken, so wie die Autonomie des Einzelnen an den Interessen der Gemeinschaft limitiert werden muss, und sie begrenzen ihre Inanspruchnahme durch die plurale Nutzung vieler Rechtssubjekte. Wie etwa die Abwägung zwischen positiver und negativer Freiheit im Kruzifix-Urteil des Bundesverfassungsgerichts deutlich gemacht hat, ist das Problem der Abwägungsbemessung wesentlicher Bestandteil aller Rechtskonflikte, ohne das die Bemessung des Abwägens theoretisch gelöst worden ist.

> Damit ist die negative Religionsfreiheit kein Obergrundrecht, das die positiven Äußerungen der Religionsfreiheit im Falle des Zusammentreffens verdrängt. Das Recht der Religionsfreiheit ist kein Recht zur Verhinderung von Religion. Der notwendige Ausgleich zwischen beiden Erscheinungsformen der Religionsfreiheit muß im Wege der Toleranz bewerkstelligt werden.[1112]

Das gesellschaftlich sich ändernde Ethos als Wertgrundlage von Güterabwägungen wird machtpolitisch oder ethoskonform eingesetzt, um den Abwägungsprozess vage zu ‚bewerkstelligen'. Abwägen unterliegt damit der Beliebigkeit oder, positiv gewendet, der Aktualität und machtpolitischen Stärke bestimmter Wertungen, wenn es nicht gar vorinstitutionell, wie auch hier, zur politischen Gesetzgebungskompetenz oder zu informellen Lösungen zurückgewiesen wird.[1113] Die Gewichtungs- oder Bemessungsfrage im Verhältnis von positiver und negativer Freiheit wird verfassungsrechtlich nur differenziert und diskutiert, aber nicht gelöst.

Der Prozess der Zivilisation hat insofern mit Güterabwägungen zu tun, als er die Verlagerung der Konfliktlösungen zur Institutionalisierung und Verrechtlichung psycho- und soziogenetisch begleitet. Konfliktlösungen erhalten eine Korrelat in bestimmten seelischen, habituellen und kognitiven Modulationen, wie N. Elias eindringlich aufgezeigt hat.[1114] Fühlen, Verhalten und Denken über und in Konflikten und ihren Austragungen verändert sich in zivilisatorischen Sublimationsprozessen. Das Abwägen selbst ist eine ‚zivilisatorische Kognition', die sich von der Polemik des Kräftemessens weit entfernt hat. Die Rationalisierung von Konfliktstrukturen gehört zur kognitiven Methode von Interessenbewertungen. Erst mit diesem zivilisatorischen (Selbst-)Aufklärungsprozess, besonders seiner Psychologisierung und der erkannten Selbstreferentialität der Bewertungsfragen von Rechtsgütern, werden Abwägungsmodelle möglich. Die Berechtigung von Interessen anderer und die Erkenntnis, dass es notwendige konfligierende, nicht nur alternative Güter gibt, stellt die zivilisatorische Transformation gesellschaftlicher Ethik dar. Unterdrückung, Ausbeutung, Privilegie-

---

[1112] BVerfGE, 91, 37, 32

[1113] Vgl. dazu die Argumentation in BVerfGE 82, 60 f.: „Steuerfreies Existenzminimum".

[1114] Elias, Norbert: *Über den Prozess der Zivilisation*, a.a.O.

rung, Apartheid und soziale Exklusion kommen ohne Interessen- und Güterabwägung aus. Sie regulieren soziale Konflikte machtpolitisch.

Die ethischen Prämissen des Abwägens hat am deutlichsten der Utilitarismus hervorgebracht.

## 2 Der Utilitarismus als klassisches Abwägungsbeispiel

In der Folgen der englischen Aufklärer J. Locke und D. Hume (1711-76) erschien 1789 von J. Bentham die Schrift: „Eine Einführung in die Prinzipien der Moral und der Gesetzgebung", in der er das Prinzip der Nützlichkeit erörtert. Der Mensch sei unter die Herrschaft „zweier Gebieter" gestellt, des *Leids* und der *Freude*.[1115] Nützlichkeit sei diejenige Eigenschaft an einem Objekt, durch die es „Gewinn, Vorteil, Freude, Gutes oder Glück" hervorbringt und „Unheil, Leid, Böse[s] oder Unglück" vermeidet.[1116] Die ethischen Prinzipien dieser Auffassung sind *Freiheitsoptimierung* und *Leidminimierung*. Sie sollen sowohl personal als auch sozial gelten. Aus der Gesamtsicht auf Freiheiten und Leid oder Mühe aller Handlungen ergibt sich für eine Person und eine Gesellschaft der Wille zur *Gesamtnutzenoptimierung*. Der Utilitarismus versteht unter Gesamtnutzenoptimierung einer Gesellschaft „die Summe der Interessen der verschiedenen Glieder, aus denen sie sich zusammensetzt."[1117] Indem er die Nutzen und Nachteile von Handlungen nicht nur intrapersonal abgewogen wissen will, sondern auch interpersonal, stellt diese Art des Utilitarismus ein sozialethisches Modell dar. Im Gegensatz zur Privatfinalisierung individualer Marktteilnehmer will Bentham von jeder menschlichen Aktion und Handlung wissen, wie viel Leid/Mühe- und Freudequanten sie erzeugt, für das handelnde Individuum wie auch für die Gemeinschaft. Insofern andere von meiner Handlung betroffen sind, will Bentham deren Wirkung hinsichtlich Leid und Freude berücksichtigt wissen. Da Handlungen Folge- oder sekundäre Wirkungen zeigen können, will er auch diese Effekte mit der Ursprungshandlung verrechnet wissen, um zu einer Gesamtnutzenabwägung zu kommen. Entsteht mehr Leid als Glück, gilt es, diese Handlung als schädlich zu unterlassen. Entsteht aus primärem Glück (als Folge der Handlung) sekundäres Leid und aus primärem Leid aber sekundäre Glücksquanten, dann sollte dies ebenfalls verrechnet werden. Er spricht von der „Folgenträchtigkeit" einer Handlung und der „Unreinheit" eines Leids oder einer Freude, wenn als Handlungsfolge der jeweilige Gegensatz hervorgerufen wird. Die Optimierung bestehe darin, bei der Summierung der negativen und

---

[1115] Bentham, Jeremy: *Eine Einführung in die Prinzipien der Moral und der Gesetzgebung*, 1789, Kap. I. Übers. v. A. Piper, in: Höffe, Otfried (Hg.): Einführung in die utilitaristische Ethik, München 1975

[1116] ebenda, S. 35

[1117] ebenda, S. 36

positiven Quanten eine „positive Tendenz" der Handlung zu erzielen. Entsteht mehr Leid, „ergibt sich daraus für die gleiche Gemeinschaft eine allgemein schlechte Tendenz."[1118]

Die sozialethische Implikation einer Egalisierung von Nutzen- und Leidverteilung entwickelt Bentham nicht. Er kann sich noch vorstellen, dass der Gesamtnutzen einer Handlung für die Gemeinschaft optimiert ist, auch wenn die Nutzenquantenverteilung sozial extrem ausfällt. Aus der Exklusivität der Nutzenverteilung auf bestimmte Individuen schließt Bentham nicht auf ein in der relationalen Wertgenese begründetes Leid auf der anderen sozialen Seite. Das Prinzip der Gesamtnutzenoptimierung attribuiert Nutzen so, dass das Prinzip der *Verteilungsoptimierung* von Nutzen auf möglichst viele Nutznießer nicht vorkommt und die Integration von Gesamtnutzenoptimierung und Verteilungsoptimierung nicht versucht und erkannt ist. Hier konnte erst die Grenznutzenschule theoretisch aushelfen, wie wir unten noch zeigen.

Um den Wert eines Quantums Freude oder Mühe für eine „Anzahl von Personen"[1119] zu bestimmten, schlägt Bentham eine Differenzierung nach Bemessungskategorien vor. Er berührt damit das Grundproblem der Abwägens verschiedener Güter und auch das von uns weiter noch zu suchende *Maß* der Verhältnismäßigkeit.

Intensität, Dauer, (Un-)Gewissheit, Nähe/Ferne, Folgenträchtigkeit, Reinheit und Ausmaß sind nach Bentham die Dimensionen, unter denen Nutzen betrachtet werden könne. Wie er sie untereinander gewichtet und besonders Nutzenqualitäten mit Quantität verrechnet, beschreibt Bentham nicht.[1120]

Für die Begriffe Würde und Verhältnismäßigkeit hat dieser Utilitarismus sozialethische Bedeutungen. Indem nicht nur leidvolle oder zukünftig leidbringende Handlungen vermieden werden sollen, also die Handlungsfolgen immer bedacht werden, bekommt die Idee des sozialen Gesamtnutzens eine diachronische und eine synchronische Dimension. Dieser Utilitarismus ist gesamtwohlorientiert, und das in einer verteilungskompensatorischen Art. Zuviel Nutzen bei einer Klientel äußert sich zwangsläufig in Leidquanten bei anderen Gesellschaftsmitgliedern. Dem Bentham'schen Utilitarismus wohnt der Gedanke der Verhältnismäßigkeit schon inne.

## 2.1 John Stuart Mills Bestimmung der Qualität des Nutzens

Die Berücksichtigung der *Qualität* des Nützlichen für den Utilitarismus ist das Verdienst von J. St. Mill. Während Bentham noch zwischen Quantität und

---

[1118] ebenda, S. 37
[1119] ebenda
[1120] ebenda, S. 35

357

Qualität nicht abzuwägen weiß, entschärft Mill das Grundproblem der „Arten der Freude"[1121] und der Möglichkeiten und Quantitäten der Mühe, der Arbeit und des Leids in einem pluralistischen Sinne. Wer sollte entscheiden, welche Freude mehr wiegt als eine andere, welcher Schmerz schlimmer ist als ein anderer, welche Mühe größer ist als andere Mühen, wenn nicht „das Urteil derer, die beide erfahren haben, oder, wenn sie auseinander gehen sollten, das der Mehrheit unter ihnen".

Abwägung von Qualitätsdifferenzen wird hier von Mill in einen personalen oder sozialen Erfahrungsraum gelegt und einer flachen Theoretisierung entzogen. Biografie und Geschichte wären danach die Garanten, Intensitäten und Gewichtungen von Empfindungen zu bestimmen. Bentham und Mill stehen vor der Gewichtungsproblematik von Handlungen und Handlungsfolgen begleitenden Emotionen. Gefühle ließen sich aber nach Mill nicht rational quantifizieren. Die Nützlichkeit einer Handlung kann also nur durch vergleichende Erfahrung in Biografie und Geschichte vollzogen werden. Sie findet ihre Wertung auch aus den möglichen interpersonalen Gewichtungsdifferenzen ein und derselben Handlung.

> Was anders sollte darüber entscheiden, welche von zwei Schmerzempfindungen die heftigste oder welche von zwei lustvollen Empfindungen die intensivste ist, als das Mehrheitsvotum derer, denen beide vertraut sind?[1122]

Intensitätsunterschiede der Nützlichkeitseinstufung bleiben subjektiv verschieden bzw. demokratische Majoritätsentscheidungen. Auch für die Frage der Nutzen-Leid-Abwägung, wann also eine bestimmte Leid/Mühe-Investition für einen höheren Nutzen oder eine ‚reine' Freude lohnenswert wird, verweist Mill nur auf den Erfahrungsschatz der Individuen, verschiedene Zustände, Emotionen und Lebenslagen zu kennen und abwägen zu können. Es muss also nicht nur zwischen Lust und Leid abgewogen werden, sondern auch unter qualitativ verschiedenen Emotionen der Leid- und Freudeerfahrung.

> Welche andere Instanz als das Empfindungs- und Urteilsvermögen der Erfahrenen sollte uns sagen können, ob es sich auszahlt, für eine bestimmte angenehme Empfindung eine bestimmte unangenehme Empfindung in Kauf zu nehmen? Wenn diese nun aber erklären, daß die aus den höheren Fähigkeiten erwachsenen Freuden *der Art nach* – ungeachtet ihrer Intensität – denen vorzuziehen sind, deren die tierische Natur ohne die höheren Fähigkeiten fähig ist, dann verdienen sie auch in dieser Frage unsere volle Beachtung.[1123]

---

[1121] Mill, John Stuart: *Der Utilitarismus*, 1871, 2. Kap., dt. Übersetzung, Anmerkung und Nachwort v. D. Birnbacher, Stuttgart 1985, S. 15 f.
[1122] ebenda, S. 16
[1123] ebenda, S. 18 f.

John Stuart Mill begründete einen Nutzenrelativismus und Empirismus und übergibt das normativ und substantiell anmutende Modell Benthams wieder seiner empiristischen wert- und abwägungsneutralen Beschreibung. Bentham versuchte eine Berechnung des Nützlichen, während Mill Abwägungsprozesse auf psychische und historische Erfahrungsprozesse reduziert und subjektiviert. Was Bentham zumindest formal errechnen möchte, sieht Mill, besonders dann wenn er von den ‚höheren Fähigkeiten' spricht, im Möglichen der menschlichen Zivilisiertheit sich wandeln.

Bentham als auch Mill bemessen die Richtigkeit einer Handlung an den Folgen. Bentham hatte aber den Nutzen der Einzelhandlung im Sinn, während Mill den Nutzen einer Klasse von Handlungen im Sinn hatte. Aus diesen Klassen wurde später der *Regelutilitarismus*, der sich vom Handlungsutilitarismus unterscheidet. Der Regelutilitarismus fragt nach den Folgen der Nutzung immer gleicher Regeln und nähert sich damit der Folgenabwägung rechtlicher oder moralischer Regeln an. Handlungsutilitaristisch dagegen wäre die immer wieder kasuistische Neubeurteilung einer Handlungsfolge und ihres Nutzens, während der Regelutilitarist den Abwägungsvorgang abschließen und in ähnlichen Situationen stereotyp handeln kann. Jedoch kann die Einhaltung einer Regel im Einzelfall schlechte Folgen nach sich ziehen und die ständige Neuabwägung des Für und Wider einer Handlung redundant sein.[1124]

Mit Mill wird der Nutzenabwägungsvorgang wertsubjektiv reduziert und, ähnlich der Nachfrage der Markttheorien, in einen Wahlakt überführt. Eine Analyse der Vermittlung von Nutzen-Wahlakten scheint nicht möglich. Eine Verhältnismäßigkeit innerhalb dieser handlungsrelevanten Wahlakte zu finden, kann nur formal in der Wahlfreiheit, Wahlgewichtung oder sozialen Einflussnahme des Wählers liegen. Durch Mills wertsubjektivistische Kehre verlagert sich das Gelingen einer gesellschaftlichen Nutzenoptimierung in den politischen Raum. Die Wahlquanten der Wähler entscheiden über die Nutzenverteilung. Der Begriff Nutzen (in ihm Leid und Freude) wird relativistisch entsubstantialisiert. Ob Nutzenquanten sozial verhältnismäßig verteilt sind, entscheidet das ‚politische' System in der Verteilung von Stimmrechten und Stimmgewichtungen. Der machtpolitische Einfluss durch Kapital (Nachfrage, Konsum und Reputation) kann unweigerlich die Bedingungen verzerren, die die *verhältnismäßige* Verteilung von Gütern und Ungütern erwarten lassen.

---

[1124] Smart, John J. C.: *Extremer und eingeschränkter Utilitarismus*, in: The Philosophical Quarterly 6 (1956), übers. v. J. Jantzen, in: Höffe, Otfried (Hg.): Einführung in die utilitaristische Ethik, a.a.O., Abs. II, S. 124 f.

## 2.3 Kritik an John Rawls materialer Gesamtnutzenoptimierung

Menschen organisieren nach J. Rawls knappe Güter („moderate scarcity"[1125]) durch die Prinzipien Konkurrenz und Kooperation. Die Freiheitsrechte schränken die Handlungsfreiheit ein und bilden einen sozialen Zwang. Diese unvermeidlichen Freiheitseinschränkungen bedeuten: Solange es keine Freiheitsbegrenzung gibt, bleibt jeder Mensch für sich freiheitsgefährdet und für andere freiheitsgefährdend. Die Begrenzung von anarchisch-vorgesellschaft-lichen (positiven) Freiheiten schafft neue negative Freiheiten im Sinne derjenigen Handlungsfreiheiten, die unter ungeregelter Freiheit in absoluter Gefährdung stattfinden müssten. Die Gewährung von nur positiven Freiheiten unterbindet die negativen Schutzfreiheiten, die einen hohen Lebenswert einnehmen können, wie etwa die Sicherheit des Lebens, der freie Warenhandel im sicheren Austausch von Handel und Verkehr.

Rawls markt- und z. T. auch machtopportune Grundsätze der Gerechtigkeit beziehen sich zum einen auf die politischen Freiheiten, die gleichermaßen verteilt werden sollten, zum andern auf die wirtschaftliche Verteilungsgerechtigkeit. Hinsichtlich der Verteilung plädiert er paretooptimal für eine Gesamtnutzenoptimierung ohne die sozialen und wirtschaftlichen Kosten der Verteilungsdiskrepanzen zu bedenken. [1126]

> Soziale und wirtschaftliche Ungleichheiten sind so zu gestalten, daß vernünftigerweise zu erwarten ist, daß sie zu jedermanns Vorteil dienen [...].[1127]

Schon diese Annahme, dass wirtschaftliche Ungleichheiten Vorteile für alle erzeugen könnten und ihre sozialen, humanitären und krisenhaften Kosten geringer als die ökonomische Gesamtnutzenoptimierung eingestuft wird, zeigt, dass Rawls die liberalistische Konkurrenzideologie genauso übernimmt, wie den ungelösten Widerspruch zwischen politischer Egalisierung qua Freiheits- und Menschenrechte und der Ungleichheit an sozialer und wirtschaftlicher Macht. Die würdedemütigende Vorstellung dabei bleibt, dass wirtschaftssoziale Ungleichheiten zu jedermanns Vorteil dienen könnten. Euphemistisch kann Rawls unterschlagen, dass er das Ungut menschlicher Degradierung, die werthafte Stratifikation menschlicher Selbstachtung, dem „Gut" ökonomischer Gesamtnutzenoptimierung unterliegen lässt. Den ‚Vorrang' des ersten Grundsatzes, der politischen Grundfreiheiten aller, hält er allerdings für eine historische Entwicklungsmöglichkeit, in der auch das wirtschaftssoziale System

---

[1125] Rawls, John: *A Theory of Justice*, Cambridge, Mass. 1971, S. 128

[1126] Rawls, John: *A Theory of Justice*, Cambridge, Mass. 1971, S. 127

[1127] Rawls, John: *Eine Theorie der Gerechtigkeit*, Frankfurt/M. 1991, S. 81

(Selbstachtung durch Achtung anderer) durch die Idee der politischen Gleichheit gefördert wird.[1128]

Die Begründung des Vorrangs der politisch-bürgerlichen Freiheit gegenüber den wirtschaftssozialen Rechten vollzieht Rawls im Sinne des allgemeinen Interesses des Menschen, im Urzustand seine lebenserhaltenden Bedürfnisse zu befriedigen.[1129]

Unterstellt wird dabei, dass sich die Vorteile der *Un*gleichverteilung von Gütern aus dem Angebot-Nachfrage-Mechanismus ergeben. Die Marktvorteile beziehen sich auf eine mit privilegierten Macht- und Kraftverhältnissen operierende Verteilung. Das Marktversagen der wirtschaftlichen Freiheit, extreme globale und gesellschaftliche Ungleichheit der Bedürfnisbefriedigung zuzulassen, ist jedoch eine schlichte Analogie zu der Geschichte der anarchischen politischen Freiheit oder der legalisierten Privilegierung zur wirtschaftlichen Ausbeutung und Unterdrückung.

Die „natürliche und ungeregelte Freiheitseinschränkung", die Begrenzung durch Macht- und Konkurrenzkämpfe, entlarvt sich als „das Gegenteil dessen, was die Utopie der Herrschaftsfreiheit"[1130] im politisch-bürgerlichen Sinn beabsichtigte. Sie konstituierte Freiheit nur auf der Seite der Gewinner, und dort nur als eine rechtlose, labile, immer wieder durch Gegenkräfte und Kämpfe zerstörbare. Die anomische Freiheit wird selbst für die Gewinner ein Risikostatus. Die Sicherheit der negativen Freiheiten existiert nicht. Die Verlierer schlagen nihilistisch zurück.[1131]

Die Rechtsgeschichte hat diese Abwägung hinsichtlich der positiven und negativen politischen Freiheiten und Risiken längst zugunsten einer Güterabwägung ausdifferenziert. Die Freiheitsrechte tragen das Abwägungsmodell im Sinne einer Verhältnismäßigkeitsbewertung bereits in sich. Politische Gerechtigkeit hat sich rechtsphilosophisch längst als Verhältnisnahme der Grenzen- und Schrankendiskussion aller Freiheiten etabliert. Freiheit ist das Optimum an ihrer plural vermittelten negativen und positiven Spielart. Je mehr positiv deklarierte Freiheit eingeschränkt wird, umso mehr negative Freiheit entsteht und lässt ihre positive Spielart verschwinden. Die Verhältnismäßigkeit muss dieses Integral aus positiver Freiheitsproklamation und ihrem Verschwinden durch Interessen- und Anspruchskonflikte bestimmen.

Wirtschaftliche Freiheiten beziehen sich erstens auf die primäre menschliche Bedürfnisbefriedigung und zweitens auf die symbolische, strukturelle oder funktionale Macht jedes Guts, durch Prestige und Reputation soziale Wertvorteile und politische Sonderstellungen zu erzielen. Der Doppelcharakter des wirt-

---

[1128] ebenda, S. 594

[1129] ebenda, S. 589

[1130] ebenda, S. 594

[1131] Vgl. Baudrilliard, Jean: *Der symbolische Tausch und der Tod*, München 1991, S. 69 f.

schaftlichen Guts berührt unmittelbar die politischen Freiheiten und die individuale Würde, indem sie ökonomisch den menschlichen Wert stratifiziert.

Wie sehr sich Würde untrennbar mit wirtschaftssozialer Würde, also der relationalen Genese der Würde, und der menschlichen Selbstachtung verbindet, betonte Rawls noch in empirischer Naivität. „In einer wohlgeordneten Gesellschaft" sei niemand wirklich an Statusfragen interessiert.[1132] Die Analyse der Selbstachtung als des vielleicht wichtigsten Grundgutes hat gezeigt, wie wichtig die wahrgenommene Bewertung durch andere ist. Das Statusbedürfnis würde in einer wohlgeordneten Gesellschaft durch Institutionen befriedigt, da sie alle Individuen mit den gleichen Freiheiten ausstatte. „In einer gerechten Gesellschaft ist die Grundlage der Selbstachtung nicht die Stellung in der Einkommensverteilung, sondern die öffentlich bekräftigte Verteilung der Grundrechte und Grundfreiheiten."[1133]

Hier äußert sich Rawls größter empirischer Fehler, wenn er, im Gegensatz zu Margalit, die Genese der wichtigen menschlichen Selbstachtung zwar interaktiv begreift, sie aber nur an die Gleichverteilung der politisch-bürgerlichen Freiheitsrechte bindet, die die Institutionen garantieren. Denn auch er erkennt, dass „Gleichberechtigung" und „gegenseitige Achtung wesentlich für das politische Gleichgewicht und die Sicherung des Selbstwertgefühls der Bürger" sind.[1134]

Die sozialen und wirtschaftlichen Unterschiede zwischen Bürgern dürften „keine Erbitterung erzeugen". Die Verteilung „der materiellen Güter mag sich dann im Rahmen der reinen Verfahrensgerechtigkeit gestalten, wie sie will".[1135] Kurz nachdem sich Rawls über die Notwendigkeit staatlicher Ordnungsinstitutionen bei der Verteilung von politischen Freiheitsrechten zur Statuierung einer gerechten Gesellschaft geäußert hat, gipfelt seine gerechtigkeitstheoretische Resignation und ordopolitische Fehleinschätzung in dem Satz, dass die „gesellschaftliche Zusammenarbeit zur Verbesserung der Bedingungen der Selbstachtung [...] unmöglich" ist.[1136]

Vormals konnten in einem „Feudal- oder Kastensystem" „keine Vergleiche stattfinden", die die extrem wirtschaftssozialen Lebenslagen der Menschen für disponibel hielten.[1137] Die soziale Stellung war „schicksalsmäßig" und stand trotz enormer wirtschaftlicher und geltungstheoretischer Diskrepanzen „in den Augen der Vorsehung als gleich wertvoll da."[1138]

---

[1132] ebenda, S. 590
[1133] ebenda
[1134] ebenda, S. 591
[1135] ebenda
[1136] ebenda, S. 592
[1137] ebenda, S. 593
[1138] ebenda

Rawls stellt dennoch fest, dass sich durch den „Kampf gesellschaftlicher Gruppen" der Glaube an eine „feste natürliche Ordnung" und eine „hierarchische Gesellschaft" verändern kann und er aufgeben wird. Er verteidigt schließlich selbst solche wirtschaftsinstitutionellen Maßnahmen des Staates, die die freie Konkurrenz stärken und „übermäßige wirtschaftliche Macht verhindert."[1139]

Hier liegt der größte Widerspruch des Liberalismus. Die Freihaltung der Wirtschaft von ordopolitischen Maßnahmen und Reglements, die Schaffung der Rahmenbedingungen für einen freien Machtkampf der Kräfte, schafft genau jenen rechtlosen Raum, der keine zivilisierten wirtschaftlichen Freiheitsrechte entstehen lässt. Dadurch fehlen innerhalb der Weltwirtschaftorganisation bis heute ernsthafte *negative* Freiheitsrechte – gegen Hunger, Krankheit oder soziale Demütigung.

Das Schamtuch der Verhinderung „übermäßiger", also den Grundsatz der Verhältnismäßigkeit verletzender Machtkonzentration, möchte Rawls aber dann doch politisch reguliert ausgegeben wissen.

## 2.4 Ungleichheit als Gesamtnutzenschaden: John Broomes Werk „Weighing goods"

Die Verteilung von Gütern im Sinne einer Verteilungsgerechtigkeit und auch alle Nützlichkeitsabwägungen hängen zunächst von ihrer Bewertung bzw. ihrer Vergleichbarkeit ab. Güter der verschiedensten Art sollen nach Broome bemessen und abgewogen werden. Für einen Abwägungsprozess braucht man, wie die Dimension des Gewichts für die Waage, ein Maß. Stoffliche Güter können mit dem Maß des Gewichts, entstanden aus der Massenanziehung aller physikalischen Stoffe, verglichen und deshalb gewogen werden. Flüssige und gasförmige Stoffe, auf ihr Verhältnis von Gewicht und Raum untersucht, haben ein spezifisches Gewicht. Das Maß, sie zu vergleichen, bildet Masse im Verhältnis zum eingenommenen Raum.

Wenn mehrere Personen verschiedene Güter nachfragen, wird deren Nützlichkeit aufgrund der subjektiven Wertung und Nachfragedringlichkeit verschieden ausfallen. Broome stellt fest, dass Vergleiche inter- und intrapersonal stattfinden können. Dabei sind ihre Bewertungen des Gutes zudem auch noch zeitlich variable. Der Grad der Bewertung kann sich ändern. Abwägen geschieht „across people, across time, across the dimension of state of nature".[1140] Abwägen bedeutet für Broome immer eine entscheidungstheoretische Frage, die an-

---

[1139] ebenda, S. 308

[1140] Broome, John: *Weighing Goods. Equality, Uncertainty and Time,* Oxford 1991, S. 215

gesichts von Konflikten eine utilitaristische Gütermaximierung will. Gewollt sei die bessere Verteilung aller Güter, um einen größeren Gesamtnutzen zu erzielen.[1141]

Der Mensch, die Zeit oder die Natur müsste die Bedeutungsebene sein, die das Wägemaß abgibt. Besonders die Zeit als Träger eines zu erwartenden Gutes (in der Zukunft) beschreibt einen Wahrscheinlichkeitsfaktor und stellt eklatant die Schwierigkeit dar, (vorhandene) Güter und zukünftig mögliche Güter zu vergleichen und dann abzuwägen. Broome fragt also auch nach der „metric" eines Gutes.[1142] Ein quantitativ verstandenes Maß eines Guts könnte allerdings nicht ausreichen, um zu klären, wie viel dieses Quantum zählt.[1143] Die Nützlichkeitsfunktionen sind „each related to the others by increasing linear transformations with the same *scaling* [Herv. d. Verf.] factor".[1144]

Um Quanten verschiedener Güter, um das Quantum eins Gutes zu wägen, bedarf es einer *qualitativen* Entscheidung über das Maß der Quantifizierung. Diese soll alle Güter messbar machen und zwar in verschiedenen Dimensionen. Etwa das Gut der leiblichen Sicherheit (negative Freiheit) abgewogen gegen das Gut wirtschaftlicher Risikobereitschaft (positive Freiheit).

Broome will knappe, unteilbare Mittel verteilen. Dazu glaubt er, die Güter in sehr kleine Einheiten teilen zu müssen und diese „units" hinsichtlich des Nutzen für verschiedene Nutznießer abzuwägen. Eine Einheit hat im Sinne des Grenznutzens verschiedene Nutzenspitzen. Ein Utilitarist, sagt Broome, würde jede dieser kleinen Einheiten an den verteilen, der den größten Nutzen aus ihnen ziehen würde.[1145]

Für die Gesamtnutzenoptimierer, wie Rawls, ging es um die Frage, wie es Menschen absolut ergeht, und nicht, wie es ihnen *relativ* ergeht. Aus der relationalen Verteilungs- und Lebenslage, also absurderweise aus der um die Relationierung vervollständigten *Theorie der Gerechtigkeit*, entsteht kein nützlichkeitstheoretischer Haupteffekt. Der Vergleich der Lebenslagen scheint für sie keinerlei Negativeffekte auszumachen. Die Tatsache der Existenz von „Schlechter- und Bessergestellten" unterliegt der Gesamtnutzenoptimierung, jenseits der realen wirtschaftlichen, sozialen und menschlichen Kosten, die durch die Ungleichstellung entstehen.

Broome unterscheidet Gleichheit von Gerechtigkeit, „fairness" im Unterschied zu „justice".[1146] Ein Egalitarist würde das Gut dort verteilen, wo es den

---

[1141] ebenda, S. 214
[1142] ebenda, S. 215
[1143] ebenda, S. 217
[1144] ebenda, S. 218
[1145] ebenda, S. 194
[1146] ebenda, S. 193

größten Gemeinnutzens verspricht. Diejenige Person erhält das Gut, deren Wirkung die größte Steigerung des Allgemeinwohls erzielt: "Weighing leads to maximizing".[1147]

Das Abwägen der Gründe der Verteilung ignoriere aber die Frage der „fairness" zwischen den Menschen. Er will von rationalen Gründen weg zur Lotterie der Kandidaten für ein Gut. Gründe können „richtig" sein, ohne Lotterie ist ihre Anwendung bei fehlenden Auswahlkriterien aber unfair. Das rationale Wiegen der Gründe versagt prinzipiell, um vollständig zu determinieren, was getan werden soll.

Alles liefe auf ein „ethical judgement" hinaus. „Ethical judgements help to determine our metric of good.[1148] („The moral basis of interpersonal comparison [...] argues that interpersonal comparisons of good cannot be independent of value judgements.")[1149]

Wenn wir ethische Vergleiche der Verteilung „across people" ziehen, müsste „betterness ordering of the distributions [...] be given in advance, so that we simply find out from this ordering the quantitative scales of good for individuals.[1150] Wir müssten schon eine Idee haben, wie man Güter interpersonal vergleicht und warum einige Verteilungen besser sind als andere. Diese zwei Ideen, das Vergleichen und die Verteilungsmodi, müssten in Linie gebracht werden. Zusammen stellen sie „betterness ordering" und das Verteilungsmaß aller Güter für Menschen dar.[1151] Wir hätten einfach kein Maß für Güter, das unabhängig ist von der Priorität, die wir ihm zuweisen, „[...] that is independent of the priority we assign it."[1152] Broome bestreitet, dass „good has such a metric".[1153] Um ein Maß für ein Gut zu haben, müssten wir ein Gut haben, dass unabhängig ist von dem Gewicht, das wir ihm geben.[1154] Er übernimmt damit die wertsubjektive Position, dass es keine objektiven Wertentstehungen gibt.

Die abwägungstheoretische Überlegung des Gütervergleichs endet dezisionistisch oder als Lotterie. Hinsichtlich der Frage der Verteilungsgerechtigkeit und der Nutzenoptimierung der Güter schlägt Broome dennoch vor, die Idee einer „betterness ordering" beizubehalten, obwohl wir auch dazu eine Idee haben müssten, worin einige Güterverteilungen besser seien als andere. Im Grunde stellt Broome dann nur das Additionstheorem des Utilitarismus zur Verfügung und klärt an Fallunterscheidungen, welche Nutzenmaximierung sinnvoll ist. The

---

[1147] ebenda, S. 194

[1148] ebenda, S. 220

[1149] ebenda

[1150] ebenda

[1151] ebenda

[1152] ebenda, S. 222

[1153] ebenda

[1154] ebenda

„value of equality" taucht als Wert insofern auf, als das utilitaristische Prinzip der interpersonalen Gesamtnutzenoptimierung beibehalten wird, jedoch soll in einer „substantive view" das Gut der Prioritätsorge um die Schlechtergestellten („worse off people") vorrangig gelten.[1155] Er hält den Wert der Gleichheit besser als andere Arten der Nutzenspezifität.[1156] Die ‚Nutzen*verteilungs*optimierung' besteht bei Broome im Gegensatz zu Rawls als Wert, obwohl der intra- und interpersonale Nutzenvergleich und Abwägungsvorgang ‚zeitlich' („Weighing acoss time") subjektiv, historisch und beliebig ausfällt.

Die ethische Abwägung zwischen Gleichheit *mit* Gesamtnutzen- und Individualverlusten und der Nutzenoptimierung *mit* oder *durch* Ungleichheit fällt zugunsten des Egalitarismus. Wenn Gleichheit wertvoll ist, dann gewinnt der Egalitarismus. Ungleichheit sei ein Schaden, den Individuen erleiden. Broome bringt Beweise für die egalitaristische Konsequenz, dass die *mehr gleiche Verteilung* von zwei Einkommen besser ist.[1157] Verteilungsgleichheit beschreibt ein komparatives (relationales) Gut, das eine andere *Qualität* als eine quantitative Nutzenoptimierung darstellt. Wie er allerdings die Qualität des *Gleichheitsguts* (des „egalitarism") mit der quantifizierenden utilitaristischen Gesamtnutzenoptimierung ohne Dezisionismus abwägen könnte, lässt Broome offen.

Stattdessen, stellt er fest, ignoriere das Abwägen der Gründe der Verteilung die Frage der „fairness" zwischen den Menschen. Er möchte von rationalen Abwägungsgründen weg zur Lotterie der Kandidaten für ein Gut. Gründe könnten „richtig" sein, ohne Lotterie sei ihre Anwendung bei fehlenden Auswahlkriterien aber unfair. Das Wägen der Gründe versage prinzipiell, um vollständig zu entscheiden, was getan werden soll. Es müsse deshalb zudem noch zwischen „claims und reasons" unterschieden werden.[1158]

„Claims" seien die Objekte der „fairness". Fairness stehe nur zwischen den Ansprüchen (claims) verschiedener Menschen. Wenn solche claims konfligieren, bedeutet „fairness" nicht, dass sie oder ihre Gründe gegeneinander abgewogen werden sollten, sondern dass sie aktuell befriedigt werden in der Proportion zu ihrer *Stärke*. Broome führt die Stärke eines Anspruchs gegen die Gründe rationaler Interessengewichtung ein. Statt Wiegen der Gründe sollte nach Proportionen der Stärke der Ansprüche vorgegangen werden. Fairness meint dann wesentlich, wie weit der Anspruch einer Person erfüllt werden sollte – relational zu der Befriedigung von Ansprüchen anderer Personen.[1159] Schwache Ansprüche requirieren weniger „satisfaction". Stärkere fordern mehr Be-

---

[1155] ebenda

[1156] ebenda, S. 221

[1157] ebenda, S. 212

[1158] ebenda, S. 195

[1159] ebenda, S. 196

friedung. Schwache Ansprüche können nicht einfach durch stärkere übergangen werden.

Broome möchte hier die *Verhältnismäßigkeitsregel* zu der Gleichheitsregel hinzufügen. „If claims of equal strenght should receive equal treatment, it is implausible that a slightly stronger claim should totally override the slightly weaker one".[1160]

Das „metrische" Problem des Abwägungsvorhangs ist damit aber noch nicht endgültig gelöst oder übergangen. Dem ethischen Prinzip der Verhältnismäßigkeit der (quantifizierbaren) Stärke von Ansprüchen liegt erneut die Problematik zugrunde, den Stärke*grad* konfligierender und wesenhaft differenter „claims" zu bestimmen. Die Nutzenabwägung wird durch den Dimensionierungswechsel zur Anspruchs- oder Bedürfnisstärke zu einer axiologischen. Denn es bleibt das Problem der *relationalen* (Stärke-)Wertgenese, wie wir es oben im Konflikt des wertsubjektiven und wertobjektiven Ansatzes gesehen haben. Stärke kann nicht als absoluter Begriff eingeführt werden. Darin liegt ein Mangel Broomes.

Die Suche nach dem Prinzip, dem Maß der Verhältnismäßigkeit, kommt erneut zur axiologischen Kernfrage nach der Beziehung von relationalen und absoluten Werten. Bei der Befriedigung von primären Bedürfnissen, wie Hunger, leuchtet scheinbar eine Annahme von *absoluten* Begriffen und Gütern ein. Schon unter der Idee aber, dass eine Anzahl von Menschen unter Lebensmittelknappheit ihren Hunger nur teilweise stillen könnten, wird die Verteilungsfrage mit einem *relationalen* Hungerbegriff konfrontiert. Die Bewertung der Hungerstärke einer Person innerhalb der Gruppe relativiert sich wirtschaftsethisch an den Faktoren Knappheit, Verteilung, subjektive Stärkeabweichungen und dem Gesamtresthunger. Wirtschaftsethisch kann nicht mit einem biologistischen absoluten Kalorienbegriff gearbeitet werden. Hier zeigt sich, dass nur der (relationale) Grundsatz der Verhältnismäßigkeit das vorrangige wirtschaftsethische Prinzip und die Grundlage für Gerechtigkeit werden kann. *Nutzenoptimierung ohne Verteilungsoptimierung erzeugt einen falschen Begriff des Güternutzens.* Selbst wenn, wie es die Ideologie des Neoliberalismus verkündet, die quantitative Mengenoptimierung von Gütern nur unter ungleicher Verteilung erzeugt werden kann, liegt in der Mengenoptimierung keine Nutzenoptimierung dieser ungleich verteilten oder vorbehaltenen Güter. Wenn nur durch freie Konkurrenz, wie es heißt, ein qualitativ hochwertiges Medikament auf dem Weltmarkt entsteht, es aber nur diskriminativ verteilt wird, hat der Nutzen eines weniger entwickelten und vielleicht auch weniger wirksamen Produkts, das aber egalitär und breit zur epidemischen Krankheitsbehandlung eingesetzt wird, einen größeren Gesamtnutzen.

---

[1160] ebenda

Dies wird unten der Grenznutzen-, Grenzkosten- und Grenzleidsatz zeigen.[1161]

## 3 Wirtschaftliche Freiheiten durch Abwägung und Begrenzung (Höffe)

Für den Lebensgüter nachfragenden Menschen resultiert Knappheit aus der Begrenztheit der vorhandenen oder zu produzierenden Ressourcen. Dazu kommt die Unbegrenztheit der Bedürfnisse und die „Unersättlichkeiten des Begehrens" innerhalb der zivilisatorischen Verfeinerung.[1162] Auch in einer rationalisierten Industriegesellschaft lassen sich nicht alle Güter beliebig oft und billig herstellen. Sie bleiben der wirtschaftssozialen Verteilungsfrage der Knappheit unterworfen. Die Möglichkeit der Begrenzung der Bedürfnisse, ihre kritische Bewertung oder relational nach Bewertungsrelevanzen versuchte Bemessung wird liberalistisch übergangen, auch typischerweise von Rawls. Die Begrenzung der politischen Freiheit aus ihrer inneren Logik der Schrankenzuweisung wird allgemein akzeptiert, weil sie gerade durch ihre positiven Freiheitsbegrenzungen negative Freiheiten schafft, die sich konfliktreduzierend auswirken und neue Lebensqualitäten schafft. Die Kosten und der Gewinn dieser Freiheitsbegrenzung politisch-bürgerlicher Rechte wird verrechnet. Die aus der Konfliktreduzierung sich ergebende Leidreduzierung überragt die Kosten der positiven Freiheitsverluste. Dieser historisch sich eingestellte Abwägungsvorgang lautet: Die Beschränkung positiver Freiheiten unterliegt dem Vorteil der Leidreduzierung durch die Errichtung von negativen Freiheiten. Beschränkung ist hier zugleich konstitutives Moment. Aus Handlungslimitierungen entstehen neue *zivilisierte* Freiheiten.

Wir wollen nicht aus der Sicht einer abstrakt gedachten anarchischen und vorgesellschaftlichen Regellosigkeit von Freiheiten sprechen, sondern aus der Perspektive der historisch belegten Unterdrückung. Positive Freiheiten entstanden als Abwehrrechte gegen Ausbeutung und Unterdrückung. Als negative Abwehrrechte installiert, ergeben sie erst Freiräume, die wiederum als positive Anspruchsrechte sich etablieren konnten und aus ihrer inneren Logik der Interessenkonflikte sich selbst begrenzen. Aus der Vermeidung von Willkür folgt die Interessenabwägung unter Verhältnismäßigkeit, wie es die Entstehung der Verhältnismäßigkeit im Polizeirecht gezeigt hat. Wenn Freiheiten durch Limitierung und Schrankendefinitionen entstehen, dann bildet der *Grundsatz der Verhältnismäßigkeit* den Operator der Schrankendefinierung. Durch Verhältnismaßnahme entstehen Freiheiten für alle. Durch den Begriff der Würde entstand die Integration und Gleichbewertung aller Menschen als Rechtssubjekte

---

[1161] Dazu unten die zentralen Kapitel F II, 3.3 u. 3.4 über Grenzfreiheiten und Grenzleid.

[1162] Höffe, Otfried: *Politische Gerechtigkeit*, Frankfurt/M. 1996, S. 325

und Zweck des Rechts. Aus dem Abwägungsvorgang der Interessenbegrenzungen wurde die Idee der Gerechtigkeit. Die Grundrechte und ihre Kommentierungen folgten diesem Weg.

„Die konkrete Gerechtigkeit bleibt ein Gegenstand politischer Auseinandersetzungen, die ihrerseits von partikularen Interessen und von Macht- und Drohpotentialen abhängen."[1163] Diese rechtslegitimatorische Konstatierung deutet auf den globalen Stand der Auseinandersetzung um wirtschaftssoziale Menschenrechte hin. Der Grundsatz der Verhältnismäßigkeit findet sein wirtschaftsethisches Maß in den Resultaten von Machtkämpfen. Man könne die Geschichte als Anerkennungskampf der wirtschaftlichen Menschenrechte auffassen, „in dem sich der Grenznutzen und die Grenzkosten jeder weiteren Gewaltanwendung die Waage halten".[1164] Diesem Grenzkosten-Nutzen-Begriff wohnt, wie schon bei Locke[1165], der Fehler inne, dass er *per se* von einer sozialen Verteilungsoptimierung ausgeht, die ein Gut des Staates zu sein habe. Unter freier Konkurrenz oder Machtkämpfen bedarf es aber eben der vergleichenden ethischen Idee, das Schicksal aller Menschen unter der Grenznutzenanalyse zu berücksichtigen. Erst mit einem umfassenden Würdebegriff, der auch die wirtschaftssoziale Situation aller Menschen berücksichtigt, also die Verhältnismäßigkeit aller Verhältnisse herstellt, erhält eine Kosten-Nutzen-Analyse die ethische Reichweite und wird zu einer echten Gesamtnutzenoptimierung. Erst wenn das Schicksal aller Menschen berücksichtigt, verrechnet bzw. abgewogen wird, verwandelt sich ein nur betriebswirtschaftlich eindimensional verstandener Optimierungsbegriff in eine wirtschaftsethische Nutzenoptimierung.

So wie der Partikularismus und Elitarismus der politischen Freiheiten abgeschafft worden ist und sich ein Freiheitsschrankenniveau einpendelt, könnte auch wirtschaftliche Freiheit sich schrankenoptimal einstellen.

Bedingung wäre dabei nur das gleiche ethische Konzept, dass auch die Menschenrechte und der Begriff der Würde verfolgen. Integration aller und die Gleichberechtigung der wirtschaftlichen Freiheitsinteressen. Aus diesen Konstituenten der politisch-bürgerlichen Freiheit kann ein neuer ‚politischer' Freiheitsbegriff der Wirtschaft entstehen, der dem rechtsphilosophischen Verfassungsgeist der etablierten Grundfreiheiten entspricht. Erst aus abgewogener Handlungs-Begrenzung (der anomischen Rechtlosigkeit) entstehen Freiheiten, wie oben gezeigt. Denn auch wirtschaftsrechtlich gilt, was die Geschichte politisch-bürgerlich bereits ‚weisheitlich' verstanden, erlitten und deshalb korrigiert hat:

---

[1163] ebenda, S. 473

[1164] ebenda, S. 464; vgl. Hegel, Georg Wilhelm Friedrich: *Die Vernunft in der Geschichte*, hg. v. J. Hoffmeister, Hamburg 1955, S. 62 f.

[1165] Locke, John: *Two treatises of Government*, hg. von P. Laslett, Cambrige 1970, dt.: Über die Regierung, hg. v. P. C. Mayer-Tasch, Stuttgart 1974, Kap. VII

Im Naturzustand sind die Menschen „vogelfrei", was die Franzosen als „hors de la loi" übersetzen: Wer außerhalb des Rechts lebt, ist sowohl frei als auch schutzlos wie ein Vogel. So entpuppt sich die natürliche und ungeregelte Freiheitseinschränkung als das Gegenteil dessen, was die Utopie der Herrschaftsfreiheit beabsichtigt: als Gefahr einer grenzenlosen, mithin vollendeten Willkürherrschaft von Menschen über Menschen.[1166]

Wirtschaftsrechtlich könnte diese Analogie zu den Menschen- und Grundrechten gezogen werden. Würde der juristische Grundsatz der Verhältnismäßigkeit wirtschaftsethisch analog ausgestaltet und angewendet, könnten die subjektiven Bedürfnislagen nicht einfach unbezüglich bleiben, als unhinterfragbar und unrelativierbar angenommen werden.[1167] Das freie Ausgleichen der Dringlichkeiten an Bedürfnisbefriedigungen findet in einem ethisch vereinheitlichten System wie etwa einer Familie am ehesten statt. Die einzelnen Dringlichkeiten werden untereinander abgewogen, entweder autoritär oder diskursiv unter den Familienteilnehmern. Das Prinzip der Verhältnismäßigkeit in seiner ersten Operationsformel als Inbeziehungnahme, als Ins-Verhältnissetzen, findet hier idealiter unter den Familienmitgliedern statt. Das Abwägen über die Verteilung der knappen Mittel auf die verschiedenen Bedürfnisse folgt methodisch einem scheinbar „evidenten" oder auch verteilungsgerechten Modus. Eine Evidenz für Dringlichkeiten scheint in den basalen Bedürfnislagen (Hunger, Krankheit, Obdachlosigkeit, Gefahr für Leib und Leben, würdevolles Existenzminimum etc.) globales Vorverständnis zu finden. Auf einem luxorisierten oder materiell zivilisierteren Niveau gelangt die Abwägungsproblematik in die nicht mehr existentielle, sondern politische Gerechtigkeitsfrage der Verteilung.

Weil aber die Globalität ökonomisch (noch) keiner Idee einer „menschlichen Familie" folgt, ist das historische Unterwegs als Globalisierung – trotz ihres Zwischenschritts der Deregulation – ein Hoffnungszeichen, das aus den immer mehr mediatisierten Erfahrungen eine Verhältnisnahme, eine synoptische Sichtung der menschlichen Lebenslagen entsteht. Mit diesem ersten Teil der Verhältnisnahme könnte jede Entscheidungsinstanz zukünftig vor den Grundsatz der Verhältnismäßigkeit gestellt werden. Globalität kann insofern als eine Inbeziehungnahme gesehen werden. Es folgte der Abwägungsvorgang, der den Kern jeder Freiheitsbestimmung ausmacht. Beziehungen, Grenznutzen- und Grenzleidbegriffe werden von positiven und negativen Freiheiten und Leiden aufgestellt. Erst dann kann sich in einer globalen ‚Mäßigung' und ‚Maß-Nahme' der

---

[1166]Höffe, Otfried: *Politische Gerechtigkeit*, Frankfurt/M. 1996, S. 341

[1167]Die Vermittlung der Bedürfnislagen durch den Markt hat den Mangel, dass zwischen Nachfrage als Bedürfnis und der Gewährung dieser Nachfrage als Marktzugang nicht enttabuisiert diskutiert wird. Der Markt regelt eben nicht die Nachfrage im Sinne der Verhältnismäßigkeit der Bedürfnisse, sondern ist besonders auch von Marktzugangskriterien abhängig. Die Zuteilung der Ressourcen Arbeitsplatz, Talente und Kapitalformen hat gerade mit der Nachfrage des Wirtschaftssubjekts gar nichts zu tun.

Begriff der Verhältnismäßigkeit substantiell füllen, ebenso wie sich der Begriff der Würde rechtsinterpretativ als Verfahren und Vollzug ausdifferenziert.

## II Das ethische Wesen der Güterabwägung

## 1 Die Notwendigkeit zur Schrankendiskussion wirtschaftlicher Anomie

Das Rechtsgut der absolut verstandenen Menschenwürde ist die *conditio sine qua non* eines ethisch nur hinreichenden Würdebegriffs. Würde ist rechtssystematisch ein absolut verstandener, aber ein relational, unter Verhältnismäßigkeit sich verwirklichender Begriff. Der Mensch hat Würde per se als Rechtsinstitut. Diese generiert sich *de facto* in ihrem Wesensgehalt erst als interpersonale Wert*praxis*. Insofern Würde sich auf Menschen bezieht und diese soziale Wesen sind, ist der Begriff der Würde nicht auf ein individualistisches Wesen bezogen, das *per se* eine solipsistische Existenz führt. Diese triviale Aussage kommt in der Tatsache zum Ausdruck, dass die aus der Würde resultierenden Grund- und Menschenrechte in der interpersonalen Ausübung Schranken unterliegen.

Der Wesensgehalt der Würde besteht aus einem Schutzgut, das durch die verfassungs- und menschenrechtliche Verabsolutierung vor positiver Rechtswillkür geschützt werden soll. Diese Verabsolutierung schützt zugleich das *Wesen* des Menschen vor Verletzung als auch das Gut Würde vor Instrumentalisierung und Missbrauch.

Das Schutzgut der Würde ist in seinem Wesensgehalt jedoch vor den Konsequenzen einer politisch etablierten Praxis damit noch nicht gesichert. Das Gut Würde kann zugleich verfassungsrechtlich geschützt sein und wirtschaftspraktisch verletzt werden. Würde ist als absolute Wertgrundlage der Verfassung und der Politik unantastbar, ihr Gehalt bleibt jedoch in den gesellschaftlichen Verhältnissen angreifbar und im Einzelfall des Individuums verletzbar. Es besteht in der Praxis der Güterabwägung ein Verwirklichungsmangel. Das soziale und ökonomische Werthandeln folgt nicht dem formalen Grundsatz der Verhältnismäßigkeit und dem Diskriminierungsverbot. Dadurch können die wertsozialen Folgen wirtschaftlicher Handlungsfreiheit nicht zwischen den Handelnden ins Verhältnis gesetzt werden. Eine Güterabwägung, wie sie für die Verteilung politisch-bürgerlicher Güter praktiziert wird, fehlt bei der Gewährung ökonomischer Güterverteilung und führt zu verfassungsrechtlich geächteten Diskriminierungen.

Eine Gesellschaft kann auf der Idee von Humanität und Gerechtigkeit begründet sein, solange ihre Praxis von diesem Ideal abweicht, bleibt ihr „unantastbarer" Wesensgehalt unverwirklicht und damit die Würdesicherung labil.

Der Wesensgehalt der Würde beschreibt einen absoluten, diskriminierungsfreien Wert des Menschen. An diesen Wert knüpfen sich notwendige Bedingungen, die das Menschsein ausmachen. Es sind vor allem die Grundrechte, die das Schutzgut des Menschseins formal sichern. Da alle Menschen Grundrechtsträger sind, konfligieren natürlicherweise die Grundrechtsausübungen. Die

Freiheit des einen endet an der Freiheitsgrenze des anderen. Sie müssen in Schranken verwiesen werden, die zu ermitteln sind. Zu diesen Grenz- oder Schrankenbestimmungen gehört der juristische formale Grundsatz der Verhältnismäßigkeit. Aus der Idee der Würde und ihrer Konkretion in den Grundrechten folgt eine interpersonale Praxis, die als rein politische Grundwertesicherung nicht hinreichend ausgedrückt ist.

Würde ist vom wirtschaftssozialen Wertbildungsprozess nicht unabhängig. Sozialer *Wert* und soziale *Würde* korrespondieren. Die Schranken der politisch-bürgerlichen Grundrechte ergeben sich aus ihrem Wesen und bestimmen die ‚Praxis der Würde'. Diese Praxis wird besonders durch den Grundsatz der Verhältnismäßigkeit, die Schrankendiskussionen der Grundrechte und die Güterabwägungen reguliert.

Auch die Schranken wirtschaftlicher Handlungen und Praxis müssen sich aus dem Wesensgehalt der Würde bestimmen lassen. Der Handlungsbereich der Wirtschaft ist kein politisch und gesellschaftlich unabhängiger Raum, in dem schlicht die Idee der Freiheit gelten soll, ohne deren Verteilung auf die Grundrechtsträger nach dem Grundsatz der Verhältnismäßigkeit auszurichten. Er berührt den Wesensgehalt der Würde zutiefst.

Die politisch-bürgerliche Idee der Würde und der Grundrechte ‚erlaubt' nicht dem ‚Praxisfeld' des wirtschaftlichen Handelns einen schrankendiskussionslosen Gütergebrauch. Gütergebrauch sei hier doppeldeutig verstanden: als Rechtsgut und als Kapitalform.

Insofern beruht unsere Arbeit auf einer konsequentialistischen Analogie: Der Wesensgehalt der Würde drückt sich in den (politisch-bürgerlichen) Grundrechten aus, die durch die Verteilung auf alle Grundrechtsträger in Kollision geraten. Rechte werden dadurch in bestimmte Schranken verwiesen, um sie untereinander und unter den Grundrechtsträgern nach Maßgabe der Verhältnismäßigkeit zu verteilen und zu bemessen. Der Praxisbereich des Wirtschaftens kann von diesem Vorgang nicht unberufen sein und sich an der Idee der Würde und der Grundrechte mit dem Banner des Liberalismus getarnt vorbeimogeln. Wirtschaftliche Freiheit unterliegt der gleichen Schrankendiskussion. Was wir als liberalistischen Freiheitsbegriff schrankenungebunden kennen, die Gesetze des Marktes, ist in der politischen und juristischen Kultur der Rechtsgüterabwägung längst zivilisiert, d. h. in seiner Konfliktträchtigkeit, in seiner diskriminativen und strukturellen Gefahr erkannt. Das Residuum rechtsfreier Liberalität des Wirtschaftens wird sich den gleichen Abwägungen bei Güterkollisionen unterziehen müssen, wenn der Wesensgehalt der Grundrechte und der Würde nicht wirtschaftspraktisch unterlaufen werden soll.

Die Einführung des Begriffs der *relationalen* Würde hatte den Sinn, darauf hinzuweisen, dass Würde nur durch eine bestimmte interpersonale Praxis verwirklicht oder erhalten werden kann. Sie ist von allen gesellschaftlichen Wertbildungsprozessen abhängig. Die Bestimmung des als Menschenwürde gestalteten interpersonalen Verhältnisses kann durch den Grundsatz der Verhältnismäßigkeit vollzogen werden.[1168]

Aus dem Postulat der Würdesicherung folgt eine interaktive und interstatuelle Güterabwägung im Sinne des Grundsatzes der Verhältnismäßigkeit. Diese Güterabwägung muss umfassend auch materiell und ökonomisch verstanden werden. Politische Rechtsgüter und wirtschaftliche Güter bilden die Einheit des Begriff des Wertes, der unmittelbar aus dem Begriff der Würde abgeleitet werden kann.

Würde entsteht politisch-bürgerlich, aber auch axiologisch-materiell durch eine Güterverteilung nach dem Grundsatz der Verhältnismäßigkeit. Knappe Güter müssen in bestimmten Besitz- und Ausübungsrechten verteilt sein. Ein bestimmtes Wertverhältnis erzeugt Würde.

Als erstes Ergebnis können wir deshalb feststellen: Der Begriff der Würde berührt auch das Grundrecht auf wirtschaftliche Freiheit, und dieses Gut muss ebenfalls im Sinne der Verhältnismäßigkeit *schrankendiskutiert* werden.

Das zweite Vorhaben ist ein ethisches: Wie kann der *ethische* Kern der Güterabwägung im Grundsatz der Verhältnismäßigkeit aussehen? Warum soll dabei über die Kasuistik des Bundesverfassungsgerichts und dem formalen Gebrauch des Grundsatzes der Verhältnismäßigkeit mit „materiellen" Aussagen hinausgegangen werden? Die Einzelfallbewertung bei Güterkollisionen wird juristisch *urteilsbeliebig* durchgeführt. Unseres Erachtens kann der Abwägungsprozess innerhalb der Bestimmung der Verhältnismäßigkeit ethisch noch deutlicher rationalisiert und analysiert werden, was nun versucht werden soll.

## 2 *Freiheit* und *Leid* bilden die Konflikt- und Abwägungsgüter der ethischen Verhältnismäßigkeit

Während der Grundsatz der Verhältnismäßigkeit juristisch vorrangig formell eingesetzt wird, geht es ethisch darum, das Ungut des Leids und das Gut der Freiheit *materiell* in den Grundsatz einzubinden.

Warum kommt es zu dieser Gegenüberstellung? Was macht das Gut der Freiheit des Handelns und das Ungut des Leidens zu den Grundgewichten des ethischen Abwägungsprozesses?

Wir haben oben zu zeigen versucht, dass das Gut der Freiheit in den von den Menschenrechten dominierten Kulturen einen individualistischen Kern hat. Die

---

[1168] Die Geschichte des Würdebegriffs hat gezeigt, dass er einer Entwicklung unterliegt: Vom reinen Abwehrrecht im Staat-Individuum-Verhältnis wird er zu einem politischen Grundrecht, das interaktive „Drittwirkungen" beinhaltet.

Selbstverwirklichung und der Schutz des Individuums wurden für diese Weltanschauung das Zentrum und der Beginn, von dem aus zwischenmenschliches Handeln konstruiert werden soll. Am Ende dieser naturrechtlichen und naturphilosophischen Entwicklung standen sowohl Schutz- und Abwehrrechte als auch Freiheitsrechte. Für das Glück des Individuums schienen die Güter der höchstmöglichen Autonomie und Selbstverwirklichung auf der einen Seite und der Leidabwehr durch Sicherheits- und Schutzgarantien auf der anderen Seite konstitutiv zu sein. Daraus entstanden die Freiheits- und die Schutzrechte.

Es kann außerdem davon ausgegangen werden, wie oben auch historisch gezeigt, dass das Leiden anthropologisch dasjenige Ungut ist, das am meisten Chancen besitzt, universal anerkannt zu werden. Leiden als der negative Schutztenor der Menschenrechte ist historisch das am meisten anerkannte ideologie- und kulturübergreifende Ungut.

Mit der individualistischen Sicht der Menschenrechte entsteht aus übermäßigem Freiheitsverlust individuelles Leiden bzw. aus übermäßigem Freiheitsgebrauch soziales Leid.

Der Freiheitsgebrauch muss abgewogen sein und fordert ein (wirtschafts-) ethisches und juristisches Übermaßverbot. Das Gut der Freiheit (gegenüber dem der passiven Sicherheit) wird auch vom deutschen Bundesverfassungsgericht präferiert und begrenzt sich nur durch ein Übermaß an Freiheitskosten und -folgen, deren Bedeutung und Wirkung für das untermäßig ‚behandelte‘ Individuum Nachteile, Diskriminierung, psychosozialer Schaden, Demütigung, Herabwürdigung, eben Leid werden kann.

In diesem kulturhistorisch herauskristallisierten Rechtsgefüge wurden der Wert der *Handlungsfreiheit* und die sozial schädigende Rückseite als Leid zu den zwei zentralen Orientierungsbegriffen. Die juristischen Schrankendiskussionen bilden dabei auch eine gerechtigkeitstheoretische Grundlage. Die anthropologische Dimension von Unverhältnismäßigkeit bildet ein Ungut des Leidens.

Man kann die Historie und Rechtsentwicklung selbst als Promoter einer Abwägungssuche auffassen. Das historische ‚Experiment‘ innerhalb der internationalen und sozialen Machtkämpfe führte zur Bestimmung des tiefsten Ungutes und höchsten Guts: Leiden und Freiheit. Die Entwicklung des westlichen Individualismus gelangt über den Standpunkt der Belange und Bedürfnisse des Individuum zur Konstruktion menschlicher Gemeinschaft. Leidbegrenzung durch Freiheitsbegrenzung ist dabei ihre zivilisatorische Entwicklungstendenz. [1169]

---

[1169] Man kann die Globalisierung mit ihrer Deregulierungstendenz als Rückschritt der zivilisatorischen Machtbegrenzungsstandards auffassen. Andererseits liegen in ihrem globalen, wirtschaftlichen und kulturellen Inbezugtreten Gründe für die Hoffnung auf eine supranationale Wirtschaftsordnung. Differenzen treten hervor, weil sie ins Verhältnis gesetzt werden können.

## 2.1 Von der anomischen zur zivilisierten Freiheit

Wir stellen dem Gut der Freiheit das Ungut des Leids gegenüber, in Anlehnung an die Tradition des klassischen Utilitarismus. Was bei Bentham noch als (formal verstandenes) Glück dem Leid gegenübersteht und in einer gesellschaftlichen Gesamtnutzenrechnung aufgehen musste, ersetzen wir durch den Begriff der Freiheit, der die gleiche pluralistische Tendenz zur Autonomie (des Glücks) ausdrückt. Vorausgesetzt soll ein gesamtgesellschaftlicher Nutzenbegriff sein, weil er als einziger eine diskriminative Vorentscheidung zur Akzeptanz eines paretooptimalen Elitarismus verhindert und außerdem das Diskriminierungsverbot der Menschenrechte klar ausdrückt. Jede reine Privatfinalisierung des Nutzens liefe auf einen Kampf aller gegen alle hinaus, was nicht dem kultureuropäischen Programm der zivilisatorischen Pazifizierung und Legalisierung entspricht.[1170]

Übermäßige positive Freiheit kann unverhältnismäßiges Leid erzeugen. Die Gewichtung der Freiheit muss sich mit der Gewichtung von Leid vergleichen lassen, soll eine Abwägung mit anschließender Verhältnismäßigkeitsbestimmung möglich werden.

Dabei entsteht die weitere Komplikation der *Vergleichbarkeit* eines Guts mit einem Ungut. Nun könnte man das Ungut Leid in den positiven Begriff der graduellen Freiheits*abwesenheit* überführen, in dem Sinne, dass nur aus verhinderter Autonomie Leid entsteht. Damit verwandelte man Freiheit aber zu einem sozial unbegrenzten Superbegriff. Menschliche Freiheit würde zu einem Begriff der Robinsonade. Dieser solipsistische Freiheitsbegriff steht einem sozialen Freiheitsbegriff gegenüber, der menschliche Autonomie immer in einem gesellschaftlichen, interaktiven oder sozialen Kontext entstehen sieht. Freiheit so verstanden ist das Resultat einer zivilisatorischen Leistung. Am Beispiel der Fehde haben wir zu zeigen versucht, dass unbegrenzte Freiheit zur Gewaltausübung einen anderen Freiheitsbegriff (Anomie) meint als etwa den einer bürgerlichen Zivilgesellschaft, die die Vermittlung der Freiheitsansprüche der Grundrechtsträger versucht. Dort meint Freiheit einen rechtlosen und polemischen Naturzustand mit den entsprechenden negativen Freiheitskosten (Risiko, Unsicherheiten, Gefahren). In der Zivilgesellschaft bedeutet Freiheit einen erst durch die Verhältnismäßigkeit gebändigten Naturzustand und *dadurch* neu eröffneten Freiraum. Die Ausschließung der Waffengewalt im allgemeinen ‚Handel' hat

---

[1170] Der Rawl'sche paretooptimale Nutzenbegriff seines zweiten Grundsatzes hatte den entschiedenen Mangel, dass er das relationale „Leid" der extremen Güterverteilung nicht mit in die gesamtgesellschaftliche Nutzenrechnung einbezieht. Sein Gesamtnutzenzuwachs vernachlässigt diese negativen Kosten und das Leid, das aus der „unverhältnismäßigen" Verteilung der Güter gesellschaftlich, ökologisch und intrapersonal entsteht. Rawls hält zudem diese historische würdetheoretische Missverteilungslage für unveränderbar.

erst den Freiraum des Handels und des Wirtschaftens eröffnet. Sie hat militärische naturrechtliche Freiheit in diesem Sektor zivilisiert und den Wirtschaftsfreiraum erst eröffnet.

Aus dem Prozess der Zivilisierung der Konfliktbewältigung entstanden zuvor unbekannte Handlungsfreiräume. Wo vormals Kriegsgeschehen und (Gewalt-)Freiräume existierten, entstanden Wirtschafts-, Handels-, Reise-, Erfahrungsfreiräume etc. und die Chance der Privatisierung der Freiheit.

Offensichtlich ist dieser Prozess auch für einen ungezügelten, d. h. strukturell immer noch vorzivilisierten Wirtschaftsliberalismus weiter zu denken. Welche neuen Freiräume entstünden, auch materiell verstanden, wenn wirtschaftliches Handeln strukturell pazifiziert, zivilisiert und in eine Wirtschaftsrechtsordnung übergehen würde?

Deutlich wird im Prozess der Zivilisation, dass durch Begrenzungen der natürlichen Freiheit (als Anarchie, Anomie) und der Gewaltreduzierung *qualitativ* neue Handlungsfreiräume erst entstehen.

## 2.2  Leid: Die soziale Rückseite privatfinalisierter Freiheit

Warum ist es sinnvoll, dem formal positiven Gut der Freiheit das Ungut des Leidens entgegen zu stellen? Warum der Gütervergleich: Freiheit und Leid zu dem eigentlichen ethischen Anliegen erklären?

In der antiken Auseinandersetzung zwischen Hedonismus und Stoa, als der Tugendlehre, hatte Cicero noch versucht, zwei verschiedene Übel gegeneinander abzuwägen, um sie in eine Rangordnung zu stellen. Der Hedonismus sah im Schmerz das ‚größte Übel', während Cicero ihm die bürgerliche Schmach und Schande als tiefstes Ungut gegenüberstellte. Epikur sah noch in der Schmerzfreiheit die Vorbedingung zur Eudämonie, während Cicero die Seele lehren wollte, Schmerz für ein höheres bürgerliches Ziel instrumentalisiert zu ertragen. „Was wird für den", schrieb Cicero, „der den Schmerz als das größte Übel ansieht, die Pflicht, die Ehre, der Ruhm, den man mit körperlichen Schmerzen erwerben kann, viel bedeuten? Welche Schande und Schmach wird er [der Hedonist, d. Verf.] nicht auf sich nehmen, um dem Schmerz zu entgehen, wenn er überzeugt ist, dass dieser das größte Übel sei?"[1171]

Wir haben diese Differenzierung in körperlich-seelische (Epikur) und seelisch-sittliche (Cicero) in der Ausdifferenzierung des Leidensbegriffs oben überwunden. Der ausdifferenzierte Begriff des Leidens fasst diese Aspekte als Ungut zusammen. Es galt das menschenrechtliche Anthropologem, dass Menschen nicht sinnlos leiden wollen. Dazu zählen die moralische und werthafte

---

[1171]Cicero, Marcus Tullius: *Gespräche in Tusculum*, hg. v. Olaf Gidon Heimern, München 1970, 2. Buch, S. 127

Degradierung, die psychosoziale Schmach und Degradierung, ebenso wie alle anderen Leidensformen, bishin zum relativen oder nackten Hunger. Die Form der für eine Utopie, eine Tugend oder für soziale Anerkennung instrumentalisierten Schmerzen (wie bei Cicero) ist dabei mitberücksichtigt und taucht unten als *positives Leiden* erneut auf. Grundsätzlich soll aber gelten, dass Menschen nicht leiden wollen, weder sozial, seelisch noch physiologisch. Wird Leiden selbstreferentiell instrumentalisiert und dient nicht der Fremdinstrumentalisierung, bleibt es dennoch ein *relativ* ungewolltes.

Je größer die ‚naturrechtliche‘, *anomische* Freiheit war, desto größer wurde das Leidrisiko in der sozialen Polemik. Die negativen Freiheitsfolgen bezeichnen das Leid, das heute durch die Idee der negativen Freiheiten und Abwehrrechte geschützt werden soll.

Das Gut der Grundfreiheiten wird als Primärgut auch vom Bundesverfassungsgericht benutzt. Leid als Konsequenz ist einmal das formale Negativum einer übermäßigen Grundrechtsnutzung oder puren Grundrechts-verletzung. *Leid ist das Wesen jeder Verletzung.* Auch das Wesen der Verletzung der Würde ist menschliches Leid.

Der Grundsatz der Verhältnismäßigkeit will die Grundrechtsbegrenzungen als Freiheitsbegrenzungen gegeneinander abwägen. Verletzung eines Grundrechts liegt nicht vor, wenn es begrenzt wird, sondern wenn seine Begrenzung im Verhältnis zur Gewährung einer anderen Grundfreiheit unverhältnismäßig ist. Neben der absoluten Verletzung eines Grundrechts wird bei Güterkollision erst die *unverhältnismäßige* Begrenzung verschiedener Grundgüter zu einer Verletzung. Individuen müssen im gesellschaftlichen Kontext die wechselseitige Grundrechtsbeschränkung hinnehmen. Die Begrenzung der in einem Grundrecht ausgedrückten positiven oder negativen Freiheit gehört also zum Standard gesellschaftlichen Handelns. Schon deshalb ist ein reiner, unlimitierter Wirtschaftsliberalismus jenseits der Idee der Güterabwägung. Eine gesellschaftlich operierende Teilpraxis, wie die der Ökonomie, ohne Handlungsnutzen und -folgenabwägung ist *per se* ein rechtsfreier Raum, dem der Geist der Menschenwürde und der Verfassungsgrundsätze *widerspicht*.

Leid entsteht demnach sozial aus dem Übermaß eingeräumter oder unvermittelter Freiheit. Das Übermaßverbot will einen unzumutbaren Belastungsüberhang auf einer Seite verhindern. Das Recht auf Unversehrtheit und Leidfreiheit gilt es mit der Grundrechtseinschränkung derjenigen Freiheit abzuwägen, die es verursacht. Der Grundsatz der Verhältnismäßigkeit negiert die *Verhältnislosigkeit* als Unverantwortung oder Weigerung einer Handlungsfolgenabschätzung und anomischer Handlungsweite. Gesellschaftlich erzeugtes oder verursachtes Leid unterliegt der Grundrechtskontrolle und der Güterabwägung.

Soziogen verursachtes Leid als Folge übermäßiger Freiheit kann erstens im Sinne einer direkten Konsequenz (etwa durch gewollte Sklaverei) entsstehen, zweitens als Unterlassung (Verantwortungsfreiheit der Handlungsfolgenabschätzung) und drittens als Verhältnislosigkeit (ethisch gewollte Verantwortungslosigkeit) bestehen.

Der Wirtschaftsliberalismus beruft sich auf den Mechanismus des (Natur-) Kräfteausgleichs und nicht auf eine Kräftezivilisierung im Sinne des Grundsatzes der Verhältnismäßigkeit. Er verteidigt wie zu Zeiten der Fehde die Rechtsungebundenheit des wirtschaftlichen Handelns und widerspricht damit vehement dem Ordnungsprinzip der Menschen- und Grundrechte.[1172] Dass eine „unsichtbare Hand" des Marktes die Ressourcen und Gewinne gerecht und bedürfnisorientiert verteilt, ist ein aufgeklärter Mythos, der sich im Kern die Calvinistische Prädestinationslehre zunutze macht. Ein gerechter, unsichtbarer Gott soll hinter der unsichtbaren Hand stehen. Soviel unsichtbar praktizierter Legitimationsglaube erlaubt dem Neoliberalismus jedes Marktverteilungsergebnis als „natürlich" oder als „Sachzwang" auszugeben.[1173]

Er nimmt zur Sicherung der unbegrenzten positiven Freiheit auch jedes Leid in Kauf und übergibt die Verteilung von Freiheits- und Leidquanten dem ‚natürlichen' Machtkampf. Das Zurückdrängen des Prinzips der Macht und die Reduzierung des Leids, das durch machtwillkürliche ‚Verhältnisse' zwischen Staat und Individuum, später durch interpersonale Beziehungen entstand, beschreibt den Entstehungsprozess der Grund- und Menschenrechte. Das aus dem Prinzip *Machtkampf* resultierende Leid wurde geächtet. Vereinfacht formuliert wurden Macht- durch Rechtsverhältnisse ersetzt bzw. legitimiert. Die Ächtung des Leids ist ein unmittelbarer Teil der Entstehungsgeschichte des Rechts. Recht ist dabei zunächst nur ergänzender Ordnungsrahmen für Machtkämpfe. Dieser Rahmen ist freiheitsreduzierend und freiraumsichernd ausgerichtet.

Stünde im Zentrum des Abwägungsvorgangs der Verhältnismäßigkeit nur eine ‚Machtwaage', wäre der humanistische Impetus der Menschen- und Grundrechte unterschlagen. Recht kann zwar mit Nietzsche als Resultat von Machtkämpfen verstanden werden, es hat jedoch materiell einen humanistisch zu nennenden Kern entwickelt. Dieser Kern kommt als Faktor der *Menschengemäßheit* hinzu, der sich im Begriff der Würde manifestiert hat. Einer Gesellschaft der rein praktizierten Verhältnismäßigkeit der Machtverteilung fehlte der in den Menschen- und Grundrechten ausgedrückte *Wesensgehalt* der Menschenwürde. Begriffe wie Gerechtigkeit, Legalität, ethische Legitimität, eben auch der Grundsatz der Verhältnismäßigkeit kommen ohne den anthropologischen Kern der Menschengemäßheit der Verhältnisse nicht aus. Rechtspre-

---

[1172] Vgl. Hayek, Friedrich-August von: *Die Verfassung der Freiheit*, München 1991; ders.: *Freiburger Studien*, München 1994; Henkel, Hans-Olaf: *Die Macht der Freiheit. Erinnerungen*, München 2000; Beck, Ulrich u.a.: *Freiheit oder Kapitalismus*, Frankfurt/M. 2000; ders.: *Die Modernisierung der Moderne*, Frankfurt/M. 2001

[1173] Ulrich, Peter: *Integrative Wirtschaftsethik. Grundlagen einer lebensdienlichen Ökonomie*, Bern 2001, S. 137

chung, konzis gesagt, ist nicht nur reines formales Instrumentarium von Macht-kämpfen und Machtfestschreibungen. Es hat sich, wie das BVerfG über das Verfassungsrecht aussagt, zu einem Wertsystem spezifiziert.[1174]

Der im Abwägungsgeschehen des Grundsatzes der Verhältnismäßigkeit (durch das BVerfG) verhandelte Kern besteht im wesentlichen aus Grund-rechtskollisionen und aus positiven und negativen Freiheiten. Negative Freihei-ten beschreiben den Schutzbereich, der sich als menschliches Leid oder als Verletzung ausdrückt. Deshalb bilden Freiheit und Leid die Basis einer Gut-Ungut-Abwägung. Die Handlungsfolgen positiver Freiheit (Autonomie) als Schutzverlust, Verletzung und Leid müssen in einer Nutzen-Schaden-Rechnung geführt werden. Autonomie hat seine Schranke an den sozialen Negativfolgen und ihrer Verhältnislosigkeit. Die Entwicklung der Grundrechte und des Grund-satzes der Verhältnismäßigkeit haben den Begriff der Freiheit von seiner Verhältnislosigkeit und Verantwortungslosigkeit enthoben.

Handlungsfreiheit behält einen Grad von Privatheit. Diese Privatheit wird über den Mechanismus der Güterkollision in ein Verhältnis gesetzt und muss sich einer Beschränkung unterwerfen. D. h. zwei Dimensionen müssen sich Be-schränkungen gefallen lassen: Bisherige wirtschaftliche Privatheit wird als for-male (soziale) Verhältnislosigkeit in einen Begrenzungsprozess gelangen. Die sozialen Primär- oder Sekundärwirkungen der privaten wirtschaftlichen Hand-lungen *für andere* können unter dem Grundsatz der Verhältnismäßigkeit abge-wogen werden. *Unmittelbar* hieße die Wirkung einer Handlung, wenn sie die Grundrechte andere berührt. *Mittelbare* Wirkung meinte die Verhältnislosigkeit, als sozialethische *Verletzung der relativen Würde* des anderen.

Die Sicherung der Würde und der sie beschreibenden Grundrechte geschieht in einem sozialen Raum. Würde im sozialen Raum ist genetisch, wie oben ge-zeigt, ein interaktiver Begriff.

Die Nutzenoptimierung und Schadensminimierung der Freiheit bilden den Abwägungsvorgang, dem sich jede Handlung sozialethisch unterziehen lassen muss. Sie beschreibt auch die Grenzen der Privatheit und ihrer falschen Frei-heitsanteile als *Verhältnislosigkeit*.

Um die private Freiheit bei allen Grundrechtsträgern zu optimieren, liegt es nahe, dass ‚Verhältnisse' etabliert sind, die dem Grundsatz der Verhältnismä-ßigkeit genügen. *Je breiter Verhältnismäßigkeit in den Praxisfeldern einer Ge-sellschaft verwirklicht ist, umso größer wird die gesamtgesellschaftliche Nutzensumme der privaten Freiheiten sein.* Die Freiraumoptimierung der Pri-vatheit entwickelt sich gerade erst unter ‚verhältnismäßigen Verhältnissen'. Denn in die vorrechtliche, anomische, nicht vermittelte Freiheit (wie in der Fehde) bricht die Gewalt des anderen ein. Sie ist als nur persönliche Aktion dem todsicheren Echo von Schlachtfeldern ausgesetzt. Zivilisierte Privatheit und

---

[1174]Vgl. BVerfGE 7, 198 f. und 8, 205 f. zur Wertordnung des Grundrechts und der Verfassung.

Freiheit existieren nicht vorrechtlich, aber auch nicht unter rechtlichem Reglementierungswahn. Der Vorgang, das Primat der Freiheit *verhältnismäßig* mit dem Negativum Leid (als Freiheitsfolge) zu vermitteln, stammt aus der Nutzenoptimierung zwischen sozialethischer Verhältnislosigkeit (Privatheit) und einer Verhältnismäßigkeit sozialer Freiheitsverteilung.

Dies kann eine Definition und auch ein Anfang sein, den Begriff der Gerechtigkeit durch den Abwägungskern der Verhältnismäßigkeit zu ersetzen. Gerechtigkeit könnte dann meinen, Leid- und Freiheitsquanten verhältnismäßig im Sinne der Menschenwürde zu verteilen.

# 3 Grenzleid und Grenzfreiheit in Beziehung bringen. Der formale Gewichtungsvorgang im ethischen Grundsatz der Verhältnismäßigkeit

## 3.1 Verhältnismäßigkeit und Grenznutzenschule

Wir wollen den Grundsatz der Verhältnismäßigkeit in der juristischen und ethischen Variante mit der Grenznutzenschule in Analogie stellen.

Oben hatten wir dazu das *Zweite Gossen'sche Gesetz* und seine Wechselwirkung der Nutzenquanten beschrieben. Gossen hatte darin die Erfahrung, dass Verbraucher zwischen knappen Lebensgütern eine Nutzenabwägung vornehmen müssen, auf das soziale System übertragen. Der Wert eines Gutes wurde festgesetzt durch den Grenznutzen des letzten Verbrauchers, der das Gut noch konsumiert, ihm noch einen Wert zuspricht und darin investiert.

Wir hatten außerdem gesehen, dass dadurch das System einer Wohlfahrtsökonomie möglich würde, da der Ausgleich der Grenznutzen von Gütern nicht nur für eine Person, sondern auch sozial erzielt werden kann. Der Nutzen einer Gütermenge gilt dann verteilungstheoretisch als optimiert, wenn die Grenznutzen aller relevanten Güter intersubjektiv abgewogen werden. Eine Investitionseinheit ist dann richtig eingebracht, wenn sie sozial am Ort der größten Bedürftigkeit und Nachfrage investiert wird und damit den größten Nutzen erzielt.

Deutlich wurde dabei, dass im Marktsystem die größte (subjektive) Bedürftigkeit nicht immer mit der entsprechenden Kaufkraft ausgerüstet ist, weil diese selbst ein Produkt aus Arbeitsnachfrage, Arbeitsbewertung und Marktzugangschancen ist.

Da wirtschaftliches Handeln das Primärziel der Bedürfnisbefriedigung hat – und erst unter Gesellschaftsvorstellungen der Inegalität die Bedeutung sozialer Wertkämpfe erhält – wäre aus dieser wirtschaftsethischen Sicht eine Gesamtnutzenoptimierung aller Güter, Werte und Rechtsgüter das Hauptziel. Die Grenznutzenschule zeigte im wertsubjektiven Bereich, dass eine falsche Investitionsverteilung einen *abnehmenden* Grenznutzen der Güter ergibt.[1175] Eine falsche (individuale wie auch soziale) Güterverteilung führt zu Nutzungsverlusten.

Wir haben im juristischen Grundsatz der Verhältnismäßigkeit einen analogen Vorgang gesehen. Die Nutzung konkurrierender Güter oder die Grundrechtskollision kann auch im Grundsatz der Verhältnismäßigkeit in einem interpersonalen Abwägungsvorgang *optimiert* werden. (Wenn nicht *überragende* Rechtsgüter definiert sind, was aber einer Optimierungslogik nicht widerspricht.) Die Nutzungsoptimierung zeigte sich besonders in der Prüfung des Teilgrundsatzes der *Erforderlichkeit*. Das heißt, prinzipiell sollen auch Rechtsgüter eine personale und interpersonale Nutzenoptimierung erhalten. Die Verhältnismäßigkeit im engeren Sinne wägt vordergründig deshalb Rechtsgüter ab, damit die reziproke Grundrechtseinschränkung auch angemessen und als erforderlich hinzunehmen ist. Also folgt auch die Verteilung der Grundrechtsausübung der Analogie einer Nutzenoptimierung der Rechtsgüter, ohne, wie oben beschrieben, Güterhierarchien auszuschließen.

Wie bei der Grenznutzenschule das Prinzip der Wert- und Investitionsgüteroptimierung verfolgt wird, ist das Abwägungsziel des Grundsatzes der Verhältnismäßigkeit die Optimierung der Rechtsgüternutzung. Es entsteht eine *Nutzungsverhältnismäßigkeit,* indem alle Rechts- und Wertressourcen zu einem wirtschaftssozialen Gesamtnutzen hier und einem juristischem Gesamtnutzen dort führen.

Wenn die Nutzenoptimierung der der Menschheit zur Verfügung stehenden Güter, Werte und Ressourcen wirtschaftsethisches Grundprinzip wäre, dann übernähme das Prinzip der Verhältnismäßigkeit und die Grenznutzenidee des Zweiten Gossen'schen Gesetzes die Gerechtigkeitsdiskussionen. Dann auch ist die in dieser Arbeit verfolgte konsequentialistische Idee offengelegt, dass nur ein relativer Würdebegriff die menschliche Wertsicherung sozial konstituieren kann. In dem durch seine Relativität erweiterten Begriff der Würde träfen sich die Begriffe: Gut, Rechtsgut, Wirtschaftsgut, absoluter Wert, relativer Wert.

Im Begriff der Relativität begegnen sich die Grenznutzenidee, das Prinzip Verhältnismäßigkeit und die marktobjektiven Wertgenesen.

## 3.2 Abwägungen zwischen positiver und negativer Freiheit, zwischen positivem und negativem Leid

Die Bestimmung der grundsätzlichen ethischen Abwägungsgüter innerhalb der Verhältnismäßigkeit ergibt vier verschiedene Hauptgüter. Sie bilden zwei Paare, die je für sich ein Grenzgut ergeben. Es ist das Paar der *positiven* und *ne-*

---

[1175]Vgl. Bentham, Jeremy: *Value of pain or Pleasure*, in: Parekt, B.: Bentham's Political Thought, London 1973 *gativen* Freiheit und das Paar des *positiven* und *negativen* Leids. Die beiden Freiheitsarten waren am Beispiel der Fehde eingeführt worden. Eine Freiheit ist dann positiv verstanden, wenn sie die autonome, unreglementierte Handlungsweite meint. Wir nennen sie die *anomische Freiheit*. Aber auch die legalen bürgerlichen Freiheitsrechte heißen positiv. Negative Freiheiten waren Abwehrrechte, wie Sicherheiten und Schutz, institutionalisierte Sicherheiten durch die Begrenzung der allgemeinen (positiven) Handlungsfreiheiten anderer oder aller. Wir nennen die Einheit dieses Paars die *erschlossene* oder *zivilisierte* Freiheit.

Der Ausdruck *negatives* Leid scheint zunächst redundant, weil wir Leiden anthropologisch und historisch meist als ungewollt einstufen. Zudem erscheint der Begriff *positives* Leid wie ein Zynismus oder Sadismus. Er soll hier jedoch, wie auch oben eingeführt, das instrumentalisiert eingesetzte Leid meinen, dass als aktiv verstanden werden soll. Es ist nur relativ ungewollt, weil es entweder passagierend oder als notwendige Handlungsbedingung für ein Ziel (mit utopischem Besserungsinhalt) hingenommen wird. Das *negative* Leid hat den eigentlichen passiven Charakter des Erleidens in einer absoluten *Ungewolltheit*. Es kann endogene Krankheit oder eine soziogene Situation wie Arbeitsmarktausschluss, ethnische Vertreibung, Segregation, Armut, Hunger, Diskriminierung etc. sein. Es ist aus der Sicht des Subjekts absolut sinnlos, weil nicht instrumentalisierbar. Es ist die *passive* Leideform als *Er*leiden.

Das positive Leid begleitet in seiner nur relativen Ungewolltheit eine *aktive* Handlungsintention bis hin zum Lebenskampf, die in Richtung einer der beiden Freiheiten geht: Entweder mehr ,Leidfreiheit' zu erzielen oder doch zumindest den positiven Handlungsspielraum nicht zu verlieren oder zu vergrößern.

Während das negative Leiden zu nichts dient und vom Subjekt in einer existentiellen Vergeblichkeit getragen werden muss, kann es in der Erduldung positiven Leids noch Kräfte, Gegenmittel und Handlungsspielräume mobilisieren, die den Sinn haben, von ihm weg zu führen. Als *positiv* Leidendes empfindet sich das Subjekt noch als Handelndes. Begleitendes positives Leid kann Handlungsspielräume erhalten, es kann aber nicht diese Räume im Sinne der absoluten Freiheit verstehen. Handeln dieser leidbegleiteten Art hat eine Reduktion der Autonomie in sich. Das begleitende, instrumentalisierte Leid bleibt ein letztendlich ungewolltes, auch wenn es als Lebenslast, Unrecht oder Fatum geschultert wurde. Es bleibt wie das negative Leid eine partielle Reduktion der Lebensqualität. Es reduziert die beiden Freiheitsarten *per se*, weil es dem handelnden Menschen in der Lebenslage des Leids zunächst die Autonomie nimmt, es abzuschaffen, setzte es als instrumentalisiertes nicht doch auf Autonomie: Nämlich in dem Versuch der Selbstabschaffung des Leids durch seine Instrumentalisierung.

Alle Handlungsfreiheiten dienen generell zugleich der Leidabwehr und sind zu einem großen Teil auf sie gerichtet. Die wirtschaftliche Handlungsfreiheit etwa intendiert die Leidabwehr, indem sie das Leid aus unbefriedigten Bedürfnissen, den Hunger, die Ungeborgenheit oder Risiken abwenden will. Die aktive positive Leidabwehr dient der Freiheitsmehrung. Die Leidinstrumentalisierung des positiven (noch aktiven) Leids (auch der Arbeit) dient der Abwehr des passiven, heteronomen und unausweichlichen Leids und der vergeblichen Mühe. Menschen können größte Mühen und Qualen auf sich nehmen, um aus einer schicksalhaften, passiven Misere einen Ausweg zu suchen.

Wir haben dadurch vier Definitionen:

1. positive Freiheit (Autonomie und soziale Anomie)
2. negative Freiheit (Sicherheit, Schutz, Abwehrrechte, auch als Leidabwehr)
3. positives Leid (noch aktiv, autonom, instrumentalisierend, relativ ungewollt)
4. negatives Leid (sinnlos, heteronom, absolut ungewollt, als endogene Krankheit oder soziogen durch gesellschaftliche Missverhältnisse und Unverhältnismäßigkeit fremd- oder systemisch verursacht)

## 3.3 Grenzfreiheit und Grenzleid

Setzt man die Güter der positiven und negativen (Handlungs-)Freiheiten in Beziehung, wie es die Rechtsprechung und das BVerfG mit dem Grundsatz der Verhältnismäßigkeit, besonders im engeren Sinne, versucht und wendet zugleich die beiden Grenznutzensätze an, ergibt sich der Begriff der *Grenzfreiheit*.

Die Grenznutzenlehre macht deutlich, dass der Nutzen einer weiteren Investitionseinheit in ein Gut an einem Punkt in Unverhältnismäßigkeit umschlagen kann, weil der Aufwand dieser letzten Investitionseinheit in das Gut die geringe Nutzensteigerung nicht mehr aufwiegt und an einer anderen Investitionsstelle mehr Nutzen gebracht hätte.

Insofern ist die Analogie zulässig, dass positive und negative Freiheit, ins Verhältnis gesetzt, eine Grenznutzenabwägung der Freiheiten zuläßt und die *Grenzfreiheit* bildet: Zuviel Sicherheit als (negative Freiheit) schafft die Handlungsautonomie ab, zuviel anomische Freiheit (positive Freiheit) schafft zuviel Unsicherheiten und Risiken, wie das Beispiel der Fehde gezeigt hat.

Formale Definitionen der Grenzfreiheit lauten: Ein Zuwachs an einer der Freiheitsarten würde den Freiheitsgesamtnutzen reduzieren. Ein Mehr an negativer Freiheit ergäbe nutzentheoretisch ein Zuwenig an positiver Freiheit und umgekehrt. Die Grenzfreiheit bezeichnet also die Nutzenoptimierung beider Güter. Sozial oder interaktiv gesprochen bedeutet dies, dass der allgemeine Freiheitsnutzen sich nicht weiter steigern lässt, wenn die Grenzfreiheit erzielt ist.

Ein neoliberal wirtschaftlich Handelnder will seine Grenzfreiheit erzielen, das Integral von Wirtschaftsanomie und Versorgungssicherheit. Selbst aber im neoliberalen Modell der Ich-AG oder Ein-Mann-Gesellschaft kommt der Akteur nicht ohne eine Erwägung des *Grenzleids* aus.

Die Tarierung der Grenzfreiheit muss auch die Bestimmung des zu akzeptierenden oder zu instrumentalisierenden Leidquantums (Mühe) beabsichtigen, da jedes Handeln nicht ohne Kosten und Risiken geschieht. Handlungsfreiheiten zielen nicht nur auf die Leidabwehr, die in den negativen Freiheiten schon gesichert ist. Jedes Handeln muss sich auch mit den Handlungskosten beschäftigen, die in der Grenzfreiheit nicht abgewogen sind, aber durch die beiden Arten des Leid zum Ausdruck kommen.[1176] Die Grenzfreiheit tariert zunächst nur die Freiheits*grenzen* als intersubjektiver Abwägungsvorgang, sie kann aber noch nicht die Mühe- und Leidkosten integrieren, die sie bedingt. D. h. wir können davon ausgehen, dass sich aus dem üblichen Abwägungsvorgang zwischen positiver und negativer Freiheit lediglich die Freiheitsoptimierung ergibt, wenn eine übermäßige oder untermäßige Verteilung des Guts verhindert wird. Die Kosten aber, die zur Bereitstellung einer (wirtschaftlichen) Handlung nötig sind, also nicht einfach nur die Scheinkosten *abstrakter* Handlungsmöglichkeit, tauchen im Begriff der Grenzfreiheit noch gar nicht auf.

Dazu muss zunächst das *Grenzleid* definiert werden. Es kann sowohl als persönliches oder als Grenzleid der Allgemeinheit bestimmt werden: Ein Investitionszuwachs an positivem Leid, der eine Freiheitssteigerung zur Leidprophylaxe oder Leidreduzierung beabsichtigt, kann zu keiner weiteren Gesamtnutzensteigerung führen. Wenn der positive Leidnutzen an den Grenzpunkt gerät, schlägt er in Leidvermehrung um. Das Grenzleid ist erreicht, weil durch einen weiteren Zuwachs an positivem Leid keine Aussicht auf (zukünftige oder methodische)

---

[1176]Wir unterscheiden die Begriffe Kosten und Leid. Ein Arbeitsaufwand, eine Mühe, eine Arbeitsleistung, eine Investitionseinheit unterscheidet sich qualitativ von den „humanen Kosten" ihrer Leiderzeugung. Während Arbeit, ihre Kosten und Mühen für die Subsistenzsicherung, anthropologisch gesehen nicht ungewollt auftritt, meint Leiden eine menschenmögliche Daseinsbegleitung, die immer (mit der differenzierten Einschränkung oben) ungewollt ist, also dem Menschen quälend begegnet. Gerade dieser existentielle Charakterunterschied zwischen Arbeitsmühe und Leiden verdeutlicht, dass die anthropologische Güterabwägung nicht zwischen Arbeitskosten und -nutzen, sondern zwischen Freiheit und Leid liegt. Das instrumentalisierte „positive Leid" geht qualitativ weit über den Begriff der Arbeitsmühe hinaus. Wenn man das Leid der Invasionsarmee in der Normandie im Widerstand gegen ein Unrechtssystem als „positives Leid" bezeichnet, da es einer zukünftigen Freiheit dienen sollte, so hat dieses Handeln den Charakter des Kampfes um Leben und unterscheidet sich von der Arbeitsmühe einer zivilisierten Arbeitsgesellschaft mit Arbeitsteilung. Der Grenznutzen des Handels verschiebt sich damit je nach angenommener transzendentaler Reserve aus Zeit, Utopie, Nachwelt oder erhoffter Erlebnisintensität. Man kann eine Stunde lang zu Fuß einen Schlitten auf einen Berg hinauf ziehen, um dann in drei Minuten wieder herunter zu fahren, ohne dass die Grenznutzenrechnung verletzt würde. Intrapersonal lassen sich ganze Lebenszyklen für eine biografische Zielsetzung instrumentalisieren. Interpersonal wurden immer aber auch Kraft und Mühe und das Leid einiger Menschen zum Nutzen anderer Individuen missbraucht.

Leidreduzierung in Aussicht steht. So könnte etwa eine internationale militärische Intervention in einen Bürgerkrieg mit der Absicht der Leidreduktion bei positiver Leidinvestition durch eigene Opfer so ‚leidintensiv' sein, dass das Grenzleid schon vor der Intervention absehbar und theoretisch erreicht ist und jedes Handeln unverhältnismäßig ist und in negatives Leid umschlägt.

Andererseits könnte eine Revolution gegen ein unrecht- und leidbringendes politisches System soviel Leid selbst erzeugen, dass, nur mit der Abwägung zukünftiger Leidreduziertheit in einem menschlicheren System, die Revolutionshandlung unterhalb des Grenzleids liegt. Sie wäre dann eine Handlung zur Steigerung des Gesamtnutzen, besonders hier aber unter der Perspektive der zeitlichen, also zukünftigen Humanitätssicherung.

Ein Zuwachs an positivem Leid (zur utopischen Arbeit) kann also die Nutzensumme steigern und muss den (zukünftigen) Freiheitsnutzen einbeziehen. Er kann aber auch nur das passive Leid unsäglich erhöhen, wie es der Faschismus oder alle Vertröstungsideologien getan haben.

Positives und negatives Leiden ins Verhältnis zu setzen, bildet das Grenzleid. Ein Zuviel an gewolltem und für Freiheitsziele instrumentalisiertes Leid schafft unverhältnismäßig zu wenig absolut ungewolltes Leid ab. Positives Leid will mehr Freiheiten und sich selbst und das absolute negative Leid abschaffen. Also bezieht sich das Grenzleid auch auf das Maß, wie positives Leid zur Minderung sinnlosen Leids genutzt wird, statt nur zur reinen Erhöhung der Freiheiten. Bliebe das negative Leiden unbehandelt, sowohl auf eine Person als auch auf eine marginalisierte soziale Gruppe bezogen, wäre die Idee des personalen bzw. sozialen Gesamtnutzen verletzt.

Ein einzelner Mensch könnte alle wirtschaftlichen oder sozialen Freiheiten erkämpfen und viel Selbstqual, Kosten und Leid dafür einsetzen, er verletzte die Idee des Grenzleids, wenn er seine Energien nicht auch zur Reduktion eines negativen Leids, sagen wir, einer Krankheit, einsetzte. Mit Grenzleid ist dieser Abwägungsvorgang bezeichnet, der nicht nur Freiheitsoptimierung und -erhaltung intendiert. Eine Gesellschaft, in der Menschen zur Erkämpfung ihrer sozialen Reputation und Anerkennung über die Leidsymptome ihres Körpers, ihrer Psyche, ihres ökologischen Lebensraumes hinweg gehen müssen, verletzt die Idee der Nutzenoptimierung auch innerhalb des Grenzleids.

Das Grenzleid wäre dann erreicht, wenn eine Handlung zu keiner weiteren Freiheitsvergrößerung und Leidreduktion dient, insofern jede weitere Leidinvestition in bleibende negative Leidvermehrung führt.

## 3.4 Die Integration von Grenzleid und Grenzfreiheit bildet das Prinzip der Verhältnismäßigkeit

Wenn die Grenzfreiheit und das Grenzleid integriert werden, sind die formalen Bedingungen des ethischen Prinzips der Verhältnismäßigkeit erfüllt. Sie berücksichtigen, dass zugleich eine Freiheitsoptimierung und eine Leidminimierung das Ziel intra- und interpersonaler Handlungen sein kann.

Beim Bestimmen der Grenzfreiheit und des Grenzleids haben wir gewissermaßen eine normale Waage mit zwei Waagschalen benutzt. Es war je ihre positive und negative Variante auf einer Seite aufgelegt. Das ethische Prinzip des Grundsatzes der Verhältnismäßigkeit ist komplexer. Die eingesetzte Mühe (an positivem Leid) dient sowohl der Freiheitsoptimierung als auch der Leidreduzierung. Ausgewogen werden muss neben der Tarierung der Grenzfreiheit auch das Maß der aktiven Leid*investition* zur erwarteten Leid*reduktion* und Freiheitsoptimierung.[1177]

Ziel ist es, erstens die Freiheitsabwägungen so zu steigern, dass ihr *interner* Grenznutzen optimiert wird. Dieser interne Grenznutzen der Freiheiten wiederum dient selbst der Minimierung der zu ihrer Erstellung oder Erhaltung benötigten Leidkosten.

In einer Elitärgesellschaft konnte deshalb für eine kleine Klientel die reine, interne Grenzfreiheit erreicht sein, weil und obwohl die sozialen Kosten und Mühen der die Elite alimentierenden Masse unermesslich waren. Erst die Gesamtnutzenperspektive setzt die den Elitarismus ermöglichenden sozialen (leidvollen) Erstellungskosten ins Verhältnis zu dem Quantum und der Qualität an erzielten elitären Freiheiten.

Erst wenn die sozialen Kosten-Nutzen-Verhältnisse ins Verhältnis gesetzt werden, entsteht die Chance, die Grenzfreiheit gesamtgesellschaftlich ins ‚soziale Grenzleid' zu integrieren. Die Verteilung von Nutzen und Lasten einer Handlung auf verschiedene Klientel, auch wenn sie strukturell verdeckt oder nur partiell ist, war immer wirtschaftsgeschichtlicher Tatbestand. Sklaverei und Ausbeutung waren die stärksten Begriffe, die für diese wirtschaftsethischen Verhältnisse aus der aufkommenden Sicht der Menschenwürde, der Gleichheit und der Brüderlichkeit benutzt wurden.

---

[1177] Bei einer auf die Zukunft gerichteten Handlung, die der Verbesserung der menschlichen Lage dienen soll, muss der Preis der gegenwärtigen Investitionen an Freiheitseinschränkung und Kostensteigerung mit dem zu erwartenden Nutzen abgewogen werden. Könnte sich eine gegenwärtige Generation für eine ‚bessere Welt' opfern, obwohl sie den Erfolg ihrer Handlungen nur vermuten und möglicherweise gar nicht selbst erleben kann? Gilt nicht auch die Verhältnismäßigkeitsabwägung für die Zeitspanne eines Lebens? Die Beantwortung dieser Frage war geschichtlich immer wieder anders durch einen metaphysischen oder kulturellen Überbau entschieden. Eine grundsätzliche Jenseitsorientierung erlaubt natürlich mehr innerweltliche Müheinvestition, als eine säkularisierte Lebensweise, die auf eine ‚Gewinnrealisierung' aller Anstrengungen und negativen Lebensaspekte setzt.

Die Nutzenoptimierung allen Handelns trifft sich prinzipiell im Abwägungsvorgang der Verhältnismäßigkeit. Ist ein ethisches Handeln gemeint, bezieht es sich auf intersubjektiv zu tarierende Handlungen, besonders des wirtschaftssozialen Wertverhaltens.

Gewogen werden im Rahmen der Verhältnismäßigkeitsprüfung:
1. die negativen Freiheiten (Schutz, Sicherheit, Abwehrrechte) gegen die positiven Freiheiten (private Wirtschaftsautonomie)
2. die positiven Freiheiten mit den negativen Leidkosten (wie Armut und Hunger durch die neoliberalistische Verhältnislosigkeit)
3. die positiven Freiheiten mit den positiven Leidkosten (innerhalb des Kampfes für ein Autonomieziel)
4. das positive Leiden (etwa einer schweren Nachtarbeit für den sozialen Aufstieg) mit dem negativen Leiden (der Erblindung)

Der Abwägungsvorgang kann intra- und interpersonal angelegt werden. Eine Gesellschaft der Menschenwürde kann per Selbstdefinition keine Elitärgesellschaft der Würdenträger meinen. Handlungslasten und -nutzen können insofern im Geiste der Menschenwürde nicht sozial asymmetrisch verteilt werden. Verhältnismäßigkeit ist nicht nur in der Lasten-Nutzen-Verteilung zu suchen, sondern allgemein in allen zwischenmenschlichen Wertverhältnissen. Also auch, besonders angesichts von Miseren bei vorhandenen, umzulenkenden Mitteln, im menschenrechtlichen Geiste jenseits des gerechtigkeitstheoretischen Leistungsdenkens.

Die klassische utilitaristische Perspektive war universalistisch. Sie beabsichtigte die Gesamtsicht auf Freiheiten und das Leid aller. Die Freiheitsoptimierung und Leidminimierung wurde personal und auch gesamtgesellschaftlich verstanden. Freiheitsoptimierung und Leidminimierung sollte in Egalität und nicht in Apartheid stattfinden. Insofern trifft sich der Utilitarismus mit dem Universalismus, und die Egalitätsidee der Menschenrechte mit dem Geiste der Würde.

Die Herstellung der sozialen Nutzenoptimierung aller Handlungen kann nun mit dem Prinzip der Verhältnismäßigkeit als ausgedrückt gelten. Sind Grenzfreiheit und Grenzleid einer Handlung bestimmt und dann integriert, als Freiheitsoptimierung und Leidminimierung, sind die *formalen* Abwägungsbedingungen des ethischen Grundsatzes der Verhältnismäßigkeit erfüllt.

Das Integral von Grenzleid und Grenzfreiheit ist das *formale* Maß der ethischen Verhältnismäßigkeit. Freiheitsoptimierung bei Leidminimierung erreicht man insofern durch zwei Abwägungsvorgänge. Die duale Grenzbegriffbestimmung erfolgt zuerst. Grenzleid und Grenzfreiheit gehen aus ihren positiven und negativen Aspekten hervor. Die dualen Grenzbegriffe erhalten ihre endgültige Gewichtung aber erst, wenn sie zueinander ins Verhältnis gesetzt werden und unter dem Primat der Gesamtnutzenoptimierung abgewogen werden. Es findet ein *doppelte* Abwägung statt. Die Bestimmung der Grenzfreiheit ist erst dann möglich, wenn die humanen Kosten des Grenzleids berücksichtigt sind. Die Freiheitskosten (als soziales Leid) gehen in die Bestimmung der Grenzfreiheit mit ein. Damit ist besonders die würdeverletzende Wirkung berücksichtigt, die aus der Relationalität der Verhältnisse entsteht. D. h. angesichts einer alle treffenden Not wäre die verhältnismäßig verteilte Duldung dieser allgemeinen Not würdesichernder und erst im eigentlichen Geiste des Begriffs würdestiftend. Ärmliche Lebenslagen bei vorhandener Luxurierung an einem anderen oder benachbarten Ort erzeugt die Würdeverletzung, die nicht aus der absoluten Ärmlichkeit stammt, sondern aus der relativen wirtschaftssozialen Hoch- und Abwertung, wie sie Pierre Bourdieu in seinen umfassenden empirischen Studien beschrieben hat.[1178] Menschen leiden auf jeder wertsozialen Hierarchiestufe an den praktizierten oder symbolisierten Werttaxierungen.

Das Lob der Freiheit und der Liberalität könnte demnach nur gelten, wenn der Preis des durch sie nicht verhinderten Leids mitgenannt und berücksichtigt ist. Wenn also auch die Gemeinschaft und nicht nur das Wohl eines anomisch handelnden „Individuums" Ziel der Verhältnismäßigkeits-, Würde-, Wert- und Nutzenüberlegungen ist, kommt die Bestimmung der Grenzfreiheit wirtschaftsordnender Gesetze nicht ohne eine Inventur der (relationalen) Freiheitskosten aus.

Als Ergebnis können wir festhalten:
Unter dem Grundsatz der Verhältnismäßigkeit endete die (wirtschaftliche) *positive* Handlungsfreiheit dort, wo erstens die Grenzfreiheit unterschritten, aber zweitens auch das Maß des (zu akzeptierenden) Grenzleids überschritten wird. Die *negative* Freiheit (Sicherheit, Schutz, Sozialstaat) endet dort, wo ihre Steigerung die Grenzfreiheit reduzieren würde und eine Erhöhung des Grenzleids nicht nützt, eine Freiheitssteigerung und eine zukünftige Leidreduktion zu erreichen.[1179] Das *positive* Leid (Instrumentalisierung von Elend und Not) endet dort, wo die intendierten Freiheitszuwächse in Leidsummensteigerung münden, die den Grundsatz der Verhältnismäßigkeit verletzen. Diese Verhältnismäßigkeitsabwägung ist in intrapersonaler, sozialer und globaler Dimension und Wirkweite *zugleich* zu verstehen. Eine Weltgesellschaft der Würde berücksichtigte diese Verhältnisnahmen.

---

[1178]Bourdieu, Pierre: *Das Elend der Welt*, a.a.O.

[1179]Dieses Ergebnis zeigt auch, dass ein Quietismus dazu führen kann, zukunftszerstörend und leidkonservativ untätig zu bleiben. Dazu zählt auch die Gleichgültigkeit gegenüber zukünftigen Kosten und Freiheits- und Leidrisiken.

## 3.5 „Vorrang" der Freiheit oder der Dringlichkeit der Not?

Wenn jede Güterabwägung den vier Dimensionen und Komponenten aus Grenzfreiheitmaximierung und Grenzleidminimierung folgt, dann kann es *ethisch* keinen Vorrang der positiven Freiheit geben, wie ihn das BVerfG auf die Grundfreiheiten bezogen auslegt. Denn sonst könnte das Maß der erzielbaren (elitären) Freiheiten an eine Zunahme von Leid gebunden sein und hingenommen werden. Die Zunahme des Leids würde nicht in den ethischen Grundsatz der Verhältnismäßigkeit eingebunden. Es würde nur eine Güterabwägung innerhalb der politischen Freiheiten vorgenommen. Der Einwand, dass mit den negativen Freiheiten die Leidminimierung bereits eingeschlossen und gemeint sei, trifft nicht zu, denn bei der zweidimensionalen (Freiheiten-)Abwägung geht es nur um die Bestimmung der Negativfolgen unverhältnismäßiger Freiheitsbeschränkungen. Die, wie auch immer, entstandene Wirklichkeit menschlicher Lebens*lagen* und ihrer Differenzen wird dabei gar nicht berücksichtigt. Die bisherige Dimensionierung des Grundsatzes der Verhältnismäßigkeit erfasst keine historische Bestandsaufnahme der verschiedenen menschlichen Lebenslagen, wenn sie nicht eine Handlung oder ein Handeln betreffen. D. h. der Verhältnismäßigkeitsgrundsatz wurde bislang nur handlungstheoretisch bei Güterkollisionen angewandt und nicht auf den gesamtgesellschaftlichen Güterkanon bezogen. Nur so ist die Entwicklung eines neoliberalistischen Wirtschaftssystems zu erklären, das die sozialen, ökologischen und humanitären Freiheitskosten global ignorieren kann. Indem der Grundsatz der Verhältnismäßigkeit nur verfassungsrechtlich im Sinne der politisch-bürgerlichen Freiheiten eingesetzt wird, kann sein um *Ausgleich* bemühter Geist in der Tradition der Gerechtigkeit wirtschaftspolitisch umgangen werden. Die Begrenzung der Verhältnismäßigkeit auf die politisch-bürgerlichen Grundrechte basiert noch auf der historischen Grundidee der Deprivilegierung von Handlungsrechten am Ende des 18. Jahrhunderts. Ihre Begrenzung und Pointierung ist damit historisch verständlich. Wirtschaftlich handelnde Subjekte sollten politisch und vertragsrechtlich gleichgestellt und von feudalen Restprivilegien befreit werden.

Dass diese Entprivilegisierung und rechtliche Gleichstellung zu keiner Welt ohne ‚Freiheitsverlierer' geführt hat, verwundert nicht. Es hat nie eine Stunde Null und Inventur der Güterverteilung, nie gleichtalentierte Menschen gegeben. Die politische Liberalisierung konnte historisch nicht ausreichen, die „misère du monde"[1180] wirtschaftsethisch zu bekämpfen. Der wirtschaftliche Liberalismus hat seine Konsequenz gezogen und sieht in der Begrenzung der Verhältnismäßigkeitsprüfung die Sicherung seiner wirtschaftlichen Privilegien.

---

[1180]Bourdieu, Pierre: *Das Elend der Welt*, a.a.O.

Ethisch *verhältnismäßig* meint aber dagegen die volle Integration aller ,Leidkosten' in den Abwägungsvorgang. Dazu zählt, dass anders als bei Grundrechtskollisionen, der Radius oder die Dimension der Relationierung von Konflikten ausgeweitet, d. h. globalisiert wird. Eben ganz im Sinne der Idee des sozialen Gesamtnutzens. Wenn jemand, als Extremfall, eine seiner Handlungen ohne jeden systemischen und sozialen Bezug definierte, liegt eine ethisch gewollte vollständige *Verhältnislosigkeit* dieser Handlung vor. Wenn er diese Handlung, das andere Extrem, auf das Totum aller Lebensphänomene bezöge, läge vollständige *Verhältnisnahme* vor. Er müsste alle Wirkungen seines Handelns plus der unterlassenen Wirkungen, die durch die Spezifität seiner Handlungen entstehen, berücksichtigen. Diese totale Ausweitung seines Bezugsrahmens wäre ebenfalls unverhältnismäßig, weil er durch die *totale* Umsicht, Rücksicht und Vorsicht sein Handeln nahezu blockieren würde. Der ethische Grundsatz der Verhältnismäßigkeit birgt also auch ein Übermaßverbot in sich: Das Verbot der Überrelationierung privater oder regionaler Handlungen. Es ist aber zu unterscheiden von institutionellen und wirtschaftspolitischen Rahmenbedingungen des Wirtschaftens.

Handlungsfreiheit als asoziale und anomische Dimension zu begreifen, die auf (beziehungslose) *Verhältnislosigkeit* setzt (einem Untermaß), folgt in dieser ethischen Sicht des Grundsatzes der Verhältnismäßigkeit dem Bild eines vorgesellschaftlichen Menschen.

Im Sinne der relationalen Würdegenese wäre die Hinzunahme des Leids in den Abwägungsvorgang zur Grenzfreiheit zu fordern, selbst auch des negativen Leids, das kein Resultat eines aktiven oder unterlassenen Handelns ist. Mit dieser Deutlichkeit muss sich das Gut der Freiheit im Sinne der Verhältnismäßigkeit aller ,Verhältnisse' auch schrankentheoretisch auf die Inventur der leidvollen Aspekte und Repräsentationen des Lebens beziehen. Die Bestimmung des Gesamtnutzens menschlicher Freiheiten muss sich mit auf die Reduktion der Miseren beziehen. Das ethische Prinzip dieser Verhältnismäßigkeit lässt alle Freiheiten und Rechtsgüter immer auch mit den Leidaspekten und deren Repräsentationen ,kollidieren'. Einen Vorrang der Freiheit kann es insofern nicht geben, auch wenn im Begriff der Freiheit eine kulturelle Tradition der Höherbewertung der aktiven Selbstverwirklichungsaspekte liegt.

Als die Zieldimension menschlichen Handelns (in der Autonomie) ist die Freiheit immer noch auf Leid und Mühe der Daseinsvorsorge bezogen und dieser überantwortet. Insofern also autonomes Handeln sozial an anderen Orten Leid systemisch erzeugen kann, insofern das Leid des einen zum Bedingungsgrund dieses Freiheitsaspekts des anderen wurde, kann der ,Vorrang der Freiheit' ethisch nicht haltbar sein.

Dasjenige Gut wird den Vorrang haben, das sich um die Leidreduktion kümmert, weil es in der *Konsequenz* freiheitskonstitutiv ist. So wie in jedem

Notstand und in Katastrophen die noch ‚freien Kräfte‘ einer Rangordnung des Leids und nicht der Freiheit folgen, nämlich: Der Dringlichkeit.

## 3.6 Die Dringlichkeit: Würde als reziproke Stiftung

Die Dringlichkeit der Not, die Gefährdung der Menschlichkeit kann das Gut der Autonomie der Freiheit überragen bzw. inhaltlich bestimmen, wenn es unverhältnismäßig wäre, die reine individuelle Autonomie vor die allgemeine Freiheitssicherung zu stellen. Dies verlangt auch die Güterabwägung im Straftatbestand der „unterlassenen Hilfeleistung" (StGB § 323). Die individuale Autonomie unterliegt dann dem Ungut des Leids. Wo Humanität und Menschlichkeit in Gefahr sind, steht das Gut der Leidreduktion und Vermeidungsprophylaxe zur Verfügung. Die Freiheit unterliegt hier dem Ungut des Leids. Sie dient der Leidreduktion. Erst mit dieser Austarierung der Verhältnismäßigkeit auf die vier Komponenten wird der Satz vom *unbedingten* Vorrang der Freiheit zur Farce und wenn gewollt, zu einem Komplott gegen die Menschlichkeit. Der wirtschaftliche Neoliberalismus muss sich enttarnen lassen als verkürzter Begriff und Kulisse von Freiheit, die die Unverhältnismäßigkeit eines privatanomischen Handels, mit Leid auf der anderen sozialen Seite, kaschieren muss. Er macht sich aus der Hintertür einer vorzivilisatorischen oder vorethischen Verhältnislosigkeit davon.

Nicht „die Macht der Freiheit"[1181] ist in solch einem Fall der Not anzubeten, sondern die verhängnisvolle ‚Freiheit der Macht‘ zu analysieren, nämlich *verhältnislos* oder *unverhältnismäßig* und *würdebeschädigend* auf dem internationalen Wirtschaftsfeld handeln zu können.

Der absolute Würdebegriff war noch unvollkommen, weil er Wertdegradierungen, die psycho- und wirtschaftssoziale Beschädigungen und Miseren nicht berücksichtigen kann. Erst ein relationaler Würdebegriff, der die Verhältnismäßigkeit der wirtschaftssozialen und machtstrukturellen Verhältnisse einbeziehen kann, scheint in der Lage zu sein, Menschen den Wert zu vermitteln, der in der Tradition und dem Wesensgehalt der Menschenwürde angelegt ist.

Die Grundentscheidung einer Kultur bezieht sich auf die Frage, ob für eine Freiheitssteigerung auch eine Leidsteigerung hingenommen werden kann und ob ihr Handeln noch *Praxis der Menschenwürde* heißen darf. Wenn die unbekümmerte Freiheitssteigerung vor aller Wahrnehmung des Leids steht und die Dringlichkeit des Leids nicht die Ranghöhe der Handlungsfreiheit abwägungstheoretisch berühren kann, muss es um den Gesamtnutzen der Freiheit für eine Gesellschaft schlecht gestellt sein.

---

[1181] Henkel, Hans-Olaf: *Die Macht der Freiheit. Erinnerungen,* München 2000

Wenn die Globalisierung und „Brasilianisierung" die Welt zu einer 80:20 Gesellschaft macht, in der 4/5 der Menschheit in Armut, Unbedeutsamkeit und Ohnmacht leben wird, dann nicht zuletzt deshalb, weil die rechtsphilosophischen und kulturellen Grundlagen von einem Freiheits- und Würdebegriff ausgehen, der von seiner Tradition her das Individuum gegen Obrigkeit und Gemeinschaft schützen wollte und die ‚Freiheit wirtschaftlicher Macht' als Entprivilegierung ideologisiert.[1182] Von den Grundrechten und Freiheiten dieses anomisch gedachten Individualismus aus führt ein Weg zurück zu der Idee vom Menschen als eines *per se* interaktiven Wesens. Die ethische Erweiterung des „Grundsatzes der Verhältnismäßigkeit" und der Begriff der sozialen Würde stellen dazu eine immanente Konsequenz dar.

Das BVerfG sieht einen Vorrang der Freiheit bei Güterkollisionen. Wir sehen ethisch einen *Vorrang der Leidvermeidung* im Sinne der Dringlichkeit. Handlungsinvestitionen dienen nicht allein dem Austarieren der Freiheiten. Vielmehr wird durch den Begriff des positiven Leids deutlich, dass Handlungskapazitäten, also auch private und staatliche Belastungen, für die Leidreduktion eingesetzt werden können. Das kann auch sozialethisch gelten und wird in der Idee der Sozialstaatlichkeit ansatzweise praktiziert. Die Aufgabe der Leidreduktion schmälert die autonome Freiheit des Individuums, seine Privatfinalisierung, ganz im Sinne der ethischen Verhältnismäßigkeit. Wenn Individuen sich auf ihre Privatfinalisierung berufen, kann das Feld ihrer Handlungsfreiheit nicht ohne die Abwägung der sozialen und humanen Dringlichkeiten abgesteckt werden. Es ist gerade die Idee der Würde, die die individual gedachten Freiheiten mehrerer Grundrechtsträger sozial integriert. Zwar ist die menschliche Selbstbestimmung Zielkategorie auch bei der Leidvermeidung, indem Menschen ihr Leben so bestimmen, dass sie möglichst leidfrei leben können. Diese solipsistische, verhältnislose Idee der Selbstbestimmung konterkariert aber nach unserer Analyse den Wesensgehalt der interaktiven Würdegenese.

In der Grenzenlosigkeit (welt-)gesellschaftlicher Vernetzungen müsste das Maß der anomischen Freiheit reduziert, soll das Leid nicht akzeptiert werden, das aus der ‚Unverhältnismäßigkeit der Verhältnisse' entsteht. Wenn unter Vorrang der Freiheit eine unverhältnismäßige elitäre Selbstverwirklichung *einiger* verstanden wird, reduziert sich Menschenwürde auf einen solipsistischen Begriff. Die Sozialität des menschlichen Wesens bezeichnet jedoch ein ‚Sein-im-Verhältnis'. Würde kann als derart *relational* den Kern der Humanität erst meinen. Sie ist reziproke Stiftung. Der Vorrang elitär gelebter Freiheiten bei gleichzeitigem und vernetztem Leid eliminiert dagegen den Geist der Menschenwürde

---

[1182]Vgl. Martin, Hans-Peter und Harald Schumann: *Die Globalisierungsfalle.* Der Angriff auf Demokratie und Wohlstand, Reinbeck bei Hamburg 1996, S. 13 f.

als Schutz- und Abwehrrecht gegen die Leidwirkungen menschlicher Handlungsfreiheit.

Insofern konstituiert erst der *relationale* Würdebegriff das Schutzgut, das Menschen vor den Leidwirkungen der Idee anomischer Autonomie schützt. Das soziogen nicht verhinderte oder gelinderte Leid wird erst durch eine Handlungsfreiheit (und Politik) abgebaut, die die Fremdschädigungen des Eigennutzens dem Prinzip der Verhältnismäßigkeit unterstellt.

Dem menschlichen Leid kommt ein *Gewicht* und eine ethische *Dringlichkeit* zu, die der Idee der autonomen Freiheit und der Idee gesellschaftlicher, nationaler oder globaler Klientelpolitik Schranken setzt.

Suchen wir eine Definition: Öffentliche und institutionelle Handlungen wie auch private ‚Verhältnisse' sind dann *unausgewogen* und *unverhältnismäßig* zu nennen, wenn sie das Gut der Freiheit so präferieren, dass sie das Übermaß des Unguts des existierenden oder zu erwartenden Leids nicht schmälern. Öffentliche Handlungen (und deshalb in der Folge private ‚Verhältnisse') sind dann *unverhältnismäßig* zu nennen, wenn durch sie das Maß der würdeverletzenden Lebenslagendifferenz nicht *abnimmt*.[1183]

### 3.7 Die Idee der Hilfeleistung: Dringlichkeit kann die positive Freiheit überragen

Jenseits einer Stände- Klassen- und Lebensstilkohortengesellschaft, wie die Ideen der Menschenrechte und der Würdegleichheit sie ablehnen müsste, ist in überschaubaren und erlebbaren Ethnien, Gruppen oder Familien das Interesse eines Lebenslagenausgleichs augenfällig. Lebenslageninteressen einzelner Mitglieder werden durch die räumliche, soziale, emotionale und funktionale Nähe von allen mehr oder weniger mitreflektiert.

Eine Familie investiert nicht in das Konsumgut eines Sofas, wenn diese Investition etwa in die medizinische Operation eines Familienmitglieds zur Abwendung einer schweren Krankheit dienen könnte. Hier wird eine natürliche Dringlichkeitshierarchie angenommen. Es ist die Idee des Lastenausgleichs und der Dringlichkeit von Investitionen, die ein Gewichtungshinweis zugunsten des Abbaus von Misere, Not, Krankheit oder der größeren und intensiveren Bedürftigkeit gibt.

Instruktiv für dieses Beispiel von spezifischer Verhältnislosigkeit ist der Tatbestand der Hilfeleistung als Gebot im deutschen Recht. Die Betroffenheit, die Pflicht zur Hilfeleistung als erfüllt anzusehen, wird an bestimmte, meist

---

[1183]Menschliche Dringlichkeiten, wie die Stillung des Hungers, können absolut auftreten, oder, wie die Tatsache des Hungers bei gleichzeitigem Überfluss, eine relationale Natur haben. Der absolute Hunger, trifft er alle, kann weniger unwürdig sein, als der relative Hunger durch die gleichzeitige Überflussexistenz würdeverletzend ist.

auch räumliche Kriterien gebunden. Notausgleichende Hilfeleistung, die nur gewusst und medial vermittelt ist, verpflichtet zu keiner Verhältnismäßigkeitsprüfung zwischen den Interessen des Hilfsbedürftigen und des hilfsfähigen Bessergestellten. Außerdem ist die Frage offen und vom Gesellschaftsentwurf abhängig, in welchem Maß Hilfe im Sinne der Verhältnismäßigkeitshandlung staatlicher oder privater Initiative ausfallen kann oder sollte.

Die rechtlich festgeschriebene Pflicht zur Hilfeleistung wägt nur das eng betroffene und nicht das systemisch vernetzte und interdependente Geschehen der gesellschaftlichen Praxis ab. Der ethische Grundsatz der Verhältnismäßigkeit kann dagegen diese Verhältnislosigkeit überwinden, indem er die Interessen- und Lebenslagen aller Bürger in den Abwägungsvorgang einbringt und eine politische oder wirtschaftspolitische Handlung auf deren Gesamtverhältnismäßigkeit befragt. Der Abwägungsvorgang wäre ausgeweitet. Die vorethische *Ent*pflichtung für die gesamtgesellschaftliche Lagenverbesserung fände nicht statt.

In der Pflicht zur Hilfeleistung und der Strafbarkeit ihrer Unterlassung (§ 323c StGB) liegt ein Instrument der Verhältnismäßigkeitsprüfung vor. Das Ungut der Not überragt im Sinne der Dringlichkeit das Gut der Freiheit. Wir sind verpflichtet, die eigenen Autonomieinteressen mit der Lage des vorgefundenen Notdürftigen zu vergleichen und nur dann Hilfeleistungen zu versagen, wenn der zu erwartende persönliche Schaden und Nachteil das Maß oder das Ungut der Not noch überragen würde. Die Pflicht zur Hilfe berücksichtigt eine Verhältnismäßigkeitsprüfung der Interventionspflicht. Die „unterlassene Hilfeleistung" ist dann straffrei und unzumutbar, wenn das eigene zu erwartende Übel für den Intervenierenden das Maß der Notabwehr für den anderen übersteigen würde.

Das Beispiel der Hilfeleistung zeigt, dass es bereits Vorstellungen gibt, dass eine Verhältnismäßigkeitsprüfung auch zwischen dem Gut der Freiheit und dem des Leids stattfinden kann. Es zeigt außerdem, dass es rechtsphilosophische Vorstellungen gibt, die dem Ungut des Leids eine drittwirkende Handlungspräferenz zuordnet, mit der der Vorrang der Freiheit angesichts von offensichtlicher Not abgelöst wird. Die Verhältnisnahme zu offensichtlicher Not könnte ein Anfang sein, die Verhältnismäßigkeitsprüfung *struktureller* Not zu beginnen.


## III Gibt es eine substanzielle Abwägung von Gütern?

Güter und Ungüter ‚miteinander' nicht nur formal, sondern auch substanziell abzuwägen, wie es die Verhältnismäßigkeitsprüfung im ethischen und juristischen Sinne will, stellt sich als ein formallogischer und nicht als wertrationaler Vorgang dar. Wenn ein Ungut, wie etwa das negative Leid eines krank oder arbeitsunfähig geborenen Menschen, mit dem Gut der freien Berufswahl eines gesunden Menschen verglichen werden soll, müssen offensichtlich zwei substantiell sehr verschiedene Güter in Zusammenhang gebracht werden. Besteht aber überhaupt ein Zusammenhang?

Güter und Ungüter haben oft einen relationalen Charakter. Sie sind substanziell wechselseitig definiert. Die Not des arbeitsunfähig Geborenen entsteht erst durch die gesellschaftlichen Deutungen des Menschenlebens als vita activa. Wenn Arbeit zur Würde des Menschen beiträgt, eine Arbeitsgesellschaft einen nicht arbeitenden Menschen deklassiert, ihn aber sozialstaatlich alimentiert, entsteht beim Kranken eine sozialpsychologisch zu nennende Not. Eine subsistentielle Not entstünde ihm in einer rein sozialdarwinistischen Gesellschaft. Das Ungut der Arbeitsunfähigkeit ist also selbst abhängig von den Kontextinterpretationen.

Ein bekanntes und oft unreflektiertes Diktum über Vergleichen, das unmittelbar zur Gerechtigkeit führen soll, ist der gern neoliberalistisch benutzte Satz, dass Gleiches gleich und Ungleiches ungleich behandelt werden müsse. Wir wollen ihn der eigentlichen Erörterung über die Möglichkeit substantiellen Gütervergleichs für eine ethische Verhältnismäßigkeitsprüfung als Einführung voranstellen, weil in diesem sozial- und wirtschaftsethisch instrumentalisierten Satz zwei Hauptirrtümer liegen, die in die Problematik der Güterabwägung einführen können. Das Unbedachte dieses Satzes (Gleiches gleich, Ungleiches ungleich) liegt in Folgendem:

Erstens wird das sogenannte Gleiche oder Ungleiche nur gleich und ungleich, weil man es unter einer ver*gleichenden* oder ver-*ungleichenden* Perspektivität betrachtet. Zweitens wird der naturalistische Fehlschluss gezogen, dass das ,Vergleichte' und ,Verungleichte' auch nur unter diesem Kriterium betrachtet werden *soll*.

Es geht darum zu zeigen, dass 1. aus der konstitutionellen menschlichen ,Ungleichheit' der Ausgangsbedingungen nichts gesellschaftlich ,Ungleiches' folgen muss und dass 2. die Forderung, aus der konstitutionellen Natur eine wirtschaftliche Ungleichheitsbehandlung zu folgern, bereits die Anwendung eines herangetragenen Ungleichheits- oder eines Unterscheidungskriteriums ist.

## 1 „Ungleiches ungleich und Gleiches gleich behandeln"

Es gibt die Argumentation der Vertreter des Neoliberalismus, dass Gerechtigkeit nur dann entstehe, wenn Ungleiches ungleich und Gleiches gleich behandelt würde.[1184] Ungleich talentierte und leistungsstarke Menschen dürften danach keiner Gleichmachung unterworfen werden. Die Leistungsgerechtigkeit sei in Gefahr. Diese Position widerspricht zunächst der Tatsache, dass in der

---

[1184]Henkel, Hans-Olaf: *Die Macht der Freiheit,* München 2000

Verwirklichung der politischen und bürgerlichen Rechte eine Gleichstellung der Differenzen stattgefunden hat. Gerade die Idee der politisch-bürgerlichen Menschenrechte ist weltweit so etabliert, dass die rechtliche Betonung von bestimmten Privilegien ausgeschlossen wurde. Menschlich Ungleiches wurde unter der Idee der Menschenwürde politisch gleichgestellt.

Die Idee, dass nur Gleiches gleich behandelt werden sollte, unterliegt der Komplikation aller Gütervergleiche. Denn in der Titulierung der *Gleichheit* des Gleichen liegt schon die Präsupposition des Kriteriums, das zur Gleichbetrachtung geführt hat oder führen sollte. Etwas für gleich halten, bedeutet es zu ver*gleichen*. Ebenso ist ‚Vergleichung' des als ungleich ‚erkannten' Ergebnis einer Kriterienanwendung.

Menschen haben z. B. verschiedene Sprachen. Unter diesem Kriterium sind sie ungleich. Sie haben aber alle die Fähigkeit zur Sprache, insofern sind sie menschliche Wesen und unterliegen der Idee der Menschenwürde. Die Anwendung des Kriteriums Sprachfähigkeit macht Menschen unter diesem Aspekt gleich, die Anwendung des Kriteriums der Sprachvielfalt macht sie ungleich. Die Anwendung eines Zusatzkriteriums, dass bestimmte Sprachen überlegen sein sollen, würde die Sprachkulturen zudem noch hierarchisieren. Ein einzelner in einer bestimmten Sprachkultur lebender Mensch kann also je nach Kriteriumsgebrauch als mindersprachig, als anderssprachig oder als menschliches Wesen mit Sprachvermögen aufgefasst werden.

## 1.1 Quantifizierende oder differenzierte Ungleichheit: Mehrsein oder Anderssein.

Eine weitere Differenzierung liegt in der *Bedeutung* von Gleichheit bzw. Ungleichheit. Für den Aufbau einer Gesellschaft entscheidend ist, ob ein quantifizierendes Kriterium oder ein differenzierendes unterlegt ist. Das erste führt zu sozialer Hierarchisierung, das andere zu sozialer Varietät. Ein menschliches Talent, wie etwa die handwerkliche Geschicklichkeit, kann je nach Anlegung eines Vergleichskriteriums wirtschaftssoziologisch ein quantifizierendes Maß für eine soziale Niedrigstellung sein - wenn gesellschaftlich andere Metiers, wie die Krankenpflege, höher bewertet werden - oder auch als eine qualitative Eigenschaft verstanden werden, ohne die eine arbeitsteilige Gesellschaft nicht auskommt. Das bedeutet, dass das Wesen des Vergleichs auf der Anwendung eines Kriteriums beruht und dass in diesem eine Wertungsrelativität liegt, in der das zu Vergleichende bereits *vor*verglichen ist.

Dass jemand körperlich stärker ist, ist in einer vorzivilisierten Gesellschaft Kriterium einer Privilegierung in der sozialen Rangordnung gewesen. In zivilisierten Gesellschaften folgt aus quantifizierbarer körperlicher Ungleichheit (Stärke) keine rechtlich gewollte Rangordnung und Hierarchie. Im Gegenteil hat die Entprivatisierung körperlicher Gewaltanwendung diese (immer noch vorzivilisatorisch existente) Ungleichheit rechtlich gleichgestellt, d. h. diesem Kriterium die zivilisatorische Relevanz genommen. Körperliche Ungleichheiten wurden rechtlich gleichgestellt und damit gesellschaftsrelevant abgeschafft.

Das (soziale) Mehrsein durch Körperkraft wurde politisch-bürgerlich in ein Anderssein überführt. Durch das Grundrecht zur freien Persönlichkeitsentwicklung ist die vormalige Quantifizierung durch körperliche Besserstellung als soziales Ranking abgeschafft. Dem entspricht analog auch die Ächtung des Krieges als Mittel der Interessendurchsetzung.

*Per se* sind Menschen also weder gleich noch ungleich. Erst das herangetragene Betrachtungskriterium entscheidet über die Art, wie etwas in Relation gesetzt wird.

Wenn neoliberale Argumente zur Gerechtigkeit eine Verteidigung der Ungleichheit fordern, dann unterstellen sie solche Ungleichheitskriterien, die ihnen nützen.[1185] Das Kriterium, Menschen definitorisch unter einem bestimmten Kriterium zu ver*un*gleichen, folgt Interessen und der argumentativen Scheinvernunft.

Als zweites stellt sich die (ethisch-relevante) Frage, warum Menschen, wenn sie interessenmotiviert ‚verungleicht‘ sind, dann notwendig *ungleich* behandelt werden sollen? Anders formuliert: Warum folgt aus der quantifizierten oder differentiellen (herangetragenen) Ungleichheit eine Ungleichbehandlung? Hier entpuppt sich der neoliberal benutzte Gerechtigkeitsspruch weniger als argumentativ schlüssig als mit dem Charme eines Reims auftretend.

Dass man Arbeiter der Müllabfuhr und einen Chefarzt als ungleiche, d. h. sozial quantifizierte und hierarchisierte Wesen auffasst, wie es die Bedeutungskriterien der Bürgergesellschaft ausdifferenzierten, bedeutet nicht, dass aus dieser sozialen und ökonomischen Ungleichstellung auf ihre Richtigkeit zu schließen ist, in dem Sinne, dass aus der aktuellen Tatsache einer sozialen Hierarchisierung auch ihre Legitimation folgt. Vielmehr hat die jeweilige historische Akzeptanz sozialer Kampfergebnisse mit bestimmten Mitteln diese Ungleichheitsrelation entstehen lassen, so wie in vorzivilisierten Gesellschaften die Anerkennung der Machtmittel des Faustkämpfers bestimmte andere wirtschaftssoziale Verhältnisse etabliert hatten, die einen körperschwachen Chefarzt zum Patienten hätten werden lassen.

Zusammenfassend lässt sich feststellen, dass Ungleichheiten oder Gleichheiten durch das herangetragene Maß oder das Messkriterium entstehen, mit denen etwas verglichen oder ‚verunglichen‘ werden soll. Zweitens folgt aus dieser Differenzierung (Ungleichheit) oder Identifizierung (Gleichheit) keine „natürliche“ Konsequenz, das Differenzierte oder Identifizierte auch (zum zweiten Mal) so zu behandeln und zu belassen. Die schlechte soziale Reputation des Arbeiters

---

[1185] Vgl. Henkel, Hans-Olaf: *Die Macht der Freiheit. Erinnerungen,* München 2000; Pleitgen, Fritz F.: *Durch den wilden Kapitalismus*, Köln 2000

der Müllabfuhr ist erst das Resultat einer wirtschaftssozialen Differenzierungs-methode, die sich in den Besoldungshierarchien ausdrückt. Neoliberal laut ge-sprochen, steckt in dieser Differenzierungsform die Akzeptanz bestimmter Kampfformen, die hier die methodischen Kampfformen des Oberarztes und nicht die des Faustkämpfers oder Arbeiters präferieren.

Der Satz, Ungleiches ungleich und Gleiches gleich zu behandeln, dient nur der Sicherung eines nicht genannten Kampfkriteriums, das reale gesellschaftli-che Ungleichheitspraxis manifestieren soll. Der Satz hat als (Leistungs-) Ge-rechtigkeitsausdruck keine erhellende oder ethisch glaubwürdige Funktion. Er dient vielmehr der Kaschierung der eigentlichen Differenzierungskriterien, die die wirtschaftssoziale Ungleichheit aufrecht erhält. Der stärkste Faustkämpfer hat heute nicht die größte ökonomische oder soziale Macht. Die angewendeten Differenzierungs- oder Identifizierungskriterien entscheiden über den Aufbau einer Gesellschaft und ihrer mühsam aufrecht erhaltenen Verteilungs-Kampfformen

Der Satz hat außerdem den sprachlogischen Charme, eine andere, nicht ge-wollte Lesart zuzulassen: Wenn das unter einem Kriterium interessenorientiert Verungleichte („Ungleiches ungleich behandeln") einmal perspektivisch ge-schaffen ist, dann könte es auch derart ungleich behandelt werden, dass es wieder mit dem ‚Geringeren' des Ungleichen *gleich* gestellt wird, wie es die Idee der Menschenrechte und der Sozialstaatlichkeit längst vollzieht.

Das Ungleiche ungleich behandeln, ist auch ein (allerdings verquerer) Aus-druck für den Prozess der politisch-bürgerlichen Gleichstellung von Schwarzen und Weißen, Frauen und Männern, Sklaven und Gutsherren, Kindern und Ober-ärzten - bis zur Gründung unserer Verfassungswirklichkeit.

Die Verteidigung von Ungleichheiten und Machtkämpfen mit eigens defi-nierten, möglichst ungenannten Mitteln gehört zu den sozialen Besitzstands-, Macht- und Reputationsstrategien. Gerechtigkeitstheorien und -kernsätze folgen der Aufgabe, wirtschaftssoziale Chancen durch die *Spezifität* der Kampf- und Etablierungsformen zu verbessern. Die ideologische Kampfform gerade der neoliberalen Interessengruppen besteht besonders darin, die sie privilegierende Wirtschafts(un)ordnung als historisch („Globalisierung") naturgesetzlich („hö-here Spezies"), als logisch oder soziobiologistisch („Graugänse") auszugeben. Die Macht dieser Privilegierung beruht nicht zuletzt auf der Frage, wie lange sich ihre Legitimationsideologie halten kann, bevor sie enttarnt oder revolutio-när überlaufen wird.


## 2 Das Kommensurabilitätsproblem der Güterabwägung

Soll die Verhältnismäßigkeitsprüfung sowohl die Grenzfreiheit als auch das Grenzleid einbeziehen, werden Güter und Ungüter in den Abwägungsvorgang eingebracht. Der Begriff Abwägung suggeriert einen vergleichsweise einfachen Vorgang, weil er im alltäglichen Sinne, Güter unter einem bestimmten Kriterium, nämlich der Massenanziehung, also dem Gewicht, bemisst. Ein Gut, das kein Gewicht hätte, ließe sich nicht mit einem anderen abwägen, etwa Freundschaft und Wasser. Die Gemeinsamkeit eines physikalischen Gewichts fehlte. Nimmt man aber das (abstrakte) Gewicht der Freundschaft für ein gelingendes Leben, wäre ein Abwägungsvorgang wieder möglich, zumindest aber dann nötig, wenn Wasser lebensbedrohlich knapp für einen Freund würde. Jemand könnte gezwungen sein, zwischen Freundschaft und seinem Leben (damit der Wasserzuteilung) abwägen zu müssen.

Auch hier aber wägt man nicht zwischen den Gütern Freundschaft und Wasser ab, sondern zwischen den Bedeutungen der Freundschaft für mich und meiner nackten Existenz. Das Gut der Freundschaft wird mit dem Ungut des Sterbens oder der Nichtexistenz konfrontiert. Dabei scheint es einer ethischen oder existentiellen Vorentscheidung zu bedürfen, um entweder mein Leben, die Freundschaft, das Risiko einer gemeinsamen Unterversorgung oder das Leben des anderen als wertvoller zu gewichten.

Das Beispiel macht deutlich, dass der einfachste Abwägungsvorgang mit einer beiden Gütern *gemeinsamen* Substanz oder Eigenschaft (Gewicht) durchgeführt werden kann. Wasser kann mit Gas abgewogen werden, weil Gewicht eine gemeinsame, wenn auch nicht die zwangsläufig wichtigste Eigenschaft ist. Es ist ein internes, weil substantiell gemeinsames Kriterium, aber nicht das einzige.

Freundschaft und Wasser dagegen können abgewogen werden, wenn ein externes Kriterium an die Bedeutungen (Moralischer Wert und Sterben) beider Güter herangetragen wird und sie kommensurabel macht. Das extern herangetragene Kriterium gewichtet dann die Güter.

## 2.1 Tertium comparationis und Primum comparationis

Wie beim Wasser und Gas, suchen wir auch bei den Gütern Freiheit und Leid ein Gewichtungsmaß, um die Verhältnismäßigkeitsprüfung durchführen zu können. Was ist das Maß der Verhältnismäßigkeit?

Gewicht war in diesem Beispiel das gewählte *primum comparationis*, d. h. das zu vergleichende, aber substantiell vorhandene Interne, das substantiell präferiert wird. Gewicht als Vergleichskriterium war extern herangetragen, aber Gewicht als Eigenschaft ist eine interne Eigenschaft, die gemessen werden kann. Nennen wir es *primum comparationis*, die in beiden Gütern vorhandene Substanz. Da Güter immer aus vielen Aspekten und Substanzen bestehen, wäre das *primum comparationis* die ethisch wichtigste Vergleichssubstanz, die beiden Gütern innewohnt. Es muss nicht die physikalisch wichtigste gemeinsame Substanz sein. Wasser und Gas kann man unter ganz verschiedenen Gesichtspunkten vergleichen. Brennbarkeit wäre auch ein Vergleichskriterium, indem ich im Wasserstoff und in einer Gasart potentielle Energieträger sehe.

Etwas kann unter einem seiner substantiellen Aspekte mit etwas anderem verglichen werden, wie z. B. Gewicht. Zwei Güter gleichen sich in der Eigenschaft, Gewicht zu haben. Gewicht ist dann das immanent Vergleichbare.

Ungleiches, wie Freundschaft und Wasser, könnte wahrscheinlich nicht unter einer immanenten Eigenschaft verglichen werden. Und dennoch kennen wir Alltagsvergleiche und Konfliktsituationen, in denen wir substantiell Verschiedenes, Konkretes und Abstraktes abwägen müssen. Bei einer Kollision der Güter Freundschaft und Wasser konnte ein externes Kriterium der Kommensurabilität hinzugenommen werden, ein *tertium comparationis*.

Wenn der Status des Menschen in Not mit dem des Menschen in relativer Handlungsfreiheit verglichen und auf Verhältnismäßigkeit geprüft werden soll, damit sich interaktiv oder interstatuell würdevolle Lebens*verhältnisse* einstellen, wenn wir also Freiheit und Leid miteinander oder gegeneinander abwägen wollen, fehlt ein *primum comparationis*, weil die Spezifität eines Guts und eines Unguts extrem differieren. Es läge also nahe, nach einem *tertium comparationis* zu suchen.

Das beide Güter Verbindende kann nur die Gesamtheit der menschlichen Lebensanliegen oder eine darin hergestellte Rangordnung sein. Schon bei der Frage, welche Handlung vorrangig ist, welche Not dringender zu beseitigen und welche Freiheit wichtiger zu verwirklichen ist, bilden die ethischen Güter der Selbstbestimmung, der personalen und kulturellen Vielfalt und sozialstaatlichen und sozialen Verantwortlichkeit Gegensätze, die bestimmte Rangwerte einnehmen.

Nach der Bestimmung der formalen ethischen Verhältnismäßigkeit ist eine Handlung dann würdekonstitutiv und verhältnismäßig zu nennen, wenn sie das Verhältnis von Freiheitsoptimierung und Leidminimierung bzw. das von Grenzfreiheit und das Grenzleid optimiert. Wie viel Freiheit soll aber eingesetzt und damit individual ‚geopfert' werden, um welches Maß an Leid abzubauen oder zu verhindern? Die Bestimmung der Grenzfreiheit und des Grenzleids sagt noch nichts über deren Verhältnisnahme zueinander aus, die sich als der Kern der Verhältnismäßigkeit herausstellen soll. Wenn die formale ethische Verhältnismäßigkeit Grenzfreiheit und Grenzleid integrieren muss, dann liegt die Verhältnismäßigkeit substanziell in der Bestimmung ihres inneren Maßes. Wie viel und welches Leid bleibt würdevoll, um Menschen ein Höchstmaß an Grenzfreiheit zu gewähren? Wie viele und welche individuale Freiheiten müssen limitiert werden, welche Freiheitsbegrenzung kann noch als menschenwürdig erklärt werden, um das Maß und die Art der existierenden oder zu erwartenden Miseren zu reduzieren?

# 3 Entwicklungstendenzen der Güterrangordnungen

Welches und wie viel Leid eine Epoche für schlimmer, für dringlicher zu beheben hält, oder aber ignoriert und akzeptiert, kann mit keiner wertrationalen Methode normativ überhöht und bestimmt, wohl aber analysiert werden. Rangwertungen von Gütern und Ungütern sind biografische, soziale, institutionelle, kulturelle und epochale Faktizitäten und nur formal rationalisierbare Entscheidungen.

Das Gleiche gilt für die Arten der Freiheiten. Die Abschaffung der Fehde zeigte, dass der Wert bürgerlicher Konfliktanomie irgendwann dem Gut der negativen Schutzfreiheiten unterlag und zur institutionellen und rechtlichen Abschaffung des permanenten ‚Bürgerkrieges‘ geführt hat. Dabei ist es gleichgültig, ob sich diese Umwertungen als Entwicklungsfolge von sozialen Machtkämpfen oder Kulturkämpfen ereignen und nachträglich als ‚sinnvoll‘ erklärt werden. Ebenso soll hier die Planbarkeit solcher Entwicklungen nicht untersucht werden, wohl aber die Tendenzen, wie wir es für die Hauptbegriffe des Buches versucht haben.

Es galt also zu untersuchen, welche Werte, welche Rechtsentwicklungstendenz, welcher Wesensgehalt und welche Entwicklungslatenzen den Begriffen *Würde* und *Verhältnismäßigkeit* innewohnen. Das war unsere hypothetisch-konsequentialistische Arbeitsmethode. Wir haben die Wesensgehalte ethisch relevanter Basalbegriffe analysiert und aus deren aktuellen Bindungen und Entwicklungstendenzen hypothetisch auf mögliche Konsequenzen geschlossen. Wir wollten also die ethische Wirkweise der praktizierten Grundsätze des Marktes, des Verfassungsrechts und der ethischen Praxis der Menschenrechte beobachten, um deren Gegensatz und Integration in ihren möglichen Entwicklungstendenzen zu verstehen.

Dass sich die soziale Praxis dabei unvorhersehbar und ganz am Paradigma sozialer Machtkämpfe entwickeln kann, bedeutet nicht, dass auf ihre vollständige ethische Beliebigkeit geschlossen werden kann, so als gäbe es keine Güter und Wertbegriffe *jenseits* der objektiven Marktwertschöpfungen. Hat die Bindung von Globalismus und Neoliberalismus die offensichtliche Tendenz, jede Praxis einer marktopportunen Werthaftigkeit zu unterwerfen und alle Werte als arbiträr, konvertier- und dekonstruierbar aufzufassen, so zeigt doch die Kollision von wertabsolutem Verfassungsrecht und wertrelativem Markt, dass die historische Vermählung der ethisch-anthropologischen Werttradition des politischen Liberalismus und der Grundzüge des wirtschaftlichen Liberalismus nicht widerspruchsfrei gelingen und als abgeschlossen gelten kann.

Beide Werttraditionen verhalten sich zueinander so, als versuchten sie sich als Ursache aller menschlichen Miseren gegenseitig abzuschaffen. Das würde-degradierte Leid der Konkurrenzverlierer auf dem Markt steht dem Freiheitsverlust anomischer und individualistisch verstandener Wirtschaftsliberalität gegenüber.

Wir haben auch gesehen, dass in der absoluten Würde ihr relationaler Wesensgehalt schon inhärent ist und als interaktive „Drittwirkung der Grundrechte" zu einem horizontalen relativen Würdebegriff unterwegs sein kann. Ebenso tendiert der Grundsatz der Verhältnismäßigkeit dazu, sich von seiner rein verfassungsrechtlichen Variante zu lösen. Das Prinzip der Güter- und Ungüterabwägung wird zu einem gesellschaftlichen Konfkliktreglement um knappe Ressourcen und Etats, das abstrakte Gerechtigkeitstheorien ablöst.

Die Grundfrage unserer Entwicklungsthese der ‚Würde aus Verhältnismäßigkeit' lautet: Wie viel Ungleichheit und Ungleichwertigkeit, wie viel Ungleichwürdigkeit ist noch verhältnismäßig? Wie viel Ungleichheit der menschlichen Lebenslagen akzeptiert eine Gesellschaft und Kultur, die als ihr höchstes Gut die Menschenwürde herausprozessiert hat und die in den Menschenrechten, den Grundfreiheiten und den unter Maßgabe der Verhältnismäßigkeit geregelten Freiheitskollisionen deren Bestimmung sieht?

Das Maß einer anständigen Gesellschaft wäre nach Margalit die geringstmögliche Kränkung oder Demütigung ihrer Mitglieder.[1186] Wie viel kränkende und demütigende Ungleichheit erkennt eine Gesellschaft definitorisch an und toleriert sie?

Die Frage, wie sich Demütigung und Freiheit in einer Bezugsgesellschaft zueinander verhalten, bleibt auch wertanalytisch eine Rangfrage mit Präsuppositionen. Bromme hatte gezeigt, dass wir schon eine Idee haben und voraussetzen müssen, wenn man Güter interpersonal vergleichen will. Wir müssen schon eine Idee haben, warum spezifische Verteilungen von Gütern und Ungütern besser sind als andere, z. B. wenn die Neidfreude der wirtschaftlichen Eliten der eigenen sozialen Aufwertung dient. Das Maß der Verhältnismäßigkeit kann sich deshalb substantiell nur auf die gesellschaftlich und epochal vorhandenen Rangwertungen, Bedürfnispyramiden, Definitionen von Existenzminimum und den politischen Kampf um die Definition von Dringlichkeiten beziehen.

Der ethische Grundsatz der Verhältnismäßigkeit und der Begriff der Würde beinhalten, dass unabgewogene Güter- und Rechtsgüternutzungen ihrem Wesensgehalt sowohl politisch als auch wirtschaftssozial widersprechen.

Nach unserer Analyse tendiert die ethische und verfassungsrechtliche Entwicklung zu einer *Nutzenoptimierung der Rechtsgüter*. Nachdem das Diskriminierungsverbot und der Gleichheitsgrundsatz alle Mitglieder der „menschlichen Familie" in die Güternutzung menschen- und grundrechtlich politisch einbezogen sehen will, besteht eine weitere Nutzenoptimierung zwangsläufig auch aus einer Nutzenverteilungsoptimierung aller Güterarten. Würde ist nicht exklusiv.

---

[1186]Margalit, Avishai: *Politik der Würde*, a.a.O., S. 23 f.

Grundrechte dürfen nicht exklusiv nutzbar sein. Freiheitskosten dürfen nicht exklusiv externalisiert und sozialisiert, Freiheitsgüter nicht elitarisiert und privatisiert werden.

Aus der menschlichen Würde- und Wertgleichheit resultieren nicht nur politisch-bürgerliche, sondern auch wirtschaftssoziale Konsequenzen, die, wie die Beispiele der Familienförderung durch Bundesverfassungsgerichtsurteile zeigen, den Grundsatz der Verhältnismäßigkeit auch *ökonomisieren*. Menschenrechte erhalten eine wirtschaftspolitische Konsequenz.

Tendenzen einer Humanisierung, der Vorstellung von nicht hinzunehmendem Leid, haben etwa in jüngster Vergangenheit den Paradigmenwechsel vom Völkerrecht zum Menschenrecht hervorgerufen. Es sind Beispiele veränderter Güterabwägungen. Verbrechen gegen die Menschlichkeit, alles individuale Leid, überragt seit dem zweiten Golfkrieg die nationalstaatlichen Souveränitätsgüter. Ebenso liegen geschichtliche Tendenzen vor, den (strukturellen) Ausschluss aus der Arbeitsgesellschaft, den Ausschluss aus sozialen Sicherungssystemen (Amerikanisierung), die Pauperisierungseffekte der Wohlstandsmehrung (Brasilianisierung/Kinderarbeit) etc. als unverhältnismäßig und würdeverletzend aufzufassen.

Dieser Ergebniswandel in der Güterabwägung verteilt die Gewichte der Güter und Ungüter nicht einfach nur anders und neu. Er beruht auch auf dem Aufklärungs- und Wissensschub einer sich globalisierenden und mediatisierenden Weltgesellschaft. Strukturelle Erkenntnisse und entregionalisiertes und interdisziplinäres Wissen, z. B. der Zusammenhang zwischen Marktgesetzen, Arbeitslosigkeit, Psyche, Krankheit, Gesundheitskosten, setzen sich in Beziehung, bringen sich in ein praktisches, lebensweltliches und analytisches Verhältnis. Die Globalisierung wird zu einer *Verhältnisnahme* als theoretische und praktische Beziehungsverdichtung. Was intensiver und weitreichender ins Verhältnis gesetzt ist, wird in Abwägungsvorgängen andere Ergebnisse erzeugen, selbst dann, wenn das alte Wägeprofil neoliberalistischer Kapitalmachtquanten erst einmal weiter angewandt wird.

Dem Grundsatz der Verhältnismäßigkeit spielt die Wissens- und Erkenntnisexplosion des neuen Jahrhunderts Abwägungsaufträge zu[1187], deren systemische Dimension und Interdependenzen ein solches Ausmaß annimmt - bei gleichzeitiger Unübersichtlichkeit und Steuerlosigkeit - dass die Flucht in Komplexitätsreduzierungen, Fundamentalismen, Re-Regionalisierungen und Re-Individualisierungen zur individualethischen „Ich-AG"[1188] und Konformität nur ein Ausdruck evolutionsdynamischer Überforderung sein kann.

---

[1187] Alle 18 Monate soll sich das Weltwissen verdoppeln. DER SPIEGEL, v. 22. 5. 2000

[1188] Strauss, Nicolette: *Die andere Ich AG*. Führen Sie sich selbst wie ein erfolgreiches Unternehmen, Frankfurt/M. 2003

Was sich ins Verhältnis setzt und setzen lässt, wird mit der normativen Frage nach der Richtigkeit der ‚Verhältnisse' begleitet. Die Suche nach Bildern einer würdevolleren Lebenswelt, die sich immer schwerer ‚unwissentlich' als elitäre Enklave verstehen lässt, wird sich nicht leicht der Tradition der Verhältnismäßigkeit entziehen, die einmal als Gerechtigkeit, als Gesellschaftsutopie, als Wohlfahrtsstaat, als Anthropologie, Sozialphilosophie oder „Politik der Würde" auftritt.

Die Tradition der absoluten und sozialen Menschenwürde verbunden mit der gesellschaftskonstitutiven Verhältnismäßigkeit, zwischen antiker Tugend und dem möglichen Rang eines *(Welt-)Verfassungsgrundsatzes*, reichte schon aus, die sich neu entdeckenden Verhältnisse und strukturellen Abhängigkeiten menschlicher Praxis zu begleiten.

Es gibt tradierte, sich wandelnde und unbekannte Maßstäbe, Güterordnungen und ethische Abwägungsergebnisse.

Um die „Gutheit eines Guts" (Broome) zu bestimmen, wurden wertabsolute Strategien benutzt, wie es in der Ideengeschichte der Würde vorliegt. Der Grundsatz der Verhältnismäßigkeit verlangt dagegen, die Gutheit eines Guts erstens relational (abwägend) zu bestimmen und zweitens mit der (möglicherweise inkommensurablen) „Ungutheit" von Ungütern zu vergleichen. Die Verhältnismäßigkeitsprüfung folgt zudem der (utilitaristischen) Tradition der Nutzenoptimierung, die die Verteilung von Leid und Glück unter dem Effizienzgebot der Investitionsmittel intra- und interpersonal verwirklicht sehen wollte. Während Broome noch abwägungstheoretisch ausdrücken konnte, dass Güter und Ungüter nicht abgewogen werden können, weil ihre Translation im Sinne eines Lebenswertes nicht möglich ist, praktizieren Politik, Recht und Verfassungsorgane mit Hilfe des Grundsatzes der Verhältnismäßigkeit diesen Vorgang längst.[1189] Es bleibt dabei immer neu zu bemessen, ob dieser Abwägungsvorgang dem Wesensgehalt des sich entwickelnden Würdeverständnisses folgt, wie das Schultaschen-Beispiel oben ausdrückte, indem es den wertrelationalen Status des Sozialhilfeempfängers für das Kind als würdeverletzend einstufte und, weiter gedacht, eine Systemrevolution nach sich ziehen müsste.

Menschenwürde wird dann zukünftig sozial gestiftet, wenn erstens die vorhandenen Güter und Lasten interpersonal mit Hilfe des Grundsatzes der Verhältnismäßigkeit ins Verhältnis gestellt werden, um zweitens – im engeren Sinne des Grundsatzes der Verhältnismäßigkeit – so abgewogen zu werden, dass eine Graduierung und Nivellierung der Würde vermieden wird.

Das scheint eine tautologische Definition des Bedingungsverhältnisses von *Würde und Verhältnismäßigkeit* zu sein. Als definierte der Begriff der Würde,

---

[1189]Bromme, John, a.a.O., S. 92: „[...] that they cannot be weighes against each other", weil Freiheit oder Leidvermeidung eine „different sort from benefits" mit sich bringt.

dass für ihre Verwirklichung Verhältnismäßigkeit gelten müsse, und diese wiederum verlangte zu ihrer Kalibrierung, als der *Maß*nahme des Verhältnis*maß*es, das Gebot menschlicher Gleichwürde.

Und tatsächlich haben wir oben gezeigt, dass in der Menschenwürde die Implikation der *Gleich*würde und der politisch-bürgerlichen Wertgleichheit verankert liegt. *Würde wird verletzt, wenn sie graduiert wird.* Insofern verletzen alle Verhältnisse die Menschenwürde, die auf der sozialen Konstruktion der Ungleichwürde (nicht Ungleichheit) aufbauen.

*Verhältnismäßig* meint, was als wirtschaftssoziale Verhältnisse und Verhaltensweise, als Symbol und Gestus, Menschenwürde *nicht graduiert* und unteroptimal generiert. Verhältnismäßige Verhältnisse führen zur allgemeinen Würdeoptimierung.

*Menschenwürdig* bedeutet, dass Lebensgüter und Lebenslasten auch *leistungsunrelevant* so verteilt werden, dass aus bleibenden Lebenslagendifferenzen keine erfahrbare Demütigung und soziale Wertgraduierung entsteht.

# 4 Gibt es gesellschaftliche Folgerungen?

## 4.1 Menschenwürde oder Leistungsgerechtigkeit?

Begabungsunterschiede und Erbschaftsunterschiede können bei gleicher Leistungsinvestition (Arbeitsmühe multipliziert mit Zeit) höchst unterschiedliche Ergebnisse hervorbringen. Die Egalitaristen möchten den Leistungsbegriff von den ungleichen individuellen Anfangsbedingungen trennen und nur den intersubjektiv messbaren Kraft- und Müheeinsatz als Leistungskriterium zulassen. Der Begabte soll sich ebenso mühen wie der weniger Begabte, um ein gleiches Leistungsquantum zu erzeugen. Das aufgrund der höheren Begabung größere Leistungsprodukt dieser gleichen, vergleichbaren Mühe soll als Leistungsdifferenz akzeptiert werden. Hochbegabte und weniger Begabte *mühen* sich („leistungsgerecht") gleich und erzielen unterschiedlichen Profit.

Ob ein solches Modell zu einer würdigen Gesellschaft führen würde, haben wir anfangs im Vorwort schon bezweifelt. Das Leistungsergebnis des Begabungsunterschieds zwischen einem Hochbegabten und etwa einem Behinderten bei gleicher Arbeitsmühe ist eklatant. Die sozialstaatliche Gesellschaft kompensiert diese Differenz des erwirtschafteten Lebensstandards zur Sicherung des „Existenzminimums".[1190]

Deshalb hatten wir schon anfangs erklärt, dass die Perspektive der Leistungsgerechtigkeit primär keine der ‚würdigen Gesellschaft' sein kann. Die Perspektive der Leistungsgesellschaft wäre liberalistisch verortet die der tradierten und ‚natürlichen' Privilegisierung. Sie wäre für den Egalitarismus zu entprivilegisieren, außerdem arbeitsmühenorientiert und nicht talentpositioniert. Aber auch der anfangs genannte, die historischen Anfangsbedingungen kompensierende Leistungsbegriff des Egalitarismus kann nicht die Produktion von extremen Lebenslagen durch bleibende Talentdifferenzen kompensieren. Er muss sogar, nach der gedachten Stunde Null der Entprivilegisierung, mit einer Neuhistorisierung von Privilegien durch die Talentdifferenzen rechnen.

Eine Gesellschaft der ‚Praxis der Menschenwürde' wäre dagegen hinsichtlich der Lebenslagenverhältnisse ergebnisorientiert. Eine ‚Gesellschaft und Weltgesellschaft der Würde' steht immer vor der Entscheidung, dem neoliberalistischen und soziobiologistischen Argument entgegenzutreten, das Lebenslagendifferenzen nicht ausschließen will und das das *globale Leid als Kosten dieser Freiheit* versteht.

---

[1190]Dazu die Rechtsprechungen des BVerfG zur Besteuerung des Existenzminimums: BVerfGE 72, 200

Es scheint, dass diese historische Entwicklungsentscheidung zwischen der sozial*integrativen* Menschenrechtsidee und den sozial*klassifizierenden* Marktgesetzen noch aussteht.

Eine Gesellschaft der Würdepraxis bringt die menschlichen ‚Kosten' und das Leid (sozialer Herabwürde und Exklusion) mit dem Gut der Freiheit in Beziehung und wägt grundsätzlich interpersonal ab. Das anomische neoliberale Freiheitsverständnis weigert sich dagegen erstens, dieses Ungut wahrzunehmen. Es weigert sich zweitens, es in ein theoretisches Bedingungsverhältnis zu stellen und drittens, sich sozialethisch verantwortlich statt ‚nur' frei zu fühlen.

Dagegen würde in einer Praxis und Gesellschaft der Würde gelten, dass - zwischen Eltern und Kindern, zwischen jungen und alten Menschen, zwischen Hilfsbedürftigen und Helfenden, zwischen sozialschwachen Lebensverhältnissen und gesellschaftlichen Standards, zwischen Wohlstands- und Entwicklungsländern, zwischen Katastrophengebieten und verschonten Gebieten, zwischen den von der Natur oder dem Erbe ‚prädestinierten' und benachteiligten Menschen - die Idee des *Lastenausgleichs* stattfände, analog zu den Güterabwägungen der politisch-bürgerlichen Freiheiten.

In diesen Fällen und immer dann würde die Praxis der Würde als Ausgleich im Sinne des Grundsatzes der Verhältnismäßigkeit versucht.

## 4.2 Vom darwinistischen Würdebegriff zur wirtschaftspolitischen Vollendung des politischen Liberalismus

Ein Teil der immer wieder geäußerten Globalisierungskritik bezieht sich auf die wirtschaftsstrukturelle Störung der politischen Entscheidungslegitimation. Das Primat der politischen Legitimation (global-)gesellschaftlicher Gestaltung soll nicht in eine autokratische Herrschaft kapitaler Kräfte zurückfallen. Die Instrumentalisierung kapitaler Macht zur politischen Entscheidungsbildung oder Einflussnahme ist antidemokratisch.

Insofern steht das Programm des wirtschaftlichen Neoliberalismus immer dann mit dem politischen Liberalismus rechtslegitimatorisch im Widerspruch, wenn Gesetzgebung (oder sogar die Rechtsprechung) von Kapitalkonzentrationen beeinflusst werden und demokratische Interessengewichtungen unterlaufen werden können.

Diese „Kapitalismuskritik" mahnt den Verlust demokratischer Legitimation und Vertretung durch eine timo- oder oligokratische Wirtschaftsordnung an.[1191]

Die zweite Kritik betrifft nicht die demokratischen Legitimationsverluste unter 'politisierenden' Kapitalkonzentrationen, sondern die wirtschaftsethische Konsequenz für die Lebenswelt. Es geht um das zynische Resultat extremer

---

[1191]Vgl. die Literatur zur Anti-Globalisierung.

wirtschaftssozialer Lagendifferenz und Wertigkeit von Menschen trotz der grundrechtlichen Gleichstellung im Sinne der Würdegleichheit.

Was wir anfangs (Kap. A 7) die letzte Konsequenz genannt hatten, bestand aus einer Analogiebildung. Mit der Zivilisierung der (Macht-)Konfliktregulation durch die Gründung von Rechtssystemen und Institutionen war der politische Liberalismus aufgebrochen, eine politische und verfassungsverankerte Gleichstellung innerhalb einer Bürgergesellschaft herzustellen.[1192] Gleichstellung und zivile Konfliktregulation bei höchstmöglicher, d. h. gegeneinander abgewogener Freiheiten, sind das Programm des politischen Liberalismus. Die Etablierung des Volkssouveräns aus gleichberechtigten Wahlbürgern schuf autokratische Hegemonien ab. Die demokratische Gleichstellung und Partizipation individualer Interessen an der gesellschaftlichen Willensbildung entstand aus der Idee politischer Machtangleichung. „One man one vote" sollte die Garantie für die Integration gesellschaftlicher Entscheidungsbildung werden.

Gerade weil der politische Liberalismus eine formale Gerechtigkeitskonzeption im Sinne eines Pluralismus zugrunde legt – und keine Moral-, Normen-, Wert- oder Tugendlehre ist, beschränkt er sich auf die Grundsätze der Verteilung der *institutionellen* Grundgüter und eingeräumten Freiheiten. Er will vorrangig die Struktur und den Ablauf der politischen Entscheidungsverfahren regulieren.

Konterkariert ist und wurde die politische Gleichstellung der Teilnahme an Entscheidungsprozessen durch die Ökonomisierung des Politischen, d. h. die Teilnahme an gesellschaftlichen Entscheidungsprozessen unterliegt einem wirtschaftssozialen Machtgefälle, das der politische Liberalismus nicht vorsieht, aber auch nicht verfassungstechnisch reguliert hat.

Die Herstellung politischer Legitimität durch verfahrenstechnische Gleichstellung im Sinne gleicher Grundrechtsnutzung wird aber durch soziale und ökonomische Ungleichheiten in Frage gestellt. Die Legitimation der Entscheidungsverfahren politischer Willensbildung ist die conditio sine qua non des Liberalismus. Fraglich bleibt nur, gerade wegen seines in den Grundrechten nicht nur formalen Wertcharakters, wie der Begriff der Würde ihn darstellt, welche wirtschaftsorganisatorischen Konsequenzen aus ihm folgen können. Während die politischen Legitimationsverfahren als vollkommen konstituiert gelten können, bleiben die wirtschaftssozialen Verfahrensformen unvollkommen bzw. unreguliert. Aus der politischen Verfahrensgerechtigkeit folgt kein Legitimationsverfahren sozialwirtschaftlicher Ordnung, die dem Wesensgehalt politischer Rechtsverteilung analog wäre. Werden die politischen „Güter" verfahrenstechnisch legitim verteilt, weil gerecht im Sinne der Demokratisierung,

---

[1192]Vgl. Brodocz, André und Gary S. Schaal (Hg.): *Politische Theorien der Gegenwart II*, Stuttgart 2001, S. 23

finden die sozialen und wirtschaftlichen Güter keine Entsprechung und Begrenzung in einem Abwägungsverfahren.

Die Legitimierung politischer Entscheidungsverfahren reguliert die Verfassung. Wirtschaftliche Entscheidungsverfahren werden durch die Gesetzgebung legitimiert und unterliegen dem Wandel positiven Rechts. Über die Verfassung muss Konsens bestehen, über die spezifische Gesetzgebung nicht. Es reicht der Legitimations- und Verfahrensgrundsatz einer historisch immer noch kapitalelitär bestimmenden Mehrheit.

Faire Entscheidungsverfahren müssten demnach faire wirtschaftliche Verhältnisse ergeben. Sie sind aber offensichtlich nur unvollkommen „fair" oder „vernünftig", weil Meinungsverschiedenheiten oder Interessengegensätze möglich sind und sein sollen. Aus dem liberalistischen Programm der politischen Teilhabe folgen keine Grundsätze wirtschaftlicher Partizipation.

Wie folgt aber aus Meinungs- und Interessengegensätzen eine Verfahrensgerechtigkeit der Abstimmung, die die Abstimmungsverlierer trotz ihrer wirtschaftssozial zu erwartenden Nachteile als verfahrensbejahende Gesellschaftsteilnehmer beibehält? D. h. wenn die Verfahrensgerechtigkeit demokratischer *Gesetzgebungsprozesse* derart soziale und wirtschaftliche Verlierer entstehen lässt, wie kann dieses Verfahren noch als fair, als menschenwürdig und im Geiste der Verfassung politischer Gleichheit *erfahren* werden?

Was bei Grundrechtskollisionen durch den Grundsatz der Verhältnismäßgkeit abgewogen wird, hat bislang bei der Etablierung der wirtschaftlichen Güterverteilung innerhalb einer Gesellschaft verfahrenstechnisch keine Entsprechung gefunden.

Der Interessenausgleich Mehrheit-Minderheit muss in gesetzgeberischen Prozessen nicht vorrangiges *relationales* Ziel sein. Das BVerfG korrigiert zwar den Gesetzgeber, wie im Fall der Besteuerung des *absoluten* Existenzminimums, es verlangt aber keine Korrelationsabwägung zwischen Einkommenslagen der Bürger, was einem nur dem Gesetzgeber bisher zugestandenen wirtschaftspolitischen Eingriff und Programm gleichkäme.

Wenn der wirtschaftssoziale Wert (des Menschen), um den es beim Wesensgehalt der Würde auch geht, durch Kapital-, Arbeits- oder Wohlstandsbesitz ein *relativiertes* Gut ist, weil er ein Gut interaktiver Anerkennung ist, warum sollte dieser empfindliche, auch verfassungsempfindliche Bereich *allein* den Verfahrensprinzipien der Gesetzgebung unterworfen sein?

Nur eine Leugnung dieses Grundgutes sozialer Anerkennung als *Anthropologem* und *Soziologem* würde uns zurückwerfen auf die Ebene politischer Pluralisierung. Dann wäre eine Integration des Gutes ‚sozialer Wert und soziale Würde' privatisiert und nur ein ethischer relativer Aspekt. Nur wenn andere Lebensentwürfe denkbar wären, die nicht vom Menschen als einem Wesen ausgehen, das zur Generierung seiner Selbstachtung und Würde soziale Achtung, Respekt und Anerkennung braucht, dann also, wenn die verfassungsmäßig festgeschriebene Würde ein solipsistisches Gebilde sein könnte, hätte der Anspruch des wirtschaftlichen Liberalismus Gültigkeit, der Selbstachtung und Menschenwürde entweder zu einer Sache stoischer Unberührbarkeit erklärt, oder aber zum Ergebnis eines Kampfes um Anerkennung. Würde entstünde nur dort, wo dieser Kampf erfolgreich gewonnen wird. Damit aber haben wir einen eher *darwinistischen Würdebegriff*, den der politische Liberalismus abschaffen wollte.[1193]

Wir kehren zur Anfangsfrage nach der Bedeutung von Wert und Würde des Menschen zurück. Wenn Menschenwürde neben ihrer Herkunft aus der absoluten Wertidee des Menschen immer *auch* aus einem interaktiven Stiftungsakt entsteht, und wenn es richtig ist, dass ökonomische Wertprozesse zugleich soziale Wertschöpfungen darstellen, die das Wertabsolutum der Menschenwürde und die relationale Genese der Selbstachtung des Individuums nicht unberührt lassen, dann liegt es nahe, eine wirtschaftssoziale Wertpraxis zu suchen, die dem Wert-Geist der Verfassung und ihrer Grundlegung in den Menschenrechten entspricht: Gleichwertigkeit im „Geiste der Brüderlichkeit" (Art. 1 AllgErkl-MenschenR).

Wenn Würde als ein Grundgut der Menschheit und jedes Individuums gilt, dann müsste eine Verfassung die Verfahren bereitstellen, die zur Konstitution dieses Gutes auch wirtschaftsdimensional hinreichen. Ein Gut (Wert und Würde) aber, das auch *interaktiv* durch soziale Wertstiftung und wirtschaftliche Wertschöpfungen entsteht, fordert ein abwägendes Entstehungsverfahren. Ein vergleichendes Verfahren ist bislang nur durch den Grundsatz der Verhältnismäßigkeit für Grundrechtskollisionen angewandt worden. Die *Übertragung* solcher Abwägungsmethoden innerhalb wirtschaftsordnender Prozesse könnte die Idee eines Wertgleichgewichts schaffen, das der Idee der Menschenwürde sozial hinreicht.

Wenn Würde und Wert des Menschen universell gelten sollen, zugleich aber im wirtschaftssozialen „Kampf um Anerkennung" nur partiell und privilegierend entstehen, dann kann das *normative* Programm des politischen Liberalismus noch nicht erfüllt sein.[1194]

---

[1193] Vgl. Nagel, Thomas: *Rawls on Justice,* Philosophical Review 82, 1973, S. 220-234, zit. nach Norman Daniels (Hg.): *Reading Rawls*, New York 1975 S. 1.16

[1194] Um den Güterpluralismus zu rehabilitieren, könnte der Kampf um soziale Anerkennung, Wert und Würde auf eine private Zielkategorie reduziert werden. Übersehen wird dabei, dass in der Anerkennung sich ein formales Gut verbirgt, das als solches materiell pluralisiert werden kann. So können die verschiedenen Kapitalformen um ihre Konvertibilität in ‚Anerkennung' kämpfen. Zu behaupten aber, diese Kämpfe um sozialen Wert seien privatisiert zu sehen, da ein Kulturvergleich etwa die unterschiedlichen Lebensinhalte aufzeige, wäre eine Vernachlässigung der allgemeinen anthropologischen Grundlagen zur Bildung personaler, sozialer und kultureller Identität.

Statt nur absolut gedacht und elitär, stratifiziert oder exklusiv sozial gelebt zu erscheinen, kann Menschenwürde nur das Ergebnis einer bestimmten Art von Abwägung oder Kooperation sein.

Unsere Folgerung wäre damit diese:

Den Grundsatz der Verhältnismäßigkeit nicht nur bei Grundrechtskollisionen und -konflikten anzuwenden, sondern auch als Korrektiv der Gesetzgebung in wirtschaftspolitischen Leitfragen.

Darüber hinaus ist das Programm des politischen Liberalismus auf die Entwicklungsfrage hin zu untersuchen, wie es seinen Geist und sein höchstes Gut, die Würde des Menschen, wirtschaftsgrundrechtlich verankert sehen will.

Die für diese Güterabwägungen notwendigen Bedürfnis- und Dringlichkeitenhierarchien brauchen und können nicht abstrakt ermittelt werden. Sie sind im Ethos jeder Gesellschaft bereits vorhanden. Gerade in Begriffen wie Existenzminimum, relative Armut, Sozialrechte, medizinische Vorsorge, Wohnrechte, liegen akzeptierte Wertungshierarchien zugrunde, die Vorranginvestitionen und Dringlichkeits*rangfolgen* erkennen lassen.

Es scheint, dass ein gesellschaftsspezifisches Basismaß der Verhältnismäßigkeit auch wirtschaftlicher Gütergewichtungen ethisch vorhanden ist, wenn auch nur partiell praktiziert und institutionalisiert. Worin dringlicher investiert werden müsste, ist wertethisch besonders bei Grundgütern viel *konsensualer* angelegt als pluralistisch zu argumentieren wäre. Bedürfnistheoretischer wirtschaftlicher Pluralismus entsteht eher an der relativen Schwelle zum Luxusbereich. Es ist also nicht nur die *Verhältnismäßigkeit*, die wirtschaftspolitisch austariert werden müsste, sondern die Abschaffung des Programms der *Verhältnislosigkeit*, d. h. der Möglichkeit zur wirtschaftssozialen Anomie, zur Haushaltslosigkeit, zum Wirtschaftsautarkismus, Protektionismus, zum Wirtschaftsisolationismus - trotz der verfassungsmäßigen Höhergewichtung der zu sichernden Grundrechte. Der Tod eines Kindes durch den Mangel an einem global vorhandenen Impfstoff, der dem Wert einer Tasse Kaffee entspricht, verursacht durch einen Freiheitsbegriff der *Verhältnislosigkeit*, stellt nach der nationalen Grundrechtsphilosophie ein schweres Unterlassungsdelikt dar.

Jeder rationale Haushalt besteht aus einem Investitionsplan, der Dringlichkeiten und Bedürfnisse berücksichtigt und in ein Rangverhältnis setzt. Wenn in dieser Rangliste Bedürfnisse nicht repräsentiert und berücksichtigt sind, entsteht Verhältnislosigkeit. D. h. das größte Markt- und Kapitalismusversagen besteht gerade darin, dass bestimmte Bedürfnisse nach Grundrechtsgütern keinen Marktzugang finden. Wohlstandsnachfrage aus absoluter und relativer Armut bleibt oft *marktlos*, soziale Anerkennung unmöglich und interpersonale Würde unerreichbar.

Das Programm des politischen Liberalismus' zu vollenden hieße demnach, seine Idee der Abwägung der Grundfreiheiten mit dem Grundsatz der Verhältnismäßigkeit und die Idee der Grundrechtsgleichheit auf den Bereich aller ‚Wertgüter' auszuweiten:

Abwägung wäre dann erstens *interpersonal* zu verstehen, als Verhältnisnahme aller wirtschaftssozialen Lageninteressen. Diese Abwägung betont das integrative Moment. Die Lage jedes Menschen wäre im (Haushalts-)Abwägungsprozess repräsentiert. Dabei kann von einer basal *vorhandenen* Güterrangordnung (wie die der Menschenrechte) pro Kulturkreis oder Bezugsgesellschaft, später auch weltweit wirtschaftsethisch ausgegangen werden.

Abwägung nach Verhältnismäßigkeit führt zweitens darüber hinaus den zeitgeistigen Diskurs über Veränderungen dieser basalen Güterordnungen.

# IV Globalisierung als Verhältnismäßigkeitsprüfung

## 1 Die Synopse der Lebenslagen

Zur Menschenwürde gehört, ergab unsere Analyse, neben ihrer absoluten Verankerung, ein sozialer Stiftungsakt. Dieser ist ohne eine Verhältnismäßigkeit der Verhältnisse nicht möglich.

Immer dann, wenn Lebensverhältnisse sichtbar werden und verglichen werden können, entstehen die Bedingungen für eine Verhältnismäßigkeitsprüfung. Ganz unabhängig vom Maß oder der Kalibrierung dieses Maßes der Prüfung ist die Bedingung eines Vergleichs oder einer Abwägung die Möglichkeit, die verschiedenen menschlichen Lebenswirklichkeiten in den Blick zu bekommen. Denn viele Unverhältnismäßigkeiten scheinen offensichtlich, die zu ihnen gehörenden Lebenswirklichkeiten sind aber oft gar nicht konfrontiert. Konfrontation der Unterschiede und der Unterschiedlichkeit kann eine humanisierende Funktion übernehmen, wie die Geschichte der Revolutionen, der Bürgerkriege und die Gerechtigkeitsbestrebungen gezeigt haben. Gegenüberstellungen der Lebenschancen-, der Risiko- und Güterverteilung machen einen Ausgleich der Lebenslagenextreme wahrscheinlicher, obwohl aus der Wahrnehmbarkeit der Differenz noch lange nicht ihre Überwindung folgen muss.

Für eine Gegenüberstellung der Lebenslagen bedarf es ihrer Offenlegung. Alle politisch motivierten Absichten, ob intranational oder international, Besitzstände kaschiert zu halten, stehen einer Verhältnismäßigkeitsprüfung entgegen. Die Offenlegung der Eigentumsverhältnisse, die Offenlegung der Verdienstverhältnisse, das Verbot des Bankgeheimnisses, die Offenlegung aller Kapitalflüsse, die Offenlegung der Leistungsprofile der Metiers innerhalb einer arbeitsteiligen Welt, die Offenlegung der (wirklichen und nicht vorgegebenen) Risiken (auch der gesundheitlichen, der geoklimatischen, der geoökonomischen, der kulturellen) und die Offenlegung aller Kriterien der Lagensituation können erst die Vergleichbarkeit der Lebenschancen ermöglichen.

Um Menschenwürde sozial zu stiften, wird der politische Wille zu bekämpfen sein, der die Unkenntnis und das Unwissen um die extremen Lebensverhältnisse *will*, damit das Aufbegehren gegen Entwürdigung, Degradierung im strukturellen Dunkel versickert. Wenn Not in *einem* Raum neben Luxus zu stehen kommt, ist ‚Verhältnislosigkeit' ethisch schwerer zu legitimieren. Die Synopse menschlicher Lebenslagen stellt die humanitäre Frage nach der *Pathodizee*[1195], der *Rechtfertigung der Verhältnisse* angesichts menschlichen Leids, menschlicher Not.

---

[1195] Der Begriff Pathodizee ist entwickelt in: Thomas, Veit: *Die Bedeutung des Leidens für den Menschen*. Nietzsches Konzept einer tragischen Moderne, Frankfurt/M./New York 1988

Um menschliche Lebenslagen besser und mehr von innen her zu verstehen, ist jede Erfahrungserweiterung, die Menschen durch Positionswechsel erreichen, eine Verbesserung der synoptischen Sicht auf die Unverhältnismäßigkeit der Verhältnisse. Was uns neben der Vorstellbarkeit und Erkenntnis, einem Wissen um die Verhältnisse, den Blick für Unverhältnismäßigkeiten öffnet, wird durch eine reale ‚sympathische' (des Leids) und ‚hedonische' Erfahrung (der Freude) erweitert. Soweit interkulturell, interpersonal und innerpsychisch möglich, wird durch Lebenserfahrungen an anderen Orten, in anderen Milieus, in anderen Metiers, in einer anderen Kultur etc. die Wahrscheinlichkeit der Vergleichbarkeit der Lebenswelten verbessert. Mit dieser Vergleichbarkeit wächst die Chance, die Gewichtung der zu verteilenden Güter in einer *Abwägung* historisch herauszuprozessieren. Erfahrungsaustausch meint dann, unterschiedliche Lebenswelten erfahren zu haben und ihr Lebensgewicht vergleichen zu können.

Wenn Globalisierung diesen Prozess fördert, ist sie das methodische Instrument, Teilwelten zu konfrontieren und in eine existentielle Korrelation zu stellen: Was ist schwerer, wichtiger, bedeutender zu wiegen? Mit Globalisierung kann dieser Vermittlungsprozess gemeint sein. Globalität meinte dann wirtschaftsethisch einen Zustandsgrad der bereits vermittelten Verhältnisse, also die für einige Verhältnis-Aspekte fertige Synopse.

Wie die Erfahrungsbreite des Leids durch die beiden Weltkriege des 20. Jahrhunderts die Globalisierung der Menschenrechte und die Idee der Vereinten Nationen hervorgebracht hat, so wird jede Erfahrungsgemeinsamkeit bewirken, dass auch wirtschaftssoziale Unverhältnismäßigkeiten ans Tageslicht kommen. Wenn die Lebenswirklichkeit anderer Menschen durch Bildung, Bildschirm, Migration und Reise in die eigene Realität tritt, wird auch das Empfinden für die Dringlichkeit, den Vorrang, den Notfall, den unberechtigten Vorteil, das Privileg, die Luxurierung etc. geschult. Normative Güterranglehren sind so abstrakt und solange unsinnig, wie sie sich nicht auf das historisch *tiefere Verstehen* des *Erfahrungsaustausches* stützen können.

Wo Leid und Luxus, Schicksal und Privileg sich begegnen, wird die Veränderung menschlicher Lebenslagen durch den ethischen Grundsatz der Verhältnismäßigkeit wahrscheinlicher. Die etablierte Idee der Würde wartet auf ihre Wirklichkeit - oder das Programm von zivilisierter Humanität wird historisch verworfen.


## 2 Politik und wirtschaftspolitisches Untermaßverbot

Die wirtschaftsethische Zivilisierung steht an einer globalen Schwelle. Der Wirtschaftskrieg ist noch nicht geächtet. Gröbste Wirtschaftsgrausamkeiten beginnen aber getadelt zu werden. Die *absoluten* Inhumanitäten aus wirtschaftlicher, medizinischer und kultureller Unterversorgung beginnen ins zivilisatorische Bewußtsein zu kommen. Die täglichen Totenberge und Hungerfelder, die überwiegende Menschheitsarmut machen den Mythos und die Theologie des unsichtbar, von niemandem per Hand geleiteten „freien Markts" zur Fratze der Barbarei.

Reiner Markt, das bedeutet eine durch Vormacht dominierte ‚Ordnung' des Oikos: Leben. Im Glauben an eine ordnende Natur, an einen weisen Gott, an die gerechte Heiligkeit von Angebot und Nachfrage. Zum Vorteil der gerade günstig Geborenen, günstig Ausstaffierten, günstig Bemächtigten. Die unsichtbare Hand Gottes, der Natur, des Sachzwangs, die den Marktmythos aufrecht erhält, legitimiert die Barbarei der Unordnung, der Verlorenheit des Menschen unter Menschen, der Not unter Abhilfechancen, der Krankheit unter Remeduren, der Verachtung unter Würdegeboten, des Todes unter vorhandenen Lebens- und Gegenkräften.

Die Entwicklungsstufe des deregulativen Zugrundewirtschaftens, der ökologischen Zerstörungswirtschaft und des Selektions- und Demütigungswirtschaftens steht auf der Schwelle zu einer zivilisatorischen Perspektive. Der „reine" und der „soziale" Markt betreiben noch ‚Bürgerkrieg' mit würdegraduierenden Mitteln.

Zivilisierung des Wirtschaftens könnte aber politisch bedeuten:

Erst wenn Not und Glück eines Menschen mit der Lebenslage des anderen ins Verhältnis gesetzt werden, entstehen die hinreichenden Gründungsbedingungen zur Menschenwürde. Wenn Menschen ihre konkreten alltäglichen Lebenslagen ins Verhältnis setzen, beginnt der Prozess wechselseitiger Würdestiftung. Der Auftrag des Grundgesetzes, Würde als unantastbar zu gewährleisten, wäre auch *wirtschaftsorganisatorisch* erfüllt.

Es scheinen zur Zeit, im 21. Jahrhundert, nur zwei allgemein bindende Bestimmungen für Humanität vorstellbar, die nicht die Verschiedenheit der kulturellen Identität und das mögliche Höchstmaß an persönlicher Freiheit verletzen. Die der *Leidensminimierung* und die der *Verhältnismäßigkeit* im Umgang mit Gütern und Lasten. Jeder Mensch strebt danach, nicht sozial unverhältnismäßig, also übermäßig an Wertlosigkeit zu leiden. Jeder Mensch leidet weniger in Verhältnissen, die nach dem Prinzip der Verhältnismäßigkeit der Güter- und Ungüterverteilung aufgebaut sind, der Teilhabe an Lebenslasten und Lebensgütern. Glück und Leid bestimmen sich nicht zuletzt aus dem Verhältnis zum sozialen Raum, zur Aufgabe, zur Arbeit, zur Anerkennung und der Bewertung, die in einer Bezugsgemeinschaft vergeben wird. Haben Menschen an diesen Gütern und Ungütern, Arbeitslasten und Arbeitsprodukten nach dem Prinzip der Verhältnismäßigkeit teil, initiiert sich die Lebenspraxis der Menschenwürde. Sie ist eine Idee und zugleich ein kulturelles Postulat: Um sie *in praxi* zu verwirklichen, muss sie wechselseitig gestiftet werden.

Wie wird sich die Praxis der Menschenwürde weiterentwickeln? Im Sinne einer übergeordneten Vernunft, eines historisch sich entscheidenden Machtkampfes um die Begrenzungsfragen nach Grenzfreiheit und Grenzleid? Kommt neben der Würde, die sich bereits als Rechtsidee weltweit etabliert hat, die Verhältnismäßigkeit als wirtschaftspolitisches Grundrechtsinstrument hinzu?

Kommt es historisch dazu, dann ist das sich entwickelnde Maß der Verhältnismäßigkeit nicht einfach quantifizierbar. Im dem Sinne: gleicher Wohlstand, oder gleiche Mühen, gleiche Lasten für alle. Eine verschriebene Krämeregalität berücksichtigt nicht die kulturellen, historischen und natürlichen Ungleichheiten von Individuen und Erbschaften. *Es kommt ökonomisch darauf an Menschsein nicht zu graduieren.*

Dies könnte unerhebliche Ungleichheit zwischen entfernten Sozialräumen bedeuten, aber auch deutliche Gleichheit der Lebenslagen angesichts des Grundsatzes, das ‚Menschheitsgemäße jedes Menschen‘ zu sichern.

Die Rechtsentwicklung kann dem Prinzip der Güterabwägung eine immer wichtigere Rolle geben. Es könnte in Zukunft ein wirtschaftspolitisches *Übermaßverbot* und ein grundrechtlich verankertes Verbot wirtschaftlicher *Unverhältnismäßigkeit* geben.

Der Wille zur Verhältnisnahme menschlicher Lebenslagen verdeutlicht das Bindende der „menschlichen Familie".[1196] Herstellung von wirtschaftssozialer Verhältnismäßigkeit erzeugt mehr Wohl und Nutzen als gesamtwirtschaftliche Produktionssteigerung mit extremen Lebenslagendifferenzen. Die Paretooptimalität ist angesichts der Ad-hoc-Möglichkeiten wirtschaftlicher Grenznutzenoptimierung würdeverletzend. Wo wirtschaftliche Mittel zur Hilfeleistung und zur Gleichwürde des Anderen vorhanden sind, kann Unterlassung Unzivilisiertheit oder nichts anderes als die indirekte strukturelle Gewalt gegen Würde und Seele bedeuten, im Erbe archaischer Privilegierung. Bei vorhandenen Mitteln und der Gefahr, dass die Würde eines Grundrechtsträgers versehrt wird, verstieße ein Staat bei wirtschaftsstruktureller Unterlassung gegen das jetzt auch *wirtschaftsorganisatorische* Verhältnismäßigkeitsgebot. Die Idee wirtschaftlicher und individualistischer Freiheit und Verhältnis*losigkeit* unterläge dem höchsten Kulturgut der Würdesicherung. Der Mensch wäre und ist auch als wirtschaftlich Handelnder nicht absolut privatfinalisiert, sondern ‚*verhältnismäßig*‘ frei. Ein Staat, der keine ordopolitischen und zivilisierenden Wirtschaftsmaßnahmen unternehmen wollte, verhielte sich *verfassungswidrig*.

---

[1196]Präambel der Charta der Vereinten Nationen, in: Simma, Bruno u. a. (Hg.): *Menschenrechte*, a.a.O.

# Nachwort

Die Natur und die Geschichte erzeugen ungleiche Lebensbedingungen und ungleich ausstaffierte und leistungsstarke Menschen. Die Ideen- und die Rechtsgeschichte stehen in Jahrhundertzukunft am Scheideweg, entweder diese ungleiche Ausstaffierung von Geschichte und Natur zu *kompensieren* und zivilisierte Humanität leitbildhaft zu etablieren oder die Idee der menschlichen Würde- und Wertgleichheit aufzugeben und den geschichtsarchaischen Anerkennungs*kampf* als „leistungsgerecht" oder ‚durchsetzungsgerecht' zu bestätigen.

Wenn diese Kämpfe um Werte und Würde ihr Leidwesen in sichtbarer Subsistenznot, vergleichbarer Armseligkeit und seelischer Deformation zeigen, wird der Epochensieg einer ‚Durchsetzungsgerechtigkeit' kein Triumph über die menschliche Lebensdramatik sein. Nur ein antiutopischer Exkurs.

Würden die gesellschaftlichen und globalen Verhältnisse dagegen zu einer erlebbaren Würdegleichheit und -praxis verändert, endete die immanente Hölle sozialer Kämpfe und Exklusionen. Orte auf dem Weg der Sozialgeschichte, einmal bevölkert mit Sklaven, Untermenschen, Unterklassen und -schichten, wirtschaftssozial Gedemütigten, subsistentiell Ausgehungerten, industriell Geknechteten und Verachteten lösten sich auf.

Wirtschaftssoziale Kämpfe um Wert und Würde endeten in institutionalisierten Rechtsregulativen. Eine polemische und Menschen klassifizierende Wirtschaftsanomie wandelte sich in würdekonstitutives Wirtschaftsrecht. Mit dem Ende dieser sozialen Kampfzone entstünde historisch ein noch nie erschlossenes Kapitel positiver Freiheiten. Dieser Punkt der menschlichen Geschichte humanisierte abschließend den Kampf ums Da- und Mitsein. Er verdiente erst ‚zivilisiert' zu heißen.

# Abkürzungsverzeichnis

| | |
|---|---|
| AllgErklMenschenR | Allgemeine Erklärung der Menschenrechte |
| AMRK | Amerikanische Menschenrechtskonvention |
| Anm | Anmerkung |
| AöR | Archiv des öffentlichen Rechts |
| ArchBürgR | Archiv für bürgerliches Recht |
| ARSP | Archiv für Rechts- und Sozialphilosophie |
| Art | Artikel |
| BAG | Bundesarbeitsgericht |
| BayVGHE | Entscheidungen des Bayerischen Verwaltungsgerichtshofs |
| BGB | Bürgerliches Gesetzbuch |
| BGBl | Bundesgesetzblatt |
| BGH | Bundesgerichtshof |
| BGHZ | Entscheidungen des Bundesgerichtshofs in Zivilsachen |
| BSGE | Entscheidungen des Bundessozialgerichts |
| BSHG | Bundessozialhilfegesetz |
| BTDrucks | Verhandlungen des Deutschen Bundestages, Drucksachen |
| BVerfG | Bundesverfassungsgericht |
| BVerfGE | Entscheidungen des Bundesverfassungsgerichts |
| BWMBl | Ministerialblatt des Bundesministers für Wirtschaft |
| CHVN | Charta der Vereinten Nationen |
| DÖV | Die Öffentliche Verwaltung (Fachzeitschrift) |
| DrittGR | Drittwirkung der Grundrechte |
| Dtn | Deuteronomium, 5. Buch Mose, Altes Testament |
| DVBl | Deutsches Verwaltungsblatt |
| EGMR | Europäischer Gerichtshof für Menschenrechte |
| EKMR | Europäische Kommission für Menschenrechte |
| EuGH | Europäischer Gerichtshof |
| EuGRZ | Europäische Grundrechte-Zeitschrift |
| EuLF | The European Legal Forum |
| EuR | Europarecht |
| EuZW | Europäische Zeitschrift für Wirtschaftsrecht |
| EWiR | Entscheidungen zum Wirtschaftsrecht |
| EzA | Entscheidungssammlung zum Arbeitsrecht |
| Fn | Fußnote |
| GdV | Grundsatz der Verhältnismäßigkeit |
| GG | Deutsches Grundgesetz |

| | |
|---|---|
| GRC | Grundrechtscharta der Europäischen Union 2000 |
| GV | Generalversammlung |
| HRG | Hochschulrahmengesetz |
| ILC | Yearbook of the International Law Commission |
| IPBürgR | Internationaler Pakt über bürgerliche und politische Rechte |
| IPWirtR | Internationaler Pakt über wirtschaftliche, soziale und kulturelle Rechte |
| JA | Juristische Arbeitsblätter |
| JBl | Juristische Blätter |
| JbSozRdG | Jahrbuch des Sozialrechts der Gegenwart |
| JfIR | Jahrbuch für Internationales Recht |
| JfR | Jahresschrift für Rechtspolitologie |
| JJb | Juristen-Jahrbuch |
| JöR | Jahrbuch des öffentlichen Rechts der Gegenwart |
| JOR | Jahrbuch für Ostrecht |
| JR | Juristische Rundschau |
| JurA | Juristische Analysen |
| JuS | Juristische Schulung |
| JZ | Juristenzeitung |
| KSZE | Konferenz über Sicherheit und Zusammenarbeit in Europa |
| NJW | Neue Juristische Wochenschrift |
| OGH | Der Oberste Gerichtshof |
| SGB | Sozialgesetzbuch |
| Sozialcharta | Europäische Sozialcharta |
| UN | United Nations |
| VHGE | Verwaltungsgerichtshofentscheidung |
| VN | Vereinte Nationen |

# Literaturangaben

Aarnio, Aulis, Robert Alexy und Aleksander Pecznik: The Foundation of Legal Reasoning, in: Rechtstheorie 12 (1981), S. 133-150

Abbé Mallet: Art. Anthropologie, in: Encyclopédie ou Dictionnaire raisonné des Sciences, des Arts et des Metiers, Paris 1979

Abrams, Philip: Historical Sociology. Ithaca, New York 1982

Ackermann, Bruce: Social Justice in the Liberal State, New Haven 1980

Adorno, Theodor W. und Max Horkheimer: Dialektik der Aufklärung, Amsterdam 1968
Dies.: Kleine Schriften zur Gesellschaft, Frankfurt/M. 1971

Albertus Magnus: Ethica, zit. n.: Diehl, Karl u. Paul Mombert: Ausgewählte Lesestücke zum Studium der politischen Ökonomie, Karlsruhe 1912

Alexy, Robert: Theorie der Grundrechte, Frankfurt/M. 1993
Ders.: Die Institutionalisierung der Menschenrechte im demokratischen Rechtsstaat, in: Gosepath, Stefan und Georg Lohmann (Hg.): Philosophie der Menschenrechte, Frankfurt/M. 1998

Alsberg, Paul: Das Menschheitsrätsel, Dresden 1922

Althusius, Johannes: Six Livres de la République, Paris 1923
Ders.: Politica methodice digesta, Mailand 1965

Amonn, Alfred: Objekt und Grundbegriff der theoretischen Nationalökonomie, Wien 1911

Angehrn, Emil und Bernard Baertschi (Hg.): Menschenwürde. La dignité de l'etre humain. Mit Beiträgen in frz. Sprache, Basel 2004

An-Na'im, Abdullahi A. (Hg.): Human Rights in Cross-cultural Perspectives, Philadelphia 1992

Anzenbacher, Arno: Einführung in die Ethik, Düsseldorf 1996

Apel, Karl Otto: Grenzen der Diskursethik? Versuch einer Zwischenbilanz, in: Zeitschrift für philosophische Forschung 40, Nr. 1, Tübingen 1986, S. 3-31
Ders.: Diskurs und Verantwortung. Das Problem des Übergangs zur postkonventionellen Moral, Frankfurt/M. 1988
Ders.: Diskursethik vor der Problematik von Recht und Politik, in: Apel, Karl Otto u. D. Kettler (Hg.): Zur Anwendung der Diskursethik in Politik, Recht und Wissenschaft, Frankfurt/M. 1992
Ders.: Transformation der Philosophie, 2 Bde., Frankfurt/M. 1973

Apel, Karl Otto und Matthias Kettner (Hg.): Die reine Vernunft und die vielen Rationalitäten, Frankfurt/M. 1996

Arendt, Hannah: Eichmann in Jerusalem. A Report on the Banality of Evil, New York 1963
Dies.: Vita Activa oder Vom tätigen Leben, München/Zürich 1981
Dies.: Über die Revolution, München/Zürich 1994

Aristoteles: Die Nikomachische Ethik, übers. v. Olof Gigon, München 2000

Arneson, Richard: Rawls, Responsability and Distributive Justice, in: Salles, Maurice und John A. Weymark (Hg.): Justice, Political Liberalism and Utilitarism, zit. n. Anderson, Elizabeth S.: What is the Point of Equality?, in: Ethics 109/1999, S. 289 ff.

Arrow, Kenneth J.: Social Choice and Individual Values, New York 1963
Ders.: Current Developments in the Theory of Social Choice, in: Social Research, Vol. 40 (1977a), S. 607-622

Aurel, Marc: Wege zu sich selbst, übers. von R. Nickel, München 1990

Avoine, Marc d': Die Entwicklung des Grundsatzes der Verhältnismäßigkeit. Insbesondere gegen Ende des 18. Jahrhunderts. Diss. des Fachbereichs Rechtswissenschaft der Universität Trier, Wuppertal 1994

Axelrod, Robert: Die Evolution der Kooperation, übers. v. Werner Raub und Thomas Voss, München 1987

Bacon, Francis: Neues Organ der Wissenschaften, Darmstadt 1974

Bahr, Petra u. Hans Michael Heinig (Hg.): Menschenwürde in der säkularen Verfassungsordnung. Rechtswissenschaftliche und theologische Perspektiven, Tübingen 2006

Baier, Horst: Helmut Schelsky – ein Soziologe in der Bundesrepublik. Eine Gedächtnisschrift von Freunden, Kollegen und Schülern, Stuttgart 1986

Bailey, Samuel: A Critical Dissertation on the Nature, Measure and Chauses of Value, New York 1967

Balzer, Philipp, Klaus Peter Rippe u. Peter Schaber: Menschenwürde versus Würde der Kreatur. Begriffsbestimmung, Gentechnik, Ethikkommissionen, München 1998

Barkhaus, Annette und M. Mayer, N. Roughly, D. Thürnau (Hg.): Identität, Leiblichkeit, Normativität. Neue Horizonte anthropologischen Denkens, Frankfurt/M. 1996

Barzel, Yoram und Eugene Silverberg: Is the Act of Voting Rational?, in: Public choice. Vol. 16, 1973

Baßeler, Ulrich: Grundlagen und Probleme der Volkswirtschaft, 13. Aufl., München 1991

Baudelaire, Charles: Gesammelte Schriften, Bd. 4, hg. von M. Bruns, Darmstadt 1982

Baudrilliard, Jean: Der symbolische Tausch und der Tod, München 1991

Baumann, Zygmunt: Dialektik und Ordnung: Die Moderne und der Holocaust, Hamburg 1992,
Ders.: Moderne und Ambivalenz. Das Ende der Eindeutigkeit, Hamburg 1992

Bausch, Thomas: Ungleichheit und Gerechtigkeit. Eine kritische Reflexion des Rawls'schen Unterschiedsprinzips in diskursethischer Perspektive, Berlin 1993
Ders.: Liberale Neutralität, Pluralismus und deliberale Politik, in: Brink, B. van den und W. van Reijen, (Hg.): Bürgergesellschaft, Recht und Demokratie, Frankfurt/M. 1995

Bayertz, Kurt: GenEthik. Probleme der Technisierung menschlicher Fortpflanzung, Reinbeck b. Hamburg 1987

Ders.: Die Idee der Menschenwürde. Probleme und Paradoxien, in: Archiv für Rechts- und Sozialphilosophie (=ARSP), Vol. 81, 1995, 4. Quartal, Heft 4, S. 470 ff.

Ders.: Verantwortung. Prinzip oder Problem, Darmstadt 1995

Ders. (Hg.): Politik und Ethik, Stuttgart 1996

Beck, Ulrich: Gegengifte. Die organisierte Unverantwortlichkeit. Frankfurt/M. 1988

Ders.: Politik in der Risikogesellschaft, Frankfurt/M. 1991

Ders.: Freiheit oder Kapitalismus, Frankfurt/M. 2000

Ders.: Die Modernisierung der Moderne, Frankfurt/M. 2001

Beck, Ulrich u. Elisabeth Beck-Gernsheim: Individualisierung in modernen Gesellschaften – Perspektiven und Kontroversen einer subjektorientierten Soziologie, in: Dies. (Hg.): Riskante Freiheiten, Frankfurt/M. 1994

Becker, Gary: The Economics of Discrimination, Chicago 1976

Benda, Ernst u. a. (Hg.): Handbuch des Verfassungsrechts der Bundesrepublik Deutschland, Berlin 1994

Bentham, Jeremy: Anarchical Fallacies. Being an Examination of Declaration of Rights Issued During the French Revolution, in: The Works of Jeremy Bentham, Bowring edition, Edinburgh 1843

Ders.: An Introduction to the Principles of Morals and Legislation, London 1879, Neuausgabe London 1970

Ders.: Value of a pain or Pleasure, in: Parekh, B.: Bentham's Political Thought, London 1973

Ders.: Eine Einführung in die Prinzipien der Moral und der Gesetzgebung, Kap. I, in: Höffe, Otfried (Hg.): Einführung in die utilitaristische Ethik, München 1975

Berding, Helmut: Rationalismus und Mythos. Geschichtsauffassung und politische Theorie bei George Sorel, Minden/Wien 1969

Berg, Günther Heinrich von: Handbuch des Teutschen Policeyrechts, Bd. I, 2. Aufl., Hannover 1802, zit. nach: Masumoto, Naoko: Studien zur Policey und Policeywissenschaft, Frankfurt/M. 1999

Berg, Wilfried: Konkurrenzen schrankendivergenter Freiheitsrechte im Grundrechtsabschnitt des Grundgesetzes. Berlin/Frankfurt/M. 1968

Berlin, Isaiah: Four Essays on Liberty, London 1969

Berman, Harold J.: Recht und Revolution. Die Bildung der westlichen Rechtstradition, Frankfurt/M. 1991

Bernouille, Daniel: Versuch einer Theorie der Wertbestimmung von Glücksfällen, Leipzig 1886

Bethge, Herbert: Zur Problematik von Grundrechtskollisionen. München 1977

Bielefeldt, Heiner u. a. (Hg.): Menschenrechte und Menschenrechtsverständnis im Islam, Europäische Grundrechte Zeitschrift, Heft 3, 1990, S. 489 ff.

Ders.: Würde und Recht des Menschen. Festschrift für Johannes Schwartländer zum 70. Geburtstag, Würzburg 1992

Ders.: Würde und Recht des Menschen, München 1992

Biervert, Bernd: Menschenbilder in der ökonomischen Theoriebildung. Historisch-genetische Grundzüge, in: Biervert, Bernd, Klaus Held und Josef Wieland: Sozialphilosophische Grundlagen ökonomischen Handelns, Frankfurt/M. 1991, S. 42-55

Biervert; Bernd u. Klaus Held (Hg.): Ethische Grundlagen der ökonomischen Theorie. Eigentum, Verträge, Institutionen, Frankfurt/M. 1989

Bischoff, Dirk: Norm und Rechtswirklichkeit in institutionalistischen Rechtsdenken. Diss. der rechtswissenschaftlichen Fakultät der WWU Münster, Rheine 1995

Biswanger, Hans Christoph: Geld und Natur. Das wirtschaftliche Wachstum im Spannungsfeld zwischen Ökologie und Ökonomie, Wien 1991

Blaas, Wolfgang: Zur Rolle der Institutionen in der ökonomischen Theorie, in: Ch. Leipert (Hg.): Konzepte einer humanen Wirtschaftslehre, Frankfurt/M. 1982

Bleicher, Knut: Normatives Management. Politik, Verfassung und Philosophie des Unternehmens, Frankfurt/M./New York 1994

Bloch, Ernst: Experimentum Mundi. Frage, Kategorien des Herausbringens, Praxis, Frankfurt/M. 1985

Blumenwitz, Dieter u. a.: Menschenrechte und wirtschaftliche Gegenleistungen. Aspekte ihrer völkerrechtlichen Verknüpfungen, Frankfurt/M. 1987

Boarman, Patrick M. (Hg.): Der Christ und die soziale Marktwirtschaft, Stuttgart/Köln 1955

Bobbio, Noberto: Das Zeitalter der Menschenrechte. Ist Toleranz durchsetzbar?, Berlin 1998

Böckenförde, Ernst-Wolfgang: Ist Demokratie eine notwendige Forderung der Menschenrechte?, in: Gosepath, Stefan und Georg Lohmann (Hg.): Philosophie der Menschenrechte, Frankfurt/M. 1998

Böckstiegel, Karl-Heinz u. a. (Hg.): Völkerrecht. Recht der Internationalen Organisationen, Weltwirtschaftsrecht, Köln/Berlin/Bonn/München 1988

Böhler, Dietrich: Diskursethik und Menschenwürdegrundsatz zwischen Idealisierung und Erfolgsverantwortung, in: Apel, Karl Otto und M. Kettner (Hg.): Die reine Vernunft und die vielen Rationalitäten, Frankfurt/M. 1996

Böhm-Bawerk, Eugen von: Kapital und Kapitalzins, Jena 1981

Böhm, Franz: Freiheit und Ordnung in der Marktwirtschaft, Baden-Baden 1980

Bohnen, Alfred: Die utilitaristische Ethik als Grundlage der modernen Wohlfahrtsökonomik, Göttingen 1964

Bohrer, Karl Heinz und Kurt Scheel (Hg.): Merkur, Deutsche Zeitschrift für Europäisches Denken. Kapitalismus als Schicksal? Zur Politik der Entgrenzung. Heft 9/10, Sept./Okt., 51. Jahrgang, München 1997

Bolk, Luis: Das Problem der Menschwerdung, Jena 1926

Bonacker, Thorsten: Konflikttheorien, Opladen 1996

Bourdieu, Pierre: Die feinen Unterschiede, Frankfurt/M. 1982

Ders.: Das Elend der Welt. Zeugnisse und Diagnosen alltäglichen Leidens an der Gesellschaft, Konstanz 1997

Ders.: Der Tote packt den Lebenden. Schriften zu Politik & Kultur 2, Hamburg 1997

Bowles, S., David M. Gordon und Thomas E. Weisskopf: Beyond the Waste Land, New York 1983

Boxberger, Gerald und Harald Klimenta: Die 10 Globalisierungslügen. Alternativen zur Macht des Marktes, München 1998

Brakelmann, Günter und Traugott Jähnichen, (Hg.): Die protestantischen Wurzeln der sozialen Marktwirtschaft. Ein Quellenband, Gütersloh 1994

Brandt, Richard B.: A Theory of the Right and the Good, Oxford 1979

Braybrooke, David: Meeting Needs, Princeton 1987

Brennan, Goeffrey u. James M. Buchanan: The Normative Purpose of Economic ‚Science‘. Rediscovery of the Eighteenth Century Method, in: International Journal of Law and Economics 1 (1981)

Brentano, Lujo: Die Entwicklung der Wertlehre, München 1908

Breuer, Ingeborg, Peter Leusch und Dieter Mersch (Hg.): Welten im Kopf. Profile der Gegenwartsphilosophie, England/USA, Bonn 1996

Breuer, Stefan: Über die Peripetie der Zivilisation. Eine Auseinandersetzung mit Norbert Elias, in: König, Helmut (Hg.): Politische Psychologie heute, Opladen 1988
Ders.: Die Gesellschaft des Verschwindens. Von der Selbstzerstörung der technischen Zivilisation, Hamburg 1992

Brodocz, André und Gary S. Schaal (Hg.): Politische Theorien der Gegenwart II, Stuttgart 2001

Broome, John: Weighing Goods. Equality, Uncertainty and Time, Oxford 1991

Brücher, Gertrud: Menschenmaterial. Zur Neubegründung von Menschenwürde aus system-theoretischer Perspektive, Opladen 2004

Brüning, Dietrich: Wirtschaftswachstum und Menschenwürde. Ein Widerspruch?, Oldenburg 2002

Brunner, Emil: Das Gebot und die Ordnungen. Entwurf einer protestantisch-theologischen Ethik, 4. Aufl., Zürich 1976

Brunner, Otto: Die alteuropäische „Ökonomik“, in: Zeitschrift für Nationalökonomie, Band 13, 1952, S. 114-139

Brzezinski, Zbigniew: Macht und Moral. Neue Werte für die Weltpolitik, Hamburg 1994

Buchanan, Allen, Dan W. Brook, Norman Daniels und Daniel Wikler: From Chance to Choice, Genetics & Justice, Cambridge 2000

Buchanan, James M. und Gordon Tullock: The Calculus of Consent. An Arbor, Michigan 1965
Ders.: Die Grenzen der Freiheit. Zwischen Anarchie und Leviathan, Tübingen 1984
Ders.: Economics Between Predictive Science and Moral Philosophy, College Station Texas A & M University Press 1987

Buck, Günther: Selbsterhaltung und Historizität, in: Ebeling, Hans (Hg.): Subjektivität und Selbsterhaltung. Beiträge zur Diagnose der Moderne, Frankfurt/M. 1976

Budde, Constanze: Menschenwürde aus heutiger Sicht. Ökologische und wirtschaftsrelevante Ausprägungen, Frankfurt/M. 1998

Buridanus, Johannes: Quaestiones super decem libros Ethicorum Aristotelis ad Nicomachum, Frankfurt/M. 1968

Bydlinski, Franz: Juristische Methodenlehre und Rechtsbegriff, New York/Wien 1991

Calabresi, Guido und Ph. Bobbit: Tragic Choices. The Conflicts Society Confronts in the Allocation of Tragically Scare Resources, New York 1978

Campbell, Colin: The Romantic Ethic and the Spirit of Modern Consumerismus, Oxford/New York 1987

Campbell, Thomas D.: Adam Smith's Science of Morals, London 1971

Camus, Albert: Der Mythos von Sisyphos. Ein Versuch über das Absurde, Düsseldorf 1967

Cassel, Gustav: Theoretische Sozialökonomie, Leipzig 1932

Cassmann, Otto: Psychologia anthropologica sive animae humanae doctrina, Rom 1894

Catarina da Siena: Il dialogo della Divina Providenza. Nella redazione aggiornata del Angiolo Puccetti, Siena 1980

Cattaneo, Mario A: Totalitarismus und Politik - Rechtsstaat und Menschenwürde, München 2002

Ders.: Naturrechtslehre als Idee der Menschenwürde, München 1999

Chubb, Basil (Hg.): A source book of Irish Government, Dublin 1964

Chwaszcza, Christine: Politische Ethik II: Ethik der internationalen Beziehung, in: Nida-Rümelin, Julian (Hg.): Angewandte Ethik, Stuttgart 1996

Cicero, Marcus Tullius: Vom höchsten Gut und vom größten Übel. Vollständige Ausgabe von Otto Büchler, Bremen 1957

Ders.: Gespräche in Tusculum, hg. v. Olaf Gidon Heimern, München 1970

Ders.: De officiis / Vom pflichtgemäßen Handeln, lat./dt., hg. v. Otto Büchler, Stuttgart 1979

Cipolla, Carlo M. und K. Borchardt (Hg.): Europäische Wirtschaftsgeschichte in 5 Bänden. Die europäischen Volkswirtschaften im 20. Jahrhundert. Bd. 5, Stuttgart, New York 1986

Clapham, Andrew: The „Drittwirkung" of the convention, London o. J.

Coase, Ronald H.: The problem of Social Cost, in: Journal of Law and Economics. 3 (1960), S. 1-44

Cohen, David: Zum römischen Ordo-Begriff, Darmstadt 1975

Coleman, Andrew: Game Theory and Experimental Games, New York 1982

Ders.: Introducing Social Structure into Economic Analysis, in: American Economic Review, Vol. 74, no. 2, S. 84-88

Comte-Sponville, André: Petit traité des grandes vertus, Paris 1995

Condorcet, Antoine: Entwurf einer historischen Darstellung der Fortschritte des menschlichen Geistes, Frankfurt/M. 1976

Cortina, Adele: Ethik ohne Moral. Grenzen einer postkantischen Prinzipienethik?, in: Apel, Karl Otto und M. Kettner (Hg.): Die reine Vernunft und die vielen Rationalitäten, Frankfurt/M. 1996

Coser, Lewis und A. Coser: Theorie sozialer Konflikte, Neuwied/Berlin 1972

Cournot, Augustin A.: Untersuchungen über die mathematischen Grundlagen der Theorie des Reichtums, Jena 1924

Czempiel, Ernst-Otto: Weltpolitik im Umbruch. Das internationale System nach dem Ende des Ost-West-Konflikts, München 1993

Ders.: Schwerpunkte und Ziele der Friedensforschung, München 1972

Dacqué, Edgar: Umwelt, Sage und Menschheit, München 1925

Dahrendorf, Ralf: Lebenschancen, Frankfurt/M. 1979

Ders.: Die Chancen der Krise, Stuttgart 1983

Ders.: Die Zukunft der Bürgergesellschaft, in: Guggenberger, B. und Hansen, K. (Hg.): Die Mitte. Vermessungen in Politik und Kultur, Opladen 1993, S. 74-83

Damm, Sven M.: Menschenwürde, Freiheit, komplexe Gleichheit: Dimensionen grundrechtlichen Gleichheitsschutzes. Der Gleichheitssatz im Europäischen Gemeinschaftsrecht sowie im deutschen und US-amerikanischen Verfassungsrecht, Berlin 2006

Darjes, Joachim Georg: Cameralwissenschaften, Bonn 1969

Davanzati, Bernardo: Lezione della moneta, zit. n. Graziani, A.: Storia critica della teoria del valore in Italia, Milano 1989

Dawes, Robyn M., John M. Orbell and Alphons J. C. van de Kragt: The Minimal Contributing Set as a Solution to Public Goods Problems, in: American Political Science Review, Vol. 81, 1983, S 112-122

De Man, Hendrik: Zur Psychologie des Sozialismus, Jena 1927

De Roocer, R.: Bernardino of Siena and Sant Antonio of Florence. The two Great Economic Thinkers of the Middle Ages, Boston 1967

Della Mirandola, Pico: De hominis dignitate, hg. v. E. Garin, Pisa 1985, dt., Über die Würde des Menschen. Aus dem Neulateinischen übertr. von Herbert Werner Rüssel, Zürich 1988

Delmas-Marty, Mireille: Trois défis pour un droit mondial, Seuil 1998

Dies.: La loi n'à pas tous le droit. Entretien avec Mireille Delmas-Marty, in: Le Monde de l'èducation, Novembre 2000

Derrida, Jacques: Die Schrift und die Differenz, Frankfurt/M. 1985

Ders.: Marx' Gespenster, Frankfurt/M. 1995

Ders.: Die Struktur, das Zeichen und das Spiel im Diskurs der Wissenschaften vom Menschen, in: Kimmich, S.: Texte zur Literaturtheorie der Gegenwart, Frankfurt/M. 1996, S. 301-313

Descartes, René: Discours de la Méthode suivi des Meditationes, Paris 1963

Dickmann, Fritz: Der Westfälische Friede, Münster 1998

Diderot, Denis: Enzyklopädie. Philosophische und politische Texte aus der „encyclopédie" sowie Prospekt und Ankündigung der letzten Bände, München 1969

Dieckheuer, Gustav: Makroökonomik, Hamburg 1999

Diehl, Karl und Paul Mombert (Hg.): Ausgewählte Lesestücke zum Studium der politischen Ökonomie, Karlsruhe 1912

Diels, Hermann und Walther Kranz: Die Fragmente der Vorsokratiker, Hildesheim 1985

Dietzel, Heinrich: Vom Lehrwert der Wertlehre und vom Grundfehler der Marxschen Verteilungslehre, Leipzig 1921

Dilthey, Wilhelm: Weltanschauung und Analyse des Menschen seit der Renaissance und Reformation, Stuttgart 1957

Ders.: Gesammelte Schriften, Berlin 1974

Donaldson, Thomas: Corporation and Morality, London o. J.

Donaldson, Thomas und Lee E. Preston: The Stakeholder Theory of the Corporation: Concepts, Evidence and Implications, in: Academy of Managment Review 20, No. 1, 1995, S. 65-91

Döring, Detlef, Walter Hanesch und Ernst-Ulrich Huster (Hg.): Armut im Wohlstand, Frankfurt/M. 1990

Dubiel, Helmut: Der utopische Realismus der Demokratie, in: Merkur, Kapitalismus als Schicksal, Zur Politik der Entgrenzung, Heft 9/10, Sept./Okt. 1997

Duerr, Hans Peter: Der Mythos vom Zivilisationsprozeß, 3 Bde., Frankfurt/M. 1988

Dürig, Günter: Die Menschenauffassung des Grundgesetzes, in: Juristische Rundschau 1952, S. 259

Düring, Günter: Der Grundrechtssatz von der Menschenwürde, in: Archiv des öffentlichen Rechts 81 (1956)

Ders. u. a. (Hg.): Grundgesetz mit Zwei-Plus-Vier-Vertrag, Menschenrechtskonvention, 26. neubearb. Aufl., München 1991

Durkheim, Émile: Die Regeln der soziologischen Methode, Neuwied 1961

Ders.: Über soziale Arbeitsteilung. Studie zur Organisation höherer Gesellschaften. Frankfurt/M. 1988

Dworkin, Ronald D.: A Matter of Principle, Oxford 1985

Ders.: What is Equality? Part I: Equality of Welfare, in: Philosophy and Public Affairs 10 (1982), S. 185-246

Ders.: Bürgerrechte ernst genommen, Frankfurt/M. 1984

Ders.: Gleichheit, Demokratie und Verfassung, in: Preuß, Ulrich K. (Hg.): Zum Begriff der Verfassung, Frankfurt/M. 1994

Eckhardt, Karl August: Leges Alemannorum I und II, Germanenrechte NF, Westgermanisches Recht, Bd. 5, 1958 und Band 8, 1966

Eder, Klaus (Hg.): Die Entstehung von Klassengesellschaften, Frankfurt/M. 1973

Ehrenfels, Christian von: System der Werttheorie, Leipzig 1897

Elias, Norbert: Über den Prozeß der Zivilisation. Soziogenetische und psychogenetische Untersuchungen. 2. Bd.: Wandlungen einer Gesellschaft. Entwurf einer Theorie der Zivilisation, Frankfurt/M. 1976

Ders.: Die Gesellschaft der Individuen, Frankfurt/M. 1987

Elster, John: The Cement of Society. A Study of Social Order, Cambridge 1989

Emacora, Felix: Diskriminierungsschutz und Diskriminierungsverbot in der Arbeit der Vereinten Nationen, Wien/Stuttgart 1971

Endemann, Wilhelm: Studien in der romanisch-kanonischen Wirtschafts- und Rechtslehre, Berlin 1883

Enderle, Georges (Hg.): Ethik und Wirtschaftswissenschaften, Berlin 1985

Ders.: Sicherung des Existenzminimums im nationalen und internationalen Kontext, Bern/Stuttgart 1987

Ders.: Wirtschaftsethik im Werden. Ansätze und Problembereiche der Wirtschaftsethik, Stuttgart 1988

Enders, Christoph: Die Menschenwürde in der Verfassungsordnung. Zur Dogmatik des Art. 1 GG, Tübingen 1997

Engelsing, Rolf: Sozial- und Wirtschaftsgeschichte Deutschlands, 3. erw. Aufl., Göttingen 1983

Enzensberger, Hans Magnus: Aussichten auf den Bürgerkrieg, Frankfurt/M. 1993

Epikur: Philosophie der Freude. Eine Auswahl aus seinen Schriften. Hg. v. J. Mewaldt, Stuttgart 1973

Erbach, Friedrich und Günter Hilgers: Betriebswirtschaftslehre, Darmstadt 2002

Ethik-Charta. Achtung vor der Würde. Dt. Ärzteblatt, Vol. 95, 1998, Nr. 34/35, S. 1652

Etzioni, Amitai: Die aktive Gesellschaft. Eine Theorie gesellschaftlicher und politischer Prozesse, Opladen 1975

Ders.: The Moral Dimension. Towards a New Economics, New York 1988

Ders.: Die faire Gesellschaft. Jenseits von Sozialismus und Kapitalismus, Frankfurt/M. 1996

Eucken, Walter: Grundsätze der Wirtschaftspolitik, 6. durchges. Aufl., hg. v. E. Eucken und K. P. Hensel, Tübingen 1990

Europäische Sozialcharta. Weg zu einer europäischen Sozialordnung? Hg. v. Ehrenberg, Herbert von, Baden-Baden 1978

Ferguson, Niall: Politik ohne Macht. Das fatale Vertrauen in die Wirtschaft. Übers. v. Klaus Kochmann, München 2001

Fichte, Johann Gottlieb: Grundlagen des Naturrechts nach Prinzipien der Wissenschaftslehre, in: Fichte, Johann Gottlieb: Fichtes Werke, hg. von Immanuel Hermann Fichte, Bd. III, Berlin 1971

Fischbeck, Hans J. u. a.: Interesse und Menschenwürde. Ein Normenkonflikt zwischen Utilitarismus und Ethik der Würde im Kontext der Biomedizin und ihres Anspruchs auf Forschungsfreiheit, Mülheim/Ruhr 1998

Fischer, Hans Rudi (Hg.): Die Wirklichkeit des Konstruktivismus. Zur Auseinandersetzung um ein neues Paradigma, Heidelberg 1995

Fleiner, Fritz: Institutionen des deutsche Verfassungsrechts, 8. Auflage, Tübingen 1928, Neudruck Aalen 1963

Forrester, Viviane: Die Diktatur des Profits, München 2001

Dies.: Der Terror der Ökonomie, München 1998

Forst, Rainer: Kontexte der Gerechtigkeit. Politische Philosophie jenseits von Liberalismus und Kommunitarismus, Frankfurt/M. 1994

Foucault, Michel: Les mots et les choses. Une archéologie des sciences humaines, Paris 1966

Ders.: Dispositive der Macht, Berlin 1978

Ders.: Sexualität und Wahrheit, Frankfurt/M. 1983

Ders.: Die Ordnung der Dinge, Frankfurt/M. 1991

Ders.: Das Subjekt und die Macht, in: Drefus, Hubert L. und Paul Rabinow: Michel Faucault. Jenseits von Strukturalismus und Hermeneutik, Weinheim 1994

Frank, Thomas: Das falsche Versprechen der New Economy, München 2000

Frankena, William K.: Analytische Ethik, 3. Aufl., München 1981

Frankfurt, Harry: Freedom of the will and the concept of a person, in: Journal of Philosophy 67 (1971)

Freeman, Richard B.: Business Ethics: The State of the Art, New York/Oxford. 1991

Freire, Paulo: Pädagogik der Unterdrückten. Bildung als Praxis der Freiheit, Reinbeck b. Hamburg 1973

Freud, Sigmund: Vorlesungen zur Einführung in die Psychoanalyse, Frankfurt/M. 1969

Frey, Bruno S.: Theorie demokratischer Wirtschaftspolitik, in: Jahrbuch für Sozialwissenschaften 31, 1978, S. 21-35

Ders.: From Economics Imperialism to Social Science Inspiration, in: Public Choice 77, 1993, S. 95-105

Friedman, James W.: Oligopoly and the Theory of Games, Amsterdam 1977

Friedman, Milton: Capitalism and freedom, Chicago 1962, dt., Stuttgart 1971

Fritsch, Harald: Die verbogene Raumzeit. Newton, Einstein und die Gravitation, München/Zürich 1996

Frobenius, Leo: Paideuma. Umrisse einer Kultur und Seelenlehre, München 1921

Fromm, Erich: Das Menschliche in uns, Zürich 1968

Ders.: Haben und Sein. Die seelischen Grundlagen einer neuen Gesellschaft, Stuttgart 1976

Ders.: Anatomie der menschlichen Destruktivität, Reinbeck b. Hamburg 1977

Ders.: Psychoanalyse und Ethik, Stuttgart 1978

Ders.: Wege aus einer kranken Gesellschaft. Eine sozialpsychologische Untersuchung, Frankfurt/M./Wien/Berlin 1981

Fukuyama, Francis: Das Ende der Geschichte. Hamburg 1993

Gadamer, Hans-Georg: Wahrheit und Methode, Tübingen 1975

Gading, Heike: Der Schutz grundlegender Menschenrechte durch militärische Maßnahmen des Sicherheitsrates – das Ende staatlicher Souveränität?, Berlin 1996.

Galtung, Johan: Menschenrechte – anders gesehen, Frankfurt/M. 1995

Ders.: Strukturelle Gewalt. Beiträge zur Friedens- und Konfliktforschung, Reinbeck b. Hamburg 1975

Ders.: Frieden mit friedlichen Mitteln. Friede und Konflikt, Entwicklung und Kultur, Opladen 1998

Gamillscheg, Franz: Die Grundrechte im Arbeitsrecht, Berlin 1989

Gauchet, Marcel: Die Erklärung der Menschenrechte. Die Debatte um die bürgerlichen Freiheiten, Reinbeck b. Hamburg 1991

Gauthier, David P.: Morals by Agreement, Oxford 1986

Gebser, Jean: Ursprung und Gegenwart, Bd. 2, Schaffhausen 1978

Ders.: Ein Mensch zu sein: Betrachtungen über die Formen der menschlichen Beziehungen, Berlin 1974

Geddert-Steinacher, Tatjana: Würdebegriff als Verfassungsbegriff – Aspekte der Rechtsprechung des Bundesverfassungsgerichts, Berlin 1990

Gehlen, Arnold: Ein Bild vom Menschen, in: Anthropologische Forschung. Zur Selbstbegegnung und Selbstentdeckung des Menschen, Reinbeck b. Hamburg 1961

Ders.: Moral und Hypermoral. Eine pluralistische Ethik, Frankfurt/M. 1969

Ders.: Studien zur Anthropologie und Soziologie, Neuwied/Berlin 1971

Ders.: Der Mensch. Seine Natur und seine Stellung in der Welt, Wiesbaden 1986

Ders.: Urmensch und Spätkultur, Frankfurt/M./Wiesbaden 1986

Ders.: Mensch und Institutionen, in: Philosophische Anthropologie, Arbeitstexte für den Unterricht. Für die Sekundarstufe II., hg. v. Hans Dierkes, Stuttgart 1991

Gewirth, Alan: Human Rights, Chicago 1982

Giddens, Anthony: The Consequences of Modernity, Cambridge 1990

Giegerich, Thomas: Privatwirkung der Grundrechte in den USA. Die State Action Doctrine des US-Supreme Court und die Bürgerrechtsgesetzgebung des Bundes, Berlin/Heidelberg/New York/London/Paris/Hongkong/Barcelona/Budapest 1992

Giersch, Herbert: Die Moral der offenen Märkte, in: Frankfurter Allgemeine Zeitung, Nr. 64, 16. 03. 1991, S. 13

Glasersfeld, Ernst von: Einführung in den radikalen Konstruktivismus, in: Watzlawick, Paul (Hg.): Die erfundene Wirklichkeit. Wie wissen wir, was wir zu wissen glauben? Beiträge zum Konstruktivismus, München 1981, S. 16-38

Ders.: Konstruktion der Wirklichkeit und des Begriffs der Objektivität, in: Gumin, Heinz und Heinrich Meier (Hg.): Einführung in den Konstruktivismus, München 1985, S. 9-39

Ders.: Wissen, Sprache und Wirklichkeit. Arbeiten zum radikalen Konstruktivismus, Braunschweig/Wiesbaden 1987

Goebel, Bernd und Gerhard Kruip (Hg.): Gentechnologie und die Zukunft der Menschenwürde, Münster 2002

Gordon, Barry: Economic Analysis before Adam Smith, New York 1975

Gore, Al: Wege zum Gleichgewicht. Ein Marshallplan für die Erde, 3. Aufl., Frankfurt/M. 1994

Gorz, André: Abschied vom Proletariat, Frankfurt/M. 1980

Ders.: Wege ins Paradies, Berlin 1983

Ders.: Kritik der ökonomischen Vernunft. Sinnfragen am Ende der Arbeitsgesellschaft, Berlin 1989

Gosepath, Stefan: Zur Problematik sozialer Menschenrechte, in: Philosophie der Menschenrechte, hg. v. Stephan Gosepath und Georg Lohmann, Frankfurt/M. 1998, S. 146-198

Ders.: Zu Begründungen sozialer Menschenrechte, in: Philosophie der Menschenrechte, hg. v. Stephan Gosepath und Georg Lohmann, Frankfurt/M. 1998

Gossen, Herman Heinrich: Entwicklung der Gesetze des menschlichen Verkehrs und der daraus fließenden Regeln für menschliches Handelns, Berlin 1927

Götz, Volkmar u. a. (Hg.): Studien zum internationalen Wirtschaftsrecht und Atom-
energierecht. Wirtschaft und Technik im Völkerrecht, Köln, Berlin, Bonn, München 1982

Grabitz, Eberhard: Der Grundsatz der Verhältnismäßigkeit in der Rechtsprechung des
Bundesverfassungsgerichts, in: Archiv des öffentlichen Rechts 98 (1973), S. 96 ff.

Grathoff, Richard: Milieu und Lebenswelt, Frankfurt/M. 1983

Gratzke, Jürgen: Geschäftsprozesse im Betrieb, Darmstadt 2003

Grauel, Adolf: Fuzzy-Logik: Einführung in die Grundlagen mit Anwendungen. Mann-
heim, Leipzig/Wien/Zürich 1995

Grefe, Christiane u. a.: Attac. Was wollen die Globalisierungsgegner?, Berlin 2003

Grießlinger, Andreas: Das symbolische Kapital der Ehre. Streikbewegungen und kollektives Bewußtsein deutscher Handwerksgesellen im 18. Jahrhundert, Frank-
furt/M./Berlin/Wien 1981

Griffin, James: Well-Being is Meaning, Measurement and Moral Importance, Oxford
1988

Grimm, Dieter und Paul Kirchhof (Hg.): Entscheidungen des Bundesverfassungsgerichts. Studienauswahl 2, 2. Aufl., Tübingen 1997

Gröschner, Rolf: Menschenwürde und Sepukralkultur in der grundgesetzlichen Ordnung
– Die kulturstaatlichen Grenzen der Privatisierung im Bestattungsrecht, Stuttgart
1995

Grotius, Hugo: De jure, Paderborn 1973

Günther, Klaus: Der Sinn für Angemessenheit. Anwendungsdiskurse in Moral und
Recht, Frankfurt/M. 1988

Häberle, Peter: Menschenwürde und Verfassung am Beispiel von Art. 2 Abs. 2 Verfassung Griechenland 1975, in: Rechtstheorie 11 (1980)

Ders.: Das Menschenbild im Verfassungsstaat, in: Schriften zum öffentlichen
Recht 540, Berlin 2001

Habermas, Jürgen: Art.: Anthropologie, in: Fischer Lexikon Philosophie, Frankfurt
1958

Ders.: Die klassische Lehre von der Politik in ihrem Verhältnis zur Sozialphilosophie, in: Ders.: Theorie und Praxis, Frankfurt/M. 1971

Ders.: Stichworte zur geistigen Situation der Zeit, Frankfurt/M. 1979

Ders.: Theorie des kommunikativen Handelns, 2 Bde., Frankfurt/M. 1981

Ders.: Moralität und Sittlichkeit. Treffen Hegels Einwände gegen Kant auch auf
die Diskursethik zu?, in: Kuhlmann, W. (Hg.): Moralität und Sittlichkeit. Das
Problem Hegels und die Diskursethik, Frankfurt/M. 1986

Ders.: Faktizität und Geltung. Beiträge zur Diskurstheorie des Rechts und des
demokratischen Rechtsstaats, Frankfurt/M. 1992

Ders.: Die Einbeziehung des Anderen. Studien zur politischen Theorie, Frank-
furt/M. 1996

Ders.: Der interkulturelle Diskurs über Menschenrechte, in: Brunkhorst, Hauke,
Wolfgang R. Köhler und Matthias Lutz-Bachmann (Hg.): Recht auf Menschen-

rechte. Menschenrechte, Demokratie und internationale Politik, Frankfurt/M., S. 216-227

Hager, Johannes: Grundrechte im Privatrecht, Juristenzeitung 1994, S. 373 f.

Hahn, Olivier: Kritische Theorie der Evolution. Bedeutung, Akzeptanz, Kritik, Gladenbach 1995

Hart, H. L. A.: Are There Any Natural Rights?, in: Jeremy Waldron (Hg.): Theories of Rights, Oxford 1984

Hartmann, Nicolai: Der Aufbau der realen Welt, Grundriss der allgemeinen Kategorienlehre, 3. Aufl., Berlin 1964

Ders.: Ethik, Berlin 1962

Hassenstein, Bernd: Evolution und Werte, in: Riedl, R. u. a. (Hg.): Evolution und Menschenbild, Frankfurt/M. 1983

Hauriou, Maurice: Die Theorie der Institution und der Gründung. Essay über den sozialen Vitalismus, in: Schnur, Roman (Hg.): Die Theorie der Institutionen, Berlin 1965

Ders.: Sozialordnung, Gerechtigkeit und Recht, in: Schnur, Roman (Hg.): Die Theorie der Institutionen, Berlin 1965

Hayek, Friedrich-August von: Der Wettbewerb als Entdeckungsverfahren, Kiel (Institut für Weltwirtschaft) 1968

Ders.: Die Irrtümer des Konstruktivismus und die Grundlagen legitimer Kritik gesellschaftlicher Gebilde, Tübingen 1975

Ders.: Individualismus und gesellschaftliche Ordnung, Salzburg 1976

Ders.: Recht, Gesetzgebung und Freiheit, Bd. 2: Illusion der sozialen Gerechtigkeit, Landsberg 1981

Ders.: Die Verfassung der Freiheit, München 1991

Ders.: Freiburger Studien, München 1994

Hegel, Georg Wilhelm Friedrich: Encyclopädie der philosophischen Wissenschaft, Leipzig 1905

Ders.: Grundlinien der Philosophie des Rechts, Hamburg 1955

Ders.: Die Vernunft in der Geschichte, hg. v. J. Hoffmeister, Hamburg 1955

Ders.: System der Sittlichkeit, Hamburg 1967

Ders.: Über die wissenschaftlichen Behandlungsarten des Naturrechts, in: Ders.: Jenaer Schriften 1801-1807, in: Werke in 20 Bänden, hg. v. Karl Markus Michel u. Eva Moldenhauer, Bd. 2, Frankfurt/M. 1970

Heidelmeyer, Wolfgang: Die Menschenrechte. Erklärungen, Verfassungsartikel. Internationale Abkommen, Paderborn 1977

Hein, Peter: Zur Rekonstruktion der Marxistischen Werttheorie vor dem Hintergrund der Wert-Produktionspreis-Debatte und nach dem Erscheinen von Sraffas Produktionspreistheorie, Berlin 1984

Heinsohn, Stephanie: Der öffentlich-rechtliche Grundsatz der Verhältnismäßigkeit. Historische Ursprünge im deutschen Recht, Übernahme in das Recht der Europäischen Gemeinschaft sowie Entwicklungen im französischen und englischen Recht, Hamburg 1997

Heitmeyer, Wilhelm u. a.: Gewalt. Schattenseiten der Individualisierung bei Jugendlichen aus unterschiedlichen Milieus, Weinheim b. München 1995

Hengsbach, Friedhelm: Wirtschaftsethik. Aufbruch, Konflikte, Perspektiven, München 1994

Ders.: Frieden mit friedlichen Mitteln. Friede und Konflikt, Entwicklung und Kultur, Opladen 1998

Ders.: Globalisierung aus wirtschaftsethischer Perspektive, Frankfurt 1998

Henkel, Hans-Olaf: Die Macht der Freiheit. Erinnerungen, München 2000

Herder, Johann G.: Ideen zur Philosophie der Geschichte der Menschheit, Berlin 1987

Ders.: Briefe, die Fortschritte der Humanität betreffend, in: Werke, Bd. 7, hg. von H. D. Irmscher, Frankfurt/M. 1991

Herfeld, Matthias: Die Gerechtigkeit der Marktwirtschaft. Eine wirtschaftsethische Analyse der Grundvollzüge moderner Ökonomie, Gütersloh 2001

Herodot: Geschichten und Geschichte. Übers. von W. Marg, München 1973

Hersch, Jeanne (Hg.): Das Recht ein Mensch zu sein. Zum Thema Freiheit und Menschenrechte, Basel 1990.

Hervé, Florence: Geschichte der deutschen Frauenbewegung, Köln 1983

Hesse, Helmut: (Hg.): Wirtschaftswissenschaft und Ethik. (= Schriften des Vereins zur Sozialpolitik, Bd. 171), Berlin 1988

Hesse, Konrad: Grundzüge des Verfassungsrechts der Bundesrepublik Deutschlands, 14. Aufl., Karlsruhe 1984

Ders.: Verfassungsrecht und Privatrecht, Heidelberg 1988

Hillebrand, Alfred (Hg.): Upanishaden. Die Geheimlehre der Inder, Köln 1986

Hinterhuber, Hans H. und Eric Krauthammer: Leadership – mehr als Management, Wiesbaden 1997

Hirschberg, Lothar: Der Grundsatz der Verhältnismäßigkeit, Göttingen 1981

Hobbes, Thomas: Leviathan,. übers. v. W. Euchner, hg. u. eingl. von Iring Fetscher, Frankfurt/M./Berlin/Wien 1976

Hoerster, Norbert (Hg.): Recht und Moral. Texte zur Rechtsphilosophie, Stuttgart 1987

Höffe, Otfried: Ethik und Politik. Grundmodelle und -probleme der praktischen Philosophie, Frankfurt/M. 1979

Ders.: Sittlich-politische Diskurse. Philosophische Grundlagen. Politische Ethik. Biomedizinische Ethik, Frankfurt/M. 1981

Ders.: Politische Gerechtigkeit, Frankfurt/M. 1987

Ders.: Lexikon der Ethik, 3. Aufl., München 1991

Ders.: (Hg.): Einführung in die utilitaristische Ethik. Klassische und zeitgenössische Texte, München 1992

Ders.: Eine Konversion der Kritischen Theorie, in: Rechtshistorisches Journal, Nr. 12 (1993), S. 70-88

Ders.: Vernunft und Recht. Bausteine zu einem interkulturellen Rechtsdiskurs, Frankfurt/M. 1996

Ders.: Transzendentaler Tausch. Eine Legitimationsfigur für Menschenrechte, in: Gosepath, Stefan und Georg Lohmann (Hg.): Philosophie der Menschenrechte, Frankfurt/M. 1998, S. 29-47

Ders. u. a.: Gentechnik und Menschenwürde. An den Grenzen von Ethik und Recht, Köln 2002

Hofmann, Hasso: Menschenrechtliche Autonomieansprüche: Zum politischen Gehalt der Menschenrechtserklärungen, Juristenzeitung 47 (1992)

Hohlfeld, Rainer: Die zweite Schöpfung des Menschen – eine Kritik der Idee der biochemischen und genetischen Verbesserung des Menschen, in: Schuler, A. und N. Heim (Hg.): Der codierte Leib. Zur Zukunft der genetischen Vergangenheit, Zürich/München 1989

Hölderlin: Hyperion, in: Ders.: Werke Bd. I, hg. v. Jochen Schmidt, Frankfurt/M. 1969

Holleis, Wilfried: Das Ungleichgewicht der Gleichgewichtstheorie. Zur Diskussion um die neoklassische Wirtschaftstheorie, Frankfurt/M. 1985

Homann, Karl: Philosophie und Ökonomik. Bemerkungen zur Interdisziplinarität, in: Jahrbuch für neue Politische Ökonomie, 7. Bd., 1988, S. 99-127

Ders.: Wirtschaftsethik. Die Funktion der Moral in der modernen Wirtschaft, in: Wieland, J.: Die Entdeckung der Ökonomie, Bern 1989

Ders.: Wettbewerb und Moral, in: Jahrbuch für christliche Sozialwissenschaft 31, 1990, S. 34-56

Honneth, Axel: Arbeit, Handlung, Normativität, Frankfurt/M. 1980

Ders.: Moralischer Konsens und Unrechtsempfinden. Zu Barrington Moores Untersuchung „Ungerechtigkeit", in: Almanach. Suhrkamp Wissenschaft. Weißes Programm, Frankfurt/M. 1984, S. 108 - 114

Ders.: Kritik der Macht, Frankfurt/M. 1985

Ders.: Kampf um Anerkennung. Zur moralischen Grammatik sozialer Konflikte, Frankfurt/M. 1992

Ders. (Hg.): Kommunitarismus. Eine Debatte über die moralischen Grundlagen moderner Gesellschaften, Frankfurt/M./New York 1993

Hoppmann, Erich: Moral und Marktsystem, in: Jahrbuch für die Ordnung der Gesellschaft, Bd. 41, Stuttgart 1990, S. 3-26

Horkheimer, Max: Bemerkungen zur philosophischen Anthropologie, in: Ders.: Kritische Theorie, Bd. 1, Frankfurt/M. 1968

Hotz, Werner Friedrich: Zur Notwendigkeit und Verhältnismäßigkeit von Grundrechtseingriffen, Zürich 1977

Huber, Wolfgang: Geselligkeit und Recht. Grundzüge einer direktiven Rechtsethik, Gütersloh 1996

Huber, Wolfgang und Hans-Richard Reuter: Friedensethik, Stuttgart/Berlin/Köln 1990

Hume, David: Eine Untersuchung über den Verstand, übers. v. H. Herring, Stuttgart 1982

Huntington, Samuel P.: The clash of Civilization?, in: Foreign Affairs 72/4 (Summer) 1993, S. 22-49

Illich, Ivan: Fortschrittsmythen, Hamburg 1978

Imbusch, Peter und Ralf Zoll (Hg.): Friedens- und Konfliktforschung. Eine Einführung mit Quellen, Opladen 1996

Internationaler Pakt über wirtschaftliche, soziale und kulturelle Rechte, in: Simma, Bruno u. Ulrich Fastenrath (Hg.): Menschenrechte. Ihr Internationaler Schutz, München 1985

Jaspers, Karl: Einführung in die Philosophie, 4. Aufl., Zürich 1963

Ders.: Die großen Philosophen, München 1988

Ders.: Vom Ursprung und Ziel der Geschichte, 2. Aufl., München 1988

Jekewitz, Jürgen u. a. (Hg.): Des Menschen Recht zwischen Freiheit und Verantwortung. Festschrift für Karl Josef Partsch zum 75. Geburtstag, Berlin 1989

Jellinek, Georg: System der subjektiven öffentlichen Rechte, 2. Aufl., Tübingen 1995

Jellinek, Walter: Gesetz, Gesetzesanwendung und Zweckmäßigkeitserwägung, Tübingen 1913

Jevons, William S.: Theorie der politischen Ökonomie, Jena 1924

Jhering, Rudolf von: Der Kampf ums Recht, München 1872

Joas, Hans: Gemeinschaft und Demokratie in den USA. Die vergessene Vorgeschichte der Kommunitarismus-Diskussion, in: Brumlik, Mischa und Hauke Brukhorst (Hg.): Gemeinschaft und Gerechtigkeit, Frankfurt/M. 1993

Ders.: Die Entstehung der Werte, Frankfurt/M. 1997

Ders.: Die Kreativität des Handelns, Frankfurt/M. 1997

Ders.: Die Sakralität der Person und die Politik der Würde, in: Deutsche Zeitschrift für Philosophie, Vol. 47, 1999, Nr. 2, S. 325 ff.

Jonas, Hans: Das Prinzip Verantwortung, München 1987

Ders.: Das Prinzip Leben. Ansätze zu einer philosophischen Biologie, Frankfurt/M./Leipzig 1994

Jürß, Fritz (Hg.): Griechische Atomisten. Texte und Kommentare zum materialistischen Denken der Antike, Leipzig 1973.

Kambartel, Friedrich: Philosophie der humanen Welt. Abhandlungen, Frankfurt/M. 1989

Kamper, Dieter: Die Auflösung der Ich-Identität, in: Kittler, Friedrich A. (Hg.): Austreibung des Geistes aus den Geisteswissenschaften: Programme des Poststrukturalismus, Paderborn 1980

Kant, Immanuel: Kritik der praktischen Vernunft, hg. v. K. Vorländer und F. Meiner, unveränd. Nachdruck der 9. Aufl. von 1929, Hamburg 1990

Ders.: Anthropologie in pragmatischer Hinsicht, Frankfurt/M. 1976

Ders.: Logik, in: Werkausgabe Bd. VI, hg. von Wilhelm Weischedel, Frankfurt/M. 1977

Ders.: Grundlegung der Metaphysik der Sitten (1785), in: Werkausgabe, hg. v. Weischedel, Bd. VII, 4. Aufl., Frankfurt/M. 1978

Ders.: Zum ewigen Frieden. Ein philosophischer Entwurf, Leipzig (Insel-Pandora No. 5) o. J.

Kauder, Emil: A History of Marginal Utility Theory, Princeton, 1965

Kaulbach, Friedrich und Werner Krawietz (Hg.): Recht und Gesellschaft. Festschrift für Helmut Schelsky zum 65. Geburtstag, Berlin 1978

Kaulla, Rudolf: Staat, Stände und der gerechte Preis, Basel 1951

Kelsen, Hans: Reine Rechtslehre, 2. Aufl., Wien 1960

Kendall, Walter: Gewerkschaften in Europa, Hamburg 1977

Kennedy, Paul: Aufstieg und Fall der großen Mächte. Ökonomischer Wandel und militärischer Konflikt von 1500 – 2000, Frankfurt/M. 1991

Keupp, Heiner: Bedrohte und befreite Identitäten in der Risikogesellschaft, in: Annette Barkhaus u. a. (Hg.): Identität, Leiblichkeit, Normativität. Neue Horizonte anthropologischen Denkens, Frankfurt/M. 1996

Keynes, John M.: The general Theory of Employment, Interest and Money, London 1936

Khoury, Adel Theodor: Einführung in den Buddhismus, Münster 1978

Kim, Hyung Sung: Die Bedeutung des Verhältnismäßigkeitsprinzips bei den wirtschaftslenkenden Gesetzen, Göttingen 1988

Kitzmüller, Erich: Woher kommt die Destruktivität des siegreichen Wirtschaftsstils? Wirtschaft als problematische Gewaltregulierung, in: Kurswechsel (Wien), Heft 1 (1994), Alternative Ökonomie, S. 47-56

Ders.: Europa - aber welche Moderne? Die versäumte Debatte um das politische Vorhaben Europa, in: Österreichische Zeitschrift für Politikwissenschaft (Wien), Heft 1 (1994), S. 89-l03.

Klages, Ludwig: Der Geist als Widersacher der Seele, Bonn 1981

Kleinheyer, Gerd: Svarez, in: Görres-Lexikon, Staatslexikon-Recht-Wirtschaft, Gesellschaft, 3. Auflage, Freiburg 1985-1989

Klönne, Arno: Die deutsche Arbeiterbewegung, Geschichte. Ziele. Wirkungen, Köln 1985

Kneer, Georg und Armin Nassehi: Niklas Luhmanns Theorie sozialer Systeme. Eine Einführung, München 1993

Knies, Wolfgang: Schranken der Kunstfreiheit als verfassungsrechtliches Problem, München 1967

Knorn, Peter: Arbeit und Menschenwürde, Frankfurt/M. 1998

Knorr, Friedhelm: Betriebswirtschaftslehre. Grundlagen für die Soziale Arbeit, Neuwied 1999

Kobusch, Theo: Würde, Frankfurt/M. o. J.

Koch, Claudia: Gegenstand und Entwicklung der ökonomischen Werttheorie aus philosophischer Perspektive, Dissertation der Hochschule St. Gallen für Wirtschafts-, Rechts- und Sozialwissenschaften, St. Gallen 1992

Kohlberg, Lawrence: The Psychology of Moral Developement, San Francisco 1984

Koller, Peter: Der Geltungsbereich der Menschenrechte, in: Gosepath, Stefan und Georg Lohmann (Hg.): Philosophie der Menschenrechte, Frankfurt/M. 1998

Kolmer, Petra und Harald Korten (Hg.): Recht-Staat-Gesellschaft. Facetten der politischen Philosophie, Freiburg/Br. 1999

Kommission der Europäischen Gemeinschaft. Grous, Jean und Philippe Manin (Hg.): Die Europäische Gemeinschaft in der Völkergemeinschaft, Brüssel 1984

König, Helmut: Zivilisationsprozess und Frieden, in: Jopp, Matthias (Hg.): Dimensionen des Friedens – Theorie, Praxis und Selbstverständnis der Friedensforschung, Baden-Baden 1992

Koppe, Karlheinz: Der vergessene Frieden. Friedensvorstellungen von der Antike bis zur Gegenwart, Opladen 2001

Koslowski, Peter: Philosophy and Economics. An Introduction, in: Koslowski, Peter (Hg.): Economics and Philosophy, Tübingen 1985

Ders.: Entwicklungen der Wirtschaftsethik und Wirtschaftsphilosophie. Institut für Genossenschaft, Hamburg 1992

Ders.: Die Ordnung der Wirtschaft. Tübingen 1994

Ders.: Prinzipien ethischer Ökonomie, Tübingen 1994

Kraus, Oscar: Die Aristotelische Werttheorie, in: Zeitschrift für die gesamte Staatswissenschaft, Heft 1, 1905, S. 573-592

Kraus, Ruprecht: Der Grundsatz der Verhältnismäßigkeit in seiner Bedeutung für die Notwendigkeit des Mittels im Verwaltungsrecht, Hamburg 1955

Krawietz, Werner: Das positive Recht und seine Funktion. Kategoriale und methodische Überlegungen zu einer funktionalen Rechtstheorie, Berlin 1967

Ders.: Gewährt Art. 1 Abs. 1 GG dem Menschen ein Grundrecht auf Achtung und Schutz der Würde?, in: Ders.: Gedächtnisschrift für Friedrich Klein, München 1977

Ders.: Die Ausdifferenzierung religiös-ethischer, politischer und rechtlicher Grundwerte, in: Bonin, K. von (Hg.): Begründung des Rechts. II. Juristen-Theologen-Gespräch in Hofgeismar, Göttingen 1979, S. 57-85

Ders.: Recht als Regelsystem, Wiesbaden 1984

Ders.: Neues Naturrecht oder Rechtspositivismus? Eine kritische Auseinandersetzung mit dem Begriff des Rechts, in: Rechtstheorie 18, S. 209–254

Ders.: Begründung des Rechts –anthropologisch betrachtet, in: Ders., Helmut Schelsky u. a. (Hg.): Theorie der Normen. Festgabe für Ota Weinberger, Berlin 1984, S. 225-240

Ders.: Ansätze zu einem Neuen Institutionalismus in der modernen Rechtstheorie der Gegenwart, Juristenzeitung, 1985

Ders.: Über die Fachgrenzen der Soziologie hinaus: Helmut Schelskys „transzendentale" Theorie von Recht und Gesellschaft, in: Weinberger, Ota und Werner Krawietz (Hg.): Helmut Schelsky als Soziologe und politischer Denker, Stuttgart 1985

Ders.: Die Normentheorie Helmut Schelskys als Form eines Neuen Institutionalismus im Rechtsdenken der Gegenwart, in: Baier, Horst u. a. (Hg.): Helmut Schelsky – ein Soziologe in der Bundesrepublik. Eine Gedächtnisschrift von Freunden, Kollegen und Schülern, Stuttgart 1986, S. 114-148

Ders.: Der soziologische Begriff des Rechts, in: Rechtshistorisches Journal 1988

Ders. und Georg Henrik von Wright (Hg.): Öffentliche oder private Moral? Vom Geltungsgrunde und der Legitimität des Rechts. Festschrift für Ernesto Garzón Valdés, Berlin 1992

Ders. und Michael Welker (Hg.) : Kritik der Theorie sozialer Systeme. Auseinandersetzung mit Luhmanns Hauptwerk, Frankfurt/M. 1992

Kreckel, Reinhard: Politische Soziologie der sozialen Ungleichheit. Frankfurt/M. 1992

Kroeschell, Karl: Deutsche Rechtsgeschichte, Opladen 1992

Kromphardt, Jürgen: Methoden und Theoriebildung in der Volkswirtschaftslehre, in: Handwörterbuch der Wirtschaftswissenschaft, Band 9, Stuttgart/Tübingen/Göttingen 1982

Kruse, Alfred: Geschichte der volkswirtschaftlichen Theorien, Berlin 1959

Kühnhardt, Ludger: Die Universalität der Menschenrechte. Studie zur ideengeschichtlichen Bestimmung eines politischen Schlüsselbegriffs, München 1987

Küng, Hans: Projekt Weltethos, München/Zürich 1990

Ders.: Weltethos für Weltpolitik und Weltwirtschaft, München 1997

Kutscher, Hans u. a. (Hg.): Der Grundsatz der Verhältnismäßigkeit in europäischen Rechtsordnungen, (= Deutsche Sektion der Internationalen Juristenkommission), Heidelberg 1985

Landmann, Michael: Das Ende des Individuums, Stuttgart 1971

Langholm, Odd: Scholastic Economics, in: Lowry, S. T. (Hg.): Pre-Classical Economic Thought, Boston 1987

Laux, Helmut: Entscheidungstheorie, Berlin 1989

Lay, Rupert: Ethik für Wirtschaft und Politik, Frankfurt/M. 1991

Ders.: Ethik für Manager, Düsseldorf 1989

Lechler, Helmut: Neue Allgemeine Rechtsgrundsätze im Gemeinschaftsrecht, Wien 1993

Lecler, Joseph: Geschichte der Toleranz, Frankfurt/M. 1954

Lenk, Hans und Matthias Maring (Hg.): Wirtschaft und Ethik, Stuttgart 1992

Lenzen, Dieter: Krankheit als Erfindung, Frankfurt/M. 1991

Ders.: Vaterschaft. Vom Patriachat zur Alimentation, Reinbek b. Hamburg 1991

Ders.: Historische Anthropologie: in Annette Barkhaus u. a. (Hg.): Identität, Leiblichkeit, Normativität. Neue Horizonte anthropologischen Denkens, Frankfurt/M. 1996

Lerche, Peter: Grundrechtswirkung im Privatrecht, Einheit der Rechtsordnung und materiellen Verfassung, in: Festschrift für W. Odersky, Berlin/New York, 1996

Leser, Norbert: Sozialphilosophie. Grundlagen des Studiums, Wien 1997

Lessing, Theodor: Geschichte der Sinngebung des Sinnlosen, München 1921

Leube, Kurt R. (Hg.): Von Menger bis Mises. Texte Band 1, Wien 2000

Lévinas, Emmanuel: Totalität und Unendlichkeit, Freiburg/München 1987

Lexikon der Wirtschaftsethik, hg. v. G. Enderle, K. Homman, M. Honecker, W. Kerber und H. Steinmann, Freiburg i. Br./Basel/Wien 1993

Lipp, Wolfgang: Institution, Reflexion und Freiheit – Wege in Widersprüche. Helmut Schelskys Institutionenlehre, in: Horst Baier u. a. (Hg.): Helmut Schelsky – ein Soziologe in der Bundesrepublik. Eine Gedächtnisschrift von Freunden, Kollegen und Schülern, Stuttgart 1986

Löbl, Rudolf: Demokrits Atomphysik, Darmstadt 1987

Locke, John: Two treatises of Government, hg. von P. Laslett, Cambridge 1970, dt.: Über die Regierung, hg. v. P. C. Mayer-Tasch, Stuttgart 1974

Ders.: An Essay Concerning Human Understanding, Frankfurt/M. 1982

Ders.: Briefe über die Toleranz, Hamburg 1996

Lohmann, Georg: Indifferenz und Gesellschaft. Eine kritische Auseinandersetzung mit Marx, Frankfurt/M. 1991

Löhrer, Guido: Menschliche Würde, Frankfurt/M. 1987

Lorenz, Konrad: Über die Bildung des Instinktbegriffs, in: Naturwissenschaft 25, (1937), S. 289-300

Luchaire, Achille: La Société française au temps de Philippe-Auguste, Paris 1909

Luhmann, Niklas: Funktion und Kausalität, in: Ders.: Soziologische Aufklärung 1, Aufsätze zur Theorie sozialer Systeme, Opladen 1970

Ders.: Institutionalisierung – Funktion und Mechanismus im sozialen System der Gesellschaft, in: Schelsky, Helmut (Hg.): Zur Theorie der Institutionen, Düsseldorf 1970

Ders.: Knappheit, Geld und die bürgerliche Gesellschaft, in: Jahrbuch für Sozialwissenschaften 23 (1972)

Ders.: Grundrechte als Institution, Berlin 1974

Ders.: Frühneuzeitliche Anthropologie. Theorietechnische Lösungen für ein Evolutionsproblem der Gesellschaft, in: Ders.: Gesellschaftsstruktur und Semantik. Bd. 1, Frankfurt/M. 1980

Ders.: Soziologiekritische Bemerkungen zu gewissen Tendenzen von Rechtssoziologen, in: Ders.: Die Soziologen und das Recht, Opladen 1980

Ders.: Geschichte als Prozeß und die Theorie soziokultureller Evolution, in: Luhmann, Niklas: Soziologische Aufklärung 3. Soziales System, Gesellschaft, Organisation, Opladen 1981

Ders.: Rechtszwang und politische Gewalt, in: Ders.: Ausdifferenzierung des Rechts. Beiträge zur Rechtssoziologie und Rechtstheorie, Frankfurt/M. 1981

Ders.: Die soziologische Betrachtung des Rechts, Frankfurt/M. 1986

Ders.: Rechtssoziologie, 3. Aufl., Opladen 1987

Ders.: Soziale Systeme. Grundriss einer allgemeinen Theorie, Frankfurt/M. 1988

Ders.: Verfassung als evolutionäre Errungenschaft. Rechtshistorisches Journal 9 (1990), S. 176-220

Ders.: Beobachtungen der Moderne, Opladen 1992

Ders.: Gibt es in unserer Gesellschaft noch unverzichtbare Normen?, Heidelberg 1993

Ders.: Das Recht der Gesellschaft, Frankfurt/M. 1993

Ders.: Liebe als Passion. Zur Codierung von Intimität, Frankfurt/M. 1994

Ders.: Macht, Stuttgart 2003

Lukes, Steven: Macht und Herrschaft bei Weber, Marx, Foucault, in: J. Matthes (Hg.): Krise der Arbeitergesellschaft? Frankfurt/M./New York 1983

Lutz-Bachmann, Matthias und J. Bohman (Hg.): Frieden durch Recht. Kants Friedensidee und das Problem der neuen Rechtsordnung. Frankfurt/M. 1996

Lyotard, Jean F.: Das postmoderne Wissen, Wien 1986
Ders.: Der Widerstreit, 2. korr. Aufl., München 1989

MacCormick, Neil: Das Recht als institutionelle Tatsache, in: Ders. und Ota Weinberger: Grundlagen des Institutionalistischen Rechtspositivismus, Berlin 1985

Macdonald, St. J., F. Matsch und H. Petzold (Hg.): The European System for the Protection of Human Rights, Boston/London 1933

Machiavelli, Niccolò: Der Fürst, Stuttgart 1961

MacIntyre, Alasdair: Der Verlust der Tugend, Frankfurt/M./New York 1986

Malcovati, Enrica (Hg.): Oratorum Romanorum fragmenta liberae rei publicae, Vol. 1, Turin 1955

Mader, Gerald u. a.: Frieden durch Zivilisierung. Probleme – Ansätze – Perspektiven, Münster 1996 (= Schriftenreihe des Österreichischen Studienzentrums für Frieden und Konfliktlösung – ÖSFK)

Magner, Lois N.: A history of the life sciences, New York 1979

Maihofer, Werner: Rechtsstaat und menschliche Würde, Frankfurt/M. 1968
Ders.: Verfassungsrecht und Verfassungswidrigkeit, Hannover 1967 (= Schriftenreihe der Niedersächsischen Landeszentrale für Politische Bildung, Heft 1a)

Malinowski, Bronislaw: A scientific Theory of Culture and other Essays. North Carolina 1944, dt. Zürich 1949;
Ders.: Crime und Custom in Savage Society, 3. Aufl., London 1940

Manetti, Giannozzo: Über die Würde und Erhabenheit des Menschen, hg. v. August Buck, Hamburg 1990

Margalit, Avishai: Politik der Würde. Über Achtung und Verachtung, aus dem Amerikanischen von Gunnar Schmidt und Anne Vorderstein, Berlin 1997

Marquard, Odo: Homo compensator, in: Gerhard Frey und Josef Zelger (Hg.): Anthropologie der Gegenwart, Bd. 1, Innsbruck 1983

Marshall, Alfred: Principles of Economics, London 1961

Marshall, Thomas H.: Bürgerrechte und soziale Klassen, Frankfurt/M./New York 1992

Martin, Hans Peter und Harald Schumann: Die Globalisierungsfalle. Der Angriff auf Demokratie und Wohlstand, Reinbeck b. Hamburg 1996

Marwell, Gerald: Altruism and the Problem of Collective Action, in: Derlega, V. J. und Januscz Grzelak (Hg.): Cooperation and Helping Behavior: Theories and Research, New York 1982

Marwell, Gerald und Ruth E. Ames: Economics Free Ride. Does Anyone Else?, in: Journal of Public Economists, Vol. 15, 1981

Marx, Karl: Auszüge aus James Mills Buch, in: Marx/Engels: Werke, Berlin 1956-68
Ders.: Das Kapital. Kritik der politischen Ökonomie, in: Ders. und Friedrich Engels: Werke, Bd. 23-25, Berlin 1964

Ders.: Die Frühschriften. Von 1837 bis zum Manifest der kommunistischen Partei 1948, Stuttgart 1971

Ders.: Thesen über Feuerbach (1846), in: Ders. und Friedrich Engels: Werke, Bd. 3 Berlin 1983

Maslow, Abraham A.: Psychologie des Seins, Frankfurt/M. 1985

Ders.: Motivation und Persönlichkeit. Reibeck b. Hamburg 1996

Matlary, Janne Haaland: Veruntreute Menschenrechte? Droht eine Diktatur des Relativismus?, übers. v. Gabriele Stein, Augsburg 2006

Maturana, Humberto und Francisco J. Varela: Autopoietische Systeme: Eine Bestimmung der lebendigen Organisation, in: Maturana, Humberto: Erkennen: Die Organisation und Verkörperung von Wirklichkeit. Braunschweig/Wiesbaden 1982

Maunz, Theodor (Hg.): Grundrechte und Zivilrechtsprechung, München 1965

McNamara, Robert (Hg.): Summary Proceedings. Jahrestreffen 1976 der Weltbank. (= Internatiol Finance Corporation, IFC, Washington D. C., 1976)

McPherson, Michael: Limits on Self-Seeking: The role of Morality in Economic Life, in: David C. Colander (Hg.): Neoclassical Political Economy, Cambridge 1984

Mead, George Herbert: Geist, Identität und Gesellschaft, Frankfurt/M. 1973

Ders.: Soziales Bewußtsein und das Bewußtsein von Bedeutung, in: Ders.: Gesammelte Aufsätze, Bd. I, hg. v. Hans Joas, Frankfurt/M. 1983

Menger, Carl: Grundsätze der Volkswirtschaftslehre. Hölder – Pichler – Tempsky, Wien 1923

Merton, Robert K.: On Sociological Theories of the Middle Range, in: Robert K Merton (Hg.): Social Theory and Social Structure, New York 1986 (3. Ed.), (= The Free Press 13), S. 164-168

Mestmäcker, Ernst-Joachim: Schelskys Theorie der Institutionen und des Rechts, in: Rechtswissenschaftliche Fakultät Münster (Hg.): Recht und Institution. Helmut Schelsky-Gedächtnissymposium Münster 1985, Berlin 1985

Metternich, Ralf K.: Die Entwicklung der Werttheorie und ihre Beziehung zum Gewinnstreben, Köln 1993

Metz, Rainer: Die Würde des Menschen ist antastbar, Stuttgart 1998

Meyer, Bertold (Hg.): Eine Welt oder Chaos? Frankfurt/M. 1996

Meyer, Thomas: Der Zwiespalt in der Marxschen Emanzipationstheorie, Kronberg/Ts. 1973

Meyers, Reinhard: Begriff und Probleme des Friedens, Opladen 1994

Michel, Karl Markus u.a.: Die Neidgesellschaft, Berlin 2001

Mies, Maria: Globalisierung von unten. Der Kampf gegen die Herrschaft der Konzerne, Hamburg 2001

Mieth, Dietmar: Die Diktatur der Gene. Biotechnik zwischen Machbarkeit und Menschenwürde, Freiburg 2001

Mill, John Stuart: Über die Freiheit, Stuttgart 1974

Ders.: Der Utilitarismus, Stuttgart 1976

Mittelstrass, Jürgen: Die Möglichkeit von Wissenschaft, Frankfurt/M. 1974

Ders.: Neuzeit und Aufklärung, Berlin 1970

MacIntyre, Alasdair: Geschichte der Ethik im Überblick, Frankfurt/M. 1991

Mohl, Robert: Die Deutschen Policeiwissenschaften nach den Grundsätzen des Rechtsstaats, Tübingen 1833

Mohr, Hans: Natur und Moral. Ethik in der Biologie, Darmstadt 1987

Molinaro-Huonder, Remo: Institutionalismus und Dritter Weg. Ein Beitrag zum besseren Verständnis, Diss. der Hochschule St. Gallen für Wirtschaftswissenschaften, Luzern 1991

Molitor, Bruno: Wirtschaftsethik, München 1989

Mollat, Michel: Die Armen des Mittelalters, München 1984

Möller, Rudolf: Interpersonelle Nutzenvergleiche. Wissenschaftliche Möglichkeit und politische Bedeutung, Göttingen 1983

Montanari, Geminiano: La zecca in consulta di stato, in: Graziani, A. (Hg.): Economisti del cinque e seicento, Bari 1913

Montesquieu, Charles-Louis de Secondat: Lettre persanes, Paris 1995 (Livre de Poche), dt. Perserbriefe, hg. v. J. v. Stackelberg, Frankfurt/M. 1988

Moore, Barrington: Ungerechtigkeit. Die sozialen Ursachen von Unterordnung und Widerstand. Frankfurt/M. 1982

Moravi, Sergio: Beobachtende Vernunft. Philosophie und Anthropologie in der Aufklärung, München 1971

Morgenstern, Oskar: Die drei Grundtypen der Theorie des subjektiven Wertes, in: Mises Ludwig von und Artur Spiethoff (Hg.): Probleme der Wertlehre, München 1931

Mueller, Dennis C.: Rational Egoism versus Adaptive Egoism as Fundamental Postulate for a Descriptive Theory of Human Behavior, in: Public choice, Vol. 51 (1986)

Mühlmann, Wilhelm E.: Geschichte der Anthropologie, Bonn 1968

Ders.: Umrisse und Probleme der Kulturanthropologie, Berlin 1966

Müller, Eckart (Hg.): Wirtschaft und Ethik, Paderborn 1992

Münch, Ingo von u. a.: Zur Drittwirkung der Grundrechte. Frankfurt/M./Bern/New York/Wien 1998

Ders.: Grundrechtskommentierung, München 1980

Münkler, Herfried: Die Begründung des politischen Denkens der Neuzeit aus der Krise der Republik Florenz, Frankfurt/M. 1984

Myrdal, Karl Gunnar: Das politische Element in der nationalökonomischen Doktrinbildung, Bonn-Bad Godesberg 1976

Ders.: Asiatisches Drama. Eine Untersuchung über die Armut der Nationen. Übers. von Nils Lindquist, Frankfurt/M. 1980

Nagel, Thomas: Rawls on Justive, Philosophical Review 82, 1973, zit. n.: Daniels, Norman (Hg.): Reading Rawls, New York 1975

Nagl-Docekal, Herta (Hg.): Der Sinn des Historischen, Frankfurt/M. 1991

Naumann, Michael: Der Staat und die Heiligkeit des Lebens, in: Die ZEIT, Nr. 26, v. 21. Juni 2001, S. 9

Neelsen, Karl: Wirtschaftsgeschichte der BRD, Bonn 1971

Nestle, Wilhelm (Hg.): Die Nachsokratiker, Aalen 1968

Neuhäuser, Gabriele: Familiäre Sittlichkeit und Anerkennungformen bei Hegel, Frankfurt/M. 1992

Neumann, John von und Oskar Morgenstern: Theory of Games and Economic Behavior, Princeton 1944, dt.: Spieltheorie und wirtschaftliches Verhalten, Würzburg 1973.

Nida-Rümelin, Julian (Hg.): Ökologische Ethik und Rechtstheorie, Baden-Baden 1995

Niethammer, Lutz: Posthistoire, Reinbeck b. Hamburg 1989

Nietzsche, Friedrich: Der Wille zur Macht. Versuch einer Umwertung aller Werte, Stuttgart 1964

Ders.: Die Geburt der Tragödie aus dem Geiste der Musik, in: Ders.: Sämtliche Werke. Kritische Studienausgabe in 15 Bänden, hg. v. Colli, Giorgio und Mazzioni Montinari, Bd. 4, Berlin 1980

Ders.: Der Antichrist. Fluch auf das Christentum. Sämtliche Werke, Kritische Studienausgabe, hg. v. Colli, Giorgi und Mazzioni Montinari, Bd. 6, Berlin 1980

Ders.: Also sprach Zarathustra, in: Ders.: Sämtliche Werke. Kritische Studienausgabe, hg. von Colli, Giorgio und Mazzioni Montinari, Bd. 4, Berlin 1980

Ders.: Jenseits von Gut und Böse. Vorspiel einer Philosophie der Zukunft. Erstes Hauptstück: Von den Vorurteilen der Philosophen, in: Ders.: Sämtliche Werke, hg. v. Colli, Giorgio und Mazzioni Montinari, Bd. 5, Berlin 1980

Nipperdey, Hans C.: Die Würde des Menschen, in: F. L. Neumann, H. C. Nipperdey und U. Scheuer (Hg.): Die Grundrechte, Band II, Berlin 1954

Nullmeier, Frank: Politische Theorie des Sozialstaats, Frankfurt/M. 2000

Nuscheler, Franz (Hg.): Entwicklung und Frieden im 21. Jahrhundert. Zur Wirkgeschichte des Brandt-Berichts, Bonn 2000

Nussbaum, Martha C.: Menschliches Tun und soziale Gerechtigkeit. Zur Verteilung des aristotelischen Essentialismus, übers. v. M. Looser, in: Brumlik, Martin u. Hauke Brunkhorst (Hg.): Gemeinschaft und Gerechtigkeit, Frankfurt 1993

Oelmüller, Willi (Hg.): Materialien zur Normendiskussion, 3 Bde., Paderborn 1978

Oestreich, Gerhard: Geschichte der Menschenrechte und Grundfreiheiten im Umriß, Berlin 1978

Oeter, Stefan: „Drittwirkung" der Grundrechte und die Autonomie des Privatrechts, Archiv des öffentlichen Rechts (AöR) 199 (1994)

Okin, Susan M.: Liberty and Welfare, in: J. R. Pennock und J. W. Chapman (Hg.): Human Rights, New York 1981

Olson, Mancur: Die Logik des kollektiven Handelns, übers. von Gerhard Graf u. a., Tübingen 1968

Ossenbühl, Fritz: Der polizeiliche Ermessens- und Beurteilungsspielraum, in: Die öffentliche Verwaltung (DÖV) 1976, S. 463 ff.

Palitzsch, Peter: Entstehung und Gegenstand der evolutionär-institutionellen Ökonomie: Das Werk T. B. Veblens bis zur Publikation der „Theory of the Leisure Class", Dissertation der Hochschule St. Gallen für Wirtschafts-, Rechts- und Sozialwissenschaften, St. Gallen/Berlin 1995

Peterson, Wallace C.: Macroeconomic Theory and Police in an Institutionalism Perspective, in: Tool, M. E. (Hg.): Evolutionary Economics II: Institutional Theory and Policy, Journal of Economic Issues, Bd. XXI, Nr. 4, S. 1614

Petri, Harald und Walter Simm: Die Würde des Menschen ist unantastbar. (= Schriftenreihe „Praktische Psychologie", Band XII), Bochum 1988

Pico della Mirandola: Oratio de dignitate hominis, Lat./Dt., Zürich 1976

Piel, Gerhard: Erde im Gleichgewichts. Wirtschaft und Ethik für eine Welt, Paderborn 1994

Platon: Sämtliche Werke. Bd I-IV, übers. von F. Schleichermacher, Darmstadt 1977

Pleitgen, Fritz: Durch den wilden Kapitalismus, Köln 2000

Plessner, Helmuth: Die Aufgabe der philosophischen Anthropologie, in: Ders.: Zwischen Philosophie und Gesellschaft, Bern 1953

Ders.: Die Stufen des Organischen und der Mensch, Schriften IV, Frankfurt/M. 1961

Ders.: Immer noch philosophische Anthropologie, in: Ders.: Diesseits der Utopie, Frankfurt/M. 1973

Ders.: Homo absconditus, in: Die Frage nach der Conditio humana. Aufsätze zur philosophischen Anthropologie, Frankfurt/M. 1976

Ders.: Zum gegenwärtigen Stand der Frage nach der Objektivität historischer Erkenntnisse, in: Ders.: Gesammelte Schriften. Bd. I, Frankfurt/M. 1985

Plutarch: Solon, in: Plutarch: Große Griechen und Römer, übers. v. K. Kiegler, München 1954

Podlech, Adalbert: Kommentar zum Grundgesetz für die Bundesrepublik Deutschland (= Reihe Alternativkommentare), 2. Aufl., Berlin 1989

Pogge, Thomas: Menschenrechte als moralische Ansprüche an globale Institutionen, in: Gosepath, Stefan und Georg Lohmann (Hg.): Philosophie der Menschenrechte, Frankfurt/M. 1998

Polanyi, Karl: Ökonomie und Gesellschaft, Frankfurt/M. 1979

Popper, Karl: Logik der Forschung, Hamburg 1966

Pufendorf, Samuel von: De officio hominis et civis prout ipse praescribuntur lege naturali, Buffalo, NY 1995

Putnam, Hilary: Struktur, Wahrheit und Geschichte,. übers. v. J. Schulte, Frankfurt/M. 1990

Quine, Willard V.: Theories and things, Harvard/Cambridge (MS USA), 1981

Radandt, Hans u. a. (Hg.): Handbuch Wirtschaftsgeschichte, Berlin 1981

Radbruch, Gustav: Der Mensch im Recht, in: Gustav Radbruch Gesamtausgabe, Bd. 2: Rechtsphilosophie II, hg. u. bearb. v. Arthur Kaufmann, Heidelberg 1993, S. 467-476

Ders.: Rechtsphilosophie, Studienausgabe, hg. v. R. Dreier, Heidelberg 1999

Rager, Günter (Hg.): Beginn, Personalität und Würde des Menschen, München 1997

Rahner, Karl: Grundkurs des Glaubens. Einführung in den Begriff des Christentums, Freiburg i. Br. 1976

Raschke, Joachim: Soziale Bewegungen, Frankfurt/M. 1985

Rawls, John: A Theory of Justice, Cambridge (Mass.) 1971

Ders.: Eine Theorie der Gerechtigkeit. Frankfurt/M. 1991

Ders.: The Law of peoples, in: Shute, Stephan und Susan Hurley (Hg.): On human rights. The Oxford Amnesty Lectures 1993, New York 1993

Ders.: Political Liberalism, New York 1993

Ders.: Die Idee des politischen Liberalismus, Aufsätze 1978 – 1989, hg. von W. Hinsch, Frankfurt/M. 1994

Ders.: Das Recht der Völker, Berlin/New York 2002

Reemtsma, Jan Philipp: Die Wiederkehr der Hobbesschen Frage. Dialektik der Zivilisation, Berlin 1998

Rees, Nigel: The Political Corectness Phrasebook, London 1994

Rehbock, Theda: Warum und wozu Anthropologie in der Ethik?, in: Wils, Jean-Pierre (Hg.): Anthropologie und Ethik. Biologische, sozialwissenschaftliche und philosophische Überlegungen, Tübingen 1997

Remmert, Barbara: Verfassungs- und verwaltungsrechtsgeschichtliche Grundlagen des Übermaßverbotes, Heidelberg, 1995

Ricardo, David: On the Principles of Political Economy and Taxation, Cambridge 1951

Rich, Arthur: Wirtschaftsethik, 2 Bde., Gütersloh 1984

Rifkin, Jeremy: The end of Work. The Decline of the Global Labour Force and the Dawn of the Post-Market, New York 1995

Riphagen, Willem: Vorläufiger Bericht zum zweiten Teil des Entwurfes zur Staatsverantwortlichkeit. (= ILC Yearbook 1980), Bd. II, Teilband 2

Ritter, Gerhard A. u. J. Kocka: Deutsche Sozialgeschichte. Dokumente und Skizzen, München 1974

Rogers, Carl R.: Entwicklung der Persönlichkeit, Stuttgart 1973

Ders.: Lernen in Freiheit, München 1973

Roggan, Frederik (Hg.): Mit Recht für Menschenwürde und Verfassungsstaat, Festgabe für Dr. Burkhard Hirsch. Anlässlich der Verleihung des Fritz-Bauer-Preises der Humanistischen Union am 16. 9. 2006 in Freiburg, Berlin 2006

Rohbeck, Johannes: Technologische Urteilskraft. Zu einer Ethik des technischen Handelns, Frankfurt/M. 1993

Rohs, Peter: Die Zeit des Handelns. Entwurf einer feldtheoretischen Transzendentalphilosophie, Münster 1992

Rorty, Richard: Kontingenz, Norm und Solidarität, Frankfurt/M. 1985

Ders.: Solidarität oder Objektivität? Drei philosophische Essays, Stuttgart 1988

Ders.: Eine Kultur ohne Zentrum. Vier philosophische Essays, Stuttgart 1993

Ders.: Der Vorrang der Philosophie, in: Ders.: Solidarität oder Objektivität? Drei philosophische Essays, Stuttgart 1988

Ders.: Menschenrechte, Rationalität und Gefühl, in: Shute, Stephen und Susan Hurley (Hg.): Die Idee der Menschenrechte, Frankfurt/M. 1996

Rosenbaum, Heidi: Familie als Gegenstruktur zur Gesellschaft, Stuttgart 1973

Rost, Bernhard: Die Wert- und Preistheorie mit Berücksichtigung ihrer dogmengeschichtlichen Entwicklung, Leipzig 1908

Roth, Roland und D. Rucht (Hg.): Neue soziale Bewegungen in der Bundesrepublik Deutschland, Frankfurt/M. 1987

Roughgarden, Joan: The evolution of sex, in: American Naturalist 138 (4), (1991), S. 943-985

Rousseau, Jean-Jaques: Du Contra Social Ou Principes Du Droit Politique. Dt.: Vom Gesellschaftsvertrag oder Grundsätze des Staatsrechts, Stuttgart 1977

Ders.: Emil oder Über die Erziehung, Paderborn/München Wien/Zürich 1981

Ders.: Discours sur l´inegalité, Paris 1984

Rüfner, Wolfgang: Grundrechtskonflikte, in: Bundesverfassungsgericht und Grundgesetz, Band 2, Tübingen 1976

Salin, Edgar: Geschichte der Volkswirtschaftlehre, Bern 1951

Ders.: Politische Ökonomie, Tübingen 1967

Sandvoss, Ernst R.: Geschichte der Philosophie, München 1989

Sartre, Jean-Paul: Das Sein und das Nichts. Reinbeck bei Hamburg 1962

Ders.: Krieg im Frieden. Reden. Polemiken. Stellungnahmen 1952-1956, Reinbeck b. Hamburg 1982

Ders.: Wir sind alle Mörder. Der Kolonialismus ist ein System, Reinbeck b. Hamburg 1988

Savigny, Friedrich Carl von: System des Römischen Rechts, 1. Band, Berlin 1840

Scheffer, Bernd: Interpretation und Lebensroman. Zu einer konstruktivistischen Literaturtheorie, Frankfurt/M. 1992

Scheidler, Walter u. a.: Menschenleben - Menschenwürde. Interdisziplinäres Symposium zur Bioethik, Münster 2002

Scheler, Max: Zur Idee des Menschen, in: Ders.: Abhandlungen und Aufsätze, Bd. 1, Leipzig 1915

Ders.: Die Stellung des Menschen im Kosmos, München 1928

Schelsky, Helmut: Systemfunktionaler, anthropologischer und personfunktionaler Ansatz der Rechtssoziologie, in: Jahrbuch für Rechtssoziologie und Rechtstheorie 1 (1970), S. 37-89

Ders. u. a.: Die Funktion des Rechts in der modernen Gesellschaft, in: Jahrbuch für Rechtssoziologie und Rechtstheorie, Bd. 1, (1970)

Ders.: Die Erfahrung vom Menschen. Was ich vom Bürger-Prinz gelernt habe, in: Hamburger Jahrbuch für Wirtschafts- und Gesellschaftspolitik 24, (1979), S. 211 ff.

Ders.: Die Soziologen und das Recht. Abhandlungen und Vorträge zur Soziologie von Recht und Institution und Planung, Opladen 1980

Ders.: Das Ihering-Modell des sozialen Wandels durch Recht. Ein wissenschaftsgeschichtlicher Beitrag, in: Jahrbuch der Rechtssoziologie und Rechtstheorie 3, (1972), S. 47 –86, Wiederabdruck in: Ders.: Die Soziologen und das Recht, Opladen 1980

Ders.: Politik und Publizität, Opladen 1985

Schenz, Viola: Political Correctness. Eine Bewegung erobert Amerika, Frankfurt/M. 1994

Schiller, Friedrich: Briefe über die ästhetische Erziehung des Menschen, Stuttgart 1975

Schimank, Uwe: Theorien gesellschaftlicher Differenzierung, Opladen 1996

Schlüter, Wolfgang: Sozialphilosophie für helfende Berufe, Frankfurt/M. 1983

Schmidt, Hajo: Durch Reform zu Recht und Frieden? Zur politischen Philosophie Immanuel Kants, in: Archiv für Rechts- und Sozialphilosophie, Vol. (1985) LXXI, Heft 3, S. 297-318

Schmidt, Siegfried J.: Kognition und Gesellschaft, Frankfurt/M. 1992 (= Der Diskurs des Radikalen Konstruktivismus. Bd. 2.)

Ders.: Sprache, Kultur und Wirklichkeitskonstruktion(en), in: Fischer, Hans Rudi (Hg.): Die Wirklichkeit des Konstruktivismus. Zur Auseinandersetzung um ein neues Paradigma, Heidelberg 1995, S. 239-251

Schmidt-Bleibtreu, Bruno: Kommentar zum Grundgesetz für die Bundesrepublik Deutschland. 6. Aufl., Neuwied/Darmstadt 1983

Schmitt, Hans-Christoph: Die Würde des Menschen, Frankfurt/M. 1997

Schmitz, Hermann: Anthropologie ohne Schichten, in: Barkhaus, Annette u. a.: Identität, Leiblichkeit und Normativität. Neue Horizonte anthropologischen Denkens, Frankfurt/M. 1996

Schneider, Hans: Zur Verhältnismäßigkeitskontrolle insbesondere bei Gesetzen, in: Starck, Christian (Hg.): Bundesverfassungsgericht und Grundgesetz, Bd. 1, Baden-Baden 1976

Schneider, Harald: Die Güterabwägung des Bundesverfassungsgerichts bei Grundrechtskonflikten. Empirische Studie zu Methode und Kritik eines Konfliktlösungsmodells, Baden-Baden 1979

Schockenhoff, Eberhard: Naturrecht und Menschenwürde, Frankfurt/M. 1996

Scholler, Heinrich (Hg.): Die Grundrechtsdiskussion in der Paulskirche, Darmstadt 1982

Schopenhauer, Arthur: Die Welt als Wille und Vorstellung, 1. Bd., 2. Teilband, Zürich 1977

Ders.: Parerga und Paralipomena II, Zürich 1977

Schreiber, Edmund: Die volkswirtschaftlichen Anschauungen der Scholastik seit Thomas von Aquin, Jena 1913

Schröer, Christian: Naturbegriff und Moralbegründung. Die Grundlagen der Ethik bei Christian Wolff und deren Kritik durch Immanuel Kant, Stuttgart/Berlin/Köln/Mainz 1988

Schumpeter, Joseph A.: Geschichte der ökonomischen Analyse, Göttingen 1965

Ders.: Die Rückkehr zum menschlichen Maß. Alternativen für Wirtschaft und Technik. „Small is Beautiful", Reinbeck b. Hamburg 1977

Ders.: Kapitalismus, Sozialismus und Demokratie, Frankfurt/M. 1993

Schünemann, Bernd, Jörg Paul Müller und Lothar Philipps (Hg.): Das Menschenbild im weltweiten Wandel der Grundrechte, in: Schriften zum öffentlichen Recht 889, Berlin (2002)

Schwabe, Jürgen: Die sogenannte Drittwirkung der Grundrechte, München 1971

Schwennicke, Andreas: Die Entstehung der Einleitung des Preußischen Allgemeinen Landrechts vom 1794, Wien 1993 (Diss.)

Schwerdtfeger, Johannes: Begriffsbildung und Theoriestatus in der Friedensforschung, Opladen 2001

Seeliger, Gerhardt: Die soziale und politische Grundherrschaft im frühen Mittelalter, Köln 1903

Seelmann, Kurt (Hg.): Menschenwürde als Rechtsbegriff, Stuttgart 2004

Seidel, Alfred: Bewußtsein als Verhängnis, Bremen 1983

Seelmann, Kurt: Rechtsphilosophie, München 2001

Seligman, Martin E. P.: Erlernte Hilflosigkeit, erweitert um: Franz Petermann: Neue Konzepte, Weinheim 1995

Sen, Amartya K.: Interpersonal Comparison of Welfare, in: Michael J. Boskin (hg.), Economics and Human Welfare. Essays in Honour of Tibor Scitovsky, New York 1979

Ders.: The Welfare Basis of Real Income Comparisons. A Reply, in: Journal of Economic Literature, Vol. 18 (1980), S. 1547-1552

Ders.: Poverty und Famine. An Essay on Entitlement and Deprivation, Oxford 1981

Ders.: Well-being, Agency and Freedom. The Dewey Lecture 1984, in: Journal of Philosophie 82 (1985), Nr. 4

Ders.: The standard of Living, Cambridge 1987

Ders.: On Ethics and Economics, Oxford 1987

Senghaas, Dieter: Friedensforschung und der Prozeß der Zivilisation, in: Moltmann, Bernhard (Hg.): Perspektiven der Friedensforschung, Baden-Baden 1988

Ders. (Hg.): Imperialismus und strukturelle Gewalt. Analysen über abhängige Reproduktion, Frankfurt/M. 1973

Ders.: Internationale Gerechtigkeit. Überlegungen im Lichte des zivilisatorischen Hexagons, in: Ballestrem, Karl Graf und Bernhard Sutor (Hg.): Probleme der internationalen Gerechtigkeit, München 1993

Ders. (Hg.): Kritische Friedensforschung, Frankfurt/M. 1972

Sennett, Richard: Der flexible Mensch. Zur Kultur des neuen Kapitalismus, Berlin 1998

Sentker, Andreas: Pillen für die Welt. Wo Seuchen schlimmer als Kriege wüten, ist eine neue Medizin gefragt, in: DIE ZEIT, Nr. 5 v. 27. Januar 2000, S. 39

Shue, Henry: Basic Rights, Princeton 1980

Ders.: Menschenrechte und kulturelle Differenz, in: Gosepath, Stefan und Georg Lohmann (Hg.): Philosophie der Menschenrechte, Frankfurt/M. 1998

Shute, Stefan und Susan Hurley: Die Idee der Menschenrechte, Frankfurt/M. 1996

Siep, Ludwig: Anerkennung als Prinzip der praktischen Philosophie. Untersuchungen zu Hegels Jenaer Philosophie des Geistes, Freiburg/München 1974

Ders.: Der Kampf um Anerkennung. Zu Hegels Auseinandersetzung mit Hobbes in den Jenaer Schriften, in: Hegel-Studien (1974), Bd. 9, S. 155ff.

Ders.: Art. "Unbegriffliches" in der praktischen Philosophie, in: Philosophische Forschung 44 (1990), S. 635-641

Ders.: Praktische Philosophie im Deutschen Idealismus, Frankfurt/M. 1992

Ders.: Hirntod und Organverpflanzung, Münster/Hamburg 1993

Ders.: (Hg.): Identität und Person. Aufsätze zur amerikanischen Gegenwartsphilosophie, Münster/Hamburg 1995

Ders.: Argument Natur. Was ist natürlich?, Münster/Hamburg 1996

Ders.: Ethik und Anthropologie, in: Barkhaus, Annette und M. Mayer, N. Roughly, D. Thürnau (Hg.): Identität, Leiblichkeit, Normativität. Neue Horizonte anthropologischen Denkens, Frankfurt/M. 1996

Ders. (Hg.): G. W. F. Hegel: Grundlinien der Philosophie des Rechts, Berlin 1997

Ders.: Zwei Formen der Ethik, Opladen 1997

Sik, Ota: Humane Wirtschaftsdemokratie: Ein dritter Weg, Hamburg 1979

Ders.: Ein Wirtschaftssystem der Zukunft, Berlin 1985

Simma, Bruno u. Ulrich Fastenrath (Hg.): Menschenrechte. Ihr internationaler Schutz, 2., neubearbeitete Auflage, München 1985

Singer, Peter: Praktische Ethik, Stuttgart 1994

Skinner, Burrhus Frederic: Jenseits von Freiheit und Würde, Reinbeck b. Hamburg 1973

Smart, John J. C.: Extremer und eingeschränkter Utilitarismus, [zuerst in: The Philosophical Quarterly 6 (1956)], übers. v. J. Jantzen, in: Höffe, Otfried (Hg.): Einführung in die utilitaristische Ethik, München 1975

Smith, Adam: Der Wohlstand der Nationen. Eine Untersuchung seiner Natur und seiner Ursachen. Hg. von H. C. Recktenwald, München 1996

Smith, J. Maynard: Evolutionary Genetics, Oxford 1989

Sombart, Werner: Der moderne Kapitalismus, München 1916

Sorel, George: Die Ethik des Sozialismus, in: Sozialistische Monatshefte 8 (1904)

Ders.: Die offene Gesellschaft. Für eine Reform des globalen Kapitalismus, Berlin 2001

Soudek, Josef: Aristoteles Theory of Exchange, in: Proceedings of the American Philosophical Society 96, (1952), S. 45-76

Spaemann, Robert: Die Utopie der Herrschaftsfreiheit, in: Merkur, Nr. 296, Dezember 1972

Ders.: Nebenwirkungen als moralisches Problem, in: Ders.: Kritik der politischen Utopie, Stuttgart 1977

Ders.: Über den Begriff der Menschenwürde, in: Böckenförde, Ernst-Wolfgang und Robert Spaemann (Hg.): Menschenrechte und Menschenwürde, Stuttgart 1987

Spencer, Herbert: Gesetze der biologischen Evolution, München 1973

Spengler, Oswald: Der Untergang des Abendlandes. Umrisse einer Morphologie der Weltgeschichte, München 1923

Staatslexikon Recht – Wirtschaft – Gesellschaft. Hg. von der Görres-Gesellschaft. Bd. 1, Freiburg i. Br./Basel/Wien 1985

Stadler, Markus: Institutionalismus heute, Frankfurt/M./New York 1983

Stahl, Florian J.: Philosophie des Rechts, Tübingen 1985

Stavenhagen, Gerhard: Geschichte der Wirtschaftstheorie, Göttingen 1993

Stein, Torsten: Der Grundsatz der Verhältnismäßigkeit, in: Madlener, Kurt (Hg.): Deutsche öffentlich-rechtliche Landesberichte zum X. Internationalen Kongreß für Rechtsvergleichung in Budapest 23. – 28. August 1978, Tübingen 1978

Stelzer, Manfred: Das Wesensgehaltargument und der Grundsatz der Verhältnismäßigkeit, in: Forschung aus Staat und Recht 94, (1991)

Stern, Klaus: Staatsrecht, Bd. III/1, München 1988

Stripf, Rainer: Evolution - Geschichte einer Idee. Von der Antike bis Haeckel. Stuttgart 1989

Stübinger, Mathis u. a.: Sozialmanagement 3, Management und Organisationsstrukturen, Köln 2001 (= Reihe Soziale Arbeit)

Ders.: Sozialmanagement 2, Zeitmanagement, Planung und Kontrolle des Handlungsvollzugs, Köln 2000 (= Reihe Soziale Arbeit)

Taylor, Charles: Interpretation und Wissenschaft vom Menschen, in: Erklärung und Interpretation in der Wissenschaft vom Menschen, Frankfurt/M. 1975

Ders.: Atomism in Philosophical Papers, Bd. 2, Cambridge 1985

Ders.: Die Motive einer Verfahrensethik, in: Kuhlmann, W. (Hg.): Moralität und Sittlichkeit. Das Problem Hegels und die Diskursethik, Frankfurt/M. 1986

Ders.: Was ist menschliches Handeln?, in: Negative Freiheit? Zur Kritik des neuzeitlichen Individualismus, Frankfurt/M. 1988

Ders.: Quellen des Selbst. Die Entstehung des neuzeitlichen Identität, Frankfurt/M. 1993

Ders.: Multikulturalismus und die Politik der Anerkennung, Frankfurt/M. 1993

Ders.: Negative Freiheit. Zur Kritik des neuzeitlichen Individualismus, Frankfurt/M. 1995

Ders.: Das Unbehagen an der Moderne, Frankfurt/M. 1995

Theunissen, Michael: Der Andere. Studien zur Sozialontologie der Gegenwart, Berlin/New York 1977

Thiery d`Holbach, Paul H. D.: System der Natur oder von den Gesetzen der physischen und moralischen Welt, Frankfurt/M. 1978

Thomas von Aquin: Summa Theologica, Werkinterpretationen, hg. v. Andreas Speer, Berlin 2005

Ders.: Über die Herrschaft des Fürsten, Stuttgart 1971

Thomas, Veit: Das Recht auf Erde. Die wirtschaftsethischen Konsequenzen der Menschenrechte, Hamburg/Münster 1994

Thomas, Veit: Die Bedeutung des Leidens. Nietzsches Modell einer tragischen Moderne. Frankfurt/M./Bern/New York/Paris 1988

Thomson, Edward P.: Plebejische Kultur und moralische Ökonomie. Aufsätze zur englischen Sozialgeschichte des 18. und 19. Jahrhunderts, Frankfurt/M./Berlin/Wien 1990

Thorne, Kip S.: Gekrümmter Raum und verbogene Zeit. Einsteins Vermächtnis, München 1996

Tiedemann, Paul: Was ist Menschenwürde? Eine Einführung, Darmstadt 2006

Trever, Albert A.: A History of Greek Economic Thought, Philadelphia 1978

Trivers, Robert: Social evolution, Menlo Park CA 1985

Tugendhat, Ernst: Vorlesungen über Ethik, Frankfurt/M. 1993

Ulrich, Peter: Transformation der ökonomischen Vernunft, Bern 1986

Ders.: Wirtschaftsethik als Wirtschaftswissenschaft. Bericht Nr. 23 der Forschungsstelle für Wirtschaftsethik, St. Gallen 1988

Ders.: Integrative Wirtschaftsethik. Grundlagen einer lebensdienlichen Ökonomie, Bern 2001

United Nations and Human Rights 1945-1995. United Nations Blue Books Series, Vol. VII, UN / Department of Public Information (DPI) 1996

UNO: World Population Trends. Population and Development, Interrelations and Population Policies, Monitoring Report, Vol. II, New York 1985

Veblen, Thorstein B.: The Place of Science in Modern Civilisation and Other Essays, New York 1930

Ders.: Theorie der feinen Leute. München 1981, (Orig.: Theory of the Leisure Class, New York 1899)

Ven, Frans van der: Sozialgeschichte der Arbeit, 2 Bde., München 1972

Vitzthum, S. Wolfgang: Die Menschenwürde als Verfassungsbegriff, in: Juristenzeitung 40 (1985)

Vlastos, Gregory: Justice and Equality, in: Brandt, R. (Hg.): Social Justice, Englewood Cliffs, New York Hall 1962

Vogt, Wolfgang R. (Hg.): Frieden als Zivilisierungsprojekt - Neue Herausforderungen an die Friedens- und Konfliktforschung, Baden-Baden 1995

Ders.: (Hg.): Frieden durch Zivilisierung. Probleme - Ansätze - Perspektiven, Münster 1996

Ders.: Zur Theorie zivilisierter Friedensgestaltung. Zivilisierung und Frieden. Entwurf einer kritisch-reflexiven Friedenstheorie, in: Mader, Gerald u. a (Hg.): Frieden durch Zivilisierung. Neuere Herausforderungen an die Friedens- und Konfliktforschung, Baden-Baden 1994

Wagner, Hans: Die Würde des Menschen, Würzburg 1992

Wagner, Ludwig: Belastende Drittwirkung im Recht der Sicherungsgrundschuld. Diss., München 1994

Waibl, Elmar: Ökonomie und Ethik, Stuttgart 1984

Walras, Léon: Eléments d´économie politique pure, Paris 1874

Walzer, Michael: Citizenship, in: Political innovation and Conceptual Change, hg. von Ball, T., J. Farr und R. Hanson, New York 1989

Ders.: Sphären der Gerechtigkeit. Ein Plädoyer für Pluralismus und Gleichheit, Frankfurt/M. 1992

Ders.: Lokale Kritik - globale Standards. Zwei Formen der moralischen Auseinandersetzung, Berlin 1996

Wasmuth, Ulrike C.: Friedensforschung. Eine Handlungsorientierung zwischen Politik und Wissenschaft, Darmstadt 1991

Dies.: Geschichte der deutschen Friedensforschung, Entwicklung. Selbstverständnis, Politischer Kontext, Münster 1998

Weber, Karl: Mehrkriterielle Entscheidungen, München 1993

Weber, Max: Gesammelte Aufsätze zur Religionssoziologie, 1. Bd., Tübingen 1947

Ders.: Wirtschaft und Gesellschaft, 2 Halbbände, Köln 1964

Ders.: Die protestantische Wertethik und der Geist des Kapitalismus, in: Ders.: Die protestantische Ethik 1. Eine Aufsatzsammlung, Hamburg 1975

Weil, Eric: Ethik und politische Philosophie. Frankfurt/M. 1995

Weiler, Rudolf: Wirtschaftsethik, Leipzig 1987

Ders.: Internationale Ethik. Eine Einführung, Bd. 2, Berlin 1989

Ders. (Hg.): Gerechtigkeit in der sozialen Ordnung. Die Tugend der Gerechtigkeit im Zeitalter der Globalisierung, Berlin 1999

Weinberger, Ota: Die logischen Grundlagen der erkenntnistheoretischen Jurisprudenz, in: Rechtstheorie 9 (1978), S. 125-142

Ders.: Normentheorie als Grundlage der Jurisprudenz. Eine Auseinandersetzung mit Hans Kelsens Theorie der Normen, Berlin 1981

Ders.: Logische Analyse als Basis der juristischen Argumentation, in: Krawietz, Werner u. Robert Alexy (Hg.): Metatheorie juristischer Argumentation, Berlin 1983, S. 159 -232

Ders.: Studien zur formal-finalistischen Handlungstheorie, Frankfurt/M./Bern/New York 1983

Ders.: Recht, Institution und Rechtspolitik - Grundprobleme der Rechtstheorie und Sozialphilosophie, Stuttgart 1987

Ders.: Norm und Institution. Eine Einführung in die Theorie des Rechts, Wien 1988

Ders.: Reine und funktionalistische Rechtsbetrachtungen, in: Weinberger, Ota u. Werner Krawietz (Hg.): Reine Rechtslehre im Spiegel ihrer Fortsetzer und Kritiker, Wien/New York 1988, S. 217-252

Ders.: Verfassungstheorie vom Standpunkt des neuen Institutionalismus, in: ARSP 76 (1990), S. 101-118

Ders.: The Theory of Legal Dynamics Reconsidered, in: Ratio Juris. Vol. 4 No. 1, (March 1991), S. 18-35

Ders.: Moral und Vernunft. Beiträge zu Ethik, Gerechtigkeitstheorie und Normenlogik, Wien/Köln/Weimar 1992

Weisskopf, Thomas E.: The Current Economic Crisis in Historical Perspective, in: Socialist Review XI, Nr. 3, (Mai-Juni) 1981

Weizsäcker, Carl F. von: Was leistet die Property Rights Theorie für aktuelle wirtschaftspolitische Fragen?, in: Neumann, M. (Hg.): Ansprüche, Eigentums- und Verfügungsrechte, Berlin 1984, S. 123-152

Wellmer, Albrecht: Ethik und Dialog. Elemente des moralischen Urteilens bei Kant und in der Diskursethik, Frankfurt/M. 1986

Ders.: Naturrecht und praktische Vernunft. Zur aporetischen Entfaltung eines Problems bei Kant, Hegel und Marx, in: Angehrn, Emil und G. Lohmann (Hg.): Ethik und Marx. Königstein/Ts. 1986

Ders.: Demokratie und Menschenrechte, in: Gosepath, Stefan und Georg Lohmann (Hg.): Philosophie der Menschenrechte, Frankfurt/M. 1998, S. 265-291

Welsch, Wolfgang: Unsere postmoderne Moderne, 3. durchges. Auflage, Weinheim 1991

Wendt, Rudolf: Der Garantiegehalt der Grundrechte und das Übermaßverbot, in: Archiv des öffentlichen Rechts (AöR) 104 (1979)

Wendt, Wolf Rainer: Sozialwirtschaft. Grundlagen und Perspektiven, Baden-Baden 2002

Werner, Petra: Soziale Systeme als Interaktion und Organisation. Zum begrifflichen Verhältnis von Institution, Norm und Handlung, in: Krawietz, Werner und Michael Welker (Hg.): Kritik der Theorie sozialer Systeme. Auseinandersetzungen mit Luhmanns Hauptwerk, Frankfurt/M. 1992

Wertenbruch, Wilhelm: Grundgesetz und Menschenwürde, Köln/Berlin 1958

Wesel, Uwe: Geschichte des Rechts, Frankfurt/M. 1997

Wetz, Franz Josef: Die Würde der Menschen ist antastbar. Eine Provokation, Stuttgart 1998

Ders.: Illusion Menschenwürde. Aufstieg und Fall eines Grundwerts, Stuttgart 2005

White, Hayden: Auch Klio dichtet oder Die Fiktion des Faktischen. Studien zur Topologie des historischen Diskurses, Stuttgart 1986

Wieland, Josef: Markt, Tausch, Preis und Ethik. Gastvortrag gehalten an der Hochschule zu Gallen im Nov. 1988, Handgabe

Wieser, Wolfgang (Hg.): Die Evolution der Evolutionstheorie. Von Darwin zur DANN, Heidelberg/Berlin/Oxford 1994

Wiggins, David: Claims of Needs, in: Ders.: Needs, Values, Truth. Essays in the Philosophy of Value. Aristotelian Society, Vol. 6, Second Ed., (1991), S. 1-57

Wildt, Andreas: Die Anthropologie des frühen Marx, Hagen 1987 (= Studienbriefe der Universität Hagen)

Williamson, Oliver E.: Markets and Hierarchies, Analysis and Antitrust Implications, New York 1980

Wils, Jean-Pierre (Hg.): Anthropologie und Ethik. Biologische, sozialwissenschaftliche und philosophische Überlegungen, Tübingen/Basel 1997

Wilson, Edward O.: Sociobiology: the new synthesis, Cambridge 1975

Ders.: Biologie als Schicksal. Die soziobiologischen Grundlagen menschlichen Verhaltens, Berlin 1980

Wimmer, Reiner: Anthropologie und Ethik. Erkundungen in unübersichtlichem Gelände, in: Demmerling, Chr., G. Gabriel und Th. Rentsch (Hg.): Vernunft und Lebenspraxis. Philosophische Studien zu den Bedingungen einer rationalen Kultur, Frankfurt/M. 1995

Wöhrle, Armin: Grundlagen des Managements in der Sozialwirtschaft, Baden-Baden 2003

Wolbert, Werner: Der Mensch als Mittel und Zweck, Münster 1987

Wolf, Ernst: Die Freiheit und Würde des Menschen, in: Wandersleb, Hermann (Hg.): Recht-Staat-Wirtschaft, Bd. 4, Düsseldorf 1953

Wolff, Christian: Vernünftige Gedanken Theil I, Gütersloh 1981

World Conference on Human Rights, Vienna, June 1993. The Contribution of NGOs Reports and Documents, hg. von Manfred Nowak, Wien 1994

World Developement Report der Weltbank 1978, New York 1978

Wright, Georg Henrik von: Sein und Sollen, Normen, Werte, Handlungen, Frankfurt/M. 1994

Zellentin, Gerda: Mit Gewalt zum Frieden, in: Vogt, Wolfgang R. (Hg.): Frieden als Zivilisierungsprojekt - Neuere Herausforderungen an die Friedens- und Konfliktforschung, Jahrbuch AFK 1993, Baden-Baden 1994

Zenker, Georg: Conditio humanae, Leipzig 1994

Ziegler, Jochen: Die Würde des Menschen ist unantastbar, Frankfurt/M. 1997

Zima, Peter V.: Komparatistik. Einführung in die vergleichende Literaturwissenschaft, Tübingen 1992

Ders.: Die Dekonstruktion. Einführung und Kritik, Tübingen 1994

Zimmermann-Acklin, Markus u. a.: Beginn, Personalität und Würde des Menschen, in: Ethical Theory and Moral Practice, Vol. 2, Nr. 1, 1999, S. 73 ff.

Zippelius, Reinhold: Wertungsprobleme im System der Grundrechte, München/Berlin 1962

Ders.: Recht und Gerechtigkeit in der offenen Gesellschaft, Berlin 1994

Ders.: Kleine deutsche Verfassungsgeschichte. Vom frühen Mittelalter bis zur Gegenwart. 2. verbesserte Aufl., München 1995

Ders.: Das Wesen des Rechts. Eine Einführung in die Rechtsphilosophie, München 1997

Ders.: Rechtsphilosophie, München 2003

# Anhang

## Exemplarische wirtschaftssoziale Daten zur Verhältnismäßigkeit

I (Quelle: DER SPIEGEL: Nr. 40 vom 29. 09. 1997)

Weltweit:

- 358 Dollar-Milliardäre verdienen fast soviel wie die Hälfte der 6 Milliarden Menschen.
- 20% der reichsten Länder der Welt sind 78 mal reicher als die 20 % der ärmsten Länder, 1960 war es „nur" 30 mal.
- Mehr als 100 Mill. Kinder leben auf der Straße: UNICEF, DER SPIEGEL v. 29. 12. 1997.
- 18.000 Menschen (etwa alle 5 Sek. ein Mensch ) sterben pro Tag durch medizinische Unterversorgung oder Unterernährung.
- 500.000 Kinder sterben jährlich durch mangelnde Trinkwasserqualität.

Deutschland:

- Vermögensmillionäre in Deutschland: 67.000 (1980), 13.1000 (1993), 246.000 (1998).
- Sozialhilfeempfänger in D: 922.000 (1980), 2.269.000 (1995).
- 5% der Haushalte haben mehr als 1/3 des Gesamtvermögens. (durchschnittlich haben diese 1 Millionen Haushalte mehr als 2 Millionen DM Vermögen) (1.022.583,- Euro)
- 5% der Haushalte hatten auch 50% des Firmenkapitals. (Merkur: Heft: 9/10 1997, 51. Jahrg.)
- Die untere Hälfte der Haushalte hat 10% des Gesamtvermögens. (Durchschnitt 59000,- DM pro Kopf) (30166, - Euro)
- Einkommenssteigerung: Von 1980 bis 1995 gab es 54,3 % Einkommenssteigerung für Selbstständige. Die Kaufkraft der Arbeitnehmer ist um real 10 % gesunken.
- Verdienste: Volkswirt in Führung: 170.000,- DM (86.919,- Euro), Jurist: 74.000,- DM (37.835,- Euro) im Anfang, später dann 200.000,- DM pro Jahr. (102.258,-Euro)
- Durchschnittseinkommen in Deutschland 1997 bei 2600,- DM netto pro Monat. (1329,- Euro)
- Aktienaufwertungen in den letzten 10 Jahre. (1997) USA: 325 %, DAX seit 1996 um 82 % gestiegen. Porsche-Aktien 300 %, SIXT-Aktien 500 %.

456

- 6% der Haushalte besitzen Aktien.
- Lohnsteuer und Sozialabgaben: seit 1980 um 35 % gestiegen.
- Ertragssteuern der Unternehmen fielen dabei um 16 % auf 5 %.
- Definition relative Armutsgrenze in Deutschland 1997: ½ des Durchschnittseinkommens pro Jahr. (= 25.000,- DM/Jahr) (12.782,- Euro)
- Die Zahl der Vollbeschäftigten, aber zugleich ‚relativ Armen' hat sich in den Jahren 1980-1995 um 11 % erhöht.
- Tariflicher Mindestlohn: in 10 Branchen unter 1.600 Mark brutto monatlich (818,-Euro), in weiteren 13 unter 1.800 DM. (920,- Euro)
- Niedrigster Lohn in der Leder- und Kofferindustrie 1997: 1.252, - DM (640,- Euro) brutto/Monat bei ca. 38,5 Stunden pro Woche.
- Auf 10 Sozialhilfeempfänger kommen noch 17 Berechtigte. (SPIEGEL, 12. 01. 1998)
- Eigentum an Wohnraum besitzen in Deutschland 40 % der Bevölkerung, in Spanien 85 %, Schweiz 31 %, Frankreich 54 %, USA 65 %, Dänemark 52 %, Schweden 61 %, Norwegen 78 %, Irland 81 %, Luxemburg 67 %  (Quelle: SZ vom 06. 05. 1998)

II (Quelle: Dettling, Warnfried: DIE ZEIT vom 12. 02. 1998, S. 6)

- Die Weltproduktion ist in den letzten 20 Jahren von 4000 auf 23000 Milliarden Dollar gestiegen.
- Das „Einkommen" aus Arbeit ist in Deutschland in den letzten 15 Jahren um 2%, das „Einkommen" aus Kapital um 59% gestiegen.
- 1995 mussten 5,7 % der westdeutschen Haushalte mit weniger als 40% des durchschnittlichen Haushaltsetats auskommen.

III (Quelle: Müller, Hans-Peter: Spiel ohne Grenzen: in: Merkur: Kapitalismus als Schicksal, 1997, S. 831)

- Das BIP der Welt betrug im Jahre 1993 23 Billionen Dollar, davon fielen 18 Billionen auf die Industrieländer, 5 auf Entwicklungsländer (= 80% der Weltbevölkerung)
- Die 20 größten Unternehmen hatten mehr Gewinn als die 80 ärmsten Länder. Der Umsatz von Mitsubishi übersteigt das BIP von Österreich, der Umsatz von Mercedes übersteigt den von Malaysia.

IV (Quelle: Beck, Ulrich: Was ist Globalisierung, Frankfurt/M 1997, S. 105 ff.)

- In England ist (1998) noch 1/3 der erwerbsfähigen Bevölkerung vollbeschäftigt. In Deutschland 60 %. Vor 20 Jahren waren es in D und GB noch 80 Prozent.
- Von 1979–1997 sanken die Einkommen amerikanischer Arbeiter im unteren Zehntel des Arbeitssektors um real 2 %. Die Spitzeneinkommen sind um 5 % gestiegen. Für die „working poor" konnte dieser Abwärtstrend in den letzen 8 Jahren gestoppt werden.
- Arbeitsproduktivität der letzten 20 Jahre: USA: um 25 % gestiegen. In Deutschland um 100%.
- Für das ärmste Fünftel der Weltbevölkerung hat sich der Anteil am Welteinkommen von 1960 bis 1990 von 4 % auf 1 % verringert.
- 35.000 Kinder sterben täglich durch Zivilisationskrankheiten. (Pneumonia, Diarrhö, Windpocken, Malaria, Tetanus, Keuchhusten)


V  (Quelle: http://www.millenniumcampaign.de/unkampagne/unmillennium-erklaerung/ gesichtet am 07. 02. 2007)

- 1,2 Milliarden Menschen leben in extremer Armut.
- 800 Millionen Menschen hungern.
- Alle 3 Sekunden stirbt ein Kind an Mangelerscheinungen und/oder medizinischer Unterversorgung.